Winfried Schwabe
Melanie Pelzer

Lernen mit Fällen
Handels- und Gesellschaftsrecht

Winfried Schwabe
Melanie Pelzer

Lernen mit Fällen

Handels- und Gesellschaftsrecht

Materielles Recht
& Klausurenlehre

4., überarbeitete Auflage, 2010

AchSo! RICHARD BOORBERG VERLAG
STUTTGART · MÜNCHEN
HANNOVER · BERLIN · WEIMAR · DRESDEN

Bibliografische Information Der Deutschen Bibliothek

Die Deutsche Bibliothek verzeichnet diese Publikation in der Deutschen Nationalbibliografie; detaillierte bibliografische Daten sind im Internet über **http://dnb.ddb.de** abrufbar.

4. Auflage, 2010
ISBN 978-3-415-04567-5

© Richard Boorberg Verlag GmbH & Co KG, 2009
Scharrstraße 2
70563 Stuttgart
www.boorberg.de

Das Werk einschließlich aller seiner Teile ist urheberrechtlich geschützt. Jede Verwertung, die nicht ausdrücklich vom Urheberrechtsgesetz zugelassen ist, bedarf der vorherigen Zustimmung des Verlages. Dies gilt insbesondere für Vervielfältigungen, Bearbeitungen, Übersetzungen, Mikroverfilmungen und die Einspeicherung und Verarbeitung in elektronischen Systemen.

Umschlag: Neil McBeath, Stuttgart
Gesamtherstellung: Druckhaus »Thomas Müntzer« GmbH, Neustädter Straße 1–4, 99947 Bad Langensalza

Vorwort

Die 4. Auflage bringt das Buch auf den Stand von Ende August 2010. Rechtsprechung und Literatur sind bis zu diesem Zeitpunkt berücksichtigt und eingearbeitet.

Dem Leser legen wir wie immer ans Herz, zunächst die Hinweise zur sinnvollen Arbeit mit diesem Buch – gleich folgend auf der nächsten Seite – sorgfältig durchzusehen.

Köln, im September 2010　　　　　　　　　　　　　　　　Winfried Schwabe
　　　　　　　　　　　　　　　　　　　　　　　　　　　Dr. Melanie Pelzer

Zur Arbeit mit diesem Buch

Das Buch bietet dem Leser *zweierlei* Möglichkeiten:

Zum einen kann er anhand der Fälle das *materielle Recht* erlernen. Zu jedem Fall gibt es deshalb zunächst einen sogenannten »Lösungsweg«. Hier wird Schritt für Schritt die Lösung erarbeitet, das notwendige materielle Recht aufgezeigt und in den konkreten Fallbezug gebracht. Der Leser kann so in aller Ruhe die einzelnen Schritte nachvollziehen, in unzähligen Querverweisungen und Erläuterungen die Strukturen, Definitionen und sonst notwendigen Kenntnisse erwerben, die zur Erarbeitung der Materie, hier also konkret des Handels- und Gesellschaftsrechts, unerlässlich sind.

Zum anderen gibt es zu jedem Fall nach dem gerade beschriebenen ausführlichen Lösungsweg noch das klassische *Gutachten* im Anschluss. Dort findet der Leser dann die »reine« Klausurfassung, also den im Gutachtenstil vollständig ausformulierten Text, den er in der Klausur zum vorliegenden Fall hätte anfertigen müssen, um die Bestnote zu erzielen. Anhand des Gutachtens kann der Leser nun sehen, wie das erarbeitete Wissen tatsächlich nutzbar gemacht, sprich in *Klausurform* gebracht wird. Der Leser wird die klassische zivilrechtliche Gutachtentechnik lernen bzw. wiederholen: Gezeigt wird unter anderem, wie man richtig subsumiert, mit welchen Formulierungen man arbeiten sollte, wie man einen Meinungsstreit in der Klausur angemessen darstellt, wie man einen Obersatz und einen Ergebnissatz vernünftig aufs Papier bringt, wie man Wichtiges von Unwichtigem trennt, usw. usw.

Und noch ein Tipp zum Schluss: Die im Buch zitierten Paragrafen sollten auch dann nachgeschlagen und gelesen werden, wenn der Leser meint, er kenne sie schon. Das ist leider zumeist ein Irrtum. Auch das Handels- und Gesellschaftsrecht erschließt sich nur mit der sorgfältigen Lektüre des Gesetzes. Wer anders arbeitet, verschwendet seine Zeit.

Inhaltsverzeichnis

Teil 1: Das Handelsrecht

Fall 1: »Möbeltransporte R«   14

Der Kaufmannsbegriff nach § 1 HGB und seine Bedeutung; Charakteristika des Handelsrechts; der Begriff des Handelsgewerbes gemäß § 1 Abs. 2 HGB; die Kaufleute des HGB; die Firma nach den §§ 17, 18 HGB.

Fall 2: »Schall und Rauch?«   27

Begriff und Bedeutung der Firma; die unterschiedlichen Arten der Firma; die Firmengrundsätze: Unterscheidbarkeit, Firmenwahrheit, Firmenbeständigkeit, Firmeneinheit, Firmenöffentlichkeit.

Fall 3: »Das Ende einer Freundschaft«   37

Die Haftung des Erwerbers bei der Firmenfortführung gemäß § 25 HGB; Haftung für Verbindlichkeiten eines anderen; Möglichkeiten des Haftungsausschlusses; Anspruch aus § 816 Abs. 2 BGB bei Zahlung an den Firmennachfolger. Im Anhang: Die Haftung des Erben bei Geschäftsfortführung nach § 27 HGB; möglicher Haftungsausschluss nach den §§ 27, 25 Abs. 2 HGB; Anwendbarkeit des § 28 HGB auf die BGB-Gesellschaft?

Fall 4: »Prokurist auf Abwegen«   51

Die Stellvertretung des Kaufmanns im Überblick; der Grundfall zur Stellvertretung im Handelsrecht; Erteilung, Art und Umfang der Prokura gemäß den §§ 48 ff. HGB; Prüfungsmuster für die Klausur.

Fall 5: »Verkäufer auf Abwegen« 64

Die Handlungsvollmacht gemäß § 54 HGB; die Stellvertretung des Kaufmanns durch den Handlungsbevollmächtigten; die Abgrenzung von Handlungsvollmacht und Prokura; Generalhandlungsvollmacht, Arthandlungsvollmacht und Spezialhandlungsvollmacht; Zeichnung des Handlungsbevollmächtigten nach § 57 HGB; Bereicherungsanspruch aus § 812 Abs. 1 BGB.

Fall 6: »Ehefrau auf Abwegen« 75

Die Ladenvollmacht nach § 56 HGB; der räumliche Umfang; Begriff des »Angestellten« im Sinne des § 56 HGB; Problem des Ankaufs von Waren im Rahmen des § 56 HGB; die verschiedenen Rechtsscheinvollmachten; mögliche Analogie des § 56 HGB.

Fall 7: »Fahrräder und Komplementäre« 87

Die Publizität des Handelsregisters gemäß § 15 HGB; der »Normalfall« des § 15 Abs. 2 HGB; die negative Publizität des Handelsregisters gemäß § 15 Abs. 1 HGB; das Wahlrecht des Dritten; Unterscheidung zwischen wahrer und unwahrer Rechtslage im Rahmen des § 15 HGB; die sogenannte »Rosinentheorie«.

Fall 8: »We will rock you!« 101

Die positive Publizität des Handelsregisters nach § 15 Abs. 3 HGB; Voraussetzungen und Rechtsfolgen; die allgemeine Rechtsscheinhaftung; Frage des zurechenbaren Rechtsscheins. Im Anhang: Der Scheinkaufmann.

Fall 9: »Ohne Risiko!« 114

Die allgemeinen Regeln für Handelsgeschäfte gemäß den §§ 343 ff. HGB; die Grundzüge des Kommissionsgeschäfts nach den §§ 383 ff. HGB; das Schweigen des Kaufmanns auf Anträge, § 362 HGB: Tatbestandsvoraussetzungen und Rechtsfolgen; der gutgläubige Erwerb nach § 366 HGB.

Fall 10: »Power-Drink« 131

Die Besonderheiten des Handelskaufs gemäß den §§ 373 ff. HGB; der Fixhandelskauf gemäß § 376 HGB; Tatbestand und Rechtsfolgen; Begriff des absoluten und des relativen Fixgeschäftes; der Vertrag nach § 651 Satz 1 BGB.

Fall 11: »Power-Drink II« 139

Die Untersuchungs- und Rügepflicht gemäß § 377 HGB; Tatbestandsvoraussetzungen und Rechtsfolgen; Unterscheidung zwischen offenen und verdeckten Mängeln; Ansprüche aus § 823 BGB trotz Vorliegens des § 377 HGB; Begriff des »Weiterfressenden Mangels« im Rahmen des § 823 BGB.

Teil 2: Das Gesellschaftsrecht

Fall 12: »Der geteilte Hengst« 152

Die Personengesellschaften im Überblick; die Gesellschaft bürgerlichen Rechts nach den §§ 705 ff. BGB; Abgrenzung zur Bruchteilsgemeinschaft gemäß den §§ 741 ff. BGB; die Wirksamkeit eines Gesellschaftsvertrages; der fehlerhafte Gesellschaftsvertrag.

Fall 13: »Die Bücherecke« 165

Die offene Handelsgesellschaft nach den §§ 105 ff. HGB; das Wirksamwerden von Personengesellschaften; die Vertretungsregeln in der oHG und der BGB-Gesellschaft; die Rechts- und Parteifähigkeit der BGB-Gesellschaft.

Fall 14: »Trautes Heim, Glück allein? I« 180

Die Haftung der offenen Handelsgesellschaft; die Zurechnung von Pflichtverletzungen und unerlaubten Handlungen; die Haftung der Gesellschafter nach § 128 HGB; Einwendungen der Gesellschafter gemäß § 129 HGB.

Fall 15: »Trautes Heim, Glück allein? II« 198

Die Haftung der BGB-Gesellschaft (GbR) und der einzelnen Gesellschafter der GbR gegenüber Dritten; die Zurechnung von Pflichtverletzungen und unerlaubten Handlungen eines Gesellschafters zu Lasten der GbR; die Doppelverpflichtungs- und Akzessorietätstheorie.

Fall 16: »Das ist eine lange Geschichte« 210

Der Gesellschafterwechsel in der oHG und der GbR; die Haftung des eintretenden und des austretenden Gesellschafters gemäß den §§ 128 ff. HGB (analog); die Enthaftung des ausgeschiedenen Gesellschafters nach § 160 HGB.

Fall 17: »Der lachende Vierte« 224

Die Haftung des Komplementärs und des Kommanditisten in der Kommanditgesellschaft nach den §§ 171 ff. HGB; Begriffe der »Pflichteinlage« und der »Haftsumme«; mögliche Haftungsbefreiung nach § 171 Abs. 1 HGB; das Wiederaufleben der Haftung nach § 172 Abs. 4 Satz 1 HGB.

Fall 18: »Innenansichten« 241

Das Innenverhältnis der GbR nach den §§ 705 ff. BGB; die Anwendbarkeit der allgemeinen Regeln des Schuldrechts auf Gesellschaftsverträge; Willensbildung in Personengesellschaften; actio pro socio; Geschäftsführungsbefugnis in Personengesellschaften; Schadensersatzansprüche gegen den Gesellschafter.

Fall 19: »Innenansichten II« 257

Das Innenverhältnis der GbR; die Ausgleichs- und Aufwendungsansprüche gegen die Gesellschaft und die Mitgesellschafter in der GbR; die Haftung aus den §§ 713, 670 BGB; die Gesamtschuldnerhaftung gemäß § 426 BGB; Haftung für unfreiwillige Vermögensopfer nach § 110 HGB.

Fall 20: »Innenansichten III« 271

Die Auflösung der Personengesellschaften, §§ 723 ff. BGB; Ausscheiden und Ausschluss eines Gesellschafters nach den §§ 737, 738 BGB.

Fall 21: »Bis dass der Tod uns scheidet« 283

Die Nachfolge beim Tod eines Gesellschafters; die rechtsgeschäftliche Nachfolgeklausel; die Eintrittsklausel; die erbrechtlichen Nachfolgeklauseln; die Regelung des § 139 HGB; das Ausschlagen einer Erbschaft.

Fall 22: »Gut gedacht, schlecht gemacht!« 291

Das Recht der GmbH; die Geschäftsführung und die Vertretung in der GmbH; die Haftung des Geschäftsführers für Pflichtverletzungen.

Fall 23: »Aller Anfang ist schwer!« 306

Die Gründung einer GmbH; die Begriffe der Stammeinlage und des Stammkapitals; der Geschäftsanteil der Gesellschafter; die Bargründung in Abgrenzung zur Sachgründung; die Haftung in der Vor-GmbH; das Vorgründungsstadium einer GmbH; die Handelnden-Haftung gemäß § 11 Abs. 2 GmbHG.

Fall 24: »Der gutgläubige GmbH-Gesellschafter« 325

Die Gesellschafterliste und der gutgläubige Erwerb von GmbH-Geschäftsanteilen gemäß § 16 Abs. 3 GmbHG n. F.

Sachverzeichnis 330

Teil 1

Das Handelsrecht

Fall 1

Möbeltransporte R

Rechtsstudent R hat reichlich geerbt und daher beschlossen, das Studium aufzugeben und lieber ein profitables Umzugsunternehmen zu gründen. Aus diesem Grund erwirbt er fünf große LKW zu einem Preis von insgesamt 600.000 Euro und least fünf weitere LKW in unterschiedlichen Größen, die er beim Verkäufer in monatlichen Raten von insgesamt 5.000 Euro abbezahlt. Pro Fahrzeug beschäftigt er zudem zwei Männer und im Büro sind nochmals zwei Angestellte tätig, die neben der Auftragsannahme für die Disposition der Fahrer und Möbelpacker verantwortlich sind.

Einen der ersten Umzüge führt »Möbeltransporte R« für den ehemaligen Kommilitonen K des R durch. Als R dem K stolz von seinem neuen Unternehmen erzählt, meint K, R müsse sich schleunigst ins Handelsregister eintragen lassen und dürfe im Übrigen die Bezeichnung »Möbeltransporte R« so nicht führen.

Stimmt das?

> **Schwerpunkte**: Der Kaufmannsbegriff nach § 1 HGB und seine Bedeutung; Charakteristika des Handelsrechts; der Begriff des Handelsgewerbes gemäß § 1 Abs. 2 HGB; die Kaufleute des HGB; die Firma nach den §§ 17, 18 HGB.

Lösungsweg

I. Die Eintragungspflicht des R

Der R ist gemäß **§ 29 HGB** zur Eintragung in das Handelsregister verpflichtet, wenn er *Kaufmann* im Sinne des HGB ist. Diese Eintragung ist zwingend und zieht, wenn man sie nicht vornimmt, die Einleitung eines Verfahrens nach **§ 14 HGB** (bitte aufschlagen) nach sich. Wer sich also entgegen der Vorschrift des § 29 HGB als Kaufmann nicht ins Handelsregister eintragen lässt, wird hierzu vom Registergericht mithilfe eines Zwangsgeldes »angehalten«, sogenannter »**Registerzwang**« (*Baumbach/Hopt* § 14 HGB Rz. 1).

Einstieg: Der Kaufmannsbegriff hat im Handelsrecht überragende Bedeutung, was daran liegt, dass das gesamte Handelsrecht auf den Begriff des Kaufmanns aufbaut, ihn also quasi zur Einstiegsvoraussetzung für seine Anwendung macht. Und das ist auch gleich das Erste, was wir uns merken wollen: Die Geltung handelsrechtlicher

Vorschriften hängt vom Vorliegen der Kaufmannseigenschaft ab, man nennt das das »**subjektive System des HGB**« (*Canaris* § 1 Rz. 2; *Hübner* Rz. 2).

Die Bedeutung des Handelsrechts

Bevor wir uns nun dem Begriff des Kaufmanns und damit der Eröffnung des Anwendungsbereichs des Handelsrechts zuwenden, ist es für die erfolgreiche Fall-Lösung sinnvoll, zunächst noch mal einen Augenblick auf die eigentliche Bedeutung des Handelsrechts zu schauen, also zu fragen, warum der Gesetzgeber zur Regelung des Privatrechts neben dem außerordentlich umfangreichen BGB (→ 2.385 Vorschriften) noch ein weiteres Gesetz mit fast 500 Paragrafen (ohne Seehandelsrecht!) geschaffen hat.

> **Beachte vorab**: Als Rechtsstudent kann man sich insoweit glücklicherweise zunächst mal damit beruhigen, dass nicht alle Vorschriften des HGB in der universitären Ausbildung eine Rolle spielen. Vielmehr findet sich der für die Studenten relevante Teil des Handelsrechts lediglich im **ersten** und **vierten** Buch des HGB. In diesen Kapiteln ist das sogenannte »**Sonderprivatrecht**« der Kaufleute (*Brox/Henssler* Rz. 1, 4; *Canaris* § 1 vor Rz. 1; *Hübner* Rz. 1) normiert, mit Ausnahme der §§ 8 ff. HGB, die öffentlich-rechtlicher Natur sind.
>
> Aus dem Begriff des »Sonderprivatrechts« ist nun zu erkennen, dass die in Rede stehenden Vorschriften in jedem Falle Teil des *Zivilrechts* sind. Allerdings gehen diese Normen – soweit ihr Anwendungsbereich reicht – dem allgemeinen Bürgerlichen Recht vor, bitte lies **Art. 2 EGHGB**. Das bedeutet indessen nicht, dass das Handelsrecht komplett isoliert zur Anwendung kommt, vielmehr müssen die Normen des Handelsrechts regelmäßig mit den Vorschriften des BGB verbunden werden (*Canaris* § 1 Rz. 11). Diese Verbindung zwischen den Vorschriften des BGB und des HGB wird dadurch erreicht, dass die Normen des HGB gegenüber dem BGB *Ausnahme- oder Ergänzungscharakter* haben (*Baumbach/Hopt* Einl. v. § 1 HGB Rz. 2, 3; *K. Schmidt* § 1 II 1a; *Canaris* § 1 Rz. 11, 12). Als Ausnahmevorschriften in diesem Sinne sind etwa § 348 HGB gegenüber § 343 BGB, § 349 HGB gegenüber §§ 771 ff. BGB und § 350 HGB gegenüber §§ 766, 780 f. BGB zu nennen. Ergänzend wirken zudem die Vorschriften zur Vollmacht in den §§ 48 ff. HGB und das Kommissionsrecht in den §§ 383 ff. HGB, die das Geschäftsbesorgungsrecht der §§ 675, 662 ff. BGB überlagern.

Nun wird man sich fragen müssen, was das mit dem Sonderprivatrecht eigentlich soll, also warum es solcher Sondervorschriften überhaupt bedarf? Die Beantwortung dessen lässt sich leider nicht auf ein einziges prägendes Kriterium des Handelsrechts zurückführen. Es gibt vielmehr eine Fülle von Gesichtspunkten, die für das Handelsrecht charakteristisch sind und es damit maßgeblich vom »normalen« Bürgerlichen Recht unterscheiden. Insbesondere sind insoweit zu nennen die im kaufmännischen Verkehr erforderliche besondere *Flexibilität, Schnelligkeit, Einfachheit* und *Rechtssicherheit* (*Baumbach/Hopt* Einl. v. § 1 HGB Rz. 4 ff.; *Hübner* Rz. 5 ff.); soll heißen, im kaufmännischen Verkehr gelten bei der Abwicklung von Verträgen durchaus andere Regeln als bei »normalen« Bürgern, die zivilrechtliche Geschäfte abwickeln. Und diesen besonderen Gegebenheiten will und soll das Handelsrecht in Form des HGB Rechnung tragen.

Unser erster Fall hat – wegen der bereits oben erwähnten zentralen Bedeutung – hauptsächlich den *Kaufmannsbegriff* zum Gegenstand. Ausgangspunkt der Prüfung ist die Frage, ob die »Möbeltransporte R« in das Handelsregister einzutragen ist. Die Erforderlichkeit der Handelsregistereintragung ist in **§ 29 HGB** geregelt, wonach eben nur ein *Kaufmann* zur Eintragung in das Handelsregister verpflichtet ist. Tut er das nicht, droht, wie oben schon angedeutet, der § 14 HGB mit Zwangsgeld (Stichwort »Registerzwang«).

Voraussetzung der Eintragung nach § 29 HGB

Die Kaufmannseigenschaft

1.) Das HGB kennt nicht nur einen einzigen Kaufmannsbegriff. Vielmehr sind die verschiedenen Kaufleute in den **§§ 1–6 HGB** definiert.

In § 1 HGB ist der sogenannte *Istkaufmann* geregelt. Sind die sich aus § 1 HGB ergebenden Voraussetzungen erfüllt, ist die betroffene Person *zwingend* Kaufmann, das heißt, diese Person unterliegt zwingend dem Anwendungsbereich des HGB. Werden diese Voraussetzungen hingegen nicht erfüllt, bezeichnet man den dennoch gewerblich tätig werdenden Unternehmer als *Kleingewerbetreibenden*. Dieser hat nach den §§ 2, 3 Abs. 2, 3 Abs. 3 HGB die Option, seine Firma im Handelsregister eintragen zu lassen und dadurch Kaufmann zu werden, sogenannter *Kannkaufmann*. Macht er von dieser Möglichkeit Gebrauch, unterliegt er dem Handelsregister. Sieht er hingegen von einer Eintragung in das Handelsregister ab, so wird er grundsätzlich wie ein **»normaler BGB-Bürger«** (*Baumbach/Hopt* § 1 HGB Rz. 53) behandelt. Allerdings finden einzelne Vorschriften des HGB ausdrücklich auch auf Kleingewerbetreibende Anwendung, vgl. etwa die §§ 84 Abs. 4, 93 Abs. 3, 383 Abs. 2, 407 Abs. 3 Satz 2 HGB. Des Weiteren gilt das HGB für den Kaufmann kraft Eintragung gemäß § 5 HGB sowie nach § 6 HGB für den Kaufmann kraft Handelsgewerbe und den Kaufmann kraft Rechtsform (vgl. hierzu *Canaris* § 3 Rz. 40 ff.).

2.) Während sich die Voraussetzungen und der Anwendungsbereich der §§ 2–6 HGB im Großen und Ganzen bereits durch Lesen der Normen erschließen, muss der Begriff des *Istkaufmanns* – wird gelegentlich auch *Musskaufmann* genannt – in der Klausur im Zweifel genauer untersucht werden. Ausgangspunkt ist dabei selbstverständlich immer die Legaldefinition in § 1 Abs. 1 HGB:

> **Definition:** *Kaufmann* im Sinne dieses Gesetzes ist, wer ein Handelsgewerbe betreibt.

Was nun ein in der Definition des Kaufmanns genanntes Handelsgewerbe ist, ergibt sich aus § 1 Abs. 2 HGB:

> **Definition:** *Handelsgewerbe* ist jeder Gewerbebetrieb, es sei denn, dass das Unternehmen nach Art oder Umfang einen in kaufmännischer Weise eingerichteten Geschäftsbetrieb nicht erfordert. Damit sind also drei Elemente für ein kaufmännisches Unternehmen kennzeichnend: Es muss sich um ein *gewerbliches* Unternehmen handeln, eine *kaufmännische Einrichtung* erforderlich sein und schließlich ist entscheidend, *wer* das Handelsgewerbe betreibt.

a) Der *Gewerbebegriff* ist im HGB zwar nicht definiert, aber in ständiger Rechtsprechung und Lehre im Grundsatz anerkannt (BGHZ **33**, 321, 325 ff.; **49**, 258, 260; **66**, 48, 49; **95**, 155, 157; *Canaris* § 2 Rz. 2 ff.; *Hübner* Rz. 22; *K. Schmidt* § 9 IV 2), nämlich:

> **Definition:** Ein *Gewerbe* liegt vor, wenn es sich um eine **(1)** nach außen erkennbare, **(2)** planmäßige und auf gewisse Dauer angelegte, **(3)** selbstständige, **(4)** auf Gewinnerzielung ausgerichtete bzw. am Markt entgeltlich angebotene Tätigkeit handelt, die **(5)** nicht zu den freien Berufen, Wissenschaft oder Kunst zählt.

Und das schauen wir uns jetzt mal im Einzelnen an:

(1) Die Erkennbarkeit der Tätigkeit nach außen ist im Regelfall problemlos und bedarf in der Falllösung typischerweise keiner Erläuterung. Dieses Tatbestandsmerkmal ist nur dann fraglich und zu verneinen, wenn es sich um eine stille Beteiligung an einem Handelsgewerbe gemäß § 230 HGB handelt.

(2) Planmäßig und auf gewisse Dauer angelegt ist die Tätigkeit, wenn der Handelnde die Absicht hat, eine Vielzahl von Geschäften vorzunehmen, also nicht nur Gelegenheitsgeschäfte tätigen möchte (RGZ **66**, 51; BGHZ **63**, 32, 33; **74**, 273, 276; *Baumbach/Hopt* § 1 HGB Rz. 13; *Brox/Henssler* Rz. 20). Auch dieses Merkmal bereitet in den universitären Übungsarbeiten im Zweifel keine Schwierigkeiten, es sei denn, es ergeben sich insoweit besondere Hinweise aus dem Sachverhalt.

(3) Wichtiges Merkmal der gewerblichen Ausübung ist zudem die *Selbstständigkeit*, wobei allein die *rechtliche* Selbstständigkeit entscheidend und nicht etwa auf eine wirtschaftliche Abhängigkeit abzustellen ist (*K. Schmidt* § 9 IV 2a; *Hübner* Rz. 23; *Canaris* § 2 Rz. 2). Der Begriff der Selbstständigkeit ist in § 84 Abs. 1 Satz 2 HGB legal definiert (bitte reinschauen). Beachte insoweit bitte auch, dass – obwohl es sich bei der Norm um eine solche aus dem Handelsvertreterrecht handelt – sie auch hier zugrunde zu legen ist (*Baumbach/Hopt* § 1 HGB Rz. 14; *Brox/Henssler* Rz. 22), und zwar:

> **Definition:** Gemäß § 84 Abs. 1 Satz 2 HGB ist *selbstständig*, wer im Wesentlichen frei seine Tätigkeit gestalten und seine Arbeitszeit bestimmen kann.

Klausurtipp: In handelsrechtlichen Fällen bereitet die Subsumtion unter diese Definition in aller Regel keine Probleme. Das Merkmal der Selbstständigkeit ist dafür vielmehr Gegenstand *arbeitsrechtlicher* Fallgestaltungen. Denn dort ist regelmäßig die Arbeitnehmereigenschaft einer beteiligten Person zu untersuchen; und Arbeitnehmer stellen den Prototyp der *unselbstständigen* Tätigkeit dar (zu den einzelnen Kriterien anhand derer die (Un-)Selbstständigkeit zu messen ist vgl. *Schwabe/Grau*, Arbeitsrecht, Fall 1, Seite 15 f.).

(4) Außerdem muss die Tätigkeit, um den Gewerbebegriff zu erfüllen, nach herrschender Meinung mit Gewinnerzielungsabsicht ausgeübt werden (BGHZ **33**, 321, 325; **95**, 155, 157; **114**, 257, 258; *Schlegelberger/Hildebrandt/Steckhan* § 1 HGB Rz. 15 ff.; *Brox/Henssler* Rz. 22). Der Handelnde muss also die **Absicht** haben, einen Überschuss der Einnahmen über die Ausgaben zu erzielen. Darauf, ob tatsächlich ein Überschuss erwirtschaftet wird, kommt es übrigens nicht an. Die Gegenansicht hält dieses Merkmal der Gewinnerzielungsabsicht für entbehrlich und stellt entscheidend darauf ab, ob eine *entgeltliche* Tätigkeit am Markt angeboten wird (*Koller/Roth/Morck* § 1 Rz. 10; *Canaris* § 2 Rz. 3; *K. Schmidt* § 9 IV 2d). Der Streit bedarf in einer Klausur im Zweifel keiner Entscheidung, da eine Gewinnerzielungsabsicht logischerweise zu verneinen ist, wenn das Produkt oder die Dienstleistung *unentgeltlich* zur Verfügung gestellt wird (denn: Wie soll man da Gewinn machen?).

(5) Dass die betreffende Person nicht einem freien Beruf nachgehen, Wissenschaftler oder Künstler sein darf, hat im Wesentlichen historische Gründe (*Canaris* § 2 Rz. 9; *Baumbach/Hopt* § 1 HGB Rz. 19; vgl. auch BT-Drs. 13/8444, Seite 33 f.).

> Die Frage, welche Berufsgruppen als *freier Beruf* nicht unter den Gewerbebegriff fallen, wird oftmals schon spezialgesetzlich beantwortet. So ist etwa in § 2 Abs. 2 BRAO für Rechtsanwälte, für Notare in § 2 Satz 3 BNotO, für Wirtschaftsprüfer in § 1 Abs. 2 WPO, für Ärzte in § 1 Abs. 2 Bundesärzteordnung und für Zahnärzte in § 1 Abs. 4 Zahnheilkundegesetz bestimmt, dass es sich bei der Tätigkeit um einen *freien Beruf* und nicht um ein Gewerbe handelt. Aber auch dort, wo eine spezialgesetzliche Regelung fehlt, ist eine Qualifikation als freier Beruf nicht ausgeschlossen. Entscheidend ist, ob die Leistungserbringung nach dem typischen Berufsbild (und nicht, wie der Einzelne seiner Tätigkeit tatsächlich nachgeht!) *höchstpersönlicher* Natur ist (GK-*Nickel* § 1 HGB Rz. 6; *Hübner* Rz. 29). Ist dies der Fall, so handelt es sich um einen freien Beruf im Sinne des handelsrechtlichen Gewerbebegriffs. Zu den freien Berufen zählen etwa Architekten (BGH WM **1979**, 559), Masseure und Krankengymnasten (MüKo-*K. Schmidt* § 1 HGB Rz. 25 ff. mit weiteren Beispielen).

Feinkostabteilung: Bei der Prüfung der Frage, ob es sich im konkreten Fall um einen freien Beruf handelt, könnte man eigentlich auch den **§ 1 Abs. 2 Satz 2 PartGG** (steht im Schönfelder unter der Nr. 50b) zu Rate ziehen. Dies ist aber leider nach herrschender Lehre nicht möglich, da der Katalog für das Handelsrecht als zu ausführlich angesehen wird (*Canaris* § 2 Rz. 10; MüKo-*K. Schmidt* § 1 HGB Rz. 27; *Koller/Roth/Morck* § 1 HGB Rz. 13). So werden etwa Ingenieure als Gewerbetreibende im Sinne des Handelsrechts angesehen (BayObLG ZIP **2002**, 1032, 1033; Entwicklung und Vertrieb von Software). Dennoch bietet dieses Gesetz einen Anhaltspunkt, weshalb wir dem geneigten und besonders interessierten Leser (der Leserin natürlich auch) durchaus empfehlen, zumindest mal einen Blick in das Gesetz zu riskieren.

Der unter das negative Tatbestandsmerkmal zu fassende Bereich der *Wissenschaft und Kunst* bestimmt sich wie folgt: Von einer wissenschaftlichen Tätigkeit im oben genannten Sinne ist nur im Falle der ursprünglichen wissenschaftlichen Schöpfung die Rede, und die künstlerische Tätigkeit muss einen gewissen gestalterischen Anspruch, eine »Einmaligkeit« haben (MüKo-*K. Schmidt* § 1 HGB Rz. 33).

> **(6)** Ob die Definition des Gewerbes um das Tatbestandsmerkmal des »**Erlaubtseins**« der Tätigkeit zu ergänzen ist, ist streitig. Eine Mindermeinung geht davon aus, dass kein Gewerbe vorliegt, wenn das Unternehmen gesetzes- oder sittenwidrigen Geschäften nachgeht (GK-*Nickel* § 1 Rz. 9; *Brox/Henssler* Rz. 21). Dem ist aber mit der herrschenden Meinung entgegenzuhalten, dass kein Grund ersichtlich ist, diesen Unternehmen handelsrechtliche und steuerliche Pflichten zu ersparen und damit gegenüber dem ordnungsgemäßen Handel zu privilegieren (*Schlegelberger/Hildebrandt/Steckhan* § 1 HGB Rz. 26; *Canaris* § 2 Rz. 13; *K. Schmidt* § 9 IV 2b cc). Eine »erlaubte« Tätigkeit ist demnach für den Gewerbebegriff nicht erforderlich.

Zum Fall: Die Subsumtion unter die einzelnen Tatbestandsmerkmale des Gewerbebegriffs ist in unserem Fall nicht wirklich problematisch: Der R bietet seine Leistung als Umzugsunternehmen am Markt über einen unbestimmten Zeitraum, also nach außen erkennbar und von gewisser Dauer, an. Diese Leistung bietet er auch nur gegen Entgelt an, so dass zugleich von einer Gewinnerzielungsabsicht ausgegangen werden kann. Ferner ist er frei von Weisungen, handelt also selbstständig im Sinne des § 84 Abs. 1 Satz 2 HGB. Letztlich zählt die Tätigkeit eines Umzugsunternehmers nicht zu den freien Berufen. Da die Tätigkeit eines Umzugsunternehmers zudem nicht gesetzes- oder sittenwidrig ist, kann (und muss) der Streit um die Frage, ob das »Erlaubtsein« ein Merkmal des handelsrechtlichen Gewerbebegriffs ist, dahinstehen.

<u>ZE.:</u> Unser R betreibt ein »**Gewerbe**« im Sinne der weiter oben genannten Definition.

b) Bei der Bestimmung des Kaufmannsbegriffs ist im zweiten Schritt zu fragen, ob es sich bei dem in Rede stehenden Unternehmen auch um ein *Handelsgewerbe* handelt. Hierzu müssen wir noch mal die Vorschrift des § 1 Abs. 2 HGB bemühen und erinnern uns bitte:

> **Definition:** *Handelsgewerbe* ist gemäß § 1 Abs. 2 HGB jeder Gewerbebetrieb, es sei denn, dass das Unternehmen nach Art oder Umfang einen in kaufmännischer Weise eingerichteten Geschäftsbetrieb nicht erfordert.

Durchblick: Diese Definition muss sehr genau gelesen werden, denn insbesondere die Formulierung »es sei denn« führt häufig zu Verständnisproblemen. Dieser Satzteil findet sich auch in anderen zivilrechtlichen Normen, so etwa in § 932 Abs. 1 Satz 1 BGB beim gutgläubigen Erwerb, und hat immer die Bedeutung einer *widerlegbaren Vermutung*. Das Gesetz ordnet also grundsätzlich eine Rechtsfolge an, die aber widerlegt werden kann. Konkret auf unseren Fall angewandt heißt das, dass bei Vorliegen eines Gewerbebetriebs – was wir eben ja schon festgestellt haben! – für den R bzw. sein Gewerbe eine widerlegbare Vermutung für die Erforderlichkeit eines in kaufmännischer Weise eingerichteten Betriebs und damit für das Vorliegen eines *Handelsgewerbes* besteht (*Hübner* Rz. 40). Etwas anderes gilt (das heißt, die Vermutung für das Vorliegen eines Handelsgewerbes ist widerlegt), wenn das Gewerbe nach Art und Umfang gerade <u>keinen</u> in kaufmännischer Weise eingerichteten Geschäftsbetrieb erfordert.

> **Merke**: Die Formulierung »es sei denn« wird im Gesetz immer nur verwandt, wenn eine widerlegbare Vermutung für die jeweils angeordnete Rechtsfolge normiert werden soll. Bei § 1 Abs. 2 HGB bedeutet dies, dass bei entsprechenden Anhaltspunkten geprüft werden muss, ob das Gewerbe nach Art und Umfang einen in kaufmännischer Weise eingerichteten Geschäftsbetrieb gerade nicht erfordert. Ist dies der Fall, ist die Vermutung des § 1 Abs. 2 HGB widerlegt. Kapiert!?

Zum Fall: Nachdem wir oben schon das Vorliegen eines Gewerbes geprüft und bejaht haben, bleibt nun also noch die Frage zu klären, inwieweit im vorliegenden Fall eine Widerlegung der Vermutung aus § 1 Abs. 2 HGB in Betracht kommt.

Ausgangspunkt ist dabei jetzt natürlich die Frage, wann genau ein »in kaufmännischer Weise eingerichteter Geschäftsbetrieb nach Art und Umfang des Unternehmens erforderlich ist«.

> **Achtung**: Bitte beachte, dass wir gerade in dem letzten Satzteil das Wörtchen »**und**« verwendet haben, obwohl im Gesetzestext (§ 1 Abs. 2 HGB) »**oder**« steht (prüfen!). **Erklärung**: Man darf sich nicht durch die alternative Fassung im Gesetzeswortlaut beirren lassen. Durch die negative Formulierung (»nicht erfordert«) wird nämlich erreicht, dass die Voraussetzungen tatsächlich *kumulativ* gegeben sein müssen (*Canaris* § 3 Rz. 10 Fn. 12). Wichtiger Satz, bitte mindestens noch einmal lesen und: Merken.

Auf die Frage, wann ein in kaufmännischer Weise eingerichteter Geschäftsbetrieb nach Art und Umfang des Unternehmens erforderlich ist, ist eine pauschale, allgemeingültige Antwort leider nicht möglich. Vielmehr ist sowohl die Art als auch der Umfang des Geschäftsbetriebes jeweils anhand von nicht notwendig gemeinsam vorliegenden Kriterien und Indizien zu untersuchen, wobei letztlich stets das *Gesamtbild* entscheidend ist (BGH BB **1960**, 917; BayOLG NJW **1985**, 982, 983; *Hübner* Rz. 39; *K. Schmidt* § 10 IV 2a). Hierbei sind folgende Gesichtspunkte von Bedeutung und müssen vom Klausurbearbeiter demnach berücksichtigt werden:

> Die *Art* der Geschäftstätigkeit macht eine kaufmännische Einrichtung erforderlich, wenn vielfältige und schwierige Geschäfte zum Unternehmensgegenstand zählen, Kredit- oder Teilzahlungen in Anspruch genommen werden, bei erheblicher Teilnahme am Wechsel- und Scheckverkehr, weiträumige Tätigkeit, großer Werbeumfang sowie umfangreiche Lagerhaltung (BGH BB **1960**, 917). Als Kriterien für den

Umfang der Geschäftstätigkeit sind zu berücksichtigen der Umsatz, die Höhe des Anlage- und Kapitalvermögens, die Anzahl der Betriebsstätten und der Beschäftigten (*Koller/Roth/Morck* § 1 HGB Rz. 44). Bei der abschließend vorzunehmenden Gesamtbetrachtung ist entscheidend, ob das Unternehmen nur noch mittels einer kaufmännischen Organisation, das heißt vor allem einer kaufmännischen Buchführung, ordnungsgemäß zu lenken ist (*Baumbach/Hopt* § 1 HGB Rz. 23; *Canaris* § 3 Rz. 9; *Heymann/Emmerich* § 2 Rz. 9).

Subsumtion: Bei den im Rahmen der Art der Geschäftstätigkeit zu berücksichtigenden Faktoren ist Folgendes in Ansatz zu bringen: Der R hat aufgrund des Leasings der Fahrzeuge die Möglichkeit von Teilzahlungen in Anspruch genommen und die Geschäftsvorgänge sind von einer gewissen Schwierigkeit geprägt, da der Einsatz der Arbeitnehmer zu koordinieren ist und – bei lebensnaher Betrachtung – zumindest auch Rechnungsabwicklungen im bargeldlosen Zahlungsverkehr erfolgen. Auch weist die Geschäftstätigkeit einen gewissen Umfang auf, da R immerhin 22 Arbeitnehmer (10 Autos mit je 2 Fahrern + 2 im Büro!) beschäftigt und allein durch den Wert der Lkw ein nicht unbeträchtliches Anlagevermögen besitzt. Insoweit ergibt eine Gesamtbetrachtung, dass ein ordnungsgemäßer Ablauf – aufgrund der Anzahl der vorhandenen Lkw und der Vielzahl der Beschäftigten – nur durch eine kaufmännische Buchführung sichergestellt werden kann. Folglich handelt es sich nach Abwägung der Umstände des Falles bei dem Umzugsunternehmen um ein *Handelsgewerbe*. Im Hinblick auf das Gewerbe des R kann somit die Vermutung des § 1 Abs. 2 HGB nicht widerlegt werden.

> **Noch ein Tipp**: Der eindeutige Gesetzeswortlaut spricht von *Erforderlichkeit* eines kaufmännischen Geschäftsbetriebs. Das heißt: Irrelevant ist, ob ein kaufmännisch eingerichteter Geschäftsbetrieb tatsächlich auch vorhanden ist (BT-Drs. 13/8444, Seite 34; *Canaris* § 3 Rz. 10). Allenfalls kann das Vorhandensein einer solchen Organisation zugleich ein *Indiz* für die Erforderlichkeit sein (*Canaris* § 3 Rz. 10). Merken.

c) Schließlich muss unser R zur Erfüllung des Kaufmannsbegriffs auch *Betreibender* dieses Handelsgewerbes sein (bitte lies § 1 Abs. 1 HGB, dort das letzte Wort!).

Bei der Bestimmung dieses Begriffes gibt es in der Wissenschaft zwei Möglichkeiten der Herleitung, die freilich in den meisten Fällen zu gleichen Ergebnissen führen:

- Die *herrschende Meinung* stellt darauf ab, in wessen *Namen* das Handelsgewerbe geführt wird (*Baumbach/Hopt* § 1 HGB Rz. 30; GroßKomm-*Ulmer* § 105 HGB Rz. 77 ff.; *K. Schmidt* § 5 I 1b; *Dauner-Lieb/Dötsch* DB 2003, 1666, 1667).

- Nach *anderer Ansicht* ist demgegenüber entscheidend, wer aus den einzelnen Geschäften *berechtigt* und *verpflichtet* wird (*Röhricht/Graf v. Westphalen* § 1 HGB Rz. 73; GK-*Nickel* § 1 HGB Rz. 82). Danach können dann etwa gesetzliche Vertreter, Vorstandsmitglieder einer AG, Geschäftsführer einer GmbH nicht Kaufleute sein. Vielmehr ist dies dann der Vertretene, die AG oder die GmbH. Auch die OHG und die KG (lies § 124 Abs. 1 HGB) können danach Kaufleute sein. Einzig umstritten ist die Frage, ob neben der OHG/KG auch die Gesellschafter einer OHG und die persönlich haftenden Gesellschafter einer KG (Komplementäre) Kaufleute im Sinne des HGB sind (vgl. hierzu *Baumbach/Hopt* § 105 HGB Rz. 19 ff.).

ZE.: Für unseren Fall ist dieser Streit uninteressant, wir brauchen ihn deshalb auch nicht auszutragen. Der R ist unproblematisch als *Betreibender* im Sinne des § 1 Abs. 1 HGB anzusehen.

ZE.: Und als Ergebnis ist damit festzuhalten, dass R ein *Handelsgewerbe* im Sinne des § 1 Abs. 2 HGB *betreibt* und folglich *Istkaufmann* gemäß § 1 Abs. 1 HGB ist.

Ergebnis: Unser R ist als Kaufmann gemäß § 29 Abs. 1 HGB zur Eintragung in das Handelsregister verpflichtet.

> **Vorsicht bitte:** Wir haben jetzt sehr lange und sehr ausführlich über den Kaufmannsbegriff gesprochen. Das war in diesem Fall auch nötig, denn darauf kam es wegen § 29 HGB entscheidend an. Einer Erörterung der Kaufmannseigenschaft bedarf es in einer Klausur aber natürlich nur dann, wenn der Sachverhalt hierzu – wie im vorliegenden Fall – konkrete Anhaltspunkte bietet und der Prüfer demnach eine Auseinandersetzung mit der Problematik sehen will. Ansonsten aber hat man sich dies unbedingt zu verkneifen. Kilometerlange Ausführungen zum Kaufmannsbegriff dürfen nicht kommen, wenn die Sachverhaltsschilderung hierzu keine Einladung bietet. Dass man den Prüfer nicht mit – für ihn – uninteressanten Erläuterungen ärgern soll, gilt selbstverständlich immer, findet hier aber sogar noch eine Stütze im Gesetz: Denn im Falle eines nicht eingetragenen Gewerbetreibenden gilt wie gesehen die Vermutung des § 1 Abs. 2 HGB – und wenn er bereits eingetragen ist, sind eingehende Erläuterungen zum Kaufmannsbegriff wegen § 2 bzw. § 5 HGB verfehlt. In der Klausur wird es demnach nur dann spannend, wenn ein Gewerbetreibender <u>nicht</u> eingetragen ist und der Sachverhalt genauere Angaben dazu enthält, wie der entsprechende Betrieb bzw. das Gewerbe geführt wird. Merken.

II. Die Bezeichnung »Möbeltransporte R«

Nachdem feststeht, dass auf R als Kaufmann das Handelsrecht Anwendung findet, muss R nun auch die aus dem HGB resultierenden Besonderheiten bezüglich der Namensführung beachten. Und als Erstes ist insoweit wichtig, dass man den Namen eines Kaufmanns als »**Firma**« bezeichnet, bitte lies **§ 17 Abs. 1 HGB**.

Durchblick: Im allgemeinen Sprachgebrauch verwendet man den Begriff »Firma« häufig juristisch unkorrekt. Richtigerweise ist »Firma« gemäß § 17 Abs. 1 HGB gleichzusetzen mit dem Namen des Kaufmanns, unter dem er seine Geschäfte betreibt und die Unterschrift abgibt. Schon gewusst!?

Außerdem sind bei der Wahl der Firma verschiedene Prinzipien zu beachten, die sich aus den §§ 18 ff. HGB ergeben (lernen wir im Einzelnen im nächsten Fall). Im konkreten Fall hier ist allein **§ 19 Abs. 1 Nr. 1 HGB** von Bedeutung, wonach die Firma eines Einzelkaufmannes die Bezeichnung »eingetragener Kaufmann« bzw. »eingetragene Kauffrau« oder eine allgemeinverständliche Abkürzung dieser Bezeichnung (»Rechtsformzusatz«, bitte § 19 Abs. 1 Nr. 1—3 HGB lesen) enthalten muss. Das kann dann sein etwa »**e. K.**« oder »**e. Kfm.**« oder für die Damen »**e. Kfr.**«.

Feinkost: Ein Nicht-Kaufmann hat logischerweise auch keine Firma – das HGB findet auf ihn ja keine Anwendung. Allerdings darf er trotzdem eine Geschäfts- oder Etablissementbezeichnung führen. Unterscheiden kann man eine Firma im Sinne des HGB von einer solchen Geschäftsbezeichnung dann entsprechend durch den in § 19 Abs. 1 HGB vorgesehenen jeweiligen Rechtsformzusatz.

Ergebnis: Unser R ist Kaufmann, hat eine Firma und muss diese Firma »**Möbeltransporte R**« mit einem Zusatz, also z.B. »**eingetragener Kaufmann**« zur Eintragung in das Handelsregister anmelden und so künftig auch im Rechtsverkehr auftreten.

Gutachten

Und jetzt kommt – wie weiter vorne im Vorspann (vgl. dort: »Zur Arbeit mit diesem Buch«) schon angekündigt – die ausformulierte Lösung, also das, was der Kandidat dem Prüfer als Klausurlösung des gestellten Falles vorsetzen sollte, das **Gutachten**.

Hierzu vorab noch zwei Anmerkungen:

1.) Zunächst ist wichtig zu verstehen, dass diese ausformulierte Lösung – also das Gutachten - sich sowohl vom Inhalt als auch vom Stil her maßgeblich von dem eben dargestellten Lösungsweg, der ausschließlich der *inhaltlichen* Erarbeitung der Materie diente, unterscheidet:

In der ausformulierten (Klausur-)Lösung haben sämtliche Verständniserläuterungen nichts zu suchen. Da darf nur das rein, was den konkreten Fall betrifft und ihn zur Lösung bringt. Inhaltlich darf sich die Klausurlösung, die man dann zur Benotung abgibt, ausschließlich auf die gestellte Fall-Frage beziehen. Abschweifungen, Erläuterungen oder Vergleiche – wie wir sie oben in den Lösungsweg haufenweise zur Erleichterung des Verständnisses eingebaut haben – dürfen nicht in das Niedergeschriebene aufgenommen werden. Die ausformulierte Lösung ist mithin deutlich kürzer und inhaltlich im Vergleich zum gedanklichen Lösungsweg erheblich abgespeckt. Wie gesagt, es darf nur das rein, was den konkreten Fall löst. Alles andere ist überflüssig und damit – so ist das bei Juristen – *falsch*.

2.) Man sollte sich als Jura-StudentIn rechtzeitig darüber im Klaren sein, dass die Juristerei eine Wissenschaft ist, bei der – mit ganz wenigen Ausnahmen – nur das *geschriebene* Wort zählt. Sämtliche Gedanken und gelesenen Bücher sind leider so gut wie wertlos, wenn die gewonnenen Erkenntnisse vom Kandidaten nicht vernünftig, das heißt in der juristischen Gutachten- bzw. Subsumtionstechnik, zu Papier gebracht werden können. Die Prüfungsaufgaben bei den Juristen, also die Klausuren und Hausarbeiten, werden nämlich bekanntermaßen *geschrieben*, und nur dafür gibt es dann auch die Punkte bzw. Noten. Übrigens auch und gerade im Examen.

Deshalb ist es außerordentlich ratsam, frühzeitig die für die juristische Arbeit ausgewählte (Gutachten-)Technik zu erlernen. Die Gutachten zu den Fällen stehen aus genau diesem Grund hier stets im Anschluss an den jeweiligen Lösungsweg und sollten im höchsteigenen Interesse dann auch nachgelesen werden. Es ist nur geringer Aufwand, hat aber einen beachtlichen Lerneffekt, denn der Leser sieht jetzt, wie das erworbene Wissen tatsächlich nutzbar gemacht wird. Wie gesagt: In der juristischen Prüfungssituation zählt nur das *geschriebene* Wort. Alles klar!?

Und hier kommt der (Gutachten-)Text für unseren ersten Fall:

I. R ist zur Eintragung in das Handelsregister verpflichtet, wenn er Kaufmann im Sinne des Handelsgesetzbuches ist, vgl. §§ 29, 31 Abs. 1 HGB.

R könnte Kaufmann im Sinne des § 1 Abs. 1 HGB sein. Nach der Legaldefinition in § 1 Abs. 1 HGB ist Kaufmann, wer ein Handelsgewerbe betreibt, sogenannter Istkaufmann.

Der Begriff des Handelsgewerbes wird in § 1 Abs. 2 HGB konkretisiert. Danach ist Handelsgewerbe jeder Gewerbebetrieb, es sei denn, dass das Unternehmen nach Art oder Umfang einen in kaufmännischer Weise eingerichteten Geschäftsbetrieb nicht erfordert. Ausgehend hiervon ist zunächst fraglich, ob es sich bei dem Umzugsunternehmen um einen Gewerbebetrieb handelt.

1.) Ein Gewerbe im handelsrechtlichen Sinne liegt vor, wenn es sich um eine nach außen erkennbare, planmäßige und auf gewisse Dauer angelegte, selbstständige und auf Gewinnerzielung ausgerichtete bzw. eine entgeltliche Tätigkeit handelt, die nicht zu den freien Berufen, Wissenschaft oder Kunst zählt.

R bietet seine Leistung am Markt über einen unbestimmten Zeitraum, also nach außen erkennbar und von gewisser Dauer, an. Aufgrund der Entgeltlichkeit der Leistung kann zugleich auch von einer Gewinnerzielungsabsicht ausgegangen werden. Die Selbstständigkeit einer Tätigkeit ist an § 84 Abs. 1 Satz 2 HGB zu messen. Gemäß § 84 Abs. 1 Satz 2 HGB ist selbstständig, wer im Wesentlichen frei seine Tätigkeit gestalten und seine Arbeitszeit bestimmen kann. Dies trifft auf den R zu. Letztlich zählt die Tätigkeit eines Umzugsunternehmers nicht zu den freien Berufen. Da die Tätigkeit eines Umzugsunternehmers nicht gesetzes- oder sittenwidrig ist, kann der Streit um die Frage, ob das »Erlaubtsein« ein Merkmal des handelsrechtlichen Gewerbebegriffs ist, dahinstehen. Somit stellt das Umzugsunternehmen einen Gewerbebetrieb im handelsrechtlichen Sinne dar.

2.) Nunmehr ist zu prüfen, ob es sich hierbei auch um ein Handelsgewerbe handelt. Gemäß § 1 Abs. 2 HGB spricht eine widerlegbare Vermutung für das Vorliegen eines Handelsgewerbes. Fraglich ist, ob R diese Vermutung widerlegen kann. Dies ist dann der Fall, wenn entweder die Art oder der Umfang des Gewerbebetriebs einen in kaufmännischer Weise eingerichteten Geschäftsbetrieb nicht erfordert. Die Erforderlichkeit nach Art und Umfang des Geschäftsbetriebs kann nur aufgrund einer Einzelfallabwägung beurteilt werden. Dafür ist sowohl die Art als auch der Umfang des Geschäftsbetriebes jeweils anhand von nicht notwendig kumulativ vorliegenden Kriterien und Indizien zu untersuchen, wobei letztlich stets das Gesamtbild entscheidend ist.

a) Die Art der Geschäftstätigkeit macht eine kaufmännische Einrichtung erforderlich, wenn vielfältige und schwierige Geschäfte zum Unternehmensgegenstand zählen, Kredit- oder Teilzahlungen in Anspruch genommen werden, bei erheblicher Teilnahme am Wechsel- und Scheckverkehr, bei weiträumiger Tätigkeit, großem Werbeumfang sowie umfangreicher Lagerhaltung. R hat aufgrund des Leasings der Fahrzeuge die Möglichkeit von Teilzahlungen in großem Umfang in Anspruch genommen und die Geschäftsvorgänge sind von einer gewissen Schwierigkeit geprägt, da der Einsatz der Arbeitnehmer zu koordinieren ist und – bei lebensnaher Betrachtung – zumindest auch Rechnungsabwicklungen im bargeldlosen Zahlungsverkehr erfolgen. Folglich treffen zwei der Kriterien auf den Geschäftsbetrieb des R zu, die für die Erforderlichkeit einer kaufmännischen Einrichtung sprechen.

b) Als Kriterien für den Umfang der Geschäftstätigkeit sind zu berücksichtigen der Umsatz, Höhe des Anlage- und Kapitalvermögens, Anzahl der Betriebsstätten und Beschäftigten. R beschäftigt insgesamt 22 Arbeitnehmer, so dass die Geschäftstätigkeit einen gewissen Umfang aufweist. Ferner ist – bedingt durch den Wert der Lkw – von einem nicht unbeträchtlichen Anlagevermögen auszugehen. Wegen der Vielzahl der Lkw und Mitarbeiter spricht auch eine abschließende Gesamtbetrachtung dafür, dass ein ordnungsgemäßer Ablauf des Geschäftsbetriebes nur durch eine kaufmännische Buchführung sichergestellt werden kann.

c) Damit ist sowohl nach Art als auch nach Umfang des Geschäftsbetriebs eine kaufmännische Einrichtung erforderlich, so dass es R nicht gelingen wird, die in § 1 Abs. 2 HGB enthaltene Vermutung zu widerlegen. Mithin handelt es sich bei dem Umzugsunternehmen um ein Handelsgewerbe, das auch von R betrieben wird. R ist also Istkaufmann gemäß § 1 Abs. 1 HGB.

Ergebnis: R ist zur Eintragung in das Handelsregister verpflichtet.

II. R ist als Kaufmann an die sich aus §§ 17 ff. HGB ergebenden Besonderheiten der Firmierung gebunden. Die auf den R zutreffende – von ihm bislang nicht beachtete – Besonderheit ergibt sich aus § 19 Abs. 1 Nr. 1 HGB. Danach ist der Rechtsformzusatz »eingetragener Kaufmann« oder eine allgemeinverständliche Abkürzung zwingend vorgeschrieben.

Ergebnis: R muss die Firma »Möbeltransporte R« mit dem Zusatz »eingetragener Kaufmann« in das Handelsregister anmelden und so künftig im Rechtsverkehr auftreten.

Fall 2

Schall und Rauch?

Die beiden Rechtsstudenten Albert Breit (B) und Norbert Dünn (D) wollen zusammen eine Geschäftsidee verwirklichen, indem sie gebrauchtes Mobiliar ankaufen und mit Standort in Köln gewinnbringend wieder verkaufen. Die beiden wollen sich zu diesem Zweck als offene Handelsgesellschaft in das Handelsregister eintragen lassen. Hierfür benötigen sie allerdings noch einen Namen für ihr Unternehmen. Da sie sich darüber einig sind, dass auf jeden Fall die jeweiligen Initialen ihrer Namen Bestandteil des Firmennamens sein sollen, einigen sie sich auf »ABND, An- und Verkauf oHG«. Die beiden wissen allerdings nicht, dass im Handelsregister bereits ein Herr *Abend* unter »ABEND An- und Verkauf e. Kfm.« eingetragen ist. Herr *Abend* betreibt in der Kölner Innenstadt einen Second-Hand-Shop für Bücher.

Wird der Rechtspfleger beim Amtsgericht die Eintragung der Firma vornehmen?

> **Schwerpunkte**: Begriff und Bedeutung der Firma; die unterschiedlichen Arten der Firma; die Firmengrundsätze: Unterscheidbarkeit, Firmenwahrheit, Firmenbeständigkeit, Firmeneinheit, Firmenöffentlichkeit.

Lösungsweg

Der Rechtspfleger des zuständigen Registergerichts wird die Eintragung der Firma gemäß den §§ 29, 105 HGB vornehmen, wenn die Prinzipien der Firmenbildung nach den §§ 18 ff. HGB beachtet sind.

Einstieg: Um den Fall vernünftig in den Griff zu bekommen, müssen wir uns zunächst noch einmal klar machen, was sich hinter dem Begriff »Firma« verbirgt. Wir haben im ersten Fall ja schon mal kurz drüber gesprochen und einen ersten Blick auf die die Firma betreffenden §§ 17 ff. HGB geworfen. Ausgangsnorm ist auch in diesem Fall hier wieder der **§ 17 Abs. 1 HGB**:

»*Die Firma eines Kaufmanns ist der Name, unter dem er seine Geschäfte betreibt und die Unterschrift abgibt.*«

Die Firma ist somit der Geschäftsname des Unternehmensträgers, also der Name des Einzelkaufmanns oder der Gesellschaft (*Brox/Henssler* Rz. 95 ff.; *K. Schmidt* § 4 IV 3a). Diese Erkenntnis bedarf in der Klausur zwar keiner Erläuterung, ist aber wichtig, um

Die Firmengrundsätze / Begriff und Bedeutung der Firma

den richtigen Einstieg in die Lösung zu finden. Denn unser Sachverhalt oben zeigt, dass im vorliegenden Fall Probleme bezüglich des Namens »ABND An- und Verkauf oHG«, also eben *firmenrechtliche* Probleme erörtert werden sollen.

Noch was: Mit dem eben Gesagten setzen wir übrigens stillschweigend voraus, dass das HGB auch tatsächlich Anwendung findet. Und das ist auch richtig so, denn eine Firma kann (siehe insoweit die Erläuterungen in Fall 1) nur ein *Kaufmann* führen. Dass es sich bei einer offenen Handelsgesellschaft um einen Kaufmann handelt, steht in den §§ 105 Abs. 2 und 6 Abs. 1 HGB (Kaufmann kraft Handelsgewerbes) drin und bedarf daher in einer Klausur auch keiner gesonderten Erwähnung bzw. rechtlichen Würdigung. Beachte bitte, dass das, was im vorherigen Fall noch ziemlich problematisch war (der Kaufmannsbegriff), in diesem Fall hier nun völlig unproblematisch daherkommt und deshalb auch nicht breitgetreten werden darf.

Bevor wir uns nun die Firmengrundsätze im Einzelnen anschauen, müssen wir noch zwei weitere begriffliche Fragen aus dem Bereich des Firmenrechts klären. Wir unterscheiden bei der Firma bitte <u>zwei</u> Begriffsgruppen:

→ Die Firma besteht zunächst aus mehreren Bestandteilen, nämlich einem *Firmenkern* und einem *Rechtsformzusatz* gemäß § 19 Abs. 1 HGB (BGHZ **44**, 286, 287; *Heymann/Emmerich* § 18 Rz. 2). Gegebenenfalls kann die Firma dann auch noch einen Sachzusatz enthalten (*Jung* § 15 Rz. 9).

In unserem Fall stellt die Buchstabenfolge »ABND« den Firmenkern und der Passus »An- und Verkauf« den Sachzusatz dar. Die Abkürzung »oHG« ist eine allgemeinverständliche Abkürzung für offene Handelsgesellschaft im Sinne des § 19 Abs. 1 Nr. 2 HGB (*Koller/Roth/Morck* § 19 Rz. 3).

→ Die Firma kann grundsätzlich als *Personenfirma*, *Sachfirma*, *Phantasiefirma* oder *Mischfirma* gebildet werden (OLG Hamm ZIP **2008**, 791; *Baumbach/Hopt* § 17 HGB Rz. 6; *Canaris* § 10 Rz. 5; *K. Schmidt* § 12 III 1b aa). Hierbei ist irrelevant, ob es sich um die Firma eines Einzelkaufmanns, einer Personenhandelsgesellschaft oder einer Kapitalgesellschaft handelt. Die §§ 18 ff. HGB enthalten – anders übrigens als bis zur Handelsrechtsreform im Jahre 1998 – insoweit keine Einschränkungen (zur früheren Rechtslage: *K. Schmidt* § 12 III 1b).

> **Klausurtipp:** Da nach geltender Rechtslage alle vier Firmenarten unproblematisch möglich sind, genügt in der Klausur eine – kurze – Darstellung, um welche Firmenart es sich im konkreten Fall handelt.

Nämlich: Von einer *Personenfirma* spricht man, wenn der Firmenkern aus dem bürgerlichen Namen eines jetzigen oder früheren Unternehmers besteht, wobei zumindest der Nachname ausgeschrieben sein muss, Beispiel: »W. Schwabe« (vgl. *Baumbach/Hopt* § 19 HGB Rz. 6; *Koller/Roth/Morck* § 17 HGB Rz. 10). Eine *Sachfirma* weist hingegen auf den Unternehmensgegenstand hin (*Canaris* § 10 Rz. 5; *Jung* § 15 Rz. 9), zum Beispiel »Juristisches Repetitorium«. Um eine **Phantasiefirma** handelt es sich, wenn der Firmenkern lediglich Phantasieworte, Abkürzungen oder Ähnliches enthält, die keinerlei Bezug zum Unternehmensgegenstand aufweisen (*Canaris* § 10 Rz. 5), zum Beispiel »0815 – FC vs. Lev.«. Von einer **Mischfirma** ist schließlich die Rede bei einer Kombination aus einer Personen-, Sach- und/oder Phantasiefirma (*Canaris* § 10 Rz. 5; *Jung* § 15 Rz. 9), zum Beispiel »Schwabe – Juristisches Repetitorium«.

Zum Fall: Bei uns handelt es sich um eine **Mischfirma**, und zwar bestehend aus Phantasie- und Sachelementen. Die Buchstabenfolge »ABND« stellt als Abkürzung für die Namen der Gesellschafter eine Phantasiebezeichnung dar und der Passus »An- und Verkauf« weist auf den Unternehmensgegenstand hin.

So. Nachdem wir nun die Vokabeln gelernt haben, wenden wir uns endlich den Firmengrundsätzen zu. Bei der Bildung und Führung der Firma sind nämlich <u>fünf</u> solcher Grundsätze zu beachten, und zwar: Die Firmenunterscheidbarkeit (§§ 18 Abs. 1, 30 Abs. 1 HGB), die Firmenwahrheit (§ 18 Abs. 2 Satz 1 HGB), die Firmenbeständigkeit (§§ 21, 22, 24 HGB), die Firmeneinheit und die Firmenöffentlichkeit (§ 29 HGB). In unserem Fall geht es um den Grundsatz der *Firmenunterscheidbarkeit* gemäß den **§§ 18 Abs. 1, 30 Abs. 1 HGB**, und den sehen wir uns deshalb mal etwas genauer an:

I. Bedenken gegen die Verwendung des Passus »ABND« in der Firma bestehen im Hinblick auf das Prinzip der Firmenunterscheidbarkeit. Der Grundsatz der Firmenunterscheidbarkeit ergibt sich zunächst aus **§ 18 Abs. 1 HGB**. Gemäß § 18 Abs. 1 HGB muss die Firma »zur Kennzeichnung des Kaufmanns geeignet sein und Unterscheidungskraft besitzen«.

Üblicherweise folgt an dieser Stelle jetzt die Definition der sich aus dem Gesetzestext ergebenden Voraussetzungen. Das machen wir auch gleich. Bevor wir allerdings die Begriffe »Kennzeichnungseignung« und »Unterscheidungskraft« durch die Definitionen versuchen näher zu bestimmen, muss noch der in der Literatur und Rechtsprechung herrschende Streit über die Frage, ob der Gesetzgeber mit diesen Begriffen überhaupt unterschiedliche Aspekte ansprechen wollte, geklärt werden:

- In der *Literatur* wird dies nämlich zum Teil unter Hinweis auf den Gesetzeswortlaut – bitte reinschauen, da steht »und« – bejaht mit der Folge, dass tatsächlich beide Gesichtspunkte berücksichtigt und definiert werden müssen (GK-*Nickel/Kunst* § 18 HGB Rz. 6, 14; HK-*Ruß* § 18 HGB Rz. 4 f.; *Koller/Roth/Morck* § 18 HGB Rz. 3, 4; *Lutter/Welp* in ZIP 1999, 1073, 1074, 1077).

- Die *Rechtsprechung* stellt hingegen darauf ab, dass die Kennzeichnungseignung eher eine Folge der Unterscheidungskraft als ein eigenständiger Rechtsbegriff ist (BGHZ **130**, 134; BGH WM **1998**, 306; BayOLG NJW-RR **2000**, 111; vgl. auch *Bülow* in DB 1999, 269, 270; unklar E/B/J/*Zimmer* § 18 HGB Rz. 3). Sie beschränkt die Prüfung daher auf das Merkmal der »Unterscheidungskraft«.

Wir wollen uns insoweit der gerade zuletzt genannten Meinung anschließen und dies unter anderem damit begründen, dass auch schon im Gesetzgebungsverfahren die Begriffe »Kennzeichnungseignung« und »Unterscheidungskraft« nicht streng voneinander getrennt wurden (vgl. BT-Drs. 13/8444, Seite 36). Demzufolge messen wir den Grundsatz der Firmenunterscheidbarkeit allein an dem Merkmal der Unterscheidungskraft.

> **Definition**: Diese *Unterscheidungskraft* im Sinne des § 18 Abs. 1 HGB ist zu bejahen, wenn die Firma *generell* geeignet ist, den Kaufmann von anderen zu unterscheiden, also zu individualisieren (BGHZ **130**, 276, 280; *Baumbach/Hopt* § 18 HGB Rz. 5; *Jung* § 15 Rz. 29; *Bülow* in DB 1999, 269 f.).

Wann dies der Fall ist, kann leider nicht nach einer allgemein gültigen Formel bestimmt werden. Vielmehr sind insofern die in Rechtsprechung und Literatur anerkannten Fallgruppen heranzuziehen, und zwar:

1.) Eine hinreichende Individualisierung ist nicht gegeben, wenn nur ein sogenannter »Allerweltsname« (→ *Müller, Meier, Schmidt*) verwendet wird (vgl. *Koller/Roth/Morck* § 18 HGB Rz. 4; *Jung* § 15 Rz. 29; *Müther* in GmbHR 1998, 1058, 1059; zweifelnd *Lutter/Welp* in ZIP 1999, 1073, 1075). Etwas anderes gilt aber, wenn der Name mit dem Vornamen und/oder einem Städtenamen verbunden wird, also z.B. »Joseph Müller, Köln« (vgl. *Baumbach/Hopt* § 18 HGB Rz. 6; *Canaris* § 10 Rz. 20; *Müther* in GmbHR 1998, 1058, 1059).

2.) Auch Gattungsbegriffen oder Begriffen der Alltagssprache, zum Beispiel »Schuh«, »modern« oder »today« (hierzu vgl. BGH NJW-RR **1998**, 1261; *Bülow* in DB 1999, 269, 270) fehlt es grundsätzlich an der Unterscheidungskraft.

3.) Eine Assoziation mit einem bestimmten Unternehmen ist auch dann nicht möglich, wenn die Firma lediglich den Unternehmensgegenstand, etwa *Metzgerei* oder *Friseur*, beschreibt (vgl. BGHZ **11**, 214, 218; BGH NJW **1987**, 438; *Koller/Roth/Morck* § 18 HGB Rz. 4; *E/B/J/Zimmer* § 18 HGB Rz. 18; *Lutter/Welp* in ZIP 1999, 1076). Hierzu sind Ausnahmen denkbar, wenn beispielsweise Qualitätsangaben oder geographische Daten hinzugefügt werden. Diese Ausnahmen sind allerdings nur in engen Grenzen zu gewähren, da der Rechtsverkehr ein Freihaltebedürfnis an diesen Bezeichnungen hat (vgl. hierzu die Kasuistik bei *Baumbach/Hopt* § 18 HGB Rz. 7). Denn jeder, der eine Metzgerei oder einen Friseursalon betreibt, hat natürlich ein Interesse daran, diese Bezeichnung in die Firma aufzunehmen.

4.) Die letzte Fallgruppe betrifft – was im vorliegenden Fall relevant ist – Buchstabenfolgen, die nicht als Wort aussprechbar sind. Insoweit hat die Rechtsprechung früher eine individualisierende Wirkung verneint (BGH WM **1998**, 306, 307 f.). Hiergegen spricht aber, dass sich der Rechtsverkehr längst an Abkürzungen in Form von Buchstabenfolgen gewöhnt hat, wenn man etwa an **BMW, TUI, LTU** oder Ähnliches denkt (vgl. GK-*Nickel/Kunst* § 18 HGB Rz. 12; *Canaris* § 10 Rz. 15; *Lutter/Welp* in ZIP 1999, 1073, 1078). Der Rechtsverkehr ist also in der Lage – auch wenn er die Bedeutung der Buchstaben zumeist nicht (er-)kennt (was heißt eigentlich **TUI**?) – eine Zuordnung von »Buchstaben« und einem bestimmten Unternehmen vorzunehmen. Dies hat auch die Rechtsprechung erkannt und daher im Jahre 2000 grundsätzlich die Unterscheidungskraft bejaht (BGH, Urteil vom 05.10.**2000**, abgedruckt in NJW **2001**, 1868 ff.; siehe auch BGH NZG 2009, 192 f.).

> **Feinkostabteilung**: Wer den letzten Teil jetzt aufmerksam gelesen hat, wird sich fragen müssen, wie es sein kann, dass die soeben genannten Unternehmensnamen zulässige Firmierungen im Sinne des HGB darstellen. Denn nach dem gerade Gesagten sind Abkürzungen erst seit einigen Jahren, genau genommen seit dem 05. Oktober 2000 möglich, während die genannten Unternehmen schon viel länger existieren. Klar ist, dass diese Firmen nicht erst mit dem im Jahre 2000 ergangenen Urteil des BGH zulässig wurden. Dennoch waren diese Abkürzungen ursprünglich nicht individualisierend, also nicht als Firma zulässig. Allerdings haben sie durch Verkehrsgeltung Unterscheidungskraft erlangt. Das heißt: Da der Rechtsverkehr (irgendwann) wusste, welches Unternehmen sich hinter den Buchstaben verbirgt, war die individualisierende Wirkung hergestellt.

Mit der Entscheidung vom 08.12.**2008** (NZG **2009**, 192 ff.) hat der BGH nochmals grundlegend zu dieser Thematik Stellung bezogen und die Zulässigkeit von reinen Buchstabenkombinationen bestätigt; als Einschränkung nennt er in dieser Entscheidung nur, dass der Firmenkern aus einer zumindest im Sinne der Artikulierbarkeit aussprechbaren Buchstabenfolge gebildet sein muss (anders noch OLG Celle in ZIP **2006**, 1586, das nicht als Wort aussprechbare Buchstabenkombinationen für unzulässig erachtete, die lediglich aus den Anfangsbuchstaben einzelner Worte bestehen, sofern es sich nicht um Worte der deutschen Sprache handelt; hiergegen zutreffend *Lamsa* in EWiR 2006, 657). Nicht zulässig sind danach lediglich fremdsprachige Bezeichnungen, die nicht aus lateinischen Buchstaben gebildet sind, und reine Bildzeichen als Bestandteil der Firma.

> **Beachte:** Die Unzulässigkeit von Bildzeichen nach der Rechtsprechung des BGH ist von Relevanz, wenn es – wie in der Entscheidung des LG München (Beschluss vom 12.02.**2009**, Aktenzeichen: 17 HKT 920/09, zitiert nach Juris) – um die Zulässigkeit des @-Zeichens in einer Firma geht. Das LG München stellte hierzu zunächst fest, dass das @-Zeichen bei Domain-Bezeichnungen verwendet werde, wobei sich die Funktion von Domain-Bezeichnungen häufig nicht in der technischen Adressfunktion erschöpfe, sondern bei entsprechender Verkehrsgeltung und Kennzeichnungskraft auch Namensfunktion habe. Dabei werde das @-Zeichen mittlerweile – aufgrund der Verbreitung des Zugriffs auf das Internet – nicht mehr als Bildzeichen, sondern als Wortzeichen mit spezifischer Bedeutung, vergleichbar den schon lange firmenüblichen Zeichen »&« sowie »+« aufgenommen, weshalb das @-Zeichen als Bestandteil der Firma nicht zu beanstanden sei.

Die Unterscheidungskraft von reinen Buchstabenfolgen ist nach wie vor abzulehnen, wenn es sich um eine gleichförmige Buchstabenfolge, insbesondere »A. A. A. A. A.«, handelt (OLG Celle DB **1999**, 40; OLG Frankfurt NJW **2002**, 2400; *Lamsa* in EWiR 2006,

657), deren einziger Zweck wohl darin besteht, die erste Position im Branchenverzeichnis zu erhalten. Abgesehen von diesem rechtsmissbräuchlichen Ziel leuchtet auch so ein, dass eine solch gleichförmige Buchstabenreihe keinerlei individuellen Charakter hat (vgl. *Canaris* § 10 Rz. 15, 16). Dies gilt selbst dann, wenn der Buchstabenfolge noch ein Sachzusatz angefügt ist (OLG Celle DB **1999**, 40).

Zum Fall: Da B und D keine einheitliche Buchstabenreihe verwendet haben, stehen nach neuerer Rechtsprechung der Verwendung des Passus »ABND« in der Firma unter diesem Gesichtspunkt keine durchgreifenden Bedenken entgegen. Diese Abkürzung für die Namen der Gesellschafter hat Unterscheidungskraft im Sinne des § 18 Abs. 1 HGB.

> **Klausurhinweis**: Aufbaumäßig falsch ist es, im Rahmen des § 18 Abs. 1 HGB zu erörtern, dass bzw. ob ein anderes Unternehmen mit einer ähnlichen Firma in derselben Stadt ansässig ist. Denn in § 18 Abs. 1 HGB wird nur die *generelle* Eignung zur Unterscheidung geprüft. Auf die *konkrete* Unterscheidung zu bereits bestehenden anderen Firmen kommt es erst im Rahmen des **§ 30 Abs. 1 HGB** an (*Canaris* § 10 Rz. 18; *Jung* § 15 Rz. 29; *Bülow* in DB 1999, 269, 270). Merken.

Und das schauen wir uns jetzt an:

II. Ein Verstoß gegen den Grundsatz der Firmenunterscheidbarkeit kommt nun aber im Rahmen des § 30 Abs. 1 HGB in Betracht.

Gemäß § 30 Abs. 1 HGB muss sich jede neue Firma von allen an demselben Ort oder in derselben Gemeinde bereits bestehenden und in das Handelsregister eingetragenen Firmen *deutlich* unterscheiden.

> **Definition**: Für eine *deutliche Unterscheidung* im Rahmen des § 30 Abs. 1 HGB ist nötig und erforderlich, dass keine ernstliche Verwechslungsgefahr besteht (*Baumbach/Hopt* § 30 HGB Rz. 4), wobei der Gesamteindruck der Firmen beziehungsweise das Klangbild für Auge und Ohr entscheidend ist (BGHZ **46**, 7, 12; *E/B/J/Zimmer* § 30 HGB Rz. 18; *Heymann/Emmerich* § 30 HGB Rz. 14).

Dieser Gesamtbetrachtung sind die Firmen zugrunde zu legen, wie sie in das Handelsregister eingetragen/einzutragen sind (OLGZ **1991**, 396, 401; MüKo-Heidinger § 30 HGB Rz. 13; *Baumbach/Hopt* § 30 HGB Rz. 5). Unter Berücksichtigung dieser Grundsätze wurden in der Rechtsprechung beispielsweise folgende Firmen für verwechslungsfähig gehalten:

»HSB Hausbau GmbH« – »Hausbau Ulm GmbH« (BGH WM **1979**, 922 f.); »Nitro Lack GmbH« – »Nitrola, Bayerische Nitro-Lack und Farben GmbH« (BayOLG JW **1927**, 2434); »XYZ Süd Wohnbau GmbH & Co. KG« – »XYZ Südwest Wohnbau GmbH & Co. KG« (OLG Frankfurt/M. BB **1975**, Beil. Nr. 12, Seite 20).

Zum Fall: Vergleicht man nun diese Beispiele mit der Firmierung im vorliegenden Fall, so ergibt sich Folgendes: Eine audiovisuelle Betrachtung des Firmenkerns zeigt zwar nur eine geringe Verwechslungsgefahr. Denn »ABND« wird im Gegensatz zu »ABEND« buchstabiert. Zwischen einem buchstabierten Wort und einem im Ganzen gesprochenen Wort besteht typischerweise ein hörbarer Unterschied. Jedoch ergibt sich eine große Ähnlichkeit zwischen den Firmen bei einer rein visuellen Betrachtung des Firmenkerns (also beim Draufgucken!). Denn die beiden Firmen gleichen sich bis auf einen Buchstaben (das »E«). Dabei wird eine Verwechslungsgefahr durch die jeweilige Verwendung von Großbuchstaben begünstigt (bitte mal selber ausprobieren: »ABND« → »ABEND«). Man sieht, im Firmenkern besteht beim Draufgucken eine beachtliche Verwechslungsgefahr.

Fraglich ist schließlich noch, ob für die Unterscheidbarkeit in § 30 Abs. 1 HGB nicht ausreichend ist, dass sich die Firmen im Rechtsformzusatz unterscheiden – Herr Abend hat als Zusatz »e. Kfm.« und B und D den Zusatz »oHG« angefügt. Dies ist allerdings mit der allgemeinen Meinung zu verneinen, da der Rechtsformzusatz an »dem Auge und Ohr sich einprägenden Bilde nicht teilnimmt« (klingt gut, oder? Nachzulesen in: BGHZ **46**, 7, 12; **80**, 353, 354; MüKo-Heidinger § 30 HGB Rz. 15; GroßKomm/*Hüffer* § 30 HGB Rz. 17; Heymann/*Emmerich* § 30 HGB Rz. 17).

Ergebnis: Eine Unterscheidungskraft im Sinne des § 30 Abs. 1 HGB besteht nicht. Folglich liegt ein Verstoß gegen den Grundsatz der Firmenunterscheidbarkeit vor. Der Rechtspfleger wird die Eintragung der Firma in das Handelsregister aus diesem Grund nicht vornehmen.

Nachschlag

Um die Thematik im Hinblick auf den Begriff sowie die Bedeutung der Firma und die dort zu beachtenden Firmengrundsätze vollständig erfassen zu können, wollen wir uns hier im Nachschlag noch gerade anschauen, was eigentlich mit der Firma passiert, wenn sich die tatsächlichen Verhältnisse nachträglich ändern. Folgende kleine Abwandlung zum Ausgangsfall verdeutlicht die Problematik:

> Wir wollen uns jetzt bitte vorstellen, dass B und D sich letztlich auf den Firmennamen »Breit und Dünn, An- und Verkauf oHG« geeinigt haben. Dummerweise sind B und D aber schon ein halbes Jahr nach der Unternehmenseröffnung heftig zerstritten und beschließen daher, getrennte Wege zu gehen. Da die Geschäftslage ohnehin schlecht aussieht, räumt D freiwillig das Feld. B möchte die bisherige Firma weiterführen. **Kann er das?**

Lösung: Gegen die Möglichkeit, die Firma »Breit und Dünn, An- und Verkauf oHG« weiterhin zu führen, könnten zweierlei Gesichtspunkte sprechen: Zum einen ist es nunmehr *unrichtig*, dass ein Gesellschafter namens »Dünn« an dem Unternehmen beteiligt ist, und zum anderen wird durch das Ausscheiden des D aus der offenen Handelsgesellschaft ein *Einzelhandelsunternehmen* (es gibt keine Ein-Mann-oHG!). Dies wäre rechtlich allerdings nur dann relevant, wenn gegen einen firmenrechtlichen Grundsatz verstoßen wird. In Betracht kommt jetzt ein Verstoß gegen den Grundsatz der *Firmenwahrheit*.

I. Der Grundsatz der Firmenwahrheit folgt aus § 18 Abs. 2 Satz 1 HGB. Danach darf eine Firma keine Angaben enthalten, die geeignet sind, über geschäftliche Verhältnisse, die für die angesprochenen Verkehrskreise wesentlich sind, irrezuführen. Dieses Irreführungsverbot gilt für alle Bestandteile der Firma, also für den Firmenkern, den Rechtsformzusatz und ebenso für einen gegebenenfalls vorhandenen Sachzusatz. Allerdings wird durch den in § 18 Abs. 2 Satz 1 HGB gewählten Wortlaut (»wesentlich«) klargestellt, dass nicht jede irreführende Angabe zur Unzulässigkeit der Firma führt. Die »Wesentlichkeitsschwelle« ist anhand eines objektivierten Dritten aus der Sicht eines durchschnittlichen Angehörigen der betroffenen Verkehrskreise unter Berücksichtigung aller Umstände des Einzelfalls zu bestimmen (BT-Drs. 13/8444, Seite 53; *Koller/Roth/Morck* § 18 HGB Rz. 9). Als »wesentlich« in diesem Sinne ist sicherlich die Rechtsform (BayObLG NJW **1999**, 297, 298) und die Identität der Gesellschafter anzusehen (*E/B/J/Zimmer* § 18 HGB Rz. 11; *Koller/Roth/Morck* § 18 HGB Rz. 15; *Jung* § 15 Rz. 19; vgl. auch BVerfG BRAK-Mitt. **2006**, 172, dort zur Art der ausgeübten Tätigkeit; vgl. OLG Köln FGPrax **2008**, 125 zur Aufnahme eines Doktortitels in die Firma). Genau über diese beiden für den Rechtsverkehr wesentlichen Angaben täuscht die Firma »Breit und Dünn, An- und Verkauf oHG« nach Ausscheiden des D hinweg, denn es liegt jetzt ein Einzelhandelsunternehmen vor, an dem der D nicht mehr beteiligt ist.

ZE.: Unter Berücksichtigung dessen müsste also ein Verstoß gegen den Grundsatz der Firmenwahrheit festgestellt werden.

II. Etwas anderes könnte sich aber noch daraus ergeben, dass das Prinzip der Firmenwahrheit von dem Grundsatz der *Firmenbeständigkeit* grundsätzlich überlagert wird (Großkomm-*Hüffer* § 22 HGB Rz. 2; *Lindacher* in BB 1977, 1676, 1677). Denn das Interesse des Unternehmers, den Namen fortzuführen, insbesondere wegen des Bekanntheitsgrades des Namens, ist anerkennenswert. Diesem sogenannten »Bestandsschutzinteresse« wird in den §§ 21, 22 und 24 HGB Rechnung getragen (*Canaris* § 11 Rz. 17 ff.).

> Im vorliegenden Fall ist **§ 24 HGB** einschlägig (lesen, bitte!), der nämlich auch dann eingreift, wenn einer von zwei Gesellschaftern aus einer Handelsgesellschaft ausscheidet und damit nur noch ein Einzelhandelsunternehmen verbleibt (unstreitig: BGH NJW **1989**, 1798, 1799; *Baumbach/Hopt* § 24 HGB Rz. 9). Als Rechtsfolge sieht § 24 Abs. 1 HGB vor, dass die bisherige Firma auch dann fortgeführt werden kann, wenn sie den Namen des bisherigen Geschäftsinhabers oder den Namen von Gesellschaftern enthält. Dies gilt aber nur mit einer Einschränkung: Gemäß § 24 Abs. 2 HGB ist die ausdrückliche Einwilligung des ausscheidenden Gesellschafters not-

wendig, wenn dessen Name in der Firma enthalten ist. Das heißt also, dass B den D noch um die Einwilligung in die Firmenfortführung bitten muss.

III. Wichtig ist schließlich zu erkennen, dass sich § 24 HGB nur auf den *Firmenkern* bezieht. Dies folgt nicht aus der Vorschrift selbst, sondern ergibt sich aus einem Umkehrschluss zu § 19 Abs. 1, Einleitungssatz HGB (*Canaris* § 11 Rz. 28; *Jung* § 15 Rz. 24). Diese Norm sieht nämlich vor, dass auch bei einer Firmenfortführung nach den §§ 21, 22 und 24 HGB ein entsprechender Rechtsformzusatz erforderlich ist. Diesem Erfordernis kann auf zwei verschiedenen Wegen Rechnung getragen werden: Erstens hat B die Möglichkeit, den Firmenkern beizubehalten und den Zusatz »oHG« zu streichen und durch »e. Kfm.« zu ersetzen. Die zweite Möglichkeit ist, die bisherige unveränderte Firma durch einen Nachfolgezusatz zu ergänzen, der die nunmehr gegebene Rechtsform eindeutig offen legt (vgl. OLG Hamm DB **1999**, 1946 f.; *Bachmann* in EWiR 2000, 87). Würde B nach letzterer Methode firmieren, würde die Firma lauten: »Breit und Dünn, An- und Verkauf oHG, Nachfolger Breit e. Kfm.«

Ergebnis: B kann – die Einwilligung von D vorausgesetzt – die Firma fortführen, wobei er entweder den Rechtsformzusatz ändern oder einen Nachfolgevermerk anhängen muss.

Gutachten

Der Rechtspfleger des zuständigen Registergerichts wird die »ABND, An- und Verkauf oHG« in das Handelsregister gemäß §§ 29, 105 HGB eintragen, sofern kein Verstoß gegen einen firmenrechtlichen Grundsatz der §§ 18 ff. HGB vorliegt.

I. Insoweit ist zunächst festzustellen, dass den §§ 18 ff. HGB seit der Handelsrechtsreform keine Einschränkung mehr bezüglich der Art der Firma zu entnehmen ist. Das heißt, es ist uneingeschränkt die Verwendung einer Personen-, Sach-, Phantasie- und Mischfirma zulässig. Folglich ist es unbedenklich, dass die von B und D ausgesuchte Firmierung sowohl Elemente einer Phantasie- als auch einer Sachfirma enthält, also eine Mischfirma darstellt.

II. Wegen der Benutzung des Passus »ABND« kommt aber eine Verletzung des Grundsatzes der Firmenunterscheidbarkeit in Betracht. Der Grundsatz der Firmenunterscheidbarkeit ergibt sich zunächst aus § 18 Abs. 1 HGB. Gemäß § 18 Abs. 1 HGB muss die Firma »zur Kennzeichnung des Kaufmanns geeignet sein und Unterscheidungskraft besitzen«.

1.) Fraglich ist zunächst, ob – wie es der Gesetzeswortlaut aufgrund der Formulierung »und« nahe legt – zwischen den Begriffen »Kennzeichnungseignung« und »Unterscheidungskraft« zu differenzieren ist. Dies wird in der Literatur zum Teil befürwortet. Dagegen spricht aber, dass im Gesetzgebungsverfahren nicht streng zwischen diesen Begriffen unterschieden wurde. Aus diesem Grunde ist auch mit der ständigen Rechtsprechung darauf abzustellen, dass die Kennzeichnungseignung eher eine Folge der Unterscheidungskraft als ein eigenständiger Rechtsbegriff ist. Dementsprechend ist bei der Prüfung der Firmenunterscheidbarkeit im Sinne des § 18 Abs. 1 HGB allein das Merkmal der Unterscheidungskraft zugrunde zu legen.

2.) Die Unterscheidungskraft ist zu bejahen, wenn die Firma generell geeignet ist, den Kaufmann von anderen zu unterscheiden, also zu individualisieren. Wann dies der Fall ist, kann nicht nach einer allgemein gültigen Formel bestimmt werden. Vielmehr sind insofern die in Rechtsprechung und Literatur anerkannten Fallgruppen heranzuziehen. Eine der Fallgruppen betrifft den Gebrauch von Buchstabenfolgen, die als Wort nicht auszusprechen sind. Insoweit hat die Rechtsprechung früher eine individualisierende Wirkung verneint. Hiergegen spricht aber, dass sich der Rechtsverkehr längst an Abkürzungen in Form von Buchstabenfolgen gewöhnt hat, wenn man beispielsweise an Firmen wie BMW, TUI oder LTU denkt. Mit anderen Worten ist der Rechtsverkehr in der Lage – auch wenn er die Bedeutung der Buchstaben nicht (er-)kennt – eine Zuordnung zwischen »Buchstaben« und einem bestimmten Unternehmen vorzunehmen. Dies hat auch die Rechtsprechung erkannt und daher grundsätzlich die Unterscheidungskraft bejaht. Eine Ausnahme wird lediglich bei der Verwendung von gleichförmigen Buchstabenfolgen gemacht. B und D haben keine einheitliche Buchstabenreihe verwendet. Folglich stehen der Verwendung des Passus »ABND« in der Firma unter diesem Gesichtspunkt keine durchgreifenden Bedenken entgegen. Diese Abkürzung für die Namen der Gesellschafter hat Unterscheidungskraft im Sinne des § 18 Abs. 1 HGB.

3.) Ein Verstoß gegen den Grundsatz der Firmenunterscheidbarkeit kommt dennoch in Betracht. Eine weitere Ausprägung dieses Grundsatzes findet sich in § 30 Abs. 1 HGB. Gemäß § 30 Abs. 1 HGB muss sich jede neue Firma von allen an demselben Ort oder in derselben Gemeinde bereits bestehenden und in das Handelsregister eingetragenen Firmen deutlich unterscheiden. Aus dem Tatbestandsmerkmal »deutlich« folgt, dass bereits ein Verstoß gegen diesen Grundsatz anzunehmen ist, wenn eine »ernstliche Verwechslungsgefahr« besteht. Dabei ist der Gesamteindruck der Firmen beziehungsweise das »Klangbild für Auge und Ohr« entscheidend. Dieser Gesamtbetrachtung sind die Firmen zugrunde zu legen, wie sie in das Handelsregister eingetragen/einzutragen sind. Eine audiovisuelle Betrachtung des Firmenkerns zeigt nur eine geringe Verwechslungsgefahr. Denn »ABND« wird im Gegensatz zu »ABEND« buchstabiert. Zwischen einem buchstabierten Wort und einem im Ganzen gesprochenen Wort besteht typischerweise ein hörbarer Unterschied. Jedoch ergibt sich eine große Ähnlichkeit zwischen den Firmen bei einer visuellen Betrachtung des Firmenkerns. Denn die beiden Firmen gleichen sich bis auf einen Buchstaben (das »E«). Dabei wird eine Verwechslungsgefahr durch die Verwendung von Großbuchstaben begünstigt. Somit besteht im Firmenkern eine Verwechslungsgefahr. Fraglich ist aber, ob für die Unterscheidbarkeit in § 30 Abs. 1 HGB nicht ausreichend ist, dass sich die Firmen im Rechtsformzusatz unterscheiden – Herr Abend hat als Zusatz »e. Kfm.«, während B und D den Zusatz »oHG« angefügt haben. Hiergegen spricht aber, dass dem Rechtsformzusatz keine für das Auge und Ohr entscheidende Bedeutung zukommt. Mithin verstößt die Firma »ABND, An- und Verkauf oHG« gegen die Firmenunterscheidbarkeit im Sinne des § 30 Abs. 1 HGB.

Ergebnis: Somit wird der Rechtspfleger die Eintragung der Firma in das Handelsregister nicht vornehmen.

Fall 3

Das Ende einer Freundschaft

Rechtsstudent R betreibt nebenberuflich das Fotostudio »Foto R e. Kfm.«. Da seine Leistungen im Studium mittlerweile erheblich nachlassen, geht er auf den Vorschlag seines Freundes F, der das Unternehmen weiterführen möchte, ein. R kündigt im August 2006 den Pachtvertrag mit seinem Verpächter P, und der P verpachtet das Fotostudio sofort an F. Verträge zwischen R und F werden nicht geschlossen. F führt sodann das Fotostudio weiter, wobei er den Namen »Foto R e. Kfm.« – mit Einverständnis des R – beibehält.

Wenige Wochen nach Übernahme des Geschäfts beginnt dann das Drama: Zunächst meldet sich bei F der Lieferant L und verlangt von F die Zahlung von 5.000 Euro. L hatte nämlich an R im Januar 2006 diverse Waren mit diesem Wert geliefert und seither erfolglos versucht, bei R das Geld einzutreiben. Zudem sieht sich F nun auch einer Forderung des R in Höhe von 3.000 Euro ausgesetzt, da im November 2006 – also lange nach der Geschäftsübernahme – der ehemalige Kunde K des R diese 3.000 Euro an F gezahlt hatte, obwohl es sich hierbei um eine im März 2006 damals noch von R ausgestellte Rechnung handelte. R meint, diese 3.000 Euro stünden ihm zu.

F will wissen, ob er an L und R zahlen muss.

> **Schwerpunkte**: Die Haftung des Erwerbers bei der Firmenfortführung gemäß § 25 HGB; Haftung für Verbindlichkeiten eines anderen; Haftungsausschluss nach § 25 Abs. 2 HGB; Anspruch aus § 816 Abs. 2 BGB bei Zahlung an den Firmennachfolger. Im Anhang: Die Haftung des Erben bei Geschäftsfortführung nach § 27 HGB; Haftungsausschluss nach den §§ 27, 25 Abs. 2 BGB; Anwendbarkeit des § 28 HGB auf die BGB-Gesellschaft?

Lösungsweg

A. Anspruch des L gegen F

Vorüberlegung: Der L verlangt von F die Kaufpreiszahlung für die im Januar 2006 an R gelieferten Waren. Den in Rede stehenden Kaufvertrag hat der L offensichtlich nicht mit F, sondern mit R abgeschlossen – zu diesem Zeitpunkt war die Fortführung des Fotoladens durch F zwischen R und F noch nicht erfolgt oder besprochen.

Es stellt sich also die Frage, in welchen Fällen ein vertraglicher Anspruch gegen einen Dritten, also einen am ursprünglichen Vertrag gar nicht Beteiligten, geltend gemacht werden kann. Das ist klassische juristische Prüfungsmaterie, die insbesondere im HGB regelmäßig Gegenstand von universitären Übungsarbeiten sowie Examensklausuren ist. Um das vernünftig in den Griff zu bekommen, werden wir uns nun zunächst mal die Möglichkeiten bzw. Voraussetzungen anschauen, unter denen ein Dritter überhaupt in die Haftung eintreten kann bzw. muss. Das ist jetzt zu Beginn leider erst mal reine Wissensvermittlung, dementsprechend auch vergleichsweise langweilig. Da müssen wir aber trotzdem durch, den Kram brauchen wir nämlich weiter unten in der Lösung; im Übrigen gehört es auch zum absoluten Standardprogramm aus dem Zivilrecht und wird dementsprechend als bekannt vorausgesetzt.

Also: Es gibt folgende Möglichkeiten, einen Dritten für eine ursprünglich von einem anderen begründete Verbindlichkeit haften zu lassen:

(1) Die *gesetzliche* Vertragsübernahme:

Die in der juristischen Ausbildung relevanten Fälle der gesetzlichen Vertragsübernahme finden sich hauptsächlich in **§ 613a BGB** – der Betriebsübergang im Arbeitsrecht und der in **§ 566 BGB** geregelte Wechsel des Vermieters. Kennzeichnend für diese gesetzliche Vertragsübernahme ist, dass der neue Vertragspartner bezüglich des *gesamten* Schuldverhältnisses an die Stelle des bisherigen Vertragspartners tritt (BAG DB **1978**, 1795; BGH NJW **1989**, 2053 zu dem mit § 566 BGB inhaltsgleichen § 571 BGB a.F.; *Jung* § 19 Rz. 15; *Palandt/Weidenkaff* § 566 BGB Rz. 1; *Preis*, Band I, § 73 I).

(2) Die *vertragliche* Vertragsübernahme:

Dieses gesetzlich <u>nicht</u> geregelte Rechtsinstitut ist wegen des Grundsatzes der Privatautonomie allgemein anerkannt. Eine vertragliche Regelung in diesem Sinne führt das gleiche Ergebnis wie bei der gesetzlichen Vertragsübernahme herbei; der neue Vertragspartner tritt bezüglich des *gesamten* Schuldverhältnisses an die Stelle des bisherigen Vertragspartners (MüKo-*Möschel* vor § 414 BGB Rz. 7; *Larenz*, Schuldrecht AT, § 35 III; ausführlich *Pieper*, Vertragsübernahme und Vertragsbeitritt, 1963).

(3) Die *Schuldübernahme* gemäß **§§ 414 ff. BGB**:

Bei der sogenannten befreienden Schuldübernahme tritt der Dritte an die Stelle des alten Schuldners. Das heißt: Der Schuldner wird *ausgewechselt*. Allerdings gilt dies – in Abgrenzung zur Vertragsübernahme – nicht bezüglich des gesamten Schuldverhältnisses, sondern lediglich in Bezug auf die **konkrete** Verbindlichkeit (*Palandt/Grüneberg* Überbl. v. § 414 BGB Rz. 1 ff.; *Erman-Röthel* vor § 414 BGB Rz. 3).

(4) Der *vertragliche Schuldbeitritt*:

Dieser gesetzlich wieder nicht geregelte Fall ist nach allgemeiner Meinung problemlos zulässig (seit RGZ **59**, 232 ff.). Charakteristisch für den vertraglichen Schuldbeitritt ist, dass der alte und der neue Schuldner nun **kumulativ** haften. Allerdings ist auch hier nur die jeweilige Verbindlichkeit und nicht das gesamte Schuldverhältnis betroffen (BGH WM **1977**, 1451, 1452; MüKo-*Möschel* vor § 414 BGB Rz. 9; PWW/*Müller* § 415 BGB Rz. 12).

(5) Der *gesetzliche Schuldbeitritt*:

Eine Vielzahl von Normen des BGB und HGB sieht einen gesetzlichen Schuldbeitritt, also wieder die kumulative Haftung der beiden Schuldner, vor. Im BGB sind dies beispielsweise die §§ 546 Abs. 2 und 604 Abs. 4 BGB (*Palandt/Grüneberg* Überbl. v. § 414 BGB Rz. 2 ff.). Als Beispiele im HGB sind die §§ 25, 28 HGB zu nennen (BGHZ **42**, 381, 384; *Heymann/Emmerich* § 25 HGB Rz. 26; *Koller/Roth/Morck* § 25 HGB Rz. 7).

(6) Die *handelsübliche Bekanntmachung* nach **§ 25 Abs. 3 HGB**:

Hier wird die Haftung des Nachfolgers allein durch dessen Erklärung an die Öffentlichkeit, etwa mittels einer Zeitungsanzeige oder eines Rundschreibens an alle Gläubiger, ausgelöst (Großkomm-*Hüffer* § 25 HGB Rz. 105; *Baumbach/Hopt* § 25 HGB Rz. 17).

So. Das sind also die verschiedenen Varianten, nach denen ein vormals »Dritter« nunmehr zum Schuldner aus einer von einem anderen begründeten Verbindlichkeit werden kann. Und wir werden uns jetzt mal anschauen, was das für den vorliegenden Fall konkret bedeutet, nämlich:

Da F und R keinerlei vertragliche Regelungen getroffen haben, scheiden diejenigen Tatbestände von vornherein aus, die ihre Grundlage in einer vertraglichen Abrede zwischen dem ursprünglichen und dem neuen Schuldner haben. Damit sind also die vertragliche Vertragsübernahme, die Schuldübernahme nach §§ 414 ff. BGB sowie der vertragliche Schuldbeitritt schon mal aus dem Rennen. Des Weiteren liegen die Fälle der gesetzlichen Vertragsübernahme nicht vor, und eine handelsübliche Bekanntmachung der Haftungsübernahme ist offensichtlich auch nicht erfolgt (davon steht nämlich nix im Fall). Folglich kommt hier nur ein *gesetzlicher Schuldbeitritt* gemäß **§ 25 Abs. 1 Satz 1 HGB** in Betracht (lesen, bitte!).

> **Klausurtipp:** § 25 Abs. 1 Satz 1 HGB kann übrigens für sich allein niemals die Anspruchsgrundlage in der Klausur sein. Die Vorschrift steht immer im untrennbaren Zusammenhang zu der jeweiligen Verbindlichkeit. Dies ist in unserem Fall der Anspruch auf Kaufpreiszahlung gemäß § 433 Abs. 2 BGB. Die Anspruchsgrundlage muss also § 25 Abs. 1 Satz 1 HGB in Verbindung mit (hier) § 433 Abs. 2 BGB sein. Wichtig, bitte merken.

AGL.: §§ 25 Abs. 1 Satz 1 HGB, 433 Abs. 2 BGB

Zur Begründung des Anspruchs setzt § 25 Abs. 1 Satz 1 HGB voraus, dass ein unter Lebenden erworbenes Handelsgeschäft unter der bisherigen Firma mit oder ohne das Nachfolgeverhältnis andeutenden Zusatz fortgeführt wird (Gesetz lesen).

> **Durchblick:** Um die Vorschrift des § 25 Abs. 1 HGB verstehen zu können, muss man sich zunächst klarmachen, warum der Tatbestand des § 25 Abs. 1 Satz 1 HGB an die Fortführung der »Firma« anknüpft. Eigentlich macht das nämlich gar keinen Sinn. Wir erinnern uns bitte: Die »Firma« ist gemäß § 17 HGB lediglich der *Name* des Unternehmensträgers – und eben nicht der Unternehmensträger selbst. Frage: Was hat dann die Firma mit der Haftung zu tun? Antwort: Eigentlich nichts.
>
> Allerdings ist der Rechtsverkehr typischerweise nicht in der Lage, zwischen den Begriffen »Firma« und »Unternehmensträger« zu unterscheiden. Das hat zur Folge, dass im Verkehr die »Firma« – ohne Rücksicht auf die Person ihres Inhabers – als Trägerin der durch den Handelsbetrieb begründeten Rechte und Pflichten angesehen wird. Diese falsche (!) Haftungserwartung des Rechtsverkehrs wollte der Gesetzgeber nicht enttäuschen (vgl. Großkomm-*Hüffer* § 25 HGB Rz. 21 ff., 27; E/B/J/*Zimmer*/*Scheffel* § 25 HGB Rz. 2; *Lieb*, Festschrift für Börner, 1992, Seite 747, 751; *Schricker* in ZGR 1972, 121, 151; *Zerres* in Jura 2006, 253). Um eine vom Rechtsverkehr erwartete Haftung herbeizuführen, bedurfte es deshalb einer Norm, die die Haftung für Altverbindlichkeiten und die Firmenfortführung ausdrücklich miteinander verquickt. Und dies ist mit § 25 Abs. 1 Satz 1 HGB geschehen. Kapiert!?

I. Voraussetzung für eine Haftung nach § 25 Abs. 1 Satz 1 HGB ist der *Erwerb* eines *Handelsgeschäfts* unter Lebenden, sofern kein Ausschlusstatbestand nach § 25 Abs. 2 HGB vorliegt. Prüfen wir mal:

1.) Ein *Handelsgeschäft* im Sinne der Norm liegt vor, wenn es sich um ein kaufmännisches Handelsgeschäft handelt. Demnach ist § 25 Abs. 1 Satz 1 HGB auf Nichtkaufleute <u>nicht</u> anwendbar (BGHZ **18**, 248, 250; **22**, 234, 240; MüKo-*Lieb* § 25 Rz. 29; *Hübner* Rz. 253). Unser R war im Handelsregister unter dem Namen »Foto R e. Kfm.« eingetragen. Es handelte sich demnach um ein Einzelhandelsunternehmen, was sich jedenfalls aus **§ 2 Satz 1 HGB** ergibt.

> **Beachte:** Dass das Fotostudio im Handelsregister eingetragen ist, ergibt sich aus der Firmierung. Dort heißt es nämlich »e. Kfm.«. Das ist gemäß § 19 Abs. 1 Nr. 1 HGB eine allgemein verständliche Abkürzung für *eingetragener* Kaufmann. Da keinerlei Anhaltspunkte für eine missbräuchliche Verwendung des Zusatzes vorliegen, darf in einer Klausur nicht problematisiert werden, ob R Kaufmann ist. Denn die Kaufmannseigenschaft folgt in jedem Fall aus § 2 Satz 1 HGB.

2.) Die Tatbestandsvoraussetzung des *Erwerbs* ist bei *jeder* Form der Unternehmensübertragung und Unternehmensüberlassung grundsätzlich in Betracht zu ziehen. Damit fallen neben dem typischen Fall des Unternehmenskaufs beispielsweise auch die Schenkung, Nießbrauch, Vermächtnis und die Pacht in den Anwendungsbereich des § 25 Abs. 1 HGB (BGH NJW **1986**, 581; **1992**, 911, 912; GroßKomm-*Hüffer* § 25 HGB Rz. 38; *Zerres* in Jura 2006, 253). Hierbei kommt es übrigens nach herrschender Ansicht nicht auf die Wirksamkeit des Vertrages, sondern auf einen tatsächlich vollzogenen Übergang an (BGH NJW **1986**, 581; **1992**, 911, 912; *Koller/Roth/Morck* § 25 HGB Rz. 4; *U. Huber* Festschrift für Raisch, Seite 97 f.; *Zerres* in Jura 2006, 253; **a.A.** aber *Canaris* § 7 Rz. 24).

Der R hat das Handelsgeschäft durch einen mit P abgeschlossenen Pachtvertrag erworben. Nach dem eben Gesagten ist damit ein tatbestandlicher Erwerb grundsätzlich zu bejahen.

> **Feinkostabteilung:** Einen Augenblick wollen wir insoweit bitte noch den Umstand beachten, dass zwischen dem alten (R) und dem neuen (F) Unternehmensträger keine unmittelbare vertragliche Beziehung besteht. Den Pachtvertrag hat F nicht mit R, sondern nach Auskunft des Sachverhaltes mit P abgeschlossen. Diese Konstellation wird als *Doppelpächterfall* bezeichnet. In den sogenannten »Doppelpächterfällen« ist das Fehlen eines unmittelbaren vertraglichen Kontakts zwischen den Unternehmensträgern unschädlich, wenn der Verpächter das Handelsgeschäft alsbald an den nächsten weiterverpachtet hat (BGH NJW **1984**, 1186, 1187; MüKo-*Lieb* § 25 HGB Rz. 48; *Baumbach/Hopt* § 25 HGB Rz. 4; GroßKomm-*Hüffer* § 25 HGB Rz. 38 und 81; *Röhricht/Graf v. Westphalen/Ammon/Ries* § 25 HGB Rz. 6; *Canaris* § 7 Rz. 23; *K. Schmidt* in NJW 1984, 1187).

<u>ZE.:</u> Und genau so war das im vorliegenden Fall. Somit liegt ein **Erwerb** gemäß § 25 Abs. 1 Satz 1 HGB vor. Dieser Erwerb fand auch unter Lebenden statt.

II. Des Weiteren muss F das Handelsgeschäft unter der bisherigen Firma fortgeführt haben. An dieser Stelle muss man genau aufpassen. Denn hinter diesem Satz verbergen sich <u>zwei</u> Tatbestandsvoraussetzungen, und zwar:

1.) Der F muss das **Handelsgeschäft** tatsächlich fortgeführt haben (*Baumbach/Hopt* § 25 HGB Rz. 6). Von einer Unternehmensfortführung in diesem Sinne ist auszugehen, wenn der Betrieb von dem einen Inhaber in seinem wesentlichen Bestand unverändert weitergeführt wird, der Tätigkeitsbereich, die innere Organisation und die Räumlichkeiten ebenso wie Kunden- und Lieferantenbindungen jedenfalls im Kern und/oder Teile des Personals übernommen werden (BGH NJW **2010**, 236, 238; BGH NJW-RR **2010**, 246 f.; BGH WM **2008**, 2273; BGH NJW **2006**, 1001; BGH NJW **1982**, 1646, 1647 mit Anmerkung *K. Schmidt*; **1992**, 911, 912; OLG Bremen ZIP **1988**, 1396; *E/B/J/Zimmer/Scheffel* § 25 HGB Rz. 29; *Bracker* in BB **1997**, 114).

> **Für Fortgeschrittene:** Eine Fortführung des Handelsgeschäfts im Sinne von § 25 Abs. 1 HGB kommt auch bei einer sukzessiv erfolgenden Übernahme des Unternehmens und Fortführung desselben unter Beibehaltung der prägenden Firmenbestandteile in Betracht (BGH NJW-RR **2009**, 820 f.). In dem der vorgenannten Entscheidung des BGH zugrunde liegenden Fall traten die beiden Unternehmen – also das übernommene und das übernehmende Unternehmen – sogar ein Jahr parallel

am Markt auf; maßgeblich ist auch in einer solchen Kostellation letztlich, ob sich für den Rechtsverkehr die Betätigung des übernehmenden Unternehmens als Weiterführung des ursprünglichen Unternehmens in seinen wesentlichen Bestandteilen darstellt.

Zurück zum Fall.: Da F keinerlei Veränderungen hinsichtlich des Geschäftsbetriebs vorgenommen hat, liegt dieses Tatbestandsmerkmal vor.

2.) Außerdem ist die *Firmenfortführung* erforderlich. Eine wort- oder gar buchstabengetreue Fortführung der bisherigen Firma wird dabei aber nicht gefordert. Ausreichend ist die Erhaltung der Firmierung im Kern, also die Fortführung des prägenden Teils der Firma, wobei für die Beurteilung der Firmenidentität in diesem Sinne die Verkehrsanschauung zugrunde zu legen ist (BGH NJW **2010**, 236, 237; BGH WM **2008**, 2273; BGH NJW **2006**, 1001; BGH NJW **1992**, 911, 912; **1986**, 581, 582; BGH JA **2004**, 698 (LS) mit Anmerkung *Keltsch*, Seite 698 f.; OLG Brandenburg vom 04.04.**2007** Az. 7 U 170/06; vgl. auch die zahlreichen Beispielsfälle bei MüKo-*Lieb* § 25 HGB Rz. 66).

> **Klausurtipp:** In einer Klausur darf an dieser Stelle nicht problematisiert werden, ob die Firmierung den *firmenrechtlichen* Grundsätzen entspricht (siehe hierzu Fall 2). Denn die Zulässigkeit der alten und/oder neuen Firma ist für die Anwendbarkeit des § 25 Abs. 1 Satz 1 HGB irrelevant (BGH NJW **1986**, 581, 582; *Baumbach/Hopt* § 25 HGB Rz. 7; *Koller/Roth/Morck* § 25 HGB Rz. 6). Merken.

ZE.: Die Firma lautet vorher wie nachher »Foto R e. Kfm.«, so dass eine Firmenfortführung gegeben ist.

III. Als – negatives – Tatbestandsmerkmal ist abschließend zu prüfen, ob der Haftungsausschluss nach **§ 25 Abs. 2 HGB** eingreift.

Nach § 25 Abs. 2 HGB setzt eine wirksame abweichende Vereinbarung zwischen den Beteiligten die gesetzliche Regelung außer Kraft, sofern diese entsprechend publik gemacht wurde. Für die Verlautbarung des Haftungsausschlusses bestehen zwei Möglichkeiten: Zum einen können Erwerber und Veräußerer die abweichende Regelung in das Handelsregister eintragen <u>und</u> bekannt machen lassen. Als zweite Variante ist eine formlose Mitteilung an den Dritten vorgesehen (vgl. *Baumbach/Hopt* § 25 HGB Rz. 14; *Röhricht/Graf v. Westphalen/Ammon/Ries* § 25 HGB Rz. 40). Als ungeschriebenes Tatbestandsmerkmal ist in beiden Fällen zudem zu beachten, dass die Eintragung/Bekanntmachung beziehungsweise die Mitteilung unverzüglich im Sinne des § 121 Abs. 1 BGB erfolgen muss (RGZ **75**, 139, 140; BGHZ **29**, 1, 2; BGH NJW-RR **1992**, 866, 867 mit Anmerkung *K. Schmidt*; OLG München BB **2007**, 903; *Roth* Rz. 580). Anderenfalls vollziehen sich die aus § 25 Abs. 1 HGB resultierenden Rechtsfolgen, der gesetzliche Schuldbeitritt (Satz 1) und der fingierte Forderungsübergang (Satz 2), im Zeitpunkt des Geschäftsübergangs. Eine verspätete Vornahme der Publikationsakte vermag dies nicht mehr zu ändern (BGH WM **1992**, 736, 738; *Heymann/Emmerich* § 25 HGB Rz. 47).

Zum Fall: Da F und R keinerlei Regelungen betreffend der Altverbindlichkeiten getroffen haben, scheidet ein Haftungsausschluss nach § 25 Abs. 2 HGB aus.

Ergebnis: Die Voraussetzungen des gesetzlichen Schuldbeitritts nach § 25 Abs. 1 Satz 1 HGB liegen vor. Folglich muss F neben R gesamtschuldnerisch im Sinne der §§ 421 ff. BGB (vgl. RGZ **135**, 104, 107; *Koller/Roth/Morck* § 25 HGB Rz. 7; *Hübner* Rz. 260) für die wirksame Kaufpreisschuld nach § 433 Abs. 2 BGB haften. Das Begehren des L gegen F auf Zahlung von 5.000 Euro ist also begründet.

B. Anspruch des R gegen F

I. R und F haben keinerlei Regelungen hinsichtlich Altforderungen getroffen, so dass vertragliche Ansprüche nicht in Betracht kommen.

II. Der R könnte gegen F aber einen Anspruch auf Zahlung in Höhe von 3.000 Euro aus **§ 816 Abs. 2 BGB** haben.

Keine Panik! Das ist zwar jetzt eine Norm aus dem ungeliebten Bereicherungsrecht, jedoch ist das Auffinden der Anspruchsgrundlage in diesem Fall auch schon das Schlimmste – und das haben wir ja hinter uns. Jetzt müssen wir den § 816 Abs. 2 BGB nur noch lesen (!) und subsumieren, und zwar so:

1.) Der § 816 Abs. 2 BGB setzt zunächst voraus, dass an den Anspruchsgegner als Nichtberechtigten eine Leistung erbracht wurde. Nichtberechtigter ist, wer nicht Inhaber des Rechts oder als Rechtsinhaber nicht verfügungsberechtigt ist (*Palandt/Sprau* § 816 BGB Rz. 7a; *Jauernig/Jauernig* § 185 Rz. 5; *AK-Ott* § 185 BGB Rz. 11).

Wir müssen uns demnach fragen, ob der F als Leistungsempfänger hier »Nichtberechtigter« im Sinne des § 816 Abs. 2 BGB gewesen ist. Die Antwort darauf könnte sich aus **§ 25 Abs. 1 Satz 2 HGB** ergeben, der die im Handelsgeschäft des Vorgängers entstandenen Forderungen zum Regelungsgegenstand hat. Bereits aus dem Wortlaut des § 25 Abs. 1 Satz 2 HGB ergibt sich, dass die Norm keinen gesetzlichen Forderungsübergang (»cessio legis«) anordnet. Die Formulierung »*gelten*« als übergegangen lässt auf den rein *fiktiven* Charakter der Vorschrift schließen. Folglich wird der Rechtsübergang im Verhältnis zu Dritten lediglich fingiert (MüKo-*Lieb* § 25 HGB Rz. 102; *K. Schmidt* § 8 II 2d; *Jung* § 19 Rz. 14). Einen tatsächlichen Forderungsübergang bewirkt § 25 Abs. 1 Satz 2 HGB nicht.

<u>**ZE.:**</u> Mithin ist F – ohne dass der Tatbestand des § 25 Abs. 1 Satz 2 HGB näher zu prüfen ist – jedenfalls nicht Forderungsinhaber geworden. F handelte somit als Nichtberechtigter, als er die Zahlung des K in Höhe von 3.000 Euro annahm.

2.) Die Leistung müsste dem *Berechtigten* gegenüber *wirksam* sein. Berechtigter ist weiterhin R als Forderungsinhaber, da keine Anhaltspunkte vorliegen, die Zweifel an der Verfügungsmacht des R begründen. Zu prüfen ist daher nur, ob die Zahlung an F gegenüber R *wirksam* ist.

Ob eine Leistung im Sinne des § 816 Abs. 2 BGB wirksam ist, ist anhand der im Gesetz ausdrücklich geregelten Fälle zu beurteilen (PWW/*Leupertz* § 816 BGB Rz. 18; *Palandt/Sprau* § 816 BGB Rz. 8; *Erman-H.-P. Westermann* § 816 BGB Rz. 15). Eine Norm, die die Wirksamkeit einer Leistung gegenüber dem Rechtsinhaber anordnet, stellt **§ 25 Abs. 1 Satz 2 HGB** dar (MüKo-*Lieb* § 25 HGB Rz. 102; *K. Schmidt* § 8 II 2d). Denn die Fiktion (siehe oben) bewirkt, dass Dritte mit befreiender Wirkung an den neuen Inhaber des Handelsgeschäfts zahlen können. Mit anderen Worten: Der Vorgänger muss die Zahlung an seinen Nachfolger dulden. Da dies logischerweise nur gilt, wenn die Voraussetzungen des § 25 Abs. 1 Satz 2 HGB vorliegen, prüfen wir:

a) Wie im Rahmen des § 25 Abs. 1 Satz 1 HGB, ist auch hier der rechtsgeschäftliche Erwerb des Handelsgeschäfts, die Fortführung des Unternehmens und die Firmenfortführung erforderlich. Insoweit können wir auf die Prüfung oben unter A. verweisen und feststellen, dass diese Voraussetzung vorliegt.

b) Aus § 25 Abs. 1 Satz 2 HGB ergibt sich als weitere Voraussetzung, dass die Forderung im Betrieb des früheren Inhabers entstanden sein muss. Darüber hinaus muss es sich um eine formfrei – anderenfalls würden die Formvorschriften übergangen – übertragbare Forderung handeln (*Baumbach/Hopt* § 25 HGB Rz. 23; *Jung* § 19 Rz. 13). Beide Tatbestandsmerkmale liegen hier vor.

c) Außerdem stellt § 25 Abs. 1 Satz 2 HGB auf die *Einwilligung* in die Firmenfortführung des früheren Inhabers ab. Hierbei muss es sich nicht um eine ausdrückliche Einwilligung handeln. Es genügt insofern eine wissentliche Duldung seitens des Altinhabers (MüKo-*Lieb* § 25 HGB Rz. 109; *Röhricht/Graf v. Westphalen/Ammon/Ries* § 25 HGB Rz. 36; *Heymann-Emmerich* § 25 HGB Rz. 37). R hatte in die Fortführung der Firma »Foto R e. Kfm.« eingewilligt.

d) Zuletzt greift auch der Ausschlusstatbestand des § 25 Abs. 2 HGB nicht ein, da eine entsprechende Vereinbarung nicht ersichtlich ist (Abs. 2 bezieht sich übrigens auf den gesamten Abs. 1, vgl. BGH WM **1992**, 736, 738; *Baumbach/Hopt* § 25 HGB Rz. 13 und 22; *Roth* Rz. 580).

ZE.: Nach alledem liegen die Tatbestandsvoraussetzungen des § 25 Abs. 1 Satz 2 HGB vor. Die Zahlung durch K erfolgte mit befreiender Wirkung gegenüber R, war diesem gegenüber also wirksam im Sinne des § 816 Abs. 2 BGB.

Ergebnis: Als Rechtsfolge bestimmt § 816 Abs. 2 BGB die Herausgabe des Geleisteten. R hat gegen F folglich einen Anspruch auf Zahlung in Höhe von 3.000 Euro aus § 816 Abs. 2 BGB.

1. Nachschlag zum Fall (Standardprogramm)

Um die eben ausführlich besprochene Problematik im Hinblick auf die Haftungsübernahme bei der Firmenfortführung dann auch wirklich umfassend abzuhandeln, wollen wir uns hier im ersten Nachschlag zunächst eine kleine Abwandlung zum Ausgangsfall anschauen und dabei noch einen ziemlich wichtigen Meinungsstreit lernen. Es geht um folgende Geschichte:

> Wir stellen uns bitte vor, dass der gute R aus unserem Ausgangsfall sein Geschäft jetzt nicht an den F abgegeben, sondern leider bei einem Verkehrsunfall das Zeitliche gesegnet hat. Alleinerbe ist der E, der das Geschäft des R jetzt unter dem Namen »Foto R e. Kfm.« gerne fortführen möchte. Da R ein unübersichtliches Chaos an Rechnungen hinterlassen hat, möchte E im Handelsregister sicherheitshalber einen Haftungsausschluss für sämtliche Altverbindlichkeiten eintragen lassen. **Ist das möglich?**

Lösung: Die Eintragung eines Haftungsausschlusses in das Handelsregister könnte nach **§ 27 Abs. 1 HGB** i. V. m. **§ 25 Abs. 2 HGB** möglich sein. Ein Erbe eines Handelsgeschäfts haftet im Falle der Fortführung des Geschäfts und der Firma grundsätzlich erst mal für <u>alle</u> Altverbindlichkeiten. Dies folgt aus dem Verweis in § 27 Abs. 1 HGB auf § 25 HGB.

Fraglich ist aber, ob im Anwendungsbereich des § 27 Abs. 1 HGB (also bei der Erbenhaftung) ein Haftungsausschluss durch Registereintragung (§ 25 Abs. 2 HGB) herbeigeführt werden kann. Die Beantwortung dessen ist umstritten:

- Gegen die Anwendbarkeit des § 25 Abs. 2 HGB könnte sprechen, dass die in § 27 Abs. 1 HGB angeordnete Haftungsfolge weitestgehend leer liefe, da jeder Erbe routinemäßig eine Eintragung vornehmen würde (MüKo-*Lieb* § 27 HGB Rz. 50; *Röhricht/Graf v. Westphalen/Ammon/Ries* § 27 HGB Rz. 41; *K. Schmidt* § 8 IV 3a; *Grote* in BB 2001, 2595, 2596).

- Diese Argumentation verkennt aber, dass sich der Verweis in § 27 Abs. 1 HGB eindeutig auf die *gesamte* Vorschrift des § 25 HGB bezieht. Eine Differenzierung nach den verschiedenen Absätzen des § 25 HGB wird nämlich nicht vorgenommen (*Heymann/Emmerich* § 27 HGB Rz. 17; *Baumbach/Hopt* § 27 HGB Rz. 8; GK-*Nickel* § 27 HGB Rz. 11; *Koller/Roth/Morck* § 27 HGB Rz. 8; *Brox/Henssler* Rz. 187; *Hueck* in ZHR 108 (1941), Seite 10 ff.). Unschädlich ist auch, dass der Haftungsausschluss nicht – wie in § 25 Abs. 2 HGB vorgesehen – auf einer Vereinbarung beruht, sondern auf eine einseitige Willenserklärung des Erben zurückzuführen ist. Der § 27 Abs. 1 HGB ordnet ohnehin nur eine »entsprechende« Anwendung an, und außerdem liegt es in der Natur der Sache, dass sich Erblasser und Erbe nicht mehr einigen können (*Canaris* § 7 Rz. 111). Letztlich beachtlich ist der Sinn der §§ 25 ff. HGB: Der § 27 Abs. 1 HGB trägt – wie auch § 25 Abs. 1 Satz 1 HGB – lediglich einer *falschen* Haftungserwartung des Verkehrs Rechnung (siehe unsere Erläuterungen weiter oben). Diese nicht durch einen Haftungsausschluss zerstören zu können, wäre unbillig (*Canaris* § 7 Rz. 111).

Ergebnis: Wir wollen mit den genannten Argumenten der zweiten Ansicht folgen mit der Konsequenz, dass die Eintragung eines Haftungsausschlusses seitens des Erben E im vorliegenden Fall möglich wäre (beachte noch: Weitere Fragen des Haftungsausschlusses im Anwendungsbereich des § 27 HGB ergeben sich bei der Veräußerung des Unternehmes und dem Verzicht auf die Fortführung der Firma. Zur Vertiefung hierzu vgl. *Zerres* in Jura 2006, 253, 254 f.).

2. Nachschlag (schwer! – Fortgeschrittenenmaterie)

Eine weitere Vorschrift, die das Schicksal der Verbindlichkeiten und Forderungen im Falle eines Inhaberwechsels zum Gegenstand hat, ist **§ 28 HGB**. Diese Norm greift in ihrem direkten Anwendungsbereich ein, wenn jemand als persönlich haftender Gesellschafter oder als Kommanditist in das *Handelsgeschäft* eines Einzelkaufmanns »eintritt«. So ist der Wortlaut des Gesetzes. Gemeint ist damit, dass eine Personenhandelsgesellschaft— eine oHG oder eine KG – unter Einbringung eines einzelkaufmännischen Handelsgeschäfts gegründet wird (*Baumbach/Hopt* § 28 HGB Rz. 3). Die einzelnen Tatbestandsvoraussetzungen lassen sich dabei zwanglos dem Gesetzeswortlaut entnehmen, wozu insbesondere die Firmenfortführung – anders als bei § 25 Abs. 1 HGB – nicht gehört (*Baumbach/Hopt* § 28 HGB Rz. 1).

Fraglich ist aber, ob die Vorschrift auch dann zur Anwendung gelangt, wenn ein weiterer persönlich haftender Gesellschafter in ein *nicht kaufmännisches* Geschäft »eintritt«, also eine Gesellschaft bürgerlichen Rechts (GbR) gegründet wird. Nach seinem Wortlaut (»Firma«, »Kaufmann«) ist § 28 Abs. 1 HGB auf kleingewerbliche Unternehmen nicht anwendbar (BGH WM **1972**, 21, 22; OLG Düsseldorf ZIP **2002**, 617, 619), so dass allenfalls eine analoge Anwendung in Betracht kommt. Es geht dabei um folgenden Fall:

> Wir wollen uns vorstellen, dass der R seinen Fotoladen nicht als Kaufmann, sondern als Kleingewerbetreibender führt, und zwar ohne in das Handelsregister eingetragen zu sein. Da sein Kommilitone K die Idee prima findet und im Übrigen auch über erhebliche Kenntnisse in der Fotoentwicklung verfügt, gründen R und K die »Foto- und Entwicklungsgesellschaft GbR«, wobei R das bisherige Geschäft und K sein Privatvermögen in Höhe von 10.000 Euro einbringt. Gläubiger G, dem der R noch 2.000 Euro aus alten Verbindlichkeiten des Fotogeschäfts schuldet, will wissen, ob er diesen Betrag nun auch von K fordern kann.

Lösung: Das ist dann der Fall, wenn K hierfür in analoger Anwendung des § 28 HGB einzustehen hat.

- In der Literatur (MüKo-*Lieb* § 28 HGB Rz. 9; *ders.* Festschrift für Westermann, Seite 321; GroßKomm-*Hüffer* § 28 HGB Rz. 28 f.; *K. Schmidt* § 8 III 1b bb; *ders.* in ZHR 145 (1981), 21 ff.; *Petig/Iglesias* in Jura 2009, 646 ff.) und teilweise auch in der neueren Rechtsprechung (OLG Naumburg ZMR **2007**, 116 mit zustimmender Anmerkung von *Dötsch*) wird eine solche analoge Anwendung vielfach befürwortet mit der Folge, dass der Eintretende (K) für die bereits bestehenden Verbindlichkeiten einstehen muss.

- Diese Ansicht wird allerdings von anderen Vertretern der Wissenschaft abgelehnt, da sie im Widerspruch zu den Voraussetzungen einer Analogie stehe (*Schlegelberger/Hildebrandt/Steckhan* § 28 HGB Rz. 3; *Baumbach/Hopt* § 28 HGB Rz. 2). Eine analoge Anwendung setze nämlich eine planwidrige Gesetzeslücke und eine vergleichbare Interessenlage zwischen dem geregelten und dem ungeregelten Fall voraus (*Larenz*, Methodenlehre der Rechtswissenschaft, Seite 334 f.). Mangels gesetzlicher Regelung der Konsequenzen für die Altverbindlichkeiten und Altforderungen im Falle der Entstehung einer GbR aus einem nicht kaufmännisch geführten Unternehmen besteht eine Gesetzeslücke. Fraglich ist allein, ob diese auch planwidrig ist. Die Planwidrigkeit ist nur bei einer unbewussten Gesetzeslücke anzunehmen (*Larenz*, Methodenlehre der Rechtswissenschaft, Seite 334 f.). Der Gesetzgeber ging davon aus – was auch die Gegenansicht einräumt, vgl. MüKo-*Lieb* § 28 HGB Rz. 9 – dass er mit der Regelung des § 28 HGB eine handelsrechtliche Besonderheit schafft. Mit anderen Worten hat der Gesetzgeber bewusst auf eine weitreichendere Regelung verzichtet, weshalb von einer unbewussten Lücke nicht die Rede sein kann. Außerdem fehlt es an der vergleichbaren Interessenlage. Denn im Vergleich zur oHG/KG würde die GbR bei der Anwendung des § 28 HGB schlechter gestellt: Eine oHG/KG hat gemäß § 28 Abs. 2 HGB die Möglichkeit, einen Haftungsausschluss durch Eintragung im Handelsregister herbeizuführen. Da eine BGB-Gesellschaft nicht registerfähig ist, wäre ihr dies verwehrt. Diese Ungleichbehandlung der BGB-Gesellschaft wird auch nicht durch die Möglichkeit zur Mitteilung des Haftungsausschlusses an alle Gläubiger aufgewogen. Das wäre nicht nur eine unpraktikable Lösung, sondern auch eine, die einen nichtkaufmännischen Unternehmer vollends überfordert (im Ergebnis ebenso: BGH WM **1972**, 21, 22; OLG Düsseldorf ZIP **2002**, 617, 619; *Heymann/Emmerich* § 28 HGB Rz. 14; *Röhricht/Graf v. Westphalen/Ammon/Ries* § 28 HGB Rz. 9; *Koller/Roth/Morck* § 28 HGB Rz. 5). Auch in einer neueren Entscheidung scheint der BGH (BGHZ **143**, 314 ff.) zu dieser Ansicht zu tendieren, wenn er darauf hinweist, dass § 28 HGB die Kaufmannseigenschaft des Einzelunternehmers voraussetzt. Diese Frage musste hier letztlich aber nicht entschieden werden. Eine Entscheidung hat der BGH indes für die »Rechtsanwalts-GbR« getroffen (NJW **2004**, 836 ff.). In diesem Fall wird die analoge Anwendbarkeit des § 28 HGB für Ansprüche im Zusammenhang mit einem Mandatsverhältnis unter Hinweis auf die Besonderheiten des Rechtsverhältnisses zwischen Rechtsanwalt und Mandant abgelehnt. Allerdings betonte der BGH, dass die persönliche Leistungserbringung die berufliche Tätigkeit des Einzelanwalts insgesamt charakterisiere, weshalb nicht etwa nur einzelne Rechtsverhältnisse oder Verbindlichkeiten von einem Übergang der Haftung auszunehmen seien, sondern eine entsprechende Anwendung des § 28 Abs. 1 Satz 1 HGB auf den Eintritt in das *Geschäft* eines Einzelanwalts grundsätzlich zu verneinen sei. Ausdrücklich offen gelassen hat der Senat in dieser Entscheidung, ob eine analoge Anwendbarkeit des § 28 HGB auch ausscheidet, wenn andere Gesellschaften bürgerlichen Rechts betroffen sind.

Ergebnis: Folgt man der zweiten gerade dargestellten Meinung, hat der K für die Altverbindlichkeiten nicht einzustehen. Die erste Auffassung hingegen würde den K in analoger Anwendung des § 28 HGB zur Zahlung verpflichten.

Gutachten

A. Anspruch des L gegen F auf Zahlung von 5.000 Euro

I. Ein Anspruch aus § 433 Abs. 2 BGB kommt nicht in Betracht, da F nicht Partei des Kaufvertrages ist.

II. Eine Verantwortlichkeit für die Kaufpreisverbindlichkeit ergibt sich auch nicht aufgrund einer vertraglichen Vertragsübernahme, eines vertraglichen Schuldbeitritts oder einer Schuldübernahme nach den §§ 414 ff. BGB. Diesen haftungsbegründenden Tatbeständen ist gemeinsam, dass sie auf einer vertraglichen Regelung beruhen. An einer solchen fehlt es im Verhältnis zwischen R und F.

III. Ein Anspruch des L gegen F könnte sich aber aus den §§ 25 Abs. 1 Satz 1 HGB i. V. m. 433 Abs. 2 BGB ergeben.

1.) Voraussetzung für eine Haftung nach § 25 Abs. 1 Satz 1 HGB ist der Erwerb eines Handelsgeschäfts unter Lebenden.

a) Ein Handelsgeschäft im Sinne der Norm liegt vor, wenn es sich um ein kaufmännisches Handelsgeschäft handelt. Der R war im Handelsregister unter dem Namen »Foto R e. Kfm.« eingetragen. Folglich handelt es sich um ein Einzelhandelsunternehmen, was sich jedenfalls aus § 2 Satz 1 HGB ergibt.

b) Der Begriff des Erwerbs im Sinne des § 25 Abs. 1 Satz 1 HGB ist in einem weiten Sinne zu verstehen. Ein Erwerb ist bei jeder Unternehmensübertragung und Unternehmensüberlassung zu bejahen. Damit fallen neben dem typischen Fall des Unternehmenskaufs beispielsweise auch die Schenkung, der Nießbrauch, das Vermächtnis und die Pacht in den Anwendungsbereich des § 25 Abs. 1 HGB. F hat das Handelsgeschäft durch einen Pachtvertrag erworben. Dass F diesen Pachtvertrag mit dem Verpächter P und nicht unmittelbar mit dem früheren Unternehmensträger abgeschlossen hat, ist dabei unschädlich. Nach allgemeiner Meinung genügt für die Anwendung des § 25 Abs. 1 Satz 1 HGB, dass der Verpächter das Handelsgeschäft alsbald an den nächsten weiterverpachtet, sogenannte

Doppelpächterfälle. Dies trifft auf den vorliegenden Fall zu. Somit liegt ein Erwerb gemäß § 25 Abs. 1 Satz 1 HGB vor. Dieser Erwerb fand auch unter Lebenden statt.

2.) Des Weiteren muss F das Handelsgeschäft unter der bisherigen Firma fortgeführt haben. F hat sowohl das Handelsgeschäft als auch die Firma »Foto R e. Kfm.« unverändert weitergeführt.

3.) Ein Haftungsausschluss nach § 25 Abs. 2 HGB kommt mangels einer vertraglichen Regelung zwischen F und R von vornherein nicht in Betracht.

Ergebnis: Die Voraussetzungen des gesetzlichen Schuldbeitritts nach § 25 Abs. 1 Satz 1 HGB liegen vor. Folglich muss F neben R gesamtschuldnerisch für die wirksame Kaufpreisschuld nach § 433 Abs. 2 BGB haften. Das Begehren des L ist also begründet.

B. Anspruch des R gegen F auf Zahlung von 3.000 Euro

I. R und F haben keinerlei Regelungen im Hinblick auf Altforderungen getroffen, so dass vertragliche Ansprüche nicht in Betracht kommen.

II. R könnte gegen F einen Anspruch auf Zahlung in Höhe von 3.000 Euro aus § 816 Abs. 2 BGB haben.

1.) Der § 816 Abs. 2 BGB setzt voraus, dass an den Anspruchsgegner als Nichtberechtigten eine Leistung erbracht wurde. Nichtberechtigter ist, wer nicht Inhaber des Rechts oder als Rechtsinhaber nicht verfügungsberechtigt ist. Fraglich ist demnach, ob F Forderungsinhaber war. Dies würde sich aus § 25 Abs. 1 Satz 2 HGB ergeben, wenn diese Norm einen gesetzlichen Forderungsübergang, sogenannte »cessio legis«, anordnen würde. Gegen die Annahme eines gesetzlichen Forderungsübergangs spricht bereits der Wortlaut des § 25 Abs. 1 Satz 2 HGB (»gelten als übergegangen«). Hiermit wird klargestellt, dass diese Vorschrift den Rechtsübergang im Verhältnis zu Dritten lediglich fingiert. Mithin ist F – ohne dass der Tatbestand des § 25 Abs. 1 Satz 2 HGB näher zu prüfen ist – nicht Forderungsinhaber geworden. F handelte als Nichtberechtigter, als er die Zahlung des Kunden in Höhe von 3.000 Euro annahm.

2.) Die Leistung müsste dem Berechtigten gegenüber wirksam sein. Berechtigter ist weiterhin R als Forderungsinhaber, da keine Anhaltspunkte vorliegen, die Zweifel an der Verfügungsmacht des R begründen. Zu prüfen ist daher nur, ob die Zahlung an F gegenüber R wirksam ist. Die Wirksamkeit der Leistung könnte aus § 25 Abs. 1 Satz 2 HGB resultieren, der aufgrund der Fiktion eine befreiende Leistung durch den Dritten ermöglicht. Fraglich ist damit, ob die Voraussetzungen des § 25 Abs. 1 Satz 2 HGB vorliegen.

a) Wie im Rahmen des § 25 Abs. 1 Satz 1 HGB ist der rechtsgeschäftliche Erwerb des Handelsgeschäfts, die Fortführung des Unternehmens und die Firmenfortführung erforderlich. Insoweit kann auf die Prüfung unter A. verwiesen werden. Auch das zusätzliche Erfordernis der Forderungsentstehung im Betrieb des früheren Inhabers ist gegeben.

b) Außerdem stellt § 25 Abs. 1 Satz 2 HGB auf die Einwilligung in die Firmenfortführung des früheren Inhabers ab, wobei eine ausdrückliche Einwilligung nicht erforderlich ist. R hatte in die Fortführung der Firma »Foto R e. Kfm.« eingewilligt. Zuletzt greift auch der Ausschlusstatbestand des § 25 Abs. 2 HGB nicht ein.

c) Nach alledem liegen die Tatbestandsvoraussetzungen des § 25 Abs. 1 Satz 2 HGB vor. Die Zahlung durch K erfolgte mit befreiender Wirkung gegenüber R, war diesem gegenüber also wirksam im Sinne des § 816 Abs. 2 BGB.

Ergebnis: R hat gegen F folglich einen Anspruch auf Zahlung in Höhe von 3.000 Euro.

Fall 4

Prokurist auf Abwegen

Das Unternehmen des Malermeisters M, der als Einzelkaufmann im Handelsregister eingetragen ist, wächst kontinuierlich. Zur Bewältigung der damit zunehmend anfallenden Verwaltungsaufgaben stellt M seinen ehemaligen Geschäftspartner P als Büro- und Organisationskraft ein und erklärt ihm zudem, dass er mit Prokura handeln dürfe. Der P solle aber unbedingt darauf achten, dass er bei Geschäften über 2.000 Euro mit ihm (M) Rücksprache halte.

Bereits nach wenigen Tagen schließt P – ohne Rücksprache mit M – mit dem Gerüstbauer G einen Kaufvertrag über ein gebrauchtes Baugerüst zu einem Preis von 4.000 Euro. Den Kaufvertrag, in dem M als Vertragspartei bezeichnet ist, unterzeichnet P unter dem Firmenstempel nur mit seinem Namen. Als M von dem Geschäft erfährt, verweigert er gegenüber G die Zahlung. M beruft sich darauf, dass – was zutrifft – die Prokura nicht in das Handelsregister eingetragen sei und P im Übrigen auch ohne den Zusatz »ppa« unterschrieben habe. Außerdem sei der Kauf eines Baugerüsts – was ebenfalls zutrifft – nicht typisch für das Malergewerbe. Letztlich könne er das Gerüst auch gar nicht einsetzen, da ihm das Personal mit den entsprechenden Kenntnissen fehle. G verlangt dennoch Zahlung und Abnahme des Gerüstes.

Zu Recht?

Schwerpunkte: Die Stellvertretung des Kaufmanns im Überblick; der Grundfall zur Stellvertretung im Handelsrecht; Erteilung, Art und Umfang der Prokura gemäß den §§ 48 ff. HGB; Prüfungsschema für die Klausur.

Lösungsweg

Einstieg: In diesem und den nächsten beiden Fällen lernen wir die wichtigen **§§ 48 ff. HGB** kennen. Dabei geht es bei genauer Betrachtung hauptsächlich um die Konkretisierung der **§§ 164 ff. BGB**, also der **Stellvertreterregeln des bürgerlichen Rechts**. Im HGB gelten insoweit andere Prinzipien, gleichwohl sind die §§ 164 ff. BGB immer der Ausgangspunkt jeder handelsrechtlichen Prüfung. Im Einzelnen schauen wir uns dann in diesem ersten Fall zu den §§ 48 ff. HGB gleich mal die Grundregeln an, also wie man überhaupt »Prokurist« wird, was man dabei zu beachten hat und insbesondere, welche Folgen die Überschreitung der im Innenverhältnis erteilten Befugnis im

Außenverhältnis hat (= Klausurklassiker). Anhand des vorliegenden Falles werden wir das Aufbaumuster zur Prüfung einer Prokura im Handelsrecht lernen.

Da die Normen des BGB – wie eben schon mal erwähnt – grundsätzlich auch hier im Handelsrecht als Ausgangspunkt dienen, wiederholen wir als Erstes noch mal gerade die Grundvoraussetzungen einer wirksamen Stellvertretung nach § 164 Abs. 1 Satz 1 BGB. Voraussetzungen für die Wirksamkeit der Stellvertretung sind:

→ die Abgabe einer eigenen Willenserklärung

→ im Namen des Vertretenen

→ innerhalb der ihm zustehenden Vertretungsmacht.

Merke: Diese drei Voraussetzungen gelten in dieser Reihenfolge auch bei der Überprüfung einer wirksamen Vertretung im Handelsrecht nach den §§ 48 ff. HGB und bilden immer das Gerüst für den Prüfungsaufbau.

Dazu noch ein Tipp: Soweit die Tatbestandsvoraussetzungen »Abgabe einer eigenen Willenserklärung« sowie »im Namen des Vertretenen« betroffen sind, ergeben sich aus dem HGB grundsätzlich keine klausurrelevanten Besonderheiten. Lediglich der § 164 Abs. 1 Satz 2 BGB kann unter Umständen interessant werden. Diese Norm stellt nämlich ausdrücklich klar, dass dem Offenkundigkeitsprinzip auch konkludent Rechnung getragen werden kann. Der Anwendungsbereich des § 164 Abs. 1 Satz 2 BGB ist eröffnet, wenn sich der Wille, im fremden Namen zu handeln, nur aus den Umständen und nicht aus der explizit gegebenen Erklärung ergibt. Da hierunter insbesondere die Fälle des sogenannten »**unternehmensbezogenen Handelns**« fallen (BGHZ **62**, 216, 220; BGH NJW **1983**, 1844; MüKo-*Schramm* § 164 BGB Rz. 23; *Jauernig/Jauernig* § 164 BGB Rz. 3), hat diese Norm im Handelsrecht größere Bedeutung als im bürgerlichen Recht und taucht daher auch gelegentlich in universitären Übungsarbeiten auf. Wir werden uns mit dieser Thematik deshalb später (Fall 6) noch eingehend beschäftigen, brauchen sie hier indessen (noch) nicht zu vertiefen, da unser P im abgeschlossenen Vertrag M ausdrücklich als Vertragspartner bezeichnet hat und damit offenkundig für eine andere Person handelte. Die handelsrechtlichen Besonderheiten betreffen im Regelfall – und so auch bei uns hier – den letzten Prüfungspunkt im Rahmen des § 164 Abs. 1 Satz 1 BGB, nämlich die Frage des Handelns »**innerhalb der ihm zustehenden Vertretungsmacht**«.

Beachte: Die §§ 48 ff. HGB regeln die verschiedenen handelsrechtlichen Vertretungsformen durch <u>un</u>selbstständige, also in die Organisation des Unternehmers eingegliederte Hilfspersonen (MüKo-*Krebs* vor § 48 HGB Rz. 22). Wir unterscheiden dabei bitte folgende Möglichkeiten:

→ **die Prokura, §§ 48–53 HGB,**

→ **die Handlungsvollmacht, §§ 54–58 HGB und**

→ **die Ladenvollmacht, § 56 HGB.**

Darüber hinaus – allerdings eher nicht klausurrelevant – kann der Inhaber eines Handelsgeschäfts eine Vollmacht auch für ein einzelnes Geschäft oder eine Generalvollmacht nach Maßgabe der §§ 167 ff. BGB erteilen (BGHZ **36**, 292, 295; *Baumbach/Hopt* vor § 48 HGB Rz. 2; *E/B/J/Weber* vor § 48 HGB Rz. 6 f.; *Schroeder/Oppermann* in JZ 2007, 176; **a.A.** MüKo-*Krebs* vor § 48 HGB Rz. 29 f.). Schließlich kann sich die Vertretungsmacht aus allgemeinen Rechtsscheintatbeständen, namentlich der Duldungs- und Anscheinsvollmacht, ergeben (*Roth* Rz. 613 ff.; Einzelheiten dazu lernen wir in Fall 6).

Und jetzt zum Fall:

Anspruch des G gegen M auf Zahlung von 3.000 Euro

<u>AGL:</u> § 433 Abs. 2 BGB

Dies setzt das Zustandekommen eines wirksamen Kaufvertrages zwischen G und M voraus. Die entsprechende Willenserklärung des G liegt fraglos vor. Da M nicht selbst gehandelt hat, ist allein fraglich, ob P mit Wirkung für und gegen M handeln konnte. Dies ist der Fall, wenn die Voraussetzungen der Stellvertretung gemäß den §§ 164 ff. BGB vorliegen. Und genau das prüfen wir jetzt:

I. Der P muss gemäß § 164 Abs. 1 Satz 1 BGB zunächst einmal eine *eigene Willenserklärung* abgegeben haben. Dass P im vorliegenden Fall beim Kauf des Baugerüsts eine solche eigene Willenserklärung formuliert und nicht nur als Bote eine fremde Willenserklärung überbracht hat, ist nicht fraglich und braucht daher auch nicht langwierig ausgeführt zu werden (vgl. zur Abgrenzung Bote – Stellvertreter: BGHZ **12**, 327, 334; MüKo-*Schramm* vor § 164 BGB Rz. 44; *Brox*, BGB-AT, Rz. 518; *Giese/ Hegermann* in Jura 1991, 357, 358 f.).

II. Aus der Bezeichnung des M in der Vertragsurkunde als Kaufvertragspartei ergibt sich, dass P ausdrücklich darauf hingewiesen hat, im fremden Namen handeln zu wollen. Auch dieses Merkmal ist – wir hatten es oben schon angedeutet – demnach hier unproblematisch.

III. Der P muss, um die Rechtsfolgen des § 164 Abs. 1 Satz 1 BGB herbeizuführen, »innerhalb der ihm zustehenden Vertretungsmacht« gehandelt haben. Als mögliche Form der Vertretungsmacht kommt hier – entsprechend dem eindeutigen Hinweis im Fall – natürlich die **Prokura** gemäß den §§ 48 ff. HGB in Betracht.

1.) Fraglich ist zunächst, ob die Prokura *wirksam* erteilt wurde. Bei der Prokura handelt es sich um einen Sonderfall einer rechtsgeschäftlichen Vollmacht im Sinne des § 167 BGB, wobei die sich aus den §§ 48 ff. HGB ergebenden Besonderheiten zu beachten sind. Charakteristisch für die Prokura ist der durch die §§ 49 f. HGB zwingend festgelegte gesetzliche Umfang (*Canaris* § 14 Rz. 1).

> **Wichtiger Merksatz**: Die Prokura ist eine rechtsgeschäftliche Vollmacht mit gesetzlich bestimmtem Umfang.

An dieser Stelle wollen wir gerade noch mit einem in der Praxis bzw. dem richtigen Leben weit verbreiteten Irrtum aufräumen: Die Berufsbezeichnung »Prokurist« gibt es gar nicht, zumindest ist sie rein rechtlich betrachtet unzutreffend. Bei der Prokura handelt es sich nämlich »nur« um eine rechtsgeschäftliche Vollmacht. Die Berufsbezeichnung hingegen ergibt sich aus dem zugrunde liegenden Rechtsverhältnis, üblicherweise einem Arbeitsvertrag. Da diese beiden Rechtsverhältnisse allerdings strikt voneinander zu trennen sind (Trennungsprinzip!), ist es verfehlt, als Beruf »Prokurist« anzugeben; klingt aber natürlich trotzdem gut, und wer schert sich in der Kneipe an der Theke (»*Isch bin von Beruf Prokurist!*«) schon um rechtliche Feinheiten.

a) Gemäß § 48 Abs. 1 HGB kann die Prokura »nur von dem Inhaber des Handelsgeschäfts oder seinem gesetzlichen Vertreter« erteilt werden.

> Durch diesen Passus wird klargestellt, dass nur ein **Kaufmann** zur Prokuraerteilung berechtigt ist (*Koller/Roth/Morck* § 48 HGB Rz. 1; *Schlegelberger/Schröder* § 48 HGB Rz. 3; *Jung* § 25 Rz. 3). Logischerweise fallen damit Nichtkaufleute aus dem Anwendungsbereich der Norm. Zugleich ergibt sich daraus auch, dass ein Prokurist selbst keine wirksame Prokura – beispielsweise als Unterprokura – erteilen kann (*Röhricht/Graf v. Westphalen/Wagner* § 48 HGB Rz. 12; *Baumbach/Hopt* § 48 HGB Rz. 1; *Canaris* § 14 Rz. 2). Denn der Wortlaut nimmt neben dem »Inhaber des Handelsgeschäfts« nur noch dessen gesetzlichen Vertreter in Bezug. Damit gemeint sind etwa bei einem (minderjährigen) Einzelkaufmann die Erziehungsberechtigten (*Baumbach/Hopt* § 48 HGB Rz. 1; *Canaris* § 14 Rz. 2), bei Personenhandelsgesellschaften die vertretungsberechtigten Gesellschafter (§§ 125 Abs. 1, 126 Abs. 1, 161 Abs. 2 HGB) und bei juristischen Personen die Organe (*Koller/Roth/Morck* § 48 HGB Rz. 3; *Hübner* Rz. 320 ff.). Keinesfalls erfasst ist hiervon aber der rechtsgeschäftlich bestellte Prokurist. Mit anderen Worten: Der Kaufmann kann grundsätzlich nur *persönlich* die Prokura erteilen.

<u>ZE.</u>: In unserem Fall bereitet dieses Tatbestandsmerkmal kein Problem. M ist im Handelsregister eingetragener Kaufmann und hat P die Prokura persönlich erteilt.

b) Wie sich aus dem Gesetzeswortlaut des § 48 Abs. 1 HGB ergibt, kann die Prokura »nur mittels ausdrücklicher Erklärung erteilt werden«. Damit ist eine stillschweigende Prokuraerteilung ausgeschlossen (GroßKomm-*Joost* § 48 HGB Rz. 64; *Canaris* § 14 Rz. 4; *Honsell* in JA 1984, 17, 18 f.). Daraus darf jetzt allerdings nicht der Schluss gezogen werden, dass das Wort »Prokura« zwingend in der Erklärung enthalten sein muss. Dass der Kaufmann die Prokura als Vertretungsform meint – und nicht eine andere rechtsgeschäftliche Vollmacht –, kann er durchaus auf andere Weise hinreichend deutlich zum Ausdruck bringen (BGH WM **1956**, 727, 728; *E/B/J/Weber* § 48 HGB Rz. 24; MüKo-*Krebs* § 48 HGB Rz. 47). Eine Erklärung zur Zeichnung »ppa.« (das heißt übrigens »per procura«) ist ebenso eindeutig wie die Erteilung einer »Vollmacht im Sinne des § 48 HGB« oder eine »Bevollmächtigung, die in das Handelsregister eingetragen wird« (*Baumbach/Hopt* § 48 HGB Rz. 3; *Jung* § 25 Rz. 5). Beachte im Übrigen schließlich, dass die Prokuraerteilung im Innenverhältnis an keine Form gebunden ist, daher auch problemlos mündlich erfolgen kann (BGHZ **138**, 242; *Palandt/Ellenberger* § 167 BGB Rz. 2).

<u>ZE.</u>: Der M hat bei der Vollmachtserteilung gegenüber P den Terminus »Prokura« gewählt, womit dem Erfordernis einer »ausdrücklichen« Erklärung ohne Weiteres Genüge getan ist. An eine besondere Form war M bei der Erklärung nicht gebunden.

> **Feinkostabteilung**: Aus der Notwendigkeit einer ausdrücklichen Erklärung schließt die herrschende Lehre, dass eine »Duldungs-Prokura« <u>nicht</u> möglich ist (MüKo-*Krebs* § 48 HGB Rz. 47; *Röhricht/Graf v. Westphalen/Wagner* § 48 Rz. 32; *K. Schmidt* § 16 III 2e). In den Fällen, in denen der Geschäftsherr das Handeln des »Prokuristen« duldet, ist im Wege der Auslegung zu klären, ob in der Duldung eine konkludente Erteilung der Handlungsvollmacht nach § 54 HGB liegt (*Baumbach/Hopt* § 48 HGB Rz. 2). Ist dies zu verneinen, kommt nur noch – vorbehaltlich der weiteren Voraussetzungen – eine BGB-Duldungsvollmacht in Betracht (vgl. dazu *Schwabe*, BGB-AT, Fall 16 und weiter unten Fall 6). Hingegen ist die Rechtsfigur der Anscheins-Prokura allgemein anerkannt (*Jung* § 25 Rz. 5).

c) Keine Auskunft gibt § 48 HGB zum Adressaten der Prokuraerteilung. Insoweit ist auf die allgemeine Regelung des **§ 167 Abs. 1 BGB** zurückzugreifen. Dieser Rückgriff auf § 167 Abs. 1 BGB ist übrigens logisch zwingend: Wir hatten es bereits oben erwähnt, es handelt sich bei der Prokura – lediglich – um eine Sonderform der rechtsgeschäftlichen Vollmacht im Sinne des BGB. Sofern die §§ 48 ff. HGB keine Besonderheiten vorsehen, bleibt nur der Blick ins BGB.

Der § 167 Abs. 1 BGB räumt die Möglichkeit ein, die Vollmachtserteilung sowohl gegenüber dem zu Bevollmächtigenden als auch gegenüber dem Dritten vorzunehmen (GroßKomm-*Joost* § 48 HGB Rz. 62; MüKo-*Krebs* § 48 HGB Rz. 46; *Oetker* § 5 II 3; *Drexl/Mentzel* in Jura 2002, 289, 299).

<u>ZE.</u>: Demnach war P als Prokurist der richtige Adressat, es handelt sich um eine sogenannte »Innenvollmacht«.

d) Der Prokurist muss des Weiteren eine **natürliche Person** sein (MüKo-*Krebs* § 48 HGB Rz. 26; *Heymann/Sonnenschein/Weitemeyer* § 48 HGB Rz. 13; *K. Schmidt* § 16 III 2b). Dies ist nicht ausdrücklich geregelt, folgt aber aus **§ 52 Abs. 2 HGB**. Und das ist durchaus erklärungsbedürftig, da in § 52 Abs. 2 HGB »nur« die Unübertragbarkeit der Prokura geregelt ist. Folgende Überlegung bringt uns zur Lösung: Ist ein Recht unübertragbar, bedeutet dies nichts anderes, als dass dieses Recht nur *höchstpersönlich* ausgeübt werden kann. Da höchstpersönliche Rechte stets eng mit der Person des Berechtigten verbunden sind, können sie nicht von Organen einer juristischen Person – die ständig wechseln können – ausgeübt werden. Deshalb: Träger von höchstpersönlichen Rechten können nur natürliche Personen sein (*Canaris* § 14 Rz. 6). Kapiert?

<u>ZE.</u>: Der P ist eine natürliche Person.

e) Der Wirksamkeit der Prokuraerteilung steht auch nicht die fehlende Eintragung in das Handelsregister entgegen. Die Eintragung in das Handelsregister hat nämlich lediglich *deklaratorische* Wirkung (RGZ **134**, 303, 307; BGH WM **1956**, 727, 728; *Heymann/Sonnenschein/Weitemeyer* § 53 HGB Rz. 1; *Canaris* § 14 Rz. 12).

> **Merke**: »Deklaratorische« Wirkung bedeutet, dass ein Recht oder Rechtsverhältnis lediglich festgestellt, bezeugt oder klargestellt wird. Im Gegensatz dazu bewirken »konstitutive« Rechtsakte die Begründung, Aufhebung oder Gestaltung eines Rechts beziehungsweise Rechtsverhältnisses (*Creifelds*, Rechtswörterbuch, Stichwort »deklaratorische Wirkung«). Der deklaratorische Charakter der Eintragung ergibt sich aus § 53 Abs. 1 Satz 1 HGB. Nach dem Wortlaut dieser Vorschrift ist nicht die Absicht, eine Prokura zu erteilen, sondern die bereits erfolgte »Erteilung der Prokura« in das Handelsregister einzutragen (dazu *Jung* § 25 Rz. 8).

ZE.: In unserem Fall kann M also nicht mit dem Einwand durchdringen, dass die dem P erteilte Prokura nicht im Handelsregister eingetragen ist. M hat P folglich wirksam Prokura erteilt.

f) Schließlich darf die Prokura nicht erloschen sein. Zwei Erlöschenstatbestände ergeben sich unmittelbar aus **§ 52 HGB**:

> In **§ 52 Abs. 1 HGB** (i. V. m. § 168 Satz 2 und 3 BGB) ist als erster Erlöschensgrund der grundsätzlich jederzeit mögliche und unabdingbare Widerruf der Prokura geregelt. Da die Prokura ausweislich des **§ 52 Abs. 2 HGB** ein höchstpersönliches Recht ist (siehe oben), ist das Erlöschen der Prokura im Todesfall des Prokuristen die logische Konsequenz und benennt damit den zweiten Erlöschensgrund (*Heymann/Sonnenschein/Weitemeyer* § 52 HGB Rz. 33; *Canaris* § 14 Rz. 8).

Hingegen erlischt die Prokura nicht, wenn der Inhaber des Handelsgeschäfts verstirbt, bitte lies § 52 Abs. 3 HGB. Ein weiterer Erlöschenstatbestand verbirgt sich zudem in § 168 Satz 1 BGB: Danach erlischt die Prokura, wenn das zwischen Prokurist und Geschäftsherr bestehende Grundverhältnis, üblicherweise ein Arbeitsvertrag, endet (GroßKomm-*Joost* § 52 HGB Rz. 29; *Koller/Roth/Morck* § 52 HGB Rz. 7; *Hübner* Rz. 371). Erwähnung verdient auch noch die Situation, in der der Prinzipal die Kaufmannseigenschaft verliert. Da die Prokura nur durch Kaufleute erteilt werden kann, muss die Kaufmannseigenschaft auch bestehen bleiben, anderenfalls erlischt auch die Prokura (*Baumbach/Hopt* § 52 HGB Rz. 5 a).

Feinheit: Die Löschung der Prokura hat gemäß § 53 Abs. 3 HGB rein »deklaratorischen« Charakter. Das heißt, dass die Prokura wirksam erloschen sein kann, auch wenn sie im Handelsregister nach wie vor eingetragen ist. An dieser Stelle darf dann die Problematik der Publizität des Handelsregisters gemäß § 15 Abs. 1 HGB nicht übersehen werden (schauen wir uns später noch an).

Zum Fall: Tatsachen, die für ein Erlöschen der Prokura sprechen, sind nicht ersichtlich. Für die Klausur heißt das dann, dass man dazu maximal einen Satz, nämlich den gerade gesagten bzw. geschriebenen, zu Papier bringen darf. Alles Weitere ärgert den Prüfer, und wer will das schon?

ZE.: M hat dem P wirksam Prokura erteilt und diese ist auch nicht erloschen.

2.) Fraglich ist nunmehr, ob der Abschluss des Kaufvertrages von der Prokura auch gedeckt ist. Bedenken ergeben sich insoweit zum einen aufgrund der zwischen M und P getroffenen Absprache, die P ab einem Kaufpreis von 2.000 Euro zur Rücksprache verpflichtete. Zum anderen gehört der Erwerb eines Baugerüsts nach Auskunft des Sachverhaltes nicht zu den üblichen Geschäften, die in einem Malerbetrieb anfallen.

a) Den Grundsatz bezüglich des Umfangs der Prokura im Außenverhältnis legt **§ 49 Abs. 1 HGB** fest. Gemäß § 49 Abs. 1 HGB (lesen, bitte!) ermächtigt die Prokura zu allen Arten von gerichtlichen und außergerichtlichen Geschäften und Rechtshandlungen, die der Betrieb eines Handelsgewerbes mit sich bringt. Der Wortlaut dieser Norm verrät uns, dass dem Prokuristen grundsätzlich eine sehr weite Vertretungsbefugnis eingeräumt wird.

> **Durchblick:** Die Vorschrift des § 49 Abs. 1 HGB macht keine Einschränkung (»alle«) bei der Art der vorzunehmenden Geschäfte. Daraus ergibt sich beispielsweise die Berechtigung des Prokuristen zur Einstellung des Personals (*Koller/Roth/Morck* § 49 HGB Rz. 3), die Berechtigung zur Darlehensaufnahme (*Hübner* Rz. 334) sowie das Recht, Schenkungen vorzunehmen (*E/B/J/Weber* § 49 HGB Rz. 3; *Röhricht/Graf v. Westphalen/Wagner* § 49 HGB Rz. 9 ff.; HK-*Selder/Ruß* § 49 HGB Rz. 2). Auch ist es ihm durch § 49 HGB nicht verwehrt, eine Zweigniederlassung zu errichten (HK-*Selder/Ruß* § 49 HGB Rz. 2; *Canaris* § 14 Rz. 13). Letztlich reicht die Berechtigung des Prokuristen sogar so weit, dass er branchenfremde Geschäfte vornehmen kann (MüKo-*Krebs* § 49 HGB Rz. 16 ff.; *Brox/Henssler* Rz. 165; *Roth* Rz. 627). Dies folgt aus der Formulierung »eines Handelsgewerbes«, was gleichbedeutend ist mit **»irgendeines«** Handelsgewerbes. Das heißt: Es ist nicht entscheidend, ob das vom Prokuristen vorgenommene Rechtsgeschäft in der vom Geschäftsherrn betriebenen Branche üblich ist oder im Gewerbebetrieb seines Prinzipals typischerweise vorkommt. Merken.

Zum Fall: Nach dem soeben Gesagten spielt es somit keine Rolle, dass der Kauf eines Baugerüstets nicht zur Malerbranche zählt und M das Gerüst mangels entsprechender Mitarbeiter im Übrigen sowieso nicht nutzen kann.

b) Dieser durch § 49 Abs. 1 HGB eingeräumten umfassenden Vertretungsmacht des Prokuristen im Außenverhältnis sind allerdings dennoch gewisse Grenzen gesetzt.

aa) Eine Reihe von Einschränkungen ergeben sich unmittelbar aus dem Gesetz:

So sieht **§ 49 Abs. 2 HGB** vor, dass der Prokurist grundsätzlich nicht zur Veräußerung und Belastung von Grundstücken berechtigt ist. Darüber hinaus ist der Prokurist selbstverständlich nicht zur Vornahme von Privatgeschäften des Prinzipals, die in keinerlei Zusammenhang mit dem Handelsgewerbe stehen, berechtigt (*Koller/Roth/*

Morck § 49 HGB Rz. 2; *Röhricht/Graf v. Westphalen/Wagner* § 49 HGB Rz. 7). Bei den sogenannten »Inhabergeschäften« ergibt sich die Notwendigkeit des Handelns durch den Geschäftsinhaber aus der jeweiligen Norm, wie etwa im Fall der Bilanzunterzeichnung aus § 245 HGB (vgl. *Hübner* Rz. 337 mit weiteren Beispielen).

Schließlich ist auch der Bereich der sogenannten »Grundlagengeschäfte« dem Handeln des Prokuristen entzogen.

> **Definition:** *Grundlagengeschäfte* sind all diejenigen Geschäfte, die die Existenz, die Rechtsform und die rechtliche Ausgestaltung des Handelsgewerbes betreffen (BGHZ **16**, 190, 193; MüKo-*Krebs* § 49 HGB Rz. 23 ff.; *Brox/Henssler* Rz. 169).

Hierzu gehören beispielsweise die Veräußerung oder Verpachtung des Handelsgeschäfts und die Änderung der Firma (*Heymann/Sonnenschein/Weitemeyer* § 49 HGB Rz. 12). Umstritten ist, ob die Veränderung des bisherigen Geschäftsgegenstandes zu den Grundlagengeschäften zählt (**verneinend**: *Baumbach/Hopt* § 49 HGB Rz. 1; *Jung* § 25 Rz. 11; *Honsell* in JA 1984, 17, 20; **bejahend**: MüKo-*Krebs* § 49 HGB Rz. 26; *Canaris* § 14 Rz. 15; *K. Schmidt* § 16 III 3a). Achtung: Diese Problematik darf nicht mit der Frage verwechselt werden, ob der Prokurist ein branchenfremdes Geschäft tätigen darf. Letzteres ist uneingeschränkt zu bejahen (siehe oben). Bei dem hier angesprochenen Streit geht es nur um die vollständige *Auswechslung* des Geschäftsgegenstandes durch den Prokuristen. Für die die Zuordnung zu den Grundlagengeschäften verneinende Auffassung spricht, dass es dem Prokuristen durch den Abschluss mehrerer branchenfremder Geschäfte möglich ist, schrittweise einen Branchenwechsel herbeizuführen. Dann sollte auch der in einem Schritt herbeigeführte Wechsel des Geschäftsgegenstandes von der Prokura gedeckt sein (vgl. *Jung* § 25 Rz. 11).

bb) *Rechtsgeschäftlich* gesetzte Grenzen der Prokura können Dritten gemäß **§ 50 Abs. 1 HGB** grundsätzlich nicht entgegengehalten werden. Dieser Grundsatz wird durch eine beispielhafte Aufzählung – der beispielhafte Charakter der Aufzählung folgt übrigens aus dem Wort »insbesondere« – von unwirksamen Vereinbarungen in § 50 Abs. 2 HGB konkretisiert. Gemäß § 50 Abs. 2 HGB sind insbesondere Beschränkungen im Außenverhältnis unwirksam, die zur Folge haben, dass die Prokura nur für gewisse Geschäfte beziehungsweise gewisse Arten von Geschäften nur unter gewissen Umständen oder für eine gewisse Zeit oder an einzelnen Orten ausgeübt werden soll.

Zum Fall: Daran gemessen ist die Vereinbarung zwischen M und P, die P ab einer Kaufpreissumme von 2.000 Euro zur Rücksprache verpflichtete, im Verhältnis zu G ohne Bedeutung. Das heißt, diese Vereinbarung ändert an der Wirksamkeit der Willenserklärung des P im Außenverhältnis nichts.

> **Beachte:** § 50 Abs. 1 und 2 HGB regeln nur die Wirkung der beschränkenden Vereinbarung im *Außenverhältnis*. Die Wirksamkeit einer beschränkenden Vereinbarung im *Innenverhältnis* bleibt davon selbstverständlich unberührt. Ein Verstoß gegen eine interne Vereinbarung stellt eine Pflichtverletzung des Grundverhältnisses, also typischerweise des Arbeitsvertrages, dar. Konsequenz dessen ist – vorbehaltlich der weiteren Voraussetzungen –, dass der Arbeitgeber gegen den Arbeitnehmer einen Anspruch aus § 280 Abs. 1 Satz 1 BGB i. V. m. dem Arbeitsvertrag hat. Möglicherweise kann die Pflichtverletzung auch zu einer verhaltensbedingten Kündigung führen. Diese Fragen berühren im Regelfall die arbeitsrechtliche Seite der Konstellation und bedürfen im Zweifel keiner Erörterung, es sei denn – möglich etwa in einer Examensarbeit –, es ist im Fall nach der »Rechtslage«, also einer allumfassenden Würdigung sämtlicher Ansprüche gefragt (zu den arbeitsrechtlichen Abwicklungen vgl. *Schwabe/Grau*, Arbeitsrecht, Fall 12).

Aber Vorsicht: Kein Grundsatz ohne Ausnahme. Die interne Vereinbarung muss sich ein Dritter doch entgegenhalten lassen, wenn ein Fall des *offensichtlichen Missbrauchs* der Vertretungsmacht durch den Prokuristen vorliegt.

Beim offensichtlichen Missbrauch der Prokura ist zwischen drei Fällen zu differenzieren: Ein Missbrauch liegt auf der Hand, wenn der Prokurist und der Geschäftspartner zum Nachteil des Prinzipals arglistig zusammenwirken (sogenannte »Kollusion«, deren Rechtsgrundlagen die §§ 138, 242, 826 BGB sind). Des Weiteren kommt die Lehre vom Missbrauch der Vertretungsmacht zum Tragen, wenn der Geschäftspartner positive Kenntnis von der Überschreitung der internen Absprachen hat. Die dritte und letzte Fallgruppe liegt vor, wenn der Missbrauch der Prokura für jedermann evident ist, so die herrschende »Evidenztheorie« (vgl. *Baumbach/Hopt* § 50 HGB Rz. 5).

Zum Fall: Hier bestehen keinerlei Anhaltspunkte, die auf einen Missbrauch der Vertretungsmacht schließen lassen.

cc) Eine weitere Ausnahme zu dem in § 50 Abs. 1 und 2 HGB aufgestellten Grundsatz, dass im Außenverhältnis die Prokura nicht beschränkt werden kann, ergibt sich aus der Möglichkeit, die Prokura gemäß § 48 Abs. 2 HGB als *Gesamtprokura* oder als *Filialprokura* nach § 50 Abs. 3 HGB auszugestalten. Während sich die Voraussetzungen für eine Filialprokura unmissverständlich aus dem Gesetzeswortlaut des § 50 Abs. 3 HGB ergeben (lesen!), lohnt sich eine nähere Betrachtung der Gesamtprokura nach § 48 Abs. 2 HGB. Es sind drei verschiedene Fälle der Gesamtprokura im Sinne des § 48 Abs. 2 HGB zu unterscheiden.

> → Eine sogenannte *echte* Gesamtprokura liegt vor, wenn nur mehrere (meistens zwei) Prokuristen gemeinschaftlich, nicht notwendig gleichzeitig und in gleicher Weise handeln dürfen (RGZ **53**, 227, 231; *Baumbach/Hopt* § 48 HGB Rz. 5).

→ Von einer *halbseitigen* Gesamtprokura spricht man, wenn einer der Prokuristen nur zusammen mit dem anderen, dieser dagegen auch allein handeln darf (BGHZ **62**, 166, 170; OLG Neustadt DNotZ **1963**, 760; *Jung* § 25 Rz. 14).

→ Des Weiteren ist eine *unechte* Gesamtprokura anerkannt, die den Prokuristen nur zusammen mit einem organschaftlichen Vertreter einer Handelsgesellschaft zum Handeln ermächtigt (OLG Hamm NJW **1971**, 1369, 1370; *Schlegelberger/Schröder* § 48 HGB Rz. 20; GK-*Nickel* § 48 HGB Rz. 15; a.A. nur MüKo-*Krebs* § 48 HGB Rz. 84). Ob eine unechte Gesamtprokura anzuerkennen ist, wenn die Prokura durch einen Einzelkaufmann erteilt wurde, also der Prokurist nur zum Handeln mit dem Einzelkaufmann berechtigt ist, ist streitig (vertiefende und ausführliche Hinweise finden sich bei *Canaris* § 14 Rz. 29 ff.).

Zum Fall: M hat von einer sich aus § 48 Abs. 2 HGB ergebenden Möglichkeit, die Prokura einzuschränken, keinen Gebrauch gemacht. Insbesondere folgt aus der zwischen M und P getroffenen Vereinbarung, die P bei einem Betrag von über 2.000 Euro zur Rücksprache mit M verpflichtete, nicht die Qualifizierung der Prokura des P als (unechte) Gesamtprokura. Es war zwischen den Parteien nur von einer Rücksprache die Rede und eben nicht von einem gemeinsamen Handeln, was für eine Gesamtprokura Voraussetzung wäre. Außerdem kann eine unechte Gesamtprokura nicht nur für bestimmte Geschäfte festgelegt werden – entweder wird eine solche für alle Geschäfte oder nie angeordnet.

ZE.: Der Abschluss des Kaufvertrages über das Baugerüst ist von der Prokura gedeckt. Damit liegen die Voraussetzungen für eine wirksame Stellvertretung nach § 164 Abs. 1 Satz 1 BGB i. V. m. §§ 48 ff. HGB vor. Mithin konnte P die zum Kaufvertragsabschluss relevante Willenserklärung mit Wirkung für und gegen M abgeben.

III. Der Wirksamkeit des Kaufvertrages könnte allerdings noch ein *Formmangel* im Sinne des § 125 Satz 1 BGB entgegenstehen. Eine gesetzliche Formvorschrift im Sinne dieser Norm könnte **§ 51 HGB** (muss jetzt gelesen werden!) darstellen. Diese Vorschrift bestimmt, dass der Prokurist seinem Namen einen die Prokura andeutenden Zusatz hinzufügen muss – üblicherweise zeichnet ein Prokurist mit »ppa« –, was unser P indes nicht getan hat, er hat nach Auskunft des Sachverhaltes nur mit seinem Namen unterschrieben (*Baumbach/Hopt* HGB § 51 Rz. 1). Der Vertrag könnte daher wegen Formmangels nichtig sein.

Aber: Obwohl mit § 51 HGB eine bestimmte Form der Zeichnung vorgeschrieben wird, wird diese Norm von der herrschenden Lehre und Rechtsprechung nicht als Formvorschrift im Sinne des § 125 Satz 1 BGB qualifiziert. Nach ganz überwiegender Ansicht stellt § 51 HGB lediglich eine **Ordnungsvorschrift** dar (BAG ZIP **1992**, 497, 499; *Baumbach/Hopt* § 51 HGB Rz. 1; *Koller/Roth/Morck* § 51 HGB Rz. 1). Verstöße hiergegen bleiben damit sanktionslos. Merken.

> **Achtung**: Unterzeichnet der Prokurist einen Vertrag mit seinem Namen, ohne einen die Prokura andeutenden Zusatz und ist zudem kein Hinweis auf den Prinzipal enthalten, mangelt es nicht nur an der Form des § 51 HGB. Vielmehr ist in diesem Fall regelmäßig der Offenkundigkeitsgrundsatz des § 164 Abs. 1 Satz 1 BGB verletzt mit der Folge, dass der Prokurist selbst gemäß § 164 Abs. 2 BGB als Vertragspartner verpflichtet ist, sogenanntes »Eigengeschäft« (*Jauernig/Jauernig* § 164 BGB Rz. 3).

Zum Fall: Dem Zustandekommen des Kaufvertrages steht trotz des Fehlens des Zusatzes in der Unterzeichnung die rechtshindernde Einrede des § 125 Satz 1 BGB nicht entgegen.

Ergebnis: Der Kaufvertrag ist zwischen M und G somit endgültig wirksam zustande gekommen. M ist daher zur Zahlung des Kaufpreises in Höhe von 4.000 Euro und zur Abnahme des Baugerüsts gemäß § 433 Abs. 2 BGB verpflichtet.

Gutachten

G könnte gegen M einen Anspruch auf Zahlung des Kaufpreises in Höhe von 4.000 Euro und Abnahme des Gerüsts gemäß § 433 Abs. 2 BGB haben.

Dies setzt das Zustandekommen eines wirksamen Kaufvertrages zwischen G und M voraus. Die entsprechende Willenserklärung des G liegt vor. Da M nicht selbst gehandelt hat, ist fraglich, ob P mit Wirkung für und gegen M handeln konnte. Dies ist der Fall, wenn die Voraussetzungen der Stellvertretung gemäß §§ 164 ff. BGB vorliegen.

I. P muss gemäß § 164 Abs. 1 Satz 1 BGB eine eigene Willenserklärung im fremden Namen abgegeben haben. Aus der Bezeichnung des M in der Vertragsurkunde als Kaufvertragspartei ergibt sich, dass P ausdrücklich darauf hingewiesen hat, im fremden Namen handeln zu wollen.

II. P muss mit Vertretungsmacht gehandelt haben. Als mögliche Form der Vertretungsmacht kommt die Prokura gemäß §§ 48 ff. HGB in Betracht.

1.) Fraglich ist zunächst, ob die Prokura wirksam erteilt wurde.

a) Gemäß § 48 Abs. 1 HGB kann die Prokura »nur von dem Inhaber des Handelsgeschäfts oder seinem gesetzlichen Vertreter« erteilt werden. Demnach ist der Anwendungsbereich der Norm nur für Kaufleute eröffnet. Des Weiteren folgt aus dieser Formulierung, dass der Kaufmann die Prokura grundsätzlich persönlich erteilen muss. M ist im Handelsregister eingetragener Kaufmann und hat P die Prokura persönlich erteilt, so dass diese Voraussetzungen erfüllt sind.

b) Ferner kann der Kaufmann die Prokura gemäß § 48 Abs. 1 HGB »nur mittels ausdrücklicher Erklärung« erteilen. M hat bei der Erteilung der Prokura diesen Terminus gewählt. Folglich ist diesem Erfordernis Genüge getan.

c) Möglicherweise steht der Wirksamkeit der Prokuraerteilung die fehlende Eintragung in das Handelsregister entgegen. Dies wäre dann der Fall, wenn der Eintragung in das Handelsregister konstitutive Bedeutung beizumessen wäre. Gegen eine konstitutive Wirkung spricht der Wortlaut des § 53 Abs. 1 Satz 1 HGB. Aus dieser Vorschrift ergibt sich, dass nicht die Absicht eine Prokura zu erteilen, sondern die bereits erfolgte »Erteilung der Prokura« in das Handelsregister einzutragen ist. Mithin hat die Eintragung lediglich deklaratorische Wirkung, weshalb der Einwand des M, die Prokura sei nicht in das Handelsregister eingetragen, rechtlich ohne Belang ist.

Zwischenergebnis: M hat P wirksam Prokura erteilt.

2.) Fraglich ist nunmehr, ob der Abschluss des Kaufvertrages von der Prokura gedeckt ist.

a) Bedenken ergeben sich insoweit, als der Erwerb eines Baugerüsts nicht zu den üblichen Geschäften eines Malerbetriebs zählt. Den Grundsatz bezüglich des Umfangs der Prokura im Außenverhältnis legt § 49 Abs. 1 HGB fest. Gemäß § 49 Abs. 1 HGB ermächtigt die Prokura zu allen Arten von gerichtlichen und außergerichtlichen Geschäften und Rechtshandlungen, die der Betrieb eines Handelsgewerbes mit sich bringt. Aus der Formulierung »eines Handelsgewerbes«, was gleichbedeutend ist mit »irgendeines Handelsgewerbes«, folgt, dass sich die Berechtigung des Prokuristen auch auf branchenfremde Geschäfte erstreckt. Zwar bestehen zu diesem Grundsatz, der dem Prokuristen eine umfassende Vertretungsberechtigung einräumt, Ausnahmen. Eine Ausnahme besteht in den Fällen des § 49 Abs. 2 HGB und ist darüber hinaus für den Bereich der sogenannten Grundlagengeschäfte, der Privat- und Inhabergeschäfte, anerkannt. Jedoch ist durch den Abschluss des in Rede stehenden Geschäfts keine dieser Fallgruppen tangiert. Dementsprechend hat auch dieser Einwand des M sowie der Hinweis auf die mangelnde Verwendungsmöglichkeit keinen Einfluss auf die Wirksamkeit des Handelns von P.

b) Ein weiterer Gesichtspunkt, den M gegen die Wirksamkeit der Stellvertretung vorbringt, ist die Absprache zwischen M und P, die P bei einer Kaufsumme von 4.000 Euro zur Rücksprache verpflichtete. Solche internen, den Umfang der Prokura beschränkenden Absprachen sind gemäß § 50 Abs. 1 HGB Dritten gegenüber jedoch unwirksam. Die Überschreitung dieser internen Anweisung bleibt im Verhältnis zwischen M und G folgenlos.

Zwischenergebnis: Der Abschluss des Kaufvertrages über das Baugerüst ist von der Prokura gedeckt. Damit liegen die Voraussetzungen für eine wirksame Stellvertretung nach § 164 Abs. 1 Satz 1 BGB i. V. m. §§ 48 ff. HGB vor. Mithin konnte P die zum Kaufvertragsabschluss relevante Willenserklärung mit Wirkung für und gegen M abgeben.

III. Der Wirksamkeit des Kaufvertrages könnte allerdings ein Formmangel im Sinne des § 125 Satz 1 BGB entgegenstehen. Eine gesetzliche Formvorschrift im Sinne dieser Norm könnte § 51 HGB darstellen. Diese Norm bestimmt, dass der Prokurist seinem Namen einen die Prokura andeutenden Zusatz hinzufügen muss, beispielsweise »ppa«. Obwohl damit eine bestimmte Form der Zeichnung vorgeschrieben wird, wird diese Norm von der herrschenden Lehre und Rechtsprechung nicht als Formvorschrift im Sinne des § 125 Satz 1 BGB qualifiziert. Nach überwiegender Ansicht wird § 51 HGB lediglich als eine Ordnungsvorschrift angesehen. Damit bleibt die Unterzeichung der Vertragsurkunde ohne jeglichen Zusatz seitens des P sanktionslos. Dem Zustandekommen des Kaufvertrages steht also nicht die rechtshindernde Einrede des § 125 Satz 1 BGB entgegen.

Ergebnis: Der Kaufvertrag ist zwischen M und G wirksam zustande gekommen. Der M ist daher zur Zahlung des Kaufpreises in Höhe von 4.000 Euro und zur Abnahme des Baugerüsts gemäß § 433 Abs. 2 BGB verpflichtet.

Fall 5

Verkäufer auf Abwegen

G betreibt als eingetragener Kaufmann einen Gebrauchtwagenhandel. Er beschäftigt unter anderem den V als Verkäufer. V ist neben dem Verkauf der gebrauchten Autos auch zum Ankauf derselben berechtigt. Allerdings hat G dem V die Befugnis zum Ankauf von Gebrauchtwagen nur bis zu einem Kaufpreis von 2.000 Euro erteilt.

Als G im Urlaub ist, fährt Rechtsstudent R mit seinem sechs Monate alten *Ford Fiesta* vor. R braucht zur Verlängerung seines Studiums dringend Geld und bietet dem V das Auto für 8.000 Euro an. V hält den Preis für ein echtes Schnäppchen und kauft daher gegen Barzahlung den Wagen. Die Kaufvertragsurkunde unterzeichnet V neben dem Firmenstempel des G mit »i. V.« und seinem Namen. Dabei erwähnt V aber nicht, dass er einen solch teuren Pkw eigentlich gar nicht ankaufen darf. Der G kehrt einige Tage später aus dem Urlaub zurück. Obwohl er selbst häufiger Fahrzeuge im Wert von ca. 10.000 Euro ankauft, ist er mit dem Erwerb dieses Wagens durch V nicht einverstanden, da er einen gewinnbringenden Weiterverkauf für schwierig hält. Er fordert daher von R die Rückzahlung der 8.000 Euro gegen Rückgabe des Wagens und meint, der Vertrag mit ihm sei nicht wirksam zustande gekommen.

Kann G von R die Rückzahlung der 8.000 Euro verlangen?

> **Schwerpunkte:** Die Handlungsvollmacht gemäß § 54 HGB; Generalhandlungsvollmacht, Arthandlungsvollmacht und Spezialhandlungsvollmacht; Zeichnung des Handlungsbevollmächtigten nach § 57 HGB; die Abgrenzung von Handlungsvollmacht und Prokura; Bereicherungsanspruch aus § 812 Abs. 1 BGB.

Lösungsweg

Anspruch des G gegen R auf Zahlung der 8.000 Euro

<u>AGL:</u> § 812 Abs. 1 Satz 1, 1. Var. BGB

Der G könnte gegen R einen Anspruch auf Rückzahlung des gezahlten Kaufpreises in Höhe von 8.000 Euro aus § 812 Abs. 1 Satz 1, 1. Var. BGB haben.

I. Der auf § 812 Abs. 1 Satz 1, 1. Var. BGB gestützte Bereicherungsanspruch setzt zunächst voraus, dass R »etwas«, also einen vermögenswerten Vorteil, erlangt hat (vgl. BGHZ **55**, 128, 131; BGH NJW **1995**, 53, 54; *Jauernig/Stadler* § 812 BGB Rz. 8). Dies ist mit dem Erwerb des Eigentums und des unmittelbaren Besitzes an dem Geld (Barzahlung!) problemlos zu bejahen (vgl. *Palandt/Sprau* § 812 BGB Rz. 17).

II. Der R muss das Eigentum und den Besitz an dem Geld des Weiteren durch eine *Leistung* erlangt haben.

> **Definition**: *Leistung* im Sinne der Norm ist jede bewusste und zweckgerichtete Mehrung fremden Vermögens (BGHZ **40**, 272, 277; **58**, 184, 188; **162**, 157; PWW/*Leupertz* § 812 BGB Rz. 22; *Staudinger/Lorenz* § 812 BGB Rz. 4 ff.).

V hat R das Geld im Hinblick auf die Erfüllung des Kaufvertrages zielgerichtet übergeben. Somit liegt eine Leistung im bereicherungsrechtlichen Sinne vor.

III. Fraglich ist, ob die Vermögensverschiebung im vorliegenden Fall auch *ohne rechtlichen Grund* erfolgte (bitte lies § 812 Abs. 1 Satz 1 BGB).

Als Rechtsgrund im benannten Sinne kommt im vorliegenden Fall natürlich nur der über das Auto geschlossene Kaufvertrag in Betracht. Sollte dieser wirksam sein und insbesondere den G (!) als Vertragspartner des R ausweisen, läge ein Rechtsgrund für die Zahlung der 8.000 Euro an R vor und der Anspruch des G gegen R aus § 812 Abs. 1 BGB wäre logischerweise nicht begründet. Es ist somit zu prüfen, ob ein wirksamer (Kauf-)Vertrag zwischen G und R über das Auto zustande gekommen ist.

Die entsprechende Willenserklärung des R liegt vor. Problematisch ist allein, ob V, da G selbst gar nicht gehandelt hat, die Willenserklärung mit Wirkung für und gegen G abgeben konnte. Dies ist dann der Fall, wenn die Voraussetzungen der Stellvertretung gemäß §§ 164 ff. BGB vorliegen. Wir erinnern uns bitte an den letzten Fall, die Voraussetzungen einer wirksamen Stellvertretung stehen in **§ 164 Abs. 1 Satz 1 BGB** drin und lauten immer noch

- → Abgabe einer eigenen Willenserklärung
- → im Namen des Vertretenen
- → innerhalb der ihm zustehenden Vertretungsmacht.

Prüfen wir mal:

1.) Der V muss gemäß § 164 Abs. 1 Satz 1 BGB zunächst eine eigene Willenserklärung abgegeben haben, was im vorliegenden Fall indessen nicht problematisch ist: V schließt hier einen Vertrag über ein Auto zum Preis von 8.000 Euro.

2.) Der V muss des Weiteren auch im Namen des Vertretenen gehandelt haben. Jedenfalls durch die Bezeichnung des G in dem schriftlichen Kaufvertrag als Vertragspartei ist ein ausdrücklicher Hinweis darauf enthalten, dass V nicht im eigenen, sondern im fremden Namen agierte.

3.) Schließlich muss V auch innerhalb der ihm zustehenden Vertretungsmacht gehandelt haben. Und das ist natürlich das Problem des Falles: In Betracht kommt hier die Handlungsvollmacht gemäß **§ 54 HGB**.

> **Definition**: Gemäß § 54 HGB ist jede von einem Kaufmann im Rahmen seines Handelsgewerbes erteilte Vollmacht, die keine Prokura ist, eine Handlungsvollmacht (*Baumbach/Hopt* § 54 HGB Rz. 1; *K. Schmidt* § 16 IV 1a; *Brox/Henssler* Rz. 179; *Jung* § 26 Rz. 19).

Beachte: Wer § 54 Abs. 1 HGB gelesen hat, wird feststellen, dass die Legaldefinition im Gesetz etwas umfangreicher als die gerade genannte Definition ist (prüfen!). Allerdings wird in der gesamten handelsrechtlichen Literatur mit dieser Kurzdefinition gearbeitet, weshalb wir sie zur Vermeidung von Irritationen auch in unserem Buch hier zugrunde legen wollen.

> Genau genommen ist die verkürzte Definition allerdings ein wenig unpräzise (so *Hübner* in Rz. 374). Denn durch die weite Formulierung »jede Vollmacht« wird darüber hinweg getäuscht, dass der Kaufmann nach ganz herrschender Meinung auch eine Einzel- und Generalvollmacht nach den Vorschriften des BGB erteilen kann (*Palandt/Ellenberger* § 167 BGB Rz. 7). Da diese Definition sich aber – wie gesagt – in den Lehrbüchern durchgesetzt hat, sollte sie auch in der Klausur verwandt werden.

Ebenso wie die Prokura ist auch die Handlungsvollmacht eine *rechtsgeschäftliche* Vollmacht im Sinne des § 167 BGB. Allerdings werden die §§ 167 ff. BGB durch die §§ 54 ff. HGB weniger modifiziert als durch die maßgeblichen Vorschriften der Prokura aus den §§ 48 ff. HGB (*Canaris* § 15 Rz. 1).

Einschub: Bereits der Gesetzeswortlaut in § 54 HGB legt einen Vergleich zwischen der *Handlungsvollmacht* und der *Prokura* nahe. Dieser Vergleich zwischen den beiden Vertretungsformen hilft, sich die Tatbestandsvoraussetzungen einzuprägen und unterstützt zudem das Verständnis für die Bedeutung einzelner Tatbestandsmerkmale. Deshalb werden wir uns das jetzt in einem kleinen Zwischenschritt auch mal etwas genauer anschauen und die Unterschiede der beiden Rechtsinstitute herausarbeiten; das ist übrigens absolutes Standardprogramm für Klausuren aus dem HGB und sollte daher besonders aufmerksam gelesen werden. Also:

a) Wir wollen uns als Erstes bitte klarmachen, dass bei der *Erteilung* der Handlungsvollmacht die §§ 54 ff. HGB keinerlei Sondervorschriften zu den §§ 167 ff. BGB enthalten mit der Folge, dass insoweit schon mal ausschließlich die Normen des BGB maßgeblich sind (*Jung* § 26 Rz. 20; *Oetker* § 5 C II; *Brox/Henssler* Rz. 182). Das hat im Einzelnen nun folgende Konsequenzen:

aa) *Vollmachtgeber* kann nicht nur der Inhaber des Handelsgeschäfts persönlich, sondern auch ein rechtsgeschäftlicher Vertreter, etwa ein Prokurist, sein (BGH DB **1952**, 949; *Baumbach/Hopt* § 54 HGB Rz. 6; *K. Schmidt* § 16 IV 2a bb). Das war bei der

Prokura ja anders, diese kann gemäß § 48 Abs. 1 HGB nur der **Kaufmann** selbst, also *persönlich,* erteilen (*Koller/Roth/Morck* § 48 HGB Rz. 1; *Schlegelberger/Schröder* § 48 HGB Rz. 3; *Jung* § 25 Rz. 3). Im Übrigen wird bei der Erteilung der Handlungsvollmacht überwiegend eine analoge Anwendung auch auf Kleingewerbetreibende befürwortet, was bei der Prokura selbstverständlich ausscheidet (MüKo-*Krebs* § 54 HGB Rz. 8; *Baumbach/Hopt* § 54 HGB Rz. 6; **a.A.** *Heymann/Sonnenschein/Weitemeyer* § 54 HGB Rz. 12; *E/B/J/Weber* § 54 HGB Rz. 2; GroßKomm-*Joost* § 54 HGB Rz. 12).

bb) Die Handlungsvollmacht muss, anders als die Prokura, des Weiteren nicht zwingend ausdrücklich erteilt werden. Vielmehr ist hier auch eine konkludente Ermächtigung möglich (RGZ **90**, 299, 300; BGH NJW **1982**, 1389, 1390; *Hübner* Rz. 386). Von besonderer Bedeutung ist diese Möglichkeit übrigens, wenn eine Prokuraerteilung unwirksam ist, etwa weil nicht der Geschäftsinhaber persönlich gehandelt hat. In dieser Konstellation kommt nämlich dann eine **Umdeutung** nach **§ 140 BGB** in eine Handlungsvollmacht in Betracht (*Canaris* § 15 Rz. 16; *Oetker* § 5 C II; *Roth* Rz. 639).

cc) Keine Unterschiede zwischen Prokura und Handlungsvollmacht bestehen hinsichtlich des *Adressaten* der Vollmachtserteilung. Auch die Handlungsvollmacht kann gemäß § 167 Abs. 1 BGB als Innen- und als Außenvollmacht erteilt werden.

dd) Die Handlungsvollmacht ist mit Zustimmung des Inhabers des Handelsgewerbes gemäß § 58 HGB *übertragbar.* Die Option der Übertragbarkeit zeigt, dass es sich bei der Handlungsvollmacht im Gegensatz zur Prokura nicht um ein höchstpersönliches Recht handelt. Dementsprechend muss der Bevollmächtigte nicht zwingend eine natürliche Person sein (herrschende Ansicht: GroßKomm-*Joost* § 54 HGB Rz. 15; *Heymann/Sonnenschein/Weitemeyer* § 54 HGB Rz. 13; *K. Schmidt* § 16 IV 1a).

> **Beachte**: Von der Übertragung der Handlungsvollmacht ist bitte der Fall der Einräumung einer Unter-Handlungsvollmacht zu unterscheiden. Letztere fällt nicht in den Anwendungsbereich des § 58 HGB, bedarf also auch nicht der Zustimmung des Geschäftsinhabers. Von einer Unter-Handlungsvollmacht spricht man, wenn der Handlungsbevollmächtigte einen *zusätzlichen* Handlungsbevollmächtigten bestimmt (*Koller/Roth/Morck* § 58 HGB Rz. 3; *Baumbach/Hopt* § 58 HGB Rz. 2; zur Möglichkeit der Vollmachtserteilung durch einen rechtsgeschäftlichen Vertreter siehe bereits unter (3a)aa)).

ee) Die Handlungsvollmacht ist im Gegensatz zur Prokura nicht registerfähig, eine Eintragung in das Handelsregister demnach also ausgeschlossen (*K. Schmidt* § 16 IV 2a dd; *Brox/Henssler* Rz. 181). Dieser Unterschied zur Prokura hat zwar im Hinblick auf die Erteilung der jeweiligen Vollmachtsform keine praktische Auswirkung, denn die Eintragung in das Handelsregister stellt bei der Prokura keine Wirksamkeitsvoraussetzung dar. Gleichwohl ist die Bedeutung dieses Unterschieds nicht zu verkennen. Die Eintragungsfähigkeit in das Handelsregister entscheidet nämlich über die Anwendbarkeit des § 15 HGB (Ausführliches dazu später in den Fällen 7 und 8).

ff) Schließlich beurteilt sich das *Erlöschen* der Handlungsvollmacht nicht nach Sondervorschriften des HGB. Allein maßgeblich sind die allgemeinen Regeln der §§ 168 ff. BGB (MüKo-*Krebs* § 54 HGB Rz. 54 ff.; *Hübner* Rz. 397).

So. Das war also jetzt die Gegenüberstellung der Rechtsinstitute »Prokura« und »Handlungsvollmacht«, die man bitte sehr sorgfältig lesen und im günstigsten Fall auch behalten sollte. Wie gesagt, das kommt ständig in den Übungsarbeiten und wird dort als bekannt vorausgesetzt.

Zurück zum Fall: Der V wurde zum An- und Verkauf von Gebrauchtwagen berechtigt. Diese Vollmacht hat G – mangels anderslautender Anhaltspunkte im Sachverhalt – nicht als Prokura ausgestaltet. Folglich ist die dem V erteilte Vollmacht gemäß § 54 Abs. 1 HGB als *Handlungsvollmacht* zu qualifizieren. Der V ist also Handlungsbevollmächtigter im Sinne des § 54 HGB.

Und fraglich ist jetzt natürlich, ob der in Rede stehende Kaufvertragsabschluss von dieser Handlungsvollmacht auch gedeckt ist, der V also bei Abschluss des Vertrages mit R »innerhalb der ihm zustehenden Vertretungsmacht« handelte. Nur dann nämlich treten die Wirkungen des § 164 Abs. 1 Satz 1 BGB ein (den prüfen wir ja gerade!) und G müsste die Willenserklärung des V für und gegen sich wirken lassen.

b) Welchen *Umfang* die Handlungsvollmacht hat, lässt sich nicht pauschal beantworten. Denn § 54 Abs. 1 HGB kennt nicht nur *die* Handlungsvollmacht. Vielmehr differenziert § 54 Abs. 1 HGB zwischen drei verschiedene Arten von Handlungsvollmachten: Der Kaufmann hat sich bei der Einräumung der Vollmacht zwischen der *Generalhandlungsvollmacht*, der *Arthandlungsvollmacht* und der *Spezialhandlungsvollmacht* zu entscheiden (MüKo-*Krebs* § 54 HGB Rz. 16 ff.; *Hübner* Rz. 376 ff.; *Brox/Henssler* Rz. 184 ff.). Steht fest, welche Art von Handlungsvollmacht vorliegt (und erst dann!), ist anhand des § 54 Abs. 1 HGB zu bestimmen, in welchem Umfang das Handeln des Bevollmächtigten von der Vollmacht gedeckt ist. Dabei gibt § 54 Abs. 1 HGB – anders als im Falle der Prokura – keinen zwingenden gesetzlichen Rahmen vor. Vielmehr statuiert diese Norm eine widerlegbare (!) Vermutung. Das heißt, eine Abweichung von dem in § 54 Abs. 1 HGB bestimmten Umfang ist durch eine rechtsgeschäftliche Vereinbarung möglich (*E/B/J/Weber* § 54 HGB Rz. 8; *Röhricht/Graf v. Westphalen/Wagner* § 54 HGB Rz. 36; **a.A.** MüKo-*Krebs* § 54 HGB Rz. 4 f.).

> **Merke:** Die Vorschrift des § 54 Abs. 1 HGB enthält keine Vermutung für das Vorliegen einer bestimmten Art von Handlungsvollmacht (*Canaris* § 15 Rz. 4 ff.; *Jung* § 26 Rz. 21; *Drexl/Mentzel* in Jura 2002, 289, 295). Die Vermutung erstreckt sich nur auf den Umfang der jeweiligen Handlungsvollmacht. Das heißt, die Vermutungswirkung des § 54 Abs. 1 HGB kommt in einer Klausur erst ins Spiel, wenn positiv festgestellt ist, um welche Art von Handlungsvollmacht es sich handelt.

Die Vollmachten haben wir oben benannt, und jetzt schauen wir uns dann mal den Umfang der Vermutung für die verschiedenen Vollmachten an, nämlich:

Liegt eine *Generalhandlungsvollmacht* vor, so wird vermutet, dass der Vertreter zur Vornahme aller Rechtsgeschäfte, die der gesamte Betrieb eines derartigen Handelsgewerbes gewöhnlich mit sich bringt, berechtigt ist (BGH NJW **2009**, 293, 294; *Baumbach/Hopt* § 54 HGB Rz. 9; *Oetker* § 5 C III). Die Vermutung im Falle einer *Arthandlungsvollmacht* erstreckt sich auf Abschlüsse, welche die Vornahme derartiger Rechtsgeschäfte gewöhnlich mit sich bringt (*Röhricht/Graf v. Westphalen/Wagner* § 54 HGB Rz. 22; *Brox/Henssler* Rz. 185). Die engsten Grenzen setzt die *Spezialhandlungsvollmacht*. Bei dieser wird vermutet, dass der Stellvertreter Rechtsgeschäfte tätigen darf, die das konkret übertragene Geschäft gewöhnlich mit sich bringt (*Koller/Roth/Morck* § 54 HGB Rz. 9; *K. Schmidt* § 16 IV 2ee).

> **Durchblick**: Der General- und der Arthandlungsvollmacht ist das Tatbestandsmerkmal »derartiges Handelsgewerbe« beziehungsweise »derartige Rechtsgeschäfte« gemeinsam. Mit dieser Eingrenzung wird erreicht, dass – anders als bei der Prokura – branchenfremde Geschäfte von vornherein nicht von einer erteilten Handlungsvollmacht gedeckt sind (*Röhricht/Graf v. Westphalen/Wagner* § 54 HGB Rz. 26; *Hübner* Rz. 376). Alle drei Arten der Handlungsvollmacht stellen zudem auf die »Gewöhnlichkeit« des jeweiligen Rechtsgeschäfts ab. Maßstab für die Beurteilung der Gewöhnlichkeit ist dabei der objektive Standard der gesamten Branche, wobei allerdings die Art und Größe des Unternehmens zu berücksichtigen sind (BGH DB **1978**, 2118, 2119; *Röhricht/Graf v. Westphalen/Wagner* § 54 HGB Rz. 26; *Baumbach/Hopt* § 54 HGB Rz. 10; *Canaris* § 15 Rz. 21. **Beispiel**: Bei einem großen Unternehmen ist auch ein Millionenschuldanerkenntnis noch gewöhnlich).

Zum Fall: G hat dem V die Vollmacht zum An- und Verkauf von gebrauchten Autos erteilt. Aufgrund dieser Beschränkung auf eine bestimmte Art von Geschäften liegt eine *Arthandlungsvollmacht* vor. Da der V offensichtlich kein branchenfremdes Geschäft tätigte – das wäre beispielsweise der Fall beim Kauf eines Neuwagens! –, ist allein fraglich, ob der Ankauf des in Rede stehenden Pkw im Bereich des »Gewöhnlichen« lag. Bezogen auf die Branche des Gebrauchtwagenhandels ist es durchaus üblich, Gebrauchtwagen jeder Art, gleich zu welchem Preis, einzukaufen. Nichts anderes ergibt sich, wenn man in die Beurteilung die Art und Größe des in Rede stehenden Unternehmens mit einbezieht. Denn die durch G ebenfalls häufiger vorgenommenen Einkäufe in der Preisklasse um 10.000 Euro zeigen, dass sich dieses Geschäft in die Größenordnung des Unternehmens einfügt.

> **Beachte**: Verfehlt wäre es, die Beschränkung hinsichtlich des Einkaufs auf 2.000 Euro bereits als Inhalt der Arthandlungsvollmacht zu sehen. Denn die Art der erfassten Geschäfte ist *abstrakt* zu bestimmen. Beispiele für Arthandlungsvollmachten sind etwa der Schalterangestellte einer Bank, Kellner oder Einkäufer (*MüKo-Krebs* § 54 HGB Rz. 20; vgl. auch *Baumbach/Hopt* § 54 HGB Rz. 18 und das Beispiel bei *Brox/Henssler* Rz. 189). Hingegen kann es keinen Einkäufer für Waren bis 2.000 Euro geben.

ZE.: Gemessen an § 54 Abs. 1 HGB war der Abschluss des Kaufvertrages damit von der dem V erteilten Arthandlungsvollmacht gedeckt.

c) Der – im Vergleich zur Prokura – von vornherein beschränkte Umfang einer Handlungsvollmacht hat noch weitere Grenzen, nämlich:

aa) Eine ganze Reihe von Einschränkungen ergeben sich unmittelbar aus dem Gesetz. So sieht **§ 54 Abs. 2 HGB** (lesen, bitte!) einen enumerativen Katalog an Rechtsgeschäften vor, die von einem Handlungsbevollmächtigten nur nach besonderer Gestattung ausgeführt werden dürfen (MüKo-*Krebs* § 54 HGB Rz. 34). Vom Anwendungsbereich des § 54 Abs. 2 HGB erfasst ist die Veräußerung oder Belastung von Grundstücken, die Eingehung von Wechselverbindlichkeiten, die Aufnahme von Darlehen und die Prozessführung. Über den Anwendungsbereich des § 54 Abs. 2 HGB hinaus ist ein Handlungsbevollmächtigter – wie auch ein Prokurist – nicht zur Vornahme von privaten Geschäften sowie von Inhaber- und Grundlagengeschäften berechtigt (siehe insoweit auch den vorherigen Fall).

Zum Fall: Hier bei uns liegt keiner der von § 54 Abs. 2 HGB genannten Tatbestände vor, eine diesbezügliche Einschränkung ist somit nicht gegeben.

bb) Ein wesentlicher Unterschied zur Prokura ergibt sich aus der Möglichkeit, die Handlungsvollmacht aufgrund rechtsgeschäftlicher Vereinbarungen zwischen Vertreter und Geschäftsinhaber im Verhältnis zu Dritten einzuschränken. Eine Einschränkung erfährt dieser Grundsatz aber durch den sich aus **§ 54 Abs. 3 HGB** ergebenden *Gutglaubensschutz* (*Röhricht/Graf v. Westphalen/Wagner* § 54 HGB Rz. 36; *Roth* Rz. 643). Nach § 54 Abs. 3 HGB muss ein Dritter »sonstige« Beschränkungen der Handlungsvollmacht nur gegen sich gelten lassen, wenn er sie kannte oder kennen musste. Unter die »sonstigen Beschränkungen« im Sinne des § 54 Abs. 3 HGB fallen alle Einschränkungen der Handlungsvollmacht, die nicht bereits von § 54 Abs. 1 oder Abs. 2 HGB erfasst sind (MüKo-*Krebs* § 54 HGB Rz. 41; *Canaris* § 15 Rz. 24).

Zum Fall: Die interne Beschränkung auf Ankäufe bis zu einem Kaufpreis von 2.000 Euro fällt nicht in den Anwendungsbereich des § 54 Abs. 2 HGB. Außerdem schlägt sich diese Vereinbarung auch nicht im Rahmen des § 54 Abs. 1 HGB nieder (vgl. oben). Folglich findet **§ 54 Abs. 3 HGB** auf die interne Abrede Anwendung.

> **Merke:** Im Falle einer Arthandlungsvollmacht kommt es auf die Vorschrift des § 54 Abs. 3 HGB nur an, wenn die abstrakt bestimmte Art der Geschäfte durch (weitere) individuelle Kriterien beschränkt wird.

Hier: Die interne Absprache zwischen V und G im Hinblick auf die nach oben begrenzte Kaufsumme ist zwar grundsätzlich wirksam bzw. möglich, allerdings muss sich unser R diese Beschränkung der Arthandlungsvollmacht nur vorhalten lassen, wenn er sie entweder positiv kannte oder kennen musste, also fahrlässig nicht kannte (lies: § 122 Abs. 2 BGB und *E/B/J/Weber* § 54 HGB Rz. 26).

Gegen eine positive Kenntnis seitens des R spricht, dass V beim Kaufvertragsabschluss die Beschränkung seiner Befugnis dem R gegenüber nicht erwähnte. Des Weiteren ergaben sich für R keinerlei Anhaltspunkte, die ihn auf die fehlende Vollmacht hätten aufmerksam machen können, wie etwa ein entsprechender Aushang (vgl. BGH NJW **1982**, 1389 f.; OLG Düsseldorf DB **1992**, 2080, 2081; *Baumbach/Hopt* § 54 HGB Rz. 19 zu Zahlungshinweisen auf Schildern). Da im Übrigen eine allgemeine Nachforschungspflicht für den Kunden nicht besteht, konnte R davon ausgehen, dass V ungeachtet des Preises zum Ankauf aller Gebrauchtwagen berechtigt ist.

ZE.: Mithin muss er sich die zwischen G und V getroffene Vereinbarung nicht vorhalten lassen (zur Nachforschungspflicht vgl. *Koller/Roth/Morck* § 54 HGB Rz. 16; Groß-Komm-*Joost* § 54 HGB Rz. 75).

ZE.: Nach alledem ist festzuhalten, dass V aufgrund der ihm erteilten Arthandlungsvollmacht zum Ankauf des in Rede stehenden Kfz berechtigt war. Die interne Begrenzung auf ein bestimmtes Kaufvolumen ist zwar wirksam, muss sich R aber aus Gründen des Verkehrs- bzw. Gutglaubensschutzes nicht entgegenhalten lassen.

cc) Schließlich hat auch ein Handlungsbevollmächtigter – wie ein Prokurist – eine bestimmte Art und Weise bei der *Zeichnung* zu beachten. Gemäß § 57 HGB hat sich ein Handlungsbevollmächtigter bei der Zeichnung jedes eine Prokura andeutenden Zusatzes zu enthalten; er hat mit einem das Vollmachtsverhältnis andeutenden Zusatz zu unterschreiben. Üblicherweise wählt ein Handlungsbevollmächtigter den Zusatz »in Vollmacht«, »i. A.« oder »i. V.« (*Schlegelberger/Schröder* § 57 HGB Rz. 1; *Heymann/Sonnenschein/Weitemeyer* § 57 HGB Rz. 5; *Baumbach/Hopt* § 57 HGB Rz. 1).

Zum Fall: Von der zuletzt genannten Möglichkeit hat V Gebrauch gemacht, so dass der Norm des § 57 HGB Genüge getan ist. **Beachte noch**: Ein Verstoß gegen § 57 HGB hätte <u>nicht</u> die Unwirksamkeit des Vertrages zur Folge gehabt, da es sich bei § 57 HGB – ebenso wie bei § 51 HGB – nur um eine reine Ordnungsvorschrift handelt (*Schlegelberger/Schröder* § 57 HGB Rz. 1; *Heymann/Sonnenschein/Weitemeyer* § 57 HGB Rz. 5).

ZE.: Somit hat V insgesamt »innerhalb der ihm zustehenden Vertretungsmacht« im Sinne des § 164 Abs. 1 Satz 1 BGB gehandelt mit der Folge, dass die Willenserklärung des V für und gegen den G wirkt (lies: § 164 Abs. 1 Satz 1 BGB).

Ergebnis: Der Kaufvertrag zwischen G und R ist demnach wirksam zustande gekommen. Es besteht damit ein »rechtlicher Grund« im Sinne des § 812 Abs. 1 Satz 1 BGB mit der Folge, dass die Voraussetzungen des § 812 Abs. 1 Satz 1 BGB <u>nicht</u> vorliegen. Folglich hat G gegen R auch keinen Anspruch auf Rückzahlung des bereits bezahlten Kaufpreises in Höhe von 8.000 Euro.

Gutachten

G könnte gegen R einen Anspruch auf Rückzahlung des bereits gezahlten Kaufpreises gemäß § 812 Abs. 1 Satz 1, 1. Var. BGB haben.

I. Der auf § 812 Abs. 1 Satz 1, 1. Var. BGB gestützte Bereicherungsanspruch setzt zunächst voraus, dass R »etwas«, also einen vermögenswerten Vorteil, erlangt hat. Eine vermögensrechtlich vorteilhafte Rechtsposition besteht durch den Erwerb des Eigentums und des unmittelbaren Besitzes an dem Geld.

II. R muss das Eigentum und den Besitz an dem Geld durch Leistung erlangt haben. Leistung im Sinne der Norm ist jede bewusste und zweckgerichtete Mehrung fremden Vermögens. V hat dem R das Geld im Hinblick auf die Erfüllung des Kaufvertrages zielgerichtet übergeben. Somit liegt eine Leistung im bereicherungsrechtlichen Sinne vor.

III. Fraglich ist, ob die Vermögensverschiebung auch ohne Rechtsgrund erfolgt ist. Ein Rechtsgrund könnte in dem Kaufvertrag zu sehen sein. Dann muss zwischen G und R ein wirksamer Kaufvertrag bestehen. Die entsprechende Willenserklärung des R liegt offensichtlich vor. Problematisch ist allein, ob V mit Wirkung für und gegen G handeln konnte. Dies ist der Fall, wenn die Voraussetzungen der Stellvertretung gemäß §§ 164 ff. BGB vorliegen.

1.) V muss gemäß § 164 Abs. 1 Satz 1 BGB eine eigene Willenserklärung im fremden Namen abgegeben haben. Jedenfalls durch die Bezeichnung des G in dem schriftlichen Kaufvertrag als Vertragspartei ist ein ausdrücklicher Hinweis darauf enthalten, dass H nicht im eigenen, sondern im fremden Namen agierte.

2.) Der V muss zudem mit Vertretungsmacht gehandelt haben. In Betracht kommt die Handlungsvollmacht gemäß § 54 HGB.

a) Eine Handlungsvollmacht ist jede von einem Kaufmann im Rahmen seines Handelsgewerbes erteilte Vollmacht, die keine Prokura ist. G hat V zum An- und Verkauf von Gebrauchtwagen berechtigt. Diese Vollmacht hat G mangels ausdrücklicher Erklärung nicht als Prokura ausgestaltet. Folglich ist diese Vollmacht als Handlungsvollmacht gemäß § 54 Abs. 1 HGB zu qualifizieren. An der sich nach §§ 167 ff. BGB zu beurteilenden Wirksamkeit der Vollmacht bestehen keine Zweifel.

b) Fraglich ist nunmehr, ob der in Rede stehende Kaufvertragsabschluss von der Handlungsvollmacht gedeckt ist. Bedenken ergeben sich insoweit hinsichtlich der Beschränkung der Ankaufsberechtigung auf gebrauchte Pkw mit einem Kaufpreis von 2.000 Euro. Ob sich diese Beschränkung im Verhältnis zu R auswirkt, hängt vom Umfang der ihm erteilten Handlungsvollmacht ab.

aa) Grundsätzlich ist der Umfang der Handlungsvollmacht abhängig von der Art der erteilten Handlungsvollmacht. § 54 Abs. 1 HGB differenziert zwischen drei unterschiedlichen Arten von Handlungsvollmacht. Eine Generalhandlungsvollmacht liegt danach vor, wenn dem Vertreter die Befugnis zur Vornahme aller Rechtsgeschäfte eingeräumt wird, die der gesamte Betrieb eines derartigen Handelsgewerbes gewöhnlich mit sich bringt.

Eine solche umfängliche Vollmacht wurde dem V nicht eingeräumt. Vielmehr erfolgte eine Beschränkung der Vertretungsbefugnis auf eine bestimmte Art von Rechtsgeschäften, hier: An- und Verkäufe. Dies stellt eine Arthandlungsvollmacht dar.

Im Falle einer Arthandlungsvollmacht löst § 54 Abs. 1 HGB eine Vermutung dahingehend aus, dass sich die Befugnis auf diejenigen Abschlüsse erstreckt, die die Vornahme derartiger Rechtsgeschäfte gewöhnlich mit sich bringt. Mit der Eingrenzung auf »derartige« Geschäfte ist einem Handlungsbevollmächtigten – anders als bei der Prokura – der Abschluss eines branchenfremden Geschäfts nicht gestattet. Diese Grenze der Handlungsvollmacht hat der im Gebrauchtwagenhandel tätige V bei dem Ankauf eines Gebrauchtwagens nicht überschritten. Fraglich ist aber, ob auch das Tatbestandsmerkmal der »Gewöhnlichkeit« des jeweiligen Rechtsgeschäfts zu bejahen ist. Maßstab für die Beurteilung der Gewöhnlichkeit ist der objektive Standard der gesamten Branche, wobei allerdings die Art und Größe des Unternehmens zu berücksichtigen ist. Bezogen auf die Branche des Gebrauchtwagenhandels ist es durchaus üblich, Gebrauchtwagen jeder Art, gleich zu welchem Preis, einzukaufen. Nichts anderes ergibt sich, wenn man in die Beurteilung die Art und Größe des in Rede stehenden Unternehmens mit einbezieht. Denn die durch G ebenfalls vorgenommenen Einkäufe in der Preisklasse um 10.000 Euro zeigen, dass sich dieses Geschäft in die Größenordnung des Unternehmens einfügt. Mithin handelt es sich für V um ein gewöhnliches Geschäft.

Gemessen an § 54 Abs. 1 HGB war der Abschluss des Kaufvertrages damit von der dem V erteilten Arthandlungsvollmacht gedeckt.

bb) Fraglich ist nunmehr, ob sich die Bestimmung einer Höchstgrenze für den Ankaufspreis gleichwohl im Verhältnis zu R auswirkt. Im Unterschied zur Prokura besteht grundsätzlich die Möglichkeit, die (Art-)Handlungsvollmacht durch individuelle Kriterien einzuschränken. Folglich ist es dem Prinzipal gestattet, die Arthandlungsvollmacht »An- und Verkäufe« mit einer Preisbeschränkung zu versehen. Allerdings erfährt dieser Grundsatz insoweit eine Einschränkung, als dem Dritten der sich aus § 54 Abs. 3 HGB ergebende Gutglaubensschutz zugute kommen kann. Nach § 54 Abs. 3 HGB muss ein Dritter »sonstige« Beschränkungen der Handlungsvollmacht nur gegen sich gelten lassen, wenn er sie kannte oder kennen musste. Unter die »sonstigen Beschränkungen« im Sinne des § 54 Abs. 3 HGB fallen alle Einschränkungen der Handlungsvollmacht, die nicht bereits von § 54 Abs. 1 oder Abs. 2 HGB erfasst sind. Die interne Beschränkung auf einen Ankaufspreis von 2.000 Euro schlägt sich weder im Rahmen des § 54 Abs. 1 noch des Abs. 2 HGB nieder. Folglich findet § 54 Abs. 3 HGB auf die interne Abrede Anwendung. R muss sich diese Kaufpreisbeschränkung jedoch nur vorhalten lassen, wenn er sie positiv kannte oder kennen musste, also gemäß § 122 Abs. 2 BGB fahrlässig nicht kannte. Gegen eine positive Kenntnis seitens des R spricht, dass V bei Kaufvertragsabschluss die Beschränkung seiner Befugnis R nicht mitteilte. Des Weiteren ergaben sich für R keinerlei Anhaltspunkte, die ihn auf die fehlende Vollmacht hätten aufmerksam machen können. Da eine allgemeine Nachforschungspflicht für den Kunden nicht besteht, konnte R davon ausgehen, dass V ungeachtet des Preises zum Ankauf von Gebrauchtwagen berechtigt ist. Mithin muss er sich die zwischen G und V getroffene Vereinbarung nicht entgegenhalten lassen.

Nach alledem ist festzuhalten, dass V aufgrund der ihm erteilten Arthandlungsvollmacht zum Ankauf des in Rede stehenden Kfz berechtigt war. Die interne Begrenzung auf ein bestimmtes Kaufvolumen ist zwar wirksam, muss sich R aber aus Gründen des Verkehrsschutzes nicht entgegenhalten lassen.

3.) Schließlich hat der V mit der Beifügung des Zusatzes »i. V.« zu seinem Namen die sich aus § 57 HGB ergebende Ordnungsvorschrift bei der Zeichnung der Vertragsurkunde eingehalten.

Ergebnis: Der Kaufvertrag zwischen G und R ist wirksam zustande gekommen. Es besteht somit ein »rechtlicher Grund« im Sinne des § 812 Abs. 1 Satz 1 BGB mit der Folge, dass die Voraussetzungen des § 812 Abs. 1 Satz 1 BGB nicht vorliegen. Folglich hat G gegen R auch keinen Anspruch auf Rückzahlung des bereits bezahlten Kaufpreises in Höhe von 8.000 Euro.

Fall 6

Ehefrau auf Abwegen

J betreibt unter der Firma »Gold J, e. Kfm.« ein Juweliergeschäft, in dem er Schmuck an- und verkauft. Aufgrund des großen Andrangs in der Vorweihnachtszeit bittet J Anfang Dezember seine Ehefrau F, ihm im Laden auszuhelfen. Sie soll allerdings nur die Beratung der Kunden übernehmen und selbst keine Verträge schließen. An diese Vereinbarung hält sich F bis einen Tag vor Heiligabend. Als J von einem Bankbesuch nach der Mittagspause noch nicht zurück ist, verkauft F dem Kunden K einen Ring zum Preis von 50 Euro, den K nach Bezahlung dann auch gleich einsteckt. Außerdem erklärt F sich gegenüber dem Kunden V mit dem Ankauf einer gebrauchten Kette zum Preis von 300 Euro einverstanden.

In dem Moment, als F dem V die 300 Euro aushändigen will, erscheint der J. Als er erkennt, dass die Kette maximal 100 Euro wert ist, widerspricht er dem Geschäft und verweigert die Auszahlung der 300 Euro. Im Übrigen will J von K den verkauften Ring zurückhaben, da er ihn für einen anderen Kunden reserviert hatte.

Steht J gegen K ein Anspruch auf Herausgabe des Ringes zu? Und muss J an V die zwischen F und V vereinbarten 300 Euro zahlen?

> **Schwerpunkte**: Die Ladenvollmacht gemäß § 56 HGB; der räumliche Umfang; der Begriff des »Angestellten« im Sinne des § 56 HGB; Problem des Ankaufs von Waren im Rahmen des § 56 HGB; die verschiedenen Rechtsscheinvollmachten.

Lösungsweg

A. Anspruch des J gegen K auf Herausgabe des Ringes

<u>AGL.:</u> § 985 BGB

I. Der J könnte gegen G einen Anspruch auf Herausgabe des Ringes aus § 985 BGB haben.

Dies setzt zunächst voraus, dass J immer noch Eigentümer des Ringes ist. Ursprünglich war J der Eigentümer des Schmuckstücks. Er könnte das Eigentum aber durch die von F vorgenommene Übereignung und Übergabe des Ringes verloren haben. Die Eigentumsübertragung an beweglichen Sachen richtet sich nach den §§ 929 ff. BGB (zum Aufbau vgl. *Schwabe*, Sachenrecht, Fälle 1-5). In Betracht kommt im vorliegenden Fall ein Eigentumserwerb durch K nach § 929 Satz 1 BGB. Dieser setzt **(1.)** eine *Einigung* zwischen dem Eigentümer und dem Erwerber und **(2.)** eine *Übergabe* der Sache voraus. Und genau das prüfen wir jetzt mal in aller Ruhe durch:

1.) Erforderlich für einen Eigentumserwerb nach § 929 Satz 1 BGB ist also zunächst eine *rechtsgeschäftliche* Einigung zwischen Erwerber und Eigentümer. Vorliegend hat zwischen J und K offensichtlich aber kein rechtsgeschäftlicher Kontakt stattgefunden. Stattdessen hat die F – spätestens mit der Übergabe des Ringes – schlüssig zum Ausdruck gebracht, dem K das Eigentum übertragen zu wollen. Dieses Angebot hat K durch die Entgegennahme und das Einstecken des Ringes auch fraglos angenommen. Es fragt sich, ob die von F abgegebene Erklärung für bzw. gegen den J Wirkung entfalten kann.

Die von F abgegebene Erklärung wirkt für und gegen J, wenn ein Fall wirksamer Stellvertretung nach den §§ 164 ff. BGB gegeben ist. Die F muss den J also bei der Übereignung des Ringes an K wirksam vertreten haben. Für eine wirksame Stellvertretung sind gemäß § 164 Abs. 1 Satz 1 BGB erforderlich

→ die Abgabe einer eigenen Willenserklärung

→ im Namen des Vertretenen

→ innerhalb der ihm zustehenden Vertretungsmacht.

Prüfen wir mal:

a) Die F muss gemäß § 164 Abs. 1 Satz 1 BGB zunächst eine eigene Willenserklärung abgegeben haben. Die F gibt eine Erklärung ab, zu der sie im Innenverhältnis nicht berechtigt war. Eine eigene Willenserklärung der F liegt vor.

b) In der Sachverhaltsschilderung steht nicht, dass F ausdrücklich erklärt hat, für J handeln zu wollen. Dies ist nach Maßgabe des § 164 Abs. 1 Satz 2 BGB allerdings unschädlich, wenn sich der Wille zum Handeln im fremden Namen aus den Gesamtumständen ergibt. Da die F ein zum Betrieb des J gehörendes Geschäft tätigte, sogenanntes »**unternehmensbezogenes Geschäft**«, sprechen die Umstände für ein Handeln im fremden Namen (BGH NJW **1995**, 43, 44; NJW-RR **1997**, 527, 528; *Honsell* in JA 1984, 17, 18). Dass dabei J als Inhaber des Unternehmens namentlich nicht benannt wird, ist übrigens irrelevant. Entscheidend ist nämlich allein, wer *objektiv* Träger des Unternehmens ist (*Soergel-Leptien* § 164 BGB Rz. 14; *Medicus*, BGB AT, Rz. 915 f.). Und das war hier allein der J.

c) Fraglich ist, ob F auch innerhalb der ihr zustehenden Vertretungsmacht handelte. Sowohl eine Prokura nach den §§ 49 ff. HGB als auch eine Handlungsvollmacht nach § 54 HGB kommen nicht in Betracht. Bei beiden Tatbeständen handelt es sich nämlich um *rechtsgeschäftliche* Vollmachten, also solche, die durch Rechtsgeschäft erteilt werden (lies: § 166 Abs. 2 BGB) und auf den Abschluss von Rechtsgeschäften durch den Vertreter abzielen. Eine solche Vollmacht zum Abschluss eines Rechtsgeschäfts hat J der F aber gerade nicht erteilt. Im Gegenteil: Der F war es ausdrücklich untersagt, An- oder Verkäufe vorzunehmen. Die F sollte lediglich die Beratung der Kunden übernehmen. Alles Weitere zählte zum Aufgabenbereich des J. Die Vertretungsmacht kann daher nur aus **§ 56 HGB** (lesen, bitte!) resultieren.

> **Durchblick:** Die sogenannte »Ladenvollmacht« nach § 56 HGB kommt nach ganz herrschender Meinung nur bei fehlender sonstiger Vollmachtserteilung in Betracht (*Jung* § 27 Rz. 28). Der Begriff der Laden*vollmacht* ist daher auch eher verwirrend, wird aber von weiten Teilen der Literatur verwendet (vgl. nur *Baumbach/Hopt* § 56 HGB Rz. 1). Die Frage nach der dogmatisch korrekten Einordnung der Norm ist im Übrigen heftig umstritten: Am häufigsten wird die Vorschrift als **unwiderlegbare Vermutung** (*Baumbach/Hopt* § 56 HGB Rz. 4; *Röhricht/Graf v. Westphalen/Wagner* § 56 HGB Rz. 1) oder als **Rechtsscheintatbestand** qualifiziert (*Canaris* § 16 Rz. 5; *K. Schmidt* § 16 V 2; *Roth* Rz. 647; *Brox/Henssler* Rz. 231). Für die Falllösung spielt dieser Streit übrigens keine entscheidende Rolle, wer eine der beiden Bezeichnungen in die Falllösung einbaut, erhält aber sicherlich keine schlechtere Note.

Gemäß § 56 HGB gilt die in einem Laden oder offenen Warenlager angestellte Person als ermächtigt, Verkäufe oder Empfangnahmen, die in einem derartigen Laden oder offenen Warenlager gewöhnlich geschehen, vorzunehmen. Und geprüft wird die Vorschrift so:

aa) Der *räumliche Anwendungsbereich* der Norm bezieht sich auf Läden und offene Warenlager. Damit sind alle Verkaufsräume gemeint, die zum freien Eintritt für das Publikum und zum Abschluss von Geschäften bestimmt sind (RGZ **69**, 307, 308; BGH NJW **1975**, 2191; *Baumbach/Hopt* § 56 HGB Rz. 1; *K. Schmidt* § 16 V 3b). Aufgrund dieser Benennung fallen beispielsweise reine Büro- oder Fabrikräume nicht unter den Anwendungsbereich der Vorschrift (KG JW **1924**, 1181; *Hübner* Rz. 400).

<u>ZE.:</u> Das Juweliergeschäft des J ist als Verkaufsstätte gedacht. Der räumliche Anwendungsbereich des § 56 HGB ist demnach eröffnet.

bb) Die F muss ferner »angestellt« im Sinne der Norm sein. Unstreitig ist insoweit, dass die Eigenschaft als »Angestellter« nicht nach arbeitsrechtlichen Kriterien zu beurteilen ist (*E/B/J/Weber* § 56 Rz. 5). Des Weiteren ist im Kern anerkannt, dass Angestellter nach § 56 HGB nur sein kann, wer mit Wissen und Willen des Ladeninhabers tätig wird (RGZ **108**, 48, 49; BGH NJW **1975**, 2191; *MüKo-Krebs* § 56 HGB Rz. 14; *Baumbach/Hopt* § 56 HGB Rz. 2; *K. Schmidt* § 16 V 3d; *Canaris* § 16 Rz. 7). Lässt man es bei dem Erfordernis einer wissentlichen und willentlichen Tätigkeit bewenden, werden alle Personen, unabhängig von ihrem üblichen Aufgaben- und Pflichtenkreis, erfasst (BGH NJW **1975**, 2191; *Canaris* § 16 Rz. 7; *Hübner* Rz. 401; *Honsell* in JA 1984, 17, 22).

Für diese Ansicht spricht, dass der Rechtsverkehr von einer Nachforschung hinsichtlich der Funktionsaufteilung des Personals im Betrieb befreit wird (*Hübner* Rz. 401; *Honsell* in JA 1984, 17, 22). Gleichwohl kommt die wohl überwiegende Ansicht in der

Literatur zu einer Eingrenzung des persönlichen Anwendungsbereichs des § 56 HGB. Als zusätzliches Merkmal wird verlangt, dass die zugewiesene Stelle im Zusammenhang mit dem Verkauf steht, was beispielsweise nicht der Fall ist bei Packern oder Raumpflegern (*Baumbach/Hopt* § 56 Rz. 3; MüKo-*Krebs* § 56 HGB Rz. 15; *Koller/Roth/Morck* § 56 HGB Rz. 4; *E/B/J/Weber* § 56 HGB Rz. 5; *K. Schmidt* § 16 V 3d).

ZE.: Die Entscheidung des Streits kann in unserem Fall dahinstehen. Denn die beratende Tätigkeit der F steht im unmittelbaren Zusammenhang mit dem Verkauf, so dass sie auch nach der engeren Ansicht als Angestellte im Sinne des § 56 HGB zu qualifizieren ist.

cc) Als ungeschriebenes Tatbestandsmerkmal wird zudem verlangt, dass die Person des Vertretenen, also der Geschäftsinhaber, im direkten Anwendungsbereich des § 56 HGB *Kaufmann* sein muss (MüKo-*Krebs* § 56 HGB Rz. 8; GroßKomm-*Joost* § 56 HGB Rz. 8; *Heymann/Sonnenschein/Weitemeyer* § 56 HGB Rz. 2; *K. Schmidt* § 10 V 3c). Ebenso unstreitig ist aber, dass § 56 HGB auf Kleingewerbetreibende *analoge* Anwendung findet (MüKo-*Krebs* § 56 HGB Rz. 8; *K. Schmidt* § 10 V 3c; *Canaris* § 16 Rz. 10).

ZE.: In unserem Fall ist § 56 HGB aufgrund der Kaufmannseigenschaft des J direkt anwendbar.

dd) Nahezu allgemeine Anerkennung findet auch das Erfordernis der *Gutgläubigkeit* des Vertragspartners hinsichtlich einer bestehenden Vertretungsmacht (*K. Schmidt* § 16 V 3f.; *Jung* § 27 Rz. 29; *Heymann/Sonnenschein/Weitemeyer* § 56 Rz. 20; **a.A.** *Honsell* in JA 1984, 17, 23). Begründet wird dies mit dem aus § 54 Abs. 3 HGB und § 173 BGB folgenden Rechtsgedanken, dass nur der gutgläubige Geschäftspartner Schutz verdient.

ZE.: Insoweit gibt es bei uns keine Anhaltspunkte für eine Bösgläubigkeit des K mit der Folge, dass auch diese Voraussetzung erfüllt ist.

ee) Gemäß § 56 HGB erstreckt sich die Vertretungsmacht auf die in einem solchen Laden/offenen Warenlager für gewöhnlich vorkommenden Verkäufe und Empfangnahmen.

(1) Der Begriff des »**Verkaufs**« ist dabei untechnisch zu verstehen. Erfasst werden neben der Abgabe der schuldrechtlichen beispielsweise auch die dingliche Erklärung, die Entgegennahme von Mängelanzeigen oder das Ausstellen von Quittungen (GK-*Nickel* § 56 HGB Rz. 4; *Koller/Roth/Morck* § 56 HGB Rz. 8; *Hübner* Rz. 404).

(2) Der Tatbestand der »**Empfangnahme**« betrifft insbesondere die Entgegennahme von Zahlungen (*Schlegelberger/Hildebrandt/Steckhan* § 56 HGB Rz. 3; *Jung* § 27 Rz. 30; *Hübner* Rz. 405).

(3) Wichtig ist aber zu erkennen, dass nicht *jeder* Verkauf oder jede Empfangnahme erfasst wird. Nach dem Gesetzeswortlaut kommt es vielmehr darauf an, ob der Verkauf beziehungsweise die Empfangnahme in einem solchen Laden/Warenlager für *gewöhnlich* vorkommt. Die Gewöhnlichkeit ist dabei nicht anhand des konkreten Falles, sondern in Bezug auf die Branche und den Ladentyp zu beurteilen (*Röhricht/Graf v. Westphalen/Wagner* § 56 HGB Rz. 20; *Schlegelberger/Hildebrandt/Steckhan* § 56 HGB Rz. 3; *Baumbach/Hopt* § 56 HGB Rz. 4).

ZE.: Da der Verkauf/die Übereignung von Schmuck zu dem üblichen Geschäftsgegenstand eines Juweliergeschäfts zählt, ist auch dieses Tatbestandsmerkmal zu bejahen.

ZE.: Die F handelte mit Vertretungsmacht nach § 56 HGB. Mithin konnte sie die dingliche Einigungserklärung nach § 929 Satz 1 BGB gemäß § 164 Abs. 1 Satz 1 BGB mit Wirkung für und gegen J abgeben.

2.) Weitere Voraussetzung des Übereignungstatbestandes nach § 929 Satz 1 BGB ist die **Übergabe** des Rings an K.

An dieser Stelle ist es wichtig, sich an die genaue Definition der Übergabe im Sinne der §§ 929 ff. BGB zu erinnern, nämlich:

> **Definition**: Eine Übergabe im Sinne des § 929 Satz 1 BGB setzt voraus, dass der Veräußerer den Besitz verliert und der Erwerber den Besitz erlangt. Dies muss zudem auf Veranlassung des Veräußerers, also mit dessen Willen, geschehen sein (BGH NJW **1979**, 714, 715; *Palandt/Bassenge* § 929 BGB Rz. 9; *Erman-Michalski* § 929 BGB Rz. 9).

Subsumtion: Die beiden erstgenannten Tatbestandsmerkmale liegen unproblematisch vor, denn J hat seinen Besitz verloren und K den Besitz an dem Ring erlangt. Zweifel bestehen jedoch daran, dass der Ring auch tatsächlich *mit Willen* des J übergeben wurde; schließlich wollte J den Ring für einen anderen Kunden reservieren, war also offensichtlich nicht mit der Übereignung an K einverstanden.

Dies wäre allerdings dann irrelevant, wenn nicht sein Wille, sondern der der F als Stellvertreterin entscheidend ist. Das ist im Grundsatz zu verneinen, da das Stellvertretungsrecht auf die Übergabe keine Anwendung findet (*Schwabe*, »Lernen mit Fällen«, Sachenrecht, Fall 1, Seite 15). Denn eine Stellvertretung kommt an sich nur bei *rechtsgeschäftlichen* Erklärungen in Betracht, nicht aber bei *Realakten* wie der Übergabe (*Palandt/Bassenge* § 929 BGB Rz. 23; *Wieling* § 9 I 2a).

> **Achtung!** Hiervon gibt es aber eine Ausnahme: Die Regeln der Stellvertretung finden auch auf den Realakt der Übergabe im Sinne des § 929 Satz 1 BGB Anwendung, wenn der Vertreter berechtigt ist, ein Veräußerungsgeschäft zu tätigen, er also Veräußerungsvollmacht nach den §§ 54-56 HGB hat (*Baur/Stürner* § 52 Rz. 39; *Tiedtke* in Jura 1983, 460, 470; *Hoffmann* in JuS 1970, 179, 180). Eine andere Betrachtungsweise hätte nämlich widersprüchliche Ergebnisse zur Folge: Denn der Vertreter könnte anstelle der Übereignung nach § 929 Satz 1 BGB ohne Weiteres auch eine Übereignung

nach §§ 929, 930 BGB beziehungsweise §§ 929, 931 BGB vornehmen. Bei beiden Übertragungstatbeständen wird nämlich die tatsächliche Übergabe durch eine vertragliche Vereinbarung ersetzt. Auf diese Verträge sind die §§ 104 ff. BGB völlig unproblematisch anwendbar (*Schwabe*, Sachenrecht, Fall 1; *Palandt/Bassenge* § 930 BGB Rz. 1 und § 931 BGB Rz. 1). Im Übrigen liefe die Ladenvollmacht im Sinne des § 56 HGB auch weitgehend leer, ließe man zwar die rechtsgeschäftliche Erklärung im Rahmen des § 929 Satz 1 BGB wirksam sein, die Übergabe dann aber daran scheitern, dass sie ohne Willen des Eigentümers bzw. Geschäftsinhabers abgelaufen wäre.

Aus diesen Gründen gilt die genannte Ausnahme: Die Regeln der Stellvertretung finden auch auf die Übergabe – also den Realakt – im Rahmen des § 929 Satz 1 BGB Anwendung, wenn der Stellvertreter aufgrund der §§ 54-56 HGB berechtigt war, auch Veräußerungsgeschäfte zu tätigen (*Baur/Stürner* § 52 Rz. 39; *Tiedtke* in Jura 1983, 460, 470; *Hoffmann* in JuS 1970, 179, 180). Dies hat konkret zur Folge, dass bei der Frage, ob der Besitzverlust mit Willen des Eigentümers geschah, auf die Person des *Stellvertreters* abzustellen ist.

Zum Fall: Unter Zugrundelegung des gerade geschilderten Ausnahmefalls ist vorliegend eine tatbestandliche Übergabe im Sinne des § 929 Satz 1 BGB zu bejahen. Die Voraussetzungen der Ladenvollmacht nach § 56 HGB, woraus sich die Berechtigung zur Veräußerung – auch im Hinblick auf die Übergabe als Realakt – ergibt, sind entsprechend erfüllt. Mithin liegt sowohl eine wirksame Einigung als auch eine Übergabe im Sinne des § 929 Satz 1 BGB vor.

Ergebnis: Der J hat sein Eigentum an dem Ring gemäß § 929 Satz 1 BGB an K verloren. Somit hat er auch keinen Anspruch auf Herausgabe des Ringes gegen K aus § 985 BGB.

<u>**AGL.:**</u> **§ 812 Abs. 1 Satz 1, 1. Fall BGB**

II. Möglicherweise hat J gegen K aber einen Anspruch auf Herausgabe des Ringes aus § 812 Abs. 1 Satz 1, 1. Fall BGB.

K hat »etwas«, nämlich Besitz und Eigentum an dem Ring, erlangt. Die Vermögensverschiebung fand auch durch Leistung, also eine bewusste und zweckgerichtete Mehrung fremden Vermögens, statt (vgl. BGHZ **58**, 184, 188; *Staudinger/Lorenz* § 812 Rz. 4 ff.; *Esser/Weyers*, Schuldrecht II, § 48 II).

Allerdings ist die Leistung <u>mit</u> Rechtsgrund erfolgt. Der Rechtsgrund für die Übertragung des Eigentums und des Besitzes ergibt sich aus dem – zumindest konkludent – geschlossenen Kaufvertrag. Dieser Kaufvertrag ist zwischen J und K wirksam zustande gekommen, da die F den J gemäß § 56 HGB ordnungsgemäß vertreten hat (siehe oben!).

Ergebnis: Der J hat gegen K auch keinen Anspruch auf Herausgabe des Ringes aus § 812 Abs. 1 Satz 1, 1. Fall BGB und geht demzufolge insoweit leer aus.

B. Anspruch des V gegen J auf Zahlung von 300 Euro

<u>AGL.:</u> **§ 433 Abs. 2 BGB**

Ein Anspruch des V gegen J auf Zahlung in Höhe von 300 Euro für die gebrauchte Kette könnte sich aus **§ 433 Abs. 2 BGB** ergeben. Voraussetzung ist selbstverständlich das Bestehen eines Kaufvertrages zwischen V und J.

Entsprechende Willenserklärungen gerichtet auf Abschluss eines Kaufvertrages haben V und F abgegeben. Die Willenserklärung der F hat bindende Wirkung für den J, wenn auch hier ein Fall wirksamer Stellvertretung nach §§ 164 ff. BGB vorliegt. Wir brauchen gemäß § 164 Abs. 1 Satz 1 BGB also schon wieder

→ die Abgabe einer eigenen Willenserklärung

→ im Namen des Vertretenen

→ innerhalb der ihm zustehenden Vertretungsmacht.

1.) Die F hat wiederum eine eigene Willenserklärung abgegeben.

2.) Zudem gab F diese Willenserklärung auch im Namen des J ab, was sich aus der Unternehmensbezogenheit des Handelns ergibt (vgl. insoweit auch die Ausführungen oben unter A.).

3.) Weiterhin müsste F auch in Bezug auf dieses Rechtsgeschäft innerhalb der ihr zustehenden Vertretungsmacht gehandelt haben. Diese könnte sich wiederum aus **§ 56 HGB** ergeben. Soweit der räumliche Anwendungsbereich der Norm und der Begriff des Angestellten betroffen sind, lässt der Sachverhalt im Vergleich zum oben Gesagten keinen Raum für eine abweichende Beurteilung. Außerdem ist auch der Vertragspartner V gutgläubig hinsichtlich der fehlenden Vertretungsmacht.

a) Fraglich ist indes, ob auch der *Ankauf* einer Sache von einer »Ladenvollmacht« gemäß § 56 HGB gedeckt ist. Legt man den Gesetzeswortlaut zugrunde, ist dies zu verneinen. In § 56 HGB ist nur von »Verkauf« und »Empfangnahmen« die Rede (bitte prüfen!). Dass es die Grenzen des sprachlich möglichen Wortsinns sprengen würde, wenn man unter den Begriff »Verkauf« auch den Fall eines »Ankaufs« subsumiert, liegt auf der Hand (ausführliche Erläuterungen dazu in BGH in NJW **1988**, 2109). Außerdem lässt sich ein Ankauf nicht als »Empfangnahme« qualifizieren. Hierunter fallen anerkanntermaßen nur solche Vorgänge, die nicht den Abschluss eines schuldrechtlichen Vertrages zum Gegenstand haben, wie beispielsweise die Entgegennahme von Zahlungsmitteln und Mängelanzeigen (*Baumbach/Hopt* § 56 HGB Rz. 4; *Koller/ Roth/Morck* § 56 HGB Rz. 10).

<u>ZE.:</u> Eine direkte Anwendung des § 56 HGB auf Ankäufe scheidet aus.

b) Da also eine direkte Anwendung der Vorschrift des § 56 HGB ausscheidet, ist eine *analoge* Anwendung der Norm in Erwägung zu ziehen. Voraussetzung einer Analogie ist eine planwidrige Gesetzeslücke und eine vergleichbare Interessenlage zwischen dem geregelten und dem ungeregelten Fall (*Larenz*, Methodenlehre der Rechtswissenschaft, Seite 334 f.). Der § 56 HGB enthält indessen schon keine planwidrige Regelungslücke. Von einer planwidrigen Lücke kann nur im Falle einer *unbewussten* Gesetzeslücke die Rede sein (*Larenz*, Methodenlehre der Rechtswissenschaft, Seite 334 f.). In Anbetracht der Verwendung des Ausdrucks »Verkauf« im Gesetzeswortlaut ist es nahe liegend, dass der Gesetzgeber Ankäufe vom Regelungskonzept der Norm aussparen wollte. Denn hätte der Gesetzgeber auch diesen Fall regeln wollen, hätte nichts näher gelegen, als in den Gesetzestext die Formulierung »An- und Verkauf« aufzunehmen (so BGH NJW **1988**, 2109, 2110; im Ergebnis allgemeine Meinung: *Röhricht/Graf v. Westphalen/Wagner* § 56 HGB Rz. 17; MüKo-*Krebs* § 56 HGB Rz. 26; *Canaris* § 16 Rz. 8; *Jung* § 27 Rz. 30; *Hübner* Rz. 404; *K. Schmidt* § 16 V 3e; *Roth* Rz. 648; *Kohte* in JR 1990, 61 ff.).

ZE.: Der § 56 HGB kann somit auch nicht analog auf den Ankauf von Waren angewandt werden.

c) Die Vertretungsmacht könnte sich allerdings aus einem Rechtsscheintatbestand, namentlich der *Duldungs-* oder *Anscheinsvollmacht*, ergeben.

Definition: Von einer *Duldungsvollmacht* spricht man, wenn jemand als Vertreter eines anderen auftritt, der Geschäftsherr das wissentlich duldet und der Dritte aus diesem Verhalten auf das Vorliegen der Vertretungsmacht schließen darf (BGH NJW **2007**, 987, 988; BGH VersR **1992**, 989, 990; OLG Frankfurt aM WM **1997**, 18, 20; *Palandt-Heinrichs* § 173 BGB Rz. 11; *Medicus*, BR, Rz. 102).

Hier: Da J von dem eigenmächtigen Verhalten der F nicht einmal wusste, kommt eine wissentliche Duldung und demnach eine Duldungsvollmacht nicht in Betracht.

Definition: Kennzeichnend für den Tatbestand der *Anscheinsvollmacht* ist neben der Gutgläubigkeit des Dritten, dass der Scheinvertreter wiederholt auftritt und der Geschäftsherr dies hätte erkennen und verhindern können (BGH NJW **2007**, 987, 988; BGH NJW **1998**, 1854, 1855; BVerwG NJW-RR **1995**, 73, 75; *Schwabe*, BGB-AT, Fall 16, Seite 129; *Larenz/Wolf* § 48 Rz. 25 ff.).

Hier: Im vorliegenden Fall ist nicht ersichtlich, dass F bislang wiederholt aufgetreten ist. Vielmehr kam es in den Wochen ihrer Tätigkeit das erste Mal zu einer solchen Eigenmächtigkeit. Daraus folgt dann des Weiteren, dass J dieses Verhalten auch nicht hätte erkennen und damit verhindern können.

ZE.: Somit scheidet sowohl die Duldungsvollmacht als auch der Tatbestand der Anscheinsvollmacht aus.

__ZE.:__ Folglich kann die Vertretungsmacht des F auch nicht unter Rechtsscheingesichtspunkten begründet werden.

__Ergebnis:__ Die Voraussetzungen der Stellvertretung nach §§ 164 ff. BGB liegen demzufolge nicht vor. F konnte J nicht wirksam verpflichten. Somit hat V gegen J keinen Anspruch auf Zahlung in Höhe von 300 Euro aus dem Kaufvertrag gemäß § 433 Abs. 2 BGB, da ein solcher zwischen V und J nicht geschlossen worden ist.

(Der V kann sich nun aber natürlich an F halten, denn die war Stellvertreterin ohne entsprechende Vollmacht, was die Voraussetzungen des __§ 179 Abs. 1 BGB__ erfüllt; danach war freilich in unserem Fall nicht gefragt und deshalb steht das hier auch nur in Klammern.)

Gutachten

__A. Anspruch des J gegen K auf Herausgabe des Ringes__

__I.__ Ein Anspruch des J gegen K auf Herausgabe des Ringes könnte sich aus § 985 BGB ergeben.

__1.)__ Ein Anspruch aus § 985 BGB setzt zunächst voraus, dass J Eigentümer des Ringes ist. Ursprünglich war J Eigentümer des Schmuckstücks. Er könnte es aber durch die von F vorgenommene Übereignung und Übergabe des Ringes verloren haben. In Betracht kommt ein Eigentumserwerb durch K nach § 929 Satz 1 BGB.

__a)__ Erforderlich für einen Eigentumserwerb nach § 929 Satz 1 BGB ist eine Einigung zwischen Erwerber und Veräußerer. Eine konkludente Übereignungserklärung liegt in der Übergabe des Ringes von F an K. Fraglich ist damit allein, ob die F bei der Abgabe der Willenserklärung J gemäß §§ 164 ff. BGB wirksam vertreten hat.

__aa)__ Die F muss gemäß § 164 Abs. 1 Satz 1 BGB eine eigene Willenserklärung im fremden Namen abgegeben haben. Das Handeln im fremden Namen ergab sich aus der Unternehmensbezogenheit des getätigten Geschäfts, vgl. § 164 Abs. 1 Satz 2 BGB.

__bb)__ Fraglich ist, ob F mit Vertretungsmacht handelte. Aufgrund der internen Vereinbarung, dass sich F nur um die Beratung der Kunden kümmern, mit anderen Worten keine An- und Verkäufe vornehmen sollte, scheidet eine rechtsgeschäftlich erteilte Vollmacht als Grundlage aus. Die Vertretungsmacht kann daher nur aus § 56 HGB resultieren. Gemäß § 56 HGB gilt die in einem Laden oder offenen Warenlager angestellte Person als ermächtigt, Verkäufe oder Empfangnahmen, die in einem derartigen Laden oder offenen Warenlager gewöhnlich geschehen, vorzunehmen.

__(1)__ In den räumlichen Anwendungsbereich der Norm fallen Läden und offene Warenlager, also Verkaufsräume, die zum freien Eintritt für das Publikum und zum Abschluss von Geschäften bestimmt sind. Das Juweliergeschäft ist als Verkaufsstätte gedacht. Der räumliche Anwendungsbereich des § 56 HGB ist demnach betroffen.

__(2)__ Die F muss ferner Angestellte im Sinne der Norm sein. Der Begriff des Angestellten ist nicht nach arbeitsrechtlichen Kriterien zu bestimmen. Des Weiteren besteht Einigkeit darüber, dass Angestellter nach § 56 HGB nur sein kann, wer mit Wissen und Willen des Ladeninhabers tätig wird. Ob darüber hinaus erforderlich ist, dass die Tätigkeit der betreffenden Person im Zusammenhang mit dem Warenverkauf stehen muss, ist streitig. J hat die F wissentlich in seinem Geschäftsbetrieb eingesetzt. Außerdem sollte die F nach der internen Vereinbarung als Beraterin im Verkaufsbereich tätig werden, so dass sie auch nach der engeren Auffassung als Angestellte im Sinne des § 56 HGB zu qualifizieren ist. Der Meinungsstreit muss daher nicht entschieden werden.

(3) Hinsichtlich der weiteren – ungeschriebenen – Tatbestandsmerkmale der Kaufmannseigenschaft des Vertretenen sowie der Gutgläubigkeit des Vertragspartners bestehen keine Bedenken.

(4) Die »Ladenvollmacht« des § 56 HGB erstreckt sich auf die in einem solchen Laden/offenen Warenlager für gewöhnlich vorkommenden Verkäufe und Empfangnahmen. Da der Begriff des »Verkaufs« in einem untechnischen Sinne zu verstehen ist, wird nicht nur der Abschluss des schuldrechtlichen Vertrages, sondern auch die Abgabe der dinglichen Erklärungen erfasst. Damit konnte F auch die Übereignung des Ringes erklären, zumal dies auch zum gewöhnlichen Geschäftsgegenstand eines Juweliergeschäfts zählt.

Die F handelte mit Vertretungsmacht nach § 56 HGB. Mithin konnte sie die dingliche Einigungserklärung mit Wirkung für und gegen J abgeben.

b) Weitere Voraussetzung des Übereignungstatbestandes nach § 929 Satz 1 BGB ist die Übergabe des Ringes an K.

Eine tatbestandsmäßige Übergabe setzt den Besitzverlust auf Veräußererseite und den Besitzerwerb auf Erwerberseite voraus. Dies ist im vorliegenden Fall zu bejahen. Zudem muss die Besitzübertragung auf Veranlassung des Veräußerers, also mit dessen Willen, geschehen sein. Daran bestehen Zweifel. Denn J wollte den Ring für einen anderen Kunden reservieren, mithin nicht veräußern. Fraglich ist, ob für die Übergabe einer Sache – wie im Falle der Einigungserklärung auch – der Wille des Stellvertreters entscheidend ist. Dies ist im Grundsatz zu verneinen, da das Stellvertretungsrecht auf den Realakt der Übergabe keine Anwendung findet. Denn die Regeln der Stellvertretung finden an sich nur auf rechtsgeschäftliche Erklärungen Anwendung. Hiervon ist aber eine Ausnahme anerkannt. Wenn der Vertreter berechtigt ist, ein Veräußerungsgeschäft zu tätigen, ist auch bei der Übergabe sein Wille und nicht der des Vertreters entscheidend. Eine andere Betrachtungsweise hätte widersprüchliche Ergebnisse zur Folge. Während man dem Vertreter die Möglichkeit einer Übereignung nach § 929 Satz 1 BGB verwehren würde, wäre er zu einer Übereignung nach §§ 929, 930 BGB beziehungsweise §§ 929, 931 BGB ohne Weiteres in der Lage. Denn bei den beiden erstgenannten Übertragungstatbeständen wird die tatsächliche Übergabe durch eine vertragliche Vereinbarung ersetzt. Diese könnte der Vertreter wegen der Anwendbarkeit der §§ 104 ff. BGB auf rechtsgeschäftliche Erklärungen unproblematisch abschließen. Unter Berücksichtigung dieses Ausnahmetatbestandes ist entscheidend, ob die F als Stellvertreterin Veräußerungsvollmacht hat, was nach dem zu § 56 HGB Gesagten zu bejahen ist. Folglich geschah der Besitzverlust mit Willen des J. Mithin ist eine tatbestandliche Übergabe im Sinne des § 929 Satz 1 BGB zu bejahen.

Ergebnis: J hat sein Eigentum gemäß § 929 Satz 1 BGB an K verloren. Folglich hat er keinen Anspruch auf Herausgabe des Ringes aus § 985 BGB.

II. Möglicherweise hat J gegen K einen Anspruch auf Herausgabe des Ringes aus § 812 Abs. 1 Satz 1, 1. Fall BGB.

R hat »etwas«, nämlich Besitz und Eigentum an dem Ring, erlangt. Die Vermögensverschiebung fand auch durch Leistung, also eine bewusste und zweckgerichtete Mehrung fremden Vermögens statt. Allerdings könnte die Leistung mit Rechtsgrund erfolgt sein. Der Rechtsgrund für die Übertragung des Eigentums und des Besitzes ergibt sich aus dem – zumindest konkludent – abgeschlossenen Kaufvertrag. Dieser Kaufvertrag ist zwischen J und K wirksam zustande gekommen, da die F den J gemäß § 56 HGB – wie zuvor erläutert – ordnungsgemäß vertreten hat.

Ergebnis: J hat gegen K keinen Anspruch auf Herausgabe des Ringes aus § 812 Abs. 1 Satz 1, 1. Fall BGB.

B. Anspruch des V gegen J auf Zahlung von 300 Euro

Ein Anspruch des V gegen J auf Zahlung in Höhe von 300 Euro könnte sich aus § 433 Abs. 2 BGB ergeben.

Voraussetzung ist das Bestehen eines Kaufvertrages zwischen V und J. Willenserklärungen gerichtet auf Abschluss eines Kaufvertrages haben V und F abgegeben. Die Willenserklärung der F hat bindende Wirkung für den J, wenn ein Fall wirksamer Stellvertretung nach §§ 164 ff. BGB vorliegt.

1.) Die F gab eine eigene Willenserklärung im Namen des J ab, was sich aus der Unternehmensbezogenheit des Handelns ergibt.

2.) Weiterhin müsste F auch in Bezug auf dieses Rechtsgeschäft mit Vertretungsmacht gehandelt haben. Diese resultiert möglicherweise aus § 56 HGB. Fraglich ist allein, ob auch der Ankauf einer Sache von einer »Ladenvollmacht« gemäß § 56 HGB gedeckt ist. Legt man den Gesetzeswortlaut zugrunde, ist dies zu verneinen. In § 56 HGB ist nur von »Verkauf« und »Empfangnahmen« die Rede. Dass es die Grenzen des sprachlich möglichen Wortsinns sprengen würde, würde man unter den Begriff »Verkauf« den Fall eines Ankaufs subsumieren wollen, liegt auf der Hand. Außerdem lässt sich ein Ankauf nicht als »Entgegennahme« qualifizieren. Hierunter fallen anerkanntermaßen nur solche Vorgänge, die nicht den Abschluss eines schuldrechtlichen Vertrages zum Gegenstand haben.

Da eine direkte Anwendung des § 56 HGB ausscheidet, ist eine analoge Anwendung der Norm in Erwägung zu ziehen. Eine analoge Anwendung setzt eine planwidrige Gesetzeslücke und eine vergleichbare Interessenlage zwischen dem geregelten und dem ungeregelten Fall voraus. Von einer planwidrigen Lücke kann nur im Falle einer unbewussten Gesetzeslücke die Rede sein. Im Falle des § 56 HGB spricht aber vieles für ein bewusstes Aussparen der »Ankäufe« vom Regelungskonzept der Norm. Denn hätte der Gesetzgeber auch diesen Fall regeln wollen, hätte nichts näher gelegen, als in den Gesetzestext die Formulierung »An- und Verkauf« aufzunehmen. Damit fehlt es an der Planwidrigkeit der Gesetzeslücke.

3.) Die Vertretungsmacht könnte sich allerdings aus einem Rechtsscheintatbestand, namentlich der Duldungs- oder Anscheinsvollmacht, ergeben.

a) Von einer Duldungsvollmacht spricht man, wenn jemand als Vertreter eines anderen auftritt, der Geschäftsherr das wissentlich duldet und der Dritte aus diesem Verhalten auf das Vorliegen der Vertretungsmacht schließen darf. Da J von dem eigenmächtigen Verhalten der F nicht einmal wusste, kann er dies auch nicht wissentlich geduldet haben. Auf eine Duldungsvollmacht kann sich V daher nicht berufen.

b) Kennzeichnend für den Tatbestand der Anscheinsvollmacht ist neben der Gutgläubigkeit des Dritten, dass der Scheinvertreter wiederholt auftritt und der Geschäftsherr dies hätte erkennen und verhindern können. Hier mangelt es bereits an einem wiederholten Auftreten der F, da sie bei der fraglichen Abwicklung das erste Mal während der gesamten Tätigkeit ihren Aufgabenbereich eigenmächtig erweiterte. Auch die Anscheinsvollmacht scheidet damit aus. Folglich kann die Vertretungsmacht auch nicht unter Rechtsscheingesichtspunkten begründet werden.

Ergebnis: Die Voraussetzungen der Stellvertretung nach §§ 164 ff. BGB liegen nicht vor. F konnte J in Bezug auf den Kaufvertrag nicht wirksam verpflichten. Somit hat V gegen J keinen Anspruch auf Zahlung in Höhe von 300 Euro aus dem Kaufvertrag gemäß § 433 Abs. 2 BGB.

Fall 7

Fahrräder und Komplementäre

Rechtsstudent R beschloss mit seinem Freund F im Jahr 2001, mit der Reparatur von Fahrrädern Geld zu machen. Da beide zwar über die notwendigen technischen Kenntnisse verfügten, das Startkapital für Werkzeug, Mietkautionen etc. aber nicht aufbringen konnten, überzeugten sie die vermögende Kommilitonin K, sich an dem Projekt zu beteiligen. Die drei beschlossen, die Fahrradwerkstatt in der Rechtsform der Kommanditgesellschaft zu betreiben. In dem schriftlichen Gesellschaftsvertrag wurden R und F als persönlich haftende Gesellschafter (Komplementäre) und K als Kommanditistin ausgewiesen. Ferner wurde vereinbart, dass R und F nur gemeinschaftlich zur Vertretung der Gesellschaft berechtigt sein sollen. Sodann erfolgte die Eintragung der F-KG als Kommanditgesellschaft in das Handelsregister, einschließlich der Gesamtvertretungsregelung.

Nach Jahren erfolgreicher Zusammenarbeit schied R mit Wirkung zum 1. Februar 2008 aus der Kommanditgesellschaft aus. Die Eintragung des Austritts erfolgte am 12. September 2008. Ende September 2008 verlangt Verkäufer V von R die Zahlung in Höhe von 5.000 Euro aus einem von F am 7. Juli 2008 für die F-KG abgeschlossenen Kaufvertrag über diverse Ersatzteile. R meint, zur Zahlung sei er nicht mehr verpflichtet.

Kann V von R die 5.000 Euro begründet fordern?

> **Schwerpunkte:** Die Publizität des Handelsregisters gemäß § 15 HGB; der »Normalfall« des § 15 Abs. 2 HGB; die negative Publizität des Handelsregisters gemäß § 15 Abs. 1 HGB; das Wahlrecht des Dritten und die sogenannte »Rosinentheorie«; die Unterscheidung zwischen wahrer und unwahrer Rechtslage im Rahmen des § 15 HGB.

Lösungsweg

Vorbemerkung: Dieser Fall ist der Entscheidung des BGH vom 1. Dezember 1975 (BGHZ **65**, 309 ff.) nachgebildet. Es handelt sich um einen echten (Klausur-)Klassiker, der allerdings auch ganz schön anspruchsvoll daherkommt, es ist der bislang schwierigste Fall des Buches. Wir werden ihn dennoch bewältigen, dabei vor allem die Grundregeln der Publizität des Handelsregisters lernen und uns inhaltlich natürlich mit dem klausurtechnisch außerordentlich wichtigen **§ 15 HGB** beschäftigen.

Nicht abschrecken lassen sollte man sich bitte von dem gesellschaftsrechtlichen Anknüpfungspunkt des Falles. Auch wenn die Grundkenntnisse zum Recht der Kommanditgesellschaft beim Leser (vermutlich) noch nicht so richtig ausgebildet sind, wird die Lösung des Falles – wenn die wenigen zitierten Normen dann auch gelesen werden! – dennoch nachvollziehbar sein. Der Schwerpunkt liegt nämlich – wie gesagt – bei der Publizität des Handelsregisters nach § 15 HGB. Das Gesellschaftsrecht dient hier nur als Einstieg in den Fall, es wird später auch nur einen kleinen Teil in der Lösung ausmachen. Die dafür notwendigen Vorschriften aus dem Gesellschaftsrecht schauen wir uns in der gebotenen Kürze an – wie gesagt, kein Drama (Ausführliches zum Gesellschaftsrecht gibt es später im Buch). Schließlich ist es angesichts der Vielzahl von Informationen in der Sachverhaltsschilderung sicher von Vorteil, wenn man den Sachverhalt noch einmal sorgfältig nachliest und sich (z.B. mit einer Zeichnung) vernünftig einprägt. Wie immer werden wir nämlich gleich in der Lösung jede dieser einzelnen Informationen verwerten müssen. Und da schadet es nicht, wenn man die auch präsent hat. Alles klar!?

Und jetzt zur Lösung:

Anspruch des V gegen R auf Zahlung von 5.000 Euro

<u>AGL.</u>: § 433 Abs. 2 BGB i. V. m. den §§ 161 Abs. 2, 128 HGB

Der V könnte gegen R einen Anspruch auf Kaufpreiszahlung gemäß § 433 Abs. 2 BGB i. V. m. den §§ 161 Abs. 2, 128 HGB haben.

Durchblick: Bereits bei der Benennung der Vorschriften im Obersatz müssen wir ein bisschen genauer hinschauen. Um die Anspruchsgrundlage insoweit zu verstehen, wollen wir uns zunächst bitte Folgendes klar machen:

> Der **§ 433 Abs. 2 BGB**, aus dem sich die eigentliche Verpflichtung zur Kaufpreiszahlung ergibt, kann nicht alleinige Anspruchsgrundlage sein, da nicht R, sondern die F-KG die Kaufvertragspartei gewesen ist (steht so im Fall). Und jetzt kommen dann auch schon die gesellschaftsrechtlichen Normen ins Spiel, und zwar: Der **§ 161 Abs. 2 HGB** (lesen) ist eine Vorschrift aus dem Recht der Kommanditgesellschaft. Diese verweist allerdings – vorbehaltlich abweichender Vorschriften in den §§ 162 ff. HGB – auf das Recht der offenen Handelsgesellschaft in den **§§ 105 ff. HGB**. Das erklärt sich daraus, dass zwischen diesen beiden Gesellschaftsformen weitgehend Übereinstimmung herrscht. Der Unterschied besteht allein darin, dass bei der offenen Handelsgesellschaft <u>alle</u> Gesellschafter stets *persönlich* haften, während bei einer Kommanditgesellschaft die Haftung mindestens <u>eines</u> Gesellschafters auf seine *Vermögenseinlage* beschränkt ist (*Baumbach/Hopt* § 161 HGB Rz. 1; GK-*Fahse* § 161 HGB Rz. 1; vgl. hierzu auch die Legaldefinition in § 161 Abs. 1 HGB).

Im vorliegenden Fall führt uns die Verweisvorschrift des § 161 Abs. 2 HGB zu der Haftung der Komplementäre nach **§ 128 Satz 1 HGB** – bitte lesen (»akzessorische Haftung«). Der § 128 Satz 1 HGB (gelesen?) ordnet die *persönliche* und *unmittelbare*

Haftung, also die Haftung gegenüber dem Vertragspartner der Gesellschaft mit dem **gesamten Privatvermögen** der Komplementäre für die Gesellschaftsverbindlichkeiten an (*E/B/J/Hillmann* § 161 HGB Rz. 10, § 128 HGB Rz. 19; *Baumbach/Hopt* § 128 HGB Rz. 1; *Roth* Rz. 239; *Grunewald* 1. B. Rz. 37).

Ob R in unserem Fall nun tatsächlich persönlich und unmittelbar nach den §§ 433 Abs. 2 BGB i. V. m. den §§ 161 Abs. 2, 128 Satz 1 HGB einstehen muss, ist durchaus fraglich, **denn**: R ist am **1. Februar** aus der F-KG ausgeschieden, und am **12. September** ist dieser Austritt ins Handelsregister eingetragen worden. Am **7. Juli**, also nach dem Ausscheiden, aber noch vor der Eintragung dessen ins Handelsregister, hat F für die F-KG mit V einen Kaufvertrag geschlossen, aus dem der V den R nun in Anspruch nimmt. Wir müssen demzufolge klären, ob zum einen die F-KG überhaupt einen wirksamen Vertrag mit V abschließen konnte (im Handelsregister stand ja zum Zeitpunkt des Vertragsschlusses noch, dass nur R und F *gemeinsam* vertretungsbefugt sind!) und zum anderen, ob der R aus diesem Vertrag dann trotz seines zwischenzeitlichen Ausscheidens in Anspruch genommen werden konnte. Der Reihe nach:

I. Voraussetzung für eine Haftung des R gegenüber V aus den benannten Vorschriften ist zunächst, dass überhaupt eine nach außen wirksame Kommanditgesellschaft besteht. Und das ist hier tatsächlich kein Problem, denn die F-KG ist spätestens mit Eintragung derselben in das Handelsregister gemäß den §§ 162 Abs. 2 i. V. m. 123 Abs. 1 HGB (reinschauen) mit Außenwirkung entstanden.

II. Wegen der Akzessorietät der Gesellschafterhaftung für die Gesellschaftsschulden (= ohne Verbindlichkeiten der Gesellschaft keine Haftung der Gesellschafter!) muss des Weiteren eine Kaufpreisverpflichtung der F-KG gegenüber V in Höhe von 5.000 Euro auch begründet worden sein. Es muss also ein wirksamer Kaufvertrag nach § 433 BGB zwischen der F-KG und dem V zustande gekommen sein.

Zweifel an der Wirksamkeit der Willenserklärung seitens des V bestehen nicht. Problematisch ist indes, ob F die F-KG wirksam verpflichten konnte. Das ist dann der Fall, wenn F die F-KG wirksam vertreten hat im Sinne des **§ 164 Abs. 1 Satz 1 BGB**. Da F eine eigene Willenserklärung im fremden Namen abgab, ist insoweit allein fraglich, ob F auch innerhalb der ihm zustehenden *Vertretungsmacht* handelte.

1.) Die Vertretungsbefugnisse in einer Kommanditgesellschaft ergeben sich aus den **§§ 161 Abs. 2 i. V. m. 125 und 170 HGB**. Gemäß § 170 HGB ist ein Kommanditist von der Vertretung der Gesellschaft ausgeschlossen, während gemäß § 125 Abs. 1 HGB grundsätzlich jeder Komplementär zur Alleinvertretung berechtigt ist (GK-*Ernsthaler* § 125 HGB Rz. 1; *Koller/Roth/Morck* § 125 HGB Rz. 3). Von diesem Grundsatz kann durch gesellschaftsvertragliche Regelung gemäß **§ 125 Abs. 2 HGB** abgewichen werden. Gemäß § 125 Abs. 2 HGB kann im Gesellschaftsvertrag die Gesamtvertretung aller oder mehrerer Komplementäre angeordnet werden. Die Anordnung der Gesamtvertretung muss gemäß § 106 Abs. 2 Nr. 4 HGB in das Handelsregister eingetragen werden, stellt also eine sogenannte »**eintragungspflichtige Tatsache**« dar

(MüKo-*Langhein* § 106 HGB Rz. 32). Haben die Gesellschafter von der Möglichkeit der Gesamtvertretung durch alle Komplementäre Gebrauch gemacht, so wird die Gesellschaft nur wirksam vertreten, wenn die benannten Komplementäre *gemeinsam* handeln (*Baumbach/Hopt* § 125 HGB Rz. 16; HK-*Stuhlfelner* § 125 HGB Rz. 4). Dabei ist die Gesamtvertretung übrigens bereits ab dem Zeitpunkt der Änderung im Gesellschaftsvertrag zu berücksichtigen, da die Eintragung der Gesamtvertretung in das Handelsregister nur rein *deklaratorischen* Charakter hat. Wichtig, bitte merken, brauchen wir später noch.

> **Feinkostabteilung**: Den eben verwandten Begriff der *eintragungspflichtigen Tatsache* sollte man kennen, er hat beachtliche Bedeutung im Handelsrecht. Entsprechend dem Wortsinn spricht man dann von einer eintragungspflichtigen Tatsache, wenn der Kaufmann *gesetzlich verpflichtet* ist, eine Tatsache zur Eintragung in das Handelsregister anzumelden (*Hübner* Rz. 114; *Oetker* § 3 B. II; vgl. auch RGZ **132**, 138 ff.). Dazu zählen beispielsweise die Eintragung der Firma gemäß § 29 HGB, die Erteilung und das Erlöschen der Prokura nach § 53 Abs. 1, 3 HGB und – wie oben gesehen – die Vertretungsmacht der Gesellschafter nach § 106 Abs. 2 Nr. 4 HGB (MüKo-*Langhein* § 106 HGB Rz. 32; *Koller/Roth/Morck* § 8 HGB Rz. 7; *Bülow* Seite 36).
>
> Von den eintragungspflichtigen Tatsachen abzugrenzen sind dann die *eintragungsfähigen Tatsachen*. Das sind solche Tatsachen, die der Kaufmann freiwillig zur Eintragung anmelden kann (*Baumbach/Hopt* § 8 HGB Rz. 5; *Koller/Roth/Morck* § 8 HGB Rz. 9). Diese Möglichkeiten räumen etwa die §§ 25 Abs. 2, 28 Abs. 2 HGB ein (GK-*Nickel* § 15 HGB Rz. 14; *Jung* § 11 Rz. 8; *Oetker* § 3 B. II). Nach herrschender Meinung ist eine Eintragung in das Handelsregister aber auch dann möglich, wenn nach Sinn und Zweck des Handelsregisters ein sachliches Bedürfnis besteht (BGHZ **87**, 59, 62; OLG Naumburg ZIP **1993**, 1500, 1501; GroßKomm-*Hüffer* § 8 HGB Rz. 31). Letztlich gibt es auch Tatsachen, deren Eintragung in das Handelsregister *ausgeschlossen* ist. Als Beispiel hierfür zu nennen ist die uns aus Fall 5 bekannte Handlungsvollmacht (*E/B/J/Schaub* § 8 HGB Rz. 76 ff.; *Hübner* Rz. 116; *Canaris* § 4 Rz. 8).

Zurück zum Fall: Legt man die im Gesellschaftsvertrag getroffene Bestimmung zugrunde, so sind F und R nur *gemeinschaftlich* zur Vertretung der F-KG berechtigt mit der Konsequenz, dass der F alleine die Gesellschaft nicht wirksam verpflichten konnte.

2.) Aber: Diese vertragliche Regelung lässt den zwischenzeitlichen Austritt des R aus der Kommanditgesellschaft unberücksichtigt.

Zunächst können wir insoweit feststellen, dass der Austritt des R aus der Kommanditgesellschaft bereits zum 1. Februar 2008 wirksam wurde. Der Wirksamkeit des Austritts steht auch nicht die fehlende Eintragung im Handelsregister entgegen. Die Eintragung der nach **§ 143 Abs. 2 HGB** eintragungspflichtigen Tatsache hat nämlich nur *deklaratorische* Wirkung (*Baumbach/Hopt* § 143 HGB Rz. 5; *Röhricht/Graf v. Westphalen/von Gerkan/Haas* § 143 HGB Rz. 7; *E/B/J/Lorz* § 143 HGB Rz. 16).

Das Ausscheiden des R hat zur Folge, dass F als einziger Komplementär in der Gesellschaft verbleibt. Da gemäß § 170 HGB die K als Kommanditistin von der Vertretung der Gesellschaft ausgeschlossen ist, ist F gemäß **§ 125 Abs. 1 HGB** nunmehr *alleinvertretungsberechtigt* (vgl. BGHZ 41, 367, 369). Zusätzlich zu der Eintragung des Austritts hätten die veränderten Vertretungsbefugnisse gemäß § 107 HGB in das Handelsregister eingetragen werden müssen (MüKo-*Langhein* § 107 HGB Rz. 6). Die unterlassene Eintragung steht allerdings der Wirksamkeit der Alleinvertretungsmacht wegen des deklaratorischen Charakters der Handelsregistereintragung nicht entgegen. Der F ist folglich seit dem 1. Februar Alleinvertretungsberechtigter der F-KG geworden und konnte demnach die Gesellschaft wirksam vertreten.

> **Problem:** Es stellt sich allerdings die Frage, ob diesem Ergebnis nicht die Vorschrift des **§ 15 Abs. 1 HGB** entgegensteht. Denn im Handelsregister stand ja zum Zeitpunkt des Vertragsschlusses noch die ursprüngliche Gesamtvertretung. Der F war somit zwar schon zum alleinigen Vertreter geworden (siehe soeben), während sich aus dem Handelsregister die Gesamtvertretung ergibt. Aus § 15 Abs. 1 HGB könnte sich demzufolge ergeben, dass trotz anderslautender objektiver Rechtslage doch die eingetragene Rechtslage Geltung hat. Wäre dem so, könnte F die KG nicht wirksam vertreten.

Einschub: Bevor wir uns nun eingehend mit der Vorschrift des § 15 Abs. 1 HGB beschäftigen und dann auch den Fall zur Lösung bringen, verschaffen wir uns zunächst mal einen kurzen Überblick über die Bedeutung des Handelsregisters und vor allem des § 15 HGB.

Das Handelsregister stellt im und für den Rechtsverkehr eine Informationsquelle für rechtlich bedeutsame Tatsachen dar. Durch die Offenlegung der Rechtsverhältnisse der Kaufleute wird die *Rechtssicherheit* und *Rechtsklarheit* im Handelsverkehr bezweckt (E/B/J/*Schaub* § 8 HGB Rz. 48; *Roth* Rz. 40). Damit das Handelsregister diese Funktion auch sinnvoll erfüllen kann, bedarf es Regelungen, die die Konsequenzen einer Eintragung, einer fehlerhaften und einer fehlenden Eintragung regeln. Diesem Erfordernis hat der Gesetzgeber in § 15 HGB Rechnung getragen, sogenannte »**materielle Registerpublizität**« (GK-*Nickel* § 15 HGB Rz. 1; *K. Schmidt* § 14 Einl.; *Oetker* § 3 D. I).

> Den »**Normalfall**« sieht **§ 15 Abs. 2 HGB** vor. Aus § 15 Abs. 2 HGB ergeben sich die Rechtsfolgen für den Fall korrekter Eintragung und richtiger Bekanntmachung eintragungspflichtiger – richtiger! — Tatsachen (*Koller/Roth/Morck* § 15 HGB Rz. 19; E/B/J/*Gehrlein* § 15 HGB Rz. 17; *Röhricht/Graf v. Westphalen/Ammon/Ries* § 15 HGB Rz. 24). Nach der Eintragung der eintragungspflichtigen Tatsache und deren Bekanntmachung im Bundesanzeiger und mindestens einem weiteren Blatt (vgl. §§ 10, 11 HGB – bitte lesen) muss ein Dritter sich diese Tatsache entgegenhalten lassen, sogenannte »vertrauenszerstörende Funktion« des Handelsregisters (MüKo-*Krebs* § 15 HGB Rz. 9; E/B/J/*Gehrlein* § 15 HGB Rz. 2; *Canaris* § 5 Einl.). Etwas anderes gilt gemäß § 15 Abs. 2 Satz 2 HGB nur für eine Übergangszeit von 15 Tagen nach der Bekanntmachung. In diesem Zeitraum kann sich der Dritte auf den (vorherigen) Inhalt des

Handelsregisters berufen, es sei denn, dass er die Tatsache kannte oder kennen musste. Die Absätze 1 und 3 des § 15 HGB regeln hingegen Fälle, in denen eine Diskrepanz zwischen der wahren Tatsache und der sich aus dem Handelsregister bzw. der Bekanntmachung ergebenden Situation besteht. § 15 Abs. 1 und 3 HGB stellen *gesetzliche Rechtsscheintatbestände* dar, sogenannte »vertrauensbildende Funktion« des Handelsregisters (*Koller/Roth/Morck* § 15 HGB Rz. 3; vgl. auch *Canaris* § 5 Einl.).

Die gesetzliche Rechtsscheinhaftung des **§ 15 Abs. 1 HGB** regelt den Fall, dass eine in Wahrheit bestehende eintragungspflichtige Tatsache nicht offenkundig gemacht wurde, sogenannte »**negative Registerpublizität**« (*Schlegelberger/Hildebrandt* § 15 HGB Rz. 5; *E/B/J/Gehrlein* § 15 HGB Rz. 4). Der Dritte darf sich als Folge des § 15 Abs. 1 HGB darauf verlassen, dass keine Veränderung der materiellen Rechtslage stattgefunden hat (*Röhricht/Graf v. Westphalen/Ammon/Ries* § 15 HGB Rz. 4). Er darf sich auf das Schweigen des Handelsregisters verlassen, deshalb auch die Bezeichnung »negative« Publizität (*Hübner* Rz. 133). Die gesetzliche Rechtsscheinhaftung für Bekanntmachungsfehler ergibt sich dagegen aus § 15 Abs. 3 HGB, sogenannte »**positive Registerpublizität**« (*Baumbach/Hopt* § 15 HGB Rz. 1; *Jung* § 12 Rz. 11; Einzelheiten hierzu in Fall 8). Ende des Einschubs.

Und jetzt schauen wir uns mal an, welche Konsequenzen der § 15 HGB für unseren Fall hat. Wir erinnern uns bitte daran, dass zum Zeitpunkt des Vertragsschlusses am 7. Juli im Handelsregister die Gesamtvertretung von R und F stand, dies aber nicht mehr der materiellen Rechtslage entsprach, da R am 1. Februar schon ausgeschieden war. Möglicherweise folgt aus § 15 Abs. 1 HGB nun, dass F die KG wegen der anderslautenden Eintragung nicht wirksam vertreten konnte. Dann müssen die Voraussetzungen des § 15 Abs. 1 HGB vorliegen:

a) Erste Voraussetzung des § 15 Abs. 1 HGB ist, dass es sich bei der in Rede stehenden Tatsache um eine *wahre* und *eintragungspflichtige* Tatsache handelt (BGHZ **55**, 267, 272; MüKo-*Krebs* § 15 HGB Rz. 13; *Hübner* Rz. 134, 135). Das heißt, der § 15 Abs. 1 HGB findet keine Anwendung auf nur eintragungs*fähige* Tatsachen, lies bitte den Gesetzeswortlaut, da steht »**einzutragende**« Tatsache (vgl. auch HK-*Ruß* § 15 HGB Rz. 7; *Canaris* § 5 Rz. 10). Außerdem kann sich der Dritte nicht auf eine im Handelsregister eingetragene Tatsache berufen, die dort von vornherein zu Unrecht eingetragen war (*Hübner* Rz. 135).

Zum Fall: Dass F als einziger Komplementär allein zur Vertretung der F-KG berechtigt war, entspricht wegen § 125 Abs. 1 HGB der wahren Rechtslage, ist also wahr. Zudem war dies gemäß § 107 HGB auch eintragungspflichtig (vgl. bereits oben). Daran gemessen fällt die in Rede stehende Tatsache – die Alleinvertretungsbefugnis des F – als wahre und eintragungspflichtige Tatsache in den Anwendungsbereich des § 15 Abs. 1 HGB.

b) Entsprechend dem Wortlaut des § 15 Abs. 1 HGB kann sich der Dritte nur gegenüber demjenigen auf den Registerinhalt berufen, »**in dessen Angelegenheit**« die

Tatsache einzutragen war. Das heißt, die Nachteile der Registerpublizität treffen nur denjenigen, dem auch die Vorteile der Eintragung zugute kommen würden (*Koller/ Roth/Morck* § 15 HGB Rz. 8; *Baumbach/Hopt* § 15 HGB Rz. 6; *Jung* § 12 Rz. 14). Das ist der Unternehmensträger oder sein Rechtsnachfolger, bei Personenhandelsgesellschaften können dies auch die Gesellschafter selbst sein (BGHZ **55**, 272 f.; *Röhricht/Graf v. Westphalen/Ammon/Ries* § 15 HGB Rz. 10; *Brox/Henssler* Rz. 77).

Zum Fall: Die Eintragung der Änderung der Vertretungsbefugnisse steht im Interesse des Vertretenen, so dass die Eintragung der Alleinvertretungsbefugnis des F eine Angelegenheit der F-KG war.

c) Weitere Voraussetzung des § 15 Abs. 1 HGB ist, dass eine Eintragung der Tatsache *unterblieben* ist oder zwar eine Eintragung erfolgte, aber eine *Bekanntmachung fehlt*. Aus welchem Grund es an einer Eintragung oder Bekanntmachung fehlt, ist dabei unerheblich. Insbesondere ist nicht entscheidend, ob der Fehler auf den Kaufmann selbst zurückzuführen ist. Vielmehr erfasst § 15 Abs. 1 HGB auch die Fälle, in denen die Langwierigkeit des Registerverfahrens die Eintragung verzögert (*Heymann/ Sonnenschein/Weitemeyer* § 15 HGB Rz. 8; *Jung* § 12 Rz. 13).

Zum Fall: Mangels Eintragung der veränderten Vertretungsbefugnisse in das Handelsregister im Zeitpunkt des Kaufvertragsabschlusses ist dieses Tatbestandsmerkmal zu bejahen.

d) Die Rechtsscheinhaftung des § 15 Abs. 1 HGB kommt nur in Betracht, wenn der Dritte keine positive Kenntnis von der wahren Rechtslage hatte. Fahrlässige oder grob fahrlässige Unkenntnis genügen damit nicht (RGZ **70**, 272 f.; GroßKomm-*Hüffer* § 15 HGB Rz. 23; *Koller/Roth/Morck* § 15 HGB Rz. 12).

Zum Fall: Anhaltspunkte, die die widerlegbare Vermutung der Unkenntnis des V erschüttern könnten, bestehen nicht.

e) Als ungeschriebenes Tatbestandsmerkmal ergibt sich in teleologischer Reduktion des § 15 Abs. 1 HGB, dass das rechtsbegründende Handeln zum *Geschäftsverkehr* zählen muss. Der Bereich des Geschäftsverkehrs deckt alles ab, was nicht dem »Unrechtsverkehr«, also dem deliktischen Handeln, zuzurechnen ist (RGZ **93**, 238; RGZ **127**, 98; GroßKomm-*Hüffer* § 15 HGB Rz. 13; *Röhricht/Graf v. Westphalen/Ammon/Ries* § 15 HGB Rz. 3). Dies erklärt sich aus dem Sinn und Zweck des § 15 Abs. 1 HGB: Eine wesentliche Funktion des Handelsregisters als Informationsquelle besteht im Vertrauensschutz des Dritten. Vertrauensschutz kann allerdings nur dann eingreifen, wenn der Dritte überhaupt – zumindest abstrakt – die Möglichkeit hat, Vertrauen in bestimmte Tatsachen zu bilden (MüKo-*Krebs* § 15 HGB Rz. 31; *Baumbach/Hopt* § 15 HGB Rz. 8; *K. Schmidt* § 14 II 3). Auf den deliktisch Handelnden trifft dies gerade nicht zu.

Zum Fall: In Rede steht hier ein Anspruch aus einem Kaufvertrag, was eindeutig dem Bereich des Geschäftsverkehrs zuzuordnen ist.

f) Zuletzt muss der Dritte im *Vertrauen* auf den Registerinhalt gehandelt haben. Dabei ist allerdings nicht erforderlich, dass der Dritte in das Handelsregister Einsicht genommen, also konkrete Kenntnis vom Inhalt des Registers hat. Ausreichend ist vielmehr, dass der Dritte abstrakt von dem Fortbestehen der eingetragenen Tatsache – also dem Nichtbestehen der einzutragenden Tatsache – ausgeht und diese kausal für seine Entscheidung ist (*Koller/Roth/Morck* § 15 HGB Rz. 13; *Hübner* Rz. 144; *Jung* § 12 Rz. 15). Die Kenntnis des Vertrauenstatbestandes sowie die Kausalität dieser Kenntnis für das Handeln des Dritten werden **unwiderleglich** vermutet (herrschende Meinung: BGHZ **65**, 309, 311; GroßKomm-*Hüffer* § 15 Rz. 24, 25; *E/B/J/Gehrlein* § 15 Rz. 12; *Hager* in Jura 1992, 61 f.; *Reinicke* in JZ 1985, 276; a.A. nur *Canaris* § 5 Rz. 16; *Hübner* Rz. 144). Wer also etwa einen Kaufvertrag schließt, für den wird vermutet, dass er in Kenntnis der Registereintragung und kausal auf dieser Kenntnis beruhend gehandelt hat.

Zum Fall: Legt man nun diese unwiderlegliche Vermutung zugrunde, so konnte V mit F <u>keinen</u> wirksamen Kaufvertrag mit Wirkung für die F-KG schließen! **Denn:** Im Handelsregister stand ja zum Zeitpunkt des Vertragsschlusses die *Gesamtvertretungsbefugnis*, den Vertrag hat V aber nur mit F geschlossen. Da bei § 15 Abs. 1 HGB vermutet wird, dass V das Handelsregister kannte und kausal auf dieser Kenntnis den Vertrag geschlossen hat, kann keine Verpflichtung der F-KG erfolgt sein.

Zwischenergebnis: V konnte wegen des Eintrages im Handelsregister keinen wirksamen Vertrag mit der F-KG schließen, als er sich mit F einigte. Denn im Handelsregister stand zum Zeitpunkt des Vertragsschlusses die Gesamtvertretung.

3.) Aber: Irgendwas stimmt da nicht. Und was da nicht stimmt, verstehen wir, wenn wir noch mal genau hinschauen, was wir jetzt gerade eigentlich festgestellt haben: Wir hatten gesagt, dass der V deshalb keinen Vertrag mit der F-KG schließen konnte, weil im Handelsregister (noch) die Gesamtvertretung stand und wegen § 15 Abs. 1 HGB vermutet wird, dass der V diese Eintragung kannte, er sich aber tatsächlich nur mit dem F vertraglich geeinigt hatte.

Das Merkwürdige ist nun, dass die Wirkung des § 15 Abs. 1 HGB damit tatsächlich zu seinen *Lasten* geht, obwohl die Norm ja eindeutig den Geschäftspartner (also eigentlich V) schützen soll (*E/B/J/Schaub* § 8 HGB Rz. 48; MüKo-*Bokelmann* § 8 HGB Rz. 5; *K. Schmidt* § 13 I 1a). Zudem entsprach der Vertragsschluss auch noch der *wahren* Rechtslage, denn F war tatsächlich bereits alleinvertretungsberechtigt! Bei genauer Betrachtung bewirkt der § 15 HGB hier also, dass die wahre Rechtslage (= Alleinvertretungsberechtigung) zu Lasten des Geschäftspartners als nicht bestehend angenommen wird.

Das kann natürlich nicht sein. Es gilt deshalb folgende

> **Regel:** Nach allgemeiner Meinung steht in einem solchen Fall dem Dritten ein *Wahlrecht* zu. Das heißt, der Dritte kann wählen, ob er sich auf die wahre Rechtslage oder den – unwahren – Registerinhalt beruft (BGHZ **55**, 266, 273; BGH WM **1987**, 1013, 1015; *GroßKomm-Hüffer* § 15 HGB Rz. 26; *Koller/Roth/Morck* § 15 HGB Rz. 15; *Röhricht/Graf v. Westphalen/Ammon/Ries* § 15 HGB Rz. 20).

Durchblick: Das leuchtet ein, wir haben es eben herausgearbeitet: Es kann nicht sein, dass die Vermutung des § 15 Abs. 1 HGB zum Nachteil des Geschäftspartners wirkt, wenn er der wahren Rechtslage entsprechend gehandelt hat, gleichwohl sich aber an die unwahre, zu seinem Nachteil wirkende Rechtslage wegen § 15 Abs. 1 HGB binden lassen soll. In diesem Fall also hat er tatsächlich die Wahl: Er kann schauen, welche Variante für ihn die günstigere ist und sich dann entscheiden: Entweder er nimmt die wahre Rechtslage oder aber belässt es bei der unwahren Eintragung im Handelsregister, soweit er dies als vorteilhafter ansieht.

Zum Fall: Dementsprechend kann V hier auch nicht gegen seinen Willen auf die sich aus dem Handelsregister ergebene ungünstige und unwahre Rechtstatsache der Gesamtvertretung verwiesen werden. Der Grund für die Einräumung eines Wahlrechts ergibt sich – wie oben gesagt – aus dem mit § 15 Abs. 1 HGB verfolgten Zweck, nämlich dem Schutz des Dritten bzw. des Rechtsverkehrs. Diesem Schutzzweck würde es nicht gerecht, würde man den Registerinhalt nun zu Lasten des Rechtsverkehrs verwenden (*Schlegelberger/Hildebrandt/Steckhan* § 15 HGB Rz. 16; *Brox/Henssler* Rz. 78).

Noch 'ne Finte: Für welche Variante sich der Geschäftspartner (hier also der V) entscheidet, entnimmt man zumeist schon seinem tatsächlichen Begehren. Indem V nämlich Ansprüche aus dem Kaufvertrag geltend macht, hat er sich **konkludent** auf die wahre Rechtslage berufen. Denn nur unter Zugrundelegung der wahren Rechtslage ist vom Zustandekommen des Kaufvertrages zwischen der F-KG und V auszugehen. Alles klar!?

<u>ZE.:</u> Zwischen der F-KG und V ist also doch eine wirksamer Kaufvertrag zustande gekommen.

Damit sind wir aber leider noch nicht fertig, es fehlt noch ein kleines bisschen, nämlich Folgendes:

III. Weitere Voraussetzung für die persönliche Haftung des R gemäß §§ 161 Abs. 2 i.V.m. 128 HGB ist nach Feststellung eines Kaufvertrages zwischen V und der F-KG, dass R auch tatsächlich *Komplementär* der F-KG ist. Entscheidend für den Gesellschafterstatus ist insoweit der Tag des Kaufvertragsschlusses (*E/B/J/Hillmann* § 128 HGB Rz. 7; *Baumbach/Hopt* § 128 HGB Rz. 3), also der **7. Juli 2008**. Dummerweise verbirgt sich auch hier noch ein beachtliches Problem im Rahmen des § 15 HGB, und zwar:

1.) Unter Berücksichtigung der *wahren* Rechtslage ist die Komplementäreigenschaft des R im fraglichen Zeitpunkt eindeutig zu *verneinen*. Denn R ist zum **1. Februar 2008** aus der F-KG ausgetreten (vgl. bereits oben). Käme es allein auf die wahre Rechtslage an, müsste R somit nicht mehr für die Schuld der KG einstehen.

2.) Legt man hingegen gemäß **§ 15 Abs. 1 HGB** den Inhalt des Handelsregisters zugrunde, ist eine Haftung des R zu *bejahen*. Denn im Juli 2008 war R noch als Komplementär der F-KG im Handelsregister eingetragen.

Problem: Fraglich ist nunmehr, ob sich V auf den ihm – nun günstigen! – Rechtszustand, wie er sich aus dem Handelsregister ergibt, berufen kann. Das ist deshalb ein Problem, weil wir eben ja erst festgestellt haben, dass sich unser V im Hinblick auf den Abschluss des Vertrages auf die wahre Rechtslage – und gerade nicht auf das Handelsregister – berufen hat. Denn nur durch die Berufung auf die wahre Rechtslage konnte eine Alleinvertretungsbefugnis des F begründet werden. Hätte sich V auf das Handelsregister berufen, wäre der Vertrag nicht zustande gekommen, denn da stand ja noch die Gesamtvertretung drin. Jetzt hingegen kann V den R nur dann in Anspruch nehmen, wenn er sich auf die Eintragung des R im Handelsregister beruft. Also stellt sich die Frage, ob sich V hinsichtlich desselben Lebenssachverhaltes einmal auf § 15 Abs. 1 HGB und das andere Mal auf die wahre Rechtslage berufen kann.

Ob dies möglich ist, wird unterschiedlich beurteilt:

- Eine *Mindermeinung* spricht sich gegen eine solche teilweise Ausübung des Wahlrechts aus. Der Registerinhalt sei nur einer *Gesamtwürdigung* zugänglich, da der durch das Handelsregister erzeugte Rechtsschein nicht teilbar sei. Außerdem hätte dies zur Folge, dass sich der Dritte die »Rosinen rauspicken« könnte (LG Hannover MDR **1950**, 488; GroßKomm-*Brüggemann* Anh. § 5 HGB Rz. 42; MüKo-*Krebs* § 15 HGB Rz. 37; *Canaris* § 5 Rz. 26; *Hübner* Rz. 153).

- Nach *herrschender Ansicht* wird diese Beurteilung der Systematik des § 15 Abs. 1 HGB nicht gerecht. Die herrschende Meinung wirft der Gegenansicht insbesondere vor, auf den positiven Inhalt des Handelsregisters abzustellen (hier: die noch bestehende Eintragung der Gesamtvertretungsbefugnis) und nicht, wie es dem Wesen der in § 15 Abs. 1 HGB geregelten negativen Publizität des Handelsregisters entspreche, allein auf das Fehlen von entgegenstehenden Eintragungen. Diese herrschende Auffassung lässt dem Dritten deshalb stets ein Wahlrecht, soweit der Registerinhalt zu seinen Lasten wirken würde, sogenannte »**Rosinentheorie**« (BGHZ **65**, 309, 310 f.; GroßKomm-*Hüffer* § 5 HGB Rz. 27; *Baumbach/Hopt* § HGB 15 Rz. 6; *Koller/Roth/Morck* § 15 HGB Rz. 16; *Röhricht/Graf v. Westphalen/Ammon/Ries* § 15 HGB Rz. 21; *K. Schmidt* § 14 II 4b; *Tröller* in JA 2000, 27, 29).

Für die herrschende Auffassung spricht, dass sie mit dem Schutzzweck des § 15 Abs. 1 HGB in Einklang steht. Der § 15 Abs. 1 HGB verfolgt den Schutz des Rechtsverkehrs, weshalb der Registerinhalt grundsätzlich nicht zu seinen Lasten verwendet werden darf (BGHZ 65, 309, 310 f.; *Oetker* § 3 D. II. 4; *v. Olshausen* in AcP 189, 223, 242). Damit ist der sogenannten »**Rosinentheorie**« zu folgen.

Zum Fall: V übte das ihm nach der herrschenden Meinung zustehende Wahlrecht konkludent durch Geltendmachung des Anspruchs gegenüber dem R als Komplementär der F-KG aus.

Ergebnis: Der V hat gegen R einen Anspruch auf Zahlung des Kaufpreises in Höhe von 5.000 Euro aus § 433 Abs. 2 BGB i. V. m. §§ 161 Abs. 2, 128 HGB.

Und noch ein Nachschlag zum Schluss:

Ein Standardproblem im Rahmen des § 15 Abs. 1 HGB ist noch der Fall der sogenannten »**sekundären Unrichtigkeit**«. Von sekundärer Unrichtigkeit des Handelsregisters spricht man, wenn die Voreintragung derjenigen Tatsache fehlt, die sich zu einem späteren Zeitpunkt ändert. Es geht um folgenden Fall:

> Kaufmann K erteilt dem P Prokura nach den §§ 49 ff. HGB. Entgegen § 53 Abs. 1 HGB unterbleibt aber eine Anmeldung zum Handelsregister. Später entzieht K dem P die Prokura gemäß § 52 Abs. 1 HGB. Gleichwohl schließt P mit dem V unter Hinweis auf die Prokura einen Kaufvertrag ab. Fraglich ist nun, ob sich V gegenüber K auf die fehlende Eintragung des *Erlöschens* der Prokura berufen kann.

Bedenken ergeben sich allein daraus, dass das Handelsregister im Zeitpunkt des Vertragsschlusses mit der wahren Rechtslage übereinstimmt. **Denn**: P hatte beim Vertragsschluss keine Prokura (mehr) und im Handelsregister steht auch nichts von einer dem P erteilten Prokura.

- Dementsprechend lehnt eine Mindermeinung in der Literatur die Anwendbarkeit des § 15 Abs. 1 HGB in einem solchen Fall ab. Da es sich bei § 15 Abs. 1 HGB um einen Rechtsscheintatbestand handelt, sei auch Voraussetzung, dass ein solcher erzeugt wird. Fehlt es an einer Voreintragung, fehle es gerade an einem Rechtsschein (GroßKomm-*Hüffer* § 15 HGB Rz. 20; *Medicus*, Bürgerliches Recht, Rz. 105; *Hueck* in AcP 118, 350 ff.; *Schilken* in AcP 187, 1, 8).

- Die herrschende Meinung wendet § 15 Abs. 1 HGB auch bei sekundärer Unrichtigkeit des Handelsregisters an. Entscheidend sei, dass der Dritte von der voreintragungspflichtigen Tatsache (hier also: Erteilung der Prokura) auf anderen Wegen Kenntnis erlangt haben kann. Auch das hierdurch erlangte Vertrauen ist schutzwürdig. Diese Ansicht wird durch den Gesetzeswortlaut bestätigt, der keine Anhaltspunkte dafür bietet, diesen Fall aus dem Anwendungsbereich auszunehmen (RGZ **127**, 98, 99; BGHZ **44**, 267, 272; BGHZ **116**, 37, 44 f.; BGH NJW **1983**, 2258, 2259; MüKo-*Krebs* § 15 HGB Rz. 4; *K. Schmidt* § 14 II 2b; *Müller-Laube* in JuS 1981, 754, 755). Etwas anderes soll nur dann gelten, wenn sichergestellt ist, dass die voreinzutragende Tatsache ein rein interner Vorgang geblieben ist (*Baumbach/Hopt* § 15 HGB Rz. 11; *K. Schmidt* § 14 II 2b).

Gutachten

V könnte gegen R einen Anspruch auf Kaufpreiszahlung gemäß § 433 Abs. 2 BGB i. V. m. §§ 161 Abs. 2, 128 HGB haben.

I. Voraussetzung ist zunächst, dass eine nach außen wirksame Kommanditgesellschaft besteht. Die F-KG ist spätestens mit Eintragung derselben in das Handelsregister gemäß §§ 162 Abs. 2 i. V. m. 123 Abs. 1 HGB mit Außenwirkung entstanden.

II. Weiterhin muss eine Kaufpreisverpflichtung der F-KG gegenüber V in Höhe von 5.000 Euro bestehen. Dies ist der Fall, wenn zwischen der F-KG und V ein Kaufvertrag zustande gekommen ist. Zweifel an der Wirksamkeit der Willenserklärung seitens des V bestehen nicht. Problematisch ist indes, ob F die F-KG wirksam verpflichten konnte. F trat für die F-KG als Stellvertreter auf, so dass die sich aus den §§ 164 ff. BGB ergebenden Tatbestandsvoraussetzungen erfüllt sein müssen. Da F eine eigene Willenserklärung im fremden Namen abgab, vgl. § 164 Abs. 1 BGB, ist allein fraglich, ob F mit Vertretungsmacht handelte.

1.) Gemäß dem sich aus § 125 Abs. 1 HGB ergebenden Grundsatz ist jeder Komplementär zur Alleinvertretung berechtigt. Ein anderes gilt allerdings dann, wenn im Gesellschaftsvertrag Gesamtvertretungsmacht vorgesehen ist, vgl. § 125 Abs. 2 HGB. Eine solche Regelung ist im Gesellschaftsvertrag der F-KG enthalten.

Legt man die im Gesellschaftsvertrag getroffene Bestimmung zugrunde, so sind F und R nur gemeinschaftlich zur Vertretung der F-KG berechtigt. Gegen das Erfordernis der Gesamtvertretung könnte der Austritt des R aus der F-KG zum 1. Februar 2008 sprechen. Infolge des Ausscheidens des R verbleibt in der F-KG nur noch ein vertretungsberechtigter Gesellschafter, nämlich der Komplementär F (vgl. §§ 125 HGB i. V. m. § 170 HGB). Der Wirksamkeit des Austritts steht insbesondere nicht die fehlende Eintragung im Handelsregister entgegen. Zwar ist das Ausscheiden eines Gesellschafters gemäß § 143 Abs. 2 HGB eine eintragungspflichtige Tatsache, jedoch mit rein deklaratorischer Wirkung. Gleiches gilt für die Eintragung der Veränderungen betreffend die Vertretungsbefugnisse gemäß § 107 HGB. Demnach war F im Zeitpunkt des Kaufvertragsabschlusses alleinvertretungsberechtigt.

2.) Gegen die Annahme der Alleinvertretungsmacht des F könnte die hierzu im Widerspruch stehende Handelsregistereintragung sprechen. Im Zeitpunkt des Kaufvertragsabschlusses ergab sich aus dem Handelsregister die Gesamtvertretungsmacht von F und R für die F-KG. Gemäß § 15 Abs. 1 HGB kann im Falle einer Diskrepanz zwischen wahrer Rechtslage und Registerinhalt einem gutgläubigen Dritten die fehlende Eintragung nicht entgegengehalten werden. Fraglich ist allerdings, ob sich der Dritte stets am Registerinhalt festhalten lassen muss. Unter Zugrundelegung der aus dem Handelsregister ersichtlichen Gesamtvertretungsbefugnis wäre ein Kaufvertrag nicht zustande gekommen. V würde also schlechter stehen als bei Berücksichtigung der wahren Rechtslage. Um dem Sinn und Zweck des § 15 Abs. 1 HGB, dem Schutz des Rechtsverkehrs, Rechnung zu tragen, ist dem Dritten ein Wahlrecht zwischen der Berufung auf den Registerinhalt und der tatsächlichen Rechtslage einzuräumen.

V hat von diesem Wahlrecht zugunsten der wahren Rechtslage mit der Geltendmachung des Zahlungsanspruchs konkludent Gebrauch gemacht. Folglich kann offen bleiben, ob die Tatbestandsvoraussetzungen des § 15 Abs. 1 HGB überhaupt vorliegen.

Ergebnis: Zwischen der F-KG und V ist ein wirksamer Kaufvertrag zustande gekommen.

III. Weitere Voraussetzung für die persönliche Haftung des R gemäß §§ 161 Abs. 2 i. V. m. 128 HGB ist die Komplementäreigenschaft des R. Entscheidend für den Gesellschafterstatus ist der Tag des Kaufvertragsschlusses, also der 7. Juli 2008. Wie bereits oben erläutert, ist der R tatsächlich bereits zum 1. Februar 2008 aus der Gesellschaft ausgeschieden. Eine Haftung wäre demnach zu verneinen. Ein anderes ergibt sich möglicherweise aus § 15 Abs. 1 HGB.

1.) Die Anwendbarkeit des § 15 Abs. 1 HGB setzt voraus, dass es sich um eine wahre und eintragungspflichtige Tatsache handelt. Das Ausscheiden des R aus der Gesellschaft entspricht der Wahrheit und ist gemäß § 143 Abs. 2 HGB eine eintragungspflichtige Tatsache.

a) Des Weiteren hat die F-KG an der Eintragung des Austritts einer ihrer Gesellschafter ein Interesse, es war also eine Angelegenheit der F-KG. Ferner ist die Eintragung der in Rede stehenden Tatsache unterblieben.

b) Gemäß § 15 Abs. 1 HGB muss der Dritte gutgläubig gewesen sein, das heißt, er darf keine positive Kenntnis von der wahren Rechtslage gehabt haben. Der V wusste nicht, dass R aus der F-KG ausgeschieden ist, so dass auch dieses Tatbestandsmerkmal erfüllt ist.

c) Ein weiteres Tatbestandsmerkmal resultiert aus einer teleologischen Reduktion des § 15 Abs. 1 HGB. Entsprechend dem auf Vertrauensschutz ausgelegten Tatbestand ist erforderlich, dass das rechtsbegründende Handeln dem Geschäftsverkehr und nicht etwa dem »Unrechtsverkehr« zuzurechnen ist.

d) Letztlich muss V im Vertrauen auf den Registerinhalt gehandelt haben. Dabei genügt eine abstrakte Kausalität, die unwiderleglich vermutet wird. Legt man diese unwiderlegliche Vermutung zugrunde, so konnte V von dem bestehenden Gesellschafterstatus des R ausgehen.

e) Als Rechtsfolge sieht § 15 Abs. 1 HGB vor, dass sich der Dritte die nicht zur Eintragung gelangte Tatsache nicht entgegenhalten lassen muss. Das würde bedeuten, dass V den R entsprechend der Registereintragung als Komplementär der F-KG behandeln darf. Zweifel an diesem Ergebnis ergeben sich insoweit, als der V sich damit hinsichtlich ein und desselben Lebenssachverhalts einmal auf § 15 Abs. 1 HGB und das andere Mal auf die wahre Rechtslage berufen könnte. Ob dem Dritten ein solches teilweises Wahlrecht einzuräumen ist, ist umstritten.

aa) Eine Minderansicht spricht sich gegen eine solche teilweise Ausübung des Wahlrechts aus. Der Registerinhalt sei nur einer Gesamtwürdigung zugänglich, da der durch das Handelsregister erzeugte Rechtsschein nicht teilbar sei. Außerdem hätte dies zur Folge, dass sich der Dritte die Rosinen rauspicken könnte.

bb) Nach herrschender Meinung wird die Gegenansicht der Systematik des § 15 Abs. 1 HGB nicht gerecht. Sie wirft der Gegenansicht vor, auf den positiven Inhalt des Handelsregisters abzustellen und nicht, wie es dem Wesen der in § 15 Abs. 1 HGB geregelten negativen Publizität des Handelsregisters entspreche, allein auf das Fehlen von entgegenstehenden Eintragungen.

cc) Für die herrschende Auffassung spricht, dass sie mit dem Schutzzweck des § 15 Abs. 1 HGB in Einklang steht. § 15 Abs. 1 HGB verfolgt den Schutz des Rechtsverkehrs, weshalb der Registerinhalt nicht zu seinen Lasten verwendet werden darf. Damit ist der sogenannten Rosinentheorie zu folgen.

Der V übte das ihm nach der herrschenden Meinung zustehende Wahlrecht konkludent durch Geltendmachung des Anspruchs gegenüber dem R als Komplementär der F-KG aus.

Ergebnis: Der V hat gegen R einen Anspruch auf Zahlung des Kaufpreises in Höhe von 5.000 Euro aus § 433 Abs. 2 BGB i. V. m. §§ 161 Abs. 2, 128 HGB.

Fall 8

We will rock you!

K betreibt unter der Firma »K–Musik!, e. Kfm.« einen Musik- und Elektroladen, in dem er CDs und Hifi-Geräte verkauft. Eines Tages erteilt K seinem Angestellten P Prokura, damit dieser künftig Entscheidungen auch alleine treffen kann. K meldet die Prokuraerteilung ordnungsgemäß zur Eintragung in das Handelsregister an. Auf Grund eines Versehens des Registergerichts wird aber nicht P, sondern der 17-jährige Auszubildende A des K ins Handelsregister eingetragen. Auch die Bekanntmachung weist A als Prokurist aus. A, der eine Ausbildung als Einzelhandelskaufmann absolviert, erfährt durch Zufall von der falschen Eintragung und Bekanntmachung und beschließt, diesen Fehler gewinnbringend auszunutzen.

Da A weiß, dass K seit Jahren von dem Großhändler G die CDs bezieht, wird er bei diesem vorstellig und gibt sich als Prokurist des K aus. Er erklärt dem G, wegen der großen Nachfrage nach dem Musical »*We will rock you*« müsse der Bestand von CDs der Rockgruppe *Queen* bei K dringend um 500 CDs aufgerüstet werden. G ist über das jugendliche Aussehen des A zwar erstaunt, macht sich aber keine weiteren Gedanken und händigt A einen Karton der gewünschten CDs aus. A verkauft diese dann im Internet und verschwindet mit dem erzielten Geld.

Kann G von K den Kaufpreis in Höhe von 5.000 Euro für die CD´s verlangen?

> **Schwerpunkte:** Die positive Publizität des Handelsregisters nach § 15 Abs. 3 HGB; Voraussetzungen und Rechtsfolgen; die allgemeine Rechtsscheinhaftung. Im Anhang: Der Scheinkaufmann.

Lösungsweg

Anspruch des G gegen K auf Zahlung von 5.000 Euro

AGL.: § 433 Abs. 2 BGB (Kaufpreiszahlung)

Dieser Anspruch setzt den Abschluss eines wirksamen Kaufvertrages zwischen G und K voraus. Problematisch ist allein, ob A für K eine wirksame Willenserklärung abgeben konnte. A gab eine eigene Willenserklärung im fremden Namen ab, so dass er als Stellvertreter auftrat, vgl. § 164 Abs. 1 Satz 1 BGB. Die beschränkte Geschäftsfähigkeit des A (§ 106 BGB) steht der Wirksamkeit der Vertretung ausweislich des § 165

BGB nicht entgegen. Fraglich ist indes, ob A innerhalb der ihm zustehenden Vertretungsmacht handelte.

I. Eine rechtsgeschäftliche Vollmacht in Form der Prokura hat K nicht dem A, sondern dem P erteilt. Dagegen spricht natürlich nicht, dass A als Prokurist im Handelsregister eingetragen ist. Für die Prokuraerteilung ist gemäß **§ 48 Abs. 1 HGB** allein die rechtsgeschäftliche Erklärung entscheidend. Die gemäß **§ 53 Abs. 1 HGB** vorzunehmende Eintragung in das Handelsregister hat rein deklaratorische Wirkung (BGH WM **1956**, 727; *Hübner* Rz. 325).

II. Die Vertretungsmacht des A könnte aber unter *Rechtsscheingesichtspunkten* zu bejahen sein. Inwieweit fehlende Eintragungen oder fehlerhafte Eintragungen in das Handelsregister einen Rechtsschein erzeugen, regelt der uns mittlerweile bekannte § 15 HGB.

1.) Der Rechtsscheintatbestand des **§ 15 Abs. 1 HGB** (»negative Registerpublizität«) scheidet allerdings von vornherein aus. Der Anwendungsbereich des § 15 Abs. 1 HGB ist nämlich nur eröffnet, wenn eine Eintragung in das Handelsregister unterblieben ist (so war das im vorherigen Fall). In diesem Fall hier wurde der A als Prokurist eingetragen. Eine Eintragung in das Handelsregister liegt also vor, diese ist aber fehlerhaft.

2.) Möglicherweise kann sich G aber auf die »**positive Registerpublizität**« gemäß **§ 15 Abs. 3 HGB** berufen. Diese Vorschrift schützt den Rechtsverkehr, der auf eine unrichtig bekannt gemachte Tatsache vertraut (*Röhricht/Graf von Westphalen/Ammon/Ries* § 15 HGB Rz. 2; MüKo-*Krebs* § 15 HGB Rz. 62; *K. Schmidt* in JuS 1990, 517, 519).

Folgende Voraussetzungen müssen vorliegen, damit § 15 Abs. 3 HGB eingreift:

a) Das vom Handelsregister ausgehende Vertrauen des Rechtsverkehrs kann sich – wie auch im Rahmen des § 15 Abs. 1 HGB – nur auf solche Tatsachen erstrecken, die *eintragungspflichtig* sind (*Röhricht/Graf v. Westphalen/Ammon/Ries* § 15 HGB Rz. 35; *Koller/Roth/Morck* § 15 HGB Rz. 27; *Jung* § 12 Rz. 22).

> **Aber aufgepasst**: Bei der Beurteilung der Eintragungspflichtigkeit ist nicht auf die tatsächlich bekannt gemachte Tatsache abzustellen. Denn im Falle des § 15 Abs. 3 HGB handelt es sich <u>immer</u> um fehlerhafte Bekanntmachungen. Falsche Tatsachen sind aber nie eintragungspflichtig (leuchtet ein). Daher ist die Eintragungspflicht *hypothetisch* zu bestimmen. Entscheidend ist, ob die Tatsache, wenn sie der wahren Rechtslage entsprechen würde, eingetragen werden müsste (MüKo-*Krebs* § 15 HGB Rz. 63; *Heymann/Sonnenschein/Weitemeyer* § 15 HGB Rz. 23; *Canaris* § 5 Rz. 47; *Brox/Henssler* Rz. 89; *Hager* in Jura 1992, 57, 65). Wichtig, bitte merken.

Zum Fall: Wäre der A tatsächlich zum Prokuristen des K bestellt worden, so hätte dies gemäß § 53 Abs. 1 HGB in das Handelsregister eingetragen werden müssen. Mithin ist eine eintragungspflichtige Tatsache betroffen.

b) Entsprechend dem Gesetzeswortlaut muss die Tatsache *unrichtig* bekannt gemacht worden sein. Die Bekanntmachung der erfolgten Registereintragungen muss gemäß **§ 10 Abs. 1 Satz 1 HGB** im Bundesanzeiger und in mindestens einem weiteren Blatt erfolgen.

> **Durchblick**: Die in § 15 Abs. 3 HGB verwendete Formulierung der »unrichtigen Bekanntmachung« unterscheidet sich vom Wortlaut des § 15 Abs. 1 HGB (bitte die Absätze 1 und 3 des § 15 HGB mal gerade vergleichen). In § 15 Abs. 1 HGB wird als Anknüpfungspunkt der Rechtsscheinhaftung ein Fehler in der Eintragung oder Bekanntmachung genannt, während in § 15 Abs. 3 HGB allein auf die *Bekanntmachung* abgestellt wird. (GroßKomm-*Hüffer* § 15 HGB Rz. 50; *Koller/Roth/Morck* § 15 HGB Rz. 28; *Hübner* Rz. 159). Dieser Vergleich macht deutlich, dass für die Anwendbarkeit des § 15 Abs. 3 HGB allein ein Fehler in der Bekanntmachung entscheidend ist. Irrelevant ist dagegen, ob die Eintragung richtig oder falsch ist (GK-*Nickel* § 15 HGB Rz. 29; *Hofmann* C. V. 3c aa; *Roth* Rz. 56).

Dementsprechend sind **vier** Konstellationen denkbar, in denen das Tatbestandsmerkmal der unrichtigen Bekanntmachung im Sinne des § 15 Abs. 3 HGB zu bejahen ist (*E/B/J/Gehrlein* § 15 HGB Rz. 26 ff.; *Röhricht/Graf v. Westphalen/Ammon/Ries* § 15 HGB Rz. 37; *Jung* § 12 Rz. 21; *Klunzinger* § 13 IV 3), und zwar:

aa) Als Erstes zu nennen ist die Situation, dass trotz richtiger Eintragung die Bekanntmachung einen Fehler aufweist. Diese Fallgestaltung wird üblicherweise als Regelfall bezeichnet (vgl. *Röhricht/Graf v. Westphalen/Ammon/Ries* § 15 HGB Rz. 37). Dies ergibt sich übrigens nicht aus dem Gesetzeswortlaut, erklärt sich aber aus der Entstehungsgeschichte des § 15 Abs. 3 HGB. Die Vorschrift geht nämlich auf eine EU-Richtlinie (RiLi 68/151/EWG) zurück, in der lediglich diese Konstellation erfasst war (GroßKomm-*Hüffer* § 15 HGB Rz. 4; *Canaris* § 5 III 1b).

bb) Auch wenn die Eintragung und Bekanntmachung übereinstimmen, beide aber falsch sind, greift § 15 Abs. 3 HGB ein (*Heymann/Sonnenschein/Weitemeyer* § 15 HGB Rz. 25; MüKo-*Krebs* § 15 HGB Rz. 64). Dem steht nicht entgegen, dass nach dem oben Gesagten die genannte EU-Richtlinie diesen Fall nicht ausdrücklich erfasst. Denn die Gesetzesbegründung zu § 15 Abs. 3 HGB zeigt, dass der nationale Gesetzgeber bei der Umsetzung der Richtlinie deren engen Anwendungsbereich bewusst erweitert hat (BT-Drucks. V/3862, Seite 11; *Baumbach/Hopt* § 15 HGB Rz. 18; *K. Schmidt* § 14 III 2c). Dies im Übrigen auch mit gutem Grund: Anderenfalls wäre nämlich die in der Praxis häufigste Fehlerquelle nicht erfasst (MüKo-*Krebs* § 15 HGB Rz. 64; *Röhricht/Graf v. Westphalen/Ammon/Ries* § 15 HGB Rz. 37).

cc) In der dritten Konstellation sind sowohl die Eintragung als auch die Bekanntmachung falsch. Allerdings weisen sie unterschiedliche Fehler auf.

dd) Denkbar ist letztlich, dass eine materiell falsche Bekanntmachung ohne entsprechende Eintragung erfolgt.

(Möglich ist schließlich außerdem noch, dass die Bekanntmachung inhaltlich richtig ist, aber auf einer falschen Eintragung beruht. Da § 15 Abs. 3 HGB nur auf die Fehlerhaftigkeit der Bekanntmachung abstellt, ist dieser Fall nicht vom direkten Anwendungsbereich des § 15 Abs. 3 HGB erfasst. Streitig ist in diesem Fall, ob die Vorschrift analog angewandt werden kann. Das schauen wir uns später im Anhang noch an.)

Zum Fall: Unser A ist als Prokurist im Handelsregister eingetragen, was auch so bekannt gemacht wurde. Die Eintragung und die Bekanntmachung sind also mit dem gleichen Fehler behaftet. Dies stellt – wie in der eben unter bb) genannten Fallgruppe erläutert – eine tatbestandsmäßige unrichtige Bekanntmachung im Sinne des § 15 Abs. 3 HGB dar.

c) Des Weiteren darf der Dritte bei § 15 Abs. 3 HGB keine positive Kenntnis von der wahren Rechtslage gehabt haben. Fahrlässige oder grob fahrlässige Unkenntnis schaden dem Dritten dementsprechend nicht (*Canaris* § 5 Rz. 48; *Hübner* Rz. 165). Wie auch im Rahmen des § 15 Abs. 1 HGB wird die Unkenntnis des Dritten widerlegbar vermutet (*Koller/Roth/Morck* § 15 HGB Rz. 31; *Röhricht/Graf v. Westphalen/Ammon/Ries* § 15 HGB Rz. 40; *Roth* Rz. 58).

Zum Fall: Die unterlassene Nachfrage seitens des G bei K, ob es sich bei dem jugendlich aussehenden A tatsächlich um seinen Prokuristen handelt, mag als fahrlässig zu qualifizieren sein. Dies schadet dem G indes nicht. Mangels positiver Kenntnis von der wahren Rechtslage handelte G also gutgläubig.

d) Zudem ist die Kausalität zwischen dem Handeln des Dritten und der falschen Bekanntmachung nach dem zu § 15 Abs. 1 HGB genannten Maßstab zu bestimmen. Dementsprechend ist auch im Falle des § 15 Abs. 3 HGB eine *abstrakte* Kausalität schon ausreichend (*Röhricht/Graf v. Westphalen/Ammon/Ries* § 15 HGB Rz. 40; *Heymann/Sonnenschein/Weitemeyer* § 15 HGB Rz. 32; *Hofmann* C. V. 3c aa). Daher genügt es, wenn der Dritte im Zeitpunkt der Vornahme der Rechtshandlung abstrakt von der Richtigkeit der Bekanntmachung ausgeht. Auf die Kenntnis der konkreten Bekanntmachung kommt es also nicht an (MüKo-*Krebs* § 15 HGB Rz. 31; *Koller/Roth/Morck* § 15 HGB Rz. 32; *Baumbach/Hopt* § 15 HGB Rz. 21; a.A. *Canaris* § 5 Rz. 49; *Hübner* Rz. 166).

Zum Fall: Daran gemessen ist die Kausalität zwischen der fehlerhaften Bekanntmachung und dem Abschluss des Kaufvertrages im vorliegenden Fall zu bejahen.

e) Ebenso wie bei § 15 Abs. 1 HGB erfolgt auch bei § 15 Abs. 3 HGB eine teleologische Reduktion auf Handlungen, die zum »Geschäftsverkehr« zählen (BGH ZIP **1996**, 1146; ZIP **1999**, 2096, 2097, *Baumbach/Hopt* § 15 Rz. 22; *Jung* § 12 Rz. 23).

Zum Fall: Da der von G geltend gemachte Anspruch aus einem Kaufvertrag resultiert, ist das rechtsbegründende Verhalten im vorliegenden Fall problemlos dem Geschäftsverkehr zuzuordnen.

f) Bis zu dieser Stelle in der Lösung waren uns die Tatbestandsvoraussetzungen überwiegend schon aus der Prüfung des § 15 Abs. 1 HGB bekannt. Anders als im Rahmen des § 15 Abs. 1 HGB wird im Falle der positiven Registerpublizität bei § 15 Abs. 3 HGB aber eine weitere Beschränkung des Tatbestandes diskutiert.

> Worum es dabei geht, versteht man, wenn man sich die Wirkung des § 15 Abs. 3 HGB mal etwas genauer vor Augen führt: Anders als in den dem § 15 Abs. 1 HGB zugrunde liegenden Konstellationen könnte die positive Registerpublizität des § 15 Abs. 3 HGB nach den bisher erörterten Voraussetzungen auch einen völlig Unbeteiligten, z. B. einen Privatmann, treffen, zum **Beispiel**: Versehentlich wird der Privatmann P statt des B als Komplementär (also mit seinem Privatvermögen haftend!) einer offenen Handelsgesellschaft eingetragen, was sodann auch bekannt gemacht wird. Lehnt man eine Eingrenzung des Tatbestandes des § 15 Abs. 3 HGB ab, so würde P, der vielleicht nicht einmal von der Existenz dieser offenen Handelsgesellschaft weiß, für Verbindlichkeiten der Gesellschaft gemäß § 128 HGB haften!?

Dass das nicht sein kann, leuchtet ein, es fragt sich eben nur, wie man dem gerecht werden bzw. diesen Privatmann sinnvoll schützen kann. Folgende Lösungsansätze werden diskutiert:

- Eine **Mindermeinung** in der Literatur lehnt eine einschränkende Auslegung des § 15 Abs. 3 HGB dennoch ab. Die Vertreter dieser Auffassung verweisen insbesondere auf den Gesetzeswortlaut, der keinen Raum für eine Eingrenzung lasse, und zudem stehe dem zu Unrecht Eingetragenen ja ein Amtshaftungsanspruch gegen die eintragende Behörde aus Art. 34 Abs. 1 GG i.V.m. § 839 BGB zu (*Brox/Henssler* Rz. 93; *Schilken* in AcP 187 (1987), 1, 16 ff.). Diese Meinung würde also im vorliegenden Fall keinerlei Änderungen bewirken, K müsste haften.

- Eine *andere Ansicht* in der Literatur möchte der Gefahr von Unbilligkeiten durch eine restriktive Auslegung des Tatbestandsmerkmals »in dessen Angelegenheiten die Tatsache einzutragen war« begegnen. Dieses Merkmal könne nur derjenige erfüllen, der solche »Angelegenheiten« habe, was auf alle Registerpflichtigen zutrifft. Nur Privatleute können danach nicht von einer Rechtsscheinhaftung überrascht werden (*Schlegelberger/Hildebrandt/Steckhan* § 15 HGB Rz. 23 f.; *K. Schmidt* § 14 III 2d). Auch nach dieser Meinung ist § 15 Abs. 3 HGB gegenüber K anzuwenden, da er als Einzelkaufmann grundsätzlich registerpflichtig ist.

- Die *herrschende Meinung* beschränkt die im Einzelfall ausufernde Rechtsscheinhaftung aus § 15 Abs. 3 HGB durch das sogenannte »**Veranlassungsprinzip**«. Danach hafte nur derjenige über § 15 Abs. 3 HGB, der den Rechtsschein bei der Bekanntmachung zurechenbar veranlasst hat. Dabei sei für eine zurechenbare Veranlassung kein Verschulden erforderlich, vielmehr genüge bereits das Stellen eines richtigen Eintragungsantrags (*GroßKomm-Hüffer* § 15 HGB Rz. 33; *MüKo-Krebs* § 15 HGB Rz. 74; *E/B/J/Gehrlein* § 15 HGB Rz. 33; *Baumbach/Hopt* § 15 HGB Rz. 19; *Klunzinger* § 13 IV 3; *Canaris* § 5 Rz. 51 ff.; *v. Olshausen* in BB 1970, 137, 142). Der K hat ausweislich der Sachverhaltsschilderung einen Eintragungsantrag betreffend der dem P erteilten Prokura gestellt, mithin die fehlerhafte Publikation im Sinne der herrschenden Meinung in zurechenbarer Weise *veranlasst*. Er müsste demnach auch nach dieser Auffassung einstehen über § 15 Abs. 3 HGB.

> **Tipp:** Hier kommen also alle Meinungen zu dem Ergebnis, dass § 15 Abs. 3 HGB gegenüber K anzuwenden ist. Eine Streitentscheidung ist dementsprechend entbehrlich. Ist der Streit in einer Klausur indessen entscheidungsrelevant, so sollte man sich sinnvollerweise der herrschenden Meinung anschließen. Hierfür spricht insbesondere, dass sie in angemessener Weise die Interessenlage der Beteiligten berücksichtigt. Gegen die erstgenannte Ansicht spricht, dass sie sehenden Auges unbillige Ergebnisse in Kauf nimmt und diese auch nicht in adäquater Weise durch den Verweis auf Amtshaftungsansprüche zu kompensieren sind (MüKo-*Krebs* § 15 HGB Rz. 70; *E/B/J/Gehrlein* § 15 HGB Rz. 33). Außerdem ist die herrschende Meinung auch gegenüber der zweiten Ansicht vorzugswürdig: Eine Ausnahmeregelung lediglich zugunsten von Privatpersonen aufzustellen, greift zu kurz. Denn ebenso wenig wie der Privatmann, hat auch der unbeteiligte Kaufmann keinen Anlass, die Bekanntmachungen einer regelmäßigen Kontrolle zu unterziehen (Groß-Komm-*Hüffer* § 15 HGB Rz. 48; *E/B/J/Gehrlein* § 15 HGB Rz. 33).

g) Erkennt man also richtigerweise das Veranlassungsprinzip an, so ist im Übrigen zu beachten, dass die Vorschrift des § 15 Abs. 3 HGB nicht *zu Lasten Minderjähriger* angewendet werden kann. Denn entsprechend allgemeiner Grundsätze des Minderjährigenschutzes kann ein Minderjähriger wegen der damit verbundenen rechtlich nachteiligen Folgen keinen zurechenbaren Rechtsschein setzen (*Röhricht/Graf v. Westphalen/Ammon/Ries* § 15 HGB Rz. 43; *Canaris* § 5 Rz. 54).

> **Beachte:** Die Einschränkung zugunsten Minderjähriger resultiert aus dem Veranlassungsprinzip. Da das Veranlassungsprinzip nur im Fall des § 15 Abs. 3 HGB gilt, kann diese Ausnahme auch nur hier zum Tragen kommen. Verfehlt ist es daher, den Minderjährigenschutz im Rahmen des § 15 Abs. 1 HGB anzusprechen. Dort kommt es auf eine Veranlassung des Rechtsscheins gerade nicht an! (Vgl. hierzu BGHZ 115, 78, 80; *Hübner* Rz. 150.)

Zum Fall: Von einer Wirkung des durch das Handelsregister erzeugten Rechtsscheins zu Lasten des Minderjährigen A kann nicht die Rede sein. Die Anwendung des § 15 Abs. 3 HGB führt nicht zu einer Verpflichtung des A als Vertreter, sondern verpflichtet den K als Vertretenen (→ § 164 Abs. 1 Satz 1 BGB). Folglich bedarf der Minderjährige A keines Schutzes, weshalb der Anwendbarkeit des § 15 Abs. 3 HGB keine höherrangigen Interessen entgegenstehen.

h) Als *Rechtsfolge* sieht § 15 Abs. 3 HGB vor, dass sich der Dritte auf die bekannt gemachte Tatsache berufen kann, also so zu stellen ist, als ob dies der wahren Rechtslage entspräche (*Röhricht/Graf v. Westphalen/Ammon/Ries* § 15 HGB Rz. 44; *Baumbach/Hopt* § 15 HGB Rz. 22; *Jung* § 12 Rz. 26).

Merke: Allerdings hat der Dritte auch hier die Option, sich auf die wahre Rechtslage zu berufen, wenn sie für ihn günstiger ist. Da § 15 Abs. 3 HGB – wie auch § 15 Abs. 1 HGB – dem Schutz des Rechtsverkehrs dient, steht dem Dritten ein *Wahlrecht* zwischen der Bekanntmachung und der wahren Rechtslage zu (BGH WM **1990**, 638, 639; *Koller/Roth/Morck* § 15 HGB Rz. 34; *Roth* Rz. 60).

Da der Abschluss des Kaufvertrages vom Vorliegen einer dem A zustehenden Vertretungsmacht abhängt, ist es für G günstiger, sich auf die Bekanntmachung zu berufen, in der A als Prokurist ausgewiesen wird. Das Wahlrecht übte der G konkludent aus, als er K aus dem Kaufvertrag in Anspruch nahm.

Ergebnis: Unter Rechtsscheingesichtspunkten ist das Vorliegen einer Vertretungsmacht in der Person des A zu bejahen. Folglich konnte A gemäß § 164 Abs. 1 Satz 1 BGB eine den K bindende Willenserklärung abgeben. Somit ist zwischen K und G ein Kaufvertrag zustande gekommen. G verlangt von K zu Recht die Kaufpreiszahlung in Höhe von 5.000 Euro aus § 433 Abs. 2 BGB.

1. Nachschlag

Das waren also die Grundzüge im Hinblick auf den § 15 Abs. 3 HGB und der dort verankerten Rechtsscheinhaftung. Leider war das aber noch nicht alles, was im Rahmen des § 15 Abs. 3 HGB in Klausuren und Hausarbeiten abgefragt werden kann. Im ersten Nachschlag werden wir uns daher jetzt mal eine kleine Abwandlung zum Ausgangsfall anschauen, es geht um Folgendes:

> Sachverhalt wie bisher; der A schließt also als angeblicher Prokurist des K mit G den Vertrag. Allerdings ist nunmehr lediglich die *Eintragung* in das Handelsregister falsch (da steht also der A), während die Bekanntmachung im Bundesanzeiger und einem weiteren Blatt gemäß § 10 HGB – aus ungeklärten Gründen – richtig ist (da steht also der P). K kontrolliert die vom Handelsregistergericht übersandte Eintragungsmitteilung, in der fälschlich der A steht, wegen Arbeitsüberlastung nicht. **Kann G von K unter diesen Umständen die 5.000 Euro fordern?**

Lösung: G könnte gegen K einen Anspruch auf Kaufpreiszahlung in Höhe von 5.000 Euro aus § 433 Abs. 2 BGB haben. Voraussetzung ist wieder der Abschluss eines wirksamen Kaufvertrages zwischen G und K. Problematisch ist auch hier, ob A den K bei Abgabe der Willenserklärung gemäß § 164 Abs. 1 Satz 1 BGB wirksam vertreten konnte. Insoweit fraglich ist allein die *Vertretungsmacht* des A. Diese kann sich mangels rechtsgeschäftlich erteilter Vollmacht wieder nur unter *Rechtsscheingesichtspunkten* ergeben.

1.) Wie auch im Ausgangsfall kommt der Rechtsscheintatbestand des **§ 15 Abs. 1 HGB** nicht in Betracht. Die Eintragung fehlt nicht, sondern ist fehlerhaft durchgeführt worden.

2.) Fraglich ist, ob sich G auf § 15 Abs. 3 HGB berufen kann. Die Anwendbarkeit dieser Vorschrift setzt – wie bereits erläutert – eine unrichtige *Bekanntmachung* voraus. Kein Raum für die direkte Anwendung dieser Norm ist allerdings, wenn lediglich die Eintragung fehlerbehaftet, die Bekanntmachung hingegen korrekt ist (das ist jetzt unser Fall). In dieser Konstellation ist jedoch die *analoge* Anwendung des § 15 Abs. 3 HGB zu prüfen:

> Voraussetzung für eine Analogie ist das Vorliegen einer *planwidrigen Gesetzeslücke* (*Zippelius,* Juristische Methodenlehre, S. 65 ff.). Von Planwidrigkeit der Gesetzeslücke kann jedoch nur die Rede sein, wenn der Gesetzgeber diesen Fall trotz Regelungsbedürftigkeit unbewusst nicht mit geregelt hat. Ausweislich der Gesetzesbegründung zu § 15 Abs. 3 HGB (BT-Drs. V/3862, Seite 11) hat der Gesetzgeber den in Rede stehenden Fall erkannt und dennoch den Gesetzeswortlaut auf die Fehlerhaftigkeit der Bekanntmachung beschränkt. Diese bewusste Entscheidung beruht auf der Erkenntnis, dass bei einer richtigen Bekanntmachung kein abweichender Vertrauenstatbestand gebildet werden kann (*Heymann/Sonnenschein/Weitemeyer* § 15 HGB Rz. 32; *Röhricht/Graf v. Westphalen/Ammon/Ries* § 15 HGB Rz. 39; GroßKomm-*Hüffer* § 15 HGB Rz. 51; *Schlegelberger/Hildebrandt/Steckhan* § 15 HGB Rz. 21; *K. Schmidt* § 14 III 2b; **a.A.** *Baumbach/Hopt* § 15 HGB Rz. 18; *Sandberger* in JA 1973, 215, 219 f.).

<u>ZE.:</u> Mangels planwidriger Gesetzeslücke kann § 15 Abs. 3 HGB demnach nicht entsprechend auf den vorliegenden Fall – also falsche Eintragung, aber richtige Bekanntmachung – angewandt werden.

3.) Möglicherweise ist aber von einer Vollmacht des A unter Berücksichtigung der allgemeinen handelsrechtlichen Rechtsscheinhaftung auszugehen.

a) Die allgemeine handelsrechtliche Rechtsscheinhaftung ist in den unterschiedlichsten Fallgestaltungen gewohnheitsrechtlich anerkannt. Dies gilt unter anderem im Bereich der positiven Registerpublizität (*E/B/J/Gehrlein* § 15 HGB Rz. 24; *Roth* Rz. 62; *Canaris* § 6 Rz. 4). Der Anerkennung der allgemeinen Rechtsscheinhaftung in diesem Bereich steht nicht die Vorschrift des § 15 Abs. 3 HGB entgegen. Die positive Registerpublizität ist zwar Regelungsgegenstand des § 15 Abs. 3 HGB. Mit der Normierung in § 15 Abs. 3 HGB wollte der Gesetzgeber jedoch keine abschließende Regelung schaffen. Vielmehr sollte ein Rückgriff auf die lange vor der Einführung des § 15 Abs. 3 HGB im Jahre 1969 entwickelten Grundsätze der allgemeinen Rechtsscheinhaftung nicht ausgeschlossen werden (RGZ **164**, 115, 121; **40**, 146; *Röhricht/Graf v. Westphalen/Ammon/Ries* § 15 HGB Rz. 44; *Koller/Roth/Morck* § 15 HGB Rz. 36 ff.; *Jung* § 12 Rz. 27).

b) Die allgemeine Rechtsscheinhaftung hat – unabhängig in welcher Fallgruppe – immer die gleichen Voraussetzungen, nämlich:

→ ein zurechenbares Setzen eines Rechtsscheins,

→ die Gutgläubigkeit des Dritten und

→ Kausalität zwischen Rechtsschein und Handeln (*Baumbach/Hopt* § 5 HGB Rz. 10 ff.).

aa) Ein *zurechenbarer Rechtsschein* kann in der Fallgruppe der positiven Registerpublizität auf zwei unterschiedlichen Wegen gesetzt werden.

(1) Erstens ist dem Kaufmann das Stellen eines <u>un</u>richtigen Eintragungsantrags zurechenbar (GroßKomm-*Hüffer* § 15 HGB Rz. 41; *Canaris* § 5 Rz. 4). Der von K gestellte Eintragungsantrag enthielt den Namen des P, war also *richtig*. Der richtige Eintragungsantrag erzeugt daher keine für den K nachteiligen Wirkungen.

> **Beachte den Unterschied zu § 15 Abs. 3 HGB:** Nach dem von der herrschenden Meinung vertretenen Veranlassungsprinzip zu § 15 Abs. 3 HGB genügt bereits das Stellen eines *richtigen* Eintragungsantrags, um einen zurechenbaren Rechtsschein zu begründen.

(2) Die Zurechenbarkeit ist ferner zu bejahen, wenn der Kaufmann eine unrichtige Eintragung schuldhaft nicht beseitigt hat. Eine schuldhaft unterlassene Beseitigung der falschen Eintragung kommt in Betracht, wenn der Kaufmann in Kenntnis der unrichtigen Eintragung nichts unternimmt oder nicht einmal die vom Handelsregister übersandte Eintragungsmitteilung kontrolliert (*Jung* § 12 Rz. 28).

Zum Fall: Letzteres trifft hier zu. K war wegen Arbeitsüberlastung so beschäftigt, dass er die Kontrolle der Mitteilung durch das Registergericht unterließ. Folglich hat K den Schein, bei A handele es sich um den Prokuristen des Unternehmens, zurechenbar veranlasst.

(3) Die Zurechnung des Rechtsscheins ist mangels Zurechnungsfähigkeit schließlich nie zu Lasten Minderjähriger möglich. An der Zurechnungsfähigkeit des Rechtsscheins fehlt es wegen der mit der Zurechnung verbundenen nachteiligen Folgen bei Geschäftsunfähigkeit oder beschränkter Geschäftsfähigkeit (BGH NJW **1977**, 622, 623; OLG Stuttgart MDR **1956**, 673 f.; *Baumbach/Hopt* § 5 HGB Rz. 11).

Zum Fall: Eine für den A nachteilige Rechtsposition ergibt sich durch die Rechtsscheinhaftung allerdings nicht. Das Handeln des A als Vertreter trifft nur den K als Vertretenen (§ 164 Abs. 1 Satz 1 BGB und siehe bereits oben zum Veranlassungsprinzip). Mithin ist die Anwendbarkeit des allgemeinen Rechtsscheinprinzips nicht ausgeschlossen.

bb) Weitere Voraussetzung für die allgemeine Rechtsscheinhaftung ist die *Gutgläubigkeit* des Dritten (HK-*Ruß* § 5 HGB Rz. 8; *Hofmann* B. III. 2d).

> Allerdings kann sich der Dritte im Gegensatz zu § 15 Abs. 1 und 3 HGB bereits dann nicht mehr auf die allgemeine Rechtsscheinhaftung berufen, wenn er (leicht) fahrlässig die wahre Sachlage verkennt (BGH NJW **1958**, 2061, 2062; JZ **1971**, 334 f.; WM **1976**, 74; NJW **1982**, 1513; *Brox/Henssler* Rz. 58; *Roth* Rz. 174; **a.A.** *K. Schmidt* § 10 VIII 3b aa: nur grobe Fahrlässigkeit schadet). Dabei wird dem Dritten jedoch keine allgemeine Nachforschungspflicht auferlegt (BGH NJW **1987**, 3124, 3126; WM **1992**, 1392,

1394; *Baumbach/Hopt* § 5 Rz. 12). Eine Nachforschungspflicht obliegt dem Dritten allerdings dann, wenn die konkreten Umstände Anlass zu Zweifeln geben (OLG Hamm NJW-RR **1995**, 418, 419; *Hübner* Rz. 71; *Canaris* § 6 Rz. 71).

Zum Fall: Das jugendliche Aussehen des A hätte den G nicht nur in Erstaunen versetzen dürfen. Da es in der Praxis unüblich ist, dass ein 17-jähriger die Stellung eines Prokuristen innehat, hätte der G die Angaben des A überprüfen müssen. Somit ist dem G der Vorwurf der *Fahrlässigkeit* zu machen. Mangels Gutgläubigkeit hinsichtlich der Prokuristenstellung des A kann sich G nicht auf die allgemeine Rechtsscheinhaftung berufen. Die für den guten Glauben des Dritten sprechende Vermutung ist vorliegend widerlegt.

Damit ist der Fall dann eigentlich erledigt, denn wenn der G nicht gutgläubig war, ist Ende mit einer Rechtsscheinhaftung. Der Vollständigkeit halber kommt jetzt aber noch die letzte Voraussetzung der Rechtsscheinhaftung, wie gesagt, die gehört hier im Fall eigentlich nicht mehr hin. Machen wir trotzdem gerade noch:

cc) Der Dritte muss schließlich den Rechtsschein kennen und im Vertrauen auf diese Kenntnis handeln. Anders als im Falle der gesetzlichen Rechtsscheinhaftung des § 15 HGB erfordert die allgemeine Rechtsscheinhaftung also eine *konkrete* Kausalität (BGH WM **1981**, 171, 172; HK-*Ruß* § 5 HGB Rz. 9; *Canaris* § 6 Rz. 75). Die Kenntnis des Rechtsscheins erfordert entweder die Einsichtnahme in das Handelsregister oder eine zutreffende Auskunft durch andere (*Baumbach/Hopt* § 5 HGB Rz. 13).

Zum Fall: G vertraute nicht auf den von der Registereintragung ausgehenden Rechtsschein, sondern verließ sich auf die Aussage des M. Demzufolge besteht keine Kausalität zwischen dem Rechtsschein und dem Kaufvertragsabschluss. Auch an diesem Punkt würde demnach die Rechtsscheinhaftung scheitern.

Ergebnis: Die Vertretungsmacht des A wird <u>nicht</u> durch Rechtsscheintatbestände begründet. Folglich konnte A keine gemäß § 164 Abs. 1 Satz 1 BGB für und gegen den K wirkende Willenserklärung abgeben. Ein Kaufvertrag zwischen K und G ist nicht zustande gekommen. Damit hat G gegen K in der Abwandlung keinen Anspruch auf Kaufpreiszahlung in Höhe von 5.000 Euro aus § 433 Abs. 2 BGB.

2. Nachschlag

Die letzte wichtige Fallgruppe der Rechtsscheinhaftung versteckt sich schließlich hinter dem Begriff »**Scheinkaufmann**«.

> **Definition**: Ein *Scheinkaufmann* ist kein Kaufmann im Sinne der §§ 1 ff. HGB, er geriert sich nur als solcher, tritt also als solcher auf (MüKo-*Krebs* zu § 15 HGB Rz. 86; *Brox/Henssler* Rz. 55; *Jung* § 8 Rz. 37).

Dieses Auftreten als Kaufmann führt unter den Voraussetzungen der allgemeinen Rechtsscheinhaftung dazu, dass sich der Nicht-Kaufmann (= Scheinkaufmann) wie ein Kaufmann behandeln lassen muss (BGH NJW **1966**, 1915, 1916; GroßKomm-*Brüggemann* Anh. zu § 5 HGB Rz. 14 ff.; *Röhricht/Graf v. Westphalen* Anh. § 5 HGB Rz. 1; *Canaris* § 6 Rz. 8). Von Bedeutung ist dies für die Anwendbarkeit der nur für Kaufleute geltenden Normen, wie beispielsweise der §§ 350, 362 und 377 HGB (zu den Vorschriften im Einzelnen vgl. Fall 10 und 11).

Nach den Grundsätzen der allgemeinen Rechtsscheinhaftung handelt ein Nicht-Kaufmann als Scheinkaufmann, wenn er 1.) in zurechenbarer Weise einen entsprechenden Rechtsschein setzt, 2.) der Dritte gutgläubig ist und 3.) der Dritte in Kenntnis und im Vertrauen auf den Rechtsschein handelt (konkrete Kausalität, vgl. *Röhricht/ Graf v. Westphalen* Anh. § 5 HGB Rz. 2; MüKo-*Krebs* § 15 HGB Rz. 82; GroßKomm-*Hüffer* § 15 HGB Rz. 6; *Canaris* § 6 VII). Diese Voraussetzungen kennen wir bereits von oben. Angewandt auf die Fallgruppe des Scheinkaufmanns bedeutet dies:

1.) Ein Nicht-Kaufmann kann auf unterschiedliche Weise den Schein erzeugen, ein Kaufmann zu sein. Namentlich ist dies der Fall, wenn er gegenüber seinem Geschäftspartner behauptet, Kaufmann zu sein. Dies kann ausdrücklich geschehen oder durch entsprechende Angaben auf dem Briefkopf, etwa die Angabe »e. Kfm.« oder »Großhandel« (*Koller/Roth/Morck* § 15 HGB Rz. 45; GK-*Nickel* § 5 HGB Rz. 12 ff.; *Baumbach/Hopt* § 5 HGB Rz. 10; *Hübner* Rz. 70). Der Rechtsschein wird ebenfalls ausgelöst, wenn sich die Person einer handelsrechtlichen Einrichtung wie der Prokura bedient (MüKo-*Krebs* § 15 HGB Rz. 89; *Baumbach/Hopt* § 5 HGB Rz. 10; *Canaris* § 6 Rz. 16).

2.) Bezüglich der Gutgläubigkeit des Dritten an das Bestehen der Kaufmannseigenschaft gilt das oben Gesagte uneingeschränkt.

3.) Der Rechtsschein muss schließlich **konkret** kausal für das Handeln des Dritten gewesen sein. Das heißt, er muss in Kenntnis und im Vertrauen auf den Schein gehandelt haben (BGHZ **17**, 13, 18; BGHZ **22**, 234, 238; *Hübner* Rz. 74; *Canaris* § 6 Rz. 75). Die Kenntnis von den rechtsscheinbegründenden Umständen ist in dieser Fallgruppe wohl häufiger zu bejahen als bei der positiven Registerpublizität. Die Quelle des Rechtsscheins ist dort das Register, in das der Geschäftspartner erst Einsicht nehmen oder anderweitig Kenntnis von dem Inhalt erlangen muss. Dagegen ist das Handeln des Scheinkaufmanns, mit dem er sich als Kaufmann geriert, dem Geschäftspartner deutlich leichter zugänglich.

Gutachten

G könnte gegen K einen Anspruch auf Kaufpreiszahlung in Höhe von 5.000 Euro aus § 433 Abs. 2 BGB haben.

Dies setzt den Abschluss eines wirksamen Kaufvertrages zwischen G und K voraus. Problematisch ist allein, ob A für K eine wirksame Willenserklärung abgeben konnte. A gab eine eigene Willenserklärung im fremden Namen ab, so dass er als Stellvertreter auftrat, vgl. § 164 Abs. 1 Satz 1 BGB. Die beschränkte Geschäftsfähigkeit des A (vgl. § 106 BGB) steht der Wirksamkeit der Vertretung ausweislich des § 165 BGB nicht entgegen. Fraglich ist indes, ob A mit Vertretungsmacht handelte. K erteilte A keine rechtsgeschäftliche Vollmacht in Form der Prokura, §§ 49 ff. HGB. Aufgrund der anderslautenden Eintragung im Handelsregister könnte die Vertretungsmacht unter Rechtsscheingesichtspunkten zu bejahen sein. Inwieweit Eintragungen, fehlende beziehungsweise fehlerhafte Eintragungen in das Handelsregister, einen Rechtsschein erzeugen, regelt § 15 HGB.

I. Der Rechtsscheintatbestand des § 15 Abs. 1 HGB (negative Registerpublizität) scheidet von vornherein aus. Der Anwendungsbereich des § 15 Abs. 1 HGB ist eröffnet, wenn eine Eintragung in das Handelsregister unterblieben ist. Im vorliegenden Fall wurde A als Prokurist eingetragen. Eine Eintragung in das Handelsregister liegt also vor, wenngleich diese fehlerhaft ist.

II. Möglicherweise kann sich G auf die positive Registerpublizität gemäß § 15 Abs. 3 HGB berufen. Diese Vorschrift schützt den Rechtsverkehr, der auf eine unrichtig bekannt gemachte Tatsache vertraut.

1.) Die Anwendbarkeit des § 15 Abs. 3 HGB setzt die unrichtige Bekanntmachung einer eintragungspflichtigen Tatsache voraus. Dabei ist die Frage der Eintragungspflichtigkeit hypothetisch zu bestimmen. Entscheidend ist, ob die Tatsache, wenn sie der wahren Rechtslage entspräche, eingetragen werden müsste. Wäre A tatsächlich zum Prokuristen des K bestellt worden, so wäre dies gemäß § 53 Abs. 1 HGB eine eintragungspflichtige Tatsache. Folglich ist die Eintragungspflicht im Sinne des § 15 Abs. 3 HGB zu bejahen.

2.) Entsprechend dem Gesetzeswortlaut muss die Tatsache unrichtig bekannt gemacht worden sein. Unrichtig ist eine Bekanntmachung, wenn diese von der wahren Rechtslage abweicht. Aus der Bekanntmachung ergibt sich die Prokuristenstellung des A, was falsch ist.

3.) Des Weiteren darf der Dritte keine positive Kenntnis von der wahren Rechtslage gehabt haben. G war zwar erstaunt über das jugendliche Aussehen des A. Er wusste aber nicht positiv, dass nicht A, sondern der P Prokurist ist.

4.) Zudem muss die falsche Bekanntmachung kausal für das Handeln des Dritten geworden sein. Dabei genügt es, wenn der Dritte im Zeitpunkt der Vornahme der Rechtshandlung abstrakt von der Richtigkeit der Bekanntmachung ausgeht, was unwiderleglich vermutet wird. Es bestand zumindest abstrakt die Möglichkeit, dass die fehlerhafte Bekanntmachung den G zum Kaufvertragsabschluss veranlasst. Folglich ist die abstrakte Kausalität zu bejahen.

5.) Das rechtsbegründende Verhalten muss seine Grundlage im Bereich des Geschäftsverkehrs haben, also nicht aus dem »Unrechtsverkehr« stammen. Der von G geltend gemachte Anspruch resultiert aus einem Kaufvertrag, ist also dem Geschäftsverkehr zuzuordnen.

6.) Streitig ist, ob über den Wortlaut des § 15 Abs. 3 HGB hinaus die Rechtsscheinhaftung durch eine weitere Tatbestandsvoraussetzung zu begrenzen ist. Soweit eine Einschränkung befürwortet wird, soll diese in Betracht kommen, wenn die Folgen der Rechtsscheinhaftung einen Unbeteiligten treffen sollen. Wie dieser Gefahr unbilliger Ergebnisse zu begegnen ist, wird wiederum unterschiedlich beantwortet.

a) Nach herrschender Meinung sei entscheidend, ob die falsche Bekanntmachung auf eine zurechenbare Veranlassung, die sich bereits aus dem Stellen eines richtigen Eintragungsantrages ergeben kann, zurückzuführen ist. Der K hat einen Eintragungsantrag betreffend der dem P erteilten Prokura gestellt, mithin die fehlerhafte Publikation in diesem Sinne in zurechenbarer Weise veranlasst.

b) Nach anderer Ansicht kann das Tatbestandsmerkmal »in dessen Angelegenheiten die Tatsache einzutragen war« nur derjenige erfüllen, der solche »Angelegenheiten« hat, was auf alle Registerpflichtigen zutrifft. Nur Privatleute können danach also nicht von einer Rechtsscheinhaftung überrascht werden. Nach dieser Meinung ist § 15 Abs. 3 HGB gegenüber K anzuwenden, da er als Einzelkaufmann grundsätzlich registerpflichtig ist.

Auch die eine Einschränkung des Tatbestandes befürwortenden Ansichten haben hier die Anwendbarkeit des § 15 Abs. 3 HGB zur Folge, weshalb eine Streitentscheidung entbehrlich ist.

7.) Streitig ist darüber hinaus, ob der Minderjährigenschutz verbietet, die Vorschrift des § 15 Abs. 3 HGB zu Lasten (nicht ordnungsgemäß vertretener) Minderjähriger anzuwenden. Auch diese Streitfrage kann dahinstehen. Die Anwendung des § 15 Abs. 3 HGB führt nicht zu einer Verpflichtung des A als Vertreter sondern verpflichtet den K als Vertretenen (vgl. § 164 Abs. 1 Satz 1 BGB). Von einer Wirkung des durch das Handelsregister erzeugten Rechtsscheins zu Lasten des Minderjährigen A kann damit nicht die Rede sein. Folglich muss auch nicht zum Schutz des Minderjährigen A die Anwendbarkeit des § 15 Abs. 3 HGB versagt werden.

8.) Als Rechtsfolge sieht § 15 Abs. 3 HGB vor, dass sich der Dritte auf die bekannt gemachte Tatsache berufen kann, also so zu stellen ist, als ob dies der wahren Rechtslage entsprechen würde. Allerdings kann der Dritte auf den Vertrauensschutz des § 15 Abs. 3 HGB verzichten und sich auf die wahre Rechtslage berufen.

Der Abschluss des Kaufvertrages hängt vom Vorliegen einer dem A zustehenden Vertretungsmacht ab, weshalb es für den G günstiger ist, sich auf die Bekanntmachung zu berufen, in der A als Prokurist ausgewiesen wird. Sein Wahlrecht übte der G konkludent aus, als er K aus dem Kaufvertrag in Anspruch nahm.

Ergebnis: Unter Rechtsscheingesichtspunkten ist das Vorliegen einer Vertretungsmacht in der Person des A zu bejahen. Folglich konnte A gemäß § 164 Abs. 1 Satz 1 BGB eine den K bindende Willenserklärung abgeben. Somit ist zwischen K und G ein Kaufvertrag zustande gekommen. G verlangt von K zu Recht die Kaufpreiszahlung in Höhe von 5.000 Euro aus § 433 Abs. 2 BGB.

Fall 9

Ohne Risiko!

A betreibt als im Handelsregister eingetragener Kaufmann ein Antiquitätengeschäft, in dem er hauptsächlich Kommissionsware zum Verkauf anbietet. Aufgrund einer anhaltenden Flaute kommt A auf die Idee, sein Geschäft mittels Werbebriefen in einer Villengegend bekannt zu machen. Zu diesem Zwecke macht er Namen und Adressen einer ausgesuchten Anzahl von Haushalten ausfindig und versendet ein Werbeschreiben mit folgendem Inhalt:

»Verkauf von Antiquitäten! Gerne verkaufe ich auch Ihre Antiquitäten auf Kommissionsbasis – also ohne Risiko für Sie!«

Der S ist über den Erhalt dieses Werbebriefs erfreut, da er einen schönen, aber sperrigen antiken Schrank schon lange loswerden möchte. Er übersendet daher mittels Fax ein Schreiben an A, in dem er ihn bittet, das näher beschriebene gute Stück »in Kommission zu nehmen« und für ihn ab einem Preis von 3.000 Euro zu verkaufen. A hat an diesem Geschäft jedoch kein Interesse, da seine räumlichen Kapazitäten nicht genügend Platz bieten für einen sperrigen Schrank. Er legt deshalb das Fax gleich zur Seite und vergisst die Angelegenheit. Eine Woche später meldet sich S bei ihm, um nachzufragen, wann er den Schrank vorbeibringen kann. A erklärt daraufhin, eine entsprechende Vereinbarung sei nicht zustande gekommen, da er auf das Fax mangels Interesse nicht geantwortet habe.

S will wissen, ob er von A die Durchführung des Vertrages verlangen kann.

> **Schwerpunkte:** Die allgemeinen Regeln für Handelsgeschäfte gemäß den §§ 343 ff. HGB; die Grundzüge des Kommissionsgeschäfts nach den §§ 383 ff. HGB; das Schweigen des Kaufmanns auf Anträge, § 362 HGB: Tatbestandsvoraussetzungen und Rechtsfolgen. Im Anhang: Der gutgläubige Erwerb nach § 366 HGB.

Lösungsweg

S könnte gegen A einen Anspruch auf Durchführung eines Kommissionsvertrages gemäß den **§§ 383 Abs. 1, 384 Abs. 1 HGB** haben.

I. Dies setzt einen wirksam zustande gekommenen Kommissionsvertrag voraus.

Keine Angst: Das Kommissionsgeschäft nach den §§ 383 ff. HGB bildet <u>nicht</u> den Schwerpunkt des Falles. Vielmehr dient es uns nur als »Aufhänger« für die Probleme aus dem Bereich der allgemeinen Vorschriften für Handelsgeschäfte. Da es sich beim Kommissionsgeschäft aber durchaus um klausurrelevante Materie handelt und dementsprechend Kenntnisse zu den Grundzügen an der Uni und im Examen erwartet werden, haben wir die Thematik hier in diesem Fall als Aufhänger gewählt. Zum vernünftigen Einstieg in den Fall wollen wir demnach als Erstes mal schauen, wie das Ganze funktioniert:

Die Bezeichnung »**Kommissionsgeschäft**« stellt einen Oberbegriff für eine Mehrzahl von Rechtsbeziehungen und Rechtsgeschäften dar. An einem Kommissionsgeschäft sind typischerweise drei Personen – der *Kommissionär*, der *Kommittent* und ein *Dritter* – beteiligt. Die Legaldefinition für die Begriffe des Kommissionärs und des Kommittenten ergibt sich aus § 383 Abs. 1 HGB. Danach ist *Kommissionär*, wer es gewerbsmäßig übernimmt, Waren oder Wertpapiere für Rechnung eines anderen (*Kommittent*) in eigenem Namen zu kaufen oder zu verkaufen. Als *Dritter* wird die Person bezeichnet, von dem der Kommissionär die Waren oder Wertpapiere kauft (sogenannte »Kaufskommission«) oder an den er verkauft (sogenannte »Verkaufskommission«).

> Zwischen dem Kommissionär und dem Kommittenten kommt nun zunächst der sogenannte »**Kommissionsvertrag**« zustande. Dieser Kommissionsvertrag stellt eine entgeltliche Geschäftsbesorgung im Sinne des § 675 BGB dar, so dass die Lücken der handelsrechtlichen Vorschriften durch Auftrags- beziehungsweise Werk- und Dienstvertragsrecht zu schließen sind (RGZ **92**, 158, 159 f.; BGH MDR **1967**, 384; *Schlegelberger/Hefermehl* § 383 HGB Rz. 37). Durch den Kommissionsvertrag wird der Kommissionär gegenüber dem Kommittenten verpflichtet, Waren in seinem eigenen Namen zu kaufen bzw. zu verkaufen (lies § 383 Abs. 1 HGB). Die Pflichten des Kommissionärs aus dem Kommissionsvertrag ergeben sich aus den §§ 384 ff. HGB, insbesondere die Ausführungs- und die Abwicklungspflicht gemäß § 384 Abs. 1 und 2 HGB. Als wichtigstes Recht des Kommissionärs ist der *Provisionsanspruch* gemäß **§ 396 Abs. 1 HGB** zu nennen; bei Fehlen einer entsprechenden vertraglichen Vereinbarung greift übrigens ergänzend hierzu der § 354 Abs. 1 HGB ein (*E/B/J/Krüger* § 396 HGB Rz. 2; *Jung* § 40 Rz. 7).

Das schuldrechtliche Geschäft, das der Kommissionär aufgrund des Kommissionsvertrages mit dem Dritten abschließt, wird *Ausführungsgeschäft* genannt (OLG Oldenburg NJW-RR **2000**, 507; HK-*Ruß* § 383 HGB Rz. 8; *Hofmann* G. V. 1). Dabei ist es entsprechend der obigen Legaldefinition unerlässlich, dass der Kommissionär im *eigenen* und nicht im fremden Namen handelt (*E/B/J/Krüger* § 383 HGB Rz. 8; *Canaris* § 32 Rz. 5; *Hübner* Rz. 862). Damit handelt es sich bei der Kommission um einen Fall der **mittelbaren** Stellvertretung (*E/B/J/Krüger* § 383 HGB Rz. 35; *Roth* Rz. 731; *Brox/Henssler* Rz. 368).

Letztlich wird das Ergebnis bzw. der Erlös aus der Kaufs- beziehungsweise Verkaufskommission von dem Kommissionär auf den Kommittenten übertragen, was im

Rahmen des sogenannten *Abwicklungsgeschäftes* geschieht (GroßKomm-*Koller* § 384 HGB Rz. 34 ff.; *Hofmann* G. V. 1; *Oetker* § 9 D.).

Zum Fall: Ein Kommissionsvertrag ist ein von einem Kaufmann im Betrieb seines Handelsgewerbes geschlossener Vertrag, in dem er es übernimmt, für Rechnung eines anderen in eigenem Namen mit einem Dritten ein Geschäft abzuschließen (lies: § 383 Abs. 1 HGB). Fraglich ist nunmehr, ob zwischen A und S ein Vertrag mit diesem Inhalt zustande gekommen ist. Ist dies der Fall, ist A gemäß § 384 Abs. 1 HGB verpflichtet, den Schrank in Kommission zu nehmen und entsprechend die Ausführung dieses Vertrages zu veranlassen.

Ein (Kommissions-)Vertrag setzt sich gemäß den §§ 145 ff. BGB aus zwei übereinstimmenden Willenserklärungen zusammen, dem Antrag und der Annahme. Und genau das prüfen wir jetzt:

1.) Ein auf einen Kommissionsvertrag zielendes *Angebot* könnte von A ausgegangen sein, indem er die Werbebriefe an verschiedene Haushalte verteilte. Ein Angebot im Sinne des § 145 BGB ist eine einseitige, empfangsbedürftige Willenserklärung. Der Tatbestand einer (fehlerfreien) Willenserklärung liegt nur bei Bestehen eines Rechtsbindungswillens, also dem Willen, eine rechtsgeschäftlich verbindliche Erklärung abzugeben, vor (MüKo-*Kramer* vor § 116 BGB Rz. 9 und § 145 BGB Rz. 6). Ob ein solcher Rechtsbindungswille besteht, ist im Einzelfall durch Auslegung unter Berücksichtigung der Verkehrssitte, §§ 133, 157 BGB, zu ermitteln (BGH NJW **1974**, 1705; *Palandt/Ellenberger* § 145 BGB Rz. 2). Im Falle von Werbung ist nach der Verkehrssitte in der Regel davon auszugehen, dass sich die Person die Entscheidung, ob und mit wem sie kontrahiert, noch vorbehalten möchte (*Soergel/Wolf* § 145 BGB Rz. 7; *Larenz/Wolf*, AT, § 29 Rz. 20). Werbeerklärungen sind daher typischerweise bloße Aufforderung zur Abgabe eines Angebots, sogenannte »**invitatio ad offerendum**« (*Palandt/Ellenberger* § 145 BGB Rz. 2; MüKo-*Kramer* § 145 BGB Rz. 10; *Medicus*, BGB AT, Rz. 358; *Schwabe*, BGB-AT, Fall 1).

ZE.: Mangels Rechtsbindungswillens seitens des A stellt das Einwerfen der Werbebriefe noch kein Angebot gemäß § 145 BGB dar.

2.) Ein Angebot könnte das von S an A per Telefax übersendete Schreiben beinhalten.

> **Definition**: Ein *Angebot* nach § 145 BGB liegt vor, wenn Gegenstand und Inhalt des Vertrages so bestimmt bezeichnet sind, dass eine Annahme durch ein einfaches »Ja« erfolgen kann (*Palandt/Ellenberger* § 145 BGB Rz. 1).

Problematisch ist insoweit, dass sich aus dem Schreiben des S nicht ausdrücklich die Rechte und Pflichten der Parteien ergeben und daher der Vertragsinhalt zu unbestimmt sein könnte. Insbesondere lässt die von S gewählte Formulierung »in Kommission nehmen« nicht zwingend den Schluss auf einen Kommissionsvertrag mit dem aus §§ 383 ff. HGB folgenden Rechte- und Pflichtenkatalog der Parteien zu.

Denn nicht die gewählte Bezeichnung, sondern allein der Inhalt der Absprachen ist für die rechtliche Einordnung eines Vertrages von Bedeutung (RGZ **114**, 9, 10; BGH NJW **1975**, 776, 777; *Baumbach/Hopt* § 383 HGB Rz. 6). Damit ist der Inhalt des Angebots im Wege der Auslegung nach §§ 133, 157 BGB zu ermitteln. Zu der Frage, welche Umstände für und gegen den Abschluss eines Kommissionsvertrages sprechen, gibt es eine umfangreiche Kasuistik (*Baumbach/Hopt* § 383 HGB Rz. 7): Für einen Kommissionsvertrag spricht hier die Weisung hinsichtlich des Preises der zu verkaufenden Sache (BGHZ **1**, 75, 79 ff.; BGH NJW **1975**, 776, 777). Unerheblich für die Qualifikation als Kommissionsvertrag ist hingegen die fehlende Provisionsabrede. Denn ein Provisionsanspruch des Kommissionärs entsteht gemäß § 354 Abs. 1 HGB auch ohne ausdrückliche Vereinbarung (RGZ **94**, 65, 66; **110**, 119, 121; GroßKomm-*Koller* § 383 HGB Rz. 21). Der avisierte Vertragsinhalt ist demnach im Wege der Auslegung unter Berücksichtigung der Gesamtumstände bestimmbar.

<u>ZE.:</u> Folglich stellt das Schreiben des S ein Angebot im Sinne des § 147 BGB, gerichtet auf den Abschluss eines Kommissionsvertrages, dar.

3.) Eine *ausdrückliche* Annahme dieses Angebots gemäß § 147 BGB hat A nicht erklärt. Fraglich ist damit, ob die Annahme des Vertrages durch das *Schweigen* des A auf das Fax zustande kam. Dann muss das Schweigen als schlüssige Annahmeerklärung zu qualifizieren sein. Grundsätzlich hat das Schweigen keinen Erklärungswert, kann also nicht als Annahmeerklärung gewertet werden (BGH NJW **1981**, 43, 44; **2002**, 3629, 3630; *Soergel-Hefermehl* vor § 116 HGB Rz. 32; *Larenz/Wolf*, BGB AT, § 28 Rz. 67). Ein Erklärungswert kommt dem Schweigen allerdings in Ausnahmefällen zu, und zwar im Falle gesetzlicher Anordnung, bei vertraglicher Vereinbarung oder wenn der Erklärende nach Treu und Glauben (§ 242 BGB) zur Erklärung verpflichtet war (BGH NJW **1981**, 43, 44; **1995**, 1281; *Erman-Palm* vor § 116 BGB Rz. 11).

a) Hier könnte sich eine Ausnahme aufgrund *gesetzlicher Anordnung* ergeben. In Betracht kommt der **§ 362 Abs. 1 Satz 1 HGB** (lesen, bitte!). Gemäß § 362 Abs. 1 Satz 1 HGB ist ein Kaufmann, dessen Gewerbebetrieb die Besorgung von Geschäften für andere mit sich bringt, auf einen Geschäftsbesorgungsantrag eines in Geschäftsverbindung stehenden Kunden zu einer unverzüglichen Antwort verpflichtet; anderenfalls gilt sein Schweigen gemäß § 362 Abs. 1 Satz 1, 2. HS HGB als Annahme.

> Bevor wir uns nun den einzelnen Tatbestandsvoraussetzungen widmen, ist es für das Verständnis der Norm wichtig, diese in die Systematik des HGB einzuordnen: Der § 362 HGB findet sich im vierten Buch, erster Abschnitt, ist also eine *allgemeine* Vorschrift für Handelsgeschäfte (bitte die amtlichen Überschriften vor § 343 HGB lesen!). Das bedeutet: Für die Anwendung der in diesem Abschnitt befindlichen Normen muss der Kaufmann ein *Handelsgeschäft* getätigt haben. Was unter dem Begriff »Handelsgeschäft« zu verstehen ist, ergibt sich aus **§ 343 HGB**. Danach sind Handelsgeschäfte alle Geschäfte eines Kaufmanns, die zum Betrieb seines Handelsgewerbes gehören. Gemäß § 344 Abs. 1 HGB spricht eine widerlegliche Vermutung für das Vorliegen eines Handelsgeschäfts (*Röhricht/Graf v. Westphalen/Wagner* § 344 HGB Rz. 1).

aa) Gemäß § 362 Abs. 1 Satz 1 HGB muss der Adressat eines Angebots Kaufmann sein. A ist jedenfalls infolge der Eintragung in das Handelsregister Istkaufmann im Sinne des § 2 Satz 1 HGB.

> **Beachte:** Ausweislich des Wortlauts des § 362 Abs. 1 Satz 1 HGB muss nur eine Partei Kaufmann sein. Unerheblich ist damit, ob der Gegner die Kaufmannseigenschaft erfüllt. Diese Konstellation bezeichnet man als »**einseitiges Handelsgeschäft**« (*Schlegelberger/Hefermehl* § 343 HGB Rz. 1; *Jung* § 33 Rz. 10; *Hübner* Rz. 477). Allerdings ist zu beachten, dass im Rahmen des § 362 Abs. 1 HGB eine ganz bestimmte Person Kaufmann sein muss, nämlich der *Angebotsempfänger* (GroßKomm-*Canaris* § 362 HGB Rz. 6; vgl. auch *Roth* Rz. 656). Eine bestimmte Parteirolle muss der Kaufmann beispielsweise auch bei Anwendung der §§ 347–350 HGB erfüllen (vgl. den Wortlaut der Normen und *Röhricht/Graf v. Westphalen/Wagner* § 348 HGB Rz. 3, § 349 HGB Rz. 5, 350 Rz. 7). Bei anderen einseitigen Handelsgeschäften ist dagegen allein entscheidend, ob überhaupt ein Kaufmann an dem Rechtsgeschäft beteiligt ist. Davon zu unterscheiden ist dann das sogenannte »**beiderseitige Handelsgeschäft**«. Ein solches liegt vor, wenn die Vorschrift das Vorliegen eines Handelsgeschäfts auf beiden Seiten anordnet (vgl. etwa die §§ 369 ff. HGB, 377 HGB; *Jung* § 33 Rz. 10; *Klunzinger* § 3 II 2).

Tipp: Es genügt, den Unterschied zwischen einseitigem und beiderseitigem Handelsgeschäft zu kennen. Überflüssig ist dagegen, sich zu merken, welche Konstellation die einzelnen Vorschriften vorsehen. Insoweit genügt die aufmerksame Lektüre der jeweiligen (stets eindeutig formulierten!) Norm.

---

bb) Der mit dem Antrag verfolgte Vertrag muss eine *Geschäftsbesorgung* zum Inhalt haben. Eine Geschäftsbesorgung im Sinne des § 362 Abs. 1 Satz 1 HGB liegt vor, wenn der Kaufmann – außerhalb eines dauernden Dienstverhältnisses – eine an sich dem anderen zukommende Tätigkeit, gleich ob rechtsgeschäftlicher oder tatsächlicher Art, übernimmt (BGHZ **46**, 43, 46 f.; GroßKomm-*Canaris* § 362 HGB Anm. 6; *Koller/Roth/Morck* § 362 HGB Rz. 6). Die Veräußerung einer Sache gehört zum Rechtskreis des Eigentümers.

Zum Fall: Der antike Schrank steht im Eigentum des S, so dass A nach dem Inhalt des Antrags eine dem S zukommende Aufgabe übernehmen soll.

cc) Der vom Kaufmann ausgeübte Gewerbebetrieb muss ausweislich des Gesetzeswortlauts des § 362 Abs. 1 HGB die Geschäftsbesorgung für andere mit sich bringen (*E/B/J/Eckert* § 362 HGB Rz. 11; *Brox/Henssler* Rz. 249; *Hübner* Rz. 483). Ein Zusammenhang zwischen der Geschäftsbesorgung und dem Gewerbebetrieb besteht bereits dann, wenn nach der Verkehrsauffassung das angetragene Geschäft für das jeweilige Gewerbe des Kaufmanns so typisch ist, dass mit der Durchführung solcher Geschäfte gerechnet werden kann (*Röhricht/Graf v. Westphalen/Wagner* § 362 HGB Rz. 9; GK-*Weber* § 362 HGB Rz. 14).

Zum Fall: Unser A ist im Antiquitätenhandel tätig, wobei er hauptsächlich mit Kommissionsware handelt. Folglich besteht ein Zusammenhang zwischen seinem Gewerbebetrieb und der angetragenen Geschäftsbesorgung.

dd) Weitere Voraussetzung ist gemäß § 362 Abs. 1 Satz 1 HGB das Bestehen einer *Geschäftsverbindung* zwischen dem Kaufmann und dem Absender des Angebots (BGH WM **1988**, 1134, 1135; *Schlegelberger/Hefermehl* § 362 HGB Rz. 13; *Hofmann* H II 2a).

> **Definition**: Eine *Geschäftsverbindung* im Sinne des § 362 HGB besteht, wenn die Beziehung der Parteien auf eine gewisse Dauer angelegt und ein wiederholter Abschluss von Geschäften zu erwarten ist (BGH WM **1988**, 1134, 1135; *Baumbach/Hopt* § 362 HGB Rz. 3; *Röhricht/Graf v. Westphalen/Wagner* § 362 HGB Rz. 8).

Zum Fall: Falsch wäre es, an dieser Stelle zu argumentieren, dass A und S das erste Mal miteinander in geschäftlichen Kontakt treten. Auch beim ersten Vertragsschluss kann das Tatbestandsmerkmal »auf gewisse Dauer angelegt« erfüllt sein. Diese Voraussetzung ist bereits bei der ersten Kontaktaufnahme der Parteien zu bejahen, sofern sie nur die Absicht verfolgen, die geschäftliche Verbindung dauerhaft zu pflegen (*Heymann/Horn* § 362 HGB Rz. 8; *E/B/J/Eckert* § 362 HGB Rz. 14). Vorliegend bestehen jedoch keine Anhaltspunkte, die auf den Willen des S schließen lassen, auch künftig über den A als Kommissionär Antiquitäten verkaufen zu wollen. Folglich mangelt es an einer Geschäftsverbindung im Sinne des § 362 Abs. 1 Satz 1 HGB.

ZE.: Somit führt das Schweigen des A auf das Schreiben des S nicht zu einer Annahmefiktion (lies bitte noch mal den Wortlaut »gilt als Annahme«) des Antrags gemäß § 362 Abs. 1 Satz 1 HGB.

b) Das Schweigen des Kaufmanns könnte aber gemäß § 362 Abs. 1 <u>Satz 2</u> HGB als Annahme zu qualifizieren sein. Gemäß § 362 Abs. 1 Satz 2 i. V. m. § 362 Abs. 1 Satz 1, 2. HS HGB gilt das Schweigen als Annahme, wenn der Kaufmann auf einen Geschäftsbesorgungsantrag nicht unverzüglich antwortet, nachdem er sich dem Antragenden gegenüber zu einer solchen Geschäftsbesorgung erboten hat.

aa) Wie auch im Falle des § 362 Abs. 1 Satz 1 HGB handelt es sich bei diesem Tatbestand um ein einseitiges Handelsgeschäft, wobei der Kaufmann Adressat des Geschäftsbesorgungsantrags sein muss. Dies trifft – wie oben geprüft – auf A zu.

bb) Ferner ergibt sich aus dem in § 362 Abs. 1 Satz 2 HGB enthaltenen Verweis auf Satz 1 der Vorschrift, dass der mit dem Antrag beabsichtigte Vertragsabschluss eine Geschäftsbesorgung zum Inhalt haben muss (*E/B/J/Eckert* § 362 HGB Rz. 17; vgl. auch GroßKomm-*Canaris* § 362 HGB Rz. 13). Der von S ausgehende Antrag zielt auf den Abschluss eines Kommissionsvertrages, mithin auf die Übernahme einer Geschäftsbesorgung, ab.

cc) Des Weiteren muss A sich gegenüber S zur Besorgung solcher Geschäfte *anerboten* haben.

> **Definition**: Ein *Anerbieten* im Sinne des § 362 Abs. 1 Satz 2 HGB macht das Ansprechen eines konkreten Adressatenkreises erforderlich und der daraufhin Antragende muss aus diesem Kreis stammen (*Röhricht/Graf v. Westphalen/Wagner* § 362 HGB Rz. 10).

Das heißt, allgemeine Anpreisungen wie Fernsehspots, Rundfunksendungen oder Massenpostwurfsendungen sind nicht ausreichend (HK-*Ruß* § 362 HGB Rz. 2; *Baumbach/Hopt* § 362 HGB Rz. 4; *K. Schmidt* § 19 II 2d bb). Dabei ist zu beachten, dass der Kaufmann das Anerbieten auf eine bestimmte Art von Geschäften und einen bestimmten Umfang festlegen kann. In diesem Rahmen muss sich der Antragende halten, sollen die Rechtsfolgen des § 362 Abs. 1 Satz 2 HGB eintreten (GroßKomm-*Canaris* § 362 HGB Anm. 11; *Heymann/Horn* § 362 HGB Rz. 9; *E/B/J/Eckert* § 362 HGB Rz. 15).

Zum Fall: A hat nur eine begrenzte Anzahl von Werbebriefen abgesendet, und S gehört zu dem individualisierten Personenkreis. Außerdem hat sich A mit den Werbebriefen auf die Übernahme von Kommissionsgeschäften festgelegt, worauf auch der von S ausgehende Antrag abzielte. Damit liegt die inhaltliche Kongruenz zwischen Anerbieten und Antrag vor. Mithin hat sich A gegenüber S zur Übernahme einer Geschäftsbesorgung anerboten.

> **Merke:** Ein Anerbieten im Sinne des § 362 Abs. 1 Satz 2 HGB hat nie den Charakter eines Antrags im Sinne des § 145 BGB, sondern ist stets bloße invitatio ad offerendum (*E/B/J/Eckert* § 362 HGB Rz. 16; *K. Schmidt* § 19 II 2d bb). Für die Klausur bedeutet das: Die Handlung, die ein Anerbieten nach § 362 Abs. 1 Satz 2 HGB darstellt, muss in der vorangegangenen Prüfung zwingend als invitatio ad offerendum erkannt worden sein! (siehe insoweit oben unter dem Prüfungspunkt I 1)

dd) Letztlich darf der Kaufmann auf den Antrag nicht unverzüglich geantwortet haben. Jede Antwort – gleich welchen Inhalts! – lässt die Anwendbarkeit des § 362 Abs. 1 Satz 2 HGB entfallen. Insbesondere genügt es, wenn der Kaufmann zu erkennen gibt, dass das Zustandekommen des Vertrages in der Schwebe hängt (BGH NJW **1984**, 866; NJW-RR **1988**, 925; *Koller/Roth/Morck* § 362 HGB Rz. 8). Entscheidend ist aber die *Unverzüglichkeit* der Antwort. Ob eine Antwort unverzüglich erfolgt, ist am Maßstab des **§ 121 Abs. 1 Satz 1 BGB** zu messen, hängt also davon ab, ob dem Kaufmann der Vorwurf eines schuldhaften Zögerns zu machen ist (*Röhricht/Graf v. Westphalen/Wagner* § 362 HGB Rz. 12; *GK-Weber* § 362 HGB Rz. 17; *Hübner* Rz. 484). In der Regel besteht eine Antwortpflicht innerhalb eines Tages, kann aber im Einzelfall davon abweichen (*GK-Weber* § 362 HGB Rz. 17).

Zum Fall: Unser A hat den S gar nicht kontaktiert. Erst nachdem sich S eine Woche nach Absendung des Fax bei A meldete, lehnte er den Vertragsschluss ab. Es bestehen keine besonderen Anhaltspunkte, die eine Überlegungsfrist des A von einer Woche rechtfertigen würden. Folglich kam er seiner Pflicht zur Antwort nicht unverzüglich im Sinne des § 121 Abs. 1 Satz 1 BGB nach.

ZE.: Damit gilt gemäß § 362 Abs. 1 Satz 2 HGB das Schweigen des A als Annahme des Vertrages. Ein Kommissionsvertrag zwischen A und S ist zustande gekommen.

Feinkostabteilung: Die Grundsätze des »**kaufmännischen Bestätigungsschreibens**« kamen in unserem Fall nicht zum Tragen und durften daher auch nicht ausgebreitet werden. Diesem Rechtsinstitut liegt nämlich der Fall zugrunde, dass nach einem (fern-)mündlichen Vertragsschluss von einer Partei der Vertragsinhalt schriftlich fixiert und der anderen Seite zugesendet wird. Bestehen zu dem vorangegangenen Vertragsschluss nun Abweichungen, so ist der Erklärungsempfänger zum Widerspruch verpflichtet, will er die Abweichungen nicht als Vertragsinhalt gelten lassen (BGH ZIP **1994**, 618; BGH NJW-RR **2001**, 680; *Medicus*, BGB-AT, Rz. 440). Da sich das kaufmännische Bestätigungsschreiben somit stets auf einen *bereits geschlossenen* Vertrag bezieht, schied die Anwendbarkeit dieser Grundsätze bei unserer kleinen Geschichte hier von vornherein aus. Denn das Stadium des Vertragsschlusses hatten die Parteien im Zeitpunkt der Zusendung des Fax – wie die obige Prüfung zeigt – offensichtlich noch nicht erreicht.

Bei dem kaufmännischen Bestätigungsschreiben handelt es sich übrigens um keine typisch handelsrechtliche Problematik, da der persönliche Anwendungsbereich nicht auf den kaufmännischen Verkehr beschränkt ist, sondern alle Empfänger eines solchen Schreibens erfasst, die wie ein Kaufmann in größerem Umfang selbstständig am Rechtsverkehr teilnehmen (BGH NJW **1987**, 1940, 1941; OLG Düsseldorf NJW-RR **1995**, 501, 502). Deshalb gehört das kaufmännische Bestätigungsschreiben bei genauer Betrachtung auch eher zur allgemeinen Rechtsgeschäftslehre. Ausführlich erläutert ist es aus diesem Grund nicht in diesem Buch, sondern bei *Schwabe*, »Lernen mit Fällen«, BGB-AT, Fall 9.

Wir gehen wieder zurück zum Fall, bislang hatten wir ja festgestellt, dass durch das Schweigen des A auf das Fax des S ein Kommissionsvertrag wegen der Regel des § 362 Abs. 1 Satz 2 HGB zustande gekommen war. Das war aber noch nicht alles, in Betracht kommt nun nämlich noch folgende Überlegung:

II. Möglicherweise ist der Kommissionsvertrag aufgrund einer *Anfechtung* seitens des A gemäß **§ 142 Abs. 1 BGB** als von Anfang an nichtig anzusehen.

1.) A hat die Anfechtung gemäß § 143 Abs. 1 BGB erklärt, indem er dem S mitteilte, an dem Geschäft kein Interesse zu haben. Damit gibt er konkludent (*Medicus*, BGB AT, Rz. 717) zu verstehen, dass er sich von dem Vertrag lösen möchte.

2.) Fraglich ist indes, ob ein *Anfechtungsgrund* vorliegt.

a) Eine Anfechtung nach § 119 Abs. 1 1. Fall BGB setzt voraus, dass sich der Kaufmann als Adressat des Geschäftsbesorgungsantrags über dessen Inhalt irrt (vgl. *Palandt-Heinrichs* § 119 BGB Rz. 11). A hat das Angebot des S inhaltlich richtig erfasst, so dass ein Inhaltsirrtum als Anfechtungsgrund ausscheidet.

b) A hat sich allerdings über die **Bedeutung seines Schweigens** geirrt, da er davon ausging, die Sache sei ohne Weiteres für ihn erledigt. Die Fehlvorstellung über die Bedeutung des Schweigens stellt indes nach allgemeiner Meinung einen unbeachtlichen Motivirrtum dar, ist also kein tauglicher Anfechtungsgrund (BGHZ **11**, 1, 5; *Baumbach/Hopt* § 362 HGB Rz. 6). Dies erklärt sich aus dem Sinn und Zweck des § 362 BGB: Die Vorschrift bezweckt im Interesse des Verkehrsschutzes Rechtssicherheit und Rechtsklarheit (*Schlegelberger/Hefermehl* § 362 HGB Rz. 21; *Koller/Roth/Morck* § 362 HGB Rz. 11; *K. Schmidt* § 19 II 2c). Würde man den Irrtum über das Schweigen als Anfechtungsgrund anerkennen, so wäre für den Rechtsverkehr unklar, ob der Kaufmann das Anfechtungsrecht ausübt. Von Rechtssicherheit und Rechtsklarheit könnte dann nicht mehr die Rede sein. Mit anderen Worten: Der Schutz des Rechtsverkehrs könnte nicht erreicht werden, würde man dem schweigenden Kaufmann regelmäßig ein Anfechtungsrecht einräumen (GroßKomm-*Canaris* § 362 HGB Rz. 21; *E/B/J/Eckert* § 362 HGB Rz. 32).

ZE.: A kann keinen Anfechtungsgrund geltend machen, so dass er sich auch nicht durch Anfechtung vom Vertrag lösen kann.

Ergebnis: Der S hat somit einen Anspruch auf Durchführung des Kommissionsvertrages gemäß den §§ 383 Abs. 1, 384 Abs. 1 BGB.

1. Nachschlag:

Eine außerordentlich beliebte Prüfungsfrage im Rahmen der Handelsgeschäfte ist der gutgläubige Erwerb nach den §§ 929 ff. BGB in Verbindung mit § 366 HGB. Es geht um folgende kleine Abwandlung zum Ausgangsfall:

> Wir wollen uns vorstellen, der A erklärt sich letztlich doch mit der Vertragsdurchführung einverstanden und S weist den A bei der Übergabe an, den Schrank nicht unter 3.000 Euro zu verkaufen. Als sich Rechtsstudent R von dem Schrank begeistert zeigt, veräußert A dem R den Schrank zum Preis von 2.000 Euro. A erklärte dem R während des Gesprächs, dass er den Schrank von einem leidenschaftlichen Sammler in Kommission genommen habe und dieser bestimmt begeistert sein werde, wenn der Schrank in gute Hände kommt. Nachdem R den Schrank abtransportiert und bezahlt hat, will A dem S den Verkaufserlös übergeben. Dieser ist empört. Er verlangt nun von R unter Hinweis auf die dem A erteilte Weisung im Hinblick auf den Kaufpreis die Herausgabe des Schrankes. **Zu Recht?**

Lösung: S könnte gegen R einen Anspruch auf Herausgabe des Schrankes gemäß § 985 BGB haben. Dies setzt zunächst die Eigentümerstellung des S als Anspruchssteller voraus. Ursprünglich war S Eigentümer des Schrankes.

I. Der S könnte das Eigentum durch Übereignung an A nach § 929 Satz 1 BGB verloren haben. Ein Eigentumsübergang setzt eine Einigung der Parteien über die Eigentumsübertragung voraus (*Baur/Stürner* § 5 I 1). Der Verlust der Eigentümerstellung im Rahmen der Verkaufskommission entspricht typischerweise aber nicht dem Interesse der am Kommissionsvertrag beteiligten Personen (HK-*Ruß* § 383 HGB Rz. 9; *Koller/Roth/Morck* § 383 HGB Rz. 17). Denn die Veräußerung der Sache durch den Kommissionär macht eine Eigentumsübertragung auf ihn nicht erforderlich, so dass für den Kommittenten kein Grund besteht, bereits zu diesem Zeitpunkt seine Rechtsposition aufzugeben und damit beispielsweise das Insolvenzrisiko des Kommissionärs zu übernehmen (BGH WM **2003**, 2157, 2159; WM **1959**, 1004, 1006; MüKo-*Häuser* § 383 HGB Rz. 65). Daher ist von einer Einigung über den Eigentumsübergang nur auszugehen, wenn konkrete Anhaltspunkte bestehen, die auf einen abweichenden Willen der Parteien schließen lassen (*Röhricht/Graf v. Westphalen/Lenz* § 383 HGB Rz. 33).

ZE.: Mangels vom Regelfall abweichender Anhaltspunkte ist davon auszugehen, dass eine Übereignung zwischen A und S nicht stattfand.

II. Der Eigentumsverlust könnte durch die Übereignung zwischen A und R gemäß § 929 Satz 1 BGB eingetreten sein.

1.) A und R haben sich – zumindest schlüssig – über den Eigentumsübergang des Schrankes geeinigt. Dabei handelte A im eigenen Namen, trat also nicht als Stellvertreter des S gemäß §§ 164 ff. BGB auf. Zwar wies A den R nicht ausdrücklich darauf hin, dass er im eigenen Namen handelt, jedoch ergibt sich dies aus den Begleitumständen des Vertragsschlusses. Der Hinweis des A, dass er den Schrank in Kommission genommen habe, spricht für ein Handeln im eigenen Namen (vgl. *Baumbach/Hopt* § 383 HGB Rz. 17; *E/B/J/Krüger* § 383 HGB Rz. 35). Damit macht A zugleich deutlich, als Kommissionär handeln zu wollen und für diesen ist ein Handeln im eigenen Namen gemäß § 383 Abs. 1 HGB gerade charakteristisch.

> **Merke:** Obwohl eine Kommission das Handeln im eigenen Namen voraussetzt, muss (kurz) eine Abgrenzung zum Handeln im fremden Namen, also zur Stellvertretung gemäß §§ 164 ff. BGB erfolgen. Denn es ist nicht auszuschließen, dass der Kommissionär im Widerspruch zu den Vorschriften über das Kommissionsgeschäft tätig wird. Da der Kommittent dem Kommissionär in der Regel keine Vertretungsmacht erteilt, bestimmen sich die Rechtsfolgen dann nach den §§ 179 ff. BGB (*Baumbach/Hopt* § 383 HGB Rz. 17).

2.) A hat den Schrank an R übergeben und die Parteien waren sich zu diesem Zeitpunkt über den Eigentumsübergang auch einig.

3.) Weiterhin muss A *verfügungsbefugt* gewesen sein (MüKo-*Quack* § 929 BGB Rz. 108). Zur Verfügung über das Eigentum befugt ist neben dem wahren Eigentümer auch derjenige, der gemäß **§ 185 Abs. 1 BGB** vom Eigentümer ermächtigt wurde, das Eigentum an einen Dritten zu übertragen (*Palandt/Ellenberger* § 185 BGB Rz. 1; *Wolf* Rz. 317). Eine Verfügungsermächtigung haben A und S konkludent in dem Kommissionsvertrag vereinbart. Anderenfalls wäre A in seiner Stellung als Kommissionär nämlich nicht in der Lage, das Kommissionsgut in rechtmäßiger Weise zu veräußern (vgl. BGH WM **1959**, 1004, 1006; *E/B/J/Krüger* § 383 Rz. 46). Von dieser Verfügungsermächtigung durfte A indes nur Gebrauch machen, sofern er einen Verkaufspreis von mindestens 3.000 Euro erzielt. Eine Verfügung bei Vereinbarung eines niedrigeren Preises ist damit nicht von der im Kommissionsvertrag erteilten Ermächtigung im Sinne des § 185 Abs. 1 BGB gedeckt. Somit war A zu der Übereignung an R nicht berechtigt.

> **Beachte:** Nichts anderes ergibt sich aus § 386 Abs. 1 HGB (lesen, bitte!). Diese Vorschrift sieht zwar ein Zurückweisungsrecht des Kommittenten bei Unterschreitung einer bestimmten Preisgrenze vor. Allerdings regelt diese Norm nur das *Innenverhältnis* zwischen Kommissionär und Kommittent. Das Rechtsverhältnis zu Dritten wird durch diese Vorschrift hingegen nicht berührt. Dies ergibt sich aus folgender Überlegung: Die §§ 385, 386 HGB regeln die Rechtsfolgen im Falle einer Pflichtverletzung aus dem Kommissionsvertrag. Wegen der inter-partes-Wirkung von schuldrechtlichen Verträgen können von den Folgen einer Pflichtverletzung nicht Dritte, sondern eben nur die Vertragsparteien betroffen sein (siehe hierzu den Fall bei *Brox/Henssler* Rz. 374).

4.) Die Verfügungsbefugnis erlangte A auch nicht nachträglich gemäß **§ 185 Abs. 2 Satz 1 BGB** infolge Genehmigung. S billigte die Veräußerung ausdrücklich nicht. Vielmehr gab er A deutlich zu verstehen, dass er mit einer Veräußerung zu einem Verkaufspreis von 2.000 Euro nicht einverstanden ist.

III. In Betracht kommt damit nur ein gutgläubiger Erwerb gemäß den §§ 929 Satz 1, 932 Abs. 1 Satz 1 BGB. Die fehlende Verfügungsbefugnis des Veräußerers kann unter den Voraussetzungen des § 932 Abs. 1 Satz 1 BGB überwunden werden. Diese Vorschrift schützt ausweislich des § 932 Abs. 2 BGB (bitte lesen!) den guten Glauben an die *Eigentümerstellung* des Veräußerers (*Erman-Michalski* § 932 BGB Rz. 1; *Wolf* Rz. 417). Das heißt, ein gutgläubiger Eigentumserwerb nach §§ 929 Satz 1, 932 Abs. 1 Satz 1 BGB scheidet aus, wenn dem Erwerber bekannt war oder infolge grober Fahrlässigkeit unbekannt geblieben ist, dass die Sache nicht dem Veräußerer gehört (MüKo-*Quack* § 932 BGB Rz. 1; *Baur/Stürner* § 52 III 1 ff.).

Zum Fall: R wusste, dass nicht A als Kommissionär, sondern der Kommittent Eigentümer des Schrankes ist. Folglich hatte R positive Kenntnis von der fehlenden Eigentümerstellung des A, war also <u>nicht</u> gutgläubig im Sinne des § 932 Abs. 2 Satz 1 BGB.

Damit wurde R nicht im Wege des gutgläubigen Erwerbs gemäß §§ 929 Satz 1 i. V. m. 932 Abs. 2 BGB Eigentümer des Schrankes.

IV. R könnte aber nach Maßgabe der **§§ 929 Satz 1, 932 Abs. 1 BGB, 366 Abs. 1 HGB** das Eigentum an dem antiken Schrank gutgläubig erworben haben.

1.) Für den handelsrechtlichen Verkehr sind in § 366 Abs. 1 bis 3 HGB die Möglichkeiten eines gutgläubigen Erwerbs von Eigentum (§ 366 Abs. 1 HGB) und eines Pfandrechts (§ 366 Abs. 2 und 3 HGB) erweitert. Die Vorschriften des bürgerlichen Rechts in den §§ 932 ff. BGB und § 1207 BGB, die, wie oben gesehen, nur den guten Glauben an die *Eigentümerstellung* des Veräußerers schützen, wird den Bedürfnissen des Handelsverkehrs nicht gerecht (*E/B/J/Stadler* § 366 HGB Rn 1; *Hübner* Rz. 539; *Klunzinger* § 14 VII 2b). Denn beim Erwerb einer Sache oder einem Pfandrecht von einem Kaufmann weiß oder vermutet der Geschäftspartner häufig, dass dieser nicht der Eigentümer ist (*K. Schmidt* in NJW 1999, 400). Regelmäßig wird der Geschäftspartner aber von der Befugnis des Kaufmanns zur Veräußerung der Sache/des Pfandrechts ausgehen. Damit ist die Schutzrichtung des § 366 HGB bestimmt: Diese Vorschrift schützt den guten Glauben an das Bestehen einer *Verfügungsbefugnis* (*Baumbach/Hopt* § 366 HGB Rz. 1; *HK-Ruß* § 366 HGB Rz. 1; *Roth* Rz. 687; *Oetker* § 7 E I 1). Sehr wichtige Gedanken, bitte den ganzen Absatz mindestens noch einmal lesen!

2.) Da die Übereignungsvoraussetzungen des § 929 Satz 1 BGB mit Ausnahme der Berechtigung des A vorliegen, ist allein fraglich, ob die fehlende Verfügungsbefugnis zur Übereignung der Sache gemäß **§ 366 Abs. 1 HGB** ersetzt werden kann.

a) Der § 366 Abs. 1 HGB setzt voraus, dass der Veräußerer Kaufmann ist und die Veräußerung zum Betrieb seines Handelsgewerbes gehört (MüKo-*Welter* § 366 HGB Rz. 26; HK-*Ruß* § 366 HGB Rz. 2).

Zum Fall: A ist jedenfalls kraft Eintragung gemäß § 2 Satz 1 HGB Kaufmann und die Veräußerung des Schrankes nahm er auch in dieser Funktion vor, so dass die Veräußerung zum Betrieb seines Handelsgewerbes gehört.

b) Ausweislich des Gesetzeswortlauts muss Gegenstand der Veräußerung eine bewegliche Sache sein, die nicht im Eigentum des Kaufmanns steht. Beweglich ist jede Sache, die nicht Grundstück, den Grundstücken gleichgestellt oder Grundstücksbestandteil ist (RGZ **87**, 43, 51; *Palandt/Ellenberger* Überbl vor § 90 BGB Rz. 3).

Zum Fall: Danach handelt es sich bei dem Schrank um eine bewegliche Sache. Außerdem steht dieser, wie oben geprüft, im Eigentum des S, gehört also nicht dem A.

c) Letztlich muss der Erwerber hinsichtlich der Verfügungsbefugnis *gutgläubig* sein. Dabei ist als Maßstab der Gutgläubigkeit § 932 Abs. 2 BGB zugrunde zu legen. Das heißt, dem Erwerber schadet nicht nur positive Kenntnis hinsichtlich der fehlenden

Verfügungsbefugnis, sondern bereits grob fahrlässige Unkenntnis (*Baumbach/Hopt* § 366 HGB Rz. 6; *Brox/Henssler* Rz. 265).

> **Definition:** *Grob fahrlässig* handelt der Erwerber, wenn er die im Verkehr erforderliche Sorgfalt in ungewöhnlich hohem Maße verletzt und dasjenige unbeachtet lässt, was sich im konkreten Fall jedem aufdrängen muss (BGH NJW **1994**, 2022, 2093; *Palandt/Bassenge* § 932 BGB Rz. 10; MüKo-*Quack* § 932 BGB Rz. 29).

Eine solch gravierende Sorgfaltspflichtverletzung trifft in aller Regel nicht auf denjenigen zu, der vom Händler im Rahmen seines Geschäftsbetriebs Ware kauft (BGH NJW **1959**, 1080, 1081; **1975**, 735, 736; *Baumbach/Hopt* § 366 HGB Rz. 6; siehe aber auch BGH NJW **2006**, 3488, wonach beim Erwerb eines Gebrauchtwagens vom Autohändler in jedem Falle die Vorlage des KFZ-Briefes erforderlich ist). Eine Nachforschungspflicht besteht für den Erwerber nur dann, wenn sich aus den Umständen des Vertragsschlusses Auffälligkeiten – wie beispielsweise ein Schleuderpreis – ergeben (OLG Hamburg MDR **1970**, 506; BGH WM **1958**, 754, 755; *Schlegelberger/Hefermehl* § 366 HGB Rz. 34).

Zum Fall: R hat den Schrank im Geschäftsbetrieb des A erworben, wobei sich für ihn keinerlei Anhaltspunkte ergaben, die für eine fehlende Verfügungsbefugnis des A hätten sprechen können. R war hinsichtlich der Verfügungsbefugnis des A somit gutgläubig.

3.) Da S den Schrank an A freiwillig übergeben hat, steht auch § 935 Abs. 1 BGB dem gutgläubigen Erwerb nicht entgegen, namentlich ist die Sache nicht abhanden gekommen (vgl. *Baur/Stürner* § 52 V 1 ff.).

Ergebnis: S hat das Eigentum durch gutgläubigen Erwerb gemäß §§ 929 Satz 1, 932 Abs. 1 Satz 1, Abs. 2 BGB i. V. m. 366 Abs. 1 HGB an R verloren. A hat gegen R keinen Anspruch auf Herausgabe des Schrankes gemäß § 985 BGB.

2. Nachschlag (schwer!):

Im direkten Anwendungsbereich schützt § 366 Abs. 1 HGB – wie oben gesehen – den guten Glauben an die Verfügungsbefugnis. Fraglich ist, ob diese Vorschrift *entsprechend* herangezogen werden kann, wenn der Erwerber nur hinsichtlich der *Vertretungsmacht* des Veräußerers gutgläubig ist. Es geht um folgenden kleinen Fall:

> Wir wollen uns vorstellen, dass S und A (= Kaufmann) befreundet sind und S dem A den antiken Schrank für sein Wohnzimmer auf unbestimmte Zeit ausgeliehen hat. Als A in Geldnot gerät, verkauft und übereignet er – im Namen des S (!) – den Schrank in seinem Geschäft für 3.000 Euro an den ahnungslosen G und erklärt dem

> G wahrheitswidrig, er sei zu diesem Verkauf von S bevollmächtigt worden. **Frage**: Sind Kaufvertrag und Übereignung wirksam?

Einstieg: Hier also ist jetzt nix mit Kommission, sondern der S hat dem A den Schrank nur geliehen, und der A verkauft und übereignet diesen Schrank nicht im eigenen Namen, sondern als (angeblicher) Stellvertreter des S in dessen Namen. Der G glaubt also nur an die *Vertretungsmacht* des A. Wenn man dies nun rein nach BGB-Normen lösen würde, wäre G zum einen kein Eigentümer geworden, denn er wusste ja, dass die Sache nicht dem A gehört, was einen gutgläubigen Erwerb nach § 932 BGB ausschließt. Ein Kaufvertrag zwischen S und G wäre ebenfalls nicht zustande gekommen, denn A hatte keine Vertretungsmacht, so dass § 164 Abs. 1 BGB nicht greifen kann (→ § 179 Abs. 1 BGB). Ob in diesem Falle des guten Glaubens an die Vertretungsmacht des Kaufmanns § 366 HGB Anwendung finden und Einfluss auf den Kaufvertrag und die Übereignung nehmen kann, ist sehr umstritten:

I. Die (noch) herrschende Meinung bejaht eine analoge Anwendung des § 366 Abs. 1 HGB zumindest auf das *dingliche* Rechtsgeschäft und lässt damit die Übereignung auf G wirksam werden. Als Begründung wird der Schutzzweck des § 366 HGB, nämlich die Sicherheit des Handelsverkehrs zu gewährleisten, angeführt. Um dem Sinn und Zweck dieser Norm umfassend Rechnung zu tragen, müsse auch der gute Glaube an eine Vertretungsmacht geschützt werden. Denn der Rechtsverkehr unterscheide häufig nicht zwischen Verfügungsbefugnis und Vertretungsmacht. Außerdem differenziere das Handelsgesetzbuch selbst nicht scharf zwischen Verfügungsbefugnis und Vertretungsmacht: Beispielsweise ist in den §§ 49 Abs. 1, 54 Abs. 1 und 56 Abs. 1 HGB von »Ermächtigung« die Rede, obwohl diese Tatbestände nach einhelliger Meinung die Vertretungsmacht regeln (*Schlegelberger/Hefermehl* § 366 HGB Rz. 32; *Baumbach/Hopt* § 366 HGB Rz. 5; *Röhricht/Graf v. Westphalen/Wagner* § 366 HGB Rz. 16; *Heymann/Horn* § 366 HGB Rz. 16; *K. Schmidt* § 23 III 1).

> Innerhalb dieser Meinung ist allerdings umstritten, ob eine Analogie des § 366 HGB auch hinsichtlich des *schuldrechtlichen* Kausalgeschäfts zu befürworten ist. Überwiegend wird dies abgelehnt, da dem Schuldrecht ein Gutglaubensschutz an die Vertretungsmacht mit Ausnahme der Duldungs- und Anscheinsvollmacht fremd sei (*Schlegelberger/Hefermehl* § 366 HGB Rz. 32; *Baumbach/Hopt* § 366 HGB Rz. 5; *Röhricht/ Graf v. Westphalen/Wagner* § 366 HGB Rz. 16; *Brox/Henssler* Rz. 268). Nach anderer Ansicht sei dies inkonsequent, da dies zur Folge habe, dass der Erwerber mangels Rechtsgrund einem Bereicherungsanspruch ausgesetzt sei (*MüKo-Welter* § 366 HGB Rz. 44; *K. Schmidt* § 23 III 1; *Hübner* Rz. 550). Je nach insoweit verfolgter Auffassung wäre demnach im vorliegenden Fall der Kaufvertrag ebenfalls wirksam oder eben nicht.

II. Die Gegenansicht lehnt eine analoge Anwendung des § 366 HGB bereits auf das dingliche Rechtsgeschäft, demnach also insgesamt, ab. Die Vertreter dieser Meinung sprechen dem Dritten die Schutzwürdigkeit ab, da sich bereits aus der Berufsstellung des Verfügenden ergebe, ob er im eigenen (so z. B. der Kommissionär) oder fremden Namen (insbesondere der Handelsvertreter) handelt. Außerdem ließen sich die Fälle des Handelns ohne Vertretungsmacht überwiegend über die Grundsätze der Anscheins- oder Duldungsvollmacht lösen und § 56 HGB dürfte ebenfalls häufig einschlägig sein. Damit bestehe kein praktisches Bedürfnis für die von der herrschenden Meinung gezogene Analogie (GroßKomm-*Canaris* § 366 HGB Anm. 27; *E/B/J/Stadler* § 366 HGB Rz. 10; *Medicus*, BR, Rz. 567; *Oetker* § 7 E I 3; *Wiegand* in JuS 1974, 545, 548). Folgt man dieser Meinung, sind sowohl Kaufvertrag als auch Übereignung unwirksam, es bliebe also bei den Regeln des BGB.

Gutachten

S könnte gegen A einen Anspruch auf Durchführung des Kommissionsvertrages gemäß den §§ 383 Abs. 1, 384 Abs. 1 HGB haben.

I. Dies setzt einen wirksam zustande gekommenen Kommissionsvertrag voraus. Ein Kommissionsvertrag ist ein von einem Kaufmann im Betrieb seines Handelsgewerbes geschlossener Vertrag, in dem er es übernimmt, für Rechnung eines anderen in eigenem Namen mit einem Dritten ein Geschäft abzuschließen. Fraglich ist, ob zwischen A und S ein Vertrag mit diesem Inhalt zustande gekommen ist.

1.) Ein Angebot könnte zunächst von A ausgegangen sein, indem er die Werbebriefe an verschiedene Haushalte verteilte. Fraglich ist allein, ob A in diesem Zeitpunkt mit Rechtsbindungswillen handelte, also den Willen hatte, eine rechtsgeschäftlich verbindliche Erklärung abzugeben. Dies ist im Einzelfall durch Auslegung gemäß §§ 133, 157 BGB zu ermitteln. Nach der Verkehrsauffassung ist in der Regel davon auszugehen, dass sich die werbende Person die Entscheidung, ob und mit wem sie kontrahiert, noch vorbehalten möchte. Werbeerklärungen sind daher typischerweise bloße Aufforderungen zur Abgabe eines Angebots, sogenannte invitatio ad offerendum. Mangels Rechtsbindungswillens seitens des A stellt das Einwerfen der Werbebriefe daher noch kein Angebot gemäß § 145 BGB dar.

2.) Ein Angebot könnte das von S an A per Telefax übersendete Schreiben beinhalten. Ein Angebot nach § 145 BGB liegt vor, wenn Gegenstand und Inhalt des Vertrages so bestimmt bezeichnet sind, dass eine Annahme durch ein einfaches »Ja« erfolgen kann. Fraglich ist allein, ob der Vertragsinhalt bestimmbar ist. Indem S in dem Schreiben die Formulierung »in Kommission nehmen« wählt, könnte dies auf den Willen des S, einen Kommissionsvertrag abzuschließen, hindeuten. Hiergegen spricht allerdings, dass nicht die gewählte Bezeichnung, sondern allein der Inhalt der Absprachen für die rechtliche Einordnung eines Vertrages von Bedeutung ist. Damit ist der Inhalt des Angebots im Wege der Auslegung nach §§ 133, 157 BGB zu ermitteln. Nach ständiger Rechtsprechung spricht für eine auf einen Kommissionsvertrag gerichtete Erklärung, dass dem Kaufmann Weisungen hinsichtlich des Preises der zu verkaufenden Sache erteilt werden. Der Qualifikation als Kommissionsvertrag steht auch nicht die fehlende Provisionsabrede entgegen. Denn ein Provisionsanspruch des Kommissionärs entsteht gemäß § 354 Abs. 1 HGB auch ohne ausdrückliche Vereinbarung. Der avisierte Vertragsinhalt ist demnach im Wege der

Auslegung unter Berücksichtigung der Gesamtumstände bestimmbar. Folglich stellt das Schreiben des S ein Angebot im Sinne des § 147 BGB, gerichtet auf den Abschluss eines Kommissionsvertrages, dar.

3.) Eine ausdrückliche Annahme dieses Angebots gemäß § 147 BGB hat A nicht erklärt. Fraglich ist damit, ob die Annahme des Vertrages durch das Schweigen des A auf das Fax zustande kam. Bedenken ergeben sich daraus, dass dem Schweigen grundsätzlich keine rechtliche Bedeutung zukommt und es damit üblicherweise nicht als Annahmeerklärung qualifiziert werden kann.

a) Das Schweigen des A könnte jedoch kraft gesetzlicher Anordnung als Annahmeerklärung zu werten sein. In Betracht kommt die Vorschrift des § 362 Abs. 1 Satz 1 HGB.

aa) § 362 Abs. 1 Satz 1 HGB setzt ein einseitiges Handelsgeschäft (§ 343 HGB) voraus, wobei der Adressat des Angebots Kaufmann sein muss. A ist jedenfalls infolge der Eintragung in das Handelsregister Istkaufmann im Sinne des § 2 Satz 1 HGB und er sollte das Geschäft auch im Rahmen seines Gewerbebetriebs vornehmen.

bb) Der mit dem Antrag verfolgte Vertrag muss eine Geschäftsbesorgung zum Inhalt haben. Eine Geschäftsbesorgung im Sinne des § 362 Abs. 1 Satz 1 HGB liegt vor, wenn der Kaufmann (außerhalb eines dauernden Dienstverhältnisses) eine an sich dem anderen zukommende Tätigkeit, gleich ob rechtsgeschäftlicher oder tatsächlicher Art, übernimmt. Die Veräußerung einer Sache gehört zum Rechtskreis des Eigentümers. Der antike Schrank steht im Eigentum des S, so dass A nach dem Inhalt des Antrags eine dem S zukommende Aufgabe übernehmen soll.

cc) Der vom Kaufmann ausgeübte Gewerbebetrieb muss ausweislich des Gesetzeswortlauts die Geschäftsbesorgung für andere mit sich bringen. Ein Zusammenhang zwischen der Geschäftsbesorgung und dem Gewerbebetrieb besteht, wenn nach der Verkehrsauffassung das angetragene Geschäft für das jeweilige Gewerbe des Kaufmanns so typisch ist, dass mit der Durchführung solcher Geschäfte gerechnet werden kann. A ist im Antiquitätenhandel tätig, wobei er hauptsächlich mit Kommissionsware handelt. Folglich besteht ein Zusammenhang zwischen dem Gewerbebetrieb und der angetragenen Geschäftsbesorgung.

dd) Weitere Voraussetzung ist gemäß § 362 Abs. 1 Satz 1 HGB das Bestehen einer Geschäftsbeziehung zwischen dem Kaufmann und dem Absender des Angebots. Eine Geschäftsverbindung besteht, wenn die Beziehung der Parteien auf eine gewisse Dauer angelegt ist. Dieses Tatbestandsmerkmal erfordert die Absicht der Parteien, den geschäftlichen Kontakt dauerhaft zu pflegen. Vorliegend bestehen keine Anhaltspunkte, die auf den Willen des S schließen lassen, auch künftig über den A als Kommissionär Antiquitäten verkaufen zu wollen. Folglich mangelt es an einer Geschäftsverbindung im Sinne des § 362 Abs. 1 Satz 1 HGB. Somit führt das Schweigen des A auf das Schreiben des S nicht zur Annahmefiktion des Antrags gemäß § 362 Abs. 1 Satz 1 HGB.

b) Das Schweigen des Kaufmanns könnte gemäß § 362 Abs. 1 Satz 2 HGB als Annahme zu qualifizieren sein.

aa) Wie auch im Falle des § 362 Abs. 1 Satz 1 HGB handelt es sich bei diesem Tatbestand um ein einseitiges Handelsgeschäft, wobei der Kaufmann Adressat des Geschäftsbesorgungsantrags sein muss. Dies trifft – wie oben geprüft – auf den A zu. Aus dem in § 362 Abs. 1 Satz 2 HGB enthaltenen Verweis auf Satz 1 der Vorschrift ergibt sich ferner, dass der mit dem Antrag beabsichtigte Vertragsabschluss eine Geschäftsbesorgung zum Inhalt haben muss. Dies ist nach dem oben Gesagten ebenfalls zu bejahen.

bb) Des Weiteren muss A sich gegenüber S zur Besorgung solcher Geschäfte anerboten haben. Ein Anerbieten im Sinne des § 362 Abs. 1 Satz 2 HGB macht das Ansprechen eines konkreten Adressatenkreises erforderlich, und der daraufhin Antragende muss aus diesem Kreis stammen. Das heißt, allgemeine Anpreisungen wie Fernsehspots, Rundfunksendungen oder Massenpostwurfsendungen sind nicht ausreichend. Darüber hinaus hat das Anerbieten die Funktion, die Arten der zu übernehmenden Geschäfte festzulegen und zu begrenzen.

A hat nur eine begrenzte Anzahl von Werbebriefen abgesendet und S gehört zu dem individualisierten Personenkreis. Außerdem hat der angetragene Vertrag ein Kommissionsgeschäft zum Inhalt, worauf auch das Schreiben des S abzielte. Mithin hat sich A gegenüber S zur Übernahme einer Geschäftsbesorgung anerboten.

cc) Letztlich darf der Kaufmann auf den Antrag nicht unverzüglich geantwortet haben. Ob eine Antwort unverzüglich eingeht, bestimmt sich nach Maßgabe des § 121 Abs. 1 Satz 1 BGB. Danach ist entscheidend, ob der Kaufmann mit der Beantwortung schuldhaft gezögert hat. Wann dem Kaufmann der Vorwurf eines schuldhaften Zögerns zu machen ist, hängt von den Umständen des Einzelfalles ab. Eine Antwortpflicht besteht in der Regel noch am selben Tag.

A hat den S nicht kontaktiert. Erst nachdem sich S eine Woche nach Absendung des Fax bei A meldete, lehnte er den Vertragsschluss ab. Es bestehen keine besonderen Anhaltspunkte, die eine Überlegungsfrist des A von einer Woche rechtfertigen würden. Folglich kam er seiner Pflicht zur Antwort nicht unverzüglich im Sinne des § 121 Abs. 1 Satz 1 BGB nach. Damit gilt gemäß § 362 Abs. 1 Satz 1, 2. HS HGB das Schweigen des A als Annahme des Vertrages. Ein Kommissionsvertrag zwischen A und S ist zustande gekommen.

II. Möglicherweise ist der Kommissionsvertrag aufgrund einer Anfechtung gemäß § 142 Abs. 1 BGB als von Anfang an nichtig anzusehen. Fraglich ist bereits, ob ein Anfechtungsgrund vorliegt. A ging davon aus, dass die Sache auch ohne Beantwortung des Schreibens erledigt sei. Damit irrte sich A über die Bedeutung seines Schweigens. Eine Fehlvorstellung über die Bedeutung des Schweigens stellt nach allgemeiner Meinung einen unbeachtlichen Motivirrtum dar, ist also kein tauglicher Anfechtungsgrund. Ein Anfechtungsrecht mit dieser Begründung würde dem Sinn und Zweck der Norm nicht gerecht werden. Die Fiktionswirkung des Schweigens bezweckt im Interesse des Verkehrsschutzes Rechtssicherheit und Rechtsklarheit. Dieser Schutz des Rechtsverkehrs könnte nicht erreicht werden, würde man dem Kaufmann bei Verkennung der Bedeutung des Schweigens regelmäßig ein Anfechtungsrecht einräumen.

A kann keinen Anfechtungsgrund geltend machen. Folglich kann sich A nicht durch Anfechtung vom Vertrag lösen.

Ergebnis: S hat somit einen Anspruch auf Durchführung des Kommissionsvertrags gemäß § 383 Abs. 1 HGB.

Fall 10

Power-Drink

Die S-Aktiengesellschaft (S-AG) ist Herstellerin von Softdrinks. Nachdem die Entwicklung eines neuen Power-Drinks abgeschlossen ist, möchte sie in Produktion gehen. Die hierfür auf die Bedürfnisse der S-AG zugeschnittene Abfüllanlage soll nach deren Bauplänen von der M-Aktiengesellschaft (M-AG) hergestellt werden. Die Anlage soll übergeben werden, der Aufbau der Anlage in den Räumlichkeiten der S-AG aber durch die Mitarbeiter der S-AG erfolgen. Um einen reibungslosen Produktionsablauf zu gewährleisten, wird die Anlage vertraglich »fix zum 01.06.2005« bestellt. Seitens der M-AG erfolgt die Bestätigung der Bestellung und die fristgerechte Lieferung wird zugesagt.

Da sich der interne Produktionsablauf wegen unvorhergesehener Schwierigkeiten verzögert, unternimmt der Vorstand der S-AG nichts, als am 01.06.2005 die Lieferung der Anlage ausbleibt. Nach einigen Tagen sind die Probleme behoben, und die Abfüllanlage wird nunmehr dringend benötigt. Jetzt setzt sich die S-AG mit der M-AG in Verbindung und verlangt sofortige Lieferung. Die M-AG könnte die Abfüllanlage zwar innerhalb weniger Stunden liefern, jedoch besteht die Möglichkeit, die Anlage in kurzer Zeit für einen Konkurrenten umzubauen, der – bei Einhaltung einer kurzen Lieferfrist – einen deutlich höheren Preis als die S-AG zahlen würde. Der Vorstand der M-AG erklärt daher, dass, da der Liefertermin verstrichen sei, die S-AG nicht mehr die Vertragserfüllung verlangen könne.

Kann die S-AG (noch) die Lieferung der Abfüllanlage verlangen?

> **Schwerpunkte:** Die Besonderheiten des Handelskaufs gemäß den §§ 373 ff. HGB; der Fixhandelskauf gemäß § 376 HGB: Tatbestand und Rechtsfolgen; Begriff des absoluten und des relativen Fixgeschäftes.

Lösungsweg

Die S-AG könnte gegen die M-AG einen Anspruch auf Herstellung und Lieferung der Abfüllanlage gemäß den **§§ 651 Satz 1, 433 Abs. 1 BGB** haben.

I. Der Anspruch ist entstanden, wenn die Parteien einen Vertrag abgeschlossen haben, der die Lieferung einer herzustellenden beweglichen Sache zum Gegenstand hat, bitte lies **§ 651 Satz 1 BGB**.

1.) Vertragsgegenstand muss also zunächst eine bewegliche Sache sein. Bewegliche Sachen sind körperliche Gegenstände (vgl. § 90 BGB), die nicht Grundstück, den Grundstücken gleichgestellt oder wesentlicher Grundstücksbestandteil sind (RGZ **55**, 281, 284; **87**, 43, 51; *Palandt/Ellenberger* § 90 BGB Rz. 3).

Zum Fall: Bei der Abfüllanlage als Vertragsobjekt handelt es sich um einen körperlichen Gegenstand im Sinne des § 90 BGB. Da die Anlage von der M-AG nicht in die Räumlichkeiten der S-AG eingebaut werden soll, kommt die Qualifikation als Grundstücksbestandteil nicht in Betracht. Folglich ist die Abfüllanlage eine bewegliche Sache.

2.) In Abgrenzung zum Kaufvertrag muss der Vertragspartner im Anwendungsbereich des § 651 Satz 1 BGB zur Herstellung, also der Herbeiführung eines bestimmten *Arbeitserfolges*, verpflichtet sein (*Palandt/Sprau* § 651 BGB Rz. 2; Einf. v. § 631 BGB Rz. 1).

Zum Fall: Die M-AG schuldet den Bau der Abfüllanlage, also einen bestimmten Arbeitserfolg. Folglich hat sich die M-AG zur Herstellung einer beweglichen Sache verpflichtet.

> Fraglich ist allerdings, ob diese vertragliche Vereinbarung nicht zur Anwendbarkeit des Werkvertragsrechts gemäß §§ 631 ff. BGB führen muss. Denn auch für diesen Vertragstyp stellt die Herstellung einer beweglichen (oder unbeweglichen) Sache die charakteristische Hauptpflicht dar (BGH NJW **1983**, 1489, 1590; NJW **2002**, 749; MüKo-*Busche* § 631 BGB Rz. 1). Ist Vertragsgegenstand die Herstellung einer beweglichen Sache, ist für die Abgrenzung zwischen einem Vertrag nach § 651 Satz 1 BGB und einem Werkvertrag entscheidend, ob im Vordergrund die Herstellung und Eigentumsübertragung der Sache steht – dann § 651 Satz 1 BGB – oder, ob ein darüber hinausgehender Erfolg, wie beispielsweise die Planung einer Maschine, dem Vertrag das Gepräge gibt – dann §§ 631 ff. BGB– (*Palandt/Sprau* § 651 BGB Rz. 4; MüKo-*Busche* § 651 BGB Rz. 12).

Im vorliegenden Fall wurde nicht einmal ein über die Herstellung der Abfüllanlage hinausgehender Erfolg Vertragsbestandteil, insbesondere wurde die Planung der Maschine durch die S-AG selbst vorgenommen. Mithin kommt § 651 Satz 1 BGB zur Anwendung.

3.) Neben der Herstellung muss der Vertragszweck zudem auf die *Lieferung* der Sache gerichtet sein (*Voit* in BauR 2002, 145, 146 f.). Mindestvoraussetzung einer Lieferung im Sinne des § 651 Satz 1 BGB ist die Eigentumsübertragung vom Hersteller auf den Besteller, das heißt, ein gesetzlicher Eigentumserwerb des Bestellers nach Maßgabe der §§ 946 ff. BGB ist nicht ausreichend (MüKo-*Busche* § 651 BGB Rz. 4; *Palandt/ Sprau* § 651 BGB Rz. 2; *Staudinger-Peters* § 651 BGB Rz. 7; *Voit* in BauR 2002, 145, 146 f.).

Zum Fall: Die M-AG und S-AG haben im Vertrag einen Eigentumsübergang gemäß § 929 Satz 1 BGB vorgesehen, indem sich die S-AG zur Übergabe der Anlage – und nicht etwa deren Einbau – verpflichtet hat. Eine Lieferung im Sinne des § 651 Satz 1 BGB ist folglich Vertragsinhalt geworden.

Zwischenergebnis: Die Parteien haben einen Vertrag mit dem sich aus § 651 Satz 1 BGB ergebenden Inhalt abgeschlossen. Der Anspruch auf Herstellung und Lieferung der Abfüllanlage ist demnach aus den §§ 651 Satz 1, 433 Abs. 1 BGB *entstanden*.

II. Der Anspruch auf Herstellung und Lieferung aus den §§ 651 Satz 1, 433 Abs. 1 BGB könnte aber gemäß **§ 376 Abs. 1 Satz 2 HGB** (lesen, bitte!) *erloschen* sein.

1.) Die erste Voraussetzung für die Anwendbarkeit der Norm ergibt sich nicht aus der Vorschrift selbst, sondern aus deren systematischer Stellung:

Der § 376 HGB befindet sich in dem zweiten Abschnitt des vierten Buches des HGB. Wie sich aus der amtlichen Überschrift ergibt, ist Regelungsgegenstand dieses Kapitels (§§ 373 bis 381 HGB) der *Handelskauf*. Dementsprechend muss der zwischen den Parteien geschlossene Vertrag als *Handelskauf* zu qualifizieren sein. Der Begriff des Handelskaufs ist im Gesetz leider nicht definiert, sondern ergibt sich nur aus einer Zusammenschau der Vorschriften des BGB und HGB (*Koller/Roth/Morck* vor §§ 373 – 376 HGB Rz. 1). Und zwar:

> **Definition:** Ein *Handelskauf* ist jeder Kaufvertrag gemäß den §§ 433 ff. BGB, der zumindest für eine Vertragspartei ein Handelsgeschäft ist und eine Ware oder ein Wertpapier zum Gegenstand hat (*E/B/J/Müller* vor § 373 HGB Rz. 1; *K. Schmidt*, HandelsR, § 29 I 1a). Gemäß § 381 Abs. 2 HGB finden die Vorschriften über den Handelskauf aber auch auf Verträge Anwendung, die die Lieferung herzustellender oder zu erzeugender beweglicher Sachen zum Gegenstand haben.

Einschub: Die §§ 373 ff. HGB modifizieren und ergänzen die Vorschriften des BGB (*Koller/Roth/Morck* Vor §§ 373–376 HGB Rz. 2). Sinn und Zweck der Normen ist es, eine Beschleunigung der Vertragsabwicklung im handelsrechtlichen Rechtsverkehr zu erreichen (*E/B/J/Müller* vor § 373 HGB Rz. 1). Die **§§ 373, 374 HGB** (bitte lesen!) enthalten hierbei Sondervorschriften für den Fall des Annahmeverzugs des Käufers. Das Recht zur Hinterlegung wird durch § 373 Abs. 1 HGB im Vergleich zu der Hinterlegung nach § 372 BGB erweitert (*Schlegelberger/Hefermehl* § 373 HGB Rz. 2). Ferner ist in § 373 Abs. 2-5 HGB ein dem BGB fremdes Recht, nämlich die Befugnis zum Selbsthilfeverkauf, vorgesehen (GK-*Achilles* §§ 373, 374 Rz. 1). Der **§ 375 HGB** ist eine besondere Ausprägung des in den §§ 315 ff. BGB geregelten Bestimmungsrechts für einen Kaufvertrag, bei dem dem Käufer ein Recht zur Bestimmung einer oder mehrerer Eigenschaften des geschuldeten Gegenstands eingeräumt ist, sogenannter Bestimmungs- oder Spezifikationskauf (GK-*Achilles* § 375 Rz. 1; *Steck* in NJW 2002,

3201 f.). Die Besonderheiten des § 376 HGB schauen wir uns im Einzelnen in diesem Fall an (kommt also sogleich), der § 377 HGB kommt dann als nächstes (Fall 11).

Zurück zum Fall: Da beide Vertragsparteien als Kapitalgesellschaften gemäß § 6 Abs. 1 HGB *Kaufleute* sind und sowohl für die S-AG als auch für die M-AG der Abschluss des Vertrages zum Betrieb des Handelsgewerbes nach §§ 343 f. HGB gehört, liegt hier in unserem Fall ein *beiderseitiges* Handelsgeschäft vor. Letztlich betrifft der Vertragsgegenstand die Herstellung und Lieferung der Abfüllanlage, was ausweislich des § 381 Abs. 2 HGB zur Anwendbarkeit der Vorschriften über den Handelskauf, §§ 373 ff. HGB, führt (siehe oben).

2.) Entsprechend dem Regelungsinhalt des § 376 HGB muss es sich bei dem in Rede stehenden Vertrag um ein *Fixhandelsgeschäft* handeln. Gemeint ist dabei aber nur das *relative* Fixgeschäft, so dass § 376 HGB bei genauer Betrachtung eine Sondervorschrift zu § 323 Abs. 2 Nr. 2 BGB darstellt (*Koller/Roth/Morck* § 376 HGB Rz. 1). Da der Begriff des relativen Fixgeschäfts nicht abweichend zu dem bürgerlich-rechtlichen Begriff bestimmt wird, können wir an dieser Stelle (hoffentlich) auf bereits Erlerntes aus dem BGB zurückgreifen, nämlich:

> **Definition:** Ein *relatives* Fixgeschäft setzt voraus, dass sich die Parteien auf eine fest bestimmte Leistungszeit bzw. Leistungsfrist geeinigt haben (BGHZ **110**, 88, 96; BGH NJW **2001**, 2878; OLG Hamm NJW-RR **1995**, 350, 351).

a) Im Unterschied zum *absoluten* Fixgeschäft darf jedoch der Leistungszeitpunkt nicht derart wesentlich sein, dass nach dem Vertragszweck und der Interessenlage die verspätete Leistung für den Gläubiger keine Erfüllung mehr darstellen würde (*Palandt/Grüneberg* § 323 BGB Rz. 19; MüKo-*Grunewald* § 376 HGB Rz. 11).

Zum Fall: Die S-AG und die M-AG waren sich über die Einhaltung des Liefertermins am 01.06.2005 einig. Folglich haben sie eine *bestimmte* Leistungszeit festgelegt. Dabei war allerdings die Termineinhaltung nicht als so bedeutend anzusehen, dass damit der Wegfall des Leistungsinteresses seitens der S-AG verbunden war. Denn auch bei einer verspäteten Lieferung war von vornherein klar, dass die S-AG die Abfüllanlage – auch wenn der Produktionsablauf dadurch gegebenenfalls gestört gewesen wäre – noch einsetzen kann. Somit hat die Terminbestimmung nicht die Einordnung als absolutes Fixgeschäft zur Folge.

b) Ferner müssen sich die Vertragspartner darüber einigen, dass mit der Einhaltung des bestimmten Zeitpunkts der Vertrag stehen und fallen, bei Nichteinhaltung also der Vertrag ohne Weiteres beendet sein soll (BGHZ **110**, 88, 96; BGH WM **1984**, 639, 641). Fehlt eine dahingehende ausdrückliche Regelung, ist der Parteiwille gemäß §§ 133, 157 BGB auszulegen. Unter Berücksichtigung der Gesamtumstände kommt dabei der Verwendung von in der Literatur und Rechtsprechung anerkannten Fixklauseln, wie beispielsweise »genau«, »präzise« oder »fix« eine Indizwirkung für die

Vereinbarung eines relativen Fixgeschäfts zu (BGH BB **1983**, 1813, 1814; GroßKomm-*Koller* § 376 HGB Rz. 6; *K. Schmidt* § 29 II 4a).

Zum Fall: Daran gemessen spricht bereits die Vereinbarung der Parteien, mit der die Abfüllanlage »fix zum 01.06.2005« bestellt wurde, für ein relatives Fixgeschäft. Außerdem war die Termineinhaltung – im Zeitpunkt des Vertragsschlusses – für die Gewährleistung eines reibungslosen Produktionsablaufs unabdingbar. Somit spricht auch die Motivation der Fristbestimmung dafür, dass mit der Einhaltung des Termins das Geschäft stehen und fallen soll.

> **Beachte:** Bei der Prüfung, ob es sich bei dem Vertrag um ein relatives Fixhandelsgeschäft handelt, muss natürlich unberücksichtigt bleiben, dass der Produktionsablauf aufgrund interner Probleme ohnehin nicht eingehalten werden konnte. Allein entscheidend für die Bestimmung des Vertragsinhalts sind die im Zeitpunkt des Vertragsschlusses bekannten Umstände. Merken.

ZE.: Bei dem zwischen der S-AG und der M-AG abgeschlossenen Vertrag handelt es sich um ein relatives Fixhandelsgeschäft im Sinne des § 376 HGB.

3.) Die *Rechtsfolgen* bei Nichteinhaltung des fest bestimmten Zeitpunkts ergeben sich aus § 376 Abs. 1 Satz 1 und Satz 2 HGB (bitte noch mal lesen).

a) Im Unterschied zum bürgerlich-rechtlichen Fixgeschäft bleibt dem Gläubiger gemäß **§ 376 Abs. 1 Satz 2 HGB** der Erfüllungsanspruch nur erhalten, wenn er sofort nach dem Ablauf des vereinbarten Leistungszeitpunkts auf Erfüllung besteht. Unterlässt er eine Anzeige des Erfüllungsverlangens, *erlischt* der Primäranspruch (HK-*Stuhlfelner* § 376 HGB Rz. 2; *Brox/Henssler* Rz. 343).

> Die Anzeige des Erfüllungswunsches ist eine einseitige, empfangsbedürftige Willenserklärung (*Baumbach/Hopt* § 376 HGB Rz. 9). Wie alle formlosen Willenserklärungen kann sie auch konkludent abgegeben werden, was insbesondere bei einer Nachfristsetzung anzunehmen ist (BGH NJW-RR **1998**, 1439). Zu beachten ist des Weiteren, dass die Erklärung *sofort* nach Ablauf des Leistungszeitpunktes erfolgen muss. Diesem Erfordernis genügt der Gläubiger nur, wenn er ohne jede Verzögerung tätig wird. Auf ein Verschulden des Gläubigers kommt es dabei übrigens – anders als im Fall des § 121 Abs. 2 BGB – nicht an (vgl. BGH WM **1982**, 1384, 1386; DB **1983**, 385, 386; *Schlegelberger/Hefermehl* § 376 HGB Rz. 16).

Zum Fall: Der Vorstand der S-AG unternahm mehrere Tage nichts, als die Lieferung der Abfüllanlage am 01.06.2005 ausblieb. Von einem Tätigwerden ohne jede Verzögerung kann also nicht die Rede sein. Mangels sofortiger Anzeige ist der Anspruch der S-AG auf Herstellung und Lieferung der Abfüllanlage gemäß § 376 Abs. 1 Satz 2 HGB erloschen.

Ergebnis: Die S-AG hat keinen Anspruch mehr auf Lieferung der Abfüllanlage aus den §§ 651 Satz 1, 433 Abs. 1 BGB. Der Anspruch war zwar entstanden, ist aber wegen § 376 Abs. 1 Satz 2 HGB erloschen.

Ergänzung: Zur Vervollständigung des soeben Erlernten schauen wir uns gerade noch die weiteren Rechtsfolgen an, die sich aus § 376 HGB ergeben können, **nämlich**:

b) Wie auch im Falle des BGB-Fixgeschäfts hat der Gläubiger die Möglichkeit des *Rücktritts* vom Vertrag. Ausweislich des Wortlauts des § 376 Abs. 1 Satz 1 HGB wird die Rücktrittsoption nicht vom Vorliegen der Verzugsvoraussetzungen abhängig gemacht (*Hübner* Rz. 576). Dieser Hinweis ist nach der Änderung des BGB durch das Schuldrechtsmodernisierungsgesetz (SMG) aus dem Jahre 2002 mittlerweile ohnehin überflüssig, denn die Rücktrittsvorschriften des BGB sehen seither die Möglichkeit eines Rücktritts unabhängig von einem Verzug des Schuldners vor (*Palandt/Grüneberg* § 323 BGB Rz. 10 ff.; *Erman-Westermann* § 323 BGB Rz. 10).

c) Des Weiteren kann der Gläubiger *Schadensersatz* verlangen. § 376 Abs. 1 Satz 1 HGB verwendet die Terminologie »Schadensersatz wegen Nichterfüllung«. Mit dieser Formulierung möchte der Gesetzgeber aber keine besondere Art des Schadensersatzes im HGB einführen. Vielmehr stammt diese Begrifflichkeit aus der Zeit vor dem SMG, eine Anpassung an die neue Terminologie »Schadensersatz statt der Leistung« wurde im Rahmen der Reformierung des Schuldrechts schlicht vergessen (*Baumbach/Hopt* § 376 HGB Rz. 11; *Hübner* Rz. 569). Man glaubt es kaum, aber so etwas gibt es.

> Daher ist davon auszugehen, dass dem Gläubiger gemäß § 376 Abs. 1 Satz 1 HGB »Schadensersatz statt der Leistung« nach §§ 280, 281 BGB gebührt. Streitig ist dabei übrigens, ob nur die Voraussetzungen der §§ 280, 281 BGB vorliegen müssen (so: *Koller/Roth/Morck* § 376 HGB Rz. 9; *Hübner* Rz. 571; *Brox/Henssler* Rz. 344) oder auch die Verzugsvoraussetzungen nach § 286 BGB (so: *Baumbach/Hopt* § 376 HGB Rz. 11; *MüKo-Grunewald* § 376 HGB Rz. 19; *Oetker* § 8 B II). Zwar stellt § 376 Abs. 1 Satz 1 HGB ausdrücklich auf den Schuldnerverzug ab, jedoch wurde es im Rahmen des SMG gerade versäumt, den Wortlaut der Norm den neuen schuldrechtlichen Besonderheiten anzupassen (siehe oben), wo der Schuldnerverzug kein Tatbestandsmerkmal des Schadensersatzanspruchs mehr ist. Daher kann auch nicht davon ausgegangen werden, dass § 376 Abs. 1 HGB insoweit strengere Anforderungen aufstellt, als das BGB selbst (*Hübner* Rz. 571).

Die vergessene Anpassung des Wortlauts des § 376 Abs. 1 Satz 1 HGB hat ebenfalls zur Folge, dass die sprachliche Verbindung von Schadensersatz und Rücktritt durch das Wort »oder« entsprechend der neuen Rechtslage als »und« zu verstehen ist (*Koller/Roth/Morck* § 376 HGB Rz. 9; *Baumbach/Hopt* § 376 HGB Rz. 11; *Hübner* Rz. 573). Die Exklusivität zwischen Schadensersatz und Rücktritt wurde durch das Schuldrechtsmodernisierungsgesetz in § 325 BGB n.F. aufgegeben (*MüKo-Ernst* § 325 BGB Rz. 1). Eine wichtige Abweichung zu den Vorschriften des BGB darf gleichwohl nicht übersehen werden: Im Rahmen des Schadensersatzanspruchs nach §§ 280, 281 BGB ist gemäß § 281 Abs. 1 Satz 1 BGB eine *Nachfristsetzung* erforderlich (MüKo-*Ernst* § 281 BGB Rz. 16 ff.; *Brox/Walker* AS § 23 Rz. 38; *Oetker* § 8 B II). Einer solchen bedarf es im Anwendungsbereich des § 376 Abs. 1 Satz 1 HGB aber nicht (*Baumbach/Hopt* § 376 HGB Rz. 11; MüKo-*Grunewald* § 376 HGB Rz. 19). Mehr noch: Ein Nachfristverlangen hat hier – wie oben gesehen – das Aufrechterhalten des Erfüllungsanspruchs gemäß § 376 Abs. 1 Satz 2 HGB zur Konsequenz, was einen Schadensersatzanspruch gerade ausschließt. Sondervorschriften für die Schadensberechnung sind schließlich in § 376 Abs. 2 bis 4 HGB enthalten (hierzu *Hübner* Rz. 574, 575).

Gutachten

Die S-AG könnte gegen die M-AG einen Anspruch auf Herstellung und Lieferung der Abfüllanlage gemäß den §§ 651 Satz 1, 433 Abs. 2 BGB haben.

I. Der Anspruch ist entstanden, wenn die Parteien einen Vertrag abgeschlossen haben, der die Lieferung einer herzustellenden beweglichen Sache zum Gegenstand hat, vgl. § 651 Satz 1 BGB.

Bei der Abfüllanlage handelt es sich um eine bewegliche Sache und die M-AG war zu deren Herstellung, also zur Herbeiführung eines bestimmten Arbeitserfolges, verpflichtet. Der Schwerpunkt des Vertrages liegt in der Herstellung und Übereignung der Anlage, weshalb die Anwendbarkeit des Werkvertragsrechts gemäß §§ 631 ff. BGB ausscheidet. Neben der Herstellung muss der Vertragszweck zudem auf die Lieferung der Sache gerichtet sein, was eine Eigentumsübertragung nach den §§ 929 ff. BGB voraussetzt. Aufgrund der im Vertrag zwischen der M-AG und S-AG vorgesehenen Übergabepflicht der Anlage ist dies zu bejahen.

Die Parteien haben einen Vertrag mit dem sich aus § 651 Satz 1 BGB ergebenden Inhalt abgeschlossen. Der Anspruch auf Herstellung und Lieferung der Abfüllanlage ist entstanden.

II. Der Anspruch auf Herstellung und Lieferung aus § 651 Satz 1 BGB könnte gemäß § 376 Abs. 1 Satz 2 HGB erloschen sein.

1.) Zunächst setzt § 376 Abs. 1 Satz 2 HGB voraus, dass es sich bei dem zwischen den Parteien geschlossenen Vertrag um einen Handelskauf handelt. Ein Handelskauf ist jeder Kaufvertrag gemäß §§ 433 ff. BGB, der zumindest für eine Vertragspartei ein Handelsgeschäft (vgl. §§ 343 f. HGB) ist und eine Ware oder ein Wertpapier (§ 381 Abs. 1 HGB) zum Gegenstand hat.

Beide Vertragsparteien sind als Kapitalgesellschaften gemäß § 6 Abs. 1 HGB Kaufleute und sowohl für die S-AG als auch für die M-AG gehört der Abschluss des Vertrages zum Betrieb des Handelsgewerbes nach §§ 343 f. HGB. Folglich liegt sogar ein beiderseitiges

Handelsgeschäft vor. Zwar handelt es sich bei dem Vertrag nicht um einen Kaufvertrag, jedoch finden die Vorschriften über den Handelskauf ausweislich § 381 Abs. 2 HGB auf einen Vertrag, der die Herstellung und Lieferung einer Sache zum Gegenstand hat, entsprechende Anwendung.

2.) Bei dem in Rede stehenden Vertrag muss es sich um ein relatives Fixhandelsgeschäft handeln.

a) Ein relatives Fixgeschäft liegt vor, wenn sich die Parteien auf eine fest bestimmte Leistungszeit beziehungsweise Leistungsfrist geeinigt haben. Abzugrenzen ist das relative von dem absoluten Fixgeschäft. Im Falle eines absoluten Fixgeschäfts ist der Leistungszeitpunkt so wesentlich, dass nach dem Vertragszweck und der Interessenlage die verspätete Leistung für den Gläubiger keine Erfüllung mehr darstellt.

Die S-AG und die M-AG waren sich über die Einhaltung des Liefertermins am 01.06.2005 einig, wobei die Lieferung der Anlage nach diesem Zeitpunkt die Vertragserfüllung nicht gefährdet. Folglich haben sie einen bestimmten Zeitpunkt festgelegt, der nicht so wesentlich war, dass die Annahme eines absoluten Fixgeschäfts gerechtfertigt ist.

b) Ferner müssen sich die Vertragspartner darüber einig sein, dass mit der Einhaltung des bestimmten Zeitpunkts der Vertrag stehen und fallen, bei Nichteinhaltung also der Vertrag ohne Weiteres beendet sein soll. Für einen dahingehenden Parteiwillen sprechen vertragliche Formulierungen wie beispielsweise »genau«, »präzise« oder »fix«. Die S-AG und die M-AG haben sich auf die Lieferung »fix zum 1.06.2005« geeinigt. Damit haben sie zum Ausdruck gebracht, dass mit der Einhaltung des Termins das Geschäft stehen und fallen soll.

Bei dem zwischen der S-AG und der M-AG abgeschlossenen Vertrag handelt es sich um ein relatives Fixhandelsgeschäft im Sinne des § 376 HGB.

3.) Als Rechtsfolge bei Nichteinhaltung des fest bestimmten Zeitpunkts räumt § 376 Abs. 1 Satz 1 HGB ein Rücktrittsrecht und einen Schadensersatzanspruch ein. Will der Käufer von diesen Sekundärrechten keinen Gebrauch machen, muss er gemäß § 376 Abs. 1 Satz 2 HGB sein Erfüllungsverlangen anzeigen. Diese Erklärung muss er sofort, also ohne jede Verzögerung, nach dem Ablauf der Zeit abgeben.

Der Vorstand der S-AG unternahm mehrere Tage nichts, als die Lieferung der Abfüllanlage am 01.06.2005 ausblieb. Von einem Tätigwerden ohne jede Verzögerung kann also nicht die Rede sein. Mangels sofortiger Anzeige ist der Anspruch der S-AG auf Herstellung und Lieferung der Abfüllanlage gemäß § 376 Abs. 1 Satz 2 HGB erloschen.

Ergebnis: Der Anspruch der S-AG gegen die M-AG auf Herstellung und Lieferung der Abfüllanlage war ursprünglich entstanden, ist aber gemäß § 376 Abs. 1 Satz 2 HGB untergegangen. Die S-AG kann von der M-AG nicht die Vertragsdurchführung begehren.

Fall 11

Power-Drink II

So. Wir bleiben im vorherigen Fall und wollen uns nun vorstellen, dass die M-AG die nach den Plänen der S-AG herzustellende Abfüllanlage für Soft-Drinks bei der S-AG fristgerecht am 01.06.2005 abgeliefert hat. Wegen interner Schwierigkeiten im Produktionsablauf kann die S-AG die Anlage allerdings erst Mitte Oktober in Betrieb nehmen. Bei der ersten Inbetriebnahme kommt es dann zu einem Kabelbrand. Die Abfüllanlage wird dadurch irreparabel zerstört. Der Kabelbrand ist auf eine Nachlässigkeit in der Herstellungsphase bei der M-AG, nämlich auf eine fehlerhafte Montage eines Kabels im Schaltsystem der Abfüllanlage, zurückzuführen. Der Defekt wäre ohne großen Kostenaufwand zu beheben gewesen. Er war allerdings bei der im Zeitpunkt der Lieferung seitens der S-AG vorgenommenen äußerlichen Untersuchung der Maschine nicht feststellbar. Unmittelbar nach dem Brand setzt sich der Vorstand der S-AG mit der M-AG telefonisch in Verbindung und verlangt unter Hinweis auf den Montagefehler Herstellung und Lieferung einer neuen Abfüllanlage. Die M-AG weigert sich.

Ist das Begehren der S-AG begründet?

> **Schwerpunkte:** Die Untersuchungs- und Rügepflicht gemäß § 377 HGB; Tatbestandsvoraussetzungen und Rechtsfolgen; Unterscheidung zwischen offenen und verdeckten Mängeln; Ansprüche aus § 823 BGB trotz Vorliegens des § 377 HGB; Begriff des »weiterfressenden Mangels« im Rahmen des § 823 BGB.

Lösungsweg

I. Die S-AG könnte gegen die M-AG einen Anspruch auf Lieferung einer neuen Abfüllanlage gemäß **§§ 439 Abs. 1, 437 Nr. 1, 434 Abs. 1 Satz 1, 651 Satz 1 BGB** haben (Nacherfüllungsanspruch).

1.) Die S-AG und die M-AG haben einen Vertrag über die Lieferung einer herzustellenden Sache nach § 651 Satz 1 BGB abgeschlossen (vgl. insoweit die Erläuterungen im letzten Fall). Ausweislich des § 651 Satz 1 BGB finden die kaufrechtlichen Gewährleistungsvorschriften auf einen solchen Vertrag Anwendung, und zwar unabhängig davon, ob es sich um eine vertretbare oder unvertretbare Sache handelt, vgl. § 651 Satz 3 BGB.

2.) Voraussetzung eines Nacherfüllungsanspruchs ist gemäß § 437 Nr. 1 i. V. m. § 434 BGB die *Mangelhaftigkeit* der Sache im Zeitpunkt des Gefahrübergangs. Gemäß § 434 Abs. 1 Satz 1 BGB ist eine Sache mangelhaft, wenn sie nicht die vereinbarte Beschaffenheit aufweist (*Palandt/Weidenkaff* § 434 BGB Rz. 13 ff.).

Zum Fall: Eine Vereinbarung über die Soll-Beschaffenheit der Anlage haben die Parteien getroffen, indem die M-AG sich verpflichtete, die Anlage entsprechend der von der S-AG erstellten Baupläne herzustellen. Da das Kabel im Schaltsystem der Abfüllanlage nicht ordnungsgemäß angebracht war, weicht die Ist-Beschaffenheit von der im Vertrag festgelegten Soll-Beschaffenheit ab. Diese Nachlässigkeit geschah in der Herstellungsphase, so dass der Fehler bereits im Zeitpunkt des Gefahrübergangs, der Übergabe der Maschine nach § 446 Satz 1 BGB, vorhanden war. Folglich ist die Abfüllanlage mangelhaft im Sinne des § 434 Abs. 1 Satz 1 BGB.

3.) Als *Rechtsfolge* sieht § 439 Abs. 1 BGB einen *Nacherfüllungsanspruch* vor. Dabei hat der Käufer die Wahl zwischen der Mangelbeseitigung und der Lieferung einer mangelfreien Sache (vgl. *Schwabe/Kleinhenz*, Schuldrecht I, Fall 16; *Medicus*, Schuldrecht II, Rz. 57).

Zum Fall: Die S-AG hat von ihrem Wahlrecht Gebrauch gemacht und Lieferung einer mangelfreien Sache verlangt. Ein Ausschluss des Nachlieferungsverlangens gemäß § 439 Abs. 3 BGB oder § 275 Abs. 2 und 3 BGB kommt nicht in Betracht.

4.) Möglicherweise ist der Nacherfüllungsanspruch aber wegen Verletzung der Rügeobliegenheit nach **§ 377 Abs. 1 HGB** (lesen, bitte!) ausgeschlossen.

> **Durchblick:** Zum besseren Normverständnis ist zunächst auf die zumindest missverständliche Fassung der nicht-amtlichen (!) Überschrift im Gesetzestext hinzuweisen: Entgegen der dortigen Formulierung handelt es sich bei der Rüge nicht um eine *Pflicht* des Käufers, sondern (nur) um eine *Obliegenheit* (*Baumbach/Hopt* § 378 HGB Rz. 21; *Brox/Henssler* Rz. 345). Eine Obliegenheit unterscheidet sich von der Rechtspflicht dadurch, dass die gegnerische Partei keinen Anspruch auf die Vornahme der Rechtshandlung hat, sondern das Unterlassen der gebotenen Handlung sich für die andere Partei lediglich rechtlich nachteilig auswirkt (*Palandt/Grüneberg* Einl. v. § 241 BGB Rz. 11; *Lettl* in Jura 2006, 721). Im Rahmen des § 377 HGB bedeutet dies, dass die Partei (S-AG) bei Verstoß gegen die Rügeobliegenheit die Rechte bezüglich des Mangels verliert.

a) Die Vorschrift des § 377 HGB greift nur ein, wenn es sich bei dem abgeschlossenen Vertrag um einen *beiderseitigen Handelskauf* handelt (*Schlegelberger/Hefermehl* § 377 HGB Rz. 10). Dies trifft auf den zwischen der S-AG und der M-AG abgeschlossenen Vertrag zu (vgl. insoweit die Erläuterungen im vorherigen Fall).

b) Die Rügeobliegenheit trifft den Käufer erst nach der *Ablieferung* der Ware. Eine Ablieferung im Sinne der Vorschrift liegt vor, wenn der Verkäufer dem Empfänger die Ware zur richtigen Zeit, am richtigen Ort und in der richtigen Art und Weise so zugänglich macht, dass er ihre Beschaffenheit prüfen kann (BGHZ **60**, 5, 6; **93**, 338,

345; BGH NJW **1961**, 730; NJW **1986**, 316, 317; OLG Köln NJW-RR **1999**, 565, 566; *Baumbach/Hopt* § 377 HGB Rz. 5 ff.; *Hübner* Rz. 588).

Zum Fall: Durch die termingerechte Lieferung seitens der M-AG erlangte die S-AG die Verfügungs- und Untersuchungsmöglichkeit. Eine Ablieferung nach § 377 Abs. 1 HGB liegt vor.

c) Voraussetzung für die Anwendbarkeit des § 377 HGB ist ferner die Mangelhaftigkeit der Ware, was sich allein nach der bürgerlich-rechtlichen Bestimmung des § 434 BGB richtet (*Brox/Henssler* Rz. 348; *Hübner* Rz. 578, 594).

> **Feinkostabteilung**: Diese Feststellung ist nicht so selbstverständlich wie sie klingt. Bis zur Reformierung des Schuldrechts durch das SMG im Jahre 2002 kannte das HGB den sogenannten »erweiterten Mangelbegriff«, siehe § 378 HGB a.F. Diese Vorschrift hatte zur Folge, dass im Falle eines beiderseitigen Handelsgeschäfts auch Aliud-Lieferungen oder Mengenfehler die Rügeobliegenheit auslösten. Diese dem BGB früher fremde Gleichstellung mit einem Sachmangel ist nunmehr durch § 434 Abs. 3 BGB erreicht. Konsequenterweise wurde § 378 HGB ersatzlos gestrichen (*Baumbach/Hopt* § 378 HGB Rz. 1). Auf einen Rechtsmangel findet § 377 HGB nach wohl herrschender Meinung keine Anwendung, vgl. zum Streitstand *Lettl* in Jura 2006, 721, 722.

Zum Fall: Die Abfüllanlage war gemäß § 434 Abs. 1 Satz 1 BGB im Zeitpunkt des Gefahrübergangs mangelhaft, das haben wir oben ja schon festgestellt.

ZE.: Auf den zwischen der M-AG und S-AG abgeschlossenen Vertrag findet die aus § 377 HGB resultierende Rüge- und Untersuchungsobliegenheit Anwendung.

d) Fraglich ist nunmehr, ob die S-AG gegen die Rügeobliegenheit aus § 377 HGB auch verstoßen hat. Ein Verstoß gegen die sich aus § 377 Abs. 1 bis Abs. 3 HGB ergebende Rügeobliegenheit ist zu bejahen, wenn der Käufer die Rüge nicht rechtzeitig erklärt.

aa) Die *Rügeerklärung* ist keine Willens-, sondern eine Wissenserklärung des Käufers. Gleichwohl finden die Regeln über Willenserklärungen Anwendung, da die Rügeerklärung als rechtsgeschäftsähnliche Handlung zu qualifizieren ist (*Schlegelberger/Hefermehl* § 377 HGB Rz. 53).

> **Beachte**: Auch wenn die Rüge formfrei erklärt werden kann, sind an ihren Inhalt strenge Anforderungen zu stellen (BGHZ **93**, 338, 349; BGH NJW **1980**, 782, 783; Mü-Ko-*Grunewald* § 377 HGB Rz. 66; *Brox/Henssler* Rz. 355). Da der Verkäufer durch die Rüge in die Lage versetzt werden soll, eventuelle Beweise zu sichern und den beanstandeten Mängeln abzuhelfen, muss sich aus der Anzeige die Art und der Umfang der Mängel ergeben (BGHZ **101**, 49, 53 f.; BGH NJW **1986**, 3136, 3137; NJW **1996**, 2228 f.; BGH WM **1998**, 936, 939). Allgemeine Beanstandungen wie beispielsweise die Feststellung, die Ware sei »Mist«, genügen diesem Erfordernis nicht (BGH NJW **1996**, 2228 f.).

Zum Fall: Wegen der Formfreiheit der Rügeerklärung ist die telefonische Anzeige seitens der S-AG nicht zu beanstanden. Da die S-AG die Ursache für den Kabelbrand, nämlich ein loses Kabel im Schaltsystem der Abfüllanlage, angab, genügt die Erklärung auch den inhaltlichen Anforderungen einer Rügeerklärung nach § 377 HGB.

bb) Problematisch ist die Beurteilung der *Rechtzeitigkeit* der Rüge. Für die Rechtzeitigkeit der Erklärung ist maßgeblich, ob der Mangel unter den Tatbestand des § 377 Abs. 1 HGB oder des § 377 Abs. 2 HGB fällt. Die Prüfung, welcher Tatbestand einschlägig ist, erfolgt in mehreren Schritten, und zwar nach Art einer »Schachtelprüfung«. Um den Über- und Durchblick nicht zu verlieren, nehmen wir uns einen Schritt nach dem anderen vor, und zwar:

(1) Ausgangspunkt der Prüfung ist die Differenzierung zwischen *offenen* und *verdeckten* Mängeln. Der § 377 Abs. 1 BGB greift ein bei offenen Mängeln, also solchen, die bereits offen zutage treten oder bei ordnungsgemäßer Untersuchung im Sinne dieser Vorschrift erkennbar sind (MüKo-*Grunewald* § 377 HGB Rz. 28; *Brox/Henssler* Rz. 357). Ein verdeckter Mangel liegt demgegenüber vor, wenn der Mangel bei ordnungsgemäßer Untersuchung nicht zu entdecken ist (vgl. § 377 Abs. 2, 2. HS HGB).

> **Durchblick**: § 377 Abs. 1 HGB normiert neben einer Rüge- auch eine Untersuchungsobliegenheit (vgl. den Wortlaut des § 377 Abs. 1 HGB). Die Untersuchungsobliegenheit hat im Verhältnis zur Rügeobliegenheit jedoch nur eine untergeordnete Bedeutung. Ein Verstoß nur gegen die Untersuchungsobliegenheit hat nämlich keinerlei nachteilige Auswirkungen für den Käufer (RGZ **99**, 247, 249; OLG Frankfurt am Main BB **1984**, 177; *Koller/Roth/Morck* § 377 HGB Rz. 7). Praktisch hat dies kaum Auswirkungen, da nur in seltenen Fällen eine unterlassene Untersuchung keinen Verstoß gegen die Rügeobliegenheit nach sich ziehen wird. Ausgeschlossen ist es aber nicht. Beispielsweise kann der Käufer anderweitig Kenntnis von dem Mangel erlangen oder auf Verdacht rügen (*Brox/Henssler* Rz. 354; *Hübner* Rz. 620). Für die gutachterliche Prüfung kann man aber folgende Konsequenz ziehen: Es kommt bei der hier zu prüfenden Frage nicht darauf an, ob der Käufer eine Untersuchung durchgeführt hat und diese ordnungsgemäß war, sondern allein darauf, ob der Mangel bei einer dem Maßstab des § 377 Abs. 1 HGB gerecht werdenden Untersuchung zu erkennen *gewesen wäre*.

(2) Für die Bestimmung, ob es sich um einen offenen oder verdeckten Mangel handelt, kommt es darauf an, in welcher Art und Weise beziehungsweise in welchem *Umfang* eine Untersuchung der Ware vorzunehmen ist (MüKo-*Grunewald* § 377 HGB Rz. 32). Dies kann nicht pauschal bestimmt werden, sondern ist im konkreten Einzelfall von der gelieferten Ware und der Warenmenge abhängig. Bei größeren Warenmengen ist die lückenlose Untersuchung dem Käufer nicht zuzumuten. Daher genügt es – ist aber auch unverzichtbar – dass der Käufer aussagekräftige Stichproben durchführt (RGZ **68**, 368, 369; *E/B/J/Müller* § 377 HGB Rz. 42). Beispielsweise ist bei gefärbten Textilien ein Wasch- oder Kochtest erforderlich (OLG Düsseldorf MDR **1972**, 330 f.; *Baumbach/Hopt* § 377 HGB Rz. 26; siehe auch OLG München VersR **2010**, 634, 635 f., wonach die Untersuchungspflicht der gelieferten Ware auch besteht, wenn vor der

Herstellung ein Stoffmuster zur Verfügung stand); bei Lebensmitteln genügt regelmäßig ein Geruchs- und Geschmackstest (BGH NJW **1991**, 2633; *Hübner* Rz. 620; vgl. auch BGH BB **1977**, 1019 – kein Erhitzen von Pilz-Konservendosen; Tiefkühlfleisch muss allerdings aufgetaut werden, OLG Oldenburg NJW **1998**, 388).

Zum Fall: Wird eine Maschine geliefert, so ist diese in Gang zu setzen (RG WarnR **1909**, 143; BGH NJW **1977**, 1150, 1151; *Oetker* § 8 D. III. 3). Ausreichend ist dabei ein Probelauf, weshalb es ohne Belang ist, ob zum Zeitpunkt der Lieferung der Maschine bereits die Serienproduktion aufgenommen werden kann (BGH NJW **1977**, 1150, 1151). Bei der Durchführung des Probelaufs wäre es – wie später dann auch geschehen – aufgrund der fehlerhaften Montage des Kabels zu einem Kabelbrand gekommen. Mithin war die Mangelhaftigkeit der Abfüllanlage bei ordnungsgemäßer Untersuchung erkennbar.

<u>ZE.</u>: Es liegt mit dem Defekt im Kabelsystem ein *offener* Mangel vor, der in den Anwendungsbereich des § 377 Abs. 1 HGB fällt.

(3) Nun endlich stellt sich die Frage, wann ein offener Mangel nach § 377 Abs. 1 HGB unverzüglich gerügt ist. **Unverzüglich** bedeutet ohne schuldhaftes Zögern im Sinne des **§ 121 Abs. 2 BGB**. Allerdings gilt es noch, den Zeitpunkt des *Fristbeginns* zu ermitteln. Der Fristbeginn ist abhängig von der (unverzüglich) durchgeführten ordnungsgemäßen Untersuchung (MüKo-*Grunewald* § 377 HGB Rz. 29; *Brox/Henssler* Rz. 357).

Das heißt: Ist eine Untersuchung – wie bei offen zutage tretenden Mängeln – nicht erforderlich, so beginnt die Rügefrist mit der Ablieferung der Ware (*Koller/Roth/Morck* § 377 HGB Rz. 16). Im Übrigen beginnt die Frist zur unverzüglichen Rüge mit Ablauf derjenigen Zeit, die nach Ablieferung für eine Untersuchung erforderlich war (HK-*Stuhlfelner* § 377 HGB Rz. 8; *Hübner* Rz. 619). Welcher **Zeitrahmen** für die Untersuchung im Sinne der Norm tunlich ist, bestimmt sich nach den Umständen des Einzelfalls, wobei der Art der Ware eine besondere Bedeutung zukommt (OLG München VersR **2010**, 634, 635; *Oetker* § 8 D. II. 3). Als Richtwert kann eine Untersuchungszeit von *einer Woche* zugrunde gelegt werden (RGZ **47**, 20, 21; *Heymann/Emmerich* § 377 HGB Rz. 22; *Koller/Roth/Morck* § 377 HGB Rz. 17). Bei zeitaufwendigeren Untersuchungen wurde dem Käufer aber auch eine Frist von fünf Wochen (OLG München NJW-RR **1999**, 331) oder sogar von zwei Monaten (OLG Düsseldorf NJW-RR **1999**, 1714) gewährt. Hingegen kommt bei leicht verderblichen Waren eine Untersuchungszeit von wenigen Stunden in Betracht (OLG München BB **1955**, 748 - Orangen).

> **Sonderfall**: Besonderheiten bei der Bemessung der Rügefrist sind in den Fällen des »**Streckengeschäfts**« zu beachten. Damit gemeint sind Geschäfte, bei denen nicht der Käufer, sondern dessen Abkäufer die Ware direkt vom Verkäufer geliefert erhält. Die Untersuchungs- und Rügeobliegenheit für den Käufer besteht auch in dieser Situation, und zwar selbst dann, wenn der Abkäufer Verbraucher im Sinne des § 13 BGB ist (BGHZ **110**, 130, 142 f.; OLG Karlsruhe BB **2008**, 2749; *Baumbach/Hopt* § 377 HGB Rz. 37; *E/B/J/Müller* § 377 HGB Rz. 53). In dieser Situation ist es Sache des Käufers, für

eine Untersuchung durch den Abnehmer zu sorgen, so dass er (der Käufer) noch rechtzeitig rügen kann. Die Rechtzeitigkeit für die Rüge ist allerdings dann so zu bemessen, dass Zeit für den Abkäufer zur Nachricht an den Käufer und für diesen an den Verkäufer bleibt (*E/B/J/Müller* § 377 HGB Rz. 56; *Baumbach/Hopt* § 377 HGB Rz. 23, 37; ausführlich zum Streckengeschäft *Lange* in JZ 2008, 661).

Zum Fall: Die S-AG hätte den Probelauf mit der Abfüllanlage unmittelbar nach Erhalt starten müssen. Wie lange dieser zu dauern hat, kann hier dahinstehen. Selbst wenn man ihr eine großzügige Frist von mehreren Wochen einräumt, so hat die S-AG diesen Zeitrahmen bei weitem überschritten. Somit erfolgte die seitens der S-AG Mitte Oktober ausgesprochene Rüge <u>nicht</u> unverzüglich nach § 377 Abs. 1 HGB.

e) Bei Verstoß gegen die Rügeobliegenheit sieht § 377 Abs. 2, 1. HS HGB eine Genehmigungsfiktion der Ware vor. Diese Genehmigungsfiktion bewirkt, dass die Ware als vertragsgemäß anzusehen ist, der Käufer also die auf dem Mangel beruhenden Rechte nicht mehr geltend machen kann (BGHZ **101**, 337, 339; **107**, 331, 337; BGH NJW **1980**, 782, 784; NJW **1992**, 912, 914). Etwas anderes gilt gemäß § 377 Abs. 5 HGB nur, wenn der Verkäufer den Mangel arglistig verschwiegen hat, was hier nicht zutrifft.

> **Merke noch:** Zu den auf dem Mangel beruhenden Ansprüchen gehören auch die Schadensersatzansprüche wegen Mangelfolgeschäden aus den §§ 434, 437 Nr. 3, 280 Abs. 1 BGB (BGHZ **101**, 337, 339 f.). Hingegen sind die sogenannten »Begleitschäden« gemäß § 280 Abs. 1 BGB bei unterlassener Rüge nicht ausgeschlossen (BGHZ **107**, 331 ff.; *Schlegelberger/Hefermehl* § 377 HGB Rz. 82).

Ergebnis: Die S-AG hat ihre Rechte bezüglich des Mangels an der Sache verloren. Sie kann gegen die M-AG demnach keinen Anspruch auf Nachlieferung der Abfüllanlage gemäß den §§ 439 Abs. 1, 434 Abs. 1 Satz 1, 651 Satz 1 BGB geltend machen.

> **Übrigens**: Bei der Nacherfüllung, sowohl im Falle der Nachlieferung als auch der Nachbesserung, hat der Käufer den § 377 HGB erneut zu beachten; lies insoweit zur Vertiefung *Mankowski* in NJW 2006, 865 ff.

II. Ein Anspruch der S-AG gegen die M-AG gestützt auf **§ 1 Abs. 1 Satz 1 ProdHG** scheidet ebenfalls aus. Problematisch ist bereits, ob es sich bei der zerstörten Anlage um »eine andere Sache« im Sinne des § 1 Abs. 1 Satz 2 ProdHG handelt. Jedenfalls ist der Anwendungsbereich des Produkthaftungsgesetzes nicht eröffnet, weil die Abfüllanlage entgegen § 1 Abs. 1 Satz 2 ProdHG weder ihrer allgemeinen Zweckbestimmung entsprechend noch nach der Verwendungsabsicht der S-AG zum privaten Ge- oder Verbrauch bestimmt ist (vgl. *Palandt/Sprau* § 1 ProdHG Rz. 7).

III. Einen Anspruch auf Herstellung und Lieferung einer Abfüllanlage könnte die S-AG gegen die M-AG möglicherweise aber aus **§ 823 Abs. 1 BGB** herleiten.

1.) Die S-AG müsste zunächst eine Rechtsgutverletzung erlitten haben. Als verletztes Schutzgut kommt das *Eigentum* der S-AG in Betracht.

Problem: Obwohl die im Eigentum der S-AG stehende Abfüllanlage zerstört wurde, bestehen Bedenken, eine Eigentumsverletzung zu bejahen. Denn die S-AG hatte – der Fehler war ja bereits im Zeitpunkt der Übereignung vorhanden – zu keinem Zeitpunkt »mangelfreies Eigentum« erlangt. Das Äquivalenzinteresse wird allein durch die Gewährleistungsvorschriften geschützt; für eine Anwendung der deliktsrechtlichen Vorschriften, die das Integritätsinteresse schützen, ist damit kein Raum.

Etwas anderes gilt nach herrschender Meinung allerdings in den Fällen des sogenannten »**Weiterfressermangels**« (BGHZ **101**, 337, 349; **117**, 183, 188 ff.; **138**, 230, 235 ff.; *Staudinger-Hager* § 823 BGB Rz. B 110 ff.; *Jauernig/Teichmann* § 823 BGB Rz. 6).

> **Definition**: Ein »**Weiterfressermangel**« liegt vor, wenn der der Sache aufgrund des Mangels anhaftende Minderwert mit dem später verursachten Schaden nicht stoffgleich ist (BGHZ **86**, 256, 258 ff.; **117**, 183, 187 f.; *Bamberger/Roth/Spindler* § 823 BGB Rz. 61; *Staudinger-Hager* § 823 BGB Rz. B 110; *Franzen* in JZ 1999, 702, 705 f.). Die Stoffgleichheit fehlt in der Regel, wenn ein Mangel an einem Einzelteil geeignet ist, die hergestellte, sonst fehlerfreie Sache zu beschädigen oder zu zerstören. Zusätzlich ist Voraussetzung, dass die Behebung des Fehlers von Anfang an technisch möglich und wirtschaftlich sinnvoll war (vgl. zu den Einzelheiten *Schwabe*, Schuldrecht II, Fall 17; BGHZ **117**, 183, 188; ZIP **1992**, 704, 705; NJW **2001**, 1346, 1347; *Palandt/Sprau* § 823 Rz. 177).

Zum Fall: Die nicht fachgerechte Montage des Kabels im Schaltsystem betraf nur ein kleines Einzelteil der Gesamtanlage. Die Behebung des Fehlers wäre technisch innerhalb kurzer Zeit ohne großen Kostenaufwand möglich gewesen (SV lesen!). Somit ist der entstandene Schaden mit dem der Anlage anhaftenden Mangelunwert nicht stoffgleich. Durch die Zerstörung der Abfüllanlage ist zu Lasten der S-AG eine Eigentumsverletzung im Sinne des § 823 Abs. 1 BGB eingetreten.

2.) Die Rechtsgutverletzung ist auf eine der M-AG zurechenbare Handlung zurückzuführen. Mangels Rechtfertigungsgründen handelte sie rechtswidrig. Verschulden liegt angesichts der im Sachverhalt benannten »Nachlässigkeit« ebenfalls vor.

<u>ZE.</u>: Damit sind die haftungsbegründenden Tatbestandsvoraussetzungen des § 823 Abs. 1 BGB gegeben.

3.) Die Haftung aus § 823 Abs. 1 BGB könnte aber gemäß **§ 377 Abs. 1 HGB** mangels unverzüglicher Rüge des Mangels ausgeschlossen sein (den haben wir oben ja ausführlich geprüft und vor allem bejaht!). Es fragt sich also jetzt, ob die Vorschrift des § 377 HGB auch auf den Anspruch aus § 823 BGB Anwendung finden kann. Antwort: Umstritten.

- Nach einer Ansicht führt ein Verstoß gegen § 377 HGB auch zum Verlust der auf dem Mangel beruhenden deliktsrechtlichen Ansprüche (*K. Schmidt* § 29 III 5b; *Schubert* in JR 1988, 414, 415 f.; *Schwark* in JZ 1990, 374 ff.). Als Begründung wird insbesondere die Gefahr des Leerlaufens des § 377 HGB angeführt, wenn der Käufer letztlich doch Schadensersatz über das Deliktsrecht erhält (*Schubert* in JR 1988, 414, 415 f.).

- Dagegen wendet die herrschende Meinung § 377 HGB auf Ansprüche aus unerlaubter Handlung nicht an (BGHZ **101**, 337, 343; **105**, 347, 357; *Baumbach/Hopt* § 377 HGB Rz. 50; *Canaris* § 31 Rz. 40; *Lettl* in Jura 2006, 721, 723; *G. Müller* in ZIP 2002, 1178, 1181, 1186). Für diese Differenzierung spreche, dass die vertraglichen und deliktsrechtlichen Ansprüche in echter Anspruchskonkurrenz stehen und damit jeder Anspruch seinen eigenen Regeln folgt, also nach seinen eigenen Voraussetzungen und Rechtsfolgen zu beurteilen ist (BGHZ **101**, 337, 344). Da § 377 HGB entsprechend seiner systematischen Stellung im Gesetz für *vertragliche* Ansprüche entwickelt worden sei, spreche dies gegen die Anwendung auch auf Ansprüche *deliktsrechtlicher* Natur (BGHZ **101**, 337, 344). Außerdem bestünde die von der Gegenansicht gesehene Gefahr des Leerlaufens der in Rede stehenden Vorschrift nicht. Denn das Deliktsrecht komme bei der Mangelhaftigkeit der Sache nur unter engen Voraussetzungen zur Anwendung.

Wir wollen hier in unserer Lösung der herrschenden Meinung folgen, da anderenfalls der Käufer in seinem allgemeinen Rechtsgüterschutz im Vergleich zu Dritten, deren Rechtsgüter durch die mangelhafte Sache beschädigt oder zerstört werden, schlechter gestellt wäre (so BGHZ **101**, 337, 346 f.; *Baumbach/Hopt* § 377 HGB Rz. 50; *Hübner* Rz. 637). Der herrschenden Meinung folgend schließt die Verletzung der unverzüglichen Rügeobliegenheit des § 377 Abs. 1 HGB den Anspruch aus § 823 Abs. 1 BGB demnach nicht aus.

4.) Gemäß § 823 Abs. 1 BGB i. V. m. § 249 Abs. 1 BGB kann die S-AG Schadensersatz in Form der Naturalrestitution, also Herstellung und Lieferung einer neuen Abfüllanlage, verlangen. Dem Verlangen nach Naturalrestitution steht übrigens nicht die Unmöglichkeit gemäß § 251 Abs. 1 BGB entgegen. Zwar handelt es sich bei der individuell angefertigten Abfüllanlage um eine unvertretbare Sache (*Palandt/Ellenberger* § 91 BGB Rz. 1), was grundsätzlich zur Unmöglichkeit der Wiederherstellung führt. Etwas anderes gilt allerdings dann, wenn unter wirtschaftlichen Gesichtspunkten mit dem Neubau der Sache der frühere Zustand wiederhergestellt werden kann (BGHZ **102**, 322, 326 ff.; *Palandt/Grüneberg* § 251 BGB Rz. 3). Dies ist hier der Fall, zumal die Anlage im Zeitpunkt der Zerstörung noch neuwertig war.

Ergebnis: Die S-AG hat gemäß § 823 Abs. 1 BGB gegen die M-AG einen Anspruch auf Herstellung und Lieferung einer neuen Abfüllanlage.

Noch ein kleiner Nachschlag

1.) Früher wurde eine *Minderlieferung* (also der Verkäufer liefert zwar, aber weniger als vereinbart) über den in § 378 HGB a.F. geregelten erweiterten Mangelbegriff in den Anwendungsbereich des § 377 HGB einbezogen. Diese Regelung ist mit der Schuldrechtsreform obsolet geworden. Denn nunmehr ist eine Minderlieferung bereits im bürgerlichen Recht gemäß § 434 Abs. 3, 2. HS BGB einem Mangel gleichgestellt, so dass § 377 HGB unmittelbar eingreift. In Abweichung zum alten Recht gilt dies auch bei ganz geringfügigen Abweichungen, da § 434 Abs. 3, 2. HS BGB, anders als § 378 HGB a.F., keine Geringfügigkeitsklausel kennt (*Hübner* Rz. 602). Unterlässt der Käufer die Rüge, hat er keinen Anspruch auf Lieferung der Restmenge, muss aber gleichwohl den gesamten Kaufpreis zahlen (ganz herrschende Meinung, BGHZ **91**, 293, 298, 300; *Röhricht/Graf v. Westphalen/Wagner* § 377 HGB Rz. 32; *Brox/Henssler* Rz. 363; *K. Schmidt* § 29 III 5d).

2.) Probleme bereitet aber nach wie vor die Situation der *Mehrlieferung* (Verkäufer liefert mehr als vereinbart). Die für den Käufer entscheidende Frage ist in diesem Fall regelmäßig, ob er die Mehrlieferung bezahlen muss, wenn er sie nicht entsprechend rügt. Zu beachten ist hier, dass der Fall der Mehrlieferung keinen Mangel im Sinne des § 434 BGB darstellt (*Erman-Grunewald* § 434 HGB Rz. 64; *Oetker* § 8 D. II. 2), die Problemlösung sich also nicht aus § 377 HGB ergeben kann. Die herrschende Meinung begründet die Zahlungspflicht bei einer offenen Mehrlieferung (die beispielsweise aus dem Lieferschein ersichtlich ist) mit einer konkludenten Vertragserweiterung auf die zusätzlich gelieferte Ware, wobei ein Zugang der Annahme gemäß § 151 BGB entbehrlich ist (*GroßKomm-Brüggemann* § 378 HGB Rz. 56; *Canaris* § 31 Rz. 44; *Hübner* Rz. 606; *Oetker* § 8 D. II. 2; *Mailänder* in ZHR 126, 89, 105 f.). Bei einer verdeckten Mehrlieferung hat der Verkäufer keinen Kaufpreisanspruch, kann aber die Mehrmenge nach § 812 Abs. 1 Satz 1, 1. Fall BGB herausverlangen.

Gutachten

I. Die S-AG könnte gegen die M-AG einen Anspruch auf Nacherfüllung gemäß den §§ 439 Abs. 1, 437 Nr. 1, 434 Abs. 1 Satz 1, 651 BGB haben.

1.) Auf den zwischen der S-AG und der M-AG geschlossenen Vertrag finden gemäß § 651 Satz 1 BGB die kaufrechtlichen Gewährleistungsvorschriften Anwendung.

2.) Voraussetzung eines Nacherfüllungsanspruchs ist gemäß §§ 437 Nr. 1 i. V. m. 434 BGB die Mangelhaftigkeit der Sache im Zeitpunkt des Gefahrübergangs. Durch die fehlerhafte Anbringung des Kabels im Schaltsystem der Abfüllanlage weicht die Beschaffenheit der Anlage von der sich aus den Bauplänen der S-AG ergebenden Beschaffenheit ab. Mithin wies sie im Zeitpunkt der Übergabe (§ 446 BGB) nicht die vertragliche Beschaffenheit auf und ist damit gemäß § 434 Abs. 1 Satz 1 BGB mangelhaft.

3.) Als Rechtsfolge sieht § 439 Abs. 1 BGB einen Nacherfüllungsanspruch vor. Dabei hat die S-AG von dem ihr zustehenden Wahlrecht Gebrauch gemacht und Lieferung einer mangelfreien Sache verlangt.

4.) Möglicherweise ist der Nacherfüllungsanspruch aber wegen Verletzung der Rügeobliegenheit nach § 377 Abs. 1 HGB ausgeschlossen.

a) Gemäß § 377 HGB ist das Vorliegen eines beiderseitigen Handelskaufs Voraussetzung. Dies trifft auf den zwischen der S-AG und der M-AG abgeschlossenen Vertrag zu.

b) Die Rügeobliegenheit trifft den Käufer nach der Ablieferung der Ware. Eine Ablieferung im Sinne der Vorschrift liegt vor, wenn der Verkäufer dem Empfänger die Ware zur richtigen Zeit, am richtigen Ort und in der richtigen Art und Weise so zugänglich macht, dass dieser ihre Beschaffenheit prüfen kann. Durch die termingerechte Lieferung seitens der M-AG erlangte die S-AG die Verfügungs- und Untersuchungsmöglichkeit. Eine Ablieferung nach § 377 Abs. 1 HGB liegt vor.

c) Auch die für die Anwendbarkeit des § 377 HGB erforderliche Mangelhaftigkeit der Sache liegt vor.

d) Fraglich ist nunmehr, ob die S-AG gegen die Rügeobliegenheit verstoßen hat. Ein Verstoß gegen die sich aus § 377 Abs. 1 bis Abs. 3 HGB ergebende Rügeobliegenheit ist zu bejahen, wenn der Käufer die Rüge nicht rechtzeitig erklärt.

aa) Eine Rügeerklärung wurde seitens der M-AG telefonisch abgegeben, was aufgrund der Formfreiheit unschädlich ist. Außerdem ergibt sich aus der Beanstandung die Art und der Umfang des Mangels, so dass die Erklärung den inhaltlichen Anforderungen genügt.

bb) Problematisch ist indes, ob die Erklärung auch rechtzeitig erfolgte. Für die Rechtzeitigkeit der Rüge ist maßgeblich, ob die Anlage einen offenen (dann § 377 Abs. 1 HGB) oder verdeckten Mangel (dann § 377 Abs. 2, 3 HGB) hatte.

(1) Ein offener Mangel liegt vor, wenn dieser bereits offen zutage tritt oder bei ordnungsgemäßer Untersuchung im Sinne dieser Vorschrift erkennbar ist. Die fehlerhafte Montage des Kabels war nicht offensichtlich, weshalb fraglich ist, ob dieser Defekt bei einer ordnungsgemäß durchgeführten Untersuchung der Ware gemäß § 377 Abs. 1 HGB erkennbar war. In welcher Art und Weise beziehungsweise in welchem Umfang eine Untersuchung der Ware vorzunehmen ist, ist abhängig von den Umständen des Einzelfalls. Wird – wie in unserem Fall – eine Maschine geliefert, so ist diese nach Erhalt zumindest probeweise in Gang zu setzen. Bei der Durchführung des Probelaufs wäre es – wie später dann auch geschehen – aufgrund der fehlerhaften Montage des Kabels zu einem Kabelbrand gekommen. Mithin war die Mangelhaftigkeit der Abfüllanlage bei ordnungsgemäßer Untersuchung erkennbar.

Zwischenergebnis: Es liegt mit dem Defekt im Kabelsystem ein offener Mangel vor, der in den Anwendungsbereich des § 377 Abs. 1 HGB fällt.

(2) Ein offener Mangel ist nach § 377 Abs. 1 HGB unverzüglich, also ohne schuldhaftes Zögern im Sinne des § 121 Abs. 2 BGB, zu rügen. Der Beginn der Rügefrist bestimmt sich dabei nach der (unverzüglich) durchgeführten ordnungsgemäßen Untersuchung. Das heißt, die Frist zur unverzüglichen Rüge beginnt mit Ablauf derjenigen Zeit, die nach Ablieferung für eine Untersuchung erforderlich war. Welcher Zeitrahmen für die Untersuchung im Sinne der Norm tunlich ist, bestimmt sich nach den Umständen des Einzelfalls, wobei der Art der Ware eine besondere Bedeutung zukommt. Die S-AG hätte den Probelauf mit der Abfüllanlage unmittelbar nach Erhalt starten müssen. Wie lange dieser zu dauern hat, kann hier dahinstehen. Selbst wenn man ihr eine großzügige Frist von mehreren Wochen einräumt, so hat die S-AG diesen Zeitrahmen bei weitem überschritten. Somit erfolgte die seitens der S-AG Mitte Oktober ausgesprochene Rüge nicht unverzüglich nach § 377 Abs. 1 HGB.

e) Bei Verletzung der Rügeobliegenheit sieht § 377 Abs. 2, 1. HS HGB eine Genehmigungsfiktion der Ware vor. Diese Genehmigungsfiktion bewirkt, dass die Ware als vertragsgemäß anzusehen ist, der Käufer also auf dem Mangel beruhende Rechte nicht mehr geltend machen kann.

Ergebnis: Die S-AG kann gegen die M-AG keinen Anspruch auf Nachlieferung der Abfüllanlage gemäß §§ 439 Abs. 1, 434 Abs. 1 S. 1, 651 Satz 1 BGB geltend machen.

II. Ein Anspruch der S-AG gegen die M-AG gestützt auf § 1 Abs. 1 Satz 1 ProdHG scheidet ebenfalls aus. Der Anwendungsbereich des Produkthaftungsgesetzes ist nicht eröffnet, weil die Abfüllanlage entgegen § 1 Abs. 1 Satz 2 ProdHG weder ihrer allgemeinen Zweckbestimmung entsprechend noch nach der Verwendungsabsicht der S-AG zum privaten Ge- oder Verbrauch bestimmt ist.

III. Einen Anspruch auf Herstellung und Lieferung einer Abfüllanlage könnte die S-AG gegen die M-AG möglicherweise aus § 823 Abs. 1 BGB herleiten.

1.) Als verletztes Schutzgut kommt das Eigentum der S-AG an der Abfüllanlage in Betracht. Obwohl die im Eigentum der S-AG stehende Abfüllanlage zerstört wurde, bestehen Bedenken, eine Eigentumsverletzung zu bejahen. Denn die S-AG hatte – der Fehler war bereits im Zeitpunkt der Übereignung vorhanden – zu keinem Zeitpunkt mangelfreies Eigentum erlangt. In den Fällen des sogenannten Weiterfressermangels kann eine Eigentumsverletzung nur bejaht werden, wenn der Mangel mit dem eingetretenen Schaden nicht stoffgleich ist. Die Stoffgleichheit fehlt in der Regel, wenn ein Mangel an einem Einzelteil geeignet ist, die hergestellte, sonst fehlerfreie Sache zu beschädigen oder zu zerstören. Zusätzlich ist Voraussetzung, dass die Behebung des Fehlers von Anfang an technisch möglich und wirtschaftlich sinnvoll war.

Die nicht fachgerechte Montage des Kabels im Schaltsystem betraf nur ein Einzelteil der Gesamtanlage. Die Behebung des Fehlers wäre technisch innerhalb kurzer Zeit ohne großen Kostenaufwand möglich gewesen. Somit ist der entstandene Schaden mit dem der Anlage anhaftenden Mangelunwert nicht stoffgleich. Durch die Zerstörung der Abfüllanlage ist zu Lasten der S-AG eine Eigentumsverletzung eingetreten.

2.) Die Rechtsgutsverletzung ist auf eine der M-AG zurechenbare Handlung zurückzuführen. Mangels Rechtfertigungsgründen handelte sie rechtswidrig. Letztlich ist auch das Verschulden zu bejahen.

3.) Die Haftung aus § 823 Abs. 1 BGB könnte aber gemäß § 377 Abs. 1 HGB mangels unverzüglicher Rüge des Mangels ausgeschlossen sein. Die Anwendbarkeit des § 377 Abs. 1 HGB auf deliktsrechtliche Schadensersatzansprüche ist umstritten.

a) Nach einer Ansicht führt ein Verstoß gegen § 377 HGB auch zum Verlust der auf dem Mangel beruhenden deliktsrechtlichen Ansprüche. Als Begründung wird insbesondere die Gefahr des Leerlaufens des § 377 HGB angeführt, wenn der Käufer letztlich doch Schadensersatz über das Deliktsrecht erhält.

b) Dagegen wendet die herrschende Meinung § 377 HGB auf Ansprüche aus unerlaubter Handlung nicht an. Für diese Differenzierung spreche, dass die vertraglichen und deliktsrechtlichen Ansprüche in echter Anspruchskonkurrenz stehen und damit jeder Anspruch seinen eigenen Regeln folgt, also nach seinen eigenen Voraussetzungen und Rechtsfolgen zu beurteilen ist. Da § 377 HGB entsprechend seiner systematischen Stellung im Gesetz für vertragliche Ansprüche entwickelt worden sei, spreche dies gegen die Anwendung auch auf Ansprüche deliktsrechtlicher Natur. Außerdem bestünde die von der Gegenansicht gesehene Gefahr des Leerlaufens der in Rede stehenden Vorschrift nicht. Denn das Deliktsrecht komme bei der Mangelhaftigkeit der Sache nur unter engen Voraussetzungen zur Anwendung.

c) Der herrschenden Meinung ist zuzustimmen, zumal anderenfalls der Käufer in seinem allgemeinen Rechtsgüterschutz im Vergleich zu Dritten, deren Rechtsgüter durch die mangelhafte Sache beschädigt oder zerstört werden, schlechter gestellt wäre. Der herrschenden Meinung folgend schließt die Verletzung der unverzüglichen Rügeobliegenheit des § 377 Abs. 1 HGB den Anspruch aus § 823 Abs. 1 BGB nicht aus.

4.) Eine Naturalrestitution gemäß § 823 Abs. 1 BGB i. V. m. § 249 Abs. 1 BGB kann die S-AG nur verlangen, wenn die Wiederherstellung nicht unmöglich im Sinne des § 251 Abs. 1 BGB ist. Zwar handelt es sich bei der individuell angefertigten Abfüllanlage um eine unvertretbare Sache, was grundsätzlich zur Unmöglichkeit der Wiederherstellung führt. Jedoch besteht hier die Besonderheit, dass unter wirtschaftlichen Gesichtspunkten durch den Neubau der Sache der frühere Zustand wiederhergestellt werden kann, zumal die Anlage im Zeitpunkt der Zerstörung noch neuwertig war.

Ergebnis: Die S-AG hat gemäß § 823 Abs. 1 BGB gegen die M-AG einen Anspruch auf Herstellung und Lieferung einer neuen Abfüllanlage.

Teil 2

Das Gesellschaftsrecht

Fall 12

Der geteilte Hengst

Rechtsstudent R und sein Kommilitone K sind Freunde des Pferdesports. Diese Liebhaberei möchten sie gerne mit der Möglichkeit eines Nebenverdienstes verbinden. Im Hinblick auf die zum Teil immensen Deckgelder erscheint es ihnen lukrativ, einen Deckhengst anzuschaffen. Nachdem beide je die Hälfte des Kaufpreises in Höhe von 10.000 Euro aufgebracht haben, erwerben sie zusammen den hoffnungsvollen Deckhengst *Rico*. Die laufenden Unterhaltungskosten halbieren sie vereinbarungsgemäß. *Rico* wird in der Folgezeit regelmäßig zum Decken eingesetzt, so dass R und K bald einen Gewinn erwirtschaften.

K gerät dann eines Tages in finanzielle Schwierigkeiten. Als der Gläubiger G von K mit großem Nachdruck die Begleichung einer Forderung verlangt, verpflichtet sich K schweren Herzens, vertraglich gegenüber G seinen »Anteil an dem Hengst« auf G zu übertragen. Dies teilt K dem R mit, der dem Ganzen allerdings energisch widerspricht und meint, K könne seinen Anteil nicht übertragen.

G will wissen, welche Rechte ihm nun gegen wen zustehen.

> **Schwerpunkte:** Die Personengesellschaften im Überblick; die Gesellschaft bürgerlichen Rechts nach den §§ 705 ff. BGB; Abgrenzung zur Bruchteilsgemeinschaft gemäß den §§ 741 ff. BGB; die Wirksamkeit eines Gesellschaftsvertrages; der fehlerhafte Gesellschaftsvertrag.

Lösungsweg

Einstieg: So, jetzt geht es also los mit dem Gesellschaftsrecht, und wir beginnen selbstredend mit der Ur-Form, quasi der Mutter aller Personengesellschaften, nämlich der Gesellschaft bürgerlichen Rechts nach den §§ 705 ff. BGB, auch »BGB-Gesellschaft« oder abgekürzt »GbR« genannt. Unser Ausgangsfall ist recht einfach, wir wollen erst mal fragen bzw. lernen, wie eine GbR zustande kommt und welche Rechte und Pflichten sich aus einem Gesellschaftsvertrag für die Beteiligten (Gesellschafter) ergeben. Bitte übrigens nicht irritieren lassen, wenn gleich zunächst auch von »Bruchteilsgemeinschaft« nach den §§ 741 ff. BGB die Rede ist. Diese Bruchteilsgemeinschaft dient uns als Aufhänger, wir werden sie später nämlich von der BGB-gesellschaft abgrenzen, deshalb gehört sie auch in den Fall. Es ist nicht wirklich schwer, aber notwendig, deshalb bitte auch die zitierten Normen im höchst eigenen Interesse gleich nachlesen. Alles klar!?

Gut. Dann starten wir und fragen uns, ob der G durch die vertraglich vereinbarte Übertragung des »Anteiles am Hengst« tatsächlich eine Rechtsposition erworben hat.

A. Möglicherweise hat K seinen Miteigentumsanteil an *Rico* gemäß den §§ 747, 1008, 929 BGB auf G durch die vertragliche Abmachung wirksam übertragen. G wäre dann in die Rechtsstellung des K gemäß **§ 747 BGB** (lesen, bitte!) eingetreten.

Voraussetzung dafür ist zunächst, dass K an dem Hengst tatsächlich ein Miteigentumsanteil im Sinne der §§ 741 ff., 1008 BGB zusteht, also R und K insoweit eine sogenannte »**Bruchteilsgemeinschaft**« (bitte lies § 1008 BGB) bilden.

I. Eine Bruchteilsgemeinschaft betreffend das Eigentum an einer Sache besteht gemäß §§ 741 ff., 1008 BGB, wenn das Eigentum einer Sache mehreren gemeinschaftlich zusteht, sofern sich aus dem Gesetz nicht ein anderes ergibt (§ 741 BGB).

1.) Die Anwendbarkeit der Vorschriften über das Eigentum auf Tiere ergibt sich aus § 90a BGB.

2.) Der Qualifikation als Bruchteilseigentum könnte die in § 741 BGB enthaltene Subsidiaritätsregelung entgegenstehen (»sofern sich nicht ein anderes aus dem Gesetz ergibt«). Danach beurteilt sich das Verhältnis der Parteien nur dann nach den §§ 741 ff. BGB, wenn sich die Zuständigkeit an dem Eigentum nicht nach anderen Vorschriften bestimmt (MüKo-*K. Schmidt* § 741 BGB Rz. 4).

Das Eigentum steht R und K nicht in Bruchteilen, sondern als *Gesamthand* zu, wenn der Hengst zum Vermögen einer zwischen den Beteiligten gegründeten Gesellschaft bürgerlichen Rechts gemäß §§ 705 ff. BGB gehört. In diesem Falle würde die Vorschrift des § 747 BGB keine Anwendung finden und es müsste dann geprüft werden, inwieweit die §§ 705 ff. BGB eine Übertragung des Anteils an dem Hengst ermöglichen oder verbieten.

> **Einschub:** Die Gesellschaft bürgerlichen Rechts (GbR) ist die Grundform aller Personengesellschaften (PWW/*von Ditfurth* § 705 BGB Rz. 2; *K.Schmidt*, GesR, § 58 I 2b; *Eisenhardt* Rz. 35; *Hüffer* § 2 3.). Weitere Personengesellschaften sind die offene Handelsgesellschaft (oHG) und die Kommanditgesellschaft (KG) sowie die stille Gesellschaft, die Partnerschaftsgesellschaft, die Europäische Wirtschaftliche Interessengemeinschaft und die Partenreederei (*Wiedemann* I § 1 Ia; *Hüffer* § 2 3.). Wesensmerkmal <u>aller</u> Personengesellschaften ist, dass die Gesellschaften typischerweise durch die als Gesellschafter beteiligten Personen geprägt werden, diese also nicht beliebig auswechselbar sind (MüKo-*Ulmer* vor § 705 BGB Rz. 2; *Grunewald* 1. A. Rz. 1). Merken.

Zum Fall: Fraglich ist, ob R und K mit der Anschaffung des Hengstes und der damit verbundenen Absicht, aus den Deckgeldern Gewinne zu erzielen, eine GbR gemäß §§ 705 ff. BGB gegründet haben. Die Entstehung einer BGB-Gesellschaft setzt den

Abschluss eines Gesellschaftsvertrages voraus (MüKo-*Ulmer* § 705 BGB Rz. 1). Gemäß § 705 BGB müssen sich die Gesellschafter in dem Gesellschaftsvertrag gegenseitig verpflichten, die Erreichung eines gemeinsamen Zwecks in der durch den Vertrag bestimmten Weise zu fördern.

> **Merke:** An dieser Stelle sollte man sich bereits klarmachen, dass ein Gesellschaftsvertrag im Sinne des § 705 BGB nicht nur für die Entstehung einer BGB-Gesellschaft notwendige Voraussetzung ist. Da die GbR die Grundform der Personengesellschaften ist, gelten die nachfolgend dargestellten Grundsätze für die übrigen Gesellschaftsformen entsprechend (vgl. zur oHG/KG Näheres in Fall 13).

a) Ein personengesellschaftsrechtlicher Vertrag kommt – soweit nicht die Besonderheiten des Gesellschaftsrechts entgegenstehen – nach den allgemeinen rechtsgeschäftlichen Regelungen zustande, setzt also eine Einigung von mindestens zwei Personen gemäß §§ 145 ff. BGB voraus (*Palandt/Sprau* § 705 BGB Rz. 10; *Staudinger-Habermeier* § 705 BGB Rz. 2).

> **Beachte:** Nach herrschender Meinung gibt es nach wie vor keine »Ein-Mann-Personengesellschaft« (*Flume*, Personengesellschaft, § 7 III 3; *K. Schmidt*, GesR, § 8 IV 2b; § 58 I 1a; *Ulmer* in ZHR 167 (2003), 103, 104; a.A. *Weimar* in ZIP 1997, 1769 ff.). Das ist bei den *Kapitalgesellschaften* – obwohl auch hier ein Gesellschaftsvertrag erforderlich ist! – anders, beispielsweise gibt es dort die »Ein-Mann-GmbH« (schauen wir uns später im Buch noch an).

Der personengesellschaftsrechtliche Vertrag muss grundsätzlich nicht in einer bestimmten Form geschlossen werden. Dementsprechend müssen die zum Vertragsschluss führenden Willenserklärungen auch nicht ausdrücklich, sondern können auch konkludent abgegeben werden (*Palandt/Sprau* § 705 BGB Rz. 12; MünchHdb. GesR I-*Happ* § 5 Rz. 2). Etwas anderes gilt aber beispielsweise, wenn in das Gesellschaftsvermögen ein Grundstück eingebracht werden soll, womit das Formerfordernis der notariellen Beurkundung des Gesellschaftsvertrages aus § 311b Abs. 1 Satz 1 BGB gilt (BGH NJW **1978**, 2505; *Staudinger-Habermeier* § 705 BGB Rz. 10).

Zum Fall: Diese gerade genannte Ausnahme greift vorliegend allerdings nicht ein. Somit steht dem Vertragsschluss unter formalen Gesichtspunkten jedenfalls nichts entgegen; R und K hatten sich fraglos geeinigt.

b) *Inhaltlich* müsste der zwischen R und K getroffenen Regelung ein *gemeinsamer Zweck* zu entnehmen sein (bitte lies § 705 BGB).

Durchblick: Während das Merkmal des gemeinsamen Zwecks für die Personengesellschaften charakteristisch ist, fehlt es an einem solchen gerade dann, wenn die Beteiligten nur eine Bruchteilsgemeinschaft bilden (*Wiedemann*, GesR II, § 7 I 1a; *Kübler/Assmann* § 6 I 1c). Die Bruchteilsgemeinschaft zeichnet sich vielmehr dadurch aus, dass die Interessen der Teilhaber nur bis zu einem bestimmten Grad identisch sind.

Und zwar erschöpft sich das Verhältnis der Parteien regelmäßig in dem Anschaffen, Halten und Verwalten der Sache. Ansonsten verfolgen die Beteiligten jeweils ihre eigenen Ziele und Zwecke (*Palandt/Sprau* § 741 BGB Rz. 1; *Erman-Westermann* vor § 705 BGB Rz. 4; *Jauernig/Stürner* § 741 BGB Rz. 1; vgl. auch OLG Schleswig NZG **2010**, 103).

> Gleichwohl ist es nicht ausgeschlossen, das Anschaffen, Halten und Verwalten einer Sache als Gesellschaftszweck im Sinne des § 705 BGB zu vereinbaren (BGH NJW **1982**, 170; OLG Köln OLG-Report **2000**, 48; MüKo-*Ulmer* § 705 BGB Rz. 142; *Flume* I/1 § 3 III; *K. Schmidt*, GesR, § 59 I 3a). Da die Beschränkung auf diese drei Kriterien aber typischerweise die Einordnung als Bruchteilsgemeinschaft zur Folge hat, müssen die Parteien das Anschaffen, Halten und Verwalten der Sache ausdrücklich verabreden und dies zum Gesellschaftszweck erheben (MüKo-*K. Schmidt* § 741 BGB Rz. 5).

Entscheidend ist damit im vorliegenden Fall, ob der Anschaffung des Hengstes ein über die genannten Kriterien hinausgehender gemeinsamer Zweck zugrunde liegt:

Zunächst ist insoweit festzustellen, dass grundsätzlich keine besonderen Anforderungen an den gemeinsamen Zweck im Sinne des § 705 BGB zu stellen sind (*Soergel/Hadding* § 705 BGB Rz. 35; *Erman-Westermann* § 705 BGB Rz. 28; *Böhmer* in JZ 1994, 983 f.). Möglich ist beispielsweise die Vereinbarung eines wirtschaftlichen Zwecks, auch einen karitativen oder einen ideellen Zweck können die Beteiligten verfolgen (*Hueck/Windbichler* § 5 Rz. 3; *Eisenhardt* Rz. 42). So vielfältig wie die Zwecke sein können, so vielgestaltig sind die Erscheinungsformen der BGB-Gesellschaft. So ist eine Fahrgemeinschaft (BGHZ **46**, 313, 315) ebenso wie eine Bauherrengemeinschaft (BGHZ **74**, 240, 241; **150**, 1 ff.) oder eine Sozietät von Rechtsanwälten (MünchHdb. GesR I-*Schücking* § 4 Rz. 18 ff.; *Grunewald* 1. A. Rz. 9) eine GbR. Eine *Einschränkung* erfährt die freie Vereinbarkeit der Zwecke allerdings im Hinblick auf zwei Ausnahmen: Erstens ist es selbstverständlich, dass keine verbotenen und sittenwidrigen Zwecke im Sinne der §§ 134, 138 BGB Gesellschaftsgegenstand sein können (BGH NZG **1998**, 501, 502; Soergel-*Hadding* § 705 Rz. 35; *Hueck/Windbichler* § 5 Rz. 3). Zweitens kann eine GbR kein Handelsgewerbe im Sinne des § 1 HGB betreiben. Eine Personengesellschaft mit dieser Zweckrichtung ist nämlich immer eine oHG gemäß den §§ 105 ff. HGB (Einzelheiten dazu später in Fall 13).

> **Feinkostabteilung**: Einen *Sonderfall* stellt die BGB-Gesellschaft unter Ehegatten dar. Unproblematisch ist eine GbR – im Regelfall in der Form der Innengesellschaft – zwischen Eheleuten anzunehmen, wenn sie ausdrücklich einen Gesellschaftsvertrag abschließen. In diesem Fall ist es ihnen unbenommen, jeden gemeinsamen Zweck zu verfolgen (BGH NJW **1982**, 170, 171; MüKo-*Ulmer* vor § 705 BGB Rz. 74). Problematisch ist demgegenüber die Feststellung eines konkludenten Vertragsschlusses. Klar ist insoweit, dass allein das Bestehen der Ehe und der sich daraus ergebenden Rechte und Pflichten nicht zur Qualifikation als BGB-Gesellschaft führen, sondern allein die familienrechtlichen Normen eingreifen. Nach ständiger Rechtsprechung des BGH ist deshalb erforderlich, dass die Eheleute einen über den typischen Rahmen der ehelichen Lebensgemeinschaft hinausgehenden Zweck verfolgen, indem sie etwa durch Einsatz von Vermögenswerten und Arbeitsleistungen gemeinsam ein Vermögen

aufbauen oder eine berufliche oder gewerbliche Tätigkeit gemeinsam ausüben (BGH WM **1990**, 877; WM **1990**, 1463, 1464; NJW-RR **1988**, 260, 261).

Zum Fall: Ausdrücklich haben R und K keinen Gesellschaftsvertrag abgeschlossen, so dass im Wege der Auslegung gemäß §§ 133, 157 BGB zu ermitteln ist, ob R und K die Erreichung eines gemeinsamen Zwecks verfolgen. R und K beabsichtigten, mit der Anschaffung des Hengstes einen Nebenverdienst aus den Deckgeldern zu erzielen. Neben der Anschaffung, dem Halten und Verwalten der Sache verband R und K also ein wirtschaftliches Motiv. Gemessen an dem weiten Begriffsverständnis stellt dies einen gemeinsamen Zweck im Sinne des § 705 BGB dar (vgl. OLG Oldenburg NZG **1999**, 998 – Leitsatz).

c) Zum Abschluss eines Gesellschaftsvertrages müssen sich die Beteiligten schließlich zur *Förderung* des gemeinsamen Zwecks verpflichtet haben, was gemäß § 705 BGB insbesondere durch die Beitragsleistung geschehen kann. Die vereinbarte Förderpflicht muss – entsprechend dem Charakter eines Gesellschaftsvertrages als Dauerschuldverhältnis – grundsätzlich dauerhaft bestehen (*Palandt/Sprau* § 705 BGB Rz. 13; MüKo-*Ulmer* § 705 BGB Rz. 154). Unerheblich ist dagegen, in welcher Art und in welchem Umfang die Pflicht zur Förderung statuiert wird. Neben Geldleistungen kann beispielsweise eine Arbeitspflicht (RGZ **142**, 13, 21; OLG Köln NZG **2001**, 165, 166; *Jauernig/Stürner* § 706 BGB Rz. 8) oder Pflicht zur Werkleistung (BGH WM **1980**, 402, 403) ebenso wie die Pflicht zur Überlassung von Absatz- und Bezugsquellen (RGZ **95**, 147, 150) vereinbart sein.

Zum Fall: R und K haben sich verpflichtet, jeweils hälftig den Kaufpreis in Höhe von 10.000 Euro zu bezahlen. Außerdem besteht über diese einmalig anfallenden Anschaffungskosten hinaus für jeden die Pflicht, die laufenden Unterhaltskosten zur Hälfte zu decken. Die Beitragsleistung von R und K ist folglich auf Dauer angelegt, also als Förderung des gemeinsamen Zwecks im Sinne des § 705 BGB zu beurteilen.

Ergebnis: R und K bilden also eine GbR gemäß den §§ 705 ff. BGB, wobei der Hengst *Rico* für die Gesellschaft erworben wurde, mithin gemäß § 718 BGB zum Vermögen dieser Gesellschaft gehört. Entsprechend der in § 741 BGB enthaltenen Subsidiaritätsregel finden folglich die Vorschriften über das Bruchteilseigentum keine Anwendung. Einen Miteigentumsanteil an dem Hengst hat K nicht erworben, weshalb eine Übertragung von K an G gemäß den §§ 747, 1008 i. V. m. § 929 BGB nicht in Betracht kommt. Die Übertragung regelt sich somit nach den §§ 705 ff. BGB.

B. Fraglich ist demnach, ob K »seinen Anteil an dem Hengst« auf G nach den Vorschriften über die GbR, also den §§ 705 ff. BGB, übertragen hat. Die Eigentumsverhältnisse an dem Hengst *Rico* beurteilen sich nach den §§ 705 ff. BGB, da R und K eine BGB-Gesellschaft gegründet haben und der Hengst *Rico* gemäß § 718 Abs. 1 BGB zum Gesellschaftsvermögen gehört (siehe oben).

Welche dinglichen Befugnisse dem einzelnen Gesellschafter hinsichtlich des Gesellschaftsvermögens zustehen, ergibt sich aus § 719 Abs. 1, 1. HS BGB (lesen, bitte!). Gemäß § 719 Abs. 1, 1. HS BGB kann ein Gesellschafter nicht über seinen Anteil an dem Gesellschaftsvermögen und an den einzelnen dazu gehörenden Gegenständen verfügen. Damit ergibt sich die Lösung des Falles bereits aus dem Gesetzeswortlaut: K ist als Gesellschafter der GbR weder befugt den Hengst *Rico* noch seinen Anteil an dem Pferd auf G zu übertragen.

> **Durchblick:** Die Bedeutung der Verfügungsverbote des § 719 Abs. 1, 1. HS BGB erklärt sich, wenn man die Vorschrift im Zusammenhang mit § 718 BGB sieht: Aus § 718 Abs. 1 BGB folgt, dass das Gesellschaftsvermögen der GbR sowie das der oHG und KG sogenanntes *Gesamthandsvermögen* ist (MüKo-*Ulmer* § 718 BGB Rz. 2; PWW/*von Ditfurth* § 718 BGB Rz. 2). Das Gesamthandsvermögen ist ein *Sondervermögen*, das nach der Anerkennung der Rechtsfähigkeit der (Außen-)GbR dieser als solcher zusteht (*K. Schmidt*, GesR, § 8 III. 5). Das heißt, dass das Gesamthandsvermögen nicht Vermögen des einzelnen Gesellschafters ist. Mehr noch: Das *Privatvermögen* des einzelnen Gesellschafters ist streng von dem Gesellschaftsvermögen zu unterscheiden (BGH NJW **1999**, 1407; *Palandt/Sprau* § 718 BGB Rz. 1). Außerdem folgt aus dem Gesamthandsprinzip, dass die Beteiligung aller Gesellschafter hinsichtlich des Gesellschaftsvermögens ungeteilt ist, also keinem Gesellschafter ein von den anderen unabhängiges Teilrecht zusteht (*Hueck/Windbichler* § 3 Rz. 4). Und damit schließt sich der Kreis: Ist das Gesellschaftsvermögen nicht Vermögen des einzelnen Gesellschafters und hat er daran nicht einmal ein selbstständiges Teilrecht, so ist klar, dass § 719 Abs. 1 Satz 1, 1. und 2. Fall BGB insoweit ein *Verfügungsverbot* vorsieht (vgl. *Erman-Westermann* § 719 BGB Rz. 2; *K. Schmidt*, GesR, § 58 IV 2a).

Ergebnis: K war nicht befugt, über seinen Anteil am Gesellschaftsvermögen nach den §§ 705 ff. BGB zu verfügen.

C. In Betracht kommt schließlich noch eine Abtretung des Gesellschaftsanteils von K an G gemäß den **§§ 398, 413 BGB**.

I. Zunächst müssen wir insoweit beachten, dass die Abtretung des *Gesellschaftsanteils* strikt von der Übertragung eines *Anteils am Gesellschaftsvermögen* zu unterscheiden ist. Letzteres wird – wie oben gesehen – vom Verfügungsverbot des § 719 Abs. 1, 1. HS 1. Fall BGB erfasst. Die Abtretung des Gesellschaftsanteils, also der gesamten Mitgliedschaft, fällt hingegen nicht unter diese Vorschrift. Nach einhelliger Auffassung ist eine Abtretung des gesamten Mitgliedschaftsanteils nach Maßgabe der Vorschriften der §§ 398, 413 BGB möglich (RG DNotZ **1944**, 195; BGH WM **1974**, 1244; *Soergel-Hadding* § 719 BGB Rz. 11; *Staudinger-Habermeier* § 719 BGB Rz. 3; *K. Schmidt*, GesR, § 45 III 3a, b).

> **Achtung:** Eine Einschränkung der Abtretungsmöglichkeit ergibt sich aber aufgrund des höchstpersönlichen Charakters des Zusammenschlusses der Mitglieder zu einer Personengesellschaft (MüKo-*Huber* § 719 BGB Rz. 27). Dies macht nämlich nach einhelliger Meinung die Zustimmung aller Mitglieder zur Übertragung des Gesellschaftsanteils erforderlich (BGHZ **13**, 179, 182; *Soergel-Hadding* § 719 BGB Rz. 14). Die

Zustimmung kann bereits im Gesellschaftsvertrag vorgesehen sein oder gemäß § 184 BGB nachträglich erklärt werden (BGHZ **13**, 179, 184; *Staudinger-Habermeier* § 719 BGB Rz. 8; *K. Schmidt*, GesR, § 45 III 2d)).

Zum Fall: Vorliegend verweigert R dem K die Zustimmung, weshalb eine Übertragung der Mitgliedschaft nach §§ 398, 413 BGB ausscheidet.

II. Darüber hinaus ist die Annahme der Übertragung der Mitgliedschaft auch deshalb noch zweifelhaft, weil K namentlich »seinen Anteil an dem Hengst«, also einem Anteil an einem einzelnen Gesellschaftsgegenstand, überträgt. Gegen eine Umdeutung in eine Abtretung der Mitgliedschaft gemäß § 140 BGB spricht, dass mit dieser deutlich weitere Rechtsfolgen verbunden sind als mit der bloßen Übertragung einzelner Vermögensrechte (i. Erg. *MüKo-Ulmer* § 719 BGB Rz. 6).

Gesamtergebnis: K kann unter keinem rechtlichen Gesichtspunkt eine Übertragung des »Anteils an dem Hengst« an den G vornehmen. G hat demzufolge keine entsprechende Rechtsposition erworben.

Ein Nachschlag noch:

Wir wissen also jetzt schon mal, wie ein Gesellschaftsvertrag nach den §§ 705 ff. BGB zustande kommt und welche Rechte daraus erwachsen können – oder eben nicht. Wir wollen uns jetzt im Nachtrag noch mit der außerordentlich wichtigen Frage beschäftigen, was passiert, wenn es rechtsgeschäftliche Mängel beim Abschluss des Gesellschaftsvertrages gibt. Es geht um folgende kleine Abwandlung zu unserem Ausgangsfall:

> Der R erwirbt *Rico* jetzt mit seinem 16-jährigen Bruder B; die Eltern wissen nichts von dem Geschäft. Der B hat die Kaufpreissumme durch eine großzügige Finanzspritze der Großmutter aufgebracht. Als die Eltern davon Kenntnis erlangen, widersprechen sie dem Geschäft und ändern ihre Meinung auch nicht, als sie von dem beträchtlichen Gewinn hören, den R und B aus den Deckgeldern erwirtschaftet haben. **Hat B dennoch einen Anspruch auf Gewinnbeteiligung?**

Lösung: Der B könnte gegen die GbR einen Anspruch auf Gewinnausschüttung aus dem *Gesellschaftsvertrag* verlangen.

> **Beachte:** Als Gegner eines Anspruchs auf Gewinnausschüttung kommt immer nur die *Gesellschaft* – und nicht etwa die Mitgesellschafter – in Betracht (RGZ **120**, 135, 137; BGH WM **1960**, 187 f.; *MüKo-Ulmer* § 721 BGB Rz. 4; *Soergel-Hadding* § 721 BGB Rz. 3). Zudem sind die §§ 721, 722 BGB (lesen!) nie selbst die richtige Anspruchsgrundlage. Diese Vorschriften regeln lediglich den Zeitpunkt und den Maßstab der Gewinnverteilung (*Palandt/Sprau* § 722 BGB Rz. 1) und eben nicht, ob ein Gewinnanspruch dem Grunde nach besteht. Anspruchsgrundlage ist daher stets der Gesellschaftsvertrag.

I. Voraussetzung für das Bestehen des Anspruchs auf Gewinnausschüttung ist das wirksame Zustandekommen des Gesellschaftsvertrages zwischen R und B. Zweifel an der Wirksamkeit bestehen natürlich im Hinblick auf die Minderjährigkeit des B (vgl. §§ 107 ff., 2 BGB).

Im Einzelnen: Die Willenserklärung des B könnte nach Maßgabe der §§ 104 ff. BGB *unwirksam* sein. Gemäß § 106 ist der 16-jährige B in der Geschäftsfähigkeit beschränkt, bedarf also nach § 107 BGB für nicht lediglich rechtlich vorteilhafte Geschäfte der Einwilligung seines gesetzlichen Vertreters (*Schwabe*, BGB-AT, Fälle 20-22). Der Abschluss eines Gesellschaftsvertrages ist nicht lediglich rechtlich vorteilhaft, da sich aus der Gesellschafterstellung Pflichten, wie beispielsweise die Beitragspflicht, ergeben. Somit bedarf es der Einwilligung der Eltern nach Maßgabe der §§ 108 ff. BGB. Eine ausdrückliche, auf das konkrete Geschäft bezogene Einwilligung der Eltern des B als dessen gesetzliche Vertreter (§§ 1626, 1629 BGB) liegt nicht vor, zumal die Eltern nicht einmal von dem Vorhaben ihres Sohnes wussten. Auch eine Generaleinwilligung nach § 110 BGB scheidet mangels Kenntnis von der Überlassung des Geldes durch die Oma aus. Damit war der durch B ohne Einwilligung der Eltern eingegangene Gesellschaftsvertrag gemäß § 108 Abs. 1 BGB schwebend unwirksam (vgl. *Erman-Palm* § 108 BGB Rz. 1). Dieser Schwebezustand wurde durch die Verweigerung der Eltern, den Vertrag zu genehmigen, beendet. Der Gesellschaftsvertrag ist nunmehr *endgültig unwirksam* (vgl. *Jauernig/Jauernig* § 108 BGB Rz. 2). Des Weiteren fehlt es an der nach § 1822 Nr. 3 BGB erforderlichen Genehmigung des Vormundschaftsgerichts.

ZE.: Der (Gesellschafts-)Vertrag zwischen R und B ist somit nicht wirksam zustande gekommen.

> **Feinkost:** Bei der Gründung einer Gesellschaft können durchaus noch andere Fehler passieren: So können etwa einer oder mehrere Gesellschafter einem Irrtum gemäß § 119 Abs. 1 und 2 BGB unterliegen, bedroht oder getäuscht werden, vgl. § 123 Abs. 1 BGB (BGHZ **13**, 320, 323; **55**, 5, 8). Es kann auch ein Verstoß gegen die Tatbestände der §§ 134, 138 Abs. 1 BGB vorliegen (BGHZ **62**, 234, 237, 240; **75**, 214, 217) und ein Gründungsmangel kann sich aufgrund eines Dissenses (BGH NJW **1960**, 430; OLG Bremen NZG **2002**, 173, 174; *Soergel-Hadding* § 705 BGB Rz. 39; *Eisenhardt* Rz. 343) oder wegen eines Formmangels, § 125 Satz 1 BGB (BGH NJW-RR **2001**, 1450; *Soergel-Hadding* § 705 BGB Rz. 39) ergeben. In den genannten Fällen ist dann zu prüfen, ob sich der Gründungsmangel auf einzeln abgrenzbare Vertragsklauseln beschränkt oder den gesamten Gesellschaftsvertrag erfasst. Sind nur einzelne Vertragsteile betroffen, so ist anhand des § 139 BGB zu untersuchen, ob dies die Gesamtnichtigkeit des Vertrages zur Folge hat (*Palandt/Sprau* § 705 BGB Rz. 17; MünchHdb. GesR I-*Happ* § 5 Rz. 5; *K. Schmidt*, GesR, § 6 I 1b). Nur wenn der Gesellschaftsvertrag als solcher von dem Mangel betroffen ist oder dieser zur Gesamtnichtigkeit führt, greift die sogenannte »Lehre vom fehlerhaften Gesellschaftsvertrag« (schauen wir uns gleich an). Anderenfalls muss die im Vertrag durch die unwirksame Klausel entstandene Lücke durch dispositives Gesetzesrecht beziehungsweise Vertragsauslegung geschlossen werden (BGHZ **47**, 293, 301 f.; BGH WM **1973**, 900, 901; *Staudinge/Habermeier* § 705 BGB Rz. 65; *Ulmer*, in: FS Flume, Seite 301 ff.).

II. Wir haben es gerade schon kurz angesprochen, in Betracht kommt nun ein Anspruch auf Gewinnbeteiligung des R nach der »Lehre vom fehlerhaften Gesellschaftsvertrag«. Demnach kann unter Umständen trotz eines rechtlich unwirksamen Vertrages dennoch vom Vorliegen einer tatsächlich entstandenen Gesellschaft ausgegangen werden (BGHZ 3, 285, 288; **55**, 5, 8 ff.; *Staudinger/Habermeier* § 705 BGB Rz. 63 ff.; *Baumbach/Hopt* § 105 HGB Rz. 75 ff; *Erman/Westermann* § 705 BGB Rz. 73 ff.).

Durchblick: Es fragt sich insoweit natürlich, weshalb man eine Gesellschaft als wirksam behandeln sollte, obwohl der Gesellschaftsvertrag unwirksam ist. Die Begründung liegt in Folgendem: Eine Rückabwicklung des unwirksamen Gesellschaftsvertrages nach §§ 812 ff. BGB ist mit dem Vertrauen des Rechtsverkehrs und der Gesellschafter in den Bestand der Gesellschaft unvereinbar (BGHZ **13**, 320, 323; *Wiedemann*, GesR II, § 2 V. 2; *Grunewald* 1. A. Rz. 157). Würde man nämlich an der Nichtigkeitsfolge des Gesellschaftsvertrages festhalten, so hätten Dritte, die mit der Gesellschaft Verträge abgeschlossen haben, plötzlich keinen Anspruchsgegner mehr (*Hueck/Windbichler* § 13 Rz. 11). Die Gesellschafter würden häufig, je nach Erscheinungsform der Gesellschaft, ohne Einkommensquelle dastehen. Hinzu kommt noch eine praktische Erwägung: Die im Fall der Nichtigkeit an sich einschlägige Rückabwicklung des Vertrages gemäß §§ 812 ff. BGB ist nach Invollzugsetzung der Gesellschaft nicht mehr möglich bzw. kompliziert (*Soergel-Hadding* § 705 BGB Rz. 70; *Grunewald* 1. A. Rz. 157; *Hueck/Windbichler* § 13 Rz. 11). Nach alledem ist eine Gesellschaft wie eine fehlerfrei zustande gekommene Gesellschaft zu behandeln, wobei den Gesellschaftern ein Auflösungs- beziehungsweise Kündigungsrecht zusteht (BGH NJW **1982**, 877, 879; MüKo-*Ulmer* § 705 BGB Rz. 342, 345; *K. Schmidt*, GesR, § 6 I 1a).

Auf Grund der eben geschilderten Interessenlagen erklären sich die nachfolgenden Voraussetzungen, unter denen die Lehre von der fehlerhaften Gesellschaft anzuwenden ist:

1.) Natürlich ist zunächst Voraussetzung, dass die Beteiligten einen *fehlerhaften* Gesellschaftsvertrag abgeschlossen haben, aus dem sich der übereinstimmende Wille der Parteien ergibt, die Rechtsverhältnisse dem Gesellschaftsrecht zu unterstellen (BGH ZIP **2010**, 1283, 1284; BGH NJW **1992**, 1501, 1502; *Kraft/Kreutz* D. V. 1a). An einem solchen Willen fehlt es, wenn die Parteien nur zum Schein (§ 117 BGB) eine Gesellschaft gegründet haben (*Staudinger-Habermeier* § 705 BGB Rz. 64; *Hueck/Windbichler* § 13 Rz. 14).

Zum Fall: Der Gesellschaftsvertrag zwischen R und B ist aufgrund der fehlenden Zustimmung der gesetzlichen Vertreter des minderjährigen B fehlerhaft.

2.) Außerdem muss der Gesellschaftsvertrag in *Vollzug* gesetzt sein, da eine Rückabwicklung nach den §§ 812 ff. BGB vorher noch leicht möglich ist und zudem kein Vertrauenstatbestand begründet sein kann (*Soergel-Hadding* § 705 BGB Rz. 70). Eine Invollzugsetzung, also der Beginn der Ausführung des Vertrages, ist anzunehmen, wenn entweder die Gesellschaft im Rechtsverkehr aufgetreten ist (BGHZ **3**, 285, 288; **13**, 320, 321; *Schlegelberger/K. Schmidt* § 105 HGB Rz. 209; *Erman/Westermann* § 705 BGB

Rz. 79; *Heymann/Emmerich* § 105 HGB Rz. 78) oder im Innenverhältnis ein Gesellschaftsvermögen gebildet wurde (BGHZ **13**, 320, 321 f.; **116**, 37, 40).

Zum Fall: R und B haben sowohl ein Gesellschaftsvermögen gebildet und sind – indem *Rico* als Deckhengst zum Einsatz kam – im Rechtsverkehr aufgetreten. Der Vertrag ist folglich in Vollzug gesetzt.

3.) Als negatives Tatbestandsmerkmal schließen nach herrschender Meinung überwiegende Interessen Einzelner oder der Allgemeinheit die Anwendbarkeit der Lehre vom fehlerhaften Gesellschaftsvertrag aus (BGHZ **55**, 5, 9; **62**, 234, 241; **75**, 214, 217 f.; *Baumbach/Hopt* § 105 HGB Rz. 83).

a) Interessen der Allgemeinheit sind in den Fällen berührt, in denen der Gesellschaftszweck selbst mit dem Gesetz (§ 134 BGB) oder den guten Sitten (§ 138 Abs. 1 BGB) unvereinbar ist (BGHZ **62**, 234, 241; **75**, 214; MüKo-*Ulmer* § 705 BGB Rz. 334; *Goette* in DStR 1996, 266, 270). Mit einer rechtlichen Anerkennung der Gesellschaft in diesen Konstellationen würde sich die Rechtsordnung mit sich selbst in Widerspruch setzen (MüKo-*Ulmer* § 705 BGB Rz. 334), so dass der Rechtsfigur der fehlerhaften Gesellschaft eine Absage zu erteilen wäre.

b) Mit dem Ausschlusstatbestand der entgegenstehenden Einzelinteressen wird insbesondere der **Minderjährigenschutz** verfolgt (BGHZ **17**, 160, 167 f.; BGH NJW **1983**, 748; *Soergel-Hadding* § 705 Rz. 82; *Eisenhardt* Rz. 356; *Kübler/Assmann* § 25 IV 4; *Goette* in DStR 1996, 266, 270). Allerdings ist streitig, wie dies im Einzelnen zu erfolgen hat:

- Nach herrschender Meinung kommt die Lehre von der fehlerhaften Gesellschaft im Grundsatz auch hier zum Tragen. Allerdings werde der nicht voll Geschäftsfähige nicht Gesellschafter der im Übrigen nach dieser Rechtsfigur wirksam bestehenden Gesellschaft (BGHZ **17**, 160, 168; BGH NJW **1983**, 748; *Erman-Westermann* § 705 BGB Rz. 76; *E/B/J/Boujong* § 105 HGB Rz. 189; *Kübler/Assmann* § 25 IV 4). Das hat zur Folge, dass der Minderjährige gegenüber Dritten nicht haftet, im Innenverhältnis keine Verlustbeteiligung tragen muss, aber – mangels Gesellschafterstatus – auch nicht an einem etwaigen Gewinn der Gesellschaft beteiligt ist (GroßKomm-*Ulmer* § 105 HGB Rz. 348; *Soergel-Hadding* § 705 BGB Rz. 82; *Erman-Westermann* § 705 BGB Rz. 76). Eine weitere Konsequenz dieser Ansicht läge in Folgendem: Hatten sich nur zwei Personen zu einer Gesellschaft zusammengeschlossen, so führt die Aberkennung des Gesellschafterstatus des Minderjährigen dazu, dass eine Gesellschaft gar nicht entsteht. Denn es gibt keine Ein-Mann-Personengesellschaft (*Brand/Fett* in NZG 1999, 45). Hiernach gelangt die BGB-Gesellschaft in unserem Fall nicht zur Entstehung, so dass ein Gewinnanspruch des B gegen die Gesellschaft ausscheidet.

- Die Gegenansicht spricht dem Minderjährigen nicht seine Stellung als Gesellschafter ab. Den Schutz gewährleistet sie allein dadurch, dass mit dem Gesellschafterstatus verbundene Nachteile den Minderjährigen nicht treffen

(*Hueck/Windbichler* § 13 Rz. 17; *Kraft/Kreutz* D V 2c bb; *Grunewald* 1. A. Rz. 163; *K. Schmidt*, GesR, § 6 III 3c cc). Diese Ansicht zugrunde gelegt, ist die GbR in unserem Fall entstanden und B gehört ihr als Gesellschafter auch an. Außerdem könnte B den für ihn vorteilhaften Gewinnanspruch gegen die Gesellschaft geltend machen.

Die Meinungen gelangen im vorliegenden Fall somit zu unterschiedlichen Ergebnissen, was eine Entscheidung des Streits erforderlich macht: Für die zweitgenannte Ansicht spricht, dass aus Gründen des Minderjährigenschutzes lediglich nachteilige Rechtsfolgen vermieden werden müssen (*Ganssmüller* in DB 1955, 257, 260). Gegen diese Konstruktion – und für die erstgenannte Auffassung – ist indessen einzuwenden, dass das Gesellschaftsrecht die Stellung eines »hinkenden«, das heißt nur berechtigten, aber nicht zugleich verpflichteten Gesellschafters grundsätzlich nicht kennt (GroßKomm-*Ulmer* § 105 HGB Rz. 348; *Soergel-Hadding* § 705 BGB Rz. 82; *Erman-Westermann* § 705 BGB Rz. 72; MüKo-*Ulmer* § 705 BGB Rz. 337). Richtigerweise ist daher der herrschenden Meinung zu folgen.

Ergebnis: Dementsprechend ist die BGB-Gesellschaft zwischen R und B <u>nicht</u> zur Entstehung gelangt, und B kann demzufolge auch keinen Anspruch auf Gewinnbeteiligung geltend machen.

Gutachten

A. Möglicherweise kann K seinen Miteigentumsanteil gemäß §§ 747, 1008 i. V. m. § 929 BGB auf G übertragen. Voraussetzung ist, dass K an dem Hengst ein Miteigentumsanteil im Sinne der §§ 741 ff. i. V. m. 1008 BGB zusteht, also R und K insoweit eine Bruchteilsgemeinschaft bilden.

I. Eine Bruchteilsgemeinschaft betreffend das Eigentum an einer Sache – gemäß § 90a BGB greifen die für Sachen geltenden Vorschriften für Tiere entsprechend ein – besteht gemäß § 741 i. V. m. § 1008 BGB, wenn das Eigentum einer Sache mehreren gemeinschaftlich zusteht, sofern sich aus dem Gesetz nicht ein anderes ergibt.

1.) Der Qualifikation als Bruchteilseigentum könnte die in § 741 BGB enthaltene Subsidiaritätsregelung entgegenstehen. Eine den §§ 741 ff. BGB vorrangige Bestimmung liegt vor, wenn der Hengst zum Gesamthandsvermögen einer möglicherweise zwischen R und K bestehenden Gesellschaft bürgerlichen Rechts nach den §§ 705 ff. BGB gehört. Eine BGB-Gesellschaft entsteht durch den Abschluss eines Gesellschaftsvertrages, in dem sich die Beteiligten gemäß § 705 BGB gegenseitig verpflichten, die Erreichung eines gemeinsamen Zwecks in der durch den Vertrag bestimmten Weise zu fördern. Ausdrücklich haben R und K eine Vereinbarung mit diesem Inhalt nicht getroffen. Ein Gesellschaftsvertrag kann aber grundsätzlich formfrei und daher konkludent geschlossen werden. Ein stillschweigender Vertragsschluss könnte in der Anschaffung des Hengstes und der damit verbundenen Absicht, aus den Deckgeldern Gewinne zu erzielen, zu sehen sein.

a) Das gemäß § 705 BGB erforderliche Merkmal des gemeinsamen Zwecks ist in Abgrenzung zur Bruchteilsgemeinschaft zu bestimmen. Eine Bruchteilsgemeinschaft ist eine bloße Interessengemeinschaft, der es gerade an einer gemeinsamen Zweckverfolgung fehlt. Das Verhältnis der Parteien einer Bruchteilsgemeinschaft erschöpft sich in der Regel im Anschaffen, Halten und Verwalten einer Sache. Daher liegt – jedenfalls bei Fehlen einer ausdrücklichen Regelung – ein gemeinsamer Zweck im Sinne des § 705 BGB nur vor, wenn die Interessen der Beteiligten über diese Kriterien hinausreichen. Dabei kommt jeder erlaubte Zweck als gemeinsamer Zweck in Betracht. R und K beabsichtigten, mit der Anschaffung des Hengstes einen Nebenverdienst aus den Deckgeldern zu erzielen. Neben der Anschaffung, dem Halten und Verwalten der Sache verband R und K also ein wirtschaftliches Motiv. Gemessen an dem weiten Begriffsverständnis stellt dies einen gemeinsamen Zweck im Sinne des § 705 BGB dar.

b) Außerdem müssen sich die Beteiligten zur Förderung des gemeinsamen Zwecks verpflichtet haben, was gemäß § 705 BGB insbesondere durch die Beitragsleistung geschehen kann. Dabei muss die vereinbarte Förderpflicht – entsprechend dem Charakter eines Gesellschaftsvertrages als Dauerschuldverhältnis – grundsätzlich dauerhaft bestehen. R und K haben sich verpflichtet, jeweils hälftig den Kaufpreis zu bezahlen. Außerdem besteht über diese einmalig anfallenden Anschaffungskosten hinaus für jeden die Pflicht, die laufenden Unterhaltskosten zur Hälfte zu decken. Die Beitragsleistung von R und K ist folglich auf Dauer angelegt, also als Förderung des gemeinsamen Zwecks im Sinne des § 705 BGB zu beurteilen.

Ergebnis: R und K bilden eine BGB-Gesellschaft gemäß §§ 705 ff. BGB, wobei der Hengst *Rico* für die Gesellschaft erworben wurde, also gemäß § 718 BGB zum Vermögen dieser Gesellschaft gehört. Folglich finden die Vorschriften über das Bruchteilseigentum keine Anwendung, weshalb eine Übertragung von K an G gemäß §§ 747, 1008 i. V. m. § 929 BGB nicht in Betracht kommt.

B. Fraglich ist, ob K »seinen Anteil an dem Hengst« auf G nach den Vorschriften über die GbR, §§ 705 ff. BGB, übertragen kann. Die Eigentumsverhältnisse an dem Hengst *Rico* beurteilen sich nach den §§ 705 ff. BGB, da R und K eine BGB-Gesellschaft gegründet haben und der Hengst *Rico* nach § 718 Abs. 1 BGB zum Gesellschaftsvermögen gehört. Hinsichtlich des Gesellschaftsvermögens enthält § 719 Abs. 1, 1. HS BGB ein Verfügungsverbot, das den Anteil des jeweiligen Gesellschafters an dem Gesellschaftsvermögen sowie die einzelnen dazu gehörenden Gegenstände umfasst.

Ergebnis: Mithin ist K als Gesellschafter der GbR weder befugt, den Hengst *Rico* noch seinen Anteil an dem Pferd auf G zu übertragen.

C. In Betracht kommt eine Abtretung des Gesellschaftsanteils von K an G gemäß §§ 398, 413 BGB.

Ein Abtretungsverbot betreffend den Gesellschaftsanteil folgt nicht aus § 719 Abs. 1 HGB. Diese Vorschrift erfasst nur Verfügungen an Anteilen des Gesellschaftsvermögens und nicht den Mitgliedschaftsanteil selbst. Die damit mögliche Abtretung des Mitgliedschaftsanteils nach §§ 398, 413 BGB unterliegt – wegen des höchstpersönlichen Charakters des Zusammenschlusses der Mitglieder zu einer Personengesellschaft – allerdings der Zustimmungspflicht der übrigen Mitglieder. Vorliegend verweigert R dem K die Zustimmung, weshalb eine Übertragung der Mitgliedschaft nach §§ 398, 413 BGB ausscheidet.

Gesamtergebnis: K kann unter keinem rechtlichen Gesichtspunkt eine Übertragung des »Anteils an dem Hengst« an den G vornehmen. G hat damit keine Rechtsposition erworben.

Fall 13

Die Bücherecke

Die Rechtsstudenten A, B, C und D betreiben seit dem Jahre 2002 einen kleinen Buchladen, der unter der Firma »Die Bücherecke oHG« (B-oHG) im Handelsregister eingetragen ist. Im Gesellschaftsvertrag ist für A und B jeweils Alleinvertretungsmacht vorgesehen, während C und D nur gemeinschaftlich zur Vertretung befugt sein sollen, was ebenfalls entsprechend im Handelsregister eingetragen ist. Der Gesellschaftsvertrag bleibt zunächst unverändert, als D im Februar 2005 wirksam aus der Gesellschaft ausscheidet.

Obwohl der Bestand an Büchern und das Umsatzvolumen sehr gering sind, entschließen sich die verbliebenen Gesellschafter A, B und C zur Anschaffung eines Laptops. C bekommt zwei Wochen später von dem Sportstudenten S ein kaum gebrauchtes Laptop zum Preis von 400 Euro angeboten. C ist von dem günstigen Angebot so begeistert, dass er im Namen der B-oHG mit S einen entsprechenden Kaufvertrag schließt. Als C seinen Mitgesellschaftern A und B von dem Kauf berichtet, erklären diese, sie hätten vor einer Woche bereits ein neues Gerät gekauft, und im Übrigen sei C auch gar nicht vertretungsberechtigt gewesen. C sieht das anders und meint, seit dem Ausscheiden des D sei auch er alleinvertretungsberechtigt.

Kann S von der B-oHG die Zahlung und die Abnahme des Laptops verlangen?

> **Schwerpunkte:** Die offene Handelsgesellschaft nach den §§ 105 ff. HGB; das Wirksamwerden von Personengesellschaften; die Vertretungsregeln in der oHG und der BGB-Gesellschaft; die Rechts- und Parteifähigkeit der BGB-Gesellschaft.

Lösungsweg

Der S könnte gegen die B-oHG einen Anspruch auf Zahlung und Abnahme des Laptops gemäß den **§§ 433 Abs. 2 BGB, 124 Abs. 1 HGB** haben (bitte die zweite Norm lesen). Dies setzt den Abschluss eines wirksamen Kaufvertrages zwischen S und der B-oHG voraus.

I. Die B-oHG kann gemäß § 124 Abs. 1 HGB Träger von Rechten und Pflichten sein, also auch Vertragspartner werden (vgl. *Koller/Roth/Morck* § 124 HGB Rz. 5). Voraussetzung für die Anwendbarkeit der Vorschriften betreffend der oHG ist natürlich, dass eine solche sowohl im *Innen-* als auch im *Außenverhältnis* wirksam entstanden ist.

1.) Im *Innenverhältnis*, das heißt im Verhältnis der Gesellschafter untereinander, ist die Entstehung einer oHG anhand des **§ 105 HGB** zu beurteilen. Wie wir schon aus dem vorherigen Fall wissen, ist das Bestehen eines Gesellschaftsvertrages nach § 705 BGB auch Voraussetzung für das Entstehen einer oHG. Dieses Erfordernis ist im Recht der oHG in den §§ 105 ff. HGB zwar nicht ausdrücklich geregelt, ergibt sich aber aus dem in **§ 105 Abs. 3 HGB** enthaltenen Verweis auf die Vorschriften der GbR in den §§ 705 ff. BGB (*Baumbach/Hopt* § 105 HGB Rz. 1; *Heymann/Emmerich* § 105 HGB Rz. 2). § 105 Abs. 3 HGB bringt also bei genauer Betrachtung zum Ausdruck, dass die oHG einen Sonderfall der GbR darstellt (*Röhricht/Graf v. Westphalen/von Gerkan/Haas* § 105 HGB Rz. 3).

Gemäß § 705 BGB liegt ein Gesellschaftsvertrag vor, wenn sich mindestens zwei Personen zur Erreichung eines gemeinsamen Zwecks zusammenschließen und zur Förderung dieses Zwecks zur Beitragsleistung verpflichten. Es gilt hinsichtlich der Wirksamkeit des Vertragsschlusses somit das im letzten Fall Gesagte – allerdings mit einer entscheidenden Besonderheit:

> Anders als die BGB-Gesellschaft kommt die Rechtsform der oHG nämlich nur bei Vereinbarung ganz bestimmter Zwecke in Betracht. Welche Zwecke das sind, ergibt sich aus § 105 Abs. 1 und 2 HGB (*Koller/Roth/Morck* § 105 HGB Rz. 10; *E/B/J/Boujong* § 105 Rz. 10, 12; *Wiedemann*, GesR II, § 8 I 1): **§ 105 Abs. 1 HGB** geht davon aus, dass als gemeinsamer Zweck das Betreiben eines *Handelsgewerbes* (§ 1 Abs. 2 HGB) unter gemeinschaftlicher Firma vereinbart werden kann. Des Weiteren können die Gesellschafter nach **§ 105 Abs. 2 HGB** die Rechtsform der oHG wählen, wenn ein *Kleingewerbe* betrieben wird oder die Gesellschaft nur ihr eigenes Vermögen verwaltet. Der § 105 Abs. 1 und 2 HGB gibt überdies Auskunft über den Entstehungszeitpunkt der oHG im Innenverhältnis: Im Falle des Abs. 1 gelangt die oHG kraft Gesetzes mit dem Abschluss des Gesellschaftsvertrages zur Entstehung, weshalb die spätere Eintragung in das Handelsregister lediglich deklaratorisch wirkt (*Grunewald* 1. B. Rz. 5; *Hüffer* § 14 4). Dagegen entsteht die oHG in den Fällen des Abs. 2 erst mit Handelsregistereintragung, die dementsprechend konstitutive Bedeutung hat (*Baumbach/Hopt* § 105 HGB Rz. 12; *Grunewald* 1. B. Rz. 5; *Hüffer* § 14 4).

Zum Fall: Aufgrund des geringen Bücherbestandes und des niedrigen Umsatzvolumens (SV lesen!) benötigt die B-oHG keinen in kaufmännischer Weise eingerichteten Gewerbebetrieb, so dass die Gesellschaft kein Handelsgewerbe gemäß § 1 Abs. 2 HGB betreibt. Folglich entstand die B-oHG im Innenverhältnis nicht kraft Gesetzes gemäß § 105 Abs. 1 HGB. Jedoch haben die Gesellschafter die Rechtsform der oHG gewählt, indem sie die Gesellschaft unter der Firma »Die Bücherecke oHG« in das Handelsregister haben eintragen lassen, vgl. § 105 Abs. 2 HGB. Die B-oHG ist somit im Innenverhältnis mit der Eintragung ins Handelsregister entstanden.

2.) Im *Außenverhältnis*, also im Verhältnis zu Dritten, richtet sich die Entstehung der oHG nach § 123 HGB (lesen, bitte).

a) Gemäß **§ 123 Abs. 2 HGB** entsteht eine oHG vor der Eintragung in das Handelsregister, nämlich mit *Geschäftsbeginn*, soweit sich aus § 2 HGB oder § 105 Abs. 2 HGB nicht ein anderes ergibt. Das klingt komplizierter als es ist: Gemeint ist damit, dass der Geschäftsbeginn für die Entstehung nach außen nur für die Gesellschaften maßgeblich ist, die bereits nach § 105 Abs. 1 HGB als oHG zu qualifizieren sind. Das sind nach dem oben Gesagten all diejenigen Gesellschaften, deren Zweck auf das Betreiben eines Handelsgewerbes unter gemeinschaftlicher Firma gerichtet ist.

b) Gemäß **§ 123 Abs. 1 HGB** wird eine oHG im Verhältnis zu Dritten in dem Zeitpunkt wirksam, in welchem die Gesellschaft in das Handelsregister eingetragen wird. Dieser Wortlaut ist zumindest missverständlich, wenn man die Norm im Kontext zu § 123 Abs. 2 HGB sieht, wonach die Entstehung der oHG bereits zu einem früheren Zeitpunkt in Betracht kommt. Deutlicher wird der Gesetzestext, wenn man sagt, dass eine oHG *spätestens* mit der Eintragung der Gesellschaft in das Handelsregister entsteht (*Heymann/Emmerich* § 123 HGB Rz. 6; *MüKo-K. Schmidt* § 123 HGB Rz. 6; *Grunewald* 1. B. Rz. 5).

Zum Fall: Unsere B-oHG ist demnach mit Eintragung in das Handelsregister auch im Außenverhältnis entstanden und kommt damit als taugliches Verpflichtungsobjekt in Betracht.

II. Ein wirksamer Kaufvertrag setzt nun entsprechende Willenserklärungen zwischen S und der B-oHG voraus. Da an der Wirksamkeit der von S abgegebenen Willenserklärung keine Zweifel bestehen, ist nur zu prüfen, ob die von C abgegebene Willenserklärung die B-oHG aus dem Kaufvertrag berechtigt und verpflichtet. Dies beurteilt sich nach den Regeln der Stellvertretung gemäß den **§§ 164 ff. BGB** (*MüKo-K. Schmidt* § 125 HGB Rz. 3). Der C gab eine eigene Willenserklärung im Namen der B-oHG ab, so dass allein fraglich ist, ob er innerhalb der ihm zustehenden Vertretungsmacht handelte.

1.) Im Recht der offenen Handelsgesellschaft sind in den **§§ 125 ff. HGB** spezielle Vertretungsregeln vorgesehen. Diese Vorschriften betreffen – wie sich aus deren ausdrücklichem Wortlaut ergibt – nur die Vertretung durch die Gesellschafter der oHG, regeln also ausschließlich die *organschaftliche* Vertretung (BGHZ **51**, 198, 200; **33**, 105, 108; *Baumbach/Hopt* § 125 HGB Rz. 2). Wird eine andere Person für die Gesellschaft tätig, so bestimmt sich die Vertretungsmacht nach den allgemeinen Regeln, beispielsweise nach §§ 48 ff. HGB für den Prokuristen.

Zum Fall: Der C wurde als Gesellschafter der B-oHG tätig, so dass die organschaftlichen Vertretungsregeln der §§ 125 ff. HGB grundsätzlich eingreifen.

> **Zur Begrifflichkeit:** An dieser Stelle begegnet uns das erste, aber sicher nicht das letzte Mal der Begriff »Organ«. Was darunter zu verstehen ist, ist ziemlich umstritten (vgl. *MüKo-Ulmer* § 705 HGB Rz. 255 ff.). Dieser Streit spielt in einer Falllösung zwar nur selten eine entscheidende Rolle; wichtig ist aber zu wissen, wer **unstreitig** als Organ einer Gesellschaft angesehen wird: Diese Stellung nehmen in den Personenge-

sellschaften die *geschäftsführungs-* und die *vertretungsbefugten Gesellschafter* ein. Auch wenn die Geschäftsführung und die Vertretungsmacht häufig zusammentreffen, reicht es aus, wenn der Gesellschafter entweder zu dem einen oder zu dem anderen berufen ist (MüKo-*Ulmer* § 705 HGB Rz. 257). In der *GmbH* sind Organe der *Geschäftsführer* und die *Gesellschafterversammlung* (*K. Schmidt*, GesR, § 6 IV 2) und in der *Aktiengesellschaft* der *Vorstand*, der *Aufsichtsrat* und die *Hauptversammlung* (*K. Schmidt*, GesR, § 36 I 1; *Raiser*, Kapitalgesellschaften, § 31 Rz. 1 ff.).

2.) In § 125 Abs. 1 HGB ist der Grundsatz der **Alleinvertretungsmacht** festgelegt. Hiervon kann allerdings im Gesellschaftsvertrag abgewichen werden: Gemäß § 125 Abs. 2 Satz 1 HGB besteht namentlich die Möglichkeit, im Gesellschaftsvertrag die Gesamtvertretung durch »alle oder mehrere« Gesellschafter anzuordnen, sogenannte »**echte Gesamtvertretung**« (*Baumbach/Hopt* § 125 HGB Rz. 16). Aus dieser Formulierung in § 125 Abs. 2 Satz 1 HGB (»alle oder mehrere«) folgt zugleich die Möglichkeit, einigen Gesellschaftern Einzel- und anderen Gesamtvertretungsmacht einzuräumen, also eine Kombination der Vertretungsformen zu vereinbaren (*E/B/J/Hillmann* § 125 HGB Rz. 21). Denkbar ist letztlich auch noch eine Kombination aus Einzel- und Gesamtvertretung dergestalt, dass dem einen Gesellschafter nur Gesamtvertretung mit dem anderen Gesellschafter zusteht, letzterem aber zugleich Einzelvertretung eingeräumt ist, sogenannte »**halbseitige Gesamtvertretung**« (BGHZ **62**, 166, 170 ff.; *Heymann/Emmerich* § 125 HGB Rz. 19). Soweit den Gesellschaftern Gesamtvertretungsbefugnis zusteht, können sie ihre Willenserklärungen nur gemeinschaftlich wirksam abgeben (*Kraft/Kreutz* D. III. 2c aa).

Zum Fall: In unserer B-oHG ist die Einzelvertretung von A und B sowie die Gesamtvertretung durch C und D vorgesehen. Die Gesellschafter haben folglich eine Kombination aus Allein- und Gesamtvertretungsrecht gewählt, was nach § 125 Abs. 2 Satz 1 HGB – wie soeben erläutert – auch zulässig ist. Dies zugrunde gelegt, kann C eine wirksame Willenserklärung nur gemeinschaftlich mit D abgeben.

Das Problem liegt damit auf der Hand: Der D ist seit Februar 2005 nicht mehr Gesellschafter der B-oHG, weshalb eine gemeinschaftliche Vertretung von C und D natürlich nicht (mehr) möglich ist. Fraglich ist daher, welche Auswirkungen das Ausscheiden des D aus der Gesellschaft auf die Vertretungsbefugnis des C hat. Da die Beteiligten diesen Fall im Gesellschaftsvertrag nicht vorgesehen haben, ist diese Lücke unter Zugrundelegung der allgemeinen Regeln im Wege der ergänzenden Vertragsauslegung zu schließen (vgl. *Grunewald* 1. A. Rz. 28 ff.). Wir müssen also prüfen, welche Regelung die Parteien bei Kenntnis der Lücke unter Berücksichtigung von Treu und Glauben und der Verkehrssitte getroffen hätten (*Palandt/Ellenberger* § 157 BGB Rz. 2). Ausgangspunkt ist die Überlegung, dass ein Ausschluss von der Einzelvertretungsmacht typischerweise nicht ohne Grund geschieht. Daher ist im Zweifel nicht davon auszugehen, dass einem bisherigen Gesamtvertretungsberechtigten durch den Eintritt eines nicht vorhergesehenen Ereignisses ein deutliches Mehr an Befugnissen zustehen soll (BGHZ **41**, 367, 368; OLG Hamburg ZIP **1987**, 1319, 1320; *Baumbach/Hopt* § 125 HGB Rz. 16; *E/B/J/Hillmann* § 125 HGB Rz. 25; *Fischer* in NJW 1959, 1057, 1061).

Es bestehen im vorliegenden Fall keinerlei Anhaltspunkte, die den Schluss darauf zulassen, dass die Gesellschafter nach dem Ausscheiden des D ein Interesse an der Alleinvertretung durch C haben. Deshalb ist C unter Berücksichtigung des dargestellten Zweifelssatzes nach wie vor von der Einzelvertretung ausgeschlossen.

Jedoch soll hierdurch tatsächlich nur ein Mehr an Befugnissen vermieden werden, weshalb dem C auch weiterhin das Gesamtvertretungsrecht zustehen muss. Dieses kann er zwar nicht mehr mit D ausüben (der ist ja raus), jedoch wahlweise mit A oder B. An dieser Stelle darf man nicht dem Irrtum unterliegen, dass dieses Ergebnis nicht mit dem ursprünglichen Willen der Gesellschafter, A und B Alleinvertretungsmacht einzuräumen, vereinbar ist. Denn: A und B steht gleichwohl jeweils das Recht zur alleinigen Vertretung der Gesellschaft zu! Nur C muss in Gesamtvertretung tätig werden, sogenannte *halbseitige Gesamtvertretung* (vgl. die Nachweise oben).

Ergebnis: Der C ist nicht zur Alleinvertretung der B-oHG berechtigt gewesen, er handelte also als Stellvertreter ohne Vertretungsmacht. Folglich hängt die Wirksamkeit des Kaufvertrages gemäß **§ 177 Abs. 1 BGB** von der Genehmigung seitens der B-oHG ab, die von den alleinvertretungsberechtigten Gesellschaftern A und B nicht erteilt wurde. Ein Kaufvertrag zwischen S und der B-oHG ist demzufolge nicht zustande gekommen. S hat gegen die B-oHG keinen Anspruch auf Abnahme und Zahlung des Laptops gemäß den §§ 433 Abs. 2 BGB, 124 Abs. 1 HGB.

> **Zur Abrundung:** Eine weitere Möglichkeit, vom Grundsatz der Alleinvertretungsmacht gemäß § 125 Abs. 1 HGB durch gesellschaftsvertragliche Vereinbarung abzuweichen, sieht **§ 125 Abs. 3 HGB** vor: Dieser Fall der sogenannten **»unechten Gesamtvertretung«** liegt vor, wenn alle oder mehrere gesamtvertretungsberechtigte Gesellschafter ermächtigt werden, auch mit einem oder mehreren Prokuristen zusammen zu handeln (*Baumbach/Hopt* § 125 HGB Rz. 19; *Grunewald* 1. B. Rz. 20; *Wiedemann*, GesR II, § 8 III 2c). Dabei sind die Gesellschafter in der Ausgestaltung der Regelung frei, so dass unterschiedliche Varianten der unechten Gesamtvertretung denkbar sind. Die Grenze findet die Gestaltungsfreiheit allerdings im Grundsatz der **»Selbstorganschaft«**. Nach diesem Grundsatz müssen die Gesellschafter, einzeln oder gemeinsam, in der Lage sein, die Gesellschaft ohne Mitwirkung des Prokuristen wirksam zu vertreten. Mit anderen Worten: Die gemischte Gesamtvertretung ist nur neben einer Vertretungsform ausschließlich durch Gesellschafter statthaft (BGHZ **26**, 330, 332 f.; **41**, 367, 369; BGH WM **1994**, 237, 238; *Heymann/Emmerich* § 125 HGB Rz. 36 f.; *Hueck/Windbichler* § 15 Rz. 8; *K. Schmidt*, GesR, § 48 II 3c; *Kübler/Assmann* § 7 IV 2a cc, § 3 I 2).

1. Nachschlag:

So. Nachdem wir das mit der Vertretung der oHG geregelt und verstanden haben, schauen wir uns das Ganze jetzt mal bei der GbR, also der Gesellschaft bürgerlichen Rechts nach den §§ 705 ff. BGB, an. Die ist ja bekanntermaßen die Ur-Form aller Personengesellschaften, und demzufolge werden wir das eben bei der oHG Erlernte jetzt auch brauchen und sogar übertragen können. Aber Vorsicht: Es gibt tatsächlich dennoch einige neue Dinge zu lernen, insbesondere müssen wir uns eine BGH-Entscheidung aus dem Jahre 2001 anschauen, die das Gesellschaftsrecht geradezu revolutioniert hat. Es ging dabei – soviel vorneweg – um die Frage der *Rechts-* und *Parteifähigkeit* der GbR. Wir werden diesen Nachschlag hier unter anderem dazu nutzen, uns diese Entscheidung (BGHZ **146**, 341) in aller Ruhe anzusehen; die Kenntnis – einschließlich der Urteilsgründe – ist nämlich notwendige Voraussetzung und Gerüst für das Erlernen des gesamten Gesellschaftsrechts. **Also**: Auch wenn es gleich ein bisschen knifflig und zum Teil auch rechtshistorisch wird, bitte weiter sehr aufmerksam lesen, es lohnt sich. Versprochen.

Zum Einstieg in die ganze Sache dient uns folgender Fall:

> Bei ansonsten zum Ausgangsfall identischem Sachverhalt wollen wir uns nun vorstellen, dass A, B, C und D »Die Bücherecke« betreiben, ohne in das Handelsregister eingetragen zu sein. Der D scheidet jetzt wieder aus, und C schließt einige Wochen später im Namen der »Bücherecke« einen Kaufvertrag über ein Laptop mit S zum Preis von 400 €. Kann S unter diesen Umständen jetzt die Zahlung und die Abnahme des Laptops von der »Bücherecke« verlangen?

Lösung: Der S könnte gegen »Die Bücherecke« einen Anspruch auf Zahlung und Abnahme des Laptops gemäß den §§ 433 Abs. 2 i. V. m. 705 ff. BGB haben.

I. Zunächst müssen wir dabei jetzt sehr genau hinschauen und feststellen, dass A, B, C und D in dieser Fallvariante die Buchhandlung in der Rechtsform der *BGB-Gesellschaft* betreiben. Das ergibt sich aus Folgendem: Die Beteiligten haben sich zur Erreichung eines gemeinsamen Zwecks (Buchhandlung betreiben) im Sinne des § 705 BGB zusammengeschlossen. Als gemeinsamer Zweck kann auch die Aufnahme eines Gewerbebetriebs vereinbart werden. In Abgrenzung zur oHG ist dann entscheidend, ob der Gewerbebetrieb einen in kaufmännischer Weise eingerichteten Geschäftsbetrieb erfordert, also nach § 1 Abs. 2 HGB als Handelsgewerbe zu qualifizieren ist. Ist dies zu bejahen, so liegt gemäß § 105 Abs. 1 HGB (vgl. bereits oben) eine oHG vor, anderenfalls eine GbR – dann mit der frei wählbaren Möglichkeit der Eintragung nach § 105 Abs. 2 HGB. Wie wir bereits im Ausgangsfall weiter oben gesehen haben, ist wegen des geringen Bücherbestandes und des niedrigen Umsatzvolumens ein in kaufmännischer Weise eingerichteter Geschäftsbetrieb im Sinne des § 1 Abs. 2 HGB nicht nötig. Daher betreiben A, B, C und D ein Kleingewerbe in der Rechtsform der GbR.

II. Fraglich ist zunächst, ob die GbR überhaupt *Vertragspartei* werden konnte. Bei der oHG war das ja kein Problem, da steht nämlich in § 124 Abs. 1 HGB ausdrücklich drin, dass sie Rechte erwerben und Verbindlichkeiten eingehen kann. Es fragt sich nun allerdings, ob auch die GbR eine solche Trägerin von Rechten und Pflichten sein kann, ob sie also *rechtsfähig* ist.

> **Durchblick**: Diese Frage nach der Rechtsfähigkeit der GbR war mehr als drei Jahrzehnte heftig umstritten, und der Streit gehörte zu den absoluten Klassikern in gesellschaftsrechtlichen Klausuren. Seit der BGH am 29.01.2001 (BGHZ **146**, 341) die Rechtsfähigkeit der (Außen-)GbR bejaht hat, ist dieser Streit vom Tisch, und die Entscheidung des BGH wird von der nahezu einhelligen Meinung in der Wissenschaft begrüßt (vgl. etwa *Staudinger-Habermeier* Vorbem zu §§ 705 – 740 BGB Rz. 6; *MüKo-Ulmer* vor § 705 BGB Rz. 11; *Palandt/Sprau* § 705 BGB Rz. 24; *Bamberger/Roth/Timm/Schöne* § 705 BGB Rz. 13 ff.; *Wiedemann*, GesR II, § 1 I 2a; *Grunewald* 1. A. Rz. 100, 56; *Hüffer* § 7 2; *K. Schmidt*, GesR, § 8 III 4d).

1.) Auch wenn – wie gesehen – heute die Rechtsfähigkeit der (Außen)-GbR nicht mehr in Zweifel gezogen wird, ist die Kenntnis des jahrelang geführten Streits für das Gesamtverständnis dennoch außerordentlich wichtig, zumal er Ausgangspunkt weiterer Problemkreise ist, auf die wir in den nächsten Fällen eingehen werden. Wir werden uns deshalb die ganze Geschichte in der gebotenen Kürze mal anschauen:

a) Der Streit um die Rechtsfähigkeit der GbR hat seinen Ursprung im sogenannten »Gesamthandsprinzip«, das sich für die BGB-Gesellschaft aus den §§ 718, 719 BGB ergibt. Ob aus dem Gesamthandsprinzip die Rechtsträgerschaft der GbR herzuleiten ist, hat der historische Gesetzgeber ausdrücklich offen gelassen (BGHZ **146**, 341, 343; Mugdan, II, Seite 990). Für die oHG – die auch eine Gesamthandsgemeinschaft ist – hat der Gesetzgeber diese Frage mit § 124 Abs. 1 HGB entschieden. § 124 Abs. 1 HGB ordnet nämlich ausdrücklich an, dass die oHG Trägerin von Rechten und Pflichten sein kann. Für die GbR fehlt eine vergleichbare Regelung (*K. Schmidt* in NJW 2001, 993, 994 ff.).

b) Bei der Beurteilung der Rechtssubjektsqualität einer GbR standen sich ursprünglich zwei Ansichten gegenüber.

- Nach der sogenannten »**traditionellen Auffassung**« (auch individualistische Gesamthandstheorie genannt) hat das Gesamthandsprinzip nur die Verselbstständigung der Vermögensmasse zur Folge, das als Sondervermögen strikt von dem Privatvermögen der Gesellschafter zu trennen ist. Gläubiger und Schuldner ist danach also nicht die Gesellschaft als solche, sondern nur die Gesellschafter in ihrer gesamthänderischen Verbundenheit (so BAG DB **1989**, 1973; *Zöllner* in Festschrift für Kraft, Seite 701 ff.; *Kübler/Assmann* § 6 III 3c; *Hueck*, 19. Aufl. 1991, § 3 II; *Fischer* in ZGR 1979, 251, 257 f.; *Weber-Grellet* in AcP 182, 316, 328). Als Begründung wurde insbesondere der Wortlaut des § 718 Abs. 1 BGB angeführt, wonach das für die Gesellschaft erworbene Vermögen »gemeinschaftliches Vermögen der Gesellschafter« ist (*Zöllner* in Festschrift für Kraft, Seiten 701, 702).

- Demgegenüber sah die sogenannte »**Gruppenlehre**« die GbR nicht mehr als reines Zuordnungsobjekt hinsichtlich des Vermögens an, sondern als Handlungs- und damit als Wirkungsgemeinschaft (*Flume* in ZHR 136 (1972), 177, 190). Nach dieser schon längere Zeit herrschenden Ansicht konnte die GbR »als solche« Zurechnungsobjekt von Rechten und Pflichten sein (*Soergel-Hadding* vor § 705 BGB Rz. 20 f.; *Altmeppen* in NJW 1996, 1017, 1018 f.; *Mülbert* in AcP 199, 38, 40 m. w. N. in Fn. 8). Der BGH folgte dieser Meinung in der Sache und erkannte der GbR im Laufe der Jahre in immer größerem Umfang die Fähigkeit zu, selbstständige Teilnehmerin des Rechtsverkehrs zu sein. Beispielsweise nahm der BGH die Mitgliedsfähigkeit einer GbR in einer anderen GbR (WM **1997**, 2220, 2221) sowie die Scheck- und Wechselfähigkeit (BGHZ **136**, 254, 257) an, während er die Markenrechtsfähigkeit noch im Jahre 2000 verneinte (DB **2000**, 2117). Erstmals mit dem oben zitierten Urteil vom 29.01.2001 (BGHZ **146**, 341) sprach sich der BGH ausdrücklich für die Rechtsfähigkeit der (Außen-)GbR aus und bestätigte dies in einer Reihe von nachfolgenden Entscheidungen (BGHZ **148**, 291, 293; **150**, 1, 3; BGH NJW **2002**, 368; ZIP **2003**, 664, 666).

Die Begründung hierfür ist wichtig, und zwar hat der BGH Folgendes angeführt (BGHZ **146**, 341):

(1) Zunächst geht es um einen Widerspruch der traditionellen Theorie zu § 719 BGB: Nach der traditionellen Lehre sind die Gesellschafter gemäß §§ 420 ff. BGB Gesamtschuldner, weshalb es ihnen nach den Grundsätzen der Gesamtschuldnerschaft möglich sein müsste, eine Leistung aus dem Gesellschaftsvermögen allein zu erbringen. Dies ist den Gesellschaftern indes wegen § 719 BGB verwehrt (BGHZ **146**, 341, 344 f.).
(2) Des Weiteren verweist der BGH auf Probleme im Rahmen des Wechsels im Mitgliederbestand. Bei strikter Anwendung der individualistischen Theorie müssten nämlich Dauerschuldverhältnisse bei jedem Wechsel neu abgeschlossen werden, was zu einer erheblichen Beeinträchtigung der Handlungsfähigkeit der GbR führen würde (BGHZ **146**, 341, 345). **(3)** Außerdem kann die individualistische Theorie nicht befriedigend erklären, weshalb der eintretende Gesellschafter mit dem Privatvermögen für Altschulden haften soll (BGHZ **146**, 341, 345). **(4)** Zudem geht der Gesetzgeber von einer identitätswahrenden Umwandlung der BGB-Gesellschaften in andere und aus anderen Rechtsformen aus. Denn aus § 105 Abs. 1 HGB resultiert eine Umwandlung kraft Gesetzes der GbR in eine oHG beziehungsweise umgekehrt, sobald ein Handelsgewerbe betrieben bzw. nicht mehr betrieben wird. Bei konsequenter Anwendung der traditionellen Lehre müssten sich die Eigentumsverhältnisse an dem Gesellschaftsvermögen im Zeitpunkt der Umwandlung ändern, so dass die identitätswahrende Umwandlung kaum zu begründen ist (BGHZ **146**, 341, 346). **(5)** Letztlich unterstützen auch neuere Vorschriften die Anerkennung der Rechtsfähigkeit: So hat der Gesetzgeber die Insolvenzfähigkeit der GbR in § 11 Abs. 2 Nr. 1 InsO ausdrücklich anerkannt und in § 191 Abs. 2 Nr. 1 UmwG wird sie als »Rechtsträger« bezeichnet (*Ulmer* in ZIP 2001, 585, 589).

2.) Nachdem sich der Streit um die Rechtsfähigkeit der GbR damit erledigt hat, stellt sich die Frage nach der Reichweite des Urteils vom 29.01.2001. Der (erste) Leitsatz des Urteils lautet nämlich:

> »Die (Außen-) Gesellschaft bürgerlichen Rechts besitzt Rechtsfähigkeit, soweit sie durch Teilnahme am Rechtsverkehr eigene Rechte und Pflichten begründen kann.«

Der BGH beschränkt die Anerkennung der Rechtsfähigkeit ausdrücklich auf die (Außen-)GbR, nimmt also die Innengesellschaften aus. Damit drängt sich die Frage auf, nach welchen Kriterien eine Außen- von einer Innengesellschaft abzugrenzen ist. Eine Innengesellschaft liegt vor, wenn die Gesellschaft nach außen nicht in Erscheinung tritt, sondern die Gesellschafter im Verhältnis zu Dritten im eigenen Namen handeln (so die herrschende Meinung, siehe BGHZ **12**, 308, 314; BGH NJW **1960**, 1851; NJW **1982**, 99, 100; MüKo-*Ulmer* § 705 BGB Rz. 279; *Soergel-Hadding* vor § 705 BGB Rz. 29; *Grunewald* Rz. 105. Der Klassiker: Die Ehegatteninnengesellschaft).

Außerdem wird der (Außen-)GbR durch das Urteil nicht unbeschränkt die Rechtsfähigkeit zuerkannt, sondern eben nur »soweit sie durch Teilnahme am Rechtsverkehr eigene Rechte und Pflichten begründen kann.« Gemeint ist damit, dass sie jede Rechtsposition einnehmen kann, sofern nicht spezielle rechtliche Gesichtspunkte entgegenstehen (so die Formulierung in BGHZ **148**, 291, 293; *Grunewald* 1. A. Rz. 100). Danach scheidet die Rechtsfähigkeit allerdings nur in Ausnahmefällen aus. Eine solche Ausnahme nimmt der BGH an, wenn es um die Verwaltereigenschaft nach dem Wohnungseigentumsgesetz geht (BGH NZG **2006**, 305).

In der Literatur wird darüber hinaus vertreten, dass die Anerkennung der Rechtsfähigkeit auf bestimmte Arten von (Außen-)BGB-Gesellschaften beschränkt werden müsse (ablehnend *Staudinger-Habermeier* Vorbem zu §§ 705 – 740 Rz. 11; *Grunewald* 1. A. Rz. 100; *Hadding* in ZGR 2001, 712, 716 f.). Nach *Schmidt* sei die Rechtsfähigkeit nur »unternehmenstragenden« BGB-Gesellschaften zuzuerkennen (NJW 2001, 993, 1002). Nach anderer Ansicht sei die Anerkennung der Rechtsfähigkeit solchen BGB-Gesellschaften vorbehalten, die über eine Identitätsausstattung, beispielsweise in Form eines Gesellschaftsnamens oder eines Gesellschaftssitzes, verfügen (*Ulmer* in ZIP 2001, 585, 594).

Zum Fall: Bei unserer GbR handelt es sich um eine unternehmenstragende (Außen-)GbR, die wegen des Vorhandenseins eines Gesellschaftsnamens über eine Identitätsstruktur verfügt. Damit ist die Rechtsfähigkeit der GbR auch dann zu bejahen, wenn man die Anerkennung der Rechtsfähigkeit auf bestimmte Arten der (Außen-)GbR beschränken möchte (siehe soeben).

<u>ZE:</u> Die GbR ist ein taugliches Verpflichtungsobjekt.

III. Fraglich ist nunmehr, ob C die GbR wirksam vertreten hat. Dies beurteilt sich wie immer nach den Regeln der Stellvertretung gemäß den §§ 164 ff. BGB, wobei allein problematisch ist, ob C als Gesellschafter innerhalb der ihm zustehenden Vertretungsmacht handelte:

1.) Die organschaftliche Vertretungsmacht einer GbR ist in **§ 714 BGB** geregelt, wonach jeder geschäftsführungsbefugte Gesellschafter im Zweifel auch zur Vertretung der Gesellschaft berechtigt ist. Wer zur Geschäftsführung befugt ist, ergibt sich dann aus **§ 709 BGB**.

a) Um die Vorschriften zu verstehen und richtig anwenden zu können, muss man sich erst mal klarmachen, was unter den Begriffen *Vertretungsmacht* und *Geschäftsführungsbefugnis* eigentlich zu verstehen ist: Bereits aus dem Allgemeinen Teil des BGB ist bekannt, dass die Vertretungsmacht das »rechtliche Können« des Handelnden umschreibt. Das – ebenfalls aus dem allgemeinen Stellvertretungsrecht geläufige – begriffliche Gegenstück ist das »rechtliche Dürfen«, womit die Befugnis des Handelnden im Innenverhältnis umschrieben und im Gesellschaftsrecht als *Geschäftsführungsbefugnis* bezeichnet wird (MüKo-*Ulmer* § 709 BGB Rz. 9; *Staudinger-Habermeier* § 709 BGB Rz. 5; *Larenz/Wolf*, AT, § 46 Rz. 136). Die Vorschriften über die Vertretungsmacht und die Geschäftsführungsbefugnis werden nun durch den in § 714 BGB enthaltenen Verweis auf § 709 BGB eng miteinander verbunden. Das darf jedoch nicht darüber hinwegtäuschen, dass letztlich, soweit es – wie hier – um die Wirksamkeit des Handelns nach außen geht, allein die in § 714 BGB geregelte Vertretungsmacht von Relevanz ist.

b) Deshalb jetzt zu § 714 BGB: Aus dieser Norm in Verbindung mit § 709 Abs. 1 BGB ergibt sich als gesetzlicher Normalfall die *Gesamtvertretungsmacht* aller Gesellschafter (BGH NJW-RR **1996**, 673; PWW/*von Ditfurth* § 714 BGB Rz. 1). Denn in § 709 Abs. 1 BGB ist die Geschäftsführung durch alle Gesellschafter *gemeinschaftlich* vorgesehen, was eben entsprechend über den Verweis in § 714 BGB für die Vertretungsmacht gilt. Jedoch gilt dies nur »im Zweifel« (Wortlaut des § 714 BGB!), so dass im Gesellschaftsvertrag eine abweichende Bestimmung getroffen werden kann (*Wiedemann*, GesR II, § 7 III 3). Bei der vertraglichen Ausgestaltung der Vertretungsregeln sind die Gesellschafter weitestgehend frei, insbesondere kann die Vertretung auch abweichend von der Geschäftsführung geregelt werden (MüKo-*Ulmer* § 714 BGB Rz. 21). Es ergeben sich dieselben Gestaltungsmöglichkeiten hinsichtlich der verschiedenen Vertretungsformen wie im Falle der oHG. Zur Wiederholung: Möglich ist, allen Gesellschaftern *Alleinvertretungsmacht* einzuräumen oder das Einzelvertretungsrecht auf einen oder mehrere Gesellschafter zu beschränken, während den anderen Gesellschaftern Gesamtvertretungsmacht zusteht. Auch ist eine Kombination von Einzel- und Gesamtvertretung im Sinne einer halbseitigen Gesamtvertretung möglich. Die Gestaltungsfreiheit findet ihre Grenze in dem bekannten Grundsatz der *Selbstorganschaft*. Das heißt, auch im Recht der GbR ist eine Übertragung der organschaftlichen Befugnisse auf Dritte nicht möglich (BGH NJW **1982**, 877, 878; *Staudinger-Habermeier* § 709 BGB Rz. 12; *Hueck/Windbichler* § 8 Rz. 8).

Zum Fall: Im Gesellschaftsvertrag der GbR ist für A und B jeweils Alleinvertretungsmacht und für C und D die echte Gesamtvertretung vorgesehen. Die Wahl dieser Vertretungsformen sowie deren Kombination sind nicht zu beanstanden. Aufgrund dieser wirksamen Regelung ist C an sich nur zusammen mit D zur Vertretung der GbR berechtigt.

c) Wie im Ausgangsfall steht einem gemeinschaftlichen Handeln des C mit D das Ausscheiden des D aus der Gesellschaft entgegen. Die Frage, wie sich der Wegfall des D auf die Vertretungsbefugnis des C auswirkt, ist nun nicht anders zu beurteilen, als wir es weiter oben bei der oHG schon gemacht haben, nämlich: Es bestehen keinerlei Anhaltspunkte, die den Schluss darauf zulassen, dass die Gesellschafter nach dem Ausscheiden des D ein Interesse an der Alleinvertretung durch C haben. Deshalb ist C unter Berücksichtigung dessen nach wie vor von der Einzelvertretung ausgeschlossen.

Ergebnis: Wir stellen daher fest, dass das Ausscheiden des D aus der Gesellschaft kein Alleinvertretungsrecht des C zur Folge hat. C handelte mithin als Vertreter ohne Vertretungsmacht und konnte daher die GbR nicht wirksam vertreten. Mangels Genehmigung des Kaufvertrages gemäß § 177 Abs. 1 BGB durch die alleingeschäftsführungsbefugten Gesellschafter A und B ist der Kaufvertrag mit S nicht wirksam zustande gekommen. S hat gegen die GbR keinen Anspruch auf Abnahme des Laptops gemäß den §§ 433 Abs. 2 i. V. m. 705 ff. BGB.

2. Nachschlag:

Im Zusammenhang mit der Rechtsfähigkeit der GbR wollen wir zur Abrundung noch einen Augenblick über die Frage der *Parteifähigkeit* einer GbR nachdenken.

> **Definition**: *Parteifähigkeit* ist die Fähigkeit, in einem Rechtsstreit Partei zu sein; es handelt sich um eine Prozessvoraussetzung. Gemäß § 50 Abs. 1 ZPO ist parteifähig, wer rechtsfähig ist.

Zu der Frage der Parteifähigkeit hat der BGH in seinem Urteil vom 29.01.2001 ebenfalls Stellung bezogen. Er sieht die Parteifähigkeit der GbR als notwendige prozessrechtliche Konsequenz der Anerkennung der Rechtssubjektivität der Gesellschaft im Verhältnis zu Dritten an (BGHZ **146**, 341, 348). Die GbR kann somit als Partei eines Rechtsstreites klagen und auch verklagt werden. Dies erscheint insbesondere mit einem Blick in § 50 Abs. 1 ZPO, der die Parteifähigkeit von der Rechtsfähigkeit abhängig macht, auch zwingend und vor allem logisch.

Bis zu dieser Entscheidung entsprach es allerdings der ganz herrschenden Meinung, dass die GbR als solche <u>nicht</u> parteifähig ist (BGHZ **74**, 240, 243; BGH NJW **1992**, 1615, 1617; BB **1998**, 2128 f.; *K. Schmidt*, GesR, 3. Aufl. 1997, § 60 IV 1a und aus der prozessrechtlichen Literatur: *Zöller/Vollkommer*, 22. Aufl. 2001, § 50 ZPO Rz. 26; *Prütting* in ZIP 1997, 1725, 1727). Die BGB-Gesellschafter wurden nach ganz überwiegender Meinung als *notwendige Streitgenossen* im Sinne des § 62 ZPO angesehen.

Der BGH weist nun in dem Urteil auf die Unzulänglichkeit dieses bisher praktizierten Modells hin und lehnt es infolgedessen ab. **(1)** Als erstes Argument gegen diese Konstruktion führt er unbefriedigende Ergebnisse im Bereich der Prozessführung an. Nach dem Wesen der Gesamthand wäre eine einheitliche Prozessführung erforderlich, was durch § 63 ZPO, wonach jeder Streitgenosse seinen eigenen Prozess betreibt, unmöglich ist (BGHZ **146**, 341, 348, 349). **(2)** Da im Modell der notwendigen Streitgenossenschaft alle Mitglieder zu verklagen sind, entstehen insbesondere bei größeren Gesellschaften und Gesellschaften mit einem häufigen Mitgliederwechsel erhebliche praktische Probleme, die nicht hinnehmbar sind (BGHZ **146**, 341, 349). **(3)** Des Weiteren birgt die notwendige Streitgenossenschaft ständig die Gefahr einer Verfahrensverzögerung im Falle eines Mitgliederwechsels in sich, da der neu eintretende Gesellschafter dem Prozess beitreten müsste (BGHZ **146**, 341, 350). **(4)** Den größten Raum in der Begründung nimmt die Vorschrift des § 736 ZPO ein. Nach dieser Norm ist für eine Vollstreckung in das Gesellschaftsvermögen einer GbR »ein gegen alle Gesellschafter ergangenes Urteil erforderlich« (vgl. dagegen den Wortlaut des § 124 Abs. 2 HGB!). Der BGH stellt darauf ab, dass zwar der Wortlaut des § 736 ZPO einer Zwangsvollstreckung gegen die Gesellschaft als solche entgegensteht, nicht aber der Sinn und Zweck der Vorschrift. Dieser besteht allein darin, das Gesellschaftsvermögen der Gesellschaft gegenüber den Privatgläubigern der einzelnen Gesellschafter abzuschotten, will aber gerade nicht den Ausschluss der Parteifähigkeit der GbR bewirken (BGHZ **146**, 341, 353 ff.).

Durchblick: Die Rechtsprechung des BGH hat in *Aktivprozessen* der Gesellschaft zur Konsequenz, dass die BGB-Gesellschaft als Klägerin identifizierbar, insbesondere durch die möglichst exakte Bezeichnung der Gesellschafter und der Bezeichnung, unter der die Gesellschaft im Verkehr auftritt, beschrieben werden muss. In gegen die GbR gerichteten Passivprozessen ist diese selbstverständlich ebenfalls möglichst genau zu bezeichnen; allerdings ist es – wegen der persönlichen Gesellschafterhaftung (hiermit beschäftigen wir uns in Fall 15 ausführlich) – praktisch immer ratsam, zugleich die Gesellschafter zu verklagen (vgl. hierzu BGHZ **146**, 341, 358 f.).

Und zum Schluss noch etwas für die Oberschlauen:

Nachdem die Rechtsfähigkeit der BGB-Gesellschaft anerkannt worden war, wurde in der Folgezeit die Frage ihrer *Grundbuchfähigkeit* kontrovers diskutiert (**dagegen** etwa OLG Stuttgart NZG **2007**, 845; OLG Celle DB **2006**, 1000; BayObLG NJW **2003**, 70 ff.; *K. Schmidt*, GesR, § 60 II 1a; *Böttcher/Blaschke* in NZG 2007, 121 *Stöber* MDR 2001, 54; *Heil* in NZG 2001, 300, 305; die Grundbuchfähigkeit **bejahend**: MüKo-*Ulmer* § 705 Rz. 314; *Ott* in NJW 2003, 1223; *Grunewald* 1. A. Rz. 102; *Wertenbruch* in NJW 2002, 324 ff.). Der BGH hatte erstmals in der Entscheidung vom 04.12.2008 Gelegenheit, zu dieser Frage Stellung zu nehmen und bejahte die Grundbuchfähigkeit (abgedruckt in

NJW **2009**, 594 ff.). Dabei stellten die Richter klar, dass die BGB-Gesellschaft – ungeachtet der Frage, ob sie in das Grundbuch eingetragen werden kann oder nicht – infolge der Anerkennung ihrer Rechtsfähigkeit Eigentümerin von Grundstücken und grundstücksgleichen Rechten werden kann. Sodann setzte sich der BGH mit der Frage auseinander, ob trotz fehlender Anpassung des Grundbuchrechts an die veränderte materielle Rechtslage formell eine Eintragung in das Grundbuch möglich ist. Diese Überlegungen sind zwischenzeitlich indes obsolet. Der Gesetzgeber hat auf diese Problematik mit der am **18.08.2009** in Kraft getretenen Regelung des **§ 47 Abs. 2 GBO** reagiert und die Grundbuchfähigkeit der GbR ausdrücklich anerkannt, wenn dort als Maßgabe für die Eintragung bestimmt wird, dass bei Eintragungen eines Rechts für eine GbR auch die Gesellschafter im Grundbuch einzutragen sind.

Eine für Klausuraufgaben interessante Neuregelung ist in diesem Zusammenhang die ebenfalls am **18.08.2009** in Kraft getretene Vorschrift des **§ 899a BGB**. Gemäß § 899a Satz 1 BGB wird in Ansehung eines für eine GbR im Grundbuch eingetragenen Rechts vermutet, dass diejenigen Personen Gesellschafter sind, die nach § 47 Abs. 2 Satz 1 GBO im Grundbuch eingetragen sind, und dass darüber hinaus keine weiteren Gesellschafter vorhanden sind.

> **Durchblick:** Die Vorschrift des § 899a BGB wird im Rahmen von Klausuren insbesondere bei der Frage des *gutgläubigen Erwerbs* eines Grundstücks/grundstücksgleichen Rechts eine Rolle spielen. Insoweit muss man sich zunächst verdeutlichen, dass § 891 BGB eine *Vermutung* beinhaltet, wonach dem im Grundbuch Eingetragenen das Recht zusteht. Da die GbR Eigentümerin eines Grundstücks bzw. Inhaberin eines grundstücksgleichen Rechts sein kann, gilt die Vermutung zu ihren Gunsten. Nun geht § 899a BGB einen Schritt weiter und stellt eine Vermutung hinsichtlich der Vertretungsbefugnis der Gesellschafter auf. Nach § 899a Satz 1 BGB wird einerseits **positiv** vermutet, dass diejenigen Personen Gesellschafter sind, die als solche im Grundbuch eingetragen sind, und **negativ** wird vermutet, dass der GbR keine weiteren Gesellschafter angehören. In Kombination führen diese beiden Aspekte zu der Vermutung, dass die GbR ordnungsgemäß vertreten ist, wenn diejenigen Personen handeln, die als Gesellschafter im Grundbuch verlautbart sind (OLG Frankfurt, Beschluss vom 19.11.**2009**, 20 W 70/09, Rz. 16, zitiert nach Juris). Ist die GbR tatsächlich nicht Rechtsinhaberin, so muss der Erwerber – möchte er sich auf einen gutgläubigen Erwerb berufen – nicht nur gemäß § 892 BGB in Bezug auf die Person des Eigentümers, sondern gemäß §§ 899a Satz 2 i. V. m. 892 BGB auch in Bezug auf die Vertretungsbefugnis gutgläubig sein. Die Vorschrift des § 899a BGB gilt im Übrigen auch für Eintragungen, die vor dem 18.08.2009 erfolgt sind, sofern die Eintragung die Gesellschafter ausweist (vgl. Art. 229 § 21 EGBGB).

Gutachten

S könnte gegen die B-oHG einen Anspruch auf Zahlung und Abnahme des Laptops gemäß § 433 Abs. 2 BGB i. V. m. § 124 Abs. 1 HGB haben. Dies setzt den Abschluss eines wirksamen Kaufvertrages zwischen S und der B-oHG voraus.

I. Die B-oHG kann gemäß § 124 Abs. 1 HGB Vertragspartner sein, zumal sie spätestens mit der Eintragung in das Handelsregister gemäß § 105 Abs. 1 i. V. m. § 123 Abs. 1 HGB im Innen- und Außenverhältnis wirksam entstanden ist.

II. Ein wirksamer Kaufvertrag setzt entsprechende Willenserklärungen zwischen S und der B-oHG voraus. Da an der Wirksamkeit der von S abgegebenen Willenserklärung keine Zweifel bestehen, ist nur zu prüfen, ob die von C abgegebene Willenserklärung die B-oHG aus dem Kaufvertrag berechtigt und verpflichtet. Dies beurteilt sich nach den Regeln der Stellvertretung gemäß §§ 164 ff. BGB. C gab eine eigene Willenserklärung im Namen der B-oHG ab, so dass allein fraglich ist, ob er mit Vertretungsmacht handelte.

1.) Die Vertretungsmacht eines Gesellschafters, sogenannte organschaftliche Vertretungsmacht, ist in § 125 HGB geregelt. Gemäß § 125 Abs. 1 HGB gilt der Grundsatz der Alleinvertretungsmacht, von dem ausweislich des § 125 Abs. 2 Satz 1 HGB im Gesellschaftsvertrag abgewichen werden kann. In der B-oHG sind die Einzelvertretung der Gesellschafter A und B sowie die Gesamtvertretung durch C und D vorgesehen. Die Gesellschafter haben folglich eine Kombination aus Allein- und Gesamtvertretungsrecht gewählt, was nach § 125 Abs. 2 Satz 1 HGB zulässig ist. Dies zugrunde gelegt, kann C eine wirksame Willenserklärung nur gemeinschaftlich mit D abgeben.

2.) Eine gemeinschaftliche Vertretung durch C und D ist jedoch in Folge des Ausscheidens des D aus der Gesellschaft nicht möglich. Fraglich ist daher, welche Auswirkungen der Wegfall des D auf die Vertretungsbefugnis des C hat. Die Beteiligten haben diesen Fall im Gesellschaftsvertrag nicht vorgesehen, so dass der Vertrag insoweit eine Lücke aufweist. Nach allgemeinen Regeln ist eine Vertragslücke im Wege der ergänzenden Vertragsauslegung, §§ 133, 157 BGB, zu schließen. Hierzu ist zu ermitteln, welche Regelung die Parteien bei Kenntnis der offen gebliebenen Frage unter Berücksichtigung von Treu und Glauben und der Verkehrssitte getroffen hätten. Zu berücksichtigen ist, dass ein Ausschluss von der Einzelvertretungsmacht typischerweise nicht ohne Grund geschieht. Daher ist im Zweifel nicht davon auszugehen, dass einem bisherigen Gesamtvertretungsberechtigten durch den Eintritt eines nicht vorhergesehenen Ereignisses ein deutliches Mehr an Befugnissen zustehen soll.

Es bestehen im vorliegenden Fall keinerlei Anhaltspunkte, die den Schluss darauf zulassen, dass die Gesellschafter nach dem Ausscheiden des D ein Interesse an der Alleinvertretung durch C haben. Deshalb ist C unter Berücksichtigung des dargestellten Zweifelssatzes nach wie vor von der Einzelvertretung ausgeschlossen.

Ergebnis: C ist nicht zur Alleinvertretung der B-oHG berechtigt, er handelte bei Abschluss des Vertrages mit S folglich als Stellvertreter ohne Vertretungsmacht. Somit hängt die Wirksamkeit des Kaufvertrages gemäß § 177 Abs. 1 BGB von der Genehmigung seitens der B-oHG ab, die von den alleinvertretungsberechtigten Gesellschaftern A und B nicht erteilt wurde. Ein Kaufvertrag zwischen S und der B-oHG ist nicht zustande gekommen. S hat gegen die B-oHG keinen Anspruch auf Abnahme und Zahlung des Laptops gemäß § 433 Abs. 2 BGB i. V. m. § 124 Abs. 1 HGB.

Fall 14

Trautes Heim, Glück allein?

Rechtsstudent R hat von seiner Oma ein Grundstück mit Haus geerbt. R zieht auch gleich ein und möchte gerne an der Terrasse die Markise anbringen, die er im Keller des Hauses gefunden hat. Die Markise muss allerdings wegen ihres beachtlichen Gewichts fachmännisch mit der Gebäudewand verschraubt werden. Da R die passenden Schrauben und auch das notwendige handwerkliche Geschick fehlen, wendet er sich an die örtliche H-oHG. Gesellschafter der H-oHG sind die beiden nach dem Gesellschaftsvertrag alleinvertretungs- und geschäftsführungsbefugten Handwerker A und B sowie der vermögende C, ein gelernter Buchhalter.

Die Durchführung der Arbeiten übernimmt A, der mit wenigen Schrauben die Markise befestigt. Als R einige Tage später auf der Terrasse sitzt, löst sich eine Schraube aus der Wand und die ausgefahrene Markise stürzt auf R herab, der sich dabei einen komplizierten Beinbruch zuzieht. Wie sich später herausstellt, hatte A versehentlich Schrauben verwendet, die für die schwere Markise nicht geeignet waren. R verbringt einen Monat im Krankenhaus. Danach verlangt R von der H-oHG die ordnungsgemäße Anbringung der Markise und Schmerzensgeld in (angemessener) Höhe von 5.000 Euro. Außerdem will R wissen, ob er diese Ansprüche notfalls auch gegen den C durchsetzen könnte. C meint, er als Buchhalter könne keine Markise befestigen und müsse auch nicht für das Verhalten des A finanziell einstehen.

Welche Ansprüche des R sind begründet?

> **Schwerpunkte:** Die Haftung der offenen Handelsgesellschaft; die Zurechnung von Pflichtverletzungen und unerlaubten Handlungen; die Haftung der Gesellschafter nach § 128 HGB; Einwendungen der Gesellschafter gemäß § 129 HGB.

Lösungsweg

A. Ansprüche des R gegen die H-oHG / Die Anbringung der Markise

Der R könnte gegen die H-oHG einen Nacherfüllungsanspruch, gerichtet auf die Anbringung der Markise, gemäß §§ 635 Abs. 1, 634 Nr. 1, 633 Abs. 2 Satz 2 Nr. 2 BGB i. V. m. § 124 Abs. 1 HGB haben (bitte den ersten und den letzten Paragrafen der Kette nachlesen).

Fall 14: »Trautes Heim, Glück allein?«

I. Dies setzt zunächst den Abschluss eines wirksamen Werkvertrages im Sinne des § 631 BGB zwischen R und der H-oHG voraus.

1.) Die H-oHG kann gemäß § 124 Abs. 1 HGB Vertragspartner sein, zumal sie spätestens mit der Eintragung in das Handelsregister gemäß § 105 Abs. 1 i. V. m. § 123 Abs. 1 HGB im Innen- und Außenverhältnis wirksam entstanden ist (siehe insoweit den vorherigen Fall).

2.) Vom Zustandekommen eines Werkvertrages zwischen der H-oHG und dem R ist angesichts der Schilderung im Fall auszugehen; jedenfalls mit dem Beginn der Arbeiten durch A kann vom Vorliegen einer vertraglichen Einigung ausgegangen werden, da A als vertretungsberechtigter Gesellschafter gemäß § 125 Abs. 1 HGB einen Vertrag für die Gesellschaft abschließen konnte. Durch diesen Vertrag wurde die H-oHG zur ordnungsgemäßen Montage der Markise verpflichtet. Die H-oHG schuldete folglich einen bestimmten Arbeitserfolg, so dass der Vertrag problemlos auch als Werkvertrag zu qualifizieren ist (vgl. BGH NJW **2002**, 749; OLG Hamm NJW-RR **2001**, 1309; vgl. auch *Schwabe/Kleinhenz*, Schuldrecht I, Fall 23).

II. Zur Begründung des Anspruchs auf Nacherfüllung aus den im Obersatz benannten Normen muss die Werkleistung im Zeitpunkt der Abnahme (§ 640 Abs. 1 BGB) *mangelhaft* gewesen sein.

> *Mangelhaft* im Sinne des § 633 BGB ist ein Werk, wenn die Ist-Beschaffenheit von der Soll-Beschaffenheit abweicht (PWW/*Leupertz* § 633 BGB Rz. 13). Eine Soll-Beschaffenheit haben die Parteien nicht ausdrücklich festgelegt, weshalb nach § 633 Abs. 2 Satz 2 Nr. 1 BGB die im Vertrag vorausgesetzte Verwendung oder die gewöhnliche Verwendung des Werkes nach § 633 Abs. 2 Satz 2 Nr. 2 BGB entscheidend ist. Ob der Anwendungsbereich der Nr. 1 nur eröffnet ist, wenn bei Vertragsschluss ein besonderer Verwendungszweck vorausgesetzt wird (*Ehmann/Sutschet*, Seite 196; MüKo-*Westermann* § 434 BGB Rz. 17) oder der allgemeine Verwendungszweck (*Palandt/Sprau* § 633 BGB Rz. 7), kann dahinstehen, wenn das hergestellte Werk sich jedenfalls nicht zur gewöhnlichen Verwendung eignet und daher nach Maßgabe des § 633 Abs. 2 Nr. 2 BGB mangelhaft ist.

Zum Fall: Die Montage einer Markise wird den gewöhnlichen Anforderungen nur gerecht, wenn die Markise fortan als Sonnenschutz verwendet werden kann, was nicht zuletzt eine sichere und feste Anbringung am Mauerwerk voraussetzt. Dies war infolge der Verwendung der falschen Schrauben nicht gewährleistet. Die Werkleistung eignete sich also nicht zur gewöhnlichen Verwendung, war somit zumindest im Sinne des § 633 Abs. 2 Satz 2 Nr. 2 BGB mangelhaft.

Als *Rechtsfolge* sieht § 635 Abs. 1 BGB einen Anspruch auf Nacherfüllung vor, wobei die H-oHG als Unternehmerin ein Wahlrecht zwischen der Mangelbeseitigung und der Neuherstellung hat, was im vorliegenden Fall allerdings zum gleichen Ergebnis führt, nämlich die Anbringung der Markise.

Ergebnis: R hat gegen die H-oHG einen Anspruch auf Anbringung der Markise gemäß den §§ 635 Abs. 1, 634 Nr. 1, 633 Abs. 2 Satz 2 Nr. 2 BGB i. V. m. § 124 Abs. 1 HGB.

B. Ansprüche des R gegen die H-oHG / Schmerzensgeld in Höhe von 5.000 Euro

I. Der R könnte gegen die H-oHG einen Anspruch auf ein Schmerzensgeld in Höhe von 5.000 Euro aus §§ 634 Nr. 4, 280 Abs. 1, 253 Abs. 2, 633 Abs. 2 Satz 2 Nr. 2 BGB i. V. m. § 124 Abs. 1 HGB haben.

1.) Ein wirksamer Werkvertrag zwischen R und der H-oHG liegt vor (siehe oben).

2.) Gemäß **§ 280 Abs. 1 BGB** ist des Weiteren das Vorliegen einer *schuldhaften Pflichtverletzung* Voraussetzung. Die *Pflichtverletzung* ergibt sich hier aus der bereits festgestellten Mangelhaftigkeit des Werkes gemäß § 633 Abs. 2 Satz 2 Nr. 2 BGB. Ein mangelhaftes Werk begründet stets eine Pflichtverletzung im Sinne des § 280 Abs. 1 BGB (*Palandt/Grüneberg* § 280 BGB Rz. 12, 15; *Jauernig/Stadler* § 280 BGB Rz. 12). Das *Verschulden* hinsichtlich der Pflichtverletzung wird gemäß § 280 Abs. 1 Satz 2 BGB vermutet (*Erman-Westermann* § 280 BGB Rz. 31). A gelingt es nicht, sich zu exculpieren. Vielmehr steht fest, dass er fahrlässig im Sinne des § 276 BGB handelte, indem er versehentlich die falschen Schrauben verwendete.

ZE.: Somit liegt innerhalb des zwischen R und der H-oHG geschlossenen Werkvertrages eine schuldhafte Pflichtverletzung im Sinne des § 280 Abs. 1 BGB vor.

Problem: Diese schuldhafte Pflichtverletzung hat allerdings bei genauer Betrachtung nicht die eigentliche Anspruchsgegnerin, nämlich die H-oHG, begangen (wie soll das auch gehen?). Eine Gesellschaft ist als solche natürlich nicht handlungsfähig bzw. fähig, eine schuldhafte Pflichtverletzung zu begehen. Das kann rein logisch nur eine natürliche Person. Gehandelt hat im vorliegenden Fall ausschließlich der A. Die Haftung der H-oHG ist daher davon abhängig, ob sich die H-oHG das schuldhafte Verhalten des A auch zurechnen lassen muss.

> **Achtung:** Dieses Problem der Zurechenbarkeit stellt sich im Rahmen des Nacherfüllungsanspruchs oben nicht. Dort kommt es – im Unterschied zum Schadensersatzanspruch – nur auf das objektive Vorliegen des Mangels an und eben nicht darauf, ob jemand pflichtwidrig gehandelt hat.

Lösung: Die Zurechenbarkeit von schuldhaften Vertragspflichtverletzungen hängt von der Stellung der handelnden Person in der Gesellschaft ab. Zu unterscheiden ist namentlich zwischen *Organen* und sonstigen zur *Erfüllung* von *Verbindlichkeiten* eingesetzten *Personen*. Und zwar so:

a) Handelt ein Mitarbeiter der Gesellschaft in Erfüllung einer Verbindlichkeit, so ist dieser als *Erfüllungsgehilfe* zu qualifizieren. Die Zurechnung der schuldhaften

Pflichtverletzung erfolgt unproblematisch über § 278 BGB (*Baumbach/Hopt* § 124 HGB Rz. 24; MüKo-*K. Schmidt* § 125 HGB Rz. 12).

b) Handelt – wie hier – ein Organ (unser A ist vertretungs- und geschäftsführungsbefugter Gesellschafter!), ist die Zurechnungsnorm streitig:

- Nach *herrschender Meinung* erfolgt die Zurechnung in diesen Fällen in *analoger* Anwendung des **§ 31 BGB** (lesen, bitte!). Nach dieser Ansicht sind die Organe der Personengesellschaften als »verfassungsmäßig berufene Vertreter« im Sinne der Norm anzusehen, so dass für die Zurechnung nach § 31 BGB analog entscheidend ist, ob das Organ »in Ausführung der ihm zustehenden Verrichtung« gehandelt hat (RGZ **94**, 318, 320; BGHZ **49**, 19, 23; **99**, 298; *Soergel-Hadding* § 31 BGB Rz. 4, 6 f.; *Palandt/Grüneberg* § 278 BGB Rz. 6; *Erman-Westermann* § 31 BGB Rz. 10). Dieses Tatbestandsmerkmal ist in einem weiten Sinne zu verstehen. Ausgenommen sind lediglich solche Pflichtverletzungen, die nur »bei Gelegenheit« der Verrichtung begangen wurden, also mit dieser in keinem inneren Zusammenhang stehen. Das heißt, die Vorschrift greift auch ein, wenn der Handelnde seine Geschäftsführungsbefugnis beziehungsweise Vertretungsmacht überschreitet (BGHZ **98**, 148, 151; BGH WM **1974**, 153, 154; NJW **1980**, 115, 116; *K. Schmidt*, GesR, § 10 IV 4b; *Westermann* in JuS 1961, 382 f.). Die Errichtung des mangelhaften Werkes ist keine auszunehmende Gelegenheitstat, so dass man unter Zugrundelegung der herrschenden Meinung zu einer Zurechnung analog § 31 BGB kommt.

- Nach einer *Mindermeinung* fehlt es an einer Regelungslücke, die die analoge Anwendbarkeit des § 31 BGB rechtfertigen kann. Denn die Organe könnten vielmehr problemlos als *Erfüllungsgehilfen* im Sinne des **§ 278 BGB** angesehen werden, weshalb im vertraglichen Bereich eine gesetzliche Zurechnungsnorm vorhanden sei (RGZ **152**, 129, 132; *Staudinger/Weick* § 31 BGB Rz. 3; für den Verein: *Medicus*, AT, Rz. 1135). Dies zugrunde gelegt ist entscheidend, ob A in Erfüllung einer Verbindlichkeit handelte. Die fehlerhafte Montage der Markise geschah in Ausführung des mit R abgeschlossenen Werkvertrages, so dass der H-oHG das pflichtwidrige Verhalten des A bei Anwendung des § 278 Satz 1 BGB zurechenbar ist.

ZE.: Die H-oHG muss sich demnach entweder in analoger Anwendung des § 31 BGB (herrschende Meinung) oder aber direkt über § 278 BGB (Mindermeinung) das Verhalten des R zurechnen lassen.

> **Tipp**: In 99 von 100 Fällen führen beide Meinungen – so wie in unserem Fall – zum gleichen Ergebnis, weshalb man sich eine argumentative Auseinandersetzung auch sparen kann (und sogar muss!). Langatmige Erläuterungen ärgern den Prüfer, wenn man ihm dann nach drei langen Seiten präsentiert, dass der ganze

> Quatsch am Ende unerheblich ist. In einer Klausur stellt man daher in gebotener Kürze die beiden Meinungen dar, lässt den Streit aber am Ende offen unter Hinweis auf die identischen Ergebnisse. Wie man das am besten formuliert, steht weiter unten im Gutachten, nachlesen schadet nicht (ein – seltenes – Beispiel, in dem die Ansichten ausnahmsweise nicht zu demselben Ergebnis kommen, findet sich für die ganz Interessierten etwa bei *K. Schmidt*, GesR, § 10 IV 3).

Weitere Voraussetzungen als die oben festgestellten sind zur Begründung des Anspruchs aus § 280 Abs. 1 BGB nicht mehr erforderlich. Es genügt die schuldhafte Pflichtverletzung innerhalb eines Schuldverhältnisses.

> **Durchblick**: Gemäß § 280 Abs. 1 Satz 1 BGB sind – in Abgrenzung zu den §§ 280 Abs. 3, 281 Abs. 1 BGB – nämlich nur die Schäden zu ersetzen, die nicht »statt« der Leistung, sondern »neben« der Leistung gefordert werden können (*Palandt/Grüneberg* § 280 BGB Rz. 18). Bei der von R erlittenen Körperverletzung handelt es sich um einen sogenannten »**Mangelfolgeschaden**«, dessen Ausgleich nicht anstelle, sondern neben der Leistung erfolgt. Denn dieser Schaden würde auch durch eine nachträglich ordnungsgemäß erbrachte Leistung nicht mehr behoben. Daher fällt diese Art von Schaden in den Anwendungsbereich des § 280 Abs. 1 BGB, so dass es auf die zusätzlichen Voraussetzungen der §§ 280 Abs. 3, 281 Abs. 1 BGB – namentlich eine Nachfristsetzung zur Erbringung der Leistung – logischerweise nicht mehr ankommt (vgl. *Palandt/Grüneberg* § 280 BGB Rz. 18; *Erman/Westermann* § 280 BGB Rz. 10).

Der Umfang des Schadensersatzes bestimmt sich nach Maßgabe der §§ 249 ff. BGB, wobei der Anspruch auf ein angemessenes Schmerzensgeld, das hier mit 5.000 Euro zu beziffern ist, aus **§ 253 Abs. 2 BGB** resultiert.

Ergebnis: Unser R hat gegen die H-oHG einen Schmerzensgeldanspruch in Höhe von 5.000 Euro gemäß den §§ 634 Nr. 3, 280 Abs. 1, 253 Abs. 2, 633 Abs. 2 Satz 2 Nr. 2 BGB i. V. m. § 124 Abs. 1 HGB.

II. Der Schmerzensgeldanspruch gegen die H-oHG könnte sich außerdem aus **§ 831 Abs. 1 BGB** i. V. m. **§ 124 Abs. 1 HGB** ergeben.

Voraussetzung für eine Haftung der H-oHG nach § 831 Abs. 1 BGB ist, dass A Verrichtungsgehilfe der Gesellschaft ist.

> **Definition**: *Verrichtungsgehilfe* im Sinne des § 831 Abs. 1 Satz 1 BGB ist, wer zu dem Geschäftsherrn in einem gewissen Abhängigkeitsverhältnis steht und die übertragenen Tätigkeiten weisungsgebunden ausführt (BGH WM **1998**, 257, 259; *Palandt/Sprau* § 831 BGB Rz. 6; *MüKo-Wagner* § 831 BGB Rz. 19).

Zum Fall: Ein geschäftsführungs- und vertretungsberechtigter Gesellschafter wird im Regelfall *selbstständig* und *unabhängig* tätig. Mangels Weisungsgebundenheit kann ein Organ daher nicht als Verrichtungsgehilfe der Gesellschaft angesehen werden (BGHZ **45**, 311, 313; *Soergel-Hadding* § 714 BGB Rz. 40; *Staudinger/Eberl-Borges* § 831 BGB Rz. 66; mit abweichender Begründung MüKo-*Ulmer* § 705 BGB Rz. 261).

Ergebnis: A ist als Organ der H-oHG tätig geworden und stand in keinem Weisungsverhältnis. Mithin ist er <u>nicht</u> als Verrichtungsgehilfe der H-oHG zu qualifizieren. Ein Anspruch aus § 831 Abs. 1 BGB i. V. m. § 124 Abs. 1 HGB scheidet daher aus.

III. Möglicherweise ergibt sich der Anspruch auf Schmerzensgeld noch aus **§ 823 Abs. 1 BGB** i. V. m. **§ 31 BGB analog** i. V. m. **§ 124 Abs. 1 HGB**.

1.) Eine tatbestandliche Rechtsgutsverletzung im Sinne des § 823 Abs. 1 BGB liegt in Form der Körperverletzung vor. Dabei kann A sich nicht auf Rechtfertigungsgründe berufen, handelte also rechtswidrig. Außerdem handelte er fahrlässig im Sinne des § 276 Abs. 2 BGB, so dass er die Körperverletzung auch zu verschulden hat.

2.) Eine Haftung für die von dem Gesellschafter A begangene Körperverletzung kommt nur in Betracht, wenn diese der H-oHG *zurechenbar* ist. Die Zurechnung von durch Organe begangene unerlaubte Handlungen erfolgt bei der oHG nach allgemeiner Ansicht in *analoger* Anwendung des *§ 31 BGB* (RG JW **1931**, 1689, 1690; BGH NJW **1952**, 537, 538; *Schlegelberger/K. Schmidt* § 124 HGB Rz. 21; GroßKomm-*Habersack* § 124 HGB Rz. 16; *Baumbach/Hopt* § 124 HGB Rz. 25; *Hueck/Windbichler* § 15 Rz. 4; *Wiedemann*, GesR II, § 8 III 1a bb). Voraussetzung ist damit nach dem Wortlaut des § 31 BGB auch hier, dass A »in Ausführung der Verrichtung« einen Dritten schädigte, was entsprechend dem oben Gesagten zu bejahen ist. Folglich ist der H-oHG die schädigende Handlung zuzurechnen.

> **Vorsicht**: An dieser Stelle darf man nicht den (groben!) Fehler machen, den § 278 BGB als Zurechnungsnorm für das Verhalten des Organs heranzuziehen. Innerhalb des § 823 BGB findet § 278 BGB nämlich <u>keine</u> Anwendung (vgl. nur *Palandt/Heinrichs* § 278 BGB Rz. 2). Für die Haftung im Rahmen des § 823 BGB kommt daher in Fällen der vorliegenden Art stets nur die analoge Anwendung des § 31 BGB in Betracht. Merken.

Ergebnis: Die H-oHG hat folglich auch Schadensersatz aus **§ 823 Abs. 1 BGB** i. V. m. **§ 31 BGB analog** i. V. m. **§ 124 Abs. 1 HGB** zu leisten. Mithin kann R nach § 253 Abs. 2 BGB das Schmerzensgeld aus den benannten Normen verlangen. **Und**: Ein deliktsrechtlicher Schmerzensgeldanspruch gleichen Inhalts ergibt sich schließlich aus **§ 823 <u>Abs. 2</u> BGB** i. V. m. **§ 229 StGB** i. V. m. **§ 31 BGB** analog, **§ 124 Abs. 1 HGB**.

C. Ansprüche des R gegen den Gesellschafter C

Der R könnte gegen C sowohl einen Anspruch auf Nacherfüllung (= Anbringung der Markise) als auch einen Schmerzensgeldanspruch aus **§ 128 Satz 1 HGB** (lesen, bitte!) haben.

I. Gemäß § 128 Satz 1 HGB haften die Gesellschafter »für die Verbindlichkeiten der Gesellschaft«. Damit wird zum Ausdruck gebracht, dass die Gesellschafterhaftung von dem Bestehen einer Gesellschaftsverbindlichkeit abhängig ist. Mit anderen Worten: Der § 128 Satz 1 HGB normiert eine *akzessorische* Haftung (*Koller/Roth/Morck* § 128 HGB Rz. 1; *Baumbach/Hopt* § 128 HGB Rz. 8; *K. Schmidt*, GesR, § 49 II 3). Gesellschaftsverbindlichkeiten bestehen im vorliegenden Fall, und zwar in Form eines Nacherfüllungs- und Schmerzensgeldanspruchs.

II. Als Rechtsfolge sieht § 128 Satz 1 HGB eine *gesamtschuldnerische* Haftung der Gesellschafter gegenüber den Gläubigern vor. Hinter diesem Satz verbergen sich wichtige *Haftungsgrundsätze*:

> Daraus ergibt sich zunächst, dass die Gesellschafter *persönlich* und *unbeschränkt*, das heißt mit ihrem gesamten Privatvermögen, haften. Die Gesellschafter können *unmittelbar* von den Gläubigern in Anspruch genommen werden, sie haften also nicht nur gegenüber der Gesellschaft. Dabei sind die Gläubiger nicht verpflichtet, ihre Ansprüche zunächst gegenüber der Gesellschaft geltend zu machen. Die Gesellschafterhaftung ist folglich nicht als subsidiäre, sondern als *primäre* Haftung konzipiert (MüKo-*K. Schmidt* § 128 HGB Rz. 15, 20; *Baumbach/Hopt* § 128 HGB Rz. 1; *E/B/J/Hillmann* § 128 HGB Rz. 17 ff.; *Hueck/Windbichler* § 15 Rz. 20; *Wiedemann*, GesR II, § 8 III 3b aa). Außerdem haften die Gesellschafter *auf das Ganze*, und zwar unabhängig davon, welchen Rechtsgrund die Gesellschaftsverbindlichkeit hat. Die Gesellschafter haften somit nach herrschender Meinung auch für deliktsrechtliche Ansprüche (GroßKomm-*Habersack* § 128 HGB Rz. 10; *Baumbach/Hopt* § 128 HGB Rz. 22; a.A. *Flume* I/1§ 16 IV 6, S. 343; *Altmeppen* in NJW 1996, 1017, 1019). Letztlich ist die Gesamtschuldnerhaftung gemäß den §§ 421 ff. BGB im Verhältnis der Gesellschafter untereinander angeordnet (MüKo-*K. Schmidt* § 128 HGB Rz. 18; *Wiedemann*, GesR II, § 8 III 3b aa).

Merksatz: Die Gesellschafter einer oHG haften gemäß § 128 Satz 1 BGB persönlich und unbeschränkt, unmittelbar und primär, auf das Ganze und als Gesamtschuldner.

III. Davon zu unterscheiden ist die Frage nach dem *Haftungsinhalt*. Unter dem Gesichtspunkt des Haftungsinhalts ist problematisch, ob die Gesellschafter in der gleichen Weise haften wie die oHG selbst, also wie diese zur *Erfüllung* verpflichtet sind oder sich die Haftung auf das *Wertinteresse* beschränkt.

1.) Die Unterscheidung von einer Erfüllungshaftung und einer auf das Wertinteresse beschränkten Haftung ist im Falle von Geldverbindlichkeiten übrigens überflüssig, denn ob der Gesellschafter die Geldsumme in Erfüllung oder als Wertinteresse zahlt, kann dem Gläubiger egal sein: Geld ist Geld. Geht es in einer Klausur also nur um Geldverbindlichkeiten, für die ein Gesellschafter einzustehen hat, ist die Erörterung des Haftungsinhalts überflüssig und daher falsch.

Zum Fall: Folglich steht bereits an dieser Stelle die Haftung des R hinsichtlich des auf Geldleistung gerichteten Schmerzensgeldanspruchs aus § 128 Satz 1 HGB fest. Es handelt sich um eine Geldschuld, die gegenüber der oHG besteht (siehe oben) und für die demnach der C als Gesellschafter gemäß § 128 Satz 1 HGB haften muss.

2.) Von Bedeutung ist die Unterscheidung im Hinblick auf den Haftungsinhalt in allen anderen Fällen. Schuldet die Gesellschaft beispielsweise die Lieferung von Waren oder – wie hier – Nacherfüllung aufgrund eines Sachmangels, so macht es für den Gläubiger augenscheinlich einen Unterschied, ob er genau diese Leistung erhält oder eben nur einen adäquaten Geldbetrag. Inwieweit nun eine Haftungspflicht für andere als Geldschulden seitens der einzelnen Gesellschafter besteht, ist umstritten:

- Die früher vertretene sogenannte »**Haftungstheorie**« beschränkte die Haftung der Gesellschafter stets auf das Wertinteresse (GroßKomm-*Fischer*, 3. Auflage, § 128 HGB Anm. 9 ff.).

- Die heute herrschende Meinung befürwortet demgegenüber grundsätzlich eine Haftung der Gesellschafter mit demselben Inhalt wie die Gesellschaft selbst, sogenannte »**Erfüllungstheorie**« (BGHZ **73**, 217, 222; BGH NJW **1987**, 2367, 2369; WM **1988**, 971; *Flume* § 16 III 3; *K. Schmidt*, GesR, § 49 III 1b; *Grunewald* 1. B. Rz. 38; *Hadding* in ZGR 1973, 137, 147). Und dies auch aus gutem Grund: Aus § 128 Satz 1 HGB, der allein den Gläubigerschutz bezweckt, ergibt sich der Grundsatz der primären Haftung (vgl. oben). Dieser Grundsatz wäre unter Zugrundelegung der Haftungstheorie ausgehöhlt, denn nach diesem Ansatz müsste der Gläubiger, sofern er nicht von vornherein auf die Erfüllung verzichten möchte, zunächst gegen die Gesellschaft vorgehen (*Baumbach/Hopt* § 128 HGB Rz. 1; *Wiedemann*, GesR II, § 8 III 3; *Hueck/Windbichler* § 15 Rz. 18).

Feinkost: Der von der herrschenden Meinung vertretene Grundsatz, dass die Gesellschafter mit demselben Inhalt wie die Gesellschaft selbst haften, erfährt allerdings unter verschiedenen Gesichtspunkten Einschränkungen. Hierzu schauen wir uns mal die klausurrelevanten Konstellationen an (vgl. *K. Schmidt*, GesR, § 49 III 2b und 2c):

> **a)** Schuldet die oHG die *Übereignung einer Sache*, die sich im *Gesellschaftsvermögen* befindet, so ist einem Gesellschafter die Erfüllung dieses Anspruchs *im eigenen Namen* **unmöglich** (E/B/J/*Hillmann* § 128 HGB Rz. 28; *Hueck/Windbichler* § 15 Rz. 19; *Lindacher* in JuS 1982, 349, 354). Denn der Gesellschafter ist wegen der gesamthänderischen Bindung des Gesellschaftsvermögens nach § 105 Abs. 3 HGB i. V. m. § 719 Abs. 1, 1. HS BGB nicht berechtigt, Verfügungen über einzelne zum Gesellschaftsvermögen gehörende Gegenstände zu treffen (vgl. hierzu vorne Fall 12). Auch kann der Gesellschafter die Übereignungserklärung – selbst wenn er geschäftsführungsbefugt und vertretungsberechtigt ist – nicht *im Namen der Gesellschaft* abgeben. Mit einer solchen Übereignungserklärung würde er nämlich nicht seine Verbindlichkeit aus § 128 Satz 1 HGB erfüllen. Vielmehr würde er damit zum Ausdruck bringen, die Schuld der Gesellschaft tilgen zu wollen (BGH WM **1983**, 220, 221; *Schlegelberger/K. Schmidt* § 128 HGB Rz. 30; *Lindacher* in JuS 1982, 349, 354).

b) Hiervon zu unterscheiden ist der Fall, dass die oHG die *Übereignung einer Sache* schuldet, die sich im *Privatvermögen* eines Gesellschafters befindet. In dieser Konstellation ist entscheidend, ob dem Gesellschafter die Erbringung der Leistung *zumutbar* ist. Die Zumutbarkeit ist im Wege einer Interessenabwägung zu ermitteln. In die Abwägung einzubeziehen ist einerseits das Interesse des Gläubigers an der Erfüllung und andererseits das schützenswerte Interesse des Gesellschafters auf Freihaltung seiner Privatsphäre (BGHZ **23**, 302, 305 f.; BGHZ **59**, 64, 67 f.; BGHZ **73**, 217, 221 f.). Eine pauschale Antwort ist in diesem Fall mit der überwiegenden Meinung nicht möglich. Vielmehr ist wie folgt zu differenzieren: Ist der Gesellschafter (aus dem Gesellschaftsvertrag) gegenüber der Gesellschaft zur Übereignung der Sache verpflichtet, so ist mit der Pflicht zur unmittelbaren Übereignung der Sache an den Gesellschaftsgläubiger kein besonderer Eingriff in seine Privatsphäre verbunden. Daher ist dem Gesellschafter die Erfüllung gegenüber dem Gläubiger auch zumutbar (BGHZ **23**, 302, 305 f.; *Schlegelberger/K. Schmidt* § 128 HGB Rz. 27; *E/B/J/Hillmann* § 128 HGB Rz. 27; *Hueck/Windbichler* § 15 Rz. 19 dd; *Kraft/Kreutz* D. III. 4c cc; *Roth* § 9 Rz. 238). Ist er dagegen zur Übereignung der Sache an die Gesellschaft nicht verpflichtet, wird eine starke Belastung der Privatsphäre des Gesellschafters angenommen, die dem Interesse des Gesellschafters an der Erfüllung vorgeht. In dieser Situation wird der Gläubiger folglich auf das Wertinteresse verwiesen (*Hueck/Windbichler* § 15 Rz. 19 dd; *Kraft/Kreutz* D. III. 4c cc; *Roth* § 9 Rz. 238).

c) Zur *Erfüllung* ist der Gesellschafter verpflichtet, wenn die Gesellschaft nicht die Übereignung, sondern nur die *Lieferung* oder *Herausgabe* einer Sache aus dem Gesellschaftsvermögen schuldet (*E/B/J/Hillmann* § 128 HGB Rz. 25; *MüKo-K. Schmidt* § 128 HGB Rz. 26). In diesem Fall steht § 105 Abs. 3 HGB i. V. m. §§ 718, 719 BGB der Erfüllung des Anspruchs nicht entgegen. Denn: § 719 Abs. 1, 1. HS BGB verbietet nur Verfügungen über das Gesellschaftsvermögen und die Herausgabe ist lediglich eine tatsächliche Handlung.

d) Für den vorliegenden Fall ist nun die Frage relevant, ob C den *Nacherfüllungsanspruch* aus §§ 635 Abs. 1, 634 Nr. 1, 633 Abs. 2 Satz 2 Nr. 2 BGB erfüllen muss. Möglicherweise ist es C unzumutbar, die Nacherfüllung zu erbringen, da er als Buchhalter vom Handwerk nichts versteht und somit nicht in der Lage ist, die Markise selbst anzubringen. Die Grenzen der Zumutbarkeit sind auch in dieser Fallkonstellation durch Abwägung der widerstreitenden Interessen, namentlich dem Interesse des Gesellschaftsgläubigers an der Erfüllung einerseits und dem Interesse des Gesellschafters an der Freihaltung seiner Privatsphäre andererseits, zu ermitteln (vgl. die Nachweise oben unter 2). Hier ist entscheidend, dass es dem Gesellschafter unbenommen ist, einen Drittunternehmer mit der Durchführung der Nacherfüllung zu beauftragen (BGHZ **73**, 217, 221 f.). Somit spielt es keine Rolle, dass C selbst keine fachgerechte Montage der Markise durchführen kann. Außerdem wird die Privatsphäre des Gesellschafters durch die Pflicht zur Beauftragung eines Drittunternehmers nicht übermäßig tangiert. Dies zeigt insbesondere die Überlegung, dass anderenfalls dem Gläubiger das Gleiche abverlangt würde, um sich selber zu helfen (BGHZ **73**, 217, 221 f.; i. Erg. ebenso *Hueck/Windbichler* § 15 Rz. 19 cc; *Lindacher* in JuS 1982, 349, 354).

Ergebnis: C ist es zumutbar, dem Nacherfüllungsverlangen nachzukommen, so dass die Haftung aus § 128 Satz 1 HGB nicht auf das Wertinteresse zu beschränken ist. R hat somit auch gegen C aus **§ 128 Satz 1 HGB** einen Anspruch auf Zahlung eines angemessenen Schmerzensgeldes sowie einen Nacherfüllungsanspruch in natura.

Ein Nachschlag noch (schwer!):

Wir haben also jetzt gelernt, wie eine oHG für die Fehler ihrer Gesellschafter haften muss und auch, unter welchen Umständen die Gesellschafter persönlich für die gegenüber der oHG begründeten Verbindlichkeiten einstehen müssen. In diesem Nachschlag wollen wir uns noch kurz die Rechte des in Anspruch genommenen Gesellschafters anschauen, die er seinerseits dem Gläubiger entgegenhalten kann. Folgende kleine Abwandlung zum Ausgangsfall wird uns das verdeutlichen:

> Wir wollen uns vorstellen, dass, nachdem die Markise in einem zweiten Versuch wieder angebracht worden ist, der R den C jetzt wegen der Schmerzensgeldforderung (5.000 Euro) in Anspruch nimmt. C weigert sich und erklärt, da R noch immer nicht die Werklohnforderung in Höhe von 300 Euro beglichen habe, könne er ihm dies entgegenhalten und müsse höchstens 4.700 Euro zahlen. **Stimmt das?**

Lösung: R hat gegen C, wie oben gesehen, grundsätzlich einen Anspruch auf Schmerzensgeldzahlung aus § 128 Satz 1 HGB. Fraglich ist, ob C die Zahlung des Schmerzensgeldes in Höhe von 5.000 Euro wegen der noch ausstehenden Werklohnforderung in Höhe von 300 Euro teilweise abwenden kann.

I. Möglicherweise kann C mit der Werklohnforderung gemäß den §§ 387 ff. BGB aufrechnen und somit den Schmerzensgeldanspruch in Höhe von 300 Euro zum Erlöschen bringen, vgl. § 390 BGB. Voraussetzung ist nach § 387 BGB, dass der Aufrechnende und der Aufrechnungsgegner zugleich Gläubiger und Schuldner des jeweils anderen sind – sogenanntes »Gegenseitigkeitsverhältnis« (vgl. nur *Palandt/ Grüneberg* § 387 BGB Rz. 4).

Zum Fall: Unser C ist zwar Schuldner des Schmerzensgeldanspruchs aus § 128 Satz 1 HGB, jedoch ist er <u>nicht</u> Anspruchsinhaber der Werklohnforderung. Diese steht vielmehr der rechtlich selbstständigen H-oHG (§ 124 Abs. 1 HGB!) zu. Folglich scheidet mangels Gegenseitigkeit der Forderungen eine Aufrechnung gemäß §§ 387 ff. BGB durch C aus.

II. Unter Umständen hilft dem C aber die Vorschrift des **§ 129 Abs. 1 HGB** weiter: Gemäß § 129 Abs. 1 HGB kann der Gesellschafter alle Einwendungen geltend machen, die der Gesellschaft zustehen.

> **Beachte:** Aus dem Wortlaut des § 129 Abs. 1 HGB ergibt sich für einen Gesellschafter aber natürlich auch das Recht, in <u>seiner</u> Person begründete Einwendungen und Einreden geltend zu machen. Dies ist beispielsweise der Fall, wenn er die Forderung bereits erfüllt hat (§ 362 Abs. 1 BGB) oder der Gläubiger ihm gegenüber Stundung ge-

währt hat (GroßKomm-*Habersack* § 129 HGB Rz. 17 ff.; *E/B/J/Hillmann* § 129 HGB Rz. 8; *Roth* § 9 Rz. 241). Persönliche Einwendungen oder Einreden liegen in unserem Fall aber offensichtlich nicht vor.

Der Begriff der **Einwendungen** ist in einem weiten Sinne zu verstehen, da in § 129 Abs. 1 HGB der Grundsatz der Akzessorietät der Gesellschafterhaftung zum Ausdruck kommt. Das heißt, es werden sämtliche rechtshindernden, rechtsvernichtenden und rechtshemmenden Einwendungen erfasst (*Baumbach/Hopt* § 129 HGB Rz. 1; GroßKomm-*Habersack* § 129 HGB Rz. 4; *Wiedemann*, GesR II, § 8 III 3c).

> **Durchblick:** An dieser Stelle muss man sich für die Klausurlösung Folgendes klar machen: Liegt eine rechtshindernde (beispielsweise §§ 134, 138 BGB) oder rechtsvernichtende Einwendung (beispielsweise Erfüllung durch die Gesellschaft nach § 362 Abs. 1 BGB) vor, kommt man in einer Falllösung gar nicht mehr zur Prüfung des § 129 Abs. 1 HGB! In diesen Fällen liegt nämlich schon keine Gesellschaftsschuld vor, für die der Gesellschafter haften könnte, so dass die Prüfung der Gesellschafterhaftung richtigerweise schon beim ersten Tatbestandsmerkmal beendet ist (vgl. Groß-Komm-*Habersack* § 129 HGB Rz. 4; *Bülow* in ZGR 1988, 192, 199 f.). Kapiert?!

Hauptanwendungsfeld des § 129 Abs. 1 HGB sind danach die **rechtshemmenden** Einwendungen (= Einreden), wie beispielsweise die Verwirkung oder Verjährung, auf die sich der Gesellschafter auch dann berufen kann, wenn sie die Gesellschaft selbst noch nicht geltend gemacht hat.

Zum Fall: Hier kommt als rechtsvernichtende Einwendung die Aufrechnung (§§ 387 ff. BGB) durch die H-oHG als Anspruchsinhaberin der Werklohnforderung und Schuldnerin des Schmerzensgeldanspruchs in Betracht. Nach unserer obigen Überlegung hätten wir im Prüfungsaufbau allerdings einen Fehler gemacht, wenn die Gesellschaftsverbindlichkeit bereits in Folge der Aufrechnung erloschen wäre. Dies ist aber nicht der Fall, da die H-oHG die Aufrechnung – vorbehaltlich der weiteren Tatbestandsvoraussetzungen aus §§ 387 ff. BGB – noch nicht erklärt hat.

Gleichwohl kommt der Tatbestand des § 129 Abs. 1 HGB nicht in Betracht. Ein Gesellschafter kann sich nämlich nicht anstelle der Gesellschaft auf die Aufrechnung berufen. Die Aufrechnung ist, wie etwa auch die Anfechtung oder der Rücktritt, ein *Gestaltungsrecht*. Die Ausübung dieser Rechte ist dem einzelnen Gesellschafter versagt, da er hierdurch auf ein fremdes Rechtsverhältnis, nämlich auf das Rechtsverhältnis zwischen Gesellschaft und Gläubiger, einwirken würde (MüKo-*K. Schmidt* § 129 HGB Rz. 6; *Koller/Roth/Morck* § 129 HGB Rz. 3; *Röhricht/Graf v. Westphalen/von Gerkan/Haas* § 129 HGB Rz. 6; *Wiedemann*, GesR II, § 8 III 3c; *Roth* § 9 Rz. 241).

III. Fraglich ist aber, ob sich C auf **§ 129 Abs. 3 HGB**, der dem Gesellschafter die Einrede der Aufrechenbarkeit gewährt, berufen kann.

1.) Gemäß § 129 Abs. 3 HGB kann ein Gesellschafter die Befriedigung des Gläubigers verweigern, solange sich der Gläubiger durch Aufrechnung gegen eine fällige Forderung der Gesellschaft befriedigen kann. Geht man von dem Wortlaut der Vorschrift aus (noch mal lesen bitte!), so entscheidet über das Leistungsverweigerungsrecht des Gesellschafters die Aufrechnungsmöglichkeit des *Gläubigers*. Dies wird aber nach heute ganz herrschender Meinung nicht dem Sinn und Zweck des § 129 Abs. 3 HGB gerecht: Sowohl § 129 Abs. 3 als auch § 129 Abs. 2 HGB ziehen nur die Konsequenz aus der fehlenden Befugnis des Gesellschafters, die Gestaltungsrechte für die Gesellschaft ausüben zu können (BGHZ **42**, 396, 397 f.; *Heymann/Emmerich* § 129 HGB Rz. 13; GroßKomm-*Habersack* § 129 HGB Rz. 23; *K. Schmidt*, GesR, § 49 II 1c; *Bülow* in ZGR 1988, 199 f.). Dementsprechend kann allein nur entscheidend sein, ob die **Gesellschaft** zur Ausübung des Gestaltungsrechts befugt ist (GroßKomm-*Habersack* § 129 HGB Rz. 23; *Koller/Roth/Morck* §§ 128, 129 HGB Rz. 3; *Roth* § 9 Rz. 241). Soweit es um die Anfechtungsmöglichkeit der Gesellschaft geht, ist dies in § 129 Abs. 2 HGB auch ausdrücklich vorgesehen und der Wortlaut des § 129 Abs. 3 HGB wird konsequenterweise als Redaktionsversehen bezeichnet (MüKo-*K. Schmidt* § 129 HGB Rz. 24; *Bülow* in ZGR 1988, 199 f.). Entgegen dem – vermeintlich – eindeutigen Wortlaut ist daher auf die Aufrechnungsmöglichkeit der *Gesellschaft* abzustellen.

> **Merke:** Dies ist übrigens nicht nur ein rein begriffliches Problem. Zwar haben häufig sowohl die Gesellschaft und der Dritte die Möglichkeit zur Aufrechnung, aber dies trifft nicht immer zu. Zu Diskrepanzen kommt es insbesondere, wenn ein Aufrechnungsverbot nach §§ 393 f. BGB für einen der Beteiligten besteht.

2.) Zu prüfen ist nunmehr, ob die H-oHG zur Aufrechnung nach §§ 387 ff. BGB berechtigt ist. Gemäß § 387 BGB setzt die Aufrechnung neben der – bereits festgestellten – Gegenseitigkeit der Forderungen voraus, dass es sich um gleichartige Forderungen handelt, die Hauptforderung erfüllbar und die Gegenforderung durchsetzbar ist. Schließlich darf die Aufrechnung nicht nach §§ 393 f. BGB ausgeschlossen sein (vgl. *Medicus*, SR I, Rz. 262 ff.).

Die im Gegenseitigkeitsverhältnis stehenden Forderungen sind beides Geldforderungen, also gleichartig (vgl. *Palandt/Grüneberg* § 387 BGB Rz. 9). Die Schmerzensgeldforderung ist als Hauptforderung erfüllbar und der Durchsetzbarkeit der Werklohnforderung steht nicht das aus § 641 Abs. 3 BGB resultierende Zurückbehaltungsrecht entgegen, da die Mängelbeseitigung bereits erfolgt ist. Auch das Aufrechnungsverbot des § 393 BGB, wonach eine Aufrechnung gegen eine Forderung aus einer vorsätzlich begangenen unerlaubten Handlung ausgeschlossen ist, greift nicht ein. Denn der Schmerzensgeldanspruch beruht (auch) auf vertragsrechtlicher Grundlage und soweit er auf deliktsrechtliche Normen gestützt werden kann, kann von einer vorsätzlichen Begehung nicht die Rede sein. Die H-oHG könnte folglich gegenüber R die Aufrechnung mit der ausstehenden Werklohnforderung in Höhe von 300 Euro erklären.

Ergebnis: C kann sich gemäß § 129 Abs. 3 HGB auf die Aufrechnungsmöglichkeit der H-oHG berufen. Mithin ist der Anspruch aus § 128 Satz 1 HGB bis zu einem Betrag von 300 Euro nicht durchsetzbar, im Übrigen ist C zur Zahlung verpflichtet.

Das Letzte:

Wer jetzt noch kann (Respekt!), bekommt als Sahnehäubchen einen letzten, sehr beliebten Klausur-Klassiker im Rahmen des § 129 HGB geboten. Inhaltlich geht es um die Verjährung von Ansprüchen gegen die Gesellschaft bzw. die Gesellschafter und insbesondere darum, wie es sich auswirkt, wenn der Gläubiger einen Gesellschafter, aber nicht die Gesellschaft selbst, vor Ablauf der Verjährungsfrist für den entsprechenden Anspruch verklagt, und dann im Laufe des Prozesses der Anspruch gegen die Gesellschaft verjährt.

Folgendes Fällchen verdeutlicht das Problem:

> Wir wollen uns vorstellen, dass in unserem Ausgangsfall das schädigende Ereignis (der Markisenzusammenbruch) am **19. Juli 2002** stattgefunden hat. Des Weiteren wollen wir uns vorstellen, dass R – aus welchen Gründen auch immer – erst am **15.12.2005** gegen C die Klage auf Zahlung des Schmerzensgeldes erhebt. Am **25.02.2006** beruft sich C dann im Prozess auf die Einrede der Verjährung. **Muss er trotzdem zahlen?**

Durchblick: Wir haben im Laufe des Falles gesehen, dass der Anspruch des R gegen C auf Zahlung des Schmerzensgeldes aus **§ 128 HGB** begründet war, und zwar sowohl aus vertraglicher Grundlage (§§ 634 Nr. 4, 280 Abs. 1, 253 Abs. 2, 633 Abs. 2 Satz 2 Nr. 2 BGB) als auch auf deliktischer Grundlage (§ 823 Abs. 1 BGB i. V. m. § 31 BGB analog). Das waren nämlich die Ansprüche, die R gegen die oHG hatte und für die der C gemäß § 128 Satz 1 HGB persönlich einstehen muss.

Nun stellt sich die Frage, ob und wann diese Ansprüche gegen den Gesellschafter verjähren, er sich also gemäß § 214 Abs. 1 BGB auf die Einrede der Verjährung berufen kann: Ausgangspunkt ist die Überlegung, dass gemäß des uns mittlerweile bekannten **§ 129 Abs. 1 HGB** der Gesellschafter die Einwendungen, die der Gesellschaft zustehen, auch selbst geltend machen kann. Und das gilt natürlich auch für die Verjährung. Ob der C die Einrede der Verjährung geltend machen kann, hängt somit davon ab, ob und wann die Ansprüche gegen die Gesellschaft verjährt sind.

Prüfen wir mal:

1.) Die Verjährung des Schmerzensgeldanspruchs könnte sich, soweit der Anspruch auf *vertraglicher* Grundlage beruht, nach § 634a Abs. 1 BGB richten. Gemäß § 634a Abs. 1 Nr. 2 BGB greift die *fünfjährige* Verjährungsfrist ein, wenn die fragliche Werkleistung an einem Bauwerk vorgenommen wurde. Unter diesen Tatbestand können auch Veränderungen an einem Bauwerk fallen. Voraussetzung ist indes, dass der Bearbeitungsgegenstand fest und dauerhaft mit dem Bauwerk verbunden wird und die Arbeiten von wesentlicher Bedeutung sind (OLG Köln VersR **1990**, 436). Da die Markise lediglich mit wenigen Schrauben befestigt wurde und damit auch leicht zu demontieren ist, kann nicht von einer festen und dauerhaften Verbindung die Rede sein. Daher greift § 634a Abs. 1 Nr. 2 BGB hier nicht ein, so dass die Veränderungsarbeiten an dem Bauwerk in den Anwendungsbereich der Verjährungsvorschrift des **§ 634a Abs. 1 <u>Nr. 1</u> BGB** fallen. Folglich verjährt der Anspruch in <u>zwei</u> Jahren ab der Abnahme (§ 643a Abs. 2 BGB). Die Abnahme war am 19.07.2002, so dass die Verjährung des vertraglichen Schadensersatzanspruchs gegen die H-oHG am **19.07.2004** eingetreten ist. Darauf kann sich C also wegen § 129 Abs. 1 HGB problemlos berufen.

2.) Abweichend davon bestimmt sich die Verjährung des *deliktischen* Schmerzensgeldanspruchs nach den §§ 195 ff. BGB. Die regelmäßige Verjährungsfrist von **<u>drei</u>** Jahren gemäß § 195 BGB begann gemäß § 199 Abs. 1 BGB somit am **31.12.2002**. Demnach endete die Verjährungsfrist mit Ablauf des **31.12.2005**. Etwas anderes würde aber möglicherweise gelten, wenn die Verjährungsfrist gegenüber der Gesellschaft *gehemmt* wurde (lies: § 209 BGB). In Betracht kommt die Hemmung der Verjährung durch die Klageerhebung am **15.12.2005** gemäß **§ 204 Abs. 1 Nr. 1 BGB** (bitte lesen!). Wäre hierdurch die Verjährung gehemmt im Sinne des § 209 BGB, könnte die H-oHG sich darauf nicht berufen und demzufolge auch C nicht (§ 129 HGB!).

> **Problem**: Allerdings hat unser R die Klage nicht gegen die H-oHG erhoben, sondern gegen ihren Gesellschafter C. Fraglich ist damit, ob die Klage gegen den in Anspruch genommenen Gesellschafter die Hemmung der Verjährung auch im Verhältnis zur Gesellschaft bewirkt. Dies ist zu verneinen; hiergegen spricht nämlich, dass die Gesellschaftsschuld in ein Abhängigkeitsverhältnis zur Gesellschafterschuld gesetzt würde (*Schlegelberger/K. Schmidt* § 129 HGB Rz. 9). Dies steht aber offensichtlich im Widerspruch zur gesetzlichen Konzeption der Akzessorietät, wonach vielmehr umgekehrt die Gesellschafterschuld in Abhängigkeit zur Gesellschaftsschuld steht (schwerer Satz, bitte noch mal lesen). Folglich wurde der Anspruch gegen die H-oHG durch die Erhebung der Klage gegen C <u>nicht</u> gehemmt mit der Folge, dass mit Ablauf des **31.12.2005** auch die Verjährung des deliktischen Schmerzensgeldanspruchs zugunsten der H-oHG eingetreten ist. Und das hätte dann wieder zur Folge, dass wegen § 129 Abs. 1 HGB auch der C dies geltend machen könnte.

Aber: Es stellt sich die Frage, ob dieses Ergebnis Bestand haben kann unter Berücksichtigung der Tatsache, dass R den C, von dem er das Geld will, ja rechtzeitig verklagt hat, und der in Anspruch genommene C nur deshalb jetzt aus der Nummer raus kann, weil R nicht die Gesellschaft, sondern ihn verklagt hat. Gegenüber C hat R die Verjährung des deliktischen Anspruchs nämlich durch die Klageerhebung gemäß § 204 Abs. 1 Nr. 1 BGB tatsächlich rechtzeitig gehemmt.

Lösung: Der C kann sich angesichts dieser Umstände entgegen dem Wortlaut des § 129 Abs. 1 HGB nicht auf die Verjährung des Anspruchs gegen die Gesellschaft berufen. Hierfür spricht nämlich der aus § 128 Satz 1 HGB resultierende Grundsatz der unmittelbaren Haftung des oHG-Gesellschafters (BGHZ **104**, 76).

Demnach ist es dem Gläubiger ausdrücklich möglich, *direkt* die Gesellschafter in Anspruch zu nehmen. Müsste der Gläubiger nun damit rechnen, dass sich der Gesellschafter auf die Verjährung der Gesellschaftsschuld, die erst im Laufe des Prozesses (!) gegen den Gesellschafter eintritt, berufen kann, so müsste er zusätzlich immer auch die Gesellschaft verklagen. Das aber hätte eine Aushöhlung des Unmittelbarkeitsgrundsatzes zur Folge (BGHZ **104**, 76; BGH NJW **1998**, 2972; *E/B/J-Hillmann* § 129 HGB Rz. 4). Außerdem würde die Pflicht zur Klage gegen die Gesellschaft und den Gesellschafter zu einem unzumutbaren Prozess- und Kostenrisiko für den Gläubiger führen. Daher ist dem Gesellschafter in Fällen, in denen der Gläubiger eine Hemmung der Verjährung gegen den in Anspruch genommenen Gesellschafter herbeigeführt hat, die Berufung auf die Einrede der Verjährung gemäß § 214 Abs. 1 BGB i. V. m. § 129 Abs. 1 HGB zu versagen (*Heymann/Emmerich* § 129 HGB Rz. 9).

> **Beachte noch:** Von dem Einwand, die Gesellschaftsschuld sei verjährt, ist im Haftungsprozess gegen den Gesellschafter der Einwand, der gegen ihn gemäß **§ 128 HGB** analog gerichtete Anspruch sei verjährt, zu unterscheiden. Diese Einwendung kann der Gesellschafter als eigene Einwendung gemäß **§ 129 Abs. 1 HGB analog** geltend machen; wichtig zu wissen ist in diesem Zusammenhang, dass – entsprechend dem Wortlaut der §§ 128 ff. HGB und dem Sinn und Zweck der akzessorischen Haftung – die für die Gesellschaftsschuld geltenden Verjährungsregeln auch für die Haftungsverbindlichkeit des Gesellschafters gelten (BGH NZG **2010**, 264, 267; zustimmend *Schindler* in BB 2010, 599 f.).

Ergebnis: C kann gegenüber R nicht die Einrede der Verjährung gemäß § 129 Abs. 1 HGB i. V. m. § 214 BGB geltend machen. Ende.

Gutachten

A. Der R könnte gegen die H-oHG einen Nacherfüllungsanspruch gemäß §§ 635 Abs. 1, 634 Nr. 1, 633 Abs. 2 Satz 2 Nr. 2 BGB i. V. m. § 124 Abs. 1 HGB haben.

I. Dies setzt zunächst den Abschluss eines wirksamen Werkvertrages zwischen R und der H-oHG voraus. Die H-oHG ist gemäß § 105 Abs. 1 i. V. m. § 123 Abs. 1 HGB spätestens mit der Eintragung in das Handelsregister entstanden, so dass sie nach § 124 Abs. 1 HGB Vertragspartnerin sein kann. Die Gesellschaft wurde bei Abschluss des Vertrages von dem Gesellschafter A gemäß § 164 Abs. 1 BGB i. V. m. der ihm nach dem Gesellschaftsvertrag zustehenden Alleinvertretungsmacht (vgl. § 125 Abs. 2 HGB) wirksam vertreten. Inhaltlich war der Vertrag auf die Herbeiführung eines Erfolges, nämlich die ordnungsgemäße Montage der Markise, gerichtet, womit der Vertrag als Werkvertrag zu qualifizieren ist.

II. Ferner muss die Werkleistung im Zeitpunkt der Abnahme, § 640 Abs. 1 BGB, mangelhaft gewesen sein. Mangelhaft im Sinne des § 633 BGB ist ein Werk, dessen Ist- von der Soll-Beschaffenheit abweicht. Eine Soll-Beschaffenheit haben die Parteien nicht ausdrücklich festgelegt (vgl. § 633 Abs. 2 Satz 1 BGB), weshalb nach § 633 Abs. 2 Satz 2 Nr. 1 BGB die im Vertrag vorausgesetzte Verwendung oder die gewöhnliche Verwendung des Werkes nach § 633 Abs. 2 S. 2 Nr. 2 BGB entscheidend ist. Ob der Anwendungsbereich der Nr. 1 nur eröffnet ist, wenn bei Vertragsschluss ein besonderer Verwendungszweck vorausgesetzt wird oder der allgemeine Verwendungszweck insoweit ausreichend ist, ist streitig. Dieser Streit muss nicht entschieden werden, wenn das hergestellte Werk sich jedenfalls nicht zur gewöhnlichen Verwendung eignet und daher nach Maßgabe des § 633 Abs. 2 Nr. 2 BGB mangelhaft ist.

Die Montage einer Markise wird den gewöhnlichen Anforderungen nur gerecht, wenn sie fortan als Sonnenschutz verwendet werden kann, was nicht zuletzt eine sichere und feste Anbringung am Mauerwerk voraussetzt. Dies war infolge der Verwendung der falschen Schrauben nicht gewährleistet. Die Werkleistung eignete sich also nicht zur gewöhnlichen Verwendung, war mithin zumindest im Sinne des § 633 Abs. 2 Satz 2 Nr. 2 BGB mangelhaft.

Als Rechtsfolge sieht § 635 Abs. 1 BGB einen Anspruch auf Nacherfüllung vor, wobei die H-oHG als Unternehmer ein Wahlrecht zwischen der Mangelbeseitigung und der Neuherstellung hat, was im vorliegenden Fall aber zum gleichen Ergebnis, nämlich zum Anbringen der Markise, führt.

Ergebnis: R hat gegen die H-oHG einen Nacherfüllungsanspruch aus den §§ 635 Abs. 1, 634 Nr. 1, 633 Abs. 2 Satz 2 Nr. 2 BGB i. V. m. § 124 Abs. 1 HGB.

B. Des Weiteren könnte R gegen die H-oHG einen Anspruch auf ein angemessenes Schmerzensgeld haben.

I. Ein Schmerzensgeldanspruch gegen die H-oHG könnte sich aus §§ 634 Nr. 3, 633 Abs. 2 Satz 2 Nr. 2, 280 Abs. 1 BGB i. V. m. § 124 Abs. 1 HGB ergeben.

1.) Voraussetzung ist gemäß § 280 Abs. 1 BGB, dass der H-oHG aus dem wirksam abgeschlossenen Werkvertrag eine schuldhafte Pflichtverletzung vorzuwerfen ist. Die Pflichtverletzung ergibt sich aus der bereits festgestellten Mangelhaftigkeit des Werkes gemäß § 633 Abs. 2 Satz 2 Nr. 2 BGB, wobei das Vertretenmüssen des A gemäß § 280 Abs. 1 Satz 2 BGB vermutet wird. Fraglich ist indes, ob der Gesellschaft die von A begangene schuldhafte Pflichtverletzung zurechenbar ist. Die Zurechnung einer schuldhaften Pflichtverletzung von Organen im Verhältnis zu der selbst nicht handlungsfähigen Gesellschaft ist im Grundsatz anerkannt. Streitig ist allerdings die Zurechnungsnorm.

Nach herrschender Meinung erfolgt die Zurechnung analog § 31 BGB, womit Voraussetzung ist, dass das Organ »in Ausführung der ihm zustehenden Verrichtung« gehandelt hat. Dieses Tatbestandsmerkmal ist weit zu verstehen und nur dann zu verneinen, wenn das Organ »bei Gelegenheit« gehandelt hat. Hiervon kann vorliegend nicht die Rede sein, vielmehr wurde A in Ausführung des Werkvertrages tätig. Im Falle des Tätigwerdens in Erfüllung des Werkvertrages kommt eine Minderansicht zu einer Zurechnung nach § 278 BGB, da das Organ hiernach als Erfüllungsgehilfe anzusehen sei. Da beide Ansichten zur Zurechnung des pflichtwidrigen Handelns des A gelangen, muss der Streit nicht entschieden werden.

2.) Des Weiteren muss der geltend gemachte Schaden in den Anwendungsbereich des § 280 Abs. 1 BGB fallen. Dies sind – in Abgrenzung zu §§ 280 Abs. 3, 281 Abs. 1 BGB – alle Schäden, die »neben« der Leistung gefordert werden können, wozu auch der hier geltend gemachte Mangelfolgeschaden zählt. Der Umfang des Schadensersatzes bestimmt sich nach Maßgabe der §§ 249 ff. BGB, wobei der Anspruch auf ein angemessenes Schmerzensgeld, das hier mit 5.000 Euro zu beziffern ist, aus § 253 Abs. 2 BGB resultiert.

Ergebnis: R hat gegen die H-oHG einen Schmerzensgeldanspruch in Höhe von 5.000 Euro gemäß §§ 634 Nr. 3, 633 Abs. 2 Satz 2 Nr. 2, 280 Abs. 1 BGB i. V. m. § 124 Abs. 1 HGB.

C. Der Schmerzensgeldanspruch gegen die H-oHG könnte sich außerdem aus § 831 Abs. 1 BGB i. V. m. § 124 Abs. 1 HGB ergeben.

Voraussetzung für eine Haftung der H-oHG nach § 831 Abs. 1 BGB ist, dass A Verrichtungsgehilfe der Gesellschaft ist. Verrichtungsgehilfe ist, wer zu dem Geschäftsherrn in einem gewissen Abhängigkeitsverhältnis steht und die übertragenen Tätigkeiten weisungsgebunden ausführt. Ein geschäftsführungs- und vertretungsberechtigter Gesellschafter wird im Regelfall selbstständig und unabhängig tätig. Mangels Weisungsgebundenheit kann ein Organ daher nicht als Verrichtungsgehilfe der Gesellschaft angesehen werden.

Ergebnis: A ist als Organ der H-oHG tätig geworden und stand in keinem Weisungsverhältnis. Mithin ist er nicht als Verrichtungsgehilfe der H-oHG zu qualifizieren. Ein Anspruch aus § 831 Abs. 1 BGB i. V. m. § 124 Abs. 1 HGB scheidet aus.

D. Möglicherweise ergibt sich der Anspruch auf Schmerzensgeld aus § 823 Abs. 1 BGB i. V. m. § 31 BGB analog i. V. m. § 124 Abs. 1 HGB.

I. Eine tatbestandsmäßige, rechtswidrige und verschuldete Rechtsgutsverletzung im Sinne des § 823 Abs. 1 BGB liegt in Form der Körperverletzung vor.

II. Eine Haftung für die von dem Gesellschafter A begangene Körperverletzung kommt nur in Betracht, wenn diese der H-oHG zurechenbar ist. Nach allgemeiner Ansicht findet eine Zurechnung von durch Organe begangene unerlaubten Handlungen analog § 31 BGB statt. Voraussetzung ist damit auch hier, dass A »in Ausführung der Verrichtung« einen Dritten schädigte, was entsprechend dem oben Gesagten zu bejahen ist. Folglich ist der H-oHG die schädigende Handlung zuzurechnen.

III. Die H-oHG hat folglich Schadensersatz gemäß §§ 249 ff. BGB zu leisten. Mithin kann R gemäß § 253 Abs. 2 BGB Schmerzensgeld verlangen, wobei ein Betrag von 5.000 Euro angemessen ist. Des Weiteren ergibt sich ein deliktsrechtlicher Schmerzensgeldanspruch aus § 823 Abs. 2 BGB i. V. m. § 229 StGB i. V. m. § 31 BGB analog, § 124 Abs. 1 HGB.

E. Ansprüche des R gegen C

R könnte gegen C einen Nacherfüllungsanspruch aus § 128 Satz 1 HGB i. V. m. §§ 635 Abs. 1, 634 Nr. 1, 633 Abs. 2 Satz 2 Nr. 2 BGB haben.

I. Voraussetzung eines Anspruchs aus § 128 Satz 1 HGB ist das Bestehen einer Gesellschaftsverbindlichkeit. Dies ist, wie gesehen, in Form des Nacherfüllungsanspruchs der Fall.

II. Als Rechtsfolge sieht § 128 Satz 1 HGB eine gesamtschuldnerische Haftung der Gesellschafter gegenüber den Gläubigern vor. Daraus folgt, dass die Gesellschafter einer oHG unmittelbar und primär, persönlich und unbeschränkt sowie auf das Ganze als Gesamtschuldner haften. Damit ist indes nicht die Frage beantwortet, ob C – wie die H-oHG – zur Nacherfüllung verpflichtet ist, oder aber nur eine adäquate Geldleistung schuldet. Nach der heute herrschenden Meinung ist der Inhalt der Gesellschafterhaftung derselbe wie die

Gesellschaftshaftung selbst, sogenannte Erfüllungstheorie. Hierfür spricht, dass eine Beschränkung auf das Wertinteresse (sogenannte Haftungstheorie) den Grundsatz der primären Gesellschafterhaftung aushöhlen würde. Denn in diesem Fall müsste der Gläubiger, sofern er nicht von vornherein auf die Erfüllung verzichten möchte, zunächst gegen die Gesellschaft vorgehen. Daran gemessen muss C dem Nacherfüllungsverlangen des R nachkommen. Allerdings lässt die herrschende Meinung von dem Grundsatz der Erfüllungshaftung Einschränkungen zu. Eine Einschränkung kommt insbesondere in Betracht, wenn dem Gesellschafter aufgrund einer Interessenabwägung die Erfüllung unzumutbar ist. In die Abwägung mit einzustellen ist dabei einerseits das Interesse des Gläubigers auf Erfüllung und andererseits das schützenswerte Interesse des Gesellschafters auf Freihaltung seiner Privatsphäre.

Die Unzumutbarkeit ergibt sich hier möglicherweise aus der Tatsache, dass C als Buchhalter vom Handwerk nichts versteht und somit nicht in der Lage ist, die Markise selbst anzubringen. Gegen die Annahme der Unzumutbarkeit spricht allerdings, dass es C unbenommen ist, einen Drittunternehmer mit der Durchführung der Nacherfüllung zu beauftragen. Mit der ihm aufzuerlegenden Pflicht, einen Drittgesellschafter zu beauftragen, wird seine Privatsphäre nicht übermäßig tangiert. Insbesondere wird C nicht mehr abverlangt, als auch R unternehmen müsste, um für die fachgerechte Anbringung der Markise zu sorgen. C ist es folglich zumutbar, dem Nacherfüllungsverlangen nachzukommen, so dass die Haftung aus § 128 Satz 1 HGB nicht auf das Wertinteresse zu beschränken ist.

Ergebnis: R hat gegen C aus § 128 S. 1 HGB i. V. m. §§ 635 Abs. 1, 634 Nr. 1, 633 Abs. 2 Satz 2 Nr. 2 BGB einen Nacherfüllungsanspruch in natura.

F. R könnte gegen C des Weiteren einen Anspruch auf Schmerzensgeldzahlung aus § 128 Satz 1 HGB i. V. m. §§ 823 Abs. 1 und 2, 31 BGB analog, § 229 StGB haben.

Eine nach § 128 Satz 1 HGB erforderliche Gesellschaftsverbindlichkeit besteht, so dass C auch insoweit gegenüber R haftet. Mithin hat R gegen C einen Anspruch auf Zahlung eines Schmerzensgeldes in Höhe von 5.000 Euro.

Fall 15

Trautes Heim, Glück allein? II

Rechtsstudent R hat von seiner Oma ein Grundstück mit Haus geerbt. R zieht auch gleich ein und möchte gerne an der Terrasse die Markise anbringen, die er im Keller des Hauses gefunden hat. Die Markise muss allerdings wegen ihres beachtlichen Gewichts fachmännisch mit der Gebäudewand verschraubt werden. Da R die passenden Schrauben und auch das notwendige handwerkliche Geschick fehlen, wendet er sich an die örtliche H-GbR. Gesellschafter der H-GbR sind die beiden nach dem Gesellschaftsvertrag alleinvertretungs- und geschäftsführungsbefugten Handwerker A und B sowie der vermögende C, ein gelernter Buchhalter.

Die Durchführung der Arbeiten übernimmt A, der mit wenigen Schrauben die Markise befestigt. Als R einige Tage später auf der Terrasse sitzt, löst sich eine Schraube aus der Wand und die ausgefahrene Markise stürzt auf R herab, der sich dabei einen komplizierten Beinbruch zuzieht. Wie sich später herausstellt, hatte A versehentlich Schrauben verwendet, die für die schwere Markise nicht geeignet waren. R verbringt einen Monat im Krankenhaus. Danach verlangt R von der H-GbR die ordnungsgemäße Anbringung der Markise und Schmerzensgeld in (angemessener) Höhe von 5.000 Euro. Außerdem will R wissen, ob er diese Ansprüche notfalls auch gegen den C durchsetzen könnte. C meint, er als Buchhalter könne keine Markise befestigen und müsse auch nicht für das Verhalten des A finanziell einstehen.

Welche Ansprüche des R sind begründet?

> **Schwerpunkte:** Die Haftung der BGB-Gesellschaft und der einzelnen Gesellschafter der GbR gegenüber Dritten; die Zurechnung von Pflichtverletzungen und unerlaubten Handlungen eines Gesellschafters zu Lasten der GbR; die Doppelverpflichtungs- und Akzessorietätstheorie.

Lösungsweg

Einstieg: Dieser Fall entspricht dem vorherigen Fall wortgleich, indessen mit einem einzigen, aber entscheidenden **Unterschied**: Die Gesellschafter A, B und C betreiben ihr Geschäft nun nicht als oHG, sondern als Gesellschaft bürgerlichen Rechts (**GbR**). Alles andere ist komplett identisch, und das ist auch so gewollt: So haben wir nämlich die Möglichkeit, das bereits bei der oHG im letzten Fall Erlernte relativ leicht für diesen Fall hier zu verwerten und brauchen uns vor allem nicht mit sonstigen materiell-rechtlichen Problemen rumzuschlagen. Bleibt alles gleich, unsere Prüfung beschränkt sich deshalb wirklich nur auf die Frage(n), welche Änderungen der Umstand zeitigt, dass sich unser R nun nicht einer oHG gegenübersieht, sondern vielmehr seine Ansprüche gegen eine GbR bzw. deren Gesellschafter durchsetzen muss. Schauen wir uns das jetzt an und beginnen mit dem Anspruch des R gegen die H-GbR auf Anbringung der Markise, also:

A. Ansprüche des R gegen die Gesellschaft

I. Der R könnte gegen die H-GbR einen Nacherfüllungsanspruch, gerichtet auf die Anbringung der Markise, gemäß den §§ 635 Abs. 1, 634 Nr. 1, 633 Abs. 2 Satz 2 Nr. 2 BGB i. V. m. den **§§ 705 ff. BGB** haben.

> **Wir machen es kurz:** Der Anspruch aus den genannten Normen setzt den Abschluss eines wirksamen Werkvertrages zwischen R und der H-GbR voraus. Da die Rechtsfähigkeit der (Außen-)GbR – wie wir aus Fall 13 wissen – höchstrichterlich inzwischen anerkannt ist (BGHZ **146**, 341), ist insoweit zunächst einmal davon auszugehen, dass die H-GbR auch Vertragspartner des R sein kann. Der Werkvertrag zwischen R und der H-GbR kam dann spätestens mit der Montage der Markise zustande, wobei A beim Vertragsschluss als Stellvertreter gemäß § 164 Abs. 1 Satz 1 BGB tätig wurde. Die Alleinvertretungsmacht des A ergibt sich in Abweichung zu dem aus **§ 714 i. V. m. § 709 Abs. 1 BGB** resultierenden Normalfall der Gesamtvertretungsbefugnis hier aus dem Gesellschaftsvertrag, wonach A und B jeweils alleinvertretungsberechtigt sein sollen (SV lesen). Die Mangelhaftigkeit der Werkleistung im Zeitpunkt der Abnahme, § 640 Abs. 1 BGB, beurteilt sich schließlich ebenso wie in Fall 14, ist also jedenfalls nach § 633 Abs. 2 Satz 2 Nr. 2 BGB zu bejahen; die angebrachte Markise ist ja aus der Wand gebrochen, was fraglos die gewöhnliche Verwendung beeinträchtigt.

Ergebnis: Unser R hat gegen die H-GbR einen Nacherfüllungsanspruch gemäß den §§ 635 Abs. 1, 634 Nr. 1, 633 Abs. 2 Satz 2 Nr. 2 BGB i. V. m. §§ 705 ff. BGB. Insoweit spielt es also keine Rolle, ob sich R nun mit einer oHG oder einer GbR vertraglich geeinigt hatte. Ein vertraglicher Anspruch auf Nacherfüllung kann auch gegen die GbR durchgesetzt werden.

II. Des Weiteren könnte R gegen die H-GbR einen Anspruch auf *Schmerzensgeld* in Höhe von 5.000 Euro haben. Ein solcher Schmerzensgeldanspruch gegen die H-oHG könnte sich aus den **§§ 634 Nr. 4, 280 Abs. 1, 253 Abs. 2, 633 Abs. 2 Satz 2 Nr. 2 BGB i. V. m. §§ 705 ff. BGB** ergeben.

Prüfen wir mal: Ein wirksamer Werkvertrag zwischen R und der H-GbR liegt vor (siehe oben). Ferner ist das Vorliegen einer schuldhaften Pflichtverletzung Voraussetzung, bitte lies § 280 Abs. 1 BGB. Wie in Fall 14 dargestellt, hat unser A eine schuldhafte Pflichtverletzung begangen, indem er die Markise fehlerhaft anbrachte. Es stellt sich nun die Frage, ob diese schuldhafte Pflichtverletzung des A der H-GbR auch *zurechenbar* ist.

Merke: Das Problem der Zurechenbarkeit schuldhafter Vertragspflichtverletzungen wird in der BGB-Gesellschaft grundsätzlich nicht anders behandelt als bei der oHG. Und das heißt Folgendes:

> Handelt ein *Mitarbeiter* der Gesellschaft, ist unstreitig, dass die Zurechnung über die Vorschrift des § 278 BGB erfolgt (MüKo-*Ulmer* § 718 BGB Rz. 30; *Grunewald* 1. A. Rz. 110). Handelt hingegen ein *Organ* der Gesellschaft, ist die Zurechnungsnorm streitig: Zum Teil werden Organe als Erfüllungsgehilfen der Gesellschaft angesehen, weshalb § 278 BGB als maßgebliche Vorschrift angewendet wird (*Erman-Westermann* § 705 BGB Rz. 65; MüKo-*Ulmer* § 718 BGB Rz. 30; *Flume* I/1 § 16 IV 2). Überwiegend wird allerdings auch im Rahmen der BGB-Gesellschaft § 31 BGB analog als Zurechnungsnorm herangezogen (*Soergel-Hadding* § 31 Rz. 7; *Wiedemann*, GesR, § 5 II 3a; *Grunewald* 1. A. Rz. 110; *K. Schmidt*, GesR, § 10 IV 3; *Beuthin* in DB 1975, 725, 729). Im Ergebnis muss sich die Gesellschaft in jedem Falle die schuldhaften Pflichtverletzungen ihrer Gesellschafter *zurechnen* lassen. Deshalb werden wir hier auch (noch) nicht erörtern, ob § 31 BGB auf die GbR überhaupt analog angewandt werden kann – dies kommt dann später bei den deliktsrechtlichen Ansprüchen aus den §§ 823 ff. BGB weiter unten (siehe dort).

Zum Fall: Unabhängig davon, ob man den A nun als Erfüllungsgehilfen im Sinne des § 278 BGB oder als verfassungsmäßig berufenen Vertreter entsprechend des § 31 BGB ansieht, ist die Zurechnung seines Verhaltens für die GbR im Ergebnis jedenfalls zu bejahen. Die GbR muss demzufolge für die fahrlässige Schadensverursachung des A nach § 280 Abs. 1 BGB einstehen und hat mithin gemäß § 253 Abs. 2 BGB auch ein Schmerzensgeld in Höhe von 5.000 Euro an den R zu zahlen.

Ergebnis: R hat gegen die H-GbR einen Schmerzensgeldanspruch in Höhe von 5.000 Euro gemäß den §§ 634 Nr. 3, 633 Abs. 2 Satz 2 Nr. 2, 280 Abs. 1 BGB i. V. m. §§ 705 ff. BGB.

III. Ein Schmerzensgeldanspruch gegen die H-GbR aus **§ 831 Abs. 1 BGB i. V. m. §§ 705 ff. BGB** scheitert daran, dass A als geschäftsführungs- und vertretungsberechtigter Gesellschafter nicht weisungsgebunden, also nicht als Verrichtungsgehilfe im Sinne des § 831 Abs. 1 BGB zu qualifizieren ist (siehe insoweit zu den Einzelheiten bitte den vorherigen Fall).

IV. Möglicherweise ergibt sich der Schmerzensgeldanspruch des R gegen die H-GbR noch aus den **§ 823 Abs. 1 BGB** i. V. m. **§ 31 BGB analog** i. V. m. **§§ 705 ff. BGB**.

Prüfen wir mal: Unser A hat mit der fehlerhaften Montage der Markise eine tatbestandliche Rechtsgutsverletzung (Körperverletzung) begangen, Rechtswidrigkeit und Verschulden liegen ebenfalls vor. Fraglich ist aber, ob der H-GbR das deliktische Handeln des A entsprechend § 31 BGB analog zurechenbar ist.

> **Feinkostabteilung:** Im Unterschied zum Recht der Personenhandelsgesellschaften – wo die analoge Anwendbarkeit des § 31 BGB im Deliktsrecht bereits in Entscheidungen des Reichsgerichts (RG JW **1931**, 1689, 1690) anerkannt wurde – verneinte der BGH in einer Grundsatzentscheidung aus dem Jahre 1966 (BGHZ **45**, 311 ff.) die ent-

sprechende Anwendbarkeit des § 31 BGB auf die BGB-Gesellschaft. Als Begründung führte der BGH an, dass »die Gesellschaft bürgerlichen Rechts, anders als die offene Handels- und die Kommanditgesellschaft ..., zu wenig körperschaftlich organisiert [ist], als dass man die für sie handelnden Gesellschafter als ihre Organe bezeichnen könnte« (BGHZ **45**, 311, 312). Diese Auffassung sieht der BGH im Hinblick auf die Anerkennung der Rechtsfähigkeit der (Außen-)GbR nun selbst als überholt an (BGHZ **154**, 88, 94; BGH ZIP **2003**, 1604, 1605) und bejaht nunmehr ausdrücklich die analoge Anwendung des 31 BGB (vgl. BGHZ 172, 169; vgl. die herrschende Lehre: *Erman-Westermann* § 705 BGB Rz. 66; *Staudinger-Habermeier* Vorbem zu §§ 705 – 740 BGB Rz. 34; *Baumbach/Hopt* § 124 HGB Rz. 25; *Hueck/Windbichler* § 9 Rz. 5; *Grunewald* 1. A. Rz. 112; *Ulmer* in ZIP 2003, 1113, 1114; *Altmeppen* in NJW 2003, 1553). Beachte im Übrigen bitte, dass wir hier – anders als im Vertragsrecht – keinesfalls über eine Zurechnung nach § 278 BGB nachdenken dürfen, denn der § 278 BGB findet im Rahmen der §§ 823 ff. BGB <u>keine</u> Anwendung (*Palandt/Grüneberg* § 278 BGB Rz. 2). Merken.

Heute ist daher der (Außen-)GbR mit der ganz überwiegenden Ansicht das deliktische Handeln ihrer Organe gemäß § 31 BGB analog zuzurechnen, wenn diese »in Ausführung der ihnen zustehenden Verrichtungen« einen Dritten schädigen.

Ergebnis: Die H-GbR hat folglich Schadensersatz aus **§ 823 Abs. 1 BGB i. V. m. § 31 BGB analog** i. V. m. **§§ 705 ff. BGB** zu leisten mit der Konsequenz, dass R von der H-GbR gemäß § 253 Abs. 2 BGB auch ein Schmerzensgeld in Höhe von 5.000 Euro nach diesen Normen verlangen kann.

V. Des Weiteren ergibt sich ein deliktsrechtlicher Schmerzensgeldanspruch wegen der Körperverletzung noch aus **§ 823 <u>Abs. 2</u> BGB i. V. m. § 229 StGB i. V. m. § 31 BGB analog, §§ 705 ff. BGB**.

> **Fazit:** Soweit es um die Haftung der *Gesellschaft* gegenüber Dritten geht, spielt es keine Rolle, ob es sich bei der Gesellschaft um eine oHG oder um eine (Außen-) GbR handelt. Die Haftung gegenüber den Geschädigten ist in beiden Fällen identisch. Merken.

B. Ansprüche gegen den Gesellschafter C

I. R könnte gegen C einen Anspruch auf Nacherfüllung, gerichtet auf die Anbringung der Markise, aus **§ 128 Satz 1 HGB analog i. V. m. §§ 635 Abs. 1, 634 Nr. 1, 633 Abs. 2 Satz 2 Nr. 2 BGB i. V. m. §§ 705 ff. BGB** haben.

Einstieg: Da die Norm des § 128 Satz 1 HGB aus dem Recht der Personen*handels*gesellschaften stammt, ist eine direkte Anwendung auf die GbR natürlich nicht möglich. Unser Obersatz von gerade gibt aber schon die Richtung vor, wir müssen also nach einer *analogen* Anwendung des § 128 Satz 1 HGB fragen. Und diese analoge Anwendung werden wir im Ergebnis dann auch gleich *bejahen*.

> **Merke**: Der Gesellschafter einer GbR haftet nach Ansicht des BGH und der ganz herrschenden Meinung in der Literatur *analog* § 128 Satz 1 HGB *persönlich* für die Schulden der Gesellschaft; es gilt das Prinzip der akzessorischen Haftung (BGHZ **146**, 341, 358; BGHZ **150**, 1, 3; BGH ZIP **2003**, 899, 900; NJW **2004**, 836, 837; **Literatur**: *Staudinger-Habermeier* Vorbem. zu den §§ 705–740 BGB Rz. 35; *Palandt/Sprau* § 714 BGB Rz. 11 f; PWW/*von Ditfurth* § 714 BGB Rz. 7; *Bamberger/Roth/Timm/Schöne* § 714 BGB Rz. 16; *Grunewald* 1. A. Rz. 106; *Ulmer* in ZIP 2001, 585, 589 f.; *Habersack* in BB 2001, 477, 481 f.).

Das ist das Ergebnis. Und das muss unbedingt in die Rübe des Lesers. Also: Merken. Der GbR-Gesellschafter haftet für die Schulden der GbR persönlich in analoger Anwendung des § 128 Satz 1 HGB. Punkt.

Dabei wollen wir es aber nicht belassen. Denn hinter diesem Satz steckt eine jahrzehntelange Streitigkeit und Rechtsentwicklung, die für das allgemeine Verständnis des gesamten Gesellschaftsrechts von beachtlicher Bedeutung ist und die wir uns aus diesem Grund jetzt auch noch anschauen wollen. Wen das nicht mehr interessiert, der kann hier – ohne ein schlechtes Gewissen haben zu müssen – aufhören bzw. diesen Teil der Lösung überspringen; rein vom Ergebnis her verpasst er tatsächlich nichts, wenn er das oben im Kasten Niedergeschriebene im Kopf hat. Wie gesagt, vom Ergebnis her ist das heute vollkommen eindeutig und wird demnach für eine erfolgreiche Klausurbearbeitung auch reichen (im Gutachten unten steht übrigens noch, wie man unter Erwähnung der alten Rechtslage Sonderpunkte sammeln kann).

Die gleichwohl Interessierten nehmen wir jetzt aber noch mit auf eine kleine Reise durch die jüngere gesellschaftsrechtliche Geschichte und schauen uns insbesondere mal an, warum der BGH erst im Jahre 2001 (BGHZ **146**, 341) die analoge Anwendung des § 128 Satz 1 HGB für die Gesellschafter der GbR festgeschrieben hat. Es ging um Folgendes: Bei der Frage, ob und vor allem *wie* die Gesellschafter einer GbR für Gesellschaftsschulden gegenüber Dritten zu haften hatten, lehnte es die überwiegende Meinung in der Wissenschaft jahrzehntelang ausdrücklich ab, diese persönliche Haftung der Gesellschafter über die analoge Anwendung des § 128 Satz 1 HGB zu begründen. Gleichwohl war für die an dieser Stelle in Rede stehenden *vertraglichen* Ansprüche im Grundsatz eine Haftung der Gesellschafter auch mit ihrem Privatvermögen anerkannt. Allerdings divergierten insoweit die Begründungen:

> Die Vertreter der sogenannten »**individualistischen Lehre**« kamen wie folgt zu einer persönlichen Haftung der Gesellschafter: Da sie die Rechtsfähigkeit der (Außen-) GbR verneinten, stand für sie von vornherein fest, dass logischerweise nur die *Gesellschafter* berechtigt und verpflichtet werden, und zwar sowohl mit dem Gesellschaftsvermögen als auch mit ihrem Privatvermögen (*Hueck/Windbichler*, 19. Auflage 1991, § 9 IV 1). Unter den Vertretern der sogenannten »**Gruppenlehre**« war das Meinungsbild gespalten: Eine Mindermeinung zog die akzessorische Haftungsnorm des § 128 Satz 1 HGB analog heran und nannte das dann logischerweise »**Akzessorietätstheorie**« (vgl. OLG Hamm NJW-RR **1990**, 615 f.; *Timm* in NJW 1995, 3209; 3215;

K. Schmidt, GesR, § 60 III 2 a für die unternehmenstragende GbR). Die Rechtsprechung und die herrschende Lehre vertraten demgegenüber die sogenannte »**Doppelverpflichtungstheorie**« (BGH NJW **1992**, 3037, 3038). Demnach handelte der jeweils vertretungsbefugte Gesellschafter im rechtsgeschäftlichen Bereich nicht nur im Namen der Gesellschaft, sondern – was unterstellt wurde – auch im Namen aller Gesellschafter. Das hieß, neben der Gesellschaft als solcher wurden <u>zusätzlich</u> die einzelnen Gesellschafter selbst Vertragspartner, wofür sie mit ihrem Privatvermögen dann einzustehen hatten (so: *Soergel-Hadding* § 714 BGB Rz. 9, 29; *Palandt/Sprau*, 60. Aufl. 2001, § 718 BGB Rz. 7; *Erman-Westermann*, 10. Aufl. 2000, § 714 BGB Rz. 10; MüKo-*Ulmer*, 3. Auflage 1997, § 714 BGB Rz. 26; *Hüffer* in ZHR 144, 518, 520; *Hommelhoff* in ZIP 1998, 8 ff.).

Heute nun entspricht es – wie oben schon gesagt – einhelliger Meinung, dass die Gesellschafter einer (Außen-)GbR wie die Gesellschafter einer oHG gemäß **§ 128 Satz 1 HGB** haften. Der BGH hat sich in seiner uns mittlerweile bekannten Grundsatzentscheidung aus dem Jahre 2001 ausdrücklich für die eben benannte »**Akzessorietätstheorie**« entschieden (BGHZ **146**, 341, 358 und bestätigt in BGHZ **150**, 1, 3; BGH ZIP **2003**, 899, 900; NJW **2004**, 836, 837), was in der Literatur dann auch überwiegend auf Zustimmung gestoßen ist (*Staudinger-Habermeier* Vorbem. zu den §§ 705–740 BGB Rz. 35; *Palandt/Sprau* § 714 BGB Rz. 11 f; *Grunewald* 1. A. Rz. 106; *Ulmer* in ZIP 2001, 585, 589 f.; *Habersack* in BB 2001, 477, 481 f.; **a.A.** *Canaris* in ZGR 2004, 69 ff.).

Der BGH hat sich in seiner Entscheidung vom **29.01.2001** auf die Begründung beschränkt, dass die akzessorische Haftung der BGB-Gesellschafter die Konsequenz aus der Anerkennung der Rechtsfähigkeit der GbR ist (BGHZ **146**, 341, 358). Um das zu verstehen, muss man sich noch mal klar machen, dass mit der Anerkennung der Rechtsfähigkeit der GbR kein Raum mehr für den individualistischen Ansatz ist (siehe oben). Damit stand dann fest, dass die rechtliche Einordnung der Gesellschafterhaftung nur im Sinne der *Akzessorietätstheorie* oder der *Doppelverpflichtungstheorie* zu beantworten sein konnte. Zwischen diesen beiden Ansichten musste sich der BGH in der Entscheidung aus dem Jahre 2001 aber nicht mehr entscheiden. Denn der Doppelverpflichtungstheorie hatte das Gericht bereits in einer Entscheidung aus dem Jahre 1999 eine Absage erteilt (BGHZ **142**, 315 ff.; vgl. auch MüKo-*Ulmer* § 714 BGB Rz. 4; *ders.* in ZGR 2000, 339, 343; *Dauner-Lieb* DStR 1999, 1992, 1993). Als Begründung führte der BGH dort an, dass es unter Zugrundelegung der Doppelverpflichtungstheorie möglich wäre, die Vertretungsmacht dergestalt zu beschränken, dass die Gesellschafter mit ihrem Privatvermögen nicht verpflichtet werden. Würden die *Gesellschafter* nur mit ihrem Anteil am Gesellschaftsvermögen haften, so wäre eine einseitige – das heißt ohne Mitwirkung der Gesellschaftsgläubiger – erreichte Haftungsbeschränkung die Folge (BGHZ **142**, 315, 318 f.). Dieses Ergebnis steht im Widerspruch zu einem allgemeinen Grundsatz des bürgerlichen Rechts und des Handelsrechts, dass derjenige, der als Einzelperson oder in Gemeinschaft mit anderen Geschäfte betreibt, für die daraus entstehenden Verpflichtungen mit seinem ganzen Vermögen haftet, solange sich aus dem Gesetz nicht ein anderes ergibt oder mit dem Vertragspartner eine Haftungsbeschränkung vereinbart wird (BGHZ **142**, 315, 318 ff.). Des Weiteren spricht gegen die Doppelverpflichtungstheorie, dass sie auf einem »Gewimmel fiktiver Willenserklärungen« beruht (so ausdrücklich *Wiedemann* in WM 1994, Beilage 4, Seite 18; i. E. auch *Ulmer* in ZIP 1999, 554; *Grunewald*, in: FS Peltzer, 2001, Seite 129, 131). Denn allen am Vertragsschluss beteiligten Personen ist klar, dass nur ein Vertrag zustande kommen soll, also die Verpflichtung der Gesellschafter eine reine Fiktion ist.

Da also weder die individualistische Theorie noch die Doppelverpflichtungstheorie als Grundlage für die Gesellschafterhaftung herangezogen werden konnte, blieb nur noch eine Theorie übrig: die Akzessorietätstheorie. Und das ist der Grund, warum seit dem Jahre 2001 der § 128 Satz 1 HGB analog für die Haftung des GbR-Gesellschafters herangezogen wird. Ende der Erläuterung.

Zurück zum Fall: Die Voraussetzungen des § 128 Satz 1 HGB analog, nämlich das Bestehen einer Gesellschaftsverbindlichkeit sowie der Gesellschafterstatus des C im Zeitpunkt der Begründung der Verbindlichkeit liegen in unserem Fall problemlos vor. Das haben wir weiter oben ja schon geprüft, R hatte entsprechende Ansprüche gegen die GbR, für die nunmehr auch der C analog § 128 Satz 1 HGB einzustehen hat.

Rechtsfolge der heute anerkannten Analogie zur akzessorischen Haftungsnorm des § 128 Satz 1 HGB ist eine persönliche und unbeschränkte, unmittelbare und primäre, auf das Ganze gerichtete und gesamtschuldnerische Haftung der GbR-Gesellschafter (BGHZ **146**, 341; *Palandt/Sprau* § 714 BGB Rz. 11).

Noch eine Ergänzung: Gemäß § 128 Satz 2 HGB analog sind Haftungsbeschränkungen gegenüber Dritten grundsätzlich **unwirksam**. Von diesem Tatbestand werden aber nur einseitige Vereinbarungen – beispielsweise im Gesellschaftsvertrag – zwischen den Gesellschaftern oder einseitige Hinweise gegenüber dem Rechtsverkehr, insbesondere durch Firmierung mit dem Zusatz »GbR mbH«, erfasst (vgl. hierzu bereits die Entscheidung BGHZ **142**, 315 ff.). Möglich ist demgegenüber eine *individualvertragliche* Regelung mit dem Gläubiger (*Baumbach/Hopt* § 128 HGB Rz. 38; *Grunewald* 1. B. Rz. 37; *K. Schmidt*, GesR, § 60 III 2c; *Kübler/Assmann* § 6 III 4b aa). Haftungsbeschränkungen in *Allgemeinen Geschäftsbedingungen* widersprechen indes dem gesetzlichen Leitbild der akzessorischen Haftung und scheitern daher grundsätzlich an § 307 Abs. 2 Nr. 1 BGB (*K. Schmidt*, GesR, § 60 III 2c). Insoweit hat der BGH aber eine *Ausnahme* hinsichtlich geschlossener Immobilienfonds und Bauherrengemeinschaften zugelassen (wer Lust hat: BGHZ **150**, 1 ff.).

Des Weiteren gilt betreffend dem *Haftungsinhalt*, also der Frage, ob der Gesellschafter wie die Gesellschaft auf Erfüllung oder nur beschränkt auf das Wertinteresse haftet, das zur Haftung der oHG-Gesellschafter im vorherigen Fall Gesagte entsprechend. Deshalb kann hier auf die Lösung zu Fall 14 verwiesen werden. Danach muss C unter Zugrundelegung der Erfüllungstheorie dem Nacherfüllungsverlangen entweder persönlich oder durch Beauftragung eines Dritten nachkommen.

Ergebnis: Unser R hat gegen C folglich einen Anspruch auf Nacherfüllung, also Anbringung der Markise, gemäß § 128 Satz 1 HGB analog i. V. m. §§ 635 Abs. 1, 634 Nr. 1, 633 Abs. 2 Satz 2 Nr. 2 BGB i. V. m. §§ 705 ff. BGB.

II. Der R könnte gegen C zudem einen Anspruch auf Zahlung eines Schmerzensgeldes in Höhe von 5.000 Euro aus **§ 128 Satz 1 HGB analog i. V. m. §§ 634 Nr. 4, 280 Abs. 1, 253 Abs. 2, 633 Abs. 2 Satz 2 Nr. 2 BGB** haben.

Nachdem wir oben die entsprechende Anwendbarkeit des § 128 Satz 1 HGB auf die Gesellschafter einer (Außen-)GbR festgestellt haben, bereitet die Bejahung dieses Anspruchs keinerlei Probleme mehr. Allein entscheidend ist, dass der H-GbR die Pflichtverletzung des A *zurechenbar* ist und daher eine Gesellschaftsverbindlichkeit besteht (und so war das ja, vgl. oben). Für die so begründete Gesellschaftsverbindlichkeit haftet jeder Mitgesellschafter (*Grunewald* 1. A. Rz. 113), was zumindest für die hier in Rede stehende *vertragliche* Verbindlichkeit unstreitig ist.

Ergebnis: R steht gegen C ein Anspruch auf Schmerzensgeld in Höhe von 5.000 Euro aus den im Obersatz benannten Normen zu.

III. Möglicherweise ist C zur Zahlung des Schmerzensgeldes in Höhe von 1.000 Euro auch aus **§ 128 Satz 1 HGB analog** i. V. m. **§ 823 Abs. 1 BGB** und **§ 823 Abs. 2 BGB** i. V. m. **§ 229 StGB** verpflichtet.

Mit der eben getroffenen Feststellung, dass es bei Anwendung der Akzessorietätstheorie nur darauf ankommt, ob die Pflichtverletzung der Gesellschaft zurechenbar ist und die Gesellschafter für die so begründete Gesellschaftsverbindlichkeit haften, liegt nichts näher, als dies auch auf den Fall der nun in Rede stehenden *deliktischen* Ansprüche anzuwenden. Diese Konsequenz wird dann auch von der nahezu einhelligen Meinung im Recht der offenen Handelsgesellschaft gezogen und entspricht auch bei der analogen Anwendung des § 128 Satz 1 HGB auf die BGB-Gesellschaft der überwiegenden Meinung (BGHZ **172**, 169; BGHZ **154**, 88, 94 f.; *Palandt/Sprau* § 714 BGB Rz. 13; *Grunewald*, 1. A. Rz. 113; *K. Schmidt* in NJW 2003, 1897, 1900; *Ulmer* in ZIP 2003, 1113, 1114; *Dauner-Lieb* in DStR 2001, 356, 359).

<u>ZE.:</u> Danach hat R gegen C einen Schmerzensgeldanspruch aus § 128 Satz 1 HGB analog i. V. m. § 823 Abs. 1 BGB und § 823 Abs. 2 BGB i. V. m. § 229 StGB.

Aber: Diese Rechtsprechung und herrschende Lehre ist nicht komplett unbestritten (vgl. etwa *Erman-Westermann* § 714 BGB Rz. 13; *Schäfer* in ZIP 2003, 1225, 1227 ff. sowie *Altmeppen* in NJW 2003, 1553 ff. und *Armbrüster* in ZGR 2005, 34, 56 ff.). Der Grund für die Kritik ergibt sich daraus, dass eine Haftung für deliktisches Handeln eines Mitgesellschafters in einer BGB-Gesellschaft bei Anwendung der Doppelverpflichtungstheorie undenkbar war (*Altmeppen* in NJW 2003, 1553, 1554). Als Hauptargument gegen eine Haftung eines BGB-Gesellschafters für deliktisches Handeln eines

Mitgesellschafters wird ein allgemeiner Rechtsgrundsatz angeführt, wonach niemand persönlich für ein fremdes Delikt einstehen muss (*Altmeppen* NJW 2003, 1553, 1557).

> **Achtung:** Hier geht es nur noch um die Frage der Haftung der Gesellschafter einer BGB-Gesellschaft für unerlaubte Handlungen ihrer Mitgesellschafter – die Zurechnung des deliktischen Handelns im Verhältnis zur Gesellschaft sehen auch die hier zitierten Vertreter der Mindermeinung als geklärt (vgl. *Altmeppen* NJW 2003, 1553).

Die eben benannte Auffassung ist abzulehnen, und zwar aus folgenden Gründen: Richtig ist zwar, dass eine persönliche Haftung für ein fremdes Delikt dem Deliktsrecht fremd ist. Dieser Grundsatz ist indes gar nicht verletzt. Der § 128 Satz 1 HGB (analog) hat eine Haftung für Gesellschaftsverbindlichkeiten zur Folge, und eben nicht das Einstehen für eine fremde unerlaubte Handlung (*Damm* in: Festschrift Raiser, 2005, Seite 23, 34, 35). Gegen eine Haftung für das deliktische Handeln der Mitgesellschafter spricht auch nicht der Gedanke der Unzumutbarkeit, da die Gesellschafter Einfluss auf die Auswahl und die Tätigkeit der handelnden Organmitglieder nehmen können (BGHZ **172**, 169; BGHZ **154**, 88, 94 f.). Außerdem kommt bei gesetzlichen Verbindlichkeiten der Gedanke des Gläubigerschutzes zum Tragen, da sich die Gläubiger – anders als im vertraglichen Bereich – ihren Schuldner bei einer unerlaubten Handlung nicht aussuchen können (BGH **154**, 88, 94 f.). Letztlich spricht die Möglichkeit der identitätswahrenden Umwandlung ohne Publizitätsakt gemäß § 105 Abs. 1 HGB von einer kleingewerbetreibenden GbR in eine oHG und umgekehrt im Interesse der Rechtssicherheit für eine einheitliche Ausgestaltung der Haftung in den beiden Rechtsformen (BGHZ **154**, 88, 95).

Ergebnis: Nach alledem ist mit der herrschenden Meinung davon auszugehen, dass von § 128 Satz 1 HGB analog auch deliktische Ansprüche erfasst werden. Mithin hat R gegen C einen Anspruch aus § 128 Satz 1 HGB analog i. V. m. § 823 Abs. 1 BGB und § 823 Abs. 2 BGB i. V. m. § 229 StGB.

Und daraus ergibt sich dann unser zweites und letztes

> **Fazit:** Auch im Hinblick auf die persönliche Haftung der Gesellschafter spielt es im Ergebnis keine Rolle, ob die Gesellschaft in der Rechtsform der oHG oder der BGB-Gesellschaft betrieben wird.

Mini-Nachschlag zum Schluss:

Wie auch ein oHG-Gesellschafter kann sich ein Gesellschafter der GbR auf Einreden und Einwendungen, die der Gesellschaft zustehen, einem Gläubiger gegenüber gemäß § 129 Abs. 1-3 HGB berufen. Dies hat der BGH in seiner Grundsatzentscheidung deutlich gemacht, indem er nicht nur § 128 HGB analog, sondern die §§ 128 f. HGB analog als Rechtsgrundlage zitiert hat (BGHZ **146**, 341 ff.; OLG Düsseldorf AnwBl 2008, 72).

Gutachten

A. Ansprüche gegen die H-GbR

I. R könnte gegen die H-GbR einen Nacherfüllungsanspruch gemäß §§ 635 Abs. 1, 634 Nr. 1, 633 Abs. 2 Satz 2 Nr. 2 BGB i. V. m. §§ 705 ff. BGB haben.

1.) Dies setzt zunächst den Abschluss eines wirksamen Werkvertrages zwischen R und der H-GbR voraus. Eine Verpflichtung der H-GbR setzt voraus, dass sie rechtsfähig ist. Die Fähigkeit, Trägerin von Rechten und Pflichten zu sein, ist – anders als im Fall der oHG in § 124 Abs. 1 HGB – in den §§ 705 ff. BGB nicht ausdrücklich vorgesehen. Die umstrittene Frage, ob der GbR gleichwohl Rechtsfähigkeit zuzuerkennen ist, ist nunmehr entschieden. Der BGH hat für den Fall der (Außen-)GbR der sogenannten individualistischen Theorie eine Absage erteilt und sich ausdrücklich der Gruppenlehre angeschlossen, was in der Literatur auf nahezu einhellige Zustimmung gestoßen ist. Damit steht heute im Grundsatz außer Zweifel, dass die (Außen-)GbR rechtsfähig ist, soweit sie durch Teilnahme am Rechtsverkehr eigene Rechte und Pflichten begründen kann. Folglich ist die H-GbR rechtsfähig, und kann insbesondere Vertragspartnerin eines Werkvertrages sein.

2.) Der Werkvertrag zwischen R und der H-GbR kam spätestens mit der Montage der Markise zustande, wobei A als Stellvertreter gemäß §§ 164 ff. BGB tätig wurde. Die Alleinvertretungsmacht des A ergibt sich – in Abweichung zu dem aus §§ 714 i. V. m. 709 Abs. 1 BGB resultierenden Normalfall der Gesamtvertretungsbefugnis – aus dem Gesellschaftsvertrag. Die Mangelhaftigkeit der Werkleistung im Zeitpunkt der Abnahme, § 640 Abs. 1 BGB, ist jedenfalls nach § 633 Abs. 2 Satz 2 Nr. 2 BGB zu bejahen.

Ergebnis: R hat gegen die H-GbR einen Nacherfüllungsanspruch gemäß §§ 635 Abs. 1, 634 Nr. 1, 633 Abs. 2 Satz 2 Nr. 2 BGB i. V. m. §§ 705 ff. BGB.

II. Des Weiteren könnte R gegen die H-GbR einen Anspruch auf Schmerzensgeld in Höhe von 5.000 Euro haben.

Ein Schmerzensgeldanspruch gegen die H-oHG könnte sich aus den §§ 634 Nr. 4, 633 Abs. 2 Satz 2 Nr. 2, 280 Abs. 1 BGB i. V. m. §§ 705 ff. BGB ergeben.

1.) Ein wirksamer Werkvertrag zwischen R und der H-GbR liegt vor. Ferner ist das Vorliegen einer schuldhaften Pflichtverletzung Voraussetzung, vgl. § 280 Abs. 1 BGB. Vorliegend hat A eine schuldhafte Pflichtverletzung dadurch begangen, indem er die Markise fehlerhaft anbrachte, wobei das Vertretenmüssen des A gemäß § 280 Abs. 1 Satz 2 BGB vermutet wird. Fraglich ist, ob die schuldhafte Pflichtverletzung der H-GbR zurechenbar ist. Für den vertraglichen Bereich wird eine entsprechende Anwendung des § 31 BGB nach einer Meinung befürwortet, während nach anderer Ansicht die Organe als Erfüllungsgehilfen gemäß § 278 BGB zu qualifizieren seien. Ist A als Erfüllungsgehilfe anzusehen, so ist entscheidend, ob er in Erfüllung einer Verbindlichkeit handelte, während nach § 31 BGB analog darauf abzustellen ist, ob er »in Ausführung der ihm zustehenden Verrichtung« tätig wurde. A beging die Pflichtverletzung im Rahmen der Erfüllung des Werkvertrages im Verhältnis zu R, so dass die Voraussetzungen beider Normen erfüllt sind. Mithin kommen beide Ansichten zu demselben Ergebnis und eine Entscheidung des Streits kann dahin stehen.

2.) Für Mangelfolgeschäden hat der Anspruchsgegner gemäß § 280 Abs. 1 BGB Schadensersatz zu leisten, wobei das geltend gemachte Schmerzensgeld in Höhe von 5.000 Euro gemäß § 253 Abs. 2 BGB ersatzfähig ist.

Ergebnis: R hat gegen die H-GbR einen Schmerzensgeldanspruch in Höhe von 5.000 Euro gemäß §§ 634 Nr. 4, 633 Abs. 2 Satz 2 Nr. 2, 280 Abs. 1 BGB i. V. m. §§ 705 ff. BGB.

III. Ein Schmerzensgeldanspruch gegen die H-GbR aus § 831 Abs. 1 BGB i. V. m. §§ 705 ff. BGB scheitert – wie im Fall der oHG – an der Weisungsgebundenheit des A als geschäftsführungs- und vertretungsberechtigtem Gesellschafter, weshalb er nicht als Verrichtungsgehilfe zu qualifizieren ist.

IV. Möglicherweise ergibt sich der Schmerzensgeldanspruch aus den § 823 Abs. 1 BGB i. V. m. § 31 BGB analog i. V. m. §§ 705 ff. BGB.

A hat eine tatbestandliche Rechtsgutsverletzung begangen, Rechtswidrigkeit und Verschulden liegen ebenfalls vor. Die Pflichtverletzung ist der H-GbR analog § 31 BGB nach dem oben Gesagten zurechenbar, da A als Organ »in Ausführung der ihm zustehenden Verrichtungen« handelte. Die H-GbR hat folglich Schadensersatz gemäß §§ 249 ff. BGB zu leisten, mithin kann R gemäß § 253 Abs. 2 BGB einen Schmerzensgeldanspruch in Höhe von 1.000 Euro verlangen. Des Weiteren ergibt sich ein deliktsrechtlicher Schmerzensgeldanspruch aus § 823 Abs. 2 BGB i. V. m. § 229 StGB i. V. m. § 31 BGB analog, §§ 705 ff. BGB.

B. Ansprüche gegen C

I. Der R könnte gegen C einen Anspruch auf Nacherfüllung aus § 128 Satz 1 HGB analog i. V. m. §§ 635 Abs. 1, 634 Nr. 1, 633 Abs. 2 Satz 2 Nr. 2 BGB i. V. m. §§ 705 ff. BGB haben.

1.) Fraglich ist zunächst, ob eine analoge Anwendung des § 128 Satz 1 HGB auf die vertragliche Haftung der BGB-Gesellschafter in Betracht kommt. Dies war lange Zeit umstritten, wobei sich die individualistische Theorie, die Doppelverpflichtungstheorie sowie die Akzessorietätstheorie, die § 128 Satz 1 HGB analog heranzog, gegenüberstanden. Mit der Anerkennung der Rechtsfähigkeit der GbR ist kein Raum mehr für die individualistische Theorie, die nur das Vermögen der Gesellschaft als verselbstständigte Vermögensmasse ansah, also die Gesellschaft nicht »als solche« anerkannte. Aber auch die Doppelverpflichtungstheorie kann nicht zur Begründung der Gesellschafterhaftung herangezogen werden. Auf Grundlage dieser Theorie ist es möglich, eine einseitige, das heißt ohne Mitwirkung der Gläubiger herbeigeführte, Haftungsbeschränkung zu erreichen mit der Folge, dass die Gesellschafter nicht mit ihrem Privatvermögen haften. Ein solches Ergebnis steht jedoch im Widerspruch zu dem allgemeinen Grundsatz des bürgerlichen Rechts und des Handelsrechts, dass derjenige, der als Einzelperson oder in Gemeinschaft mit anderen Geschäfte betreibt, für die daraus entstehenden Verpflichtungen mit seinem ganzen Vermögen haftet, solange sich aus dem Gesetz nicht ein anderes ergibt oder mit dem Vertragspartner eine Haftungsbeschränkung vereinbart wird. Folglich ist der Akzessorietätstheorie zu folgen, mithin kann § 128 Satz 1 HGB analog angewandt werden.

2.) Die Voraussetzungen des § 128 Satz 1 HGB analog, nämlich das Bestehen einer Gesellschaftsverbindlichkeit sowie der Gesellschafterstatus des C im Zeitpunkt der Begründung der Verbindlichkeit, liegen vor.

Ergebnis: Somit haftet C persönlich und unbeschränkt, unmittelbar und primär, auf das Ganze und gesamtschuldnerisch. Der Haftungsinhalt bestimmt sich – wie auch im Recht der oHG – grundsätzlich nach der Haftungstheorie. Eine Ausnahme wegen Unzumutbarkeit kommt nicht in Betracht, so dass R gegen C einen Anspruch auf Nacherfüllung gemäß § 128 Satz 1 HGB analog i. V. m. §§ 635 Abs. 1, 634 Nr. 1, 633 Abs. 2 Satz 2 Nr. 2 BGB i. V. m. §§ 705 ff. BGB hat.

II. Der R könnte gegen C einen Anspruch auf Zahlung eines Schmerzensgeldes in Höhe von 5.000 Euro aus § 128 Satz 1 HGB analog i. V. m. §§ 634 Nr. 4, 633 Abs. 2 Satz 2 Nr. 2, 280 Abs. 1 BGB haben. Nachdem die entsprechende Anwendbarkeit des § 128 Satz 1 HGB auf die Gesellschafter einer (Außen-)GbR feststeht, ist hier allein entscheidend, dass eine Gesellschaftsverbindlichkeit besteht. Für die so begründete Gesellschaftsverbindlichkeit haftet jeder Mitgesellschafter, was zumindest für die hier in Rede stehende vertragliche Verbindlichkeit unstreitig ist.

III. Möglicherweise ist C zur Zahlung des Schmerzensgeldes in Höhe von 5.000 Euro aus § 128 Satz 1 HGB analog i. V. m. § 823 Abs. 1 BGB und § 823 Abs. 2 BGB i. V. m. § 229 StGB verpflichtet.

1.) Problematisch ist, ob § 128 Satz 1 HGB analog auch zur Anwendung gelangt, wenn es, wie hier, um einen deliktischen Anspruch geht.

Zum Teil wird diese Konsequenz abgelehnt, mit der Begründung, dass nach einem allgemeinen Rechtsgrundsatz niemand persönlich für ein fremdes Delikt einstehen muss. Dieser Grundsatz ist allerdings nicht verletzt. § 128 Satz 1 HGB (analog) hat nämlich eine Haftung für Gesellschaftsverbindlichkeiten zur Folge, und eben nicht das Einstehen für eine fremde unerlaubte Handlung. Gegen eine Haftung für das deliktische Handeln der Mitgesellschafter spricht zudem nicht der Gedanke der Unzumutbarkeit, da die Gesellschafter Einfluss auf die Auswahl und die Tätigkeit der handelnden Organmitglieder nehmen können. Außerdem kommt bei gesetzlichen Verbindlichkeiten der Gedanke des Gläubigerschutzes zum Tragen, da sich die Gläubiger – anders als im vertraglichen Bereich – ihren Schuldner nicht aussuchen können. Letztlich spricht die Möglichkeit der identitätswahrenden Umwandlung ohne Publizitätsakt gemäß § 105 Abs. 1 HGB von einer kleingewerbetreibenden GbR in eine oHG und umgekehrt im Interesse der Rechtssicherheit von einer einheitlichen Ausgestaltung der Haftung in den beiden Rechtsformen.

Ergebnis: Mit der herrschenden Meinung ist daher davon auszugehen, dass § 128 Satz 1 HGB analog auch auf Deliktsverbindlichkeiten zur Anwendung gelangt. Mithin hat R gegen C einen Anspruch aus § 128 Satz 1 HGB analog i. V. m. § 823 Abs. 1 BGB und § 823 Abs. 2 BGB i. V. m. § 229 StGB.

Fall 16

Das ist eine lange Geschichte!

Um ihr Studium zu finanzieren, gründen die befreundeten Sportstudenten A, B und C im Jahre 1996 die S-oHG und eröffnen in Köln ein Fitness-Studio. Als C sich im Jahre 1998 mehr dem Studium widmen möchte, einigt er sich mit A und B auf seinen Austritt aus der Gesellschaft. Die von A, B und C unterzeichnete Vereinbarung darüber wird zum 15.06.1998 wirksam, was C allen Gläubigern der Gesellschaft am selben Tag per Telefax mitteilt. Anstelle des C wird der Kommilitone K zum 15.06.1998 mit einem am gleichen Tag zwischen ihm und den verbliebenen Gesellschaftern geschlossenen Aufnahmevertrag in die Gesellschaft aufgenommen. Sowohl der Austritt des C als auch der Eintritt des K wird am 29.06.1998 in das Handelsregister eingetragen.

Mitte August 1998 verklagt dann der Lieferant L den K und fordert die Zahlung von 10.000 Euro aus einem mit der S-oHG am 27.02.1998 geschlossenen Kaufvertrag über ein Laufband. Und im Juli 2003 meldet sich der Vermieter V, von dem die S-oHG seit ihrer Gründung im Jahre 1996 die von ihr bis zu diesem Tage genutzten Gewerberäume angemietet hat, bei C. V teilt dem C mit, dass die S-oHG seit Mai 2003 keine Miete mehr zahlt und will nun von dem völlig verdutzten C, der seit Jahren keinen Kontakt mehr zu A und B hat, die Zahlung der Miete für die Monate Mai bis Juli 2003.

Sind die Ansprüche von L und V begründet? Sonn- und Feiertage sind bei der Berechnung von Fristen und Terminen nicht in Ansatz zu bringen.

> **Schwerpunkte:** Der Gesellschafterwechsel in der oHG und der GbR; die Haftung des eintretenden und des austretenden Gesellschafters gemäß den §§ 128 ff. HGB (analog); die Enthaftung des ausgeschiedenen Gesellschafters nach § 160 HGB.

Lösungsweg

A. Anspruch des L gegen K auf Zahlung von 10.000 Euro

I. Der L könnte gegen K einen Anspruch auf Kaufpreiszahlung in Höhe von 10.000 Euro aus **§ 128 Satz 1 HGB** haben.

1). Die akzessorische Haftungsnorm des § 128 Satz 1 HGB setzt zunächst das Bestehen einer Gesellschaftsverbindlichkeit voraus. Zwischen der S-oHG und L ist am 27.02.1998 ein wirksamer Kaufvertrag über ein Laufband zum Preis von 10.000 Euro zustande gekommen, so dass die S-oHG gemäß § 433 Abs. 2 BGB die Kaufpreiszahlung in Höhe von 10.000 Euro schuldet.

<u>ZE.:</u> Eine Gesellschaftsverbindlichkeit besteht damit.

2.) Des Weiteren ergibt sich aus der Formulierung »die Gesellschafter« in § 128 Satz 1 HGB (bitte mal reinschauen), dass die Haftung nur denjenigen trifft, der bereits im Zeitpunkt der Haftungsbegründung auch schon Gesellschafter der oHG war (*Röhricht/Graf v. Westphalen/von Gerkan/Haas* § 128 HGB Rz. 2; *E/B/J/Hillmann* § 128 HGB Rz. 7). Wir müssen demnach prüfen, ob der K zum Zeitpunkt der Begründung der Kaufpreisschuld bereits Gesellschafter der oHG gewesen ist; nur dann muss er auch gemäß § 128 Satz 1 HGB für die Gesellschaftsschuld einstehen.

a) Im Hinblick auf den Zeitpunkt des *Beitritts* des K in die oHG kommen bei genauer Betrachtung <u>zwei</u> mögliche Daten in Betracht: Nämlich zum einen der **15.06.1998**, der Tag des Wirksamwerdens des Aufnahmevertrages. Zum anderen der **29.06.1998**, das ist der Tag, an dem die Eintragung in das Handelsregister erfolgte. **Aber:** Die Eintragung in das Handelsregister ist nach herrschender Meinung für das Wirksamwerden des Beitritts vollkommen irrelevant, so dass K bereits mit Abschluss des Aufnahmevertrages am **15.06.1998** Gesellschafter der S-oHG wurde (vgl. BGH NJW **1982**, 883, 884; *Koller/Roth/Morck* § 123 HGB Rz. 5; *Schlegelberger/K. Schmidt* § 130 HGB Rz. 16).

<u>ZE.:</u> K ist der oHG am 15.06.1998 wirksam beigetreten.

Einschub: Steht – wie in unserem Fall – der Eintritt eines neuen Gesellschafters im unmittelbaren zeitlichen Zusammenhang mit dem Austritt eines anderen Gesellschafters, so spricht man von einem »**Gesellschafterwechsel**«. Ein solcher Gesellschafterwechsel spielt in der Praxis eine beachtliche Rolle und taucht auch in den universitären Übungsarbeiten vergleichsweise häufig auf. Wir wollen uns diesen Gesellschafterwechsel daher hier mal einen Augenblick näher anschauen. Er kann durch unterschiedliche rechtliche Gestaltungen herbeigeführt werden:

→ Möglich ist zum einen – wie im vorliegenden Fall geschehen –, den Gesellschafterwechsel durch eine Kombination der sonst für den Ein- und Austritt geltenden Vorschriften herbeizuführen, sogenannter »**Doppelvertrag**«. Das heißt, der alte Gesellschafter schließt mit den übrigen Gesellschaftern einen Austrittsvertrag, und der neue Gesellschafter mit diesen einen Aufnahmevertrag ab (*Röhricht/Graf v. Westphalen/von Gerkan/Haas* § 105 HGB Rz. 83; *MüKo-K. Schmidt* § 105 HGB Rz. 208; *Hueck/Windbichler* § 10 Rz. 14; *E/B/J/Boujong* § 105 HGB Rz. 162).

→ Der Wechsel im Personenbestand kann auch durch eine – dinglich wirkende! – **Abtretung** nach §§ 398, 413 BGB des Gesellschaftsanteils von dem alten auf den neuen Gesellschafter erfolgen. Diese bedarf, soweit im Gesellschaftsvertrag nicht ein anderes bestimmt ist, der Zustimmung der übrigen Gesellschafter (BGHZ **81**, 82, 84; BGH WM **1958**, 49; *E/B/J/Boujong* § 105 HGB Rz. 164; MünchHdb. GesR—*Piehler/Schulte* § 10 Rz. 111; *Grunewald* 1. B. 65, 1. A. 143 ff.; *Hueck/Windbichler* § 10 Rz. 15).

> **Merke aber**: Für die Haftung im Verhältnis zu Dritten spielt es keine Rolle, ob der Gesellschafterwechsel durch Abtretung oder durch einen Doppelvertrag herbeigeführt wird. Entscheidend ist allein, dass überhaupt ein wirksamer Gesellschafterwechsel stattgefunden hat (BGHZ **77**, 392, 395 f.; *Röhricht/Graf v. Westphalen/von Gerkan/Haas* § 130 HGB Rz. 3; GroßKomm-*Habersack* § 130 HGB Rz. 8 ff.).

Zurück zum Fall: Ein Vergleich des Beitrittsdatums (15.06.1998) mit dem Datum des Kaufvertrages (27.02.1998) zeigt, dass K im Zeitpunkt des haftungsbegründenden Ereignisses der S-oHG noch nicht als Gesellschafter angehörte.

Ergebnis: Mithin haftet K mangels Gesellschafterstatus im Zeitpunkt des Kaufvertragsabschlusses nicht gemäß **§ 128 Satz 1 HGB** für die Kaufpreisschuld der S-oHG.

II. Die Haftung für den Kaufpreis in Höhe von 10.000 Euro könnte sich jedoch aus **§ 130 Abs. 1 HGB i. V. m. § 128 Satz 1 HGB** ergeben (bitte § 130 Abs. 1 HGB aufschlagen und lesen).

1.) Gemäß § 130 Abs. 1 HGB ist zunächst erforderlich, dass der Gesellschafter in eine bestehende oHG eingetreten ist. Die S-oHG war schon vor dem wirksamen Beitritt des K existent. Der Anwendungsbereich des § 130 Abs. 1 HGB ist mithin eröffnet.

2.) Des Weiteren muss es sich um eine Gesellschaftsverbindlichkeit handeln, die bereits vor dem Eintritt des Gesellschafters in die Gesellschaft begründet worden ist (steht so im Gesetz!). Liegt hier vor, das haben wir weiter oben ja geprüft; der Kaufvertrag mit dem L wurde von der oHG vor dem Eintritt des K abgeschlossen.

3.) Als Rechtsfolge sieht der § 130 Abs. 1 HGB eine Haftung nach Maßgabe der **§§ 128, 129 HGB** vor. Das heißt: Der Eintretende haftet nach den gleichen Haftungsgrundsätzen wie die anderen Gesellschafter, und zwar für *sämtliche* Altverbindlichkeiten (*Heymann/Emmerich* § 130 HGB Rz. 7; *Baumbach/Hopt* § 130 HGB Rz. 7; *K. Schmidt*, GesR, § 49 IV 3).

> **Zur Erinnerung:** Die Gesellschafter einer oHG haften gemäß § 128 Satz 1 BGB persönlich und unbeschränkt, unmittelbar und primär, auf das Ganze und als Gesamtschuldner (*Baumbach/Hopt* § 128 HGB Rz. 1; *E/B/J/Hillmann* § 128 HGB Rz. 17 ff.).

Ergebnis: Somit haftet K für den bereits im Februar 1998 begründeten Kaufpreisanspruch in voller Höhe von 10.000 Euro aus § 130 Abs. 1 i. V. m. § 128 Satz 1 HGB.

B. Anspruch des V gegen C auf Zahlung der Miete für Mai bis Juli 2003

Vorab: Bitte lies jetzt noch mal den Sachverhalt vorne sorgfältig durch (vor allem den zweiten Absatz). Wir brauchen nämlich die dort genannten Daten, und da ist – wie immer – jeder Satz bzw. jedes Wort und insbesondere jede **Zahl** wichtig. Am besten auf einem separaten Papier notieren und neben das Buch legen.

Ein Anspruch des V gegen C für die ausstehenden Mietzahlungen für die Monate Mai bis Juli 2003 könnte sich aus **§ 128 Satz 1 HGB** ergeben.

I. Die S-oHG ist aus dem mit V abgeschlossenen Mietvertrag gemäß § 535 Abs. 2 BGB i. V. m. § 124 Abs. 1 HGB zur Zahlung der Miete für die Monate Mai bis Juli 2003 verpflichtet. Insoweit lässt der Sachverhalt keine Zweifel zu mit der Folge, dass die für die Haftung aus § 128 Satz 1 HGB erforderliche Gesellschaftsverbindlichkeit besteht.

II. Des Weiteren ist auch hier notwendig, dass der Gesellschafterstatus im Zeitpunkt der Begründung der Verbindlichkeit besteht (*Röhricht/Graf v. Westphalen/von Gerkan/Haas* § 128 HGB Rz. 2; *E/B/J/Hillmann* § 128 HGB Rz. 7). Und auf den ersten Blick ist das jetzt eigentlich ein Scherz, denn der C hat sich im Jahre 1998 aus der Gesellschaft wirksam verabschiedet, und der V möchte allen Ernstes im Jahre 2003 von C Mietzahlungsverpflichtungen der S-oHG einfordern. Dummerweise ist das aber selbstverständlich kein Scherz, denn ansonsten würde es wohl kaum hier stehen. Wir wollen das – also den Gesellschafterstatus des C – einfach mal durchprüfen und tasten uns langsam und bitte strukturiert ran, nämlich:

1.) Der C, der die S-oHG im Jahre 1996 mit gründete, trat aufgrund des mit A und B abgeschlossenen Vertrages im Jahre 1998 aus der Gesellschaft aus. Da die gemäß § 143 Abs. 2 HGB erforderliche Eintragung in das Handelsregister lediglich deklaratorische Bedeutung hat (*Baumbach/Hopt* § 143 HGB Rz. 5), wird das maßgebliche Austrittsdatum durch die *vertragliche* Abrede der Gesellschafter bestimmt und liegt folglich hier beim **15.06.1998**.

2.) Fraglich ist somit, ob die in Rede stehende Mietzinsverbindlichkeit für die Monate Mai bis Juli 2003 am 15.06.1998 schon begründet war.

> **Und jetzt kommt die Finte**: Für eine Haftungsbegründung im Sinne des § 128 Satz 1 HGB ist nämlich schon ausreichend, wenn die *Rechtsgrundlage* für den Anspruch gelegt ist. Das bedeutet, für die Haftungsbegründung ist der Vertragsschluss entscheidend und nicht, wann die einzelnen Leistungen aus dem Vertrag fällig werden oder gar, wann der Vertrag erfüllt wird (RGZ **125**, 417, 418; BGHZ **36**, 224, 225; BGH NJW **1986**, 1690; OLG Saarland DStR **2008**, 527; *Baumbach/Hopt* § 128 HGB Rz. 29; *Röhricht/Graf v. Westphalen/von Gerkan/Haas* § 128 HGB Rz. 24). Dies gilt nach nahezu

einhelliger Meinung auch für Dauerschuldverhältnisse wie beispielsweise Energie- und Wasserversorgungsverträge oder eben – wie hier – Mietverträge (vgl. BGHZ **70**, 132, 137; MüKo-*K. Schmidt* § 160 HGB Rz. 50; GroßKomm-*Habersack* § 128 HGB Rz. 65; RGZ **140**, 10, 12).

Zum Fall: Hiernach muss unberücksichtigt bleiben, dass V für einen Zeitraum Mietansprüche geltend macht, in dem C längst nicht mehr Gesellschafter der S-oHG war. Allein entscheidend ist der Abschluss des Mietvertrages zwischen der S-oHG und V, der auf das Jahr 1996, dem Gründungsjahr der Gesellschaft, datiert ist. Folglich liegt der haftungsbegründende Umstand vor dem Austritt des C aus der Gesellschaft im Jahre 1998.

ZE.: Die Voraussetzungen einer Haftung nach § 128 Satz 1 HGB sind gegeben.

III. Die Haftung des C könnte jedoch infolge einer sogenannten »**Enthaftung**« gemäß **§ 160 Abs. 1 Satz 1 HGB** (lesen, bitte!) ausgeschlossen sein.

> **Achtung**: Obwohl man beim Lesen des Gesetzes etwas anderes meinen könnte, ist der § 160 Abs. 1 Satz 1 HGB keine Anspruchsgrundlage und darf dementsprechend nicht im Obersatz einer Anspruchsprüfung erscheinen. Es handelt sich vielmehr um eine sogenannte *Enthaftungsnorm*, die deshalb auch nur an der hier gezeigten Stelle geprüft werden darf. Merken.

Die Voraussetzungen der Enthaftung im Falle des Ausscheidens eines Gesellschafters für eine vorher begründete Verbindlichkeit ergeben sich – eigentlich – unproblematisch aus § 160 Abs. 1 HGB: Bei der Gesetzeslektüre ist allerdings wegen der positiven Formulierung (»haftet, ... wenn«) Vorsicht geboten. Fasst man den Gesetzeswortlaut negativ, so haftet der Gesellschafter nicht, wenn die folgenden Voraussetzungen erfüllt sind:

1.) Die Enthaftung tritt ein, wenn die Gesellschaftsverbindlichkeit später als *fünf* Jahre nach dem Ausscheiden des Gesellschafters *fällig* wird (*E/B/J/Seibert* § 160 HGB Rz. 11). Für den Beginn dieser *Ausschlussfrist* ist nach § 160 Abs. 1 Satz 2 HGB auf die Eintragung in das Handelsregister abzustellen, wobei die Fristberechnung dann gemäß §§ 187 Abs. 1, 188 Abs. 2 BGB erfolgt (*Baumbach/Hopt* § 160 HGB Rz. 5).

Aber: Nach neuer Rechtsprechung des BGH aus dem September 2007 (BGH NJW **2007**, 3784.; ebenso Hessisches LAG NZG **2009**, 659 (LS); zustimmend *Voigt* in NJW 2007, 3786 ff.; *Steinicke* in EwiR 2008, 179 f.; *Wertenbruch* in NZG 2008, 216 ff.; *Häublein* in Jura 2008, 617 ff.) darf eine durch eine Kundgabe des Gesellschafters erlangte positive Kenntnisse des Gläubigers vom Ausscheiden des Gesellschafters aus der oHG nicht unberücksichtigt bleiben. Ein Blick in das Recht der BGB-Gesellschaft führt zu diesem Ergebnis: Die Enthaftung der Gesellschafter einer BGB-Gesellschaft beurteilt sich nach Maßgabe des § 736 Abs. 2 BGB, wonach die Enthaftungsvorschrift des § 160

Abs. 1 HGB auf die GbR sinngemäße Anwendung findet. Da mangels Registerpublizität der BGB-Gesellschaft von vornherein eine Registereintragung nicht maßgeblich sein kann, entspricht es im Anwendungsbereich des § 736 Abs. 2 BGB der herrschenden Meinung, auf die positive Kenntnis des Gläubigers vom Ausscheiden des Gesellschafters abzustellen (BGHZ **117**, 168, 175; *Palandt/Sprau* § 736 BGB Rz. 14; *Nitsche* in ZIP 1994, 1919, 1923). Wollte man an die mit der Kundgabe verbundene positive Kenntnis des Gläubigers einer oHG nicht dieselben Rechtsfolgen knüpfen, wäre der Sinn der für die oHG getroffenen besonderen Regelung des § 160 Abs. 1 Satz 2 HGB verfehlt. Denn hiernach soll der oHG-Gesellschafter nur von der Notwendigkeit entheben werden, alle Gläubiger einzeln in Kenntnis zu setzen, weshalb es der Gesetzgeber ausreichen lässt, dass die Gläubiger von dem Ausscheiden durch Einsichtnahme in das Handelsregister Kenntnis erlangen können (BGH NJW **2007**, 3784). Würde sich der Gläubiger eines ausgeschiedenen oHG-Gesellschafters trotz positiver Kenntnis von dem Ausscheiden nach Ablauf von fünf Jahren auf die fehlende bzw. spätere Eintragung des Ausscheidens berufen, läge hierin eine zweckwidrige Ausnutzung einer formalen Rechtsposition. Dies würde zudem – der Gesetzgeber strebte die Einheitlichkeit der Haftungsbegrenzung im Personengesellschaftsrecht an – zu einer nicht vertretbaren Besserstellung der Gläubiger eines oHG-Gesellschafters führen (BGH NJW **2007**, 3784).

Zum Fall: Also bestimmen wir zunächst, zu welchem Zeitpunkt die Ausschlussfrist endete: Die Frist begann nicht erst mit der Eintragung des Austritts in das Handelsregister am 29.06.1998, sondern bereits durch die Erlangung der positiven Kenntnis des V durch die Kundgabe des C am 15.06.1998. Damit lief die Fünf-Jahres-Frist gemäß §§ 187 Abs. 1, 188 Abs. 2 BGB am **15.06.2003** ab. Im zweiten Schritt müssen wir die Fälligkeitsdaten für die geltend gemachten Mietzahlungen ermitteln: Die Miete für Gewerbemieträume wird gemäß § 579 Abs. 2 BGB i. V. m. § 556b Abs. 1 BGB spätestens am dritten Werktag des jeweiligen Monats fällig (*Palandt/Weidenkaff* § 556b BGB Rz. 4). Das heißt, die Miete für Mai wurde am 03.05.2003, die Miete für Juni am 3.06.2003 und die Juli-Miete am 3.07.2003 fällig.

Vergleichen wir nun die Daten miteinander, stellen wir fest, dass nur der Fälligkeitszeitpunkt der Miete für den Monat *Juli* nach dem Ablauf der Ausschlussfrist liegt. Folglich ist bezüglich der Julimiete die Enthaftung eingetreten.

2.) Hinsichtlich der Mieten für Mai und Juni müssen wir nun weiter prüfen: Nach § 160 Abs. 1 Satz 1 HGB kommt eine Enthaftung nämlich auch dann in Betracht, wenn die Gesellschaftsverbindlichkeit innerhalb der Fünf-Jahres-Frist fällig wird und der Gläubiger den Anspruch gegen den *Gesellschafter* nicht bis zum Ablauf dieser Frist, beispielsweise durch Klageerhebung oder Beantragung eines Mahnbescheides, gerichtlich geltend macht (*Baumbach/Hopt* § 160 HGB Rz. 3).

Zum Fall: Unser V hat bis zum Ablauf der Ausschlussfrist am 15.06.2003 keinerlei Maßnahmen ergriffen, um den Anspruch aus § 128 Satz 1 HGB gegenüber dem Gesellschafter C gerichtlich geltend zu machen. Vielmehr hörte C erstmals im Juli 2003 von V. Somit ist eine Enthaftung gemäß § 160 Abs. 1 Satz 1 HGB auch bezüglich der Mietzahlungen für Mai und Juni eingetreten.

Ergebnis: V hat gegen C aufgrund der nach § 160 Abs. 1 Satz 1 HGB eingetretenen Enthaftung in Bezug auf sämtliche ausstehenden Mieten keinen Anspruch aus § 128 Satz 1 HGB.

Ein wichtiger Nachschlag:

Das war jetzt nicht so wirklich schwer. Wir haben in diesem Fall bislang gelernt, dass bei einem Gesellschafterwechsel in der oHG der neu eingetretene Gesellschafter wegen § 130 HGB auch für Altverbindlichkeiten der oHG komplett einstehen muss, und dass der ausgeschiedene Gesellschafter für alte Verbindlichkeiten, deren Rechtsgrund noch zu seiner Zeit begründet wurden, durchaus in Anspruch genommen werden kann (§ 128 Satz 1 HGB). Dabei gibt es dann aber die Möglichkeit der Enthaftung nach § 160 HGB, wenn die ganze Geschichte schon länger als fünf Jahre her ist (siehe insoweit oben zu den Einzelheiten).

Wir werden auch in diesem Fall nun zum Abschluss die gerade erlernten Regeln der oHG auf die Gesellschaft bürgerlichen Rechts übertragen und uns fragen, wie denn der Fall ausgesehen hätte, wenn hier nicht eine oHG, sondern eine GbR am Start gewesen wäre, also:

> Wir wollen uns den Fall komplett identisch zum Ausgangssachverhalt vorstellen mit dem einzigen Unterschied, dass A, B und C das Fitness-Studio nicht als »Sport-oHG«, sondern als »Sport-GbR« (S-GbR) ohne Eintragung im Handelsregister betrieben hätten. Sämtliche Daten und auch die Personenwechsel bleiben im Übrigen gleich. Wie sieht es jetzt mit den Ansprüchen von L gegen den eingetretenen K und des V gegen den ausgeschiedenen C aus?

A. Anspruch des L gegen den (eingetretenen) K auf Kaufpreiszahlung

I. Der L könnte gegen K einen Anspruch auf Kaufpreiszahlung in Höhe von 10.000 Euro gemäß **§ 128 Satz 1 HGB** *analog* haben.

> Wir erinnern uns bitte: Das haben wir im letzten Fall ja gelernt, dass nach Anerkennung der Akzessorietätstheorie durch den BGH und dem folgend die Wissenschaft die BGB-Gesellschafter analog § 128 Satz 1 HGB für die Verbindlichkeiten der Gesellschaft persönlich haften (BGHZ **146**, 341 ff.).

Aber: Gleichwohl scheidet eine Haftung des K gemäß § 128 Satz 1 HGB analog aus, da er im Zeitpunkt des Kaufvertragsabschlusses noch nicht Gesellschafter der S-GbR war (siehe oben).

II. In Betracht kommt aber eine Haftung des K nach § 130 Abs. 1 HGB i. V. m. § 128 Satz 1 HGB analog.

1.) Da ein oHG-Gesellschafter für die vor seinem Eintritt begründeten Verbindlichkeiten (Altverbindlichkeiten) gemäß § 130 Abs. 1 HGB haftet, könnte und müsste man nun diese Norm auch im Recht der BGB-Gesellschaft eigentlich analog heranziehen.

Das wäre aber voreilig. Trotz der grundsätzlichen Anerkennung der Akzessorietätstheorie ist die analoge Anwendbarkeit des § 130 Abs. 1 HGB nämlich umstritten:

- Teilweise wird sowohl in der Rechtsprechung als auch in der Literatur die analoge Anwendbarkeit des § 130 Abs. 1 HGB verneint. Die Anwendbarkeit des § 130 Abs. 1 HGB könne nicht mit dem Akzessorietätsprinzip begründet werden. Gerade die Existenz des § 130 Abs. 1 HGB zeige, dass die Haftung für Altverbindlichkeiten keine denknotwendige Folge der akzessorischen Haftung ist, da der Gesetzgeber eine gesonderte Normierung für notwendig erachtete. Daher handele es sich bei § 130 Abs. 1 HGB um eine Sondervorschrift des HGB, die im Hinblick auf die GbR nicht analogiefähig sei (OLG Düsseldorf ZIP **2002**, 616 ff.; *Dauner-Lieb*, in: Festschrift für P. Ulmer, 2003, Seite 73, 81; *Baumann/Rößler* in NZG 2002, 793 ff.; *Lange* in NZG 2002, 401, 403 ff.; *Wiedemann* in JZ 2001, 601, 604; *Armbrüster* in ZGR 2005, 34, 52 ff.).

- Der BGH hatte diese Frage in der Entscheidung vom 29.01.2001 zunächst offen gelassen, da er nur §§ 128 **f.** HGB – und nicht **ff.** – als Rechtsgrundlage genannt und über eine analoge Anwendung des § 130 HGB nicht zu urteilen hatte (BGHZ **146**, 341). Nunmehr hat sich der BGH aber in der Entscheidung vom 07. April 2003 ausdrücklich für die analoge Anwendbarkeit des § 130 HGB auf die GbR ausgesprochen (BGHZ **154**, 370 ff.; so schon zuvor OLG Hamm ZIP **2002**, 527, 529), was in der Literatur überwiegend Beifall gefunden hat (*Bamberger/Roth/Timm/Schöne* § 714 BGB Rz. 47; MüKo-*Ulmer* § 714 BGB Rz. 73; *Wiedemann*, GesR II, § 7 III 4b bb; *Derleder* in BB 2001, 2485, 2492). Die Frage, ob es sich bei der Haftung für Altverbindlichkeiten um eine notwendige Folge der Akzessorietätstheorie handelt, lässt der BGH in seiner Urteilsbegründung übrigens offen (vgl. BGHZ **154**, 370, 372). Die Haftung für sämtliche Verbindlichkeiten liege allerdings im Wesen der Personengesellschaft, da allen Personengesellschaften das Fehlen von Kapitalerhaltungsregeln gemeinsam ist (BGHZ **154**, 370, 373). Wegen dieser Gemeinsamkeit könne § 130 HGB auch nicht als Sondervorschrift des Handelsrechts verstanden werden. Als weiteres Argument wird die Erlangung der Mitberechtigung an den Aktiva der Gesellschaft durch den eintretenden GbR-Gesellschafter angeführt. Die ihm dadurch eröffnete Möglichkeit, auch zu Lasten der Altgläubiger auf das Gesellschaftskapital Zugriff zu nehmen, könne nur durch eine Einbeziehung der Neugesellschafter in das Haftungsregime kompensiert werden (BGHZ **154**, 370, 373 f.; *Schäfer* in ZIP 2003, 1225, 1230).

> **Tipp:** Die gerade an zweiter Stelle genannte Meinung hat die besseren Argumente für sich und verdient daher auch eindeutig den Vorzug: Die Notwendigkeit einer Haftung der GbR-Gesellschafter für die vor ihrem Eintritt begründeten Verbindlichkeiten nach § 130 Abs. 1 HGB analog zeigt sich nämlich insbesondere in Fällen eines häufigen Gesellschafterwechsels. Würden all die eintretenden Gesellschafter nicht für die Altverbindlichkeiten haften, wäre eine Gefährdung der Gläubigerinteressen – insbesondere im Hinblick auf Dauerverbindlichkeiten – die Folge (BGHZ **154**, 370, 375; MüKo-*Ulmer* § 714 Rz. 73; *Schäfer* in ZIP 2003, 1225, 1230). Außerdem würden unterschiedliche Haftungsverfassungen in der oHG einerseits und der GbR andererseits zu erheblicher Rechtsunsicherheit führen, da der Übergang von der einen zur anderen Rechtsform sich häufig unmerklich vollzieht (BGHZ **154**, 370, 375; vgl. auch *Westermann* in NZG 2001, 289, 291).

2.) Gemäß § 130 Abs. 1 i. V. m. § 128 Satz 1 HGB analog haftet ein Gesellschafter einer (Außen-)GbR also auch für die vor seinem Eintritt begründeten Verbindlichkeiten. Da die Voraussetzungen der Norm in unserem Fall vorliegen (vgl. die Prüfung oben im Ausgangsfall), kommt man an sich zu einer Haftung des K für die Kaufpreisverbindlichkeit in Höhe von 10.000 Euro. Aber auch nur »an sich«:

Nun wird es tatsächlich ausnahmsweise mal ein bisschen gemein in diesem Buch, denn auf das, was jetzt ansteht, kann man als Normalbürger bzw. normaler Rechtsstudent eigentlich nicht kommen. Wir versuchen das trotzdem, und um das Ganze auch verstehen zu können, machen wir uns bitte erst noch mal den Grundsatz von gerade eben klar: Ein Gesellschafter einer GbR haftet in analoger Anwendung des § 130 Abs. 1 HGB für sämtliche Altverbindlichkeiten der Gesellschaft. Das ist verbindlich entschieden seit dem 07. April 2003 (BGHZ **154**, 370 ff.). Und das hätte in unserem Fall jetzt die Konsequenz, dass der K als eintretender Gesellschafter (Eintritt am 15.06.98) auch für den vor seinem Eintritt geschlossenen Kaufvertrag der S-GbR (Kaufvertrag am 27.02.98) zahlen müsste.

Aber: An dieser Stelle ist Folgendes zu beachten: Unser K ist der S-GbR im Jahre **1998** beigetreten. Die Relevanz dieses Umstandes erkennt man, wenn man sich vergegenwärtigt, dass es zu diesem Zeitpunkt ständiger Rechtsprechung des BGH entsprach, die Haftung der BGB-Gesellschafter auf der Grundlage der sogenannten »Doppelverpflichtungstheorie« zu bestimmen, wonach allerdings der eintretende Gesellschafter keine Haftung für Altverbindlichkeiten zu erbringen hatte (vgl. insoweit bitte MüKo-*Ulmer*, 3. Auflage 1997, § 714 BGB Rz. 65).

Und daraus ergibt sich: Die damals, also im Jahre 1998 eintretenden Gesellschafter – demnach auch unser K! – konnten grundsätzlich darauf vertrauen, dass sie für Altschulden der Gesellschaft nicht haften müssen. Denn es galt ja bis dahin die »Doppelverpflichtungstheorie«, wonach dies ausgeschlossen war. Wer also im Jahre 1998 in eine GbR eintrat, ging aus damaliger Sicht zutreffend davon aus, dass er keine Altverbindlichkeiten tilgen musste. Deshalb träfe es BGB-Gesellschafter unverhältnismäßig hart, wenn sie *rückwirkend* der persönlichen Haftung für Altverbindlichkeiten unterworfen würden. Daraus zieht der BGH in dem Urteil vom 07.04.2003 den Schluss, dass die Haftung für Altverbindlichkeiten erst auf *künftige* Beitrittsfälle Anwendung finden soll (BGHZ **154**, 370, 378).

So argumentierte der BGH im Jahre 2003, was in der Literatur im Sinne einer für alle Altfälle geltenden Rückwirkungssperre verstanden worden war (vgl. die Nachweise bei *Segna* in NJW **2006**, 1566, 1568). Nach einer neueren Entscheidung des BGH soll demgegenüber im Wege einer Einzelfallabwägung – die entgegen der Ansicht des Senats nicht bereits in der Entscheidung aus dem Jahre 2003 angelegt war – über das Bestehen von Vertrauensschutz zu entscheiden sein (BGH NJW **2006**, 765, 766). Die Einzelfallabwägung ist danach vorzunehmen, ob den Interessen des auf die Fortgeltung der Rechtslage Vertrauenden Vorrang gegenüber der materellen Gerechtigkeit einzuräumen ist (BGH NJW **2006**, 765). Dabei ist der in die Gesellschaft Eintretende nicht schützenswert, wenn der Neugesellschafter die bestehenden Altverbindlichkeiten der Gesellschaft im Beitrittszeitpunkt kennt oder wenn er sie auch bei nur geringer Aufmerksamkeit hätte erkennen können; insbesondere, wenn es sich um Verbindlichkeiten handelt, die typischerweise vorhanden sind, wie beispielsweise Verbindlichkeiten aus (Gas-, Wasser- oder Strom-)Versorgungsverträgen (BGH NJW **2006**, 756, 766; im Ergebnis zustimmend *Segna* in NJW 2006, 1566, 1568; ebenso OLG Köln NZG **2010**, 102 f.).

Zum Fall: Bei der ausstehenden Verbindlichkeit gegenüber dem Lieferanten des Laufbandes handelt es sich nicht um eine solche, mit der K zwingend zu rechnen hatte; allerdings hätte sich K im Zeitpunkt des Beitritts ohne Weiteres durch Einsichtnahme in die Geschäftsunterlagen einen Überblick über die ausstehenden Verbindlichkeiten verschaffen können, weshalb ihm der Vertrauensschutz nach der neuen Rechtsprechung des BGH zu versagen ist.

> **Beachte noch**: Anders wäre unter Berücksichtigung der neuen Grundsätze des BGH in dem Fall aus dem Jahre 2003 zu entscheiden. Dort ging es um die Rückzahlung eines an die Sozietät geleisteten Honorarvorschusses. Ein solcher Anspruch wäre – sofern er nicht bereits von dem früheren Mandanten geltend gemacht wurde – nur nach Durchsicht sämtlicher Handakten und der Prüfung, ob das Honorar zu Recht gezahlt wurde, zu erkennen.

Ergebnis: L steht gegenüber K der Kaufpreisanspruch gemäß § 130 Abs. 1 i. V. m. § 128 Satz 1 HGB analog zu.

B. Anspruch des V gegen den (ausgetretenen) C auf Mietzinszahlung

Ein Anspruch des V gegen C für die ausstehenden Mietzahlungen für die Monate Mai bis Juli 2003 könnte sich aus **§ 128 Satz 1 HGB analog** ergeben.

I. Der C war – entsprechend den Ausführungen im Ausgangsfall – im haftungsbegründenden Zeitpunkt, nämlich dem Abschluss des Mietvertrages, Gesellschafter der

S-GbR. Außerdem schuldete die S-GbR als Vertragspartner des V für die Monate Mai bis Juli die Mietzahlung. Die Tatbestandsvoraussetzungen des § 128 Satz 1 HGB analog liegen also vor.

II. Möglicherweise ist die Haftung des C infolge Enthaftung gemäß **§ 160 Abs. 1 Satz 1 HGB** ausgeschlossen.

1.) Wie wir bereits oben gesehen haben, stellt sich hier nun nicht die Frage der Anwendbarkeit dieser handelsrechtlichen Vorschrift. Denn **§ 736 Abs. 2 BGB** erklärt im Falle des Ausscheidens eines Gesellschafters einer BGB-Gesellschaft die für Personenhandelsgesellschaften geltenden Regelungen über die Begrenzung der Nachhaftung, also die §§ 159 f. HGB, für sinngemäß anwendbar.

2.) Gemäß § 160 Abs. 1 Satz 1 HGB ist also auch im Recht der BGB-Gesellschaft entscheidend, ob die Gesellschaftsverbindlichkeit später als fünf Jahre fällig wird oder bei Fälligkeit innerhalb der Fünf-Jahres-Frist der Gläubiger es versäumt, den Anspruch gegen den Gesellschafter in einer in § 160 Abs. 1 Satz 1 HGB bezeichneten Weise geltend zu machen. Auch wissen wir schon, dass für die Bestimmung des Fristbeginns im Anwendungsbereich des § 736 Abs. 2 BGB i. V. m. § 160 Abs. 1 S. 1 HGB mangels Registerpublizität der BGB-Gesellschaft von vornherein die Eintragung des Ausscheidens eines Gesellschafters in das Handelsregister nicht tauglicher Anknüpfungspunkt sein kann; entscheidend für den Fristbeginn ist vielmehr der Tag, an dem Gläubiger von dem Ausscheiden des Gesellschafters positive Kenntnis erlangt (BGHZ **117**, 168, 175; *Palandt/Sprau* § 736 BGB Rz. 14; *Nitsche* in ZIP 1994, 1919, 1923).

Zum Fall: C hat seinen Austritt sämtlichen Gläubigern am 15.06.1998 mitgeteilt, so dass mit Ablauf dieses Tages die Fünf-Jahres-Frist zu laufen begann und gemäß §§ 187 Abs. 1, 188 Abs. 2 BGB am **15.06.2003** endete. Nach Ablauf dieser Frist wurde gemäß § 579 Abs. 2 i. V. m. § 556b Abs. 1 BGB die Miete für den Monat Juli fällig, was gemäß § 160 Abs. 1 Satz 1 HGB zur Enthaftung des C führt. Die Mietzahlungen für die Monate Mai und Juni sind dagegen vor dem 15.06.2003 fällig. Jedoch sind auch hier die Voraussetzungen einer Enthaftung erfüllt, da V den Anspruch gegenüber C bis zu diesem Datum nicht gerichtlich geltend gemacht hat (vgl. ausführlich oben).

Ergebnis: Somit ist zugunsten des C insgesamt Enthaftung eingetreten. V hat gegen C keinen Anspruch aus § 128 Satz 1 HGB auf Zahlung der ausstehenden Mietverbindlichkeiten der S-GbR.

Noch ein kurzer Nachschlag:

Die eben dargestellten Haftungsgrundsätze gelten im Grundsatz auch für *Scheingesellschafter* einer BGB-Gesellschaft, das heißt, auch diese haften gemäß §§ 128 ff. BGB sowohl für Neu- als auch für Altverbindlichkeiten (vgl. hierzu den Überblick bei *Roth* in DB 2007, 616 ff.). Voraussetzung ist freilich, dass die Voraussetzungen einer jeden Rechtsscheinhaftung vorliegen – die bereits im Fall 8 behandelt wurden – nämlich:

a) ein zurechenbares Setzen eines Rechtsscheins,

b) die Gutgläubigkeit des Dritten und

c) Kausalität zwischen Rechtsschein und Handeln.

Tipp: Der Klassiker des Scheingesellschafters ist der Angestellte, der durch Nennung auf dem Briefbogen nach außen den Eindruck erweckt, er sei Gesellschafter (vgl. *Kamps/Alvermann* in NJW 2001, 2121; *Roth* in DB 2007, 616).

Gutachten

A. Anspruch des L gegen K

I. Der L könnte gegen K einen Anspruch auf Kaufpreiszahlung in Höhe von 10.000 Euro aus § 128 Satz 1 HGB haben.

1.) Die akzessorische Haftungsnorm des § 128 Satz 1 HGB setzt zunächst das Bestehen einer Gesellschaftsverbindlichkeit voraus. Zwischen der S-oHG und L ist am 27.02.1998 ein wirksamer Kaufvertrag über ein Laufband zum Preis von 10.000 Euro zustande gekommen, so dass die S-oHG gemäß § 433 Abs. 2 BGB die Kaufpreiszahlung schuldet.

2.) Des Weiteren ergibt sich aus der Anknüpfung in § 128 Satz 1 HGB an die Stellung als Gesellschafter, dass die Haftung nur denjenigen trifft, der bereits im Zeitpunkt der Haftungsbegründung Gesellschafter der oHG war. Der Kaufvertrag wurde am 27.02.1998 abgeschlossen, während K erst zu einem späteren Zeitpunkt der Gesellschaft beigetreten ist, nämlich durch den Abschluss des Aufnahmevertrages mit Wirkung zum 15.06.1998.

Ergebnis: Mithin haftet K mangels Gesellschafterstatus im Zeitpunkt des Kaufvertragsabschlusses nicht gemäß § 128 Satz 1 HGB für die Kaufpreisschuld der S-oHG.

II. Die Haftung für den Kaufpreis in Höhe von 10.000 Euro könnte sich jedoch aus § 130 Abs. 1 HGB i. V. m. § 128 Satz 1 HGB ergeben.

1.) Gemäß § 130 Abs. 1 HGB ist zunächst erforderlich, dass der Gesellschafter in eine bestehende oHG eingetreten ist.

Die S-oHG war schon vor dem wirksamen Beitritt des K existent. Der Anwendungsbereich des § 130 Abs. 1 HGB ist mithin eröffnet.

2.) Ferner muss es sich um eine Gesellschaftsverbindlichkeit handeln, die bereits vor dem Eintritt des Gesellschafters in die Gesellschaft begründet worden ist. Dies ist hier zu bejahen.

3.) Als Rechtsfolge sieht § 130 Abs. 1 HGB eine Haftung nach Maßgabe der §§ 128, 129 HGB vor. Der Eintretende haftet nach den gleichen Haftungsgrundsätzen wie die anderen Gesellschafter, und zwar für sämtliche Altverbindlichkeiten.

Ergebnis: Somit haftet K für den bereits im Februar begründeten Kaufpreisanspruch in Höhe von 10.000 Euro aus § 130 Abs. 1 i. V. m. § 128 Satz 1 HGB.

B. Anspruch des V gegen C

Ein Anspruch des V gegen C für die ausstehenden Mietzahlungen für die Monate Mai bis Juli könnte sich aus § 128 Satz 1 HGB ergeben.

I. Die S-oHG ist aus dem mit V abgeschlossenen Mietvertrag gemäß § 535 Abs. 2 BGB i. V. m. § 124 Abs. 1 HGB zur Zahlung der Miete für die Monate Mai bis Juli 2003 verpflichtet. Mithin besteht die für die Haftung aus § 128 Satz 1 HGB erforderliche Gesellschaftsverbindlichkeit.

II. Des Weiteren ist erforderlich, dass der Gesellschafterstatus im Zeitpunkt der Begründung der Verbindlichkeit besteht.

1.) Der C, der die S-oHG im Jahre 1996 mit gründete, trat aufgrund des mit A und B abgeschlossenen Vertrages im Jahre 1998 aus der Gesellschaft aus. Da die gemäß § 143 Abs. 2 HGB erforderliche Eintragung in das Handelsregister lediglich deklaratorische Bedeutung hat, wird das maßgebliche Austrittsdatum durch die vertragliche Abrede der Gesellschafter bestimmt, das diese auf den 15.06.1998 festlegten.

2.) Fraglich ist, ob die in Rede stehende Mietpreisverbindlichkeit am 15.06.1998 schon begründet war. Für eine Haftungsbegründung im Sinne des § 128 Satz 1 HGB ist ausreichend, wenn die Rechtsgrundlage für den Anspruch gelegt ist. Mit anderen Worten ist für die Haftungsbegründung der Vertragsschluss entscheidend und nicht, wann die einzelnen Leistungen aus dem Vertrag fällig werden oder gar, wann der Vertrag erfüllt wird. Dies gilt nach nahezu einhelliger Meinung auch für Dauerschuldverhältnisse wie beispielsweise Energie- und Wasserversorgungsverträge oder Mietverträge. Hiernach muss unberücksichtigt bleiben, dass V für einen Zeitraum Mietansprüche geltend macht, in dem C längst nicht mehr Gesellschafter der S-oHG war. Allein entscheidend ist vielmehr der Abschluss des Mietvertrages zwischen der S-oHG und V, der auf das Jahr 1996, dem Gründungsjahr der Gesellschaft, datiert ist. Folglich liegt der haftungsbegründende Umstand vor dem Austritt des C aus der Gesellschaft im Jahre 1998.

Zwischenergebnis: Die Voraussetzungen einer Haftung nach § 128 Satz 1 HGB sind gegeben.

III. Die Haftung des C könnte jedoch infolge einer sogenannten »Enthaftung« gemäß **§ 160 Abs. 1 Satz 1 HGB** ausgeschlossen sein.

1.) Gemäß § 160 Abs. 1 Satz 1 HGB tritt die Enthaftung ein, wenn die Gesellschaftsverbindlichkeit später als fünf Jahre nach dem Ausscheiden des Gesellschafters fällig wird. Nach § 160 Abs. 1 Satz 2 HGB ist für den Beginn dieser Ausschlussfrist auf die Eintragung in das Handelsregister abzustellen, wobei die Fristberechnung dann gemäß §§ 187 Abs. 1, 188 Abs. 2 BGB erfolgt.

Fraglich ist jedoch, ob für die Fristbestimmung nicht auf den Zeitpunkt abzustellen ist, in dem V vom Ausscheiden des C aufgrund der Mitteilung per Fax vom 15.06.1998 positive Kenntnis erhielt. Zu beachten ist insofern, dass im Recht der BGB-Gesellschaft für den Beginn der Enthaftungsfrist im Sinne von § 160 Abs. 1 Satz 1 HGB, der gemäß § 736 Abs. 2 BGB entsprechende Anwendung findet, mangels Registerpublizität der BGB-Gesellschaft allein die positive Kenntnis des Gläubigers vom Ausscheiden des Gesellschafters entscheidend ist. Berücksichtigt man darüber hinaus, dass der Gesetzgeber mit der Vorschrift des § 160 Abs. 1 Satz 2 HGB für oHG-Gesellschafter lediglich eine Erleichterung schaffen wollte, indem sie von der Notwendigkeit der Mitteilung an alle Gläubiger enthoben wurden, und es ferner der Intention des Gesetzgebers entsprach, die Nachhaftungsvorschriften im Recht der Personengesellschaften einheitlich auszugestalten, wäre es verfehlt, nicht auch auf die Kenntnis der Gläubiger eines oHG-Gesellschafters von dessen Ausscheiden abzustellen. Außerdem läge in der Berufung auf die fehlende bzw. spätere Eintragung des Ausscheidens trotz positiver Kenntnis von dem Ausscheiden nach Ablauf von fünf Jahren eine zweckwidrige Ausnutzung einer formalen Rechtsposition.

Danach ist für den Fristbeginn die Mitteilung vom Ausscheiden am 15.06.1998 entscheidend, womit die Fünf-Jahres-Frist gemäß §§ 187 Abs. 1, 188 Abs. 2 BGB am 15.06.2003 ablief. Die Miete für Gewerbemieträume wird gemäß § 579 Abs. 2 BGB i. V. m. § 556b Abs. 1 BGB spätestens am dritten Werktag des jeweiligen Monats fällig. Das heißt, die Miete für Mai wurde am 03.05.2003, die Miete für Juni am 3.06.2003 und die Juli-Miete am 3.07.2003 fällig. Demnach ist nur die Miete für den Monat Juli nach dem Ablauf der Ausschlussfrist fällig geworden, womit zunächst nur insoweit Enthaftung eingetreten ist.

2.) Hinsichtlich der Mieten für Mai und Juni kommt eine Enthaftung gemäß § 160 Abs. 1 Satz 1 HGB unter einer weiteren Voraussetzung in Betracht, nämlich wenn die Gesellschaftsverbindlichkeit innerhalb der Fünf-Jahres-Frist fällig wird und der Gläubiger den Anspruch gegen den Gesellschafter nicht bis zum Ablauf dieser Frist, beispielsweise durch Klageerhebung oder Beantragung eines Mahnbescheides, gerichtlich geltend macht.

V hat bis zum Ablauf der Ausschlussfrist am 15.06.2003 keinerlei Maßnahmen ergriffen, um den Anspruch aus § 128 Satz 1 HGB gegenüber dem Gesellschafter C gerichtlich geltend zu machen. Vielmehr hörte C erstmals im Juli 2003 von V. Somit ist eine Enthaftung gemäß § 160 Abs. 1 Satz 1 HGB auch bezüglich der Mietzahlungen für Mai und Juni eingetreten.

Ergebnis: V hat gegen C aufgrund der nach § 160 Abs. 1 Satz 1 HGB eingetretenen Enthaftung in Bezug auf sämtliche ausstehenden Mieten keinen Anspruch aus § 128 Satz 1 HGB.

Fall 17

Der lachende Vierte!?

A, B und C sind Gesellschafter der »Drive-Mietwagen oHG«. Als sie sich im Jahre 2004 entschließen, ihr Angebot auf Kleinlaster auszudehnen, bietet sich der K als neuer Gesellschafter an. K ist vermögend und besitzt als ehemaliger Spediteur noch zwei gebrauchte Kleinlaster, die einen objektiven Wert von je 15.000 Euro haben. Der von A, B, C und K unterzeichnete Aufnahmevertrag wird zum 15.12.2007 wirksam. In diesem Vertrag ist vereinbart, dass K die beiden Kleinlaster an die Gesellschaft übereignen soll. Im Übrigen soll K nach dem Vertrag nicht unbeschränkt haften, sondern nur in Höhe einer Haftsumme von 20.000 Euro. Ab dem 15.12.2007 tritt die Gesellschaft im Rechtsverkehr dann unter der Firma »Drive-Mietwagen KG« (D-KG) auf. Die erforderlichen Eintragungen in das Handelsregister erfolgen am 10.01.2008. Am 20.12.2007 hat K der Gesellschaft die Kleinlaster übereignet und erhält im Gegenzug am gleichen Tag zur Begleichung privater Altschulden von der Gesellschaft ein Darlehen in Höhe von 10.000 Euro ausgezahlt. Und dann geht's los: Am 21.12.2007 wechselt A an einem der Mietwagen die Reifen und vergisst aus Unachtsamkeit, die Schrauben festzuziehen. Der Fahrzeugmieter M verunglückt noch am gleichen Tag mit dem Pkw und zieht sich schwere Verletzungen zu. Am 12.01.2008 schließt der B mit dem Autohändler H für die D-KG einen Kaufvertrag über einen neuen *VW Golf* zum Preis von 20.000 Euro.

Der H will nun wissen, ob er den bislang nicht entrichteten Kaufpreis von C und/oder K verlangen kann. M fragt, ob er von K ein (angemessenes) Schmerzensgeld in Höhe von 5.000 Euro fordern kann. C und K verweigern jede Zahlung.

Rechtslage?

> **Schwerpunkte:** Die Haftung des Komplementärs und des Kommanditisten in der Kommanditgesellschaft gemäß den §§ 171 ff. HGB; Begriffe der »Pflichteinlage« und der »Haftsumme«; mögliche Haftungsbefreiung nach § 171 Abs. 1 HGB; das Wiederaufleben der Haftung nach § 172 Abs. 4 Satz 1 HGB.

Lösungsweg

A. Anspruch des H gegen C auf Zahlung der 20.000 Euro Kaufpreis

Fall 17: »Der lachende Vierte!?«

H könnte gegen C einen Anspruch auf Kaufpreiszahlung gemäß den **§§ 128 Satz 1, 161 Abs. 2 HGB i. V. m. § 433 Abs. 2 BGB** haben.

I.) Die Haftung des C gemäß § 128 Satz 1 HGB i. V. m. § 161 Abs. 2 HGB setzt zunächst voraus, dass er Gesellschafter einer Kommanditgesellschaft (KG) ist. Ursprünglich haben A, B und C die Gesellschaft in der Rechtsform der oHG betrieben. Die Gesellschaft könnte durch den Beitritt des K allerdings in eine KG umgewandelt worden sein. Prüfen wir mal:

Eine **Kommanditgesellschaft** ist gemäß **§ 161 Abs. 1 HGB** eine Gesellschaft, deren Zweck auf den Betrieb eines Handelsgewerbes unter gemeinschaftlicher Firma gerichtet ist, und bei der die Haftung bei einem oder bei einigen Gesellschaftern gegenüber den Gesellschaftsgläubigern auf den Betrag einer bestimmten Vermögenseinlage beschränkt ist, während bei den anderen Gesellschaftern eine Beschränkung der Haftung nicht stattfindet (steht genau so in § 161 Abs. 1 HGB). Dabei bezeichnet das Gesetz den beschränkt haftenden Gesellschafter als **Kommanditist** und den unbeschränkt haftenden Gesellschafter als **Komplementär**.

> **Beachte:** Die Stellung eines Komplementärs können nicht nur natürliche Personen einnehmen. Beispielsweise kann auch eine andere KG, eine oHG oder eine GbR sowie eine GmbH Komplementär sein (*Baumbach/Hopt* § 161 HGB Rz. 3, § 105 HGB Rz. 28; *Röhricht/Graf v. Westphalen/von Gerkan/Haas* § 161 HGB Rz. 17). Bei letzterem, also wenn die GmbH die Komplementärin ist, handelt es sich um eine Sonderform der KG, die als »GmbH & Co. KG« bezeichnet wird (*E/B/J/Weipert* § 161 HGB Rz. 14; *Koller/Roth/Morck* § 161 HGB Rz. 2; *Grunewald* 1. C. Rz. 64). Und beachte im Übrigen bitte noch, dass der Komplementär in diversen Lehrbüchern oder Kommentaren gerne auch als »**phG**« (= **p**ersönlich **h**aftender **G**esellschafter) abgekürzt wird (siehe etwa *Baumbach/Hopt* § 161 HGB Rz. 3).

Wie sich aus dem Wortlaut des § 161 Abs. 1 HGB – im Vergleich zum Wortlaut des § 105 Abs. 1 HGB – ergibt, erfüllt eine KG alle Merkmale einer oHG (*Grunewald* 1. C. Rz. 1; *Wiedemann*, GesR II, § 9 I 1; *Hueck/Windbichler* § 18 Rz. 1). Der einzige Unterschied zwischen den beiden Gesellschaftsformen ist, dass in der KG nicht alle Gesellschafter unbeschränkt haften. Vielmehr muss neben mindestens einem unbeschränkt persönlich haftenden Gesellschafter (→ Komplementär) mindestens ein beschränkt haftender Gesellschafter (→ Kommanditist) vorhanden sein (*Baumbach/Hopt* § 161 HGB Rz. 1; *Heymann/Horn* § 161 HGB Rz. 1; *Wiedemann*, GesR II, § 9 I 1).

Zum Fall: Nachdem wir jetzt wissen, was eine KG ist, stellt sich die Frage, ob die Gesellschafter A, B, C und K eine solche KG bilden. Bei der Entstehung einer KG ist – wie auch bei der oHG – zwischen dem *Innen-* und *Außenverhältnis* zu unterscheiden:

1.) Im *Innenverhältnis* entsteht die KG nach den gleichen Grundsätzen wie die oHG. Die Beteiligten müssen also einen Gesellschaftsvertrag abschließen, wobei sich aus dem Gesellschaftsvertrag einer KG selbstverständlich ergeben muss, dass neben einem bzw. den Komplementären mindestens ein beschränkt haftender Gesellschafter der Gesellschaft angehören soll (*Koller/Roth/Morck* § 161 HGB Rz. 5; *Hueck/Windbichler* § 18 Rz. 6). Ein Vertrag mit diesem Inhalt kann auch durch Abänderung eines bisherigen Gesellschaftsvertrages einer oHG erreicht werden, insbesondere dadurch, dass ein Aufnahmevertrag mit einem zusätzlichen Gesellschafter abgeschlossen wird, der lediglich die Stellung eines Kommanditisten einnehmen soll (vgl. MüKo-*Grunewald* § 161 HGB Rz. 16; *Hueck/Windbichler* § 18 Rz. 6).

Die bisherigen Gesellschafter der oHG haben am 15.12.2007 mit K einen Aufnahmevertrag abgeschlossen. In diesem ist eine Beschränkung der Haftung des K auf einen Betrag von 20.000 Euro vorgesehen, so dass er als Kommanditist zu qualifizieren ist. Die Haftung der bisherigen Gesellschafter wurde dagegen nicht beschränkt, sie sind folglich die Komplementäre der D-KG. Mit dem Wirksamwerden dieses Vertrags am 15.12.2007 ist die KG im Innenverhältnis entstanden.

2.) Die Entstehung der KG im *Außenverhältnis* ist davon abhängig, ob die Gesellschaft von Anfang an in der Rechtsform der KG errichtet wird oder durch Umwandlung aus einer oHG entsteht:

→ Soll die Gesellschaft in der Rechtsform der KG gegründet werden, so ist der Entstehungszeitpunkt – wie auch bei der oHG – anhand der **§§ 161 Abs. 2, 123 HGB** zu bestimmen (*Heymann/Horn* § 161 HGB Rz. 92; *Hüffer* § 23 1c). Gemäß § 123 Abs. 1 HGB entsteht die KG demnach spätestens mit der Eintragung in das Handelsregister, zu einem früheren Zeitpunkt dagegen nur, wenn die Gesellschaft ein Handelsgewerbe betreibt und die Geschäfte schon vor der Handelsregistereintragung aufnimmt (lies § 123 Abs. 2 HGB).

→ Ist – wie hier – die Gesellschaft ursprünglich in der Rechtsform der oHG betrieben worden, so entsteht die KG mit dem Eintritt des Kommanditisten in die Gesellschaft. Dabei ist für den Eintritt des Kommanditisten allein der Abschluss des Aufnahmevertrages bzw. der im Aufnahmevertrag bezeichnete Zeitpunkt des Wirksamwerdens des Eintritts maßgeblich (MüKo-*Grunewald* § 161 HGB Rz. 16; *Baumbach/Hopt* § 161 HGB Rz. 17). Das heißt: Die nach § 162 Abs. 3 HGB vorzunehmende Eintragung des Kommanditisten (hierzu *Koller/Roth/Morck* § 162 HGB Rz. 2) sowie die Eintragung der Umwandlung von der oHG zur KG in das Handelsregister haben lediglich *deklaratorische* Wirkung (hierzu BayObLG JR **1968**, 263, 264; *Schlegelberger/Martens* § 107 HGB Rz. 7).

Zum Fall: Danach ist die D-KG mit Wirksamwerden des Aufnahmevertrages am 15.12.2007 auch im Außenverhältnis wirksam entstanden.

ZE.: Bei der von den Gesellschaftern K, A, B und C betriebenen Gesellschaft handelt es sich um eine KG, der C als Komplementär angehört.

II. Fraglich ist nunmehr, wie C als Komplementär der D-KG für die Gesellschaftsverbindlichkeiten haftet. Eine ausdrückliche Haftungsnorm sieht der Abschnitt über die Kommanditgesellschaft (§§ 161 ff. HGB) nur für die Kommanditisten vor, eine solche für die Komplementäre findet sich dagegen nicht. Hier hilft aber **§ 161 Abs. 2 HGB**

(lesen, bitte!) weiter. Danach finden die für die offene Handelsgesellschaft geltenden Vorschriften Anwendung, sofern in den §§ 162 ff. HGB nicht ein anderes bestimmt ist. Das heißt: Die Haftung der Komplementäre in einer KG bestimmt sich nach den **§§ 128 ff. HGB.**

> **Merke:** Die in den §§ 161 ff. HGB enthaltenen Sondervorschriften gelten fast ausschließlich für den *Kommanditisten*, so dass für die Komplementäre grundsätzlich auf die Vorschriften der oHG zurückzugreifen ist (*Koller/Roth/Morck* § 161 HGB Rz. 4; *Grunewald* 1. C. Rz. 1).

Damit müssen wir in unserem Fall also die Voraussetzungen des § 128 Satz 1 HGB prüfen, um festzustellen, ob C für die Kaufpreisschuld der KG einzustehen hat:

1.) Zunächst muss es sich bei dem in Rede stehenden Kaufpreisanspruch um eine Verbindlichkeit der D-KG handeln. Den Kaufvertrag zwischen der D-KG und H hat der Komplementär B als Stellvertreter gemäß §§ 164 ff. BGB im Namen der Gesellschaft abgeschlossen. Fraglich ist, ob er mit Vertretungsmacht handelte. Die Vertretungsmacht der Komplementäre bestimmt sich gemäß § 161 Abs. 2 HGB nach § 125 HGB. Gemäß § 125 Abs. 1 HGB ist damit jeder der Komplementäre der KG zur *alleinigen* Vertretung der Gesellschaft berufen. Entgegenstehende Vereinbarungen nach Maßgabe des § 125 Abs. 2 HGB wurden im Gesellschaftsvertrag nicht getroffen, so dass B den Kaufvertrag mit Wirkung für und gegen die Gesellschaft wirksam abschließen konnte. Mithin ist die D-KG aus dem zwischen ihr und H wirksam zustande gekommenen Kaufvertrag zur Kaufpreiszahlung in Höhe von 20.000 Euro verpflichtet.

2.) Der C war darüber hinaus im haftungsbegründenden Zeitpunkt, nämlich dem Abschluss des Kaufvertrages, Komplementär der D-KG.

3.) Als *Rechtsfolge* sieht § 128 Satz 1 HGB eine persönliche und unbeschränkte, unmittelbare und primäre, auf das Ganze gerichtete und gesamtschuldnerische Haftung vor (*Baumbach/Hopt* § 128 HGB Rz. 1; *E/B/J/Hillmann* § 128 HGB Rz. 17 ff.).

Ergebnis: H hat gegen C einen Anspruch auf Zahlung des Kaufpreises in Höhe von 20.000 Euro aus den §§ 128 Satz 1, 161 Abs. 2 HGB i. V. m. § 433 Abs. 2 BGB.

B. Anspruch des H gegen K auf Zahlung von 20.000 Euro Kaufpreis

H könnte gegen K einen Anspruch auf Zahlung des Kaufpreises in Höhe von 20.000 Euro aus den **§§ 171 Abs. 1, 1. HS, 172 Abs. 1 HGB i. V. m. § 433 Abs. 2 BGB** (die ersten beiden Normen der Kette lesen, bitte!) haben.

I. Die §§ 171, 172 HGB regeln die Haftung des *Kommanditisten*, so dass logischerweise für deren Anwendbarkeit Voraussetzung ist, dass der K ein *Kommanditist* der

Gesellschaft ist. Im Übrigen muss die Kommanditistenstellung bereits im haftungsbegründenden Zeitpunkt begründet gewesen sein.

Beachte: Tritt der Kommanditist nach dem haftungsbegründenden Ereignis in die Gesellschaft ein, kommt eine Haftung zwar ebenfalls nach den §§ 171, 172 HGB in Betracht, allerdings ist in diesem Fall immer der **§ 173 HGB** zusätzlich in der Anspruchsgrundlage zu nennen. Die Parallelvorschrift zu § 173 HGB für die Komplementäre/Gesellschafter der oHG kennen wir bereits: § 130 Abs. 1 HGB.

Zum Fall: Der Aufnahmevertrag des K in die D-KG wurde zum **15.12.2007** wirksam, so dass er am Tag des Kaufvertragsabschlusses, dem 12.01.2008, der Gesellschaft bereits als Kommanditist angehörte.

II. Außerdem muss der Kommanditist im Anwendungsbereich der §§ 171, 172 HGB im haftungsbegründenden Zeitpunkt in das Handelsregister *eingetragen* sein. Diese Voraussetzung folgt aus einem Umkehrschluss zu § 176 HGB, der die Haftung vor Eintragung regelt (vgl. zunächst nur die – nicht-amtliche – Überschrift der Norm).

Zum Fall: Der in Rede stehende Kaufvertrag wurde am 12.01.2008 geschlossen, während die Eintragung des K in das Handelsregister am 10.01.2008 erfolgte. Also war K im haftungsbegründenden Zeitpunkt bereits in das Handelsregister als Kommanditist eingetragen.

III. Weitere Voraussetzung für die Haftung aus den §§ 171, 172 HGB ist das Bestehen einer *Gesellschaftsverbindlichkeit*. Eine solche liegt nach dem wirksam abgeschlossenen Kaufvertrag zwischen der D-KG und H in Form der Kaufpreisverpflichtung vor (vgl. hierzu oben).

Als *Rechtsfolge* sieht § 171 Abs. 1, 1. HS HGB (bitte noch mal reinsehen) nun eine unmittelbare Haftung des Kommanditisten bis zur Höhe seiner Einlage vor. Das klingt zunächst eigentlich recht einfach, ist es aber nicht. Wir müssen, um die Norm zu verstehen, mal ein bisschen näher hinschauen:

1.) Zunächst wollen wir uns bitte klarmachen, dass der Kommanditist wie der Komplementär im Grundsatz mit seinem Privatvermögen – also **persönlich!** – dem Gläubiger gegenüber *unmittelbar* haftet. Außerdem haftet er ebenfalls *primär* und im Verhältnis zu den anderen Gesellschaftern *gesamtschuldnerisch* (BGHZ **39**, 319, 322; *E/B/J/Strohn* § 171 HGB Rz. 1, 9; *Koller/Roth/Morck* §§ 171, 172 HGB Rz. 7; *Wiedemann* § 9 III 2). Allerdings sieht – und hierin besteht ein wichtiger Unterschied zur Komplementärhaftung – die Vorschrift des § 171 Abs. 1, 1. HS HGB eine *Haftungsbeschränkung* auf die Höhe der Einlage vor.

2.) Jetzt stellt sich natürlich die Frage, was unter dem Begriff der *Einlage*, der sowohl in § 171 Abs. 1, 1. HS HGB, in § 171 Abs. 1, 2. HS HGB und (mehrfach) in § 172 HGB verwendet wird, zu verstehen ist. Antwort: Das kommt darauf an. Obwohl der Wortlaut des Gesetzes undifferenziert ist, hat der Begriff der *Einlage* nach einhelliger Meinung nämlich zwei Bedeutungen. Zu unterscheiden ist nach dem *Innen-* und *Außenverhältnis*:

a) Im *Innenverhältnis*, also im Verhältnis zwischen Kommanditist und Gesellschaft, ist der Kommanditist zur Erbringung der sogenannten »**Pflichteinlage**« verpflichtet (vgl. zum Begriff BGH NJW **1995**, 197; *Baumbach/Hopt* § 171 HGB Rz. 1).

> **Definition**: Mit dem Begriff *Pflichteinlage* ist die im Gesellschaftsvertrag bezeichnete Leistung gemeint, die der Kommanditist zu erbringen hat. Vereinbart sein können dabei Leistungen jeder Art, also Geld- oder Sachleistung ebenso wie Dienst- oder andere vermögenswerte Leistungen (*Röhricht/Graf v. Westphalen/von Gerkan/Haas* § 171 BGB Rz. 9 ff.; MünchHdb. KG – *v. Falkenhausen* § 14 Rz. 14 ff.).

Die so definierte Einlage meint das Gesetz in § 171 Abs. 1, 2. HS HGB und § 172 Abs. 4 HGB (MüKo-*K. Schmidt* §§ 171, 172 HGB Rz. 6).

Zum Fall: Als Pflichteinlage des K ist in dem Aufnahmevertrag die Pflicht zur Übereignung der zwei Kleinlaster mit einem objektiven Gesamtwert von 30.000 Euro bestimmt.

b) Im *Außenverhältnis*, das heißt im Verhältnis des Kommanditisten zu Dritten, hat sich statt der Bezeichnung als Einlage der Begriff der »**Haftsumme**« durchgesetzt (*Koller/Roth/Morck* §§ 171, 172 HGB Rz. 5; *Hueck/Windbichler* § 18 Rz. 16).

> **Definition**: Mit dem Begriff *Haftsumme* ist der Betrag gemeint, mit dem der Kommanditist gegenüber den Gesellschaftsgläubigern haftet. Die Haftsumme wird durch den im Handelsregister eingetragenen Betrag bestimmt, vgl. § 172 Abs. 1 HGB, und ist zudem im Rahmen des § 171 Abs. 1, 1. HS relevant (MüKo-*K. Schmidt* §§ 171, 172 HGB Rz. 6).

Zum Fall: Die im Handelsregister eingetragene Haftsumme des K beläuft sich auf 20.000 Euro.

Auch wenn es dem Regelfall entspricht, dass die Pflichteinlage und die Haftsumme wertmäßig identisch sind, so ist dies durchaus nicht zwingend, und gerade wegen der strikten Differenzierung zwischen Innen- und Außenverhältnis ist es unproblematisch möglich, insoweit eine andere Regelung zu treffen (*E/B/J/Strohn* § 171 HGB Rz. 41).

> **Klausurtipp:** Die Begriffe »Pflichteinlage« und »Haftsumme« dürfen und sollen in der Klausur fallen. Ausführlich erläutern muss und darf man sie dort freilich im Zweifel nicht. Gestattet ist insoweit jeweils ein Satz zur Erklärung bzw. Definition,

> der die Begrifflichkeit erklärt. Alles Weitere ärgert den Prüfer, der kennt die Worte nämlich und setzt sie als bekannt voraus. Merken.

ZE.: Der K haftet gemäß den §§ 171 Abs. 1, 1. HS, 172 Abs. 1 HGB den Gläubigern der D-KG gegenüber bis zur Höhe seiner Haftsumme in Höhe von 20.000 Euro unmittelbar, persönlich und primär sowie im Verhältnis zu den anderen Gesellschaftern gesamtschuldnerisch. Er ist demnach eigentlich zur Zahlung der Kaufpreissumme gegen H verpflichtet.

Aber Vorsicht:

IV. Ein markanter Unterschied zur Komplementärhaftung ergibt sich aus der in **§ 171 Abs. 1, 2. HS HGB** vorgesehenen Möglichkeit der *Haftungsbefreiung*. Danach ist die Haftung des Kommanditisten gegenüber den Gesellschaftsgläubigern ausgeschlossen, soweit er die Pflichteinlage gegenüber der Gesellschaft erbracht hat. Bei der Prüfung dieser Vorschrift sind zwei Fragen voneinander zu unterscheiden und müssen geklärt werden:

1.) Als Erstes ist nämlich zu prüfen, in welcher Höhe der Kommanditist seine Pflichteinlage erbracht hat. Dies ist unproblematisch zu bestimmen, wenn der Kommanditist einen Geldbetrag schuldet: Entscheidend ist der tatsächliche Geldfluss. Ist – wie hier – eine Sachleistung vorgesehen, so ist deren *objektiver Wert* maßgeblich (vgl. BGHZ **39**, 319, 329; BGHZ **61**, 59, 72 f.; *Grunewald* 1. C. 37).

Zum Fall: Die von K geleistete Pflichteinlage in Form der LKWs hat einen objektiven Wert von 30.000 Euro.

2.) Im zweiten Schritt ist nun zu fragen, ob der objektive Wert der geleisteten Pflichteinlage (mindestens) dem Wert der Haftsumme entspricht. Denn nur in diesem Fall kommt ein vollständiger Haftungsausschluss nach § 171 Abs. 1, 2. HS HGB in Betracht (BGHZ **39**, 319, 329; **95**, 188, 197).

> **Beachte:** Dies mag auf den ersten Blick nicht einleuchten, wo doch gerade eine strikte Trennung zwischen Pflichteinlage und Haftsumme vorzunehmen ist. Klar wird es allerdings dann, wenn man sich noch einmal die mit der Leistung der Pflichteinlage verbundene Wirkung vergegenwärtigt: Die Erbringung der Pflichteinlage bewirkt die Haftungsbefreiung gegenüber den Gesellschaftsgläubigern, die den Kommanditisten bis zur Höhe der Haftsumme in Anspruch nehmen konnten. Wenn der Kommanditist aber eine Haftungsbefreiung in dieser Höhe erlangt, ist auch verständlich, dass er in (mindestens) dieser Höhe der Gesellschaft Eigenkapital zuführen muss (vgl. zum Kapitalaufbringungsgrundsatz BGH NJW **1963**, 1873, 1876; *E/B/J/Strohn* § 171 HGB Rz. 3; *Wiedemann*, GesR II, § 9 III 4). Kapiert!?

Zum Fall: Damit ist stets ein Vergleich zwischen dem objektiven Wert der Pflichteinlage und der Haftsumme entscheidend. Die von K geleistete Pflichteinlage hat einen objektiven Wert von 30.000 Euro, während die Haftsumme mit 20.000 Euro um 10.000

Euro geringer ausfällt. Mithin hat die Leistung der Pflichteinlage den K gemäß § 171 Abs. 1, 2. HS BGB von der Haftung gegenüber den Gesellschaftsgläubigern befreit.

> **Merke:** Ist die Haftsumme höher angesetzt als die Pflichteinlage, so kann eine Haftungsbefreiung gegenüber den Gesellschaftsgläubigern nicht durch Leistung der Pflichteinlage eintreten, sondern nur, wenn ein über die Pflichteinlage hinausreichender Betrag in die Gesellschaft einbezahlt wird. Ist dagegen die Haftsumme niedriger als die Pflichteinlage, so genügt es zur Haftungsbefreiung, wenn die Pflichteinlage in Höhe der Haftsumme erbracht wird (*E/B/J/Strohn* § 171 HGB Rz. 41).

V. Die Haftung des K könnte aber durch die Auszahlung des Darlehens in Höhe von 10.000 Euro nach **§ 172 Abs. 4 Satz 1 HGB** (lesen, bitte!) wieder aufgelebt sein.

Durchblick: Die Vorschrift des § 172 Abs. 4 Satz 1 HGB bewirkt ein Aufleben der Kommanditistenhaftung im Falle der *Rückzahlung* der vom Kommanditisten geleisteten Pflichteinlage (BGH NJW-RR **2008**, 1065; *Koller/Roth/Morck* §§ 171, 172 HGB Rz. 22). Nach dem Wortlaut der Norm könnte man nun auf die Idee kommen, dass entweder nur eine »Zahlung« tatbestandsmäßig ist, oder dass es darauf ankommt, ob der Kommanditist die Pflichteinlage als solche – hier also das Eigentum an den Kleinlastern – zurückerhält. Beide Schlussfolgerungen sind allerdings mit Sinn und Zweck der Norm nicht zu vereinbaren: Sinn und Zweck des § 172 Abs. 4 Satz 1 HGB ist nämlich der Gläubigerschutz insofern, als den Gläubigern gegenüber das Gesellschaftsvermögen als Haftungsmasse erhalten bleiben soll. Das heißt, der Kommanditist ist nicht nur zur Kapitalaufbringung bis zur Höhe seiner Haftsumme verpflichtet (vgl. oben), sondern auch zur *Kapitalerhaltung* – und zwar wiederum bis zur Höhe seiner Haftsumme (BGH NJW **1990**, 1109, 1110; *Heymann/Horn* § 172 HGB Rz. 9). Und das hat folgende **Konsequenzen**:

→ Erstens ist der Begriff der Rückzahlung in einem weiten Sinne zu verstehen, da eine Schmälerung der Haftungsmasse bei Zuwendungen jeder Art eintritt (OLG Hamm NJW-RR **1995**, 489, 490; *Koller/Roth/Morck* § 172 HGB Rz. 22; *Kindler* in JuS 2006, 865, 867). Daher ist beispielsweise als tatbestandsmäßige Rückzahlung die Erfüllung einer persönlichen Schuld des Kommanditisten durch die Gesellschaft bzw. die Gewährung einer Sicherheit für eine solche anzusehen (BGH WM **1976**, 130, 131 f.; *Heymann/Horn* § 172 HGB Rz. 12; HK-*Stuhlfelner* § 172 HGB Rz. 7). Ebenfalls unter den weiten Rückzahlungsbegriff fällt die Auszahlung eines Darlehens an den Kommanditisten (*GroßKomm-Schilling* § 172 HGB Rz. 13; *Schlegelberger/K. Schmidt* §§ 171, 172 HGB Rz. 62 ff.; *Baumbach/Hopt* § 172 HGB Rz. 6).

→ Zweitens ist zu berücksichtigen, ob die Zuwendung zu einer wertmäßigen Unterschreitung der im Handelsregister eingetragenen Haftsumme führt. Da die Kapitalsicherungspflicht nur bis zur Höhe der Haftsumme reicht, kann der

Kommanditist – wenn er der Gesellschaft einen über die Haftsumme hinausreichenden Betrag zugeführt hat – bis zur Erreichung der Haftsumme sanktionslos Zuwendungen aus dem Gesellschaftsvermögen erhalten (BGH NJW **1982**, 2500, 2501; OLG Hamm NJW-RR **1995**, 489, 490; *Koller/Roth/Morck* §§ 171, 172 HGB Rz. 22; *E/B/J/Strohn* § 172 HGB Rz. 22; *Huber* in ZGR 1988, 1, 13).

Zum Fall: Wenden wir diese – reichlich abstrakten – Überlegungen auf den Fall an, ergibt sich Folgendes: Der K hat seitens der D-KG ein Darlehen (§§ 488 ff. BGB) in Höhe von 10.000 Euro ausbezahlt erhalten, was grundsätzlich als tatbestandsmäßige Rückzahlung im Sinne des § 172 Abs. 4 Satz 1 HGB anzusehen ist (siehe soeben). Entscheidend ist nunmehr, ob die Auszahlung des Darlehens zu einer Unterschreitung der mit 20.000 Euro festgelegten Haftsumme führte. Da K der Gesellschaft durch Übereignung der Kleinlaster Kapital in Höhe von 30.000 Euro zuführte, bleibt der Gesellschaft nach Auszahlung von 10.000 Euro immer noch ein Kapital von 20.000 Euro (= exakt die Haftsumme) erhalten. Folglich wurde die Haftsumme jedenfalls nicht unterschritten, weshalb keine Rückzahlung im Sinne des § 172 Abs. 4 Satz 1 HGB vorliegt. Somit ist die Haftung des K <u>nicht</u> wieder aufgelebt.

Ergebnis: Die Haftung des K ist gemäß § 171 Abs. 1, 2. HS HGB ausgeschlossen, so dass H gegen K keinen Anspruch auf Kaufpreiszahlung in Höhe von 20.000 Euro aus den §§ 171 Abs. 1, 1. HS, 172 Abs. 1 HGB i. V. m. § 433 Abs. 2 BGB hat.

C. Anspruch des M gegen K auf Zahlung von 5.000 Euro (Schmerzensgeld)

I. M könnte gegen K einen Anspruch aus den **§§ 171 Abs. 1, 1. HS, 172 Abs. 1 HGB i. V. m. §§ 536a, 253 Abs. 2 BGB** auf Zahlung des Schmerzensgeldes in Höhe von 5.000 Euro haben.

Aber: Die Anwendbarkeit der genannten Haftungsnormen setzt entsprechend der obigen Erläuterungen voraus, dass der Kommanditist im haftungsbegründenden Zeitpunkt als solcher bereits in das Handelsregister eingetragen war. Unser K wurde am 10.01.2008 in das Handelsregister als Kommanditist der D-KG eingetragen, während der Komplementär A die möglicherweise zu einer Haftung der Gesellschaft führende Pflichtverletzung zuvor, nämlich am 21.12.2007, begangen hat.

Ergebnis: Somit kommt ein Anspruch gestützt auf die §§ 171 Abs. 1, 1. HS, 172 Abs. 1 HGB i. V. m. §§ 536a, 253 Abs. 2 BGB nicht in Betracht.

II. Ein Anspruch des M auf Schmerzensgeldzahlung in Höhe von 5.000 Euro könnte aber aus **§ 176 Abs. 2 HGB i. V. m. § 536a Abs. 1, 1. Fall BGB** begründet sein (bitte § 176 Abs. 2 HGB lesen).

> **Einstieg:** Vor der inhaltlichen Prüfung des § 176 HGB wollen wir uns zunächst bitte klarmachen, wie diese Vorschrift im Verhältnis zu den §§ 171, 172 HGB abzugrenzen ist, nämlich: Die §§ 171, 172 HGB greifen nur ein, wenn der Kommanditist im Handelsregister im haftungsbegründenden Zeitpunkt eingetragen war; der § 176 HGB findet demgegenüber Anwendung, wenn das haftungsauslösende Ereignis zwischen dem Eintritt in die Gesellschaft und der Eintragung in das Handelsregister liegt.

1.) Als mögliches Haftungsereignis kommt nun im vorliegenden Fall der fehlerhaft durchgeführte Reifenwechsel am 21.12.2007 und der sich daran am selben Tag anschließende Unfall in Betracht. Wirksam der Gesellschaft beigetreten ist K, wie oben gesehen, zum 15.12.2007, während die Handelsregistereintragung erst am 10.01.2008 erfolgte. K war also im fraglichen Zeitpunkt noch <u>nicht</u> als Kommanditist eingetragen. Folglich findet § 176 HGB auf den in Rede stehenden Schmerzensgeldanspruch grundsätzlich Anwendung.

2.) Zu prüfen ist, ob die Tatbestandsvoraussetzungen von § 176 Abs. 2 HGB i. V. m. § 176 Abs. 1 Satz 1 HGB vorliegen:

a) In Abgrenzung zu § 176 Abs. 1 HGB ist § 176 Abs. 2 HGB anwendbar im Falle des Eintritts eines Kommanditisten in eine bereits bestehende Gesellschaft (*Heymann/Horn* § 176 HGB Rz. 12). Gemeint ist damit der Eintritt in eine bereits bestehende KG oder in eine oHG, die durch den Eintritt kraft Gesetzes zu einer KG wird (*Schlegelberger/K. Schmidt* § 176 HGB Rz. 53).

Zum Fall: Der K ist einer existenten Gesellschaft, der D-oHG, beigetreten, die hierdurch in eine KG umgewandelt wurde. Mithin kommt § 176 Abs. 2 HGB als Haftungsnorm in Betracht.

b) Des Weiteren muss eine wirksame Gesellschaftsverbindlichkeit der D-KG bestehen. Möglicherweise steht M gegen die D-KG ein Anspruch auf Schmerzensgeldzahlung aus den §§ 536a Abs. 1, 1. Fall, 253 Abs. 2 BGB i. V. m. §§ 161 Abs. 2, 124 Abs. 1 HGB zu.

> Zwischen der D-KG und M ist ein wirksamer Mietvertrag gemäß § 535 Abs. 1 BGB i. V. m. den §§ 161 Abs. 2, 124 Abs. 1 HGB über den Pkw zustande gekommen. Für die Garantiehaftung nach § 536a Abs. 1, 1. Fall BGB ist des Weiteren das Vorhandensein eines Mangels bei Vertragsschluss Voraussetzung (*Palandt/Weidenkaff* § 536a BGB Rz. 9). Ein Sachmangel im Sinne des § 536 Abs. 1 Satz 1 BGB liegt vor, wenn der tatsächliche Zustand der Mietsache in einer für den Mieter nachteiligen Weise von dem vertraglich vorausgesetzten Zustand abweicht und dadurch die Tauglichkeit der Mietsache in erheblicher Weise vermindert wird (BGH NJW **2000**, 1714, 1715; *Staudinger-Emmerich* § 536 BGB Rz. 5). Bei der Anmietung eines Fahrzeugs wird dessen verkehrssicherer Zustand vorausgesetzt. Diese Anforderungen erfüllt ein Pkw mit nicht ordnungsgemäß angebrachten Rädern nicht, wodurch die Tauglichkeit des Fahrzeugs als Mietsache auch vollständig aufgehoben wird. Mithin war der von M

angemietete Pkw mangelhaft. Die Mangelhaftigkeit bestand zudem bereits im Zeitpunkt des Vertragsschlusses zwischen der D-KG und M. Als Rechtsfolge sieht § 536a BGB eine Schadensersatzpflicht vor. Dabei werden nach herrschender Meinung auch Mangelfolgeschäden, also Schäden an anderen Rechtsgütern des Mieters, vom Anwendungsbereich des § 536a Abs. 1 BGB erfasst (BGHZ **92**, 177, 180; vgl. im Einzelnen *Schwabe/Kleinhenz*, Schuldrecht I, Fall 26). Damit sind die aus der Körperverletzung des M resultierenden Schadenspositionen nach Maßgabe der §§ 249 ff. BGB ersatzfähig.

<u>ZE.</u>: Mithin hat M gegen die D-KG gemäß § 253 Abs. 2 BGB auch einen Anspruch auf ein angemessenes Schmerzensgeld, das hier auf 5.000 Euro zu beziffern ist.

c) Weitere Voraussetzung der Kommanditistenhaftung nach § 176 Abs. 2 HGB ist – wie gesehen –, dass der Kommanditist im haftungsbegründenden Zeitraum noch nicht in das Handelsregister eingetragen war. Das ist hier der Fall.

d) Aufgrund des in § 176 Abs. 2 HGB enthaltenen Verweises auf § 176 Abs. 1 Satz 1 HGB müsste die Haftung des Kommanditisten außerdem von dessen Zustimmung zur Fortführung des Geschäftsbetriebes erforderlich sein. Ob dies im vorliegenden Fall angenommen werden kann, kann dahinstehen, denn diese Voraussetzung ist nach ganz überwiegender Meinung im Rahmen des § 176 Abs. 2 HGB entbehrlich (BGHZ **82**, 209, 211; *E/B/J/Strohn* § 176 Rz. 31; *Röhricht/Graf v. Westphalen/von Gerkan/Haas* § 176 Rz. 49; *K. Schmidt* in ZHR 144 (1980) 192, 195; *ders.* in NJW 1982, 886; *Kindler* in JuS 2006, 865, 867).

e) Als Rechtsfolge bestimmt § 176 Abs. 2 i. V. m. Abs. 1 HGB die Haftung gleich einem persönlich haftenden Gesellschafter, es sei denn, dem Gesellschaftsgläubiger war die Beteiligung als Kommanditist bekannt.

> **Durchblick**: Das bedeutet im Klartext: Grundsätzlich haftet der Kommanditist nach § 176 HGB wie ein Komplementär gemäß §§ 128, 129 i. V. m. § 162 Abs. 2 HGB (Mü-Ko-*K. Schmidt* § 176 HGB Rz. 34; *Wiedemann*, GesR II, § 9 III 7c). Beweist der Kommanditist allerdings im konkreten Fall, dass dem Gesellschaftsgläubiger im haftungsbegründenden Zeitpunkt seine Stellung als Kommanditist bekannt war, so haftet dieser nur nach §§ 171, 172 HGB, also beschränkt (MüKo-*K. Schmidt* § 176 HGB Rz. 16; HK-*Stuhlfelner* § 176 HGB Rz. 6). Zu beachten ist bei der Prüfung der Normen, dass dem Kommanditisten die Haftungsbeschränkung nur bei **positiver Kenntnis** des Gläubigers von der Kommanditistenstellung seiner Person zugute kommt (RGZ **128**, 172, 182; *Schlegelberger/K. Schmidt* § 176 HGB Rz. 12). Folgende Umstände sind daher ohne Auswirkung auf die unbeschränkte Haftung nach § 176 HGB: Der Kommanditist kann sich nicht darauf berufen, dass der Gläubiger die Kommanditistenstellung hätte kennen müssen oder dass der Gläubiger im Zeitpunkt des Vertragsschlusses überhaupt nicht von seiner Zugehörigkeit zur Gesellschaft wusste (RGZ **128**, 172, 182; BGHZ **82**, 209, 212; *Koller/Roth/Morck* § 176 HGB Rz. 4; *Röhricht/Graf v. Westphalen/von Gerkan/Haas* § 176 Rz. 18). Letztlich ist sogar irrelevant, wenn der Gesellschaftsgläubiger nicht einmal eine Kenntnis von der Rechtsform der Geschäftspartnerin als Kommanditgesellschaft hatte (*Baumbach/Hopt* § 176 HGB Rz. 4).

Zum Fall: Da keinerlei Anhaltspunkte dafür bestehen, dass M von der Kommanditistenstellung des K positive Kenntnis hatte, wird es dem insoweit beweispflichtigen K nicht gelingen, die Haftungsfolgen des § 176 Abs. 2 HGB i. V. m. § 176 Abs. 1 Satz 1 HGB abzuwenden. Folglich haftet K gegenüber M wie ein Komplementär nach den §§ 128, 129 HGB.

Ergebnis: R hat gegen K einen Anspruch auf Zahlung des Schmerzensgeldes in Höhe von 5.000 Euro aus den § 176 Abs. 2 HGB i. V. m. § 536a Abs. 1, 1. Fall BGB.

> ***Zwei Kleinigkeiten hierzu noch***: Bitte beachte, dass der Kommanditist über § 176 HGB nicht wie ein Komplementär auch für Altverbindlichkeiten nach § 130 HGB haftet (GroßKomm-*Schilling* § 176 HGB Rz. 24; *K. Schmidt*, GesR, § 55 III 1 in Fn. 62). Erfasst werden nur Verbindlichkeiten, die in der Zeit zwischen Eintritt in die Gesellschaft und der Eintragung in das Handelsregister entstanden sind. Und noch was aus der Praxis: Das Haftungsrisiko bei Eintritt als Kommanditist in eine bestehende Gesellschaft nach § 176 Abs. 2 HGB kann – zulässigerweise! – auch ausgeschlossen werden. Und zwar ist es möglich, das Wirksamwerden des Beitritts zur Gesellschaft unter die aufschiebende Bedingung der Eintragung in das Handelsregister zu stellen (*Baumbach/Hopt* § 176 Rz. 1; *K. Schmidt*, GesR, § 55 IV 2a). Damit fällt der Eintrittszeitpunkt mit der Eintragung in das Handelsregister logischerweise zusammen, und es kommt von vornherein nur die beschränkte Haftung nach §§ 171 Abs. 1, 1. HS, 172 Abs. 1 HGB in Betracht.

III. Ein Anspruch des M auf Schmerzensgeldzahlung in Höhe von 5.000 Euro könnte sich außerdem noch aus **§ 176 Abs. 2 HGB i. V. m. § 823 Abs. 1 BGB i. V. m. § 31 BGB analog** ergeben.

> Das setzt – unabhängig vom Vorliegen der Tatbestandsmerkmale – die Anwendbarkeit des § 176 Abs. 2 i. V. m. Abs. 1 Satz 1 HGB im Falle deliktischer Gesellschaftsverbindlichkeiten voraus. Dies wird von der herrschenden Meinung unter Hinweis auf den Schutzzweck des § 176 HGB **verneint** (BGHZ **82**, 209, 215; MüKo-*K. Schmidt* § 176 HGB Rz. 37; GroßKomm-*Schilling* § 176 HGB Rz. 7; *E/B/J/Strohn* § 176 HGB Rz. 14; *Grunewald* 1. C. Rz. 46; **a.A.** *Wiedemann*, GesR II, § 9 III 7c; *Crezelius* in BB 1983, 5, 11; differenzierend *Koller/Roth/Morck* § 176 HGB Rz. 5) Da § 176 HGB den Verkehrsschutz bezweckt, kann die Norm auch nur eingreifen, wo eine Vertrauensbildung seitens des Gläubigers möglich ist. Aspekte des Vertrauensschutzes spielen aber bei deliktsrechtlichen Ansprüchen typischerweise keine Rolle (*E/B/J/Strohn* § 176 HGB Rz. 14; *Grunewald* 1. C. Rz. 46). Beachte insoweit bitte abschließend, dass diese Differenzierung zwischen rechtsgeschäftlich begründeten und deliktischen Forderungen nur im Rahmen der Haftung nach § 176 HGB vorzunehmen ist und nicht auch im Falle der Haftung nach §§ 171 Abs. 1, 172 Abs. 1 HGB.

Ergebnis: Somit scheidet ein Anspruch des M gegen K auf Zahlung des Schmerzensgeldes von vornherein aus, soweit dieser auf einer unerlaubten Handlung nach § 823 Abs. 1 i. V. m. § 31 BGB analog beruht.

Nachschlag

Ganz zum Schluss noch ein Wort zur Haftung des Kommanditisten im Falle des *Austritts* aus der Gesellschaft: Ein *ausscheidender* Kommanditist haftet für die bis zu seinem Austritt begründeten Verbindlichkeiten nach den allgemeinen Regeln, also nach §§ 171, 172 HGB. Das heißt: Hat der Kommanditist seine Pflichteinlage nicht erbracht, so haftet er nach § 171 Abs. 1, 1. HS HGB beschränkt, und die Haftung ist gemäß § 171 Abs. 1, 2. HS HGB ausgeschlossen, wenn er die Pflichteinlage erbracht hat. Aber selbst wenn der Kommanditist seine Pflichteinlage geleistet hat, besteht im Falle seines Austritts die Gefahr des Wiederauflebens der (beschränkten) Haftung nach Maßgabe des § 172 Abs. 4 Satz 1 HGB. Und zwar kommt es zu einem Wiederaufleben der Haftung, wenn es dem Kommanditisten gelingt, für seinen Austritt einen *Abfindungsanspruch* zu vereinbaren. Denn unter Berücksichtigung der weiten Auslegung des Begriffs der »Rückzahlung« im Sinne des § 174 Abs. 4 Satz 1 HGB fällt auch die Auszahlung einer Abfindung in den Anwendungsbereich dieser Norm (RGZ **64**, 77, 81; BGHZ **39**, 319, 321; *Röhricht/Graf v. Westphalen/von Gerkan/Haas* § 172 HGB Rz. 33). Zu berücksichtigen ist überdies die Nachhaftungsbegrenzung des § 160 Abs. 1 HGB, die über die Verweisvorschrift des § 161 Abs. 2 HGB nicht nur auf den Komplementär, sondern auch auf den Kommanditisten Anwendung findet (*Baumbach/Hopt* § 160 HGB Rz. 1).

Zur Vertiefung: Die Beurteilung der Haftung eines (geplanten) Kommanditisten einer KG, die in der Gründungsphase als BGB-Gesellschaft betrieben wird, beurteilt sich – wie bereits aufgezeigt – nach **§ 176 Abs. 1 HGB**. Die Anwendung und Auslegung dieser Vorschrift bereitet seit der Entscheidung des BGH zur Rechtsfähigkeit der BGB-Gesellschaft erhebliche Probleme, was zur Vertiefung etwa bei *Meyer* in BB 2008, 628 ff. nachgelesen werden kann.

Gutachten

A. Ansprüche des H gegen C auf Zahlung des Kaufpreises

H könnte gegen C einen Anspruch auf Kaufpreiszahlung gemäß den §§ 128 Satz 1, 161 Abs. 2 HGB i. V. m. § 433 Abs. 2 BGB haben.

I. C haftet gemäß § 128 Satz 1 HGB i. V. m. § 161 Abs. 2 HGB, wenn er Komplementär einer KG ist. Ursprünglich haben A, B und C die Gesellschaft in der Rechtsform der oHG betrieben. Die Gesellschaft könnte durch den Beitritt des K allerdings in eine Kommanditgesellschaft umgewandelt worden sein.

1.) Im Innenverhältnis entsteht eine KG durch den Abschluss eines Gesellschaftsvertrages, aus dem sich ergibt, dass neben einem beziehungsweise mehreren Komplementären mindestens ein beschränkt haftender Gesellschafter der Gesellschaft angehören soll. Ein Vertrag mit diesem Inhalt kann auch durch Abänderung eines bisherigen Gesellschaftsvertrages einer oHG erreicht werden, insbesondere indem ein Aufnahmevertrag mit einem zusätzlichen Gesellschafter abgeschlossen wird, der lediglich die Stellung des Kommanditisten einnehmen soll. Die bisherigen Gesellschafter der D-oHG – A, B und C – haben am 15.12.2007 mit K einen Aufnahmevertrag abgeschlossen, in welchem seine Haftung auf einen Betrag von 20.000 Euro begrenzt wird. Mit der Aufnahme des K als Kommanditisten ist die KG im Innenverhältnis wirksam entstanden.

2.) Im Außenverhältnis entsteht eine KG, die ursprünglich als oHG betrieben wurde, mit dem Eintritt des Kommanditisten in die Gesellschaft. Dabei ist für den Eintritt des Kommanditisten allein der im Aufnahmevertrag bezeichnete Zeitpunkt des Wirksamwerdens der Aufnahme, und nicht etwa die Eintragung in das Handelsregister, maßgeblich. Danach ist die D-KG mit Wirksamwerden des Aufnahmevertrages am 15.12.2007 auch im Außenverhältnis entstanden.

Zwischenergebnis: Bei der von den Gesellschaftern A, B, C und K betriebenen Gesellschaft handelt es sich um eine KG, der C als Komplementär angehört.

II. Als Komplementär haftet C gemäß § 161 Abs. 2 HGB wie ein Gesellschafter einer oHG, nämlich unter den Voraussetzungen des § 128 Satz 1 HGB.

1.) Voraussetzung ist damit zunächst, dass es sich bei dem in Rede stehenden Kaufpreisanspruch um eine Verbindlichkeit der D-KG handelt. Den Kaufvertrag zwischen der D-KG und H hat der Komplementär B als Stellvertreter gemäß §§ 164 ff. BGB im Namen der Gesellschaft abgeschlossen. Fraglich ist, ob er mit Vertretungsmacht handelte. Die Vertretungsmacht der Komplementäre bestimmt sich gemäß § 161 Abs. 2 HGB nach § 125 HGB. Gemäß § 125 Abs. 1 HGB ist damit jeder der Komplementäre der D-KG zur alleinigen Vertretung der Gesellschaft berufen. Entgegenstehende Vereinbarungen nach Maßgabe des § 125 Abs. 2 HGB wurden im Gesellschaftsvertrag nicht getroffen, so dass B den Kaufvertrag mit Wirkung für und gegen die Gesellschaft wirksam abschließen konnte. Mithin ist die D-KG aus dem zwischen ihr und H wirksam zustande gekommenen Kaufvertrag zur Kaufpreiszahlung in Höhe von 20.000 Euro verpflichtet.

2.) C war darüber hinaus im haftungsbegründenden Zeitpunkt, nämlich dem Abschluss des Kaufvertrages, Komplementär der D-KG.

Als Rechtsfolge sieht § 128 Satz 1 HGB eine persönliche und unbeschränkte, unmittelbare und primäre, auf das Ganze gerichtete und gesamtschuldnerische Haftung vor.

Ergebnis: H hat gegen C einen Anspruch auf Zahlung des Kaufpreises in Höhe von 20.000 Euro aus den §§ 128 Satz 1, 161 Abs. 2 HGB i. V. m. § 433 Abs. 2 BGB.

B. Ansprüche des H gegen K auf Kaufpreiszahlung

H könnte gegen K einen Anspruch auf Zahlung des Kaufpreises in Höhe von 20.000 Euro aus den §§ 171 Abs. 1, 1. HS, 172 Abs. 1 HGB i. V. m. § 433 Abs. 2 BGB haben.

I. Voraussetzung für die Anwendbarkeit der §§ 171, 172 HGB ist, dass K im haftungsbegründenden Zeitpunkt Kommanditist der D-KG gewesen ist und überdies bereits in das Handelsregister eingetragen war.

Der Aufnahmevertrag, das heißt der Eintritt des K in die D-KG, wurde zum 15.12.2007 wirksam, wobei die Handelsregistereintragung am 10.01.2008 erfolgte, so dass der K am Tag des Kaufvertragsabschlusses, dem 12.01.2008, der Gesellschaft bereits als Kommanditist angehörte.

II. Schließlich liegt – wie oben erläutert – eine Gesellschaftsverbindlichkeit der D-KG in Form der Kaufpreisverpflichtung vor.

III. Somit haftet K gemäß § 171 Abs. 1, 1. HS HGB unmittelbar bis zur Höhe seiner Einlage. Die Einlage im Sinne dieser Vorschrift wird bestimmt durch den im Handelsregister eingetragenen Betrag, sogenannte Haftsumme. Dies ist vorliegend ein Betrag in Höhe von 20.000 Euro, so dass K danach bis zu dieser Höhe den Gesellschaftsgläubigern gegenüber unmittelbar haftet.

VI. Allerdings könnte seine Haftung gemäß § 171 Abs. 1, 2. HS HGB ausgeschlossen sein. Voraussetzung für den Ausschluss der Haftung im Außenverhältnis ist, dass der Kommanditist seine Pflichteinlage gegenüber der Gesellschaft erbracht hat. Fraglich ist zunächst, in welcher Höhe K seine Pflichteinlage erbracht hat. Dies bestimmt sich bei Sachleistungen nach deren objektivem Wert, der sich hier auf 30.000 Euro beläuft und von K erbracht wurde. Allerdings tritt die Haftungsbefreiung nur ein, wenn der objektive Wert der geleisteten Pflichteinlage (mindestens) dem Wert der Haftsumme entspricht. Bei einem Vergleich zwischen dem Wert der Pflichteinlage (30.000 Euro) und der Haftsumme in Höhe von 20.000 Euro bestehen insoweit keine Bedenken. Mithin hat die Leistung der Pflichteinlage den K gemäß § 171 Abs. 1, 2. HS BGB von der Haftung gegenüber den Gesellschaftsgläubigern befreit.

V. Die Haftung des K könnte durch die Auszahlung des Darlehens in Höhe von 10.000 Euro nach § 172 Abs. 4 Satz 1 HGB wieder aufgelebt sein. Voraussetzung ist eine Rückzahlung der vom Kommanditisten geleisteten Pflichteinlage. Damit gemeint ist nach Sinn und Zweck des § 172 Abs. 4 Satz 1 HGB nicht nur eine »Zahlung«. Sinn und Zweck der Vorschrift ist der Gläubigerschutz insofern, als ihnen gegenüber das Gesellschaftsvermögen als Haftungsmasse erhalten bleiben soll. Das heißt, der Kommanditist ist nicht nur zur Kapitalaufbringung bis zur Höhe seiner Haftsumme verpflichtet, sondern auch zur Kapitalerhaltung – und zwar wiederum bis zur Höhe seiner Haftsumme. Dies macht es notwendig, den Begriff der Rückzahlung in einem weiten Sinne zu verstehen, da eine Schmälerung der Haftungsmasse bei Zuwendungen jeder Art eintritt. Jedoch ist – was sich wiederum aus dem Schutzzweck des § 172 Abs. 4 Satz 1 HGB ergibt – nur eine solche Zuwendung tatbestandsmäßig, wenn dies zu einer wertmäßigen Unterschreitung der im Handelsregister eingetragenen Haftsumme führt.

Danach ist die Auszahlung des Darlehens an K durch die D-KG grundsätzlich als eine Rückzahlung im Sinne des § 172 Abs. 4 Satz 1 HGB zu qualifizieren. Entscheidend ist nunmehr, ob die Auszahlung des Darlehens zu einer Unterschreitung der mit 20.000 Euro festgelegten Haftsumme führte. Da K der Gesellschaft durch Übereignung der Kleinlaster Kapital in Höhe von 30.000 Euro zuführte, bleibt der Gesellschaft nach Auszahlung von 10.000 Euro immer noch ein Kapital von 20.000 Euro erhalten. Folglich wurde die Haftsumme nicht unterschritten, weshalb keine tatbestandsmäßige Rückzahlung im Sinne des § 172 Abs. 4 Satz 1 HGB vorliegt. Somit ist die Haftung des K nicht wieder aufgelebt.

Ergebnis: Die Haftung des K ist gemäß § 171 Abs. 1, 2. HS HGB ausgeschlossen, so dass H gegen K keinen Anspruch auf Kaufpreiszahlung aus §§ 171 Abs. 1, 1. HS, 172 Abs. 1 HGB i. V. m. § 433 Abs. 2 BGB hat.

C. Ansprüche des M gegen K auf Zahlung des Schmerzensgeldes

I. M könnte gegen K einen Anspruch aus den §§ 171 Abs. 1, 1. HS, 172 Abs. 1 HGB i. V. m. § 536a BGB auf Zahlung des Schmerzensgeldes in Höhe von 5.000 Euro haben.

Die Anwendbarkeit der genannten Haftungsnormen setzt voraus, dass der Kommanditist im haftungsbegründenden Zeitpunkt als solcher bereits in das Handelsregister eingetragen war. K wurde am 10.01.2008 in das Handelsregister als Kommanditist der D-KG eingetragen, während der Komplementär A die möglicherweise zu einer Haftung der Gesellschaft führende Pflichtverletzung zuvor, nämlich am 21.12.2007, begangen hat.

Ergebnis: Somit kommt ein Anspruch gestützt auf §§ 171 Abs. 1, 1. HS, 172 Abs. 1 HGB i. V. m. § 536a BGB nicht in Betracht.

II. Ein Anspruch des M auf Schmerzensgeldzahlung in Höhe von 5.000 Euro könnte aus § 176 Abs. 2 HGB i. V. m. § 536a Abs. 1, 1. Fall BGB resultieren.

1.) Der Anwendungsbereich des § 176 Abs. 2 HGB ist eröffnet, wenn das haftungsauslösende Ereignis zwischen dem Eintritt des Kommanditisten in die Gesellschaft und der Eintragung in das Handelsregister liegt. Als mögliches Haftungsereignis kommt der fehlerhaft durchgeführte Reifenwechsel am 21.12.2007 und der sich daran am selben Tag anschließende Unfall in Betracht. Wirksam der Gesellschaft beigetreten ist K, wie oben gesehen, zum 15.12.2007, während die Handelsregistereintragung später erfolgte. K war also im fraglichen Zeitpunkt noch nicht als Kommanditist eingetragen. Folglich findet § 176 HGB auf den in Rede stehenden Schmerzensgeldanspruch Anwendung.

2.) Weitere Voraussetzung ist gemäß § 176 Abs. 2 HGB, dass der Kommanditist in eine bestehende Gesellschaft, entweder in eine KG oder eine oHG, eingetreten ist. Der K ist einer existenten Gesellschaft, der D-oHG, beigetreten, die hierdurch in eine KG umgewandelt wurde.

3.) Ferner muss eine wirksame Gesellschaftsverbindlichkeit der D-KG bestehen. Möglicherweise steht M gegen die D-KG ein Anspruch auf Schmerzensgeldzahlung aus § 536a Abs. 1, 1. Fall BGB i. V. m. §§ 161 Abs. 2, 124 Abs. 1 HGB zu.

Zwischen der D-KG und M ist ein wirksamer Mietvertrag gemäß §§ 535 Abs. 1 BGB i. V. m. §§ 161 Abs. 2, 124 Abs. 1 HGB über den Pkw zustande gekommen. Für die Garantiehaftung nach § 536a Abs. 1, 1. Fall BGB ist des Weiteren das Vorhandensein eines Mangels bei Vertragsschluss Voraussetzung. Ein Sachmangel im Sinne des § 536 Abs. 1 Satz 1 BGB liegt vor, wenn der tatsächliche Zustand der Mietsache in einer für den Mieter nachteiligen Weise von dem vertraglich vorausgesetzten Zustand abweicht und dadurch die Tauglichkeit der Mietsache in erheblicher Weise vermindert wird. Bei der Anmietung eines Fahrzeugs wird dessen verkehrssicherer Zustand vorausgesetzt. Diese Anforderungen erfüllt ein Pkw mit nicht ordnungsgemäß angebrachten Rädern nicht, wodurch die Tauglichkeit des Fahrzeugs als Mietsache auch vollständig aufgehoben wird. Mithin war der von M angemietete Pkw mangelhaft. Die Mangelhaftigkeit bestand zudem bereits im Zeitpunkt des Vertragsschlusses zwischen der D-KG und M. Als Rechtsfolge sieht § 536a BGB eine Schadensersatzpflicht vor. Dabei werden nach herrschender Meinung auch Mangelfolgeschäden, also Schäden an anderen Rechtsgütern des Mieters, vom Anwendungsbereich des § 536a Abs. 1 BGB erfasst. Damit sind die aus der Körperverletzung des M resultierenden Schadenspositionen nach Maßgabe der §§ 249 ff. BGB ersatzfähig. Mithin hat M gegen die D-KG gemäß § 253 Abs. 2 BGB einen Anspruch auf ein angemessenes Schmerzensgeld, das hier auf 5.000 Euro zu beziffern ist.

4.) Aufgrund des in § 176 Abs. 2 HGB enthaltenen Verweises auf § 176 Abs. 1 Satz 1 HGB müsste die Haftung des Kommanditisten außerdem von dessen Zustimmung zur Fortführung des Geschäftsbetriebes erforderlich sein. Diese Voraussetzung ist indes nach ganz überwiegender Meinung im Rahmen des § 176 Abs. 2 HGB entbehrlich.

5.) Als Rechtsfolge bestimmt § 176 Abs. 2 i. V. m. Abs. 1 HGB die Haftung gleich einem persönlich haftenden Gesellschafter, es sei denn, dem Gesellschaftsgläubiger war die Beteiligung als Kommanditist bekannt. Das bedeutet, dass der Kommanditist wie ein Komplementär nach den §§ 128, 129 HGB i. V. m. 162 Abs. 2 HGB haftet, wenn er nicht beweist, dass der Gläubiger positive Kenntnis von seiner Stellung als Kommanditist hat. Vorliegend bestehen keine Anhaltspunkte, dass M von der Kommanditistenstellung des K positive Kenntnis hatte, so dass es dem beweispflichtigen K nicht gelingen wird, die Haftungsfolgen des § 176 Abs. 2 HGB i. V. m. § 176 Abs. 1 Satz 1 HGB abzuwenden. Folglich haftet K gegenüber M nach §§ 128, 129 HGB i. V. m. § 161 Abs. 2 HGB.

Ergebnis: M hat gegen K einen Anspruch auf Zahlung des Schmerzensgeldes in Höhe von 5.000 Euro aus §§ 176 Abs. 2 HGB i. V. m. § 536a Abs. 1, 1. Fall BGB.

III. Ein Anspruch des M auf Schmerzensgeldzahlung in Höhe von 5.000 Euro könnte sich außerdem aus § 176 Abs. 2 HGB i. V. m. § 823 Abs. 1 BGB i. V. m. § 31 BGB analog ergeben. Fraglich ist bereits, ob § 176 Abs. 2 HGB im Falle deliktischer Gesellschaftsverbindlichkeiten eingreift. Bedenken ergeben sich aus dem Zweck der Norm, der darin besteht, das Vertrauen des Rechtsverkehrs in die Komplementäreigenschaft der einzelnen Gesellschafter zu schützen. Bei deliktischen Ansprüchen spielen Vertrauensschutzgesichtspunkte in der Regel allerdings keine Rolle, so dass mit der ganz herrschenden Meinung davon auszugehen ist, dass § 176 Abs. 2 HGB insoweit nicht als Haftungsnorm herangezogen werden kann.

Ergebnis: Somit scheidet ein Anspruch des M gegen K auf Zahlung des Schmerzensgeldes von vornherein aus, soweit dieser auf einer unerlaubten Handlung nach § 823 Abs. 1 i. V. m. § 31 BGB analog beruht.

Fall 18

Innenansichten

Die Rechtsstudenten A, B, C und D wollen einen Copy-Shop in der Nähe der Universität eröffnen und diesen in der Rechtsform der Gesellschaft bürgerlichen Rechts als »Die Kopie GbR« (K-GbR) betreiben. Sie schließen aus diesem Grund einen Gesellschaftsvertrag ab, der unter § 3 folgende Bestimmung enthält:

»Gesellschafterbeschlüsse können durch die Mehrheit gefasst werden. Dies gilt auch hinsichtlich etwaiger Beitragserhöhungen, sofern ein jährlicher Erhöhungsbetrag von 2.000 Euro nicht überschritten wird.«

Nach § 4 des Vertrages wird A, B und C jeweils Einzelgeschäftsführungsbefugnis und Alleinvertretungsmacht eingeräumt, während D von der Geschäftsführung und Vertretung ausgeschlossen ist. Die Gesellschaft gerät alsbald in finanzielle Schwierigkeiten. Deshalb müssen die Beiträge der Gesellschafter um 1.000 Euro erhöht werden, was A, B und D in der urlaubsbedingten Abwesenheit des C beschließen. Der C verweigert nach seiner Rückkehr jede Zahlung und meint, zum einen sei er an den Beschluss nicht gebunden, und zum anderen habe der B – was der Wahrheit entspricht – auch noch nicht gezahlt. B befindet sich vorübergehend in finanzieller Notlage, will die Zahlung aber im nächsten Monat leisten.

D will wissen, ob C zur Zahlung an die K-GbR verpflichtet ist, und ob er (D) den C auch im eigenen Namen zur Zahlung an die K-GbR gerichtlich zwingen könnte.

> **Schwerpunkte:** Das Innenverhältnis der GbR nach den §§ 705 ff. BGB; die Anwendbarkeit der allgemeinen Regeln des Schuldrechts auf Gesellschaftsverträge; Willensbildung in Personengesellschaften; actio pro socio; Geschäftsführungsbefugnis in Personengesellschaften; Schadensersatzansprüche gegen die Gesellschafter.

Lösungsweg

Vorbemerkung: In den Fällen 18 bis 20 wird uns nun das *Innenverhältnis* der Personengesellschaften beschäftigen. Wir werden dabei folgendermaßen vorgehen: Ausgangspunkt der Darstellung ist bei allen drei Fällen das Innenverhältnis der *BGB-Gesellschaft* – der Grundform aller Personengesellschaften. Wegen der Verweisvorschriften der §§ 161 Abs. 2, 105 Abs. 3 HGB gelten die Ausführungen zur GbR größtenteils im Recht der oHG und KG entsprechend. Sofern allerdings klausurrelevante Abweichungen vorliegen, werden wir diese gesondert erläutern. Alles klar!?

A. Die Beitragspflicht des C gegenüber der K-GbR

Die K-GbR könnte gegen C einen Anspruch auf Beitragszahlung in Höhe von 1.000 Euro gemäß **§ 705 BGB i. V. m. dem Gesellschaftsvertrag** haben.

I. Der Anspruch auf die Beitragsleistung zugunsten der K-GbR muss dafür zunächst einmal *entstanden* sein.

1.) Bei der K-GbR handelt es sich um eine (Außen-)GbR, die, wie wir mittlerweile wissen, als solche *rechtsfähig*, und daher auch selbst Anspruchsberechtigte ist (vgl. BGHZ **146**, 341; vgl. insoweit die umfassenden Ausführungen in Fall 13).

2.) Fraglich ist aber, auf welcher Grundlage die K-GbR einen Anspruch auf Beitragszahlung hat. Vorschriften über die von den Gesellschaftern zu erbringenden Beiträge sind in den §§ 705, 706 BGB vorgesehen:

> Nach § 705 BGB stellt die Beitragsleistung eine wesentliche Pflicht zur Förderung des gemeinsamen Zwecks dar, während durch § 706 BGB – dispositiv – Art und Umfang der Beiträge bestimmt wird (MüKo-*Ulmer* § 706 BGB Rz. 7). Einen Anspruch auf eine bestimmte Beitragszahlung kann die Gesellschaft indes nicht auf diese Normen stützen, vielmehr resultiert der Anspruch stets aus dem *Gesellschaftsvertrag* (PWW/*von Ditfurth* § 706 BGB Rz. 1; MüKo-*Ulmer* § 706 BGB Rz. 1; Staudinger/*Habermeier* § 706 BGB Rz. 1). Daher können nachträgliche Beitragserhöhungen nur im Wege einer Abänderung des Gesellschaftsvertrages erreicht werden (*Hueck/Windbichler* § 7 Rz. 3). Wichtiger Gedankengang, bitte merken.

Zum Fall: Zu prüfen ist also, ob die Beitragserhöhung um 1.000 Euro auf eine wirksame Änderung des Gesellschaftsvertrages zurückzuführen ist.

a) Voraussetzung der Änderung des Gesellschaftsvertrages ist zunächst ein *einstimmiger* Beschluss über die Beitragserhöhung (*Koller/Roth/Morck* § 105 HGB Rz. 50).

Durchblick: Die Willensbildung in den Personengesellschaften findet im Wege der Beschlussfassung statt (*Grunewald* 1. A. Rz. 66). Im Recht der GbR ergeben sich die Grundsätze für die Beschlussfassung aus **§ 709 BGB**, wobei diese auch über dessen unmittelbaren Anwendungsbereich der Geschäftsführung hinaus gelten (*Erman-Westermann* § 709 BGB Rz. 18). Für die oHG und die KG ist für die Beschlussfassung in § 119 HGB zwar eine Sondervorschrift vorgesehen, inhaltliche Besonderheiten sind damit jedoch nicht verbunden.

Ein *Beschluss* ist nach einhelliger Meinung ein mehrseitiges Rechtsgeschäft, das sich aus den Stimmabgaben im Sinne von empfangsbedürftigen Willenserklärungen zusammensetzt (*Soergel-Hadding* § 709 BGB Rz. 24). Wegen der rechtsgeschäftlichen

Qualität der Beschlüsse finden – vorbehaltlich gesellschaftsrechtlicher Besonderheiten – die allgemeinen Vorschriften der §§ 104 ff. BGB grundsätzlich Anwendung (MüKo-*Ulmer* § 709 Rz. 52; *Grunewald* 1. A. Rz. 68). Gegenstand eines Beschlusses ist grundsätzlich alles, was auf dem Wege der gemeinsamen Zweckerreichung innerhalb der GbR zur Entscheidung ansteht, wie beispielsweise die Angelegenheiten der Geschäftsführung (vgl. § 709 BGB) oder die Abstimmung über die Gewinnverwendung (*Soergel-Hadding* § 709 BGB Rz. 25; *Bamberger/Roth/Timm/Schöne* § 709 BGB Rz. 31).

Das Erfordernis der *Einstimmigkeit* der Beschlussfassung folgt nun bereits aus dem allgemeinen Grundsatz, dass Verträge beziehungsweise Vertragsänderungen selbstverständlich *einvernehmlich* zu erfolgen haben (*übereinstimmende* Willenserklärungen!). Dennoch ist in **§ 707 BGB** das Verbot der einseitigen Beitragserhöhung ausdrücklich bestimmt (bitte prüfen). Aus dieser Klarstellung durch den Gesetzgeber wird deutlich, wie hoch der Schutz der Gesellschafter vor einer unfreiwilligen Vermehrung ihrer Beitragspflichten einzustufen ist (RGZ **68**, 93, 96; **151**, 321, 326; BGHZ **20**, 363, 369 f.; *Staudinger/Habermeier* § 707 BGB Rz. 1). Gleichwohl ist eine Beitragserhöhung durch Mehrheitsbeschluss nicht per se ausgeschlossen, da § 707 BGB nach allgemeiner Meinung dispositiven Charakter hat (BGHZ **8**, 35, 39; *Bamberger/Roth/Timm/Schöne* § 707 BGB Rz. 8; MüKo-*Ulmer* § 707 BGB Rz. 6). Die Abdingbarkeit der Norm ändert aber nichts an dem besonderen Gewicht, das dem Schutz der Gesellschafter vor einer unfreiwilligen Vermehrung ihrer Beitragspflichten beizumessen ist. Mehr noch: Ein Mehrheitsbeschluss über eine Beitragserhöhung stellt einen Eingriff in den sogenannten *Kernbereich* der Mitgliedschaft dar (BGH NJW **1985**, 973, 974; NJW **1995**, 194, 195; MüKo-*Ulmer* § 707 BGB Rz. 6; *Staudinger/Habermeier* § 707 BGB Rz. 2). Eingriffe in den Kernbereich bedürfen zwar grundsätzlich der Zustimmung <u>aller</u> betroffenen Gesellschafter, jedoch kann das Einverständnis bereits im Voraus erklärt werden (BGH NJW **1985**, 973, 974; NJW **1995**, 194, 195; *Baumbach/Hopt* § 119 HGB Rz. 36). In Bezug auf eine Beitragserhöhung kann von einem solchen antizipierten Einverständnis ausgegangen werden, wenn der Gesellschaftsvertrag insoweit ausdrücklich die Möglichkeit eines Mehrheitsbeschlusses vorsieht. Des Weiteren muss sich aus dem Vertrag eine Obergrenze des Erhöhungsbetrages ergeben (BGHZ **8**, 35, 39; **66**, 82, 85; OLG Düsseldorf vom 22.08.**2007** – 15 U 177/06; MüKo-*Ulmer* § 707 BGB Rz. 6; *Staudinger/Habermeier* § 707 BGB Rz. 4; *K. Schmidt*, GesR, § 16 III 3b dd).

Zum Fall: Diese Kriterien erfüllt die Vorschrift des § 3 des Gesellschaftsvertrages der K-GbR, indem sich die Klausel bezüglich des Mehrheitsbeschlusses ausdrücklich auf den Fall der Beitragserhöhung erstreckt und eine Obergrenze von 2.000 Euro festgelegt ist. Folglich ist diesbezüglich eine Mehrheitsentscheidung in der K-GbR grundsätzlich möglich.

b) Fraglich ist jetzt natürlich, ob der Beschluss tatsächlich mit der erforderlichen »**Mehrheit**« geschlossen wurde. Im Gesellschaftsvertrag der K-GbR ist nicht festgelegt, »von was« die Mehrheit zu bilden ist. Im Zweifel, also bei Fehlen abweichender vertraglicher Gestaltungen, ist nach § 709 Abs. 2 BGB die Mehrheit nach der Zahl der Gesellschafter zu bestimmen, das ist die sogenannte »**Mehrheit nach Köpfen**« (MüKo-*Ulmer* § 709 BGB Rz. 96; *Erman-Westermann* § 709 BGB Rz. 32; *Bamberger/Roth/Timm/Schöne* § 709 BGB Rz. 21).

Zum Fall: Hier haben von vier Gesellschaftern drei einer Vertragsänderung in Form der Beitragserhöhung zugestimmt, womit die erforderliche Mehrheit erreicht ist.

ZE.: Die fehlende Teilnahme des C an der Abstimmung über die Beitragserhöhung steht der Wirksamkeit des Beschlusses nicht entgegen. Mithin ist der Anspruch der K-GbR gegen den C auf Beitragsleistung in Höhe von 1.000 Euro in jedem Falle schon mal *entstanden*.

II. Der *Durchsetzbarkeit* des Anspruchs könnte allerdings die Einrede des nichterfüllten Vertrages gemäß **§ 320 Abs. 1 BGB** entgegenstehen, und zwar unter Berücksichtigung der Tatsache, dass sich C auf den von B noch nicht geleisteten Beitrag beruft. Prüfen wir mal:

> **Einstieg:** Erste Voraussetzung für die mögliche Einrede des nichterfüllten Vertrages nach § 320 Abs. 1 BGB ist selbstverständlich die *Anwendbarkeit* der Norm auch auf einen Gesellschaftsvertrag. Unter systematischen Gesichtspunkten ist der Anwendungsbereich des § 320 Abs. 1 BGB als Norm des Allgemeinen Schuldrechts grundsätzlich eröffnet, da es sich bei einem Gesellschaftsvertrag um einen besonderen schuldrechtlichen Vertrag handelt. Jedoch ist die Anwendbarkeit der allgemeinen Vorschrift letztlich von den Besonderheiten des Gesellschaftsrechts abhängig. So ist etwa die Formvorschrift des § 311b BGB unproblematisch anwendbar, während nach einhelliger Meinung die Rücktrittsvorschriften der §§ 323 bis 326 BGB durch die Kündigungsvorschriften in den §§ 723 ff. BGB – für die BGB-Gesellschaft – bzw. durch die Auflösungs- und Kündigungsvorschriften der §§ 131 ff. HGB – für die oHG und KG – verdrängt werden (*Palandt/Sprau* § 705 BGB Rz. 13; *Kraft/Kreutz* C I 1c bb – zu §§ 325, 326 BGB a.F.).

Ob die §§ 320 bis 322 BGB im Falle der Nichterbringung der Gesellschafterbeiträge bei der GbR anwendbar sind, ist umstritten:

- Nach *einer Ansicht* kommt die Anwendbarkeit der §§ 320 bis 322 BGB innerhalb der Verpflichtung zur Leistung von Gesellschaftsbeiträgen grundsätzlich <u>nicht</u> in Betracht (*Staudinger/Habermeier* § 706 BGB Rz. 24; *Baumbach/Hopt* § 105 HGB Rz. 48; *Kübler/Assmann* § 6 II 2a). Dies wird damit begründet, dass der Gesellschaftsvertrag zwar ein gegenseitiger Vertrag im Sinne der §§ 320 ff. BGB sei, aber die Vertragspflichten nicht in einem Synallagma stünden. Von einem Synallagma ist die Rede, wenn die Leistung um der Gegenleistung willen erbracht wird (*Palandt/Grüneberg* Einf. v. § 320 BGB Rz. 5). Diese Interessenlage bestehe in einer Gesellschaft gerade nicht, vielmehr erbringe jeder Gesellschafter seinen Beitrag zur Verfolgung des gemeinsamen Zwecks im Sinne des § 705 BGB (*Erman-Westermann* § 705 BGB Rz. 42). Dieser Zweck könnte nicht mehr erreicht werden, wenn die Säumnis eines Gesellschafters die ganze Gesellschaft lahm legen könnte (BGH LM Nr. 11 zu § 105 HGB; *Soergel-Hadding* § 705 BGB Rz. 45; *Hueck/Windbichler* § 6 Rz. 4).

- Dem stimmt die *herrschende Meinung* im Grundsatz zwar zu, erkennt aber eine Ausnahme im Fall der aus <u>zwei</u> Personen bestehenden Personengesellschaft – sogenannte zweigliedrige Gesellschaft – an (*Heymann/Emmerich* § 105 HGB Rz. 6; *Soergel-Hadding* § 705 BGB Rz. 44; *Palandt/Sprau* § 705 BGB Rz. 13; MüKo-*Ulmer* § 705 BGB Rz. 169; RGRK-*von Gramm* § 705 BGB Rz. 9; *Hueck/Windbichler* § 6 Rz. 4). In dieser Konstellation seien nämlich die wechselseitigen Beitragspflichten denjenigen in einem Austauschverhältnis stark angenähert mit der Folge, dass insoweit § 320 BGB herangezogen werden könne (MüKo-*Ulmer* § 705 BGB Rz. 169).

Zum Fall: Vorliegend handelt es sich um eine aus vier Personen bestehende BGB-Gesellschaft – sogenannte mehrgliedrige Personengesellschaft – auf die nach beiden genannten Ansichten die §§ 320 bis 322 BGB keine Anwendung finden. Eine Streitentscheidung ist damit entbehrlich.

<u>ZE.:</u> Der C kann dem Anspruch auf Beitragsleistung nicht die Einrede des nichterfüllten Vertrages gemäß § 320 Abs. 1 BGB entgegenhalten und sich insbesondere nicht auf die fehlende Zahlung des B berufen.

III. Möglicherweise steht der Durchsetzbarkeit des Anspruchs aber ein Verstoß gegen den *Gleichbehandlungsgrundsatz* gemäß **§ 242 BGB** entgegen.

Vorab: Zunächst einmal muss man insoweit wissen, dass der Gleichbehandlungsgrundsatz auch im Gesellschaftsrecht gilt: Zum Teil wird das Gebot, alle Gesellschafter gleichmäßig zu behandeln, in einigen Vorschriften wie beispielsweise in §§ 706 Abs. 1, 709 Abs. 1 und 711 BGB sogar ausdrücklich bestimmt. Der Gleichbehandlungsgrundsatz gilt aber auch über die gesetzlich normierten Fälle hinaus, da es sich hierbei um ein allgemeines Prinzip handelt, was sich aus dem Grundsatz von Treu und Glauben nach § 242 BGB herleiten lässt (*Soergel-Hadding* § 705 BGB Rz. 65 ff.; *Staudinger/Habermeier* § 705 BGB Rz. 53, § 706 BGB Rz. 25; *Grunewald* 1. A. Rz. 25).

Zum Fall: Unter Berücksichtigung dieses Grundsatzes ist die K-GbR verpflichtet, <u>alle</u> Gesellschafter nach der wirksam erfolgten Beitragserhöhung um 1.000 Euro in Anspruch zu nehmen. Danach ist es der K-GbR nicht gestattet, von C sofort Zahlung zu verlangen, nicht aber von dem Gesellschafter B.

Aber: <u>Kein</u> Verstoß gegen den Gleichbehandlungsgrundsatz liegt vor, wenn die Ungleichbehandlung *sachlich gerechtfertigt* ist. Beim Vorliegen eines nachvollziehbaren Grundes für die Ungleichbehandlung steht das Prinzip der Gleichbehandlung außen vor und ist insbesondere nicht verletzt, wenn etwa aufgrund von persönlichen Belastungen, die jedenfalls nicht dauernder Natur sind, eine gesonderte Behandlung erfolgt (BGH WM **1965**, 1284, 1286; *K. Schmidt*, GesR, § 16 II 4b). Die Ungleichbehandlung von C und B findet im vorliegenden Fall ihren Grund in den vorübergehenden Liquiditätsschwierigkeiten des B (der demnächst seiner Zahlungspflicht nachkommen will), so dass von einer willkürlich unterschiedlichen Behandlung nicht die Rede sein kann. Die Ungleichbehandlung des C im Verhältnis zu B ist folglich sachlich gerechtfertigt. Ein Verstoß gegen den Gleichbehandlungsgrundsatz nach § 242 BGB liegt damit nicht vor.

Ergebnis: C ist damit endgültig zur Zahlung des erhöhten Beitrages in Höhe von 1.000 Euro aus § 705 BGB i. V. m. dem Gesellschaftsvertrag verpflichtet.

B. Kann D den C im eigenen Namen auf Zahlung an die GbR verklagen?

Einstieg: Bei der Beantwortung dieser Frage müssen wir uns bitte als Erstes klar vor Augen halten, dass es hier jetzt nicht um eine Klage im Namen der K-GbR geht. D will ja *im eigenen Namen* zugunsten der GbR klagen. Eine Klageerhebung des D im Namen der Gesellschaft wäre übrigens auch gar nicht möglich, da er von der Geschäftsführung und Vertretung der Gesellschaft durch den Gesellschaftsvertrag ausgeschlossen ist. Das wäre insoweit dann auch kein Problem. Probleme bereitet indessen die Frage, unter welchen Voraussetzungen ein Gesellschafter einen anderen Gesellschafter *im eigenen Namen* auf Beitragszahlung an die GbR verklagen kann.

> **Beachte:** Im Grundsatz ist eine solche Klage eines Gesellschafters im eigenen Namen anerkannt, soweit es um *Sozialansprüche* geht und der Gesellschafter Leistung *an die Gesellschaft* verlangt (*MüKo-Ulmer* § 705 Rz. 204; *Palandt/Sprau* § 714 BGB Rz. 9). Zu den Sozialansprüchen zählen alle Verpflichtungen des Gesellschafters gegen die Gesellschaft, die ihre unmittelbare Grundlage im Gesellschaftsvertrag haben. Neben den hier in Rede stehenden Beitragszahlungen fallen insbesondere Schadensersatzansprüche bei Vertragsverletzungen und die Pflicht zur Geschäftsführung unter diesen Begriff (*Staudinger/Habermeier* § 705 BGB Rz. 40; *Soergel-Hadding* § 705 BGB Rz. 47). Die Befugnis zur Geltendmachung von Sozialansprüchen durch einen Gesellschafter wird als »**actio pro socio**« bezeichnet (*Palandt/Sprau* § 714 BGB Rz. 9).

Zum Fall: Danach ist D grundsätzlich berechtigt, die Beitragszahlung in Höhe von 1.000 Euro im eigenen Namen im Klageweg gegen C geltend zu machen.

Umstritten sind allerdings die *Zulässigkeitsvoraussetzungen* einer solchen Klage. Die unterschiedlichen Ansichten hinsichtlich der Zulässigkeitsvoraussetzungen stehen in untrennbarem Zusammenhang mit der Frage, ob im Wege der actio pro socio ein *eigenes* oder ein *fremdes* Recht durch den Gesellschafter geltend gemacht wird:

- Nach der **herrschenden Lehre** stehen die Sozialansprüche nur der Gesellschaft als solcher zu. Dies zugrunde gelegt, macht der im eigenen Namen handelnde Gesellschafter ein *fremdes* Recht geltend, was als *Prozessstandschaft* bezeichnet wird (*Palandt/Sprau* § 714 BGB Rz. 9; *Erman-Westermann* § 705 BGB Rz. 57; *Bamberger/Roth/Timm/Schöne* § 705 BGB Rz. 117; *Baumbach/Hopt* § 109 HGB Rz. 32; *Röhricht/Graf v. Westphalen/von Gerkan/Haas* § 105 HGB Rz. 77; so jetzt auch OLG Düsseldorf vom 24.05.**2007** – 6 U 78/06). Die Zulässigkeit der Klage ist danach davon abhängig, ob die Klageerhebung durch den Gesellschafter *notwendig* ist. Wann die Notwendigkeit einer Klageerhebung durch den einzelnen Gesellschafter im eigenen Namen zu bejahen ist, wird dann unterschiedlich beurteilt: Teils wird davon ausgegangen, dass die Notwendigkeit zu bejahen sei, wenn der im eigenen Namen handelnde Gesellschafter den Geschäftsführer erfolglos zur Geltendmachung der Beiträge aufgefordert und ihn von der geplanten Klageeinreichung informiert habe (so: MüKo-*Ulmer* § 705 BGB Rz. 211; *Wiedemann*, GesR II, § 3 II 6a cc; OLG Düsseldorf vom 24.05.2007 – 6 U 78/06). Im vorliegenden Fall wurde (noch) keiner der Alleingeschäftsführer von D über eine geplante Klage unterrichtet. Nach dieser Auffassung ist D folglich nicht klagebefugt. Nach anderer Ansicht sei eine actio pro socio nur in absoluten Sondersituationen, beispielsweise im Falle der Beitreibung der Beiträge von dem einzigen geschäftsführungs- und vertretungsbefugten Gesellschafter, anzuerkennen (*Grunewald* 1. A. Rz. 62 f.; *Bork/Oepen* in ZGR in 2001, 515, 530 ff.). Diese Sondersituation oder eine vergleichbare Konstellation liegt hier nicht vor, weshalb auch nach dieser Ansicht die mögliche Klage des D unzulässig wäre.

- Die *Rechtsprechung* und Teile der *Literatur* gehen demgegenüber davon aus, dass die Sozialansprüche nicht nur der Gesellschaft zustehen, sondern auch jedem *einzelnen* Gesellschafter, es handele sich demnach auch um *eigene* Rechte des Gesellschafters (BGHZ 25, 47, 49; BGH NZG 2010, 1584 (LS); OLG Düsseldorf NZG 2000, 475; unklar noch BGH NJW 2000, 505, 506; ZIP 2001, 515, 516; *Kraft/Kreutz* C II 4d bb). Dies ergebe sich aus dem gegenseitigen Versprechen zur Förderung des gemeinsamen Zwecks (*Hueck/Windbichler* § 7 Rz. 6). Die Klage eines Gesellschafters ist danach grundsätzlich *zulässig*. Allerdings ist ein Einwand des In-Anspruch-Genommenen, mit dem er einen Verstoß gegen die möglicherweise bestehende interne Organisationsregelung moniert, im Rahmen der Begründetheit des Anspruchs zu berücksichtigen (*Kraft/Kreutz* C II 4d bb). Die Zulässigkeit der Klage des D wäre nach dieser Meinung unproblematisch zu bejahen.

Die beiden Ansichten kommen somit hier zu unterschiedlichen Ergebnissen, weshalb eine Streitentscheidung erforderlich ist. Wir wollen hierbei der oben zuerst genannten Meinung folgen, und zwar aus folgender Erwägung: Richtigerweise steht nur der *Gesellschaft* der Anspruch auf die Leistung der Sozialansprüche zu. Die abzulehnende Auffassung hat nämlich faktisch eine Anspruchsverdoppelung zur Folge, die im Gesetz keinerlei Stütze findet (*Wiedemann*, GesR II, § 3 III 6a bb) und zudem mit Blick auf die Wirkung von Einwendungen, Vergleichen und rechtskräftigen Urteilen äußerst unpraktikabel ist (MüKo-*Ulmer* § 705 BGB Rz. 208; *Grunewald* 1. A. Rz. 62; *Wiedemann*, GesR II, § 3 III 6a bb).

Ergebnis: Qualifiziert man mit der erstgenannten Auffassung die actio pro socio demnach als einen Fall der Prozessstandschaft, so ist eine Klage des D zumindest zum jetzigen Zeitpunkt nicht zulässig, unabhängig davon, welche Anforderungen man an die Notwendigkeit einer Klageerhebung durch einen Gesellschafter stellt.

Ergänzung

So. Das waren also die Grundsätze zur Beitragspflicht und der Frage, wer gegen den einzelnen Gesellschafter auf Beitragsleistung klagen kann. Nun wollen wir uns in einem zweiten Schritt noch anschauen, inwieweit Gesellschafter gegenüber der Gesellschaft *schadensersatzpflichtig* sein können. Das spielt häufig eine Rolle in universitären Übungsarbeiten und auch im Examen, und zwar aus gutem Grund: Die Prüfung dessen ist nämlich recht knifflig. Folgende Abwandlung zum Ausgangsfall führt uns an die Problematik heran:

> Wir wollen uns vorstellen, dass die Umsätze der K-GbR langsam steigen und A für die Gesellschaft, insbesondere zu Transportzwecken für das Papier des Copy-Shops, einen gebrauchten Pkw erwerben möchte. Dies teilt er den anderen Gesellschaftern mit. B widerspricht dem Erwerb mit dem zutreffenden Hinweis auf die finanziell immer noch angespannte Lage. Außerdem sei ein gesellschaftseigenes Fahrzeug nicht notwendig, da – was zutrifft – jeder seinen privaten Pkw nutzen könne. Gleichwohl kann A nicht widerstehen und kauft einen Kombi zu dem günstigen Preis von 4.000 Euro im Namen der K-GbR. Im Namen der Gesellschaft verlangt B von A Schadensersatz in Höhe von 4.000 Euro. **Zu Recht?**

I. Die K-GbR könnte gegen A einen Schadensersatzanspruch in Höhe von 4.000 Euro aus den **§§ 677, 678 BGB** (GoA!) haben.

1.) Ein Anspruch nach den Regeln der Geschäftsführung ohne Auftrag setzt zunächst eine Geschäftsbesorgung für einen *anderen* voraus (Palandt/Sprau § 677 BGB Rz. 1). Der Begriff der Geschäftsbesorgung ist weit zu verstehen und erfasst alle Tätigkeiten, gleich ob rechtsgeschäftlicher oder tatsächlicher Natur (*Medicus*, SR AT, Rz. 617). Für einen anderen wird tätig, wer das Geschäft nicht nur als eigenes, sondern zumindest auch als fremdes will (BGH NJW **2000**, 72).

Zum Fall: Der Abschluss des in Rede stehenden Kaufvertrages ist eine Geschäftsbesorgung, wobei A aufgrund des eindeutigen Handelns im Namen der K-GbR den Fremdcharakter des Rechtsgeschäfts deutlich machte, sogenanntes »subjektiv fremdes Geschäft« (vgl. *Bamberger/Roth/Gehrlein* § 677 BGB Rz. 14).

2.) Des Weiteren muss A ohne Auftrag oder sonstige Berechtigung gehandelt haben. Die Berechtigung zum Kauf des Kombis könnte sich für A als Gesellschafter der K-GbR aus den Vorschriften über die Geschäftsführung nach den **§§ 709 ff. BGB** ergeben. Bevor wir das klären, stellt sich allerdings zunächst die Frage, ob die Vorschriften der GoA überhaupt anwendbar sind im Hinblick auf die Überschreitung bzw. Bestimmung der Geschäftsführungsbefugnis. Diese Frage ist in der Tat umstritten:

- Nach *teilweise vertretener* Ansicht kommen die Vorschriften der GoA zur Anwendung, sofern der Gesellschafter seine Geschäftsführungsbefugnis *schuldhaft* überschreitet. Das Verschulden sei dabei abweichend von § 276 BGB nach Maßgabe des § 708 BGB zu beurteilen, also nur bei Verletzung der eigenüblichen Sorgfalt zu bejahen (*Soergel-Hadding* § 708 BGB Rz. 5; *Erman-Westermann* § 708

BGB Rz. 7; *Baumbach/Hopt* § 114 HGB Rz. 15; *Müller-Graff* in AcP 191 (1991), 475, 487f.; **a.A.** hinsichtlich des Verschuldensmaßstabes noch RGZ **158**, 302, 312)

- Nach *herrschender Meinung* können die §§ 677 ff. HGB nicht Haftungsgrundlage im Falle eines Kompetenzverstoßes eines Geschäftsführers sein. Vielmehr stelle dies eine positive Vertragsverletzung dar, weshalb § 280 Abs. 1 BGB i. V. m. dem Gesellschaftsvertrag die richtige Anspruchsgrundlage sei (BGH WM **1988**, 968, 970; WM **1989**, 1335, 1338; *Schlegelberger/Martens* § 114 HGB Rz. 37; *ders.* in ZHR 147 (1983), 377, 397 ff.; MüKo-*Ulmer* § 708 BGB 11; *Wiedemann*, GesR II, § 4 II 4c aa).

Lösung: Wir wollen der herrschenden Meinung folgen. Denn richtigerweise setzt das Tatbestandsmerkmal »ohne Auftrag oder sonstige Berechtigung« das Fehlen jeglicher vertraglichen Grundlage zwischen dem Geschäftsherrn und dem Geschäftsführer voraus. Das ist gerade nicht der Fall, wo sich doch die Befugnis des Geschäftsführers aus dem Gesellschaftsvertrag ergibt (vgl. *Wiedemann*, GesR II, § 4 II 4c aa).

Ergebnis: Der herrschenden Meinung folgend scheidet ein Anspruch aus den §§ 677, 678 BGB auf Ersatz des Schadens in Höhe von 4.000 Euro aus.

II. Damit kommt ein Schadensersatzanspruch der K-GbR gegen A aus § 280 Abs. 1 BGB i. V. m. dem Gesellschaftsvertrag in Betracht.

1.) Voraussetzung ist, dass A eine Pflicht aus dem Gesellschaftsvertrag verletzt hat. Die *Pflichtverletzung* könnte sich aus einer Überschreitung der Geschäftsführungsbefugnis ergeben.

a) Insoweit müssen wir dann aber zunächst mal klären, welche Tätigkeiten überhaupt in den Bereich der *Geschäftsführung* fallen, damit wir später eine Überschreitung bzw. Verletzung der Geschäftsführungsbefugnis feststellen können, also:

> **Definition**: Zur *Geschäftsführung* zählen alle Tätigkeiten, gleich ob tatsächlicher oder rechtlicher Natur, die der Förderung des Gesellschaftszwecks dienen (*Soergel-Hadding* § 709 BGB Rz. 3; *Erman-Westermann* § 709 BGB Rz. 9). Beispielsweise sind dies organisatorische Aufgaben wie die Planung und Gestaltung der Geschäftsabläufe und des Personaleinsatzes oder Dienstreisen und selbstverständlich auch der Abschluss von Rechtsgeschäften (*Palandt/Sprau* Vorb v §§ 709–715 BGB Rz. 1; *Eisenhardt* Rz. 55; *Hueck/Windbichler* § 8 Rz. 1).

Ausgenommen vom Bereich der Geschäftsführung sind lediglich Grundlagengeschäfte, deren Gestaltung der Gesamtheit der Gesellschafter vorbehalten bleibt (*Bamberger/Roth/Timm/Schöne* § 709 BGB Rz. 17; *Soergel-Hadding* § 709 BGB Rz. 11; *Kraft/Kreutz* C. II 2c b).

Klausurtipp: Hat ein Gesellschafter eine Maßnahme vorgenommen, die dem Bereich der Grundlagengeschäfte zuzurechnen ist, so kommt es auf die Frage der Geschäftsführungsbefugnis des Handelnden gar nicht mehr an – es ist ja keine Geschäftsführungsaufgabe. Merken.

Zum Fall: Hier bei uns betrifft der Ankauf des Wagens kein Grundlagengeschäft, so dass es sich beim in Frage stehenden Verhalten um eine Geschäftsführung im benannten Sinne handelt.

b) Mit dem Begriff der Geschäftsführungs*befugnis* ist die Berechtigung der Gesellschafter zum Handeln für die Gesamthand, also das »rechtliche Dürfen«, gemeint (MünchHdb. GesR I/*v. Ditfurth* § 7 Rz. 6; *Palandt/Sprau* Vorb. v. §§ 709–715 BGB Rz. 3).

aa) Zu unterscheiden sind insoweit verschiedene Arten der Geschäftsführungsbefugnis: Als gesetzlichen Regelfall normiert § 709 Abs. 1, 1. HS BGB die *Gesamtgeschäftsführungsbefugnis* (*Palandt/Sprau* vor § 709-715 BGB Rz. 4; *K. Schmidt*, GesR, § 59 III 3a), wobei nach § 709 Abs. 1, 2. HS BGB die Entscheidungen grundsätzlich einstimmig gefällt werden müssen. Da diese Vorschrift dispositiv ist, kann im Gesellschaftsvertrag eine abweichende Regelung getroffen werden (*K. Schmidt*, GesR, § 59 III 3a). Die Gestaltungsmöglichkeiten sind insoweit vielfältig:

> Die Gesellschafter können es bei dem Grundsatz der gemeinschaftlichen Geschäftsführung belassen und nur das Einstimmigkeitserfordernis durch eine Mehrheitsentscheidung ersetzen, vgl. § 709 Abs. 2 BGB. Möglich ist des Weiteren, einem oder mehreren Gesellschaftern die *Einzelgeschäftsführungsbefugnis* zu übertragen (vgl. § 711 BGB). Zulässig ist es zudem auch, die Einzel- bzw. Gesamtgeschäftsführung nur für bestimmte Aufgabengebiete vorzusehen (MüKo-*Ulmer* § 709 BGB Rz. 17). Des Weiteren kann die Einzel- und Gesamtgeschäftsführungsbefugnis kombiniert werden, beispielsweise indem einem oder mehreren Gesellschaftern die Befugnis zum alleinigen Handeln eingeräumt wird, andere dagegen nur gemeinschaftlich tätig werden dürfen (*Hueck/Windbichler* § 8 Rz. 4). Schließlich ist es möglich, einen oder mehrere Gesellschafter von Anfang an von der Geschäftsführung auszuschließen und den anderen die Allein- und/oder Gesamtgeschäftsführungsbefugnis zu übertragen, vgl. § 710 BGB. Man sieht an dieser Aufzählung, dass die Gesellschafter zwar grundsätzlich einen weiten Spielraum bei der Ausgestaltung haben. Beachten müssen sie allerdings stets den Grundsatz der Selbstorganschaft (BGHZ 33, 105, 108 f.). Nach diesem Grundsatz ist die Geschäftsführung den *Gesellschaftern* vorbehalten, das heißt, die organschaftliche Geschäftsführung ist nicht auf Dritte übertragbar (MüKo-*Ulmer* § 709 BGB Rz. 5). Freilich ist dadurch nicht die Übertragung von Geschäftsführungsaufgaben auf Dritte ausgeschlossen, diese erlangen dadurch aber keine Organstellung (*Soergel-Hadding* § 709 BGB Rz. 22; MünchHdb. GesR I/*v. Ditfurth* § 7 Rz. 9; *Wiedemann*, GesR II, § 4 II 2b bb).

Hinweis zur oHG/KG: Abweichend hierzu sieht **§ 114 Abs. 1 HGB** als Regelfall für die oHG die Alleingeschäftsführungsbefugnis vor, sofern nicht ein anderes im Gesellschaftsvertrag bestimmt ist. Gemäß § 162 Abs. 2 HGB gilt dasselbe für die Geschäftsführungsbefugnis der Komplementäre in der KG, während gemäß **§ 164 Satz 1 HGB** der Kommanditist von der Geschäftsführung ausgeschlossen ist.

Zu unserem Fall: Hier wurde A durch den Gesellschaftsvertrag zulässigerweise die Alleingeschäftsführungsbefugnis eingeräumt.

bb) Fraglich ist nunmehr, welche Handlungen ein zur Geschäftsführung Berechtigter vornehmen darf, mit anderen Worten, welchen *Umfang* die Geschäftsführungsbefugnis hat. Eine gesetzliche Begrenzung im Umfang der Geschäftsführungsbefugnis ist nicht vorgesehen, jedoch ist es den Gesellschaftern unbenommen, eine solche in den Gesellschaftsvertrag aufzunehmen, indem die Befugnis zum Handeln beispielsweise auf bestimmte Arten von Geschäften beschränkt wird (*Staudinger/Habermeier* § 709 BGB Rz. 3; *Hüffer* § 9 3b). Fehlt eine Regelung im Gesellschaftsvertrag, so ist der Umfang der Ermächtigung durch den *Gesellschaftszweck* begrenzt (*Staudinger/Habermeier* § 709 Rz. 3; *Hüffer* § 9 3b).

> **Beachte:** Hinsichtlich des Umfangs der Geschäftsführungsbefugnis sieht das HGB in § 116 Abs. 1 und 2 (i. V. m. § 161 Abs. 2 HGB) für die oHG/KG eine abweichende Regelung vor: Gemäß **§ 116 Abs. 1 HGB** ist die Geschäftsführungsbefugnis auf *gewöhnliche* Geschäfte begrenzt. *Gewöhnlich* im Sinne der Norm sind alle Geschäfte, die in dem von der Gesellschaft betriebenen Handelsgewerbe üblicherweise vorkommen (*Heymann/Emmerich* § 116 HGB Rz. 2, 2a). Für die Vornahme eines außergewöhnlichen Geschäfts bedarf es nach **§ 116 Abs. 2 HGB** eines Beschlusses aller Gesellschafter. Hierunter fallen alle Geschäfte, die nach Art und Inhalt, Umfang oder Risiko unter Berücksichtigung der besonderen Verhältnisse der Gesellschaft Ausnahmecharakter haben (*Heymann/Emmerich* § 116 HGB Rz. 3). Die §§ 705 ff. BGB kennen die Differenzierung nach gewöhnlichen und außergewöhnlichen Geschäften nicht. Jedoch können die Gesellschafter einer GbR eine entsprechende Regelung in den Gesellschaftsvertrag aufnehmen.

Zum Fall: Mangels Einschränkung der Geschäftsführungsbefugnis durch den Gesellschaftsvertrag der K-GbR ist allein entscheidend, ob sich der Kauf des Pkw im Rahmen des Gesellschaftszwecks hält. Da der Pkw für Geschäftsfahrten, insbesondere zum Transport des Papiers, angeschafft wurde, dient die Anschaffung des Fahrzeugs der Förderung des gemeinsamen Betreibens des Copy-Shops. Danach war der Kauf des Pkw von der Geschäftsführungsbefugnis gedeckt.

c) Der Berechtigung zum Erwerb des Pkw durch A könnte aber der ausdrückliche *Widerspruch* des C entgegenstehen. Ein Widerspruch gegen eine Geschäftsführungsmaßnahme ist nach Maßgabe des **§ 711 BGB** beachtlich (lesen, bitte!).

aa) Die Vorschrift des § 711 Satz 1 BGB setzt voraus, dass ein zur Einzelgeschäftsführung befugter Gesellschafter einen Widerspruch gegen die Vornahme einer konkreten Geschäftsführungsmaßnahme erklärt. Dabei ist der Widerspruch gegenüber dem handlungswilligen Gesellschafter zu erklären, der ebenfalls zur alleinigen Geschäftsführung befugt sein muss (vgl. den Wortlaut und *Müko-Ulmer* § 711 BGB Rz. 6, 9).

Zum Fall: Sowohl dem widersprechenden Gesellschafter, nämlich B, als auch dem später handelnden A ist durch den Gesellschaftsvertrag Einzelgeschäftsführungsbefugnis eingeräumt.

bb) In *zeitlicher* Hinsicht muss der Widerspruch grundsätzlich vor der Vornahme der Handlung erklärt worden sein (*Palandt/Sprau* § 711 BGB Rz. 1; *Erman-Westermann* § 711 BGB Rz. 5), was hier unproblematisch zu bejahen ist.

cc) In *inhaltlicher* Hinsicht begrenzt der Gesetzeswortlaut das Widerspruchsrecht zwar nicht, jedoch ist anerkannt, dass ein treuwidriger Widerspruch unbeachtlich ist (BGH NJW **1986**, 844; WM **1988**, 968, 970). Diese Schranke ergibt sich aus der allgemeinen gesellschaftsrechtlichen Treuepflicht nach § 242 BGB (MüKo-*Ulmer* § 711 BGB Rz. 11). Ein Widerspruch gegen eine geplante Geschäftsführungsmaßnahme ist treuwidrig, wenn er willkürlich oder aus offensichtlich sachfremden Gründen erklärt wird (BGH NJW **1986**, 844; *Staudinger/Habermeier* § 711 BGB Rz. 11). Dies ist beispielsweise der Fall, wenn der Widerspruch auf rein privaten Interessen basiert (BGH NJW **1986**, 844).

Zum Fall: Im vorliegenden Fall hat B den Widerspruch wegen weiterhin drohender finanzieller Engpässe erklärt. Von willkürlichen oder offensichtlich sachfremden Motiven kann folglich nicht die Rede sein. Damit war der Widerspruch sowohl in zeitlicher als auch in inhaltlicher Hinsicht statthaft. Die *Folge* des Widerspruchs ist gemäß § 711 Satz 2 BGB, dass das Geschäft im Innenverhältnis *unterbleiben* muss.

ZE.: A überschritt seine Geschäftsführungsbefugnis, als er trotz des wirksam erklärten Widerspruchs des B gemäß § 711 Satz 1 BGB den Pkw kaufte. Eine *Pflichtverletzung* im Sinne des § 280 Abs. 1 BGB (das prüfen wir die ganze Zeit!) seitens des A liegt folglich vor.

2.) Des Weiteren muss A die Überschreitung der Geschäftsführungsbefugnis zu *vertreten* haben, was gemäß § 280 Abs. 1 Satz 2 BGB grundsätzlich vermutet wird. Maßstab für das Vertretenmüssen ist allerdings nicht § 276 BGB, sondern der gesellschaftsrechtliche Sorgfaltsmaßstab des § 708 BGB (BGH ZIP **1996**, 2164, 2165). Danach ist einem Gesellschafter, der in Erfüllung der ihm obliegenden Verpflichtungen handelt, der Verschuldensvorwurf nur zu machen, wenn er gegen die Sorgfalt in eigenen Angelegenheiten verstößt (vgl. den Wortlaut der § 708 BGB). Fraglich ist damit, ob A den Kompetenzverstoß unter Verletzung der eigenüblichen Sorgfalt begangen hat. Welche Sorgfalt er in eigenen Angelegenheiten üblicherweise walten lässt, ist allerdings unerheblich, wenn er mindestens grob fahrlässig handelte. Denn gemäß § 277 BGB (lesen!) befreit die Haftungsbeschränkung auf die eigenübliche Sorgfalt nicht von einer Haftung bei grob fahrlässigem Handeln. Grob fahrlässig handelt, wer die verkehrserforderliche Sorgfalt in besonders hohem Maße verletzt und dasjenige nicht beachtet, was im gegebenen Fall jedem einleuchten muss (BGHZ **10**, 14, 16; **89**, 153, 161; *Palandt/Grüneberg* § 277 BGB Rz. 5).

Zum Fall: A hätte es sich aufdrängen müssen – wenn er es nicht sogar positiv wusste –, dass der Widerspruch des B wirksam war und er daraufhin das Geschäft hätte unterlassen müssen, gleich wie günstig das Angebot war (vgl. BGH NJW **1997**, 314; ZIP **1996**, 2164, 2165). Dementsprechend handelte A (zumindest) grob fahrlässig, so dass ihm die Haftungserleichterung des § 708 BGB nicht zugute kommt. Somit kann A die Verschuldensvermutung des § 280 Abs. 1 Satz 2 BGB nicht widerlegen.

3.) A hat der K-GbR gemäß §§ 249 ff. BGB den entstanden Schaden zu ersetzen. Der Schaden könnte hier in der aus § 433 Abs. 2 BGB resultierenden Kaufpreiszahlungsverpflichtung der K-GbR bestehen (*E/B/J/Mayen* § 114 HGB Rz. 40).

> Das setzt voraus, dass die Gesellschaft tatsächlich zur Kaufpreiszahlung verpflichtet ist, also bei Abschluss des Kaufvertrages durch A wirksam vertreten (§§ 164 ff. BGB) wurde. Fraglich ist insoweit allein, ob A mit Vertretungsmacht handelte. Unser A wurde durch den Gesellschaftsvertrag abweichend von § 714 BGB Einzelvertretungsmacht eingeräumt. Daran ändert auch der von B erklärte Widerspruch gemäß § 711 Satz 1 BGB nichts. Denn der Widerspruch nach § 711 Satz 1 BGB bezieht sich ausschließlich auf die Geschäftsführungsbefugnis, lässt also die Vertretungsmacht unberührt (BGHZ **16**, 394, 398 f.; BGH NJW-RR **2008**, 1484, 1488; *Palandt/Sprau* § 711 BGB Rz. 1). Für den Fall des Widerspruchs in der oHG/KG nach § 115 HGB folgt genau dies aus § 126 Abs. 2 HGB. **Merke:** Die Geschäftsführungsbefugnis und Vertretungsmacht sind strikt voneinander zu trennen.

Zum Fall: Somit hat A im Namen der K-GbR einen wirksamen Kaufvertrag abgeschlossen. In der daraus resultierenden Kaufpreisbelastung in Höhe von 4.000 Euro besteht der Schaden der Gesellschaft. Irrelevant ist insoweit übrigens, dass diese eine adäquate Gegenleistung, nämlich das Eigentum an dem Pkw, erhalten hat (vgl. BGH WM **1988**, 968, 970; *E/B/J/Mayen* § 114 HGB Rz. 40).

Ergebnis: Der A ist gegenüber der Gesellschaft zum Schadensersatz in Höhe von 4.000 Euro aus § 280 Abs. 1 BGB i. V. m. dem Gesellschaftsvertrag verpflichtet.

Gutachten

A. Ansprüche der K-GbR gegen C auf Beitragszahlung

Die K-GbR könnte gegen C einen Anspruch auf Beitragszahlung in Höhe von 1.000 Euro gemäß § 705 BGB i. V. m. dem Gesellschaftsvertrag haben.

I. Der Anspruch auf die Beitragsleistung zugunsten der K-GbR muss entstanden sein.

1.) Der Anspruch steht der K-GbR als solcher nur zu, wenn sie rechtsfähig ist. Die GbR ist nach neuerer Rechtsprechung und allgemeiner Ansicht in der Literatur rechtsfähig und damit auch möglicher Anspruchssteller.

2.) Die Beitragsleistung ist zwar in § 705 BGB als wesentliche Pflicht zur Förderung des gemeinsamen Zwecks statuiert. Welche konkrete Beitragsleistung die Gesellschafter zu erbringen haben, muss aber im Gesellschaftsvertrag bestimmt sein. Daher können (nachträgliche) Beitragserhöhungen nur im Wege einer Abänderung des Gesellschaftsvertrages erreicht werden. Fraglich ist damit, ob die Beitragserhöhung um 1.000 Euro auf eine wirksame Vertragsänderung zurückzuführen ist.

a) Voraussetzung der Änderung des Gesellschaftsvertrages ist ein einstimmiger Beschluss über die Beitragserhöhung, was durch das Verbot zur einseitigen Beitragserhöhung in § 707 BGB klargestellt wird. Jedoch handelt es sich bei § 707 BGB um eine dispositive Norm, weshalb eine Beitragserhöhung auch durch Mehrheitsbeschluss erfolgen kann. Dabei ist allerdings zu beachten, dass die Beitragserhöhung einen Eingriff in den sogenannten Kernbereich der Mitgliedschaft darstellt. Daher kommt eine unfreiwillige Vermehrung der Beitragspflichten nur unter engen Voraussetzungen in Betracht. Erforderlich ist, dass im Gesellschaftsvertrag ausdrücklich die Möglichkeit eines Mehrheitsbeschlusses vorgesehen ist und eine Obergrenze des Erhöhungsbetrages festgelegt ist. Diese Kriterien erfüllt die Vorschrift des § 3 des Gesellschaftsvertrages der K-GbR, indem sich die Klausel bezüglich des Mehrheitsbeschlusses ausdrücklich auf den Fall der Beitragserhöhung erstreckt und eine Obergrenze von 2.000 Euro festgelegt ist. Folglich ist diesbezüglich eine Mehrheitsentscheidung in der K-GbR möglich.

b) Fraglich ist, ob der Beschluss mit der erforderlichen »Mehrheit« geschlossen wurde. Im Gesellschaftsvertrag der K-GbR ist nicht festgelegt, »von was« die Mehrheit zu bilden ist. Im Zweifel, also bei Fehlen abweichender vertraglicher Gestaltungen, ist nach § 709 Abs. 2 BGB die Mehrheit nach der Zahl der Gesellschafter zu bestimmen (sogenannte Mehrheit nach Köpfen). Vorliegend haben von vier Gesellschaftern drei einer Vertragsänderung in Form der Beitragserhöhung zugestimmt, womit die erforderliche Mehrheit erreicht ist. Die fehlende Teilnahme des C an der Entscheidung über die Beitragserhöhung steht der Wirksamkeit des Beschlusses nicht entgegen. Mithin ist der Anspruch auf Beitragsleistung in Höhe von 1.000 Euro entstanden.

II. Der Durchsetzbarkeit des Anspruchs könnte die Einrede des nichterfüllten Vertrages gemäß § 320 Abs. 1 BGB entgegenstehen. Dies setzt die Anwendbarkeit der Norm auf einen Gesellschaftsvertrag voraus, was im Falle der Nichterbringung der Gesellschafterbeiträge streitig ist.

1.) Nach einer Ansicht scheidet die Anwendbarkeit der §§ 320 bis 322 BGB stets aus. Dies wird damit begründet, dass der Gesellschaftsvertrag zwar ein gegenseitiger Vertrag im Sinne der §§ 320 ff. BGB sei, aber die Vertragspflichten nicht in einem Synallagma stünden. Von einem Synallagma ist die Rede, wenn die Leistung um der Gegenleistung willen erbracht wird. Diese Interessenlage bestehe in einer Gesellschaft gerade nicht, vielmehr erbringe jeder Gesellschafter seinen Beitrag zur Verfolgung des gemeinsamen Zwecks im Sinne des § 705 BGB. Dieser Zweck könnte nicht mehr erreicht werden, wenn die Säumnis eines Gesellschafters die ganze Gesellschaft lahm legen könnte.

2.) Dem stimmt die herrschende Meinung im Grundsatz zu, erkennt aber eine Ausnahme im Fall der aus zwei Personen bestehenden Personengesellschaft (sogenannte zweigliedrige Gesellschaft) an. In dieser Konstellation seien die wechselseitigen Beitragspflichten denjenigen in einem Austauschverhältnis stark angenähert.

Vorliegend handelt es sich um eine aus vier Personen bestehende BGB-Gesellschaft (sogenannte mehrgliedrige Personengesellschaft), auf die nach beiden Ansichten der § 320 Abs. 1 BGB keine Anwendung findet. Eine Streitentscheidung ist damit entbehrlich. Der C kann dem Anspruch auf Beitragsleistung nicht die Einrede des nichterfüllten Vertrages gemäß § 320 Abs. 1 BGB entgegenhalten.

III. Möglicherweise steht der Durchsetzbarkeit des Anspruchs ein Verstoß gegen den Gleichbehandlungsgrundsatz gemäß § 242 BGB entgegen. Unter Berücksichtigung des Gleichbehandlungsprinzips ist die K-GbR verpflichtet, alle Gesellschafter nach der wirksam erfolgten Beitragserhöhung um 1.000 Euro in Anspruch zu nehmen. Danach ist es der K-GbR nicht gestattet, von C sofort Zahlung zu verlangen, nicht aber von dem Gesellschafter B. Allerdings liegt kein Verstoß gegen den Gleichbehandlungsgrundsatz vor, wenn die Ungleichbehandlung sachlich gerechtfertigt ist. Die Ungleichbehandlung von C und B findet ihren Grund in den vorübergehenden Liquiditätsschwierigkeiten des B, so dass von einer willkürlich unterschiedlichen Behandlung nicht die Rede sein kann. Die Ungleichbehandlung des C im Verhältnis zu B ist folglich sachlich gerechtfertigt. Ein Verstoß gegen den Gleichbehandlungsgrundsatz nach § 242 BGB liegt nicht vor.

Ergebnis: C ist zur Zahlung des erhöhten Beitrages in Höhe von 1.000 Euro aus § 705 BGB i. V. m. dem Gesellschaftsvertrag verpflichtet.

B. Die Klage des D gegen C

Fraglich ist, ob eine Klage des D im eigenen Namen gegen C, gerichtet auf die Zahlung des Beitrags an die Gesellschaft, zulässig ist.

I. Im Grundsatz ist eine Klage eines Gesellschafters im eigenen Namen anerkannt, soweit es um einen Sozialanspruch – wozu die hier in Rede stehende Beitragsleistung zählt – geht und der Gesellschafter Leistung an die Gesellschaft verlangt, sogenannte actio pro socio. Danach ist D grundsätzlich berechtigt, die Beitragszahlung in Höhe von 1.000 Euro im eigenen Namen im Klageweg gegen C geltend zu machen.

II. Umstritten sind allerdings die Zulässigkeitsvoraussetzungen einer solchen Klage. Dieser Streit resultiert aus der Frage, ob es sich bei den Sozialansprüchen um ein eigenes oder ein fremdes Recht des Gesellschafters handelt.

1.) Nach der herrschenden Lehre stehen die Sozialansprüche, hier die Beitragsleistung, nur der Gesellschaft als solcher zu. Dies zugrunde gelegt, macht der im eigenen Namen handelnde Gesellschafter ein fremdes Recht geltend, was als Prozessstandschaft bezeichnet wird. Die Zulässigkeit der Klage ist danach davon abhängig, ob die Klageerhebung durch den Gesellschafter notwendig ist. Wann die Notwendigkeit einer Klageerhebung durch den einzelnen Gesellschafter im eigenen Namen zu bejahen ist, wird wiederum unterschiedlich beurteilt.

a) Teils wird davon ausgegangen, dass die Notwendigkeit zu bejahen sei, wenn der im eigenen Namen handelnde Gesellschafter den Geschäftsführer erfolglos zur Geltendmachung der Beiträge aufgefordert und ihn von der geplanten Klageeinreichung informiert habe. Im vorliegenden Fall wurde (noch) keiner der Alleingeschäftsführer von D über eine geplante Klage unterrichtet. Nach dieser Auffassung ist D folglich nicht klagebefugt.

b) Nach anderer Ansicht sei eine actio pro socio nur in absoluten Sondersituationen, beispielsweise im Falle der Beitreibung der Beiträge von dem einzigen geschäftsführungs- und vertretungsbefugten Gesellschafter, anzuerkennen. Hier liegt weder die beschriebene Sondersituation noch eine vergleichbare Konstellation vor, weshalb auch nach dieser Ansicht die Klage unzulässig ist.

2.) Die Rechtsprechung und Teile der Literatur gehen davon aus, dass die Sozialansprüche nicht nur der Gesellschaft zustehen, sondern auch jedem einzelnen Gesellschafter. Dies ergebe sich aus dem gegenseitigen Versprechen zur Förderung des gemeinsamen Zwecks. Die Klage eines Gesellschafters ist danach zulässig. Nach dieser Meinung ist die Zulässigkeit der Klage des D unproblematisch zu bejahen.

3.) Die Ansichten kommen zu unterschiedlichen Ergebnissen, weshalb eine Streitentscheidung erforderlich ist. Der insbesondere von der Rechtsprechung vertretene Ansatz ist abzulehnen und der herrschenden Lehre, die die Prozessstandschaft bejaht, zu folgen. Richtigerweise steht nur der Gesellschaft der Anspruch auf die Leistung der Sozialansprüche zu. Die abzulehnende Auffassung hat nämlich eine Anspruchsverdoppelung zur Folge, die im Gesetz keinerlei Stütze findet und zudem mit Blick auf die Wirkung von Einwendungen, Vergleichen und rechtskräftigen Urteilen äußerst unpraktikabel ist.

Ergebnis: Qualifiziert man die actio pro socio als einen Fall der Prozessstandschaft, so ist eine Klage des D zumindest zum jetzigen Zeitpunkt nicht zulässig, unabhängig davon, welche Anforderungen man an die Notwendigkeit einer Klageerhebung durch einen Gesellschafter stellt.

Fall 19

Innenansichten II

Die Rechtsstudenten A, B und C betreiben zur Aufbesserung ihrer leeren Kassen eine Kfz-Werkstatt und haben dafür die Rechtsform der Gesellschaft bürgerlichen Rechts (GbR) gewählt. In dem Gesellschaftsvertrag ist vorgesehen, dass A und C jeweils einzeln zur Geschäftsführung und Vertretung der Gesellschaft berechtigt sind, während B hiervon ausgeschlossen wird. Als geschäftsführende Gesellschafter sollen A und C nach dem Gesellschaftsvertrag jeweils eine Verlustquote von 40 % tragen, während für B eine Verlustquote von 20 % vorgesehen ist. Eines Tages wird B von dem Ersatzteillieferanten L wegen einer (berechtigten) Kaufpreisforderung gegen die GbR in Höhe von 3.000 Euro persönlich in Anspruch genommen und begleicht diese Forderung umgehend.

B will nun wissen, ob er gegen die GbR einen Ausgleichsanspruch infolge der Zahlung an L hat, und ob er die Mitgesellschafter A und C notfalls auch persönlich in Anspruch nehmen könnte, wenn diese eine Ausgleichszahlung aus dem Gesellschaftsvermögen an ihn verweigern.

Rechtslage?

> **Schwerpunkte:** Das Innenverhältnis der GbR; die Ausgleichs- und Aufwendungsansprüche gegen die Gesellschaft und die Mitgesellschafter in der GbR; die Haftung aus den §§ 713, 670 BGB; die Gesamtschuldnerhaftung gemäß § 426 BGB; Haftung für unfreiwillige Vermögensopfer nach § 110 HGB.

Lösungsweg

A. Ansprüche des B gegen die GbR

I. B könnte gegen die GbR einen Ausgleichsanspruch aus den **§§ 713, 670 BGB** haben (bitte in <u>beide</u> Normen reinschauen!).

Gemäß **§ 713 BGB** bestimmen sich die Rechte und Pflichten der geschäftsführenden Gesellschafter im Verhältnis zur Gesellschaft – soweit nicht ein anderes bestimmt ist – nach den für den Auftrag geltenden Vorschriften der §§ 664 bis 670 BGB.

> **Achtung:** § 713 BGB findet ausweislich seines Wortlauts zwar nur auf *geschäftsführende* Gesellschafter Anwendung. Da jedoch kein Grund ersichtlich ist, den nicht ge-

schäftsführenden Gesellschaftern einen Aufwendungsersatzanspruch zu verwehren, sind die §§ 713, 670 BGB insoweit *analog* anzuwenden (*Soergel-Hadding* § 714 BGB Rz. 36, § 713 BGB Rz. 10; *E/B/J/Goette* § 110 HGB Rz. 39; *Grunewald* 1. A. Rz. 124). Merken.

Im Gesellschaftsvertrag der GbR finden sich keine Regelungen, die das Rechtsverhältnis zwischen den (geschäftsführenden) Gesellschaftern und der Gesellschaft regeln. Somit kommt als Anspruchsgrundlage für den B gegen die GbR die Vorschrift des § 670 BGB in Betracht, der einen Aufwendungsersatzanspruch gegen den Auftraggeber, im Anwendungsbereich des § 713 BGB also gegen die *Gesellschaft*, vorsieht (*Palandt/Sprau* § 713 BGB Rz. 10).

1.) Fraglich ist damit, ob B eine *Aufwendung* im Sinne des § 670 getätigt hat, als er an L die Zahlung in Höhe von 3.000 Euro leistete.

> **Definition:** *Aufwendungen* sind freiwillige Vermögensopfer, die der Beauftragte im Interesse des Auftraggebers macht (BGHZ **59**, 328, 329 f.; *Palandt/Sprau* § 670 Rz. 2; *Esser/Weyers*, Schuldrecht BT, § 35 III 2).

Der Freiwilligkeit könnte hier entgegenstehen, dass B als Gesellschafter der GbR gegenüber L zur Begleichung der berechtigten Kaufpreiszahlung verpflichtet war, was sich unter Zugrundelegung der Akzessorietätstheorie aus **§ 128 Satz 1 HGB analog** ergibt (vgl. insoweit vorne Fall 12).

> Aber: Bei der Bestimmung der Freiwilligkeit im Rahmen der Aufwendungsdefinition ist nicht das Außenverhältnis, sondern allein das Verhältnis des Gesellschafters zur *Gesellschaft* – also das *Innenverhältnis* – entscheidend (*Hüffer* § 9 3c; *Schlegelberger/Martens* § 110 HGB Rz. 10). Im Verhältnis zwischen der Gesellschaft und dem Gesellschafter besteht aber typischerweise, das heißt bei Fehlen einer abweichenden gesellschaftsvertraglichen Regelung, eine vorrangige Pflicht der Gesellschaft zur Begleichung ihrer Schulden. Mit anderen Worten ist der Gesellschafter demzufolge der Gesellschaft gegenüber <u>nicht</u> zum Ausgleich der Gesellschaftsverbindlichkeiten verpflichtet (*Grunewald* 1. A. Rz. 117; *Habersack* in AcP 198 (1998), 152, 166).

<u>ZE.:</u> Daran gemessen leistete unser B also *freiwillig*, so dass es sich bei der erbrachten Zahlung in Höhe von 3.000 Euro dann logischerweise um eine tatbestandsmäßige Aufwendung im Sinne des § 670 BGB handelt.

2.) Gemäß § 670 BGB ist des Weiteren Voraussetzung, dass der Beauftragte die Aufwendung den Umständen nach für erforderlich halten durfte (bitte lies § 670 BGB). Die Erforderlichkeit der Aufwendung ist hier problemlos zu bejahen, da B eine Tilgung der Gesellschaftsverbindlichkeit herbeiführt, und diese Verbindlichkeit auch berechtigt bzw. begründet war (SV lesen).

Ergebnis: Demzufolge hat B gegen die GbR einen Ausgleichsanspruch in Höhe von 3.000 Euro aus den §§ 713, 670 BGB.

> **Beachte noch:** Für Gesellschaften, die in der Rechtsform der oHG/KG betrieben werden, greift aufgrund des Verweises in § 105 Abs. 3 HGB zwar grundsätzlich ebenfalls § 713 BGB i. V. m. den §§ 664 bis 670 BGB ein (*Röhricht/Graf v. Westphalen/von Gerkan/Haas* § 110 Rz. 18; MüKo-*Langhein* § 110 HGB Rz. 4). Allerdings wird die Anwendbarkeit der §§ 713, 670 BGB durch die Sondervorschrift des **§ 110 Abs. 1, 1. Fall HGB** (lesen, bitte!) verdrängt (*Röhricht/Graf v. Westphalen/von Gerkan/Haas* § 110 HGB Rz. 18; MüKo-*Langhein* § 110 HGB Rz. 4; *Hüffer* § 16 6). Soweit es um den Ersatz von Aufwendungen geht, ergeben sich zu den §§ 713, 670 BGB dann keine inhaltlichen Unterschiede: Tatbestandsvoraussetzung für einen Aufwendungsersatzanspruch ist auch hier, dass der Gesellschafter eine Aufwendung tätigt, die er den Umständen nach für erforderlich halten durfte. Allerdings wird vom Anwendungsbereich des § 110 Abs. 1 HGB nach dem Wortlaut »der Gesellschafter« (= alle Gesellschafter) erfasst, also auch die nicht geschäftsführenden Gesellschafter (*Baumbach/Hopt* § 110 HGB Rz. 2). Im Unterschied zu den §§ 713, 670 BGB bedarf es folglich dort keiner Analogie, um den nicht geschäftsführenden Gesellschaftern einen Aufwendungsersatzanspruch zu gewähren. § 110 HGB werden wir uns übrigens im Nachschlag zum Fall noch etwas genauer anschauen, dann gibt's weitere Einzelheiten.

II. Möglicherweise hat B gegen die GbR neben dem Anspruch aus den §§ 713, 670 BGB auch einen Anspruch auf Ersatz der an L gezahlten 3.000 Euro wegen eines gesetzlichen Forderungsübergangs gemäß **§ 426 Abs. 2 BGB** bzw. **§ 774 Abs. 1 BGB analog**.

Einstieg: Beide genannten Vorschriften haben zur Folge, dass die die Schuld tilgende Person kraft Gesetzes Forderungsinhaber genau dieser Verbindlichkeit wird, und zwar gemäß den §§ 412, 401 BGB nebst etwaiger Sicherungsrechte (das ist übrigens die Besonderheit gegenüber dem Anspruch aus §§ 713, 670 BGB).

Ob eine solche cessio legis im Falle der Begleichung einer Gesellschaftsschuld durch einen Gesellschafter anzuerkennen ist, ist allerdings umstritten:

- Eine *Mindermeinung* will einen solchen gesetzlichen Forderungsübergang zugunsten des Gesellschafters annehmen, wobei als gesetzliche Grundlage sowohl § 426 Abs. 2 BGB (*Flume* § 16 II 2c) als auch § 774 Abs. 1 BGB analog herangezogen wird (GroßKomm-*Habersack* § 128 HGB Rz. 43; *K. Schmidt*, GesR, § 60 III 5; *Wiedemann*, GesR II, § 3 III 3d cc; *Grunewald* 1. A. Rz. 117; *Habersack* in AcP 198 [1998], 152, 166 f.).

- Die *herrschende Meinung* lehnt eine cessio legis hingegen ab: Aus § 426 Abs. 2 BGB könne diese Rechtsfolge nicht hergeleitet werden, da Voraussetzung wäre, dass zwischen der Gesellschaft und den Gesellschaftern ein Gesamtschuldverhältnis besteht, was aber gerade nicht der Fall ist (BGH NJW **2001**, 1056, 1061; *Hadding* in ZGR 2001, 712, 742). Die Analogie zu § 774 Abs. 1 BGB hat zwar für sich, dass ein Gesellschafter ebenso wie ein Bürge akzessorisch haftet und damit eine Vergleichbarkeit zwischen diesen Fällen besteht. Allerdings scheitert die Bildung der Analogie an der fehlenden Regelungslücke. Denn im Gesellschaftsrecht steht mit den §§ 713, 670 BGB für die BGB-Gesellschaft und mit § 110 Abs. 1 HGB für die oHG/KG eine ausdrückliche Ausgleichsregelung zur Verfügung (BGHZ **39**, 319, 323 f.; *Baumbach/Hopt* § 128 HGB Rz. 25; *E/B/J/Hillmann* § 128 HGB Rz. 21; *Preuß* in ZHR 1996, 163, 170).

Ergebnis: Der herrschenden Meinung folgend steht B gegen die GbR kein Anspruch infolge eines gesetzlichen Forderungsübergangs zu. Der Ausgleichsanspruch des B gegen die GbR ist also nur aus den §§ 713, 670 BGB begründet (siehe oben).

B. Anspruch des B gegen die Mitgesellschafter A und C

I. Ein Anspruch des B gegen die Mitgesellschafter A und C auf Erstattung der 3.000 Euro könnte sich zunächst aus **§ 128 Satz 1 HGB analog** ergeben.

Die Haftung der Gesellschafter einer (Außen-)GbR für Gesellschaftsverbindlichkeiten richtet sich unter Zugrundelegung der Akzessorietätstheorie – wie wir seit Fall 12 wissen – nach § 128 Satz 1 HGB analog (siehe oben). Da die GbR gegenüber B zur Ausgleichszahlung nach den §§ 713, 670 BGB verpflichtet ist, liegt eine Gesellschaftsverbindlichkeit vor. Mithin sind die Voraussetzungen der Norm an sich auch erfüllt. Jedoch ist zu berücksichtigen, dass es sich bei dem in Rede stehenden Anspruch um einen solchen eines Gesellschafters gegen die Gesellschaft handelt – sogenannter *Sozialanspruch*. Nach allgemeiner Meinung kann der Anspruch in diesen Fällen nicht auf § 128 Satz 1 HGB analog gestützt werden. Denn während des Bestehens der Gesellschaft sind die Gesellschafter nach § 707 BGB gegen ihren Willen nicht zu einer Einlagenerhöhung verpflichtet. Genau dieses Ergebnis würde aber erreicht werden, müssten sie für Sozialansprüche der Mitgesellschafter, die zu den Kosten der Geschäftsführung zählen, einstehen (RGZ **31**, 139; **80**, 268, 272 f.; BGHZ **37**, 299, 301; i. Erg. BGH NZG **2010**, 383 (LS); *Baumbach/Hopt* § 128 HGB Rz. 22, § 110 HGB Rz. 5; *E/B/J/Hillmann* § 128 HGB Rz. 11; *Heymann/Emmerich* § 128 HGB Rz. 14; *K. Schmidt*, GesR, § 47 II 4d; *Hueck/Windbichler* § 15 Rz. 28).

Ergebnis: Einen Zahlungsanspruch gegen die Mitgesellschafter A und C kann B nicht auf § 128 Satz 1 HGB analog stützen.

II. Möglicherweise hat B gegen A und C aber einen Ausgleichsanspruch gemäß **§ 426 Abs. 1 Satz 1 BGB** (lesen, bitte!).

1.) Voraussetzung für das Eingreifen des Ausgleichsanspruchs nach § 426 Abs. 1 Satz 1 BGB ist, dass Anspruchsteller und Anspruchsgegner im Verhältnis zueinander *Gesamtschuldner* sind. Die Gesamtschuldnerschaft der Gesellschafter einer (Außen-)

GbR untereinander für eine Gesellschaftsverbindlichkeit wird in § 128 Satz 1 HGB analog ausdrücklich angeordnet.

Zum Fall: Die von B getätigte Zahlung in Höhe von 3.000 Euro betraf eine Verbindlichkeit der GbR, nämlich die – wirksame – Kaufpreisverpflichtung gegenüber L. Somit kommt § 426 Abs. 1 Satz 1 BGB als Anspruchsgrundlage in Betracht (BGH JuS **1980**, 297 mit Anmerkung *K. Schmidt*; GroßKomm-*Habersack* § 128 Rz. 47; *Röhricht/Graf v. Westphalen/von Gerkan/Haas* § 128 HGB Rz. 8; *K. Schmidt*, GesR, § 49 V 2).

> **Beachte:** Hier ist wichtig zu erkennen, dass für die Bestimmung der Gesamtschuldnerschaft im Rahmen des § 426 Abs. 1 Satz 1 BGB i. V. m. § 128 Satz 1 HGB analog auf die Kaufpreisverbindlichkeit der Gesellschaft abzustellen ist. Strikt davon zu trennen ist die oben erörterte Frage, ob der Ausgleichsanspruch aus den §§ 713, 670 BGB zu einer Haftung nach § 128 Satz 1 HGB analog führt!

2.) Einen Augenblick müssen wir jetzt das bereits oben erwähnte Verbot der Beitragserhöhung aus § 707 BGB in Betracht ziehen und fragen, ob dies der Regresspflicht aus § 426 Abs. 1 Satz 1 BGB entgegenstehen kann.

Aber: Nach der heute ganz überwiegenden Ansicht lässt dieser Aspekt den Gesamtschuldnerausgleich unberührt, da der Regress nach § 426 Abs. 1 BGB Konsequenz der Außenhaftung *aller* Gesellschafter ist (BGHZ **37**, 299, 302; BGH WM **1986**, 906, 907; NJW-RR **2002**, 455; *Heymann/Emmerich* § 128 HGB Rz. 14; *Hueck/Windbichler* § 15 Rz. 28; i. Erg. ebenso *Wiedemann* § 3 III 3d cc; **a.A.** früher RGZ **80**, 268, 272). Jedoch haften die Mitgesellschafter im Verhältnis zur Gesellschaft nur *subsidiär*. Das heißt, der Gesellschafter muss zunächst versuchen, die Gesellschaft in Anspruch zu nehmen, und nur wenn die Gesellschaft trotz Zahlungsaufforderung nicht bereit oder nicht in der Lage ist, für den Ausgleichsanspruch aufzukommen, darf der Gesellschafter an die anderen Mitgesellschafter herantreten (BGHZ **37**, 299, 302; BGH WM **1986**, 906, 907; NJW-RR **2002**, 455, 456; GroßKomm-*Habersack* § 128 HGB Rz. 49; *E/B/J/Hillmann* § 128 HGB Rz. 33; *Hueck/Windbichler* § 15 Rz. 28).

Zum Fall: Die GbR, ordnungsgemäß vertreten durch A und C, hat die Zahlung in Höhe von 3.000 Euro verweigert, so dass B nunmehr A und C persönlich in Anspruch nehmen kann.

3.) Als Rechtsfolge sieht § 426 Abs. 1 Satz 1 BGB eine Haftung nach gleichen Teilen vor, »soweit nicht ein anderes bestimmt ist«. Eine abweichende Bestimmung ist den im Gesellschaftsvertrag festgelegten Verlustquoten zu entnehmen, so dass die Gesellschafter »**pro rata**« haften (*Heymann/Emmerich* § 110 HGB Rz. 15; *K. Schmidt*, GesR, § 49 V 2).

Und das heißt: A und C haben von der Gesellschaftsverbindlichkeit in Höhe von 3.000 Euro bei einer Verlustquote von jeweils 40 % demnach pro Person 1.200 Euro zu tragen. Auf B fällt ein Betrag von 600 Euro (= 20 %).

Ergebnis: Der B kann von seinen Mitgesellschaftern A und C jeweils die Zahlung von 1.200 Euro gemäß § 426 Abs. 1 Satz 1 BGB verlangen. In Höhe von 600 Euro kann B hingegen keinen Ausgleich verlangen, diesen Betrag muss er selbst tragen.

Ein Nachschlag zum Fall (schwer!):

So. Wir wissen also jetzt schon mal, nach welchen Grundsätzen ein Gesellschafter gegen die Gesellschaft selbst (→ §§ 713, 670 BGB) und gegen die anderen Gesellschafter persönlich vorgehen kann (→ § 426 Abs. 1 BGB), wenn er eine begründete Verbindlichkeit der Gesellschaft gegenüber einem Dritten beglichen hat.

Zur Vertiefung wollen wir uns jetzt anschauen, wie sich die Haftungssituation darstellt, wenn ein Gesellschafter der GbR selbst zum Gläubiger der (seiner) Gesellschaft, also zum »Dritten« wird. Folgende kleine Abwandlung zum Ausgangsfall verdeutlicht das Problem:

> Wir wollen uns bitte vorstellen, dass der Gesellschafter C mit der von A wirksam vertretenen GbR einen Kaufvertrag über Werkzeug aus seinem privaten Bestand zum Preis von 300 Euro schließt. Als C nach Lieferung des Werkzeugs dann von der GbR den Kaufpreis verlangt, verweigert A wegen eines Liquiditätsengpasses im Namen der GbR die Zahlung mit der Folge, dass C den Kaufpreis jetzt persönlich von B verlangt. **Muss B an C die 300 Euro zahlen?**

Lösung: Der C könnte gegen B einen Kaufpreiszahlungsanspruch in Höhe von 300 Euro gemäß **§ 128 Satz 1 HGB analog** i.V. m **§ 433 Abs. 2 BGB** haben.

I. Einstieg: Die Haftung der Gesellschafter einer (Außen-)GbR für Gesellschaftsverbindlichkeiten richtet sich unter Zugrundelegung der Akzessorietätstheorie nach § 128 Satz 1 HGB analog. Da die GbR gegenüber C infolge des wirksam abgeschlossenen Kaufvertrages gemäß § 433 Abs. 2 BGB zur Kaufpreiszahlung verpflichtet ist, liegt eine Gesellschaftsverbindlichkeit vor.

> **Beachte:** Bei dieser Verbindlichkeit handelt es sich – anders als im Ausgangsfall – nicht um einen Sozialanspruch. Vielmehr ist der Gesellschafter C bei Abschluss des Kaufvertrages der GbR wie ein Dritter gegenübergetreten und daher – zumindest im Grunde – wie ein solcher zu behandeln. Folglich steht der Anwendbarkeit des § 128 Satz 1 HGB analog nicht entgegen, dass es sich bei dem Anspruchsteller um einen Mitgesellschafter handelt (*Koller/Roth/Morck* §§ 128, 129 HGB Rz. 2; *MüKo-K. Schmidt* § 128 HGB Rz. 12; *Hueck/Windbichler* § 15 Rz. 29).

II. Auch wenn § 128 Satz 1 HGB in dieser Konstellation Anwendung findet, so ist dennoch klar, dass jetzt Besonderheiten gelten müssen. Wie das im Einzelnen zu funktionieren hat, ist indessen außerordentlich umstritten:

1.) Kontrovers diskutiert wird einmal die Frage, ob der »Gesellschafter-Gläubiger« (Wort: Gesellschafter + gleichzeitig Gläubiger der Gesellschaft) zunächst gegen die

Gesellschaft vorgehen muss und nur auf die Mitgesellschafter zurückgreifen kann, wenn eine Befriedigung aus dem Gesellschaftsvermögen nicht zu erwarten ist.

- Eine Ansicht in der Literatur sieht keinen durchgreifenden Grund für eine solche Schlechterbehandlung des Gesellschafter-Gläubigers, weshalb ihm die Berufung auf § 128 Satz 1 HGB analog grundsätzlich möglich sein soll und er damit die Mitgesellschafter direkt in Anspruch nehmen kann (*Erman-Westermann* § 705 BGB Rz. 61; *Soergel-Hadding* § 705 BGB Rz. 57; *Staudinger/Habermeier* § 705 BGB Rz. 43). Hiernach könnte C in unserem Fall sofort gegen die Mitgesellschafter B und A vorgehen.

- Die herrschende Meinung sieht die Einschränkung im Hinblick auf die Haftung der Gesellschafter aus Gründen der allgemeinen gesellschaftsrechtlichen Treuepflicht, die auch die Gesellschafter untereinander zu beachten haben, als gerechtfertigt an. Danach haften die Gesellschafter dem Gesellschafter-Gläubiger – abweichend von § 128 Satz 1 HGB analog – nicht primär, sondern nur **subsidiär** (*Walter* in JuS 1982, 81, 85 f.; zur oHG *Heymann/Emmerich* § 128 HGB Rz. 16; *GroßKomm-Habersack* § 128 HGB Rz. 27; *Koller/Roth/Morck* §§ 128, 129 HGB Rz. 2; *K. Schmidt*, GesR, § 49 I 2b; *Hueck/Windbichler* § 15 Rz. 29; *Kübler/Assmann* § 7 V 4a). Daran gemessen ist entscheidend, ob C zunächst die GbR in Anspruch genommen hat. Dies hat er in unserem Fall getan, wobei dann aber mit einer Leistung aus dem Gesellschaftsvermögen wegen eines Liquiditätsengpasses nicht zu rechnen war. Daher kann C auch nach der gerade geschilderten Auffassung auf die Mitgesellschafter B und A grundsätzlich zurückgreifen.

Die Ansichten kommen somit beide zu dem Ergebnis, dass C gegen seine Mitgesellschafter vorgehen kann, weshalb wir den Streit vorliegend nicht zu entscheiden brauchen.

2.) Problematisch ist des Weiteren, *in welcher Höhe* der C als Gesellschafter-Gläubiger von A und B Zahlung verlangen kann. Einigkeit besteht zumindest insoweit, dass abweichend von § 128 Satz 1 HGB analog eine volle Haftung der Mitgesellschafter nicht in Betracht kommt. Der Rest indessen ist umstritten:

- Zum Teil wird – wie im Falle des Regresses nach § 426 Abs. 1 Satz 1 BGB – eine Haftung jedes Mitgesellschafters beschränkt auf die Höhe seines Verlustanteils, also »pro rata«, angenommen (*Hueck/Windbichler* § 15 Rz. 29; *Walter* in JuS 1982, 81, 87). Demnach könnte C für seine Kaufpreisverbindlichkeit in Höhe von 300 Euro von A 120 Euro (= Verlustquote von 40 %) und von B dann 60 Euro (= Verlustquote von 20 %) verlangen.

- Nach herrschender Auffassung muss sich der Gesellschafter-Gläubiger hingegen nur seinen eigenen Verlustanteil abziehen lassen, sogenannte Haftung »minus rata«. Hinsichtlich des Restbetrages haften die übrigen Mitgesellschafter als Gesamtschuldner, das heißt, der Gesellschafter-Gläubiger kann jeden von ihnen insoweit vollständig in Anspruch nehmen (BGH NJW **1983**, 749; *Koller/Roth/Morck* §§ 128, 129 HGB Rz. 2; GroßKomm-*Habersack* § 128 HGB Rz. 25; *Baumbach/Hopt* § 128 HGB Rz. 24; *Staudinger/Habermeier* § 128 HGB Rz. 43; *Soergel-Hadding* § 705 BGB Rz. 57). Nach dieser Ansicht ist der Verlustanteil des C, der sich auf 120 Euro (40 % von 300 Euro) beläuft, von der Kaufpreissumme in Abzug zu bringen. Den Restbetrag in Höhe von 180 Euro kann er entweder von B oder A fordern.

Die unterschiedlichen Ergebnisse machen eine Streitentscheidung erforderlich. Die erste Auffassung hat zwar den Vorteil, dass ein weiterer Regress zwischen den Gesellschaftern vermieden wird (*Walter* in JuS 1982, 81, 87). Jedoch hat diese Ansicht eine vollständige Gleichstellung mit der Situation des gesamtschuldnerischen Ausgleichs nach § 426 Abs. 1 Satz 1 BGB im Falle von Sozialansprüchen zur Folge (*Baumbach/Hopt* § 128 HGB Rz. 24). Dies lässt vollständig außer Acht, dass der Gesellschafter-Gläubiger der Gesellschaft wie ein Dritter gegenübertritt und daher weitestgehend wie ein solcher zu behandeln ist (BGH NJW **1983**, 749). Allein Praktikabilitätsgründe rechtfertigen eine davon abweichende Rechtsfolge nicht. Mithin ist mit der herrschenden Meinung an der sich aus § 128 Satz 1 HGB analog ergebenden Gesamtschuldnerschaft der in Anspruch genommenen Gesellschafter festzuhalten.

Ergebnis: Der C hat aus § 128 Satz 1 HGB analog gegen A und B als Gesamtschuldner einen Anspruch in Höhe von 180 Euro.

Zur Abrundung:

Und ganz zum Schluss wollen wir uns noch kurz ansehen, wie das ist, wenn ein Gesellschafter einen Schaden (= unfreiwilliges Vermögensopfer) erleidet und diesen dann gegen die Gesellschaft geltend machen will. Hierbei wenden wir uns nun nicht direkt der GbR zu, sondern schauen uns zunächst mal an, wie das bei der **oHG** geregelt ist; dort nämlich hat der Gesetzgeber eine separate Vorschrift für diese Problematik vorgesehen. Wie immer nehmen wir als Einstieg ein kleines Fällchen als Ausgangspunkt:

> Dazu stellen wir uns zunächst mal vor, dass A, B und C ihre Werkstatt jetzt als **oHG** betreiben. Als A dann bei der Reparatur eines Autos in der Werkstatt unter der Hebebühne steht und diese sich aus ungeklärten Gründen plötzlich senkt, erleidet A beim lebensrettenden Sprung zur Seite eine schwere Prellung an der Schulter und zerreißt sich auch noch sein Hemd (Wert: 30 Euro). A verlangt nun Schadensersatz für das Hemd und Schmerzensgeld von der oHG. **Zu Recht?**

I. Der A könnte gegen die oHG einen Ersatzanspruch in Höhe von 30 Euro sowie einen Anspruch auf ein angemessenes Schmerzensgeld gemäß **§ 110 Abs. 1, 1. Fall HGB** (lesen, bitte!) haben.

Gemäß § 110 Abs. 1, 1. Fall HGB kann ein Gesellschafter *Aufwendungen* ersetzt verlangen, die er für erforderlich halten durfte. Wie weiter oben gesehen, handelt es sich bei Aufwendungen allerdings immer nur um *freiwillige* Vermögensopfer, die der Gesellschafter im Interesse der Gesellschaft macht (BGHZ 59, 328, 329 f.; *Palandt/Sprau* § 670 BGB Rz. 2). Von einer freiwilligen Handlung des A kann hier aber nicht die Rede sein, als er unter der absackenden Hebebühne hervorsprang und sich dabei die Jacke zerriss sowie Prellungen am Arm zuzog.

Ergebnis: Folglich kommt ein Anspruch aus § 110 Abs. 1, 1. Fall HGB nicht in Betracht.

II. Die Ersatzansprüche des A gegen die GbR könnten sich allerdings aus **§ 110 Abs. 1, 2. Fall HGB** ergeben (auch der muss gelesen werden).

1.) Nach § 110 Abs. 1, 2. Fall HGB sind *Verluste* ersatzfähig.

> **Definition**: *Verluste* im Sinne des § 110 HGB sind unfreiwillige Vermögensnachteile, zum Beispiel in Form von Sach-, Vermögens- und Personenschäden (*Röhricht/Graf v. Westphalen/von Gerkan/Haas* § 110 HGB Rz. 11; *Baumbach/Hopt* § 110 Rz. 11; *Wiedemann*, GesR II, § 3 III 3d bb).

Da per Definition der Eintritt eines Vermögensnachteils entscheidend ist, sind immaterielle Schäden bereits begrifflich vom Anwendungsbereich der Norm ausgeschlossen (vgl. *E/B/J/Goette* § 110 HGB Rz. 18; *MüKo-Langhein* § 110 HGB Rz. 17; *Schlegelberger/Martens* § 110 Rz. 20; *Hüffer* § 16 6).

Zum Fall: Wie oben festgestellt sind der Sach- und Personenschaden nicht durch eine freiwillige Handlung des A entstanden. Mithin liegt insoweit ein Verlust im Sinne der Norm vor. Dagegen handelt es sich bei dem geltend gemachten Schmerzensgeld um einen immateriellen Schaden nach § 253 Abs. 2 BGB, der nicht gemäß § 110 Abs. 1, 2. Fall HGB ersatzfähig ist.

2.) Weitere Voraussetzung ist, dass der Gesellschafter die Verluste im unmittelbaren Zusammenhang mit der Geschäftsführung erlitten hat oder die Verluste aus Gefahren entstanden sind, die mit der Geschäftsführung untrennbar verbunden sind (Wortlaut des § 110 Abs. 1, 2. Fall HGB!). Das bedeutet, dass sich ein *tätigkeitsspezifisches Risiko* verwirklicht haben muss, also insbesondere die Verwirklichung nur des allgemeinen Lebensrisikos – was im Regelfall etwa bei der Teilnahme am Straßenverkehr zutrifft – nicht tatbestandsmäßig ist (*Baumbach/Hopt* § 110 HGB Rz. 13; *Schlegelberger/Martens* § 110 HGB Rz. 21 f.; *Heymann/Emmerich* § 110 HGB Rz. 10; *Genius* in AcP 173 [1973], 481, 510).

Zum Fall: Bei einer Tätigkeit in einer Kfz-Werkstatt sind Sach- und Körperschäden, gerade beim Einsatz von technischen Gerätschaften, nicht ausgeschlossen. Genau diese der Arbeit in einer Kfz-Reparaturwerkstatt immanente Gefahr hat sich im vorliegenden Fall verwirklicht, als die Hebebühne nachgab. Folglich hat sich ein tätigkeitsspezifisches Risiko im Sinne des § 110 HGB realisiert.

3.) Als Rechtsfolge sieht § 110 Abs. 1, 2. Fall HGB einen Ersatzanspruch für die erlittenen Verluste vor.

Hier: Unserem A ist ein Sachschaden in Höhe von 30 Euro entstanden, den die oHG somit auszugleichen hat.

> **Beachte:** An dieser Stelle darf nicht der Fehler gemacht werden, das nicht unter den Begriff des »Verlustes« fallende Schmerzensgeld als Folge des Personenschadens nach § 253 Abs. 2 BGB zu ersetzen. Denn die §§ 249 ff. BGB sind nur auf Schadensersatzvorschriften anwendbar. Um einen solchen handelt es sich aber gerade nicht bei § 110 Abs. 1, 2. Fall HGB! Vielmehr ist der Anspruch aus § 110 Abs. 1, 2. Fall HGB, ebenso wie der aus § 110 Abs. 1, 1. Fall HGB, ein *Aufwendungsersatzanspruch*. Denn in beiden Fällen geht es um den Ausgleich eines vom jeweiligen Gesellschafter erbrachten Sonderopfers (*E/B/J/Goette* § 110 HGB Rz. 4). Merken.

Ergebnis: A hat gegen die oHG einen Ersatzanspruch in Höhe von 30 Euro gemäß § 110 Abs. 1, 2. Fall HGB. Schmerzensgeld erhält er demgegenüber nicht.

Das Allerletzte:

Wir haben gerade gesehen, dass § 110 HGB die Rechtslage im Hinblick auf Schäden (»Verluste«) eines Gesellschafters einer **oHG** klärt und bestimmt, unter welchen Voraussetzungen Ersatz gegenüber der Gesellschaft selbst verlangt werden kann. Abschließend stellt sich dann natürlich noch die Frage, was denn passiert, wenn das eben geschilderte Problem innerhalb einer **GbR** auftaucht, dort also ein Gesellschafter bei der Ausführung seiner Tätigkeit einen Schaden erleidet. Konkret können wir uns hier vorstellen, die Geschichte von eben mit der Hebebühne wäre passiert, während A, B und C wieder als GbR tätig gewesen sind. **Könnte A dann von der GbR Ersatz verlangen?**

Lösung: Diese Frage ist leider außerordentlich schwierig zu beantworten. Wir tasten uns mal ran:

Eine spezielle Vorschrift – vergleichbar mit § 110 Abs. 1, 2. Fall HGB – sieht das BGB nämlich nicht vor. Zwar ist ein Ersatz für *Schäden* (also unfreiwilligen Vermögensopfern) nach den **§§ 713, 670 BGB** grundsätzlich möglich. Der Wortlaut der §§ 713, 670 BGB beschränkt sich allerdings nur auf *Aufwendungen*, also freiwillige Vermögensopfer. Von der herrschenden Meinung ist nun, zumindest im Bereich des *Auftragsrechts*, eine Ausdehnung des Aufwendungsbegriffs auf bestimmte Schäden anerkannt. Folgende Voraussetzungen müssen dafür vorliegen:

→ Der Schaden darf weder von dem Beauftragten noch von dem Auftraggeber zu verschulden sein, sogenannte »Zufallsschäden« (*Palandt/Sprau* § 670 BGB Rz. 9; MüKo-*Seiler* § 670 BGB Rz. 14);

→ es muss sich auch hier ein tätigkeitsspezifisches Risiko verwirklicht haben (BGHZ **38**, 270, 277; NJW **1985**, 269; MüKo-*Seiler* § 670 BGB Rz. 14);

→ der Schaden darf schließlich nicht bereits durch eine etwaige Vergütung abgegolten sein, was nach den Umständen des Einzelfalles zu beurteilen ist (BGH VersR **1957**, 388, 292; NJW **1985**, 269; MüKo-*Seiler* § 670 BGB Rz. 17; *Erman-Ehmann* § 670 BGB Rz. 20). Als Rechtsfolge ist nach herrschender Meinung dann Schadensersatz gemäß den §§ 249 ff. BGB zu gewähren, womit nach **§ 253 Abs. 2 BGB** auch ein Anspruch auf Schmerzensgeld besteht (*Palandt/Sprau* § 670 BGB Rz. 13; *Däubler* in JuS 2002, 625, 626).

Problem: Ob diese gerade genannten Voraussetzungen nun auch auf die GbR, also das Verhältnis von Gesellschaft zum Gesellschafter, übertragen werden können (bislang gelten die nur für das »normale« Auftragsrecht!), ist bis heute nicht geklärt: *Erman/Westermann* (§ 713 BGB Rz. 5) etwa befürworten eine Anwendung der gerade dargelegten Grundsätze auf die GbR und kämen mithin im vorliegenden Fall zu einer Haftung der GbR gegenüber dem A, einschließlich des Schmerzensgeldes. Demgegenüber vertritt *Wiedemann* (GesR II, § 3 III 3d cc) die Ansicht, **§ 110 HGB** solle für die GbR analog angewendet werden, was vorliegend zwar zur Haftung im Hinblick auf die 30 Euro führen würde, der Schmerzensgeldanspruch wäre aber zu versagen. MüKo-*Ulmer* (§ 713 BGB Rz. 16) und *Genius* (AcP 173 (1973), 481, 512) schließlich wollen die Voraussetzungen und den Umfang der Verlustübernahme im Auftragsrecht mit denen des Gesellschaftsrechts gleichsetzen und kämen folglich im zuvor dargestellten Umfang zur Haftung der GbR. Wie gesagt, hier ist vieles ungeklärt, die Entwicklung bleibt – vor allem für eine mögliche Hausarbeit – abzuwarten.

Gutachten

A. Ansprüche des B gegen die GbR

I. B könnte gegen die GbR einen Ausgleichsanspruch in Höhe von 3.000 Euro aus den §§ 713, 670 BGB haben.

1.) Gemäß § 713 BGB bestimmen sich die Rechte und Pflichten der geschäftsführenden Gesellschafter im Verhältnis zur Gesellschaft – soweit nicht ein anderes bestimmt ist – nach den für den Auftrag geltenden Vorschriften der §§ 664–670 BGB. Im Gesellschaftsvertrag der GbR finden sich keine Regelungen, die das Rechtsverhältnis zwischen den (geschäftsführenden) Gesellschaftern und der Gesellschaft regeln. Somit kommt als Anspruchsgrundlage § 670 BGB in Betracht, der einen Aufwendungsersatzanspruch gegen den Auftraggeber, im Anwendungsbereich des § 713 BGB also gegen die Gesellschaft, vorsieht.

2.) Fraglich ist damit, ob B eine Aufwendung im Sinne des § 670 BGB getätigt hat, als er an L die Zahlung in Höhe von 3.000 Euro leistete. Aufwendungen sind freiwillige Vermögensopfer, die der Beauftragte im Interesse des Auftraggebers macht. Der Freiwilligkeit könnte hier entgegenstehen, dass B als Gesellschafter der GbR gegenüber L zur Begleichung der berechtigten Kaufpreiszahlung verpflichtet war, was sich unter Zugrundelegung der Akzessorietätstheorie aus § 128 Satz 1 HGB analog ergibt. Jedoch ist bei der Bestimmung der Freiwilligkeit nicht das Außenverhältnis, sondern allein das Verhältnis zur Gesellschaft entscheidend. Im Verhältnis zwischen der Gesellschaft und dem Gesellschafter besteht typischerweise, das heißt bei Fehlen einer abweichenden gesellschaftsvertraglichen Regelung, eine vorrangige Pflicht der Gesellschaft zur Begleichung ihrer Schulden. Folglich ist der Gesellschafter ihr gegenüber nicht zum Ausgleich der Gesellschaftsverbindlichkeiten verpflichtet. Daran gemessen leistete B freiwillig, so dass es sich bei der erbrachten Zahlung in Höhe von 3.000 Euro um eine tatbestandsmäßige Aufwendung handelt.

3.) Gemäß § 670 BGB ist weiterhin Voraussetzung, dass der Beauftragte die Aufwendung den Umständen nach für erforderlich halten durfte. Die Erforderlichkeit der Aufwendung ist hier zu bejahen, um eine Tilgung der Gesellschaftsverbindlichkeit herbeizuführen, zumal das Zahlungsverlangen des L berechtigt war.

Ergebnis: B hat gegen die GbR einen Ausgleichsanspruch in Höhe von 3.000 Euro aus den §§ 713, 670 BGB.

II. Möglicherweise steht B gegen die GbR zudem ein Anspruch aufgrund eines gesetzlichen Forderungsübergangs gemäß § 426 Abs. 2 BGB beziehungsweise § 774 Abs. 1 BGB analog zu. Beide genannten Vorschriften haben zur Folge, dass die eine Schuld tilgende Person kraft Gesetzes Forderungsinhaber genau dieser Verbindlichkeit wird und zwar gemäß den §§ 412, 401 BGB nebst etwaiger Sicherungsrechte. Ob eine solche cessio legis im Falle der Begleichung einer Gesellschaftsschuld durch einen Gesellschafter anzuerkennen ist, ist umstritten.

1.) Zum Teil wird von einem gesetzlichen Forderungsübergang ausgegangen, wobei als gesetzliche Grundlage entweder § 426 Abs. 2 BGB oder § 774 Abs. 1 BGB analog herangezogen wird.

2.) Mit der herrschenden Meinung ist eine cessio legis allerdings abzulehnen. Aus § 426 Abs. 2 BGB kann diese Rechtsfolge nicht hergeleitet werden, da Voraussetzung wäre, dass zwischen der Gesellschaft und den Gesellschaftern ein Gesamtschuldverhältnis besteht, was aber gerade nicht der Fall ist. Die Analogie zu § 774 Abs. 1 BGB hat zwar für sich, dass ein Gesellschafter ebenso wie ein Bürge akzessorisch haftet und damit eine Vergleichbarkeit zwischen diesen Fällen besteht. Allerdings scheitert die Bildung der Analogie an der fehlenden Regelungslücke. Denn im Gesellschaftsrecht steht mit §§ 713, 670 BGB für die BGB-Gesellschaft und mit § 110 Abs. 1 HGB für die oHG/KG eine ausdrückliche Ausgleichsregelung zur Verfügung.

Ergebnis: B steht gegen die GbR kein Anspruch infolge eines gesetzlichen Forderungsübergangs zu.

B. Anspruch des B gegen die Mitgesellschafter

I. Ein Anspruch des B gegen die Mitgesellschafter A und C könnte sich aus § 128 Satz 1 HGB analog ergeben.

Fraglich ist, ob § 128 Satz 1 HGB analog angewandt werden kann. Grundsätzlich ist unter Zugrundelegung der Akzessorietätstheorie von der Anwendbarkeit der Norm auszugehen, jedoch ist zu berücksichtigen, dass es sich bei dem in Rede stehenden Anspruch um einen solchen eines Gesellschafters gegen die Gesellschaft handelt. Nach allgemeiner Meinung kann der Anspruch in diesen Fällen nicht auf § 128 Satz 1 HGB analog gestützt werden. Denn während des Bestehens der Gesellschaft sind die Gesellschafter nach § 707 BGB gegen ihren Willen nicht zu einer Einlagenerhöhung verpflichtet. Genau dieses Ergebnis würde aber erreicht werden, müssten sie für Sozialansprüche der Mitgesellschafter, die zu den Kosten der Geschäftsführung zählen, einstehen.

Ergebnis: B hat gegen die Mitgesellschafter A und C keinen Anspruch aus § 128 Satz 1 HGB analog.

II. Möglicherweise hat B gegen A und C einen Ausgleichsanspruch gemäß § 426 Abs. 1 Satz 1 BGB.

1.) Voraussetzung für das Eingreifen des Ausgleichsanspruchs nach § 426 Abs. 1 Satz 1 BGB ist, dass Anspruchssteller und Anspruchsgegner im Verhältnis zueinander Gesamtschuldner sind. Die Gesamtschuldnerschaft der Gesellschafter einer (Außen-)GbR untereinander für eine Gesellschaftsverbindlichkeit wird in § 128 Satz 1 HGB analog ausdrücklich angeordnet. Die von B getätigte Zahlung in Höhe von 3.000 Euro betraf eine Verbindlichkeit der GbR, nämlich die wirksame Kaufpreisverpflichtung gegenüber L. Somit kommt § 426 Abs. 1 Satz 1 BGB hier als Anspruchsgrundlage in Betracht.

2.) Fraglich ist aber, ob der Regresspflicht aus § 426 Abs. 1 Satz 1 BGB das Verbot der Beitragserhöhung gemäß § 707 BGB entgegensteht. Nach der heute ganz überwiegenden Meinung lässt dieser Aspekt den Gesamtschuldnerausgleich indessen unberührt, da der Regress nach § 426 Abs. 1 BGB Konsequenz der Außenhaftung aller Gesellschafter ist. Jedoch haften die Mitgesellschafter im Verhältnis zur Gesellschaft nur subsidiär. Das heißt, der Gesellschafter muss zunächst versuchen, die Gesellschaft in Anspruch zu nehmen und nur wenn die Gesellschaft trotz Zahlungsaufforderung nicht bereit oder nicht in der Lage ist, für den Ausgleichsanspruch aufzukommen, darf der Gesellschafter an die anderen Mitgesellschafter herantreten. Die GbR, ordnungsgemäß vertreten durch A und C, hat die Zahlung in Höhe von 3.000 Euro verweigert, so dass B nunmehr A und C persönlich in Anspruch nehmen kann.

3.) Als Rechtsfolge sieht § 426 Abs. 1 Satz 1 BGB eine Haftung nach gleichen Teilen vor, »soweit nicht ein anderes bestimmt ist«. Eine abweichende Bestimmung ist den im Gesellschaftsvertrag festgelegten Verlustquoten zu entnehmen, so dass die Gesellschafter »pro rata« haften. A und C haben von der Gesellschaftsverbindlichkeit in Höhe von 3.000 Euro bei einer Verlustquote von jeweils 40 % demnach pro Person 1.200 Euro zu tragen. Auf B fällt ein Betrag von 600 Euro (20 %).

Ergebnis: B kann von seinen Mitgesellschaftern A und C jeweils die Zahlung von 1.200 Euro gemäß § 426 Abs. 1 Satz 1 BGB verlangen. In Höhe von 600 Euro kann B hingegen keinen Ausgleich verlangen, diesen Betrag muss er selbst tragen.

Fall 20

Innenansichten III

A, B, C und D betreiben eine Reparaturwerkstatt für Fahrräder in der Rechtsform der Gesellschaft bürgerlichen Rechts (F-GbR). Nach § 3 des Gesellschaftsvertrages ist jeder Gesellschafter allein zur Geschäftsführung und Vertretung der GbR berechtigt. In § 7 des Gesellschaftsvertrages ist vorgesehen, dass die Gesellschaft auch bei Kündigung eines Gesellschafters fortgeführt werden soll. In § 8 des Vertrages ist bestimmt, dass ein Gesellschafterausschluss bei Vorliegen eines wichtigen Grundes durch die Mehrheit der übrigen Gesellschafter erfolgen kann.

Am Ende des ersten Geschäftsjahres stellt A fest, dass einer der Gesellschafter mehrfach Geld aus der Kasse genommen hat und sich insgesamt ein Fehlbetrag von 5.000 Euro ergibt. Der Verdacht fällt auf B, der häufiger über Geldprobleme geklagt hat. A, C und D stellen den B zur Rede. B streitet alles ab und wirft A und C unlautere Geschäftsmethoden vor, wobei er weiß, dass diese Vorhaltungen jeder Tatsachengrundlage entbehren. Schließlich gibt er den Vorwurf zu und meint, dass er in finanziellen Schwierigkeiten stecke und sich die anderen wegen »so ein bisschen Geld nicht anstellen sollen«. In Abwesenheit des B führen die übrigen Gesellschafter eine Abstimmung über den Ausschluss des B durch. A und C stimmen für, der D aber gegen einen Ausschluss des B. A teilt B mit, dass er aus der F-GbR ausgeschlossen ist.

Ist der Ausschluss des B wirksam?

> **Schwerpunkte:** Die Auflösung der Personengesellschaften, §§ 723 ff. BGB, 131 ff. HGB; das Ausscheiden und der Ausschluss eines Gesellschafters nach den §§ 737, 738 BGB und § 140 Abs. 1 HGB.

Lösungsweg

Der B könnte gemäß **§ 737 BGB** wirksam aus der F-GbR ausgeschlossen worden sein.

I. Ein Ausschluss eines Gesellschafters setzt nach § 737 Satz 1 BGB grundsätzlich eine im Gesellschaftsvertrag enthaltene sogenannte »**Fortsetzungsklausel**« voraus (MüKo-*Ulmer* § 737 BGB Rz. 7; *Soergel-Hadding* § 737 BGB Rz. 3; *Palandt/Sprau* § 737 BGB Rz. 2).

Die Auflösung der Personengesellschaften, §§ 723 ff. BGB

1.) Um die Bedeutung dieses Erfordernisses zu verstehen, müssen wir uns zunächst einmal die gesetzliche Systematik der **§§ 723 ff. BGB** verdeutlichen: Aus den §§ 723 ff. BGB ergibt sich der Grundsatz, dass Veränderungen im Gesellschafterbestand grundsätzlich zur *Auflösung* der Gesellschaft führen. Solche Veränderungen können sich ergeben aus der Kündigung nach § 723 Abs. 1 BGB oder § 725 BGB, aus dem Tode eines Gesellschafters nach § 727 Abs. 1 BGB und auch bei der Eröffnung des Insolvenzverfahrens über das Vermögen eines Gesellschafters gemäß § 728 Abs. 2 BGB. In all diesen Fällen soll nach dem Willen des Gesetzgebers die Auflösung der Gesellschaft folgen. Nach diesem Grundprinzip nun ist ein Ausschluss eines Gesellschafters an sich erst mal gar nicht möglich, sondern die Auflösung der Gesellschaft – wie gerade erläutert – die vom Gesetzgeber vorgesehene Rechtsfolge (*Palandt/Sprau* vor §§ 723 ff. BGB Rz. 1).

> **Und beachte:** Weitere gesetzliche Auflösungsgründe für die BGB-Gesellschaft ergeben sich zudem aus § 726 BGB – Zweckerreichung oder Unmöglichkeit der Zweckerreichung – und § 728 Abs. 1 BGB bei Eröffnung des Insolvenzverfahrens über das Vermögen der Gesellschaft. Nach allgemeiner Meinung sind die gesetzlichen Auflösungsgründe nicht abschließender Natur (*Staudinger-Habermeier* Vorbem. zu den §§ 723 ff. BGB Rz. 4; RGRK/*von Gramm* § 723 BGB Rz. 3; *Palandt/Sprau* vor § 723 BGB Rz. 1). Daher ist es möglich, als Auflösungsgrund im Gesellschaftsvertrag eine auflösende Bedingung, den Ablauf einer bestimmten Zeit zu bestimmen oder die Auflösung durch Gesellschafterbeschluss herbeizuführen (*Staudinger/Habermeier* Vorbem. zu §§ 723 ff. BGB Rz. 5 ff.; *Erman-Westermann* § 723 BGB Rz. 3, 4; *Wiedemann*, GesR II, § 7 IV 1).

Entgegen der ursprünglichen Leitidee des Gesetzgebers ist es allerdings möglich, dass die Gesellschafter trotz Veränderung im Personenbestand ein Interesse an der Fortführung der Gesellschaft haben. Diesem *Bestandsschutzinteresse* trägt das Gesetz Rechnung, indem es in den §§ 736, 737 BGB eine abweichende gesellschaftsvertragliche Regelung durch Aufnahme einer Fortsetzungsklausel vorsieht (vgl. *Hüffer* § 13 3a). Schauen wir uns das mal an:

2.) Eine Fortsetzungsklausel kommt gemäß **§ 736 Abs. 1 BGB** in den dort ausdrücklich erwähnten Fällen, nämlich der Kündigung eines Gesellschafters, im Todesfall und der Insolvenz eines Gesellschafters, in Betracht. Nach allgemeiner Meinung findet § 736 Abs. 1 BGB entsprechende Anwendung auf vertraglich bestimmte Ausscheidensgründe, wie zum Beispiel das Erreichen einer Altersgrenze eines Gesellschafters oder dessen Unfähigkeit zur Mitarbeit (*Palandt/Sprau* § 736 BGB Rz. 1; MüKo-*Ulmer* § 736 BGB Rz. 1; *Jauernig/Stürner* § 736 BGB Rz. 2). Voraussetzung ist allerdings in allen Konstellationen, dass die Fortsetzungsklausel den jeweils in Frage stehenden Ausscheidensgrund erfasst (MüKo-*Ulmer* § 736 BGB Rz. 8; *Staudinger/ Habermeier* § 736 BGB Rz. 5).

3.) Der **§ 737 Abs. 1 BGB** greift demgegenüber beim Ausschluss eines Gesellschafters aus einem wichtigen Grund ein. Die Fortsetzungsklausel muss sich, wie dem Gesetzeswortlaut zu entnehmen ist (lesen!), auf den Fall der Kündigung durch einen Gesellschafter beziehen (PWW/*von Ditfurth* § 737 BGB Rz. 3; MüKo-*Ulmer* § 737 BGB Rz. 7; *Soergel-Hadding* § 737 BGB Rz. 3; MünchHdb. GesR I/*Piehler/Schulte* § 10 Rz. 57).

Zum Fall: Hier geht es um den Ausschluss eines Gesellschafters, wobei die in § 7 des Gesellschaftsvertrages enthaltene Fortsetzungsklausel den Anforderungen des § 737 Abs. 1 BGB genügt.

II. Ein Ausschluss eines Gesellschafters nach § 737 Abs. 1 BGB setzt das Bestehen eines *wichtigen Grundes* nach **§ 723 Abs. 1 Satz 2 BGB** in der Person des auszuschließenden Gesellschafters voraus.

> **Aufbauhinweis:** Es ist ziemlich umstritten, ob ein wichtiger Grund für einen Ausschluss ausreicht, oder ob sogar ein *besonders* wichtiger Grund erforderlich ist. Da nach beiden Ansichten zumindest das Vorliegen eines wichtigen Grundes Voraussetzung ist, prüfen wir dies am Maßstab des § 723 Abs. 1 Satz 2 BGB in einem ersten Schritt und gehen sodann auf die Frage ein, ob ein Ausschluss nur unter zusätzlichen Anforderungen gerechtfertigt ist.

1.) Ein wichtiger Grund im Sinne des § 723 Abs. 1 Satz 2 BGB ist nach allgemeinen Grundsätzen nur dann anzunehmen, wenn in der Person des auszuschließenden Gesellschafters Umstände vorliegen, die eine Fortsetzung der Gesellschaft mit ihm für die Mitgesellschafter *unzumutbar* machen (BGH NJW **2005**, 3061; Brandenburgisches OLG Urteil vom 13.01.**2010**, Aktenzeichen: 7 U 132/08, Rz. 73 zit. nach Juris; *Palandt/Sprau* § 737 BGB Rz. 2, § 723 BGB Rz. 2; MünchHdb. GesR I/*Piehler/Schulte* § 10 Rz. 58).

a) Eine beispielhafte Aufzählung von Gründen, die als wichtiger Grund im Sinne des § 723 Abs. 1 Satz 2 BGB in Betracht kommen, findet sich in Satz 3 der Norm (bitte lesen!).

> **Feinkostabteilung:** Ähnlich der in § 723 Abs. 1 Satz 3 BGB enthaltenen Regelbeispiele können auch im Gesellschaftsvertrag Gründe benannt sein, die als wichtiger Grund anzusehen sein sollen (*Jauernig/Stürner* § 737 BGB Rz. 8; *Staudinger/Habermeier* § 737 BGB Rz. 6). Außerdem können auch unterhalb der Grenze eines wichtigen Grundes Umstände im Gesellschaftsvertrag aufgeführt sein, die zum Ausschluss eines Gesellschafters berechtigen: So kann beispielsweise das Erreichen einer Altersgrenze oder die Unfähigkeit zur Mitarbeit statt als Ausscheidensgrund nach § 736 Abs. 1 BGB auch als Ausschlussgrund nach § 737 Abs. 1 BGB konzipiert sein (BGH NJW-RR **1997**, 925; *Kübler/Assmann* § 6 IV 4b cc). Der Unterschied besteht darin, dass im Anwendungsbereich des § 736 Abs. 1 BGB ein automatisches Ausscheiden die Folge ist (MüKo-*Ulmer* § 736 BGB Rz. 8), während der Ausschluss ein Tätigwerden der übrigen Gesellschafter voraussetzt (vgl. § 737 Abs. 1 Satz 3 BGB).

Möglicherweise liegt hier ein Fall des **§ 723 Abs. 1 Satz 3 Nr. 1, 1. Var. BGB** vor. Danach handelt es sich um einen wichtigen Grund, wenn ein Gesellschafter »eine ihm nach dem Gesellschaftsvertrag obliegende wesentliche Verpflichtung vorsätzlich oder grob fahrlässig verletzt hat«. Dieser Tatbestand ist beispielsweise erfüllt, wenn ein Gesellschafter sich weigert, seinen vertraglich übernommenen Beitrags- und Förderpflichten nachzukommen (BGH WM **1963**, 282, 283; WM **1964**, 419, 420; MüKo-*Ulmer* § 737 BGB Rz. 31; *Heymann/Emmerich* § 133 HGB Rz. 10), bei Verletzung der allgemeinen Treuepflicht (BGH DB **1977**, 87, 88; OLG München NZG **2002**, 85, 86) sowie bei Eigenmächtigkeiten in der Geschäftsführung (BGH NJW-RR **1993**, 1123, 1124; *Heymann/Emmerich* § 133 HGB Rz. 10; *E/B/J/Lorz* § 133 HGB Rz. 14) und Veruntreuungen oder sonstigen groben Unredlichkeiten (BGHZ **6**, 113, 116 f; *E/B/J/Lorz* § 133 HGB Rz. 14; MüKo-*Ulmer* § 723 BGB Rz. 32).

Zum Fall: Indem B mehrfach Geld aus der Kasse entnommen hat, hat er sich zumindest der Unterschlagung nach § 246 Abs. 1 StGB zum Nachteil der F-GbR strafbar gemacht, also sich gegenüber der Gesellschaft grob unredlich verhalten. Außerdem hat B das Vertrauensverhältnis der Gesellschafter untereinander gestört, indem er die Mitgesellschafter A und C der unlauteren Geschäftspraxis beschuldigte. Diese Beschuldigungen erfüllen fraglos den Straftatbestand der Beleidigung und Verleumdung nach §§ 185, 186 StGB. Eine solche Verhaltensweise gegenüber den Mitgesellschaftern verstößt gegen die allgemeine gesellschaftsrechtliche Treuepflicht (vgl. MüKo-*Ulmer* § 723 BGB Rz. 31; *Staudinger/Habermeier* § 723 BGB Rz. 30). Der B hat folglich zwei Mal gegen die ihm nach dem Gesellschaftsvertrag obliegenden Verpflichtungen in vorsätzlicher Weise verstoßen, so dass beide der genannten Verfehlungen jeweils für sich genommen das Regelbeispiel des § 723 Abs. 1 Satz 3 Nr. 1, 1. Var. BGB erfüllen.

b) Allein die Erfüllung eines in § 723 Abs. 1 Satz 3 Nr. 1 BGB genannten Regelbeispiels genügt indes nicht, um zur Feststellung eines wichtigen Grundes zu gelangen (MüKo-*Ulmer* § 737 BGB Rz. 8, § 723 BGB Rz. 29). Die Frage der Unzumutbarkeit der Fortführung der Gesellschaft mit dem in Rede stehenden Gesellschafter macht vielmehr zusätzlich eine *Gesamtwürdigung* sämtlicher Umstände des Einzelfalls erforderlich (BGH DB **2003**, 1214; WM **1996**, 1452 f.; *Staudinger/Habermeier* § 737 BGB Rz. 9).

So kommt beispielsweise ein Ausschluss eines sich pflichtwidrig verhaltenden Gesellschafters in der Regel dann nicht in Betracht, wenn sich auch ein anderer oder gar sämtliche Mitgesellschafter ebenfalls Pflichtwidrigkeiten vorhalten lassen müssen (BGH DB **2003**, 1214; GroßKomm-*Schäfer* § 140 HGB Rz. 11; MünchHdb. GesR I/*Piehler/Schulte* § 10 Rz. 60). Für ein Fehlverhalten eines anderen Gesellschafters in der F-GbR bestehen allerdings keine Anhaltspunkte, insbesondere entbehren die von B erhobenen Vorwürfe, A und C würden sich unlauterer Geschäftspraktiken bedienen, jeder Grundlage. Somit kommt dieser Gesichtspunkt dem B nicht zugute.

2.) Nun stellt sich aber die oben bereits kurz angesprochene Frage, ob ein wichtiger Grund für einen Ausschluss aus einer Gesellschaft ausreicht oder ob es eines *besonders* wichtigen Grundes bedarf. Die Beantwortung dessen ist umstritten:

- Nach ständiger Rechtsprechung und einem Teil der Literatur sind an das Vorliegen eines zum Ausschluss berechtigenden Grundes *schärfere* Anforderungen zu stellen als im Falle der Auflösung der Gesellschaft nach § 723 Abs. 1 BGB (vgl. RGZ **146**, 169, 179; BGHZ **4**, 108, 110, 120 ff; BGH WM **1961**, 32, 33; *Palandt/Sprau*

§ 737 BGB Rz. 2; *Soergel-Hadding* § 737 BGB Rz. 5; RGRK-*von Gramm* § 737 BGB Rz. 6). Denn die Ausschließung eines Gesellschafters stelle für diesen eine härtere Maßnahme dar als die Auflösung der Gesellschaft, die ja alle Gesellschafter gleichermaßen trifft (MünchHdb GesR I/*Piehler/Schulte* § 10 Rz. 58). Die Unterschlagungen durch B führen vorliegend zu einer Zerstörung der Vertrauensbasis, zumal B nach dem Entdecken der Taten keinerlei Unrechtsbewusstsein zeigte, sondern erst in beleidigender und verleumderischer Weise reagierte und schließlich meinte, die anderen sollten sich »nicht so anstellen« wegen dem bisschen Geld. Da eine Zusammenarbeit mit B auf dieser Grundlage nicht mehr möglich ist, liegt ein *besonders* wichtiger Grund vor.

- Nach einem anderen Teil der Literatur sind die Voraussetzungen im Falle eines Ausschlusses mit denen einer Auflösung der Gesellschaft identisch (MüKo-*Ulmer* § 737 BGB Rz. 9; *Staudinger/Habermeier* § 737 BGB Rz. 9; *Bamberger/Roth/Timm/Schöne* § 737 BGB Rz. 5; zur oHG: *Schlegelberger/K. Schmidt* § 140 HGB Rz. 6; *Baumbach/Hopt* § 140 HGB Rz. 5; GK-*Ernsthaler* § 140 HGB Rz. 4). Mit der Ausschließung sei nämlich keine Schlechterstellung des Auszuschließenden verbunden, da er hier – wegen des Erhalts einer angemessenen Abfindung – allenfalls besser dasteht als im Falle der Auflösung der Gesellschaft (*Staudinger/Habermeier* § 737 BGB Rz. 9). Daran gemessen ist ein Ausschluss des B hier problemlos gerechtfertigt, da – wie oben gesehen – ein wichtiger Grund gemäß § 723 Abs. 1 Satz 2, 3 BGB in der Person des B vorliegt.

ZE.: Somit liegt nach beiden Ansichten ein den Ausschluss des B rechtfertigender Grund vor, weshalb ein Streitentscheid entbehrlich ist.

3.) Schließlich muss der Ausschluss des B auch *verhältnismäßig* sein. Der Ausschluss aus einer Gesellschaft ist nämlich stets nur *ultima ratio* (BGHZ **4**, 108, 120; *Palandt/Sprau* § 737 BGB Rz. 2), weshalb immer auch zu prüfen ist, ob nicht mildere Mittel wie beispielsweise die Abmahnung und/oder der Entzug der Geschäftsführungsbefugnis und Vertretungsmacht ausreichend sind (*Soergel-Hadding* § 723 BGB Rz. 16). Solche mildern Mittel kommen allerdings dann nicht in Betracht, wenn die Vertrauensgrundlage zwischen den Gesellschaftern vollständig zerrüttet ist (*Soergel-Hadding* § 723 BGB Rz. 16; *Baumbach/Hopt* § 133 HGB Rz. 7 – zur oHG), wovon nach den hier in Rede stehenden Vorfällen – wie gesehen – auszugehen ist.

ZE.: Die Pflichtverletzungen können nicht mit einem milderen Mittel geahndet werden, so dass die Verältnismäßigkeit gewahrt ist und ein den Ausschluss rechtfertigender Grund demnach vorliegt.

III. Gemäß **§ 737 Satz 2 BGB** setzt ein Ausschluss eines Gesellschafters schließlich einen *einstimmigen* Beschluss der übrigen Gesellschafter voraus. Diese Norm ist jedoch dispositiv, kann also durch den Gesellschaftsvertrag abgeändert werden (Brandenburgisches OLG Urteil vom 13.01.**2010**, Aktenzeichen: 7 U 132/08, Rz 68, zitiert nach Juris; MüKo-*Ulmer* § 737 BGB Rz. 13). Von dieser Möglichkeit haben die Gesellschafter in unserem Fall auch Gebrauch gemacht, indem sie unter § 8 des Gesellschaftsvertrages den Ausschluss eines Gesellschafters durch Mehrheitsentscheidung zugelassen haben. Dabei sind entsprechend der gesetzlichen Formulierung nur die »übrigen Gesellschafter« stimmberechtigt, also alle, ausgenommen dem Auszuschließenden (BGHZ **97**, 28, 34; *Palandt/Sprau* § 737 BGB Rz. 3; *Erman-Westermann* § 737 BGB Rz. 4). Danach waren also A, C und D stimmberechtigt. Da nur D gegen den Ausschluss gestimmt hat, ist die notwendige Mehrheit gegeben.

> **Noch mal Feinkost:** Ziemlich problematisch ist übrigens die Rechtslage, wenn von dem gesetzlichen Einstimmigkeitsgrundsatz im Gesellschaftsvertrag nicht abgewichen wurde und einer der Gesellschafter die Zustimmung zum Ausschluss versagt. In dieser Situation stellt sich dann die Frage, ob eine Pflicht zur Zustimmung besteht. Dies ist mit der herrschenden Meinung in der Rechtsprechung und der Lehre zu bejahen, wenn das Interesse an der Fortführung der gemeinsamen Zweckverfolgung ohne den betroffenen Gesellschafter dessen Ausschließung dringend erfordert und dem Gesellschafter die Zustimmung zumutbar ist (BGHZ **64**, 253, 257 f.; **68**, 81, 82; MüKo-*Ulmer* § 737 BGB Rz. 13; *Erman-Westermann* § 737 BGB Rz. 4; *Bamberger/Roth/Timm/Schöne* § 737 BGB Rz. 15).

IV. Ausweislich des § **737 Satz 3 BGB** wird der Ausschluss erst mit *Zugang* einer entsprechenden Erklärung bei dem auszuschließenden Gesellschafter wirksam. Dabei genügt die Mitteilung durch einen der verbleibenden Gesellschafter (MüKo-*Ulmer* § 737 BGB Rz. 14; *Erman-Westermann* § 737 BGB Rz. 4), was in unserem Fall von A übernommen wurde.

Ergebnis: Der B wurde gemäß § **737 BGB** wirksam aus der Gesellschaft ausgeschlossen.

Zum Verständnis: Der Vollständigkeit wegen wollen wir gerade noch die Folgen im Falle des Ausscheidens eines Gesellschafters, die sich nach § **738 BGB** bestimmen, ansehen: Gemäß § 738 BGB »wächst sein Anteil [der des Ausscheidenden] am Gesellschaftsvermögen den übrigen Gesellschaftern zu« (sogenannte »**Anwachsung**«, vgl. *Palandt/Sprau* § 737 BGB Rz. 3). Das heißt, mit seiner Mitgliedschaft verliert der ausscheidende Gesellschafter zugleich die Befugnis am Gesellschaftsvermögen, und die Berechtigung am Gesamthandsvermögen geht automatisch – also ohne einen Übertragungsakt! – auf die verbliebenen Gesellschafter über (*Staudinger/Habermeier* § 738 BGB Rz. 4). Der Ausscheidende hat dafür aber einen Anspruch auf Rückgabe der zur Benutzung überlassenen Gegenstände, einen Befreiungsanspruch hinsichtlich der gemeinschaftlichen Schulden sowie einen *Abfindungsanspruch*. Die Höhe des Abfindungsanspruchs bemisst sich übrigens – sofern nicht ein anderes bestimmt ist – nach dem Liquidationswert der Gesellschaft im Zeitpunkt des Ausscheidens, vgl. § 738 Abs. 1 Satz 2 BGB.

Fall 20: »Innenansichten III«

Nachschlag:

So funktioniert das also mit dem Ausschluss eines Gesellschafters bei der GbR. Wir wollen uns jetzt noch in gebotener Kürze anschauen, wie das Ganze bei der oHG abläuft; wirklich schwierig ist das freilich nicht, wir müssen dabei nur kleinere Änderungen beachten. Zur Verdeutlichung dient folgende Abwandlung zum Ausgangsfall:

> Wir wollen uns vorstellen, dass die Sportsfreunde von eben ihre Gesellschaft nun als F-oHG betreiben und uns dann fragen, welche Möglichkeit – bei sonst gleichem Sachverhalt – A und C haben, den B aus der Gesellschaft auszuschließen. In Abweichung zu eben lautet § 8 des Gesellschaftsvertrages nun aber wie folgt: »Über die Erhebung der Ausschlussklage wegen eines wichtigen Grundes kann die Mehrheit der übrigen Gesellschafter entscheiden«. **Rechtslage?**

Lösung: Der Ausschluss eines Gesellschafters, also des B, aus einer oHG kann durch eine Klage gemäß **§ 140 Abs. 1 Satz 1 HGB** erreicht werden (die Vorschrift muss gelesen werden).

I. Im Unterschied zum Recht der GbR ist ein Gesellschafterausschluss aus einer oHG grundsätzlich nur – das heißt, wenn im Gesellschaftsvertrag nicht ein anderes bestimmt ist – gemäß § 140 Abs. 1 Satz 1 HGB durch *gerichtliches Urteil* möglich (*E/B/J/Lorz* § 140 HGB Rz. 1; *Roth* Rz. 306). Die den Ausschluss eines Gesellschafters betreffende Klausel im Gesellschaftsvertrag (§ 8) enthält insoweit keine Modifikation, weshalb eine Klageerhebung notwendig ist. Die Antragstellung muss dabei entsprechend dem Wortlaut der Norm durch die »übrigen Gesellschafter« erfolgen. Diese Formulierung erfordert – wie auch im Rahmen des § 737 Satz 2 BGB – grundsätzlich ein Zusammenwirken aller verbliebenen Gesellschafter. Jedoch ist diese Norm ebenfalls abdingbar, so dass die im Gesellschaftsvertrag der F-oHG vorgesehene Möglichkeit einer Mehrheitsentscheidung über die Klageerhebung zulässig ist (vgl. *Heymann/Emmerich* § 140 HGB Rz. 34). Die erforderliche Mehrheit für die Klageerhebung ist hier erreicht, da zwei der drei verbliebenen Gesellschafter einen Ausschluss des B befürworten.

II. Zu prüfen ist nun des Weiteren, ob eine Ausschlussklage gegen B *begründet* wäre. Auch die materiellen Voraussetzungen für eine solche Klage ergeben sich aus § 140 Abs. 1 Satz 1 HGB.

1.) Zunächst müssen wir dabei auf ein Tatbestandsmerkmal eingehen, das im Anwendungsbereich des HGB im Unterschied zum BGB gerade nicht erforderlich ist. Bei der Lektüre des § 140 Abs. 1 HGB fällt auf, dass diese Norm – anders als § 737 BGB – nicht auf das Bestehen einer Fortsetzungsklausel im Gesellschaftsvertrag abstellt (bitte prüfen). Die in § 7 des Gesellschaftsvertrages der F-oHG enthaltene Fortsetzungsklausel hat daher im Rahmen der oHG lediglich klarstellende Bedeutung.

> **Beachte:** Seit der Handelsrechtsreform im Jahre 1998 führt das Ausscheiden eines Gesellschafters, beispielsweise im Todesfall oder aufgrund seiner Kündigung, nach der gesetzlichen Systematik nicht (mehr) zur Auflösung der Gesellschaft, sondern eben nur zum Wegfall dieses Gesellschafters (→ § 131 Abs. 3 HGB im Unterschied zu den §§ 727, 728 Abs. 1, 723 Abs. 1 BGB!). Die Auflösung der oHG erfolgt in der Regel nur noch in den in § 131 Abs. 1, 2 HGB bezeichneten Situationen. Merken.

2.) Da eine Fortsetzungsklausel entbehrlich ist, knüpft § 140 Abs. 1 Satz 1 HGB die sachliche Wirksamkeit des Ausschlusses nur an das Vorliegen eines wichtigen Grundes nach **§ 133 HGB**. Gemäß § 133 Abs. 2 HGB ist ein wichtiger Grund insbesondere vorhanden, wenn ein anderer Gesellschafter eine ihm nach dem Gesellschaftsvertrag obliegende wesentliche Verpflichtung vorsätzlich oder aus grober Fahrlässigkeit verletzt hat. Diese Formulierung kennen wir schon: Sie ist identisch mit dem in § 723 Abs. 1 Satz 3 Nr. 1 BGB enthaltenen Regelbeispiel. Daher kann insoweit uneingeschränkt auf das oben Gesagte verwiesen werden.

Zum Fall: Folglich liegt nach Abwägung aller Umstände des Einzelfalls ein wichtiger Grund im Sinne des § 133 Abs. 2 HGB vor. Sofern man mit der ständigen Rechtsprechung und einem Teil der Lehre (siehe oben) schärfere Anforderungen an den zum Ausschluss berechtigten Grund stellt, also einen besonders schweren Grund verlangt, ist auch diesem Erfordernis Genüge getan.

Ergebnis: Auch wenn die Gesellschaft in der Rechtsform der oHG betrieben wird, besteht die Möglichkeit, den B aus der F-oHG auszuschließen. Jedoch müssen die Gesellschafter Klage erheben und der Ausschluss wird erst durch den Urteilsspruch wirksam (beachte schließlich, dass sich die Wirkungen des Ausschlusses gemäß § 162 Abs. 2 i. V. m. § 105 Abs. 3 HGB ebenfalls nach § 738 BGB beurteilen (*Koller/Roth/Morck* § 131 HGB Rz. 10), womit wir insoweit dann nach oben verweisen können).

Gehobene Feinkostabteilung zum Schluss:

Probleme bereitet die Situation des Ausschlusses oder sonstigen Ausscheidens in einer Zwei-Mann-Personengesellschaft, sogenannte **»zweigliedrige Gesellschaft«** (OLG Hamm NJW-RR **2000**, 482; *Erman-Westermann* § 736 BGB Rz. 2). Scheidet einer der beiden Gesellschafter aus, verbleibt – klar! – nur noch einer: Eine Ein-Mann-Personengesellschaft gibt es nach herrschender Meinung aber nicht (vgl. insoweit die Nachweise vorne in Fall 12).

A. Gleichwohl ist in **§ 140 Abs. 1 Satz 2 HGB** ausdrücklich vorgesehen, dass ein *Ausschluss* wegen eines wichtigen Grundes aus einer **oHG/KG** auch dann möglich ist, wenn nur <u>ein</u> Gesellschafter verbleibt. Daraus darf nun aber nicht die Schlussfolgerung gezogen werden, dass das HGB die Ein-Mann-Personengesellschaft anerkennt. *Rechtsfolge* ist nach herrschender Meinung vielmehr, dass der verbleibende Gesellschafter *Alleininhaber* des Unternehmens wird, wobei das Gesellschaftsvermögen im Wege der Gesamtrechtsnachfolge auf ihn übergeht (BGHZ **50**, 307, 309; **113**, 132, 133; *Baumbach/Hopt* § 140 HGB Rz. 25; *E/B/J/Lorz* § 140 HGB Rz. 39). Für die Fälle des *Ausscheidens* (§ 131 Abs. 3 HGB) enthält das HGB keine dem § 140 Abs. 1 Satz 2 HGB vergleichbare Regelung. Trotzdem ist auch in diesen Konstellationen von einer Auflösung der Gesellschaft und einer Übertragung des gesamten Vermögens im Wege der Gesamtrechtsnachfolge auf den verbleibenden Gesellschafter als Alleininhaber auszugehen (BGHZ **133**, 132, 133 f.; *Baumbach/Hopt* § 131 HGB Rz. 19, 35; *Koller/Roth/Morck* § 140 HGB Rz. 5). Dieselbe Rechtsfolge kann auch erreicht werden durch eine sogenannte *Übernahmevereinbarung,* beispielsweise im Falle eines Vergleichs in einem Ausschließungsprozess (BGHZ **50**, 307, 308 f.; *K. Schmidt,* GesR, § 50 III 2b; *Schlegelberger/K. Schmidt* § 142 Rz. 46).

B. Im Recht der **GbR** existiert keine Vorschrift, die eine *gesetzliche* Übernahme des Gesellschaftsvermögens in dem oben beschriebenen Sinne regelt. Nach überwiegender Meinung kommt diese Rechtsfolge in Analogie zu § 737 BGB – nicht aber bei Vorliegen eines in § 736 BGB genannten Tatbestandes (!) – in Betracht (BGHZ **32**, 307, 317 f.; *Erman-Westermann* § 737 BGB Rz. 8; *Rimmelspacher* in AcP 173, 1, 17). **Das heißt**: Nur wenn es um den Ausschluss eines Gesellschafters wegen eines wichtigen Grundes geht, ist eine gesetzliche Übernahme des Gesellschaftsvermögens durch den allein verbleibenden Gesellschafter möglich. Voraussetzung ist, dass im Gesellschaftsvertrag – wie auch im direkten Anwendungsbereich des § 737 BGB – die Fortsetzung der Gesellschaft ohne den Kündigenden (*Soergel-Hadding* § 730 BGB Rz. 20; MüKo-*Ulmer* § 730 BGB Rz. 75) oder sogar ausdrücklich ein Übernahmerecht bei Kündigung eines Gesellschafters vorgesehen ist (MüKo-*Ulmer* § 730 BGB Rz. 75; *Palandt/Sprau* § 736 BGB Rz. 4, § 737 BGB Rz. 1 – letzterer in Analogie zu § 140 Abs. 1 Satz 2 HGB). Eine Übernahme des Gesellschaftsvermögens ist des Weiteren nach einhelliger Meinung unabhängig vom Ausscheidensgrund des Gesellschafters auch hier kraft *vertraglicher* Vereinbarung anerkannt (BGHZ **32**, 307, 314 ff.; BGH NJW-RR **1993**, 1443; OLG Hamm NZG **2000**, 250, 251; *Soergel-Hadding* § 730 BGB Rz. 19; *Wiedemann,* GesR I, § 5 II 1c).

Gutachten

B könnte aufgrund eines wichtigen Grundes gemäß § 737 BGB wirksam aus der F-GbR ausgeschlossen worden sein.

I. Ein Ausschluss eines Gesellschafters setzt nach § 737 Satz 1 BGB eine im Gesellschaftsvertrag enthaltene Fortsetzungsklausel voraus. Diese Fortsetzungsklausel muss sich entsprechend dem eindeutigen Gesetzeswortlaut auf den Fall der Kündigung durch einen Gesellschafter beziehen. Die in § 7 des Gesellschaftsvertrages enthaltene Fortsetzungsklausel bezieht sich auf den Kündigungsfall, wird also den Anforderungen des § 737 Abs. 1 BGB gerecht.

II. Ein Ausschluss eines Gesellschafters nach § 737 Abs. 1 BGB setzt zumindest das Bestehen eines wichtigen Grundes nach § 723 Abs. 1 Satz 2 BGB in der Person des auszuschließenden Gesellschafters voraus. Ein wichtiger Grund im Sinne des § 723 Abs. 1 Satz 2 BGB ist nach allgemeinen Grundsätzen nur dann anzunehmen, wenn in der Person des auszuschließenden Gesellschafters Umstände vorliegen, die eine Fortsetzung der Gesellschaft mit ihm für die Mitgesellschafter unzumutbar machen. Eine beispielhafte Aufzählung von Gründen, die als wichtiger Grund im Sinne des § 723 Abs. 1 Satz 2 BGB in Betracht kommen, findet sich in Satz 3 der Norm.

1.) Möglicherweise liegt hier ein Fall des § 723 Abs. 1 Satz 3 Nr. 1, 1. Var. BGB vor. Danach handelt es sich um einen wichtigen Grund, wenn ein Gesellschafter »eine ihm nach dem Gesellschaftsvertrag obliegende wesentliche Verpflichtung vorsätzlich oder grob fahrlässig verletzt hat«.

Indem B mehrfach Geld aus der Kasse entnommen hat, hat er sich zumindest der Unterschlagung nach § 246 Abs. 1 StGB zum Nachteil der F-GbR strafbar gemacht, also sich gegenüber der Gesellschaft grob unredlich verhalten. Außerdem hat B das Vertrauensverhältnis der Gesellschafter untereinander gestört, indem er die Mitgesellschafter A und C der unlauteren Geschäftspraxis beschuldigte. Diese Beschuldigungen erfüllen den Straftatbestand der Beleidigung und Verleumdung nach §§ 185, 186 StGB. Eine solche Verhaltensweise gegenüber den Mitgesellschaftern verstößt gegen die allgemeine gesellschaftsrechtliche Treuepflicht. B hat folglich zwei Mal gegen die ihm nach dem Gesellschaftsvertrag obliegenden Verpflichtungen in vorsätzlicher Weise verstoßen, so dass beide der genannten Verfehlungen jeweils für sich genommen das Regelbeispiel des § 723 Abs. 1 Satz 3 Nr. 1, 1. Var. BGB erfüllen.

2.) Allein die Erfüllung eines in § 723 Abs. 1 Satz 3 Nr. 1 BGB genannten Regelbeispiels genügt indes nicht, um die Auflösung der Gesellschaft beziehungsweise hier den Ausschluss eines Gesellschafters zu rechtfertigen. Die Frage der Unzumutbarkeit der Fortführung der Gesellschaft mit dem in Rede stehenden Gesellschafter macht vielmehr zusätzlich eine Gesamtwürdigung sämtlicher Umstände des Einzelfalls erforderlich. So kommt beispielsweise ein Ausschluss eines sich pflichtwidrig verhaltenden Gesellschafters in der Regel nicht in Betracht, wenn sich auch ein anderer oder gar sämtliche Mitgesellschafter ebenfalls Pflichtwidrigkeiten vorhalten lassen müssen. Für ein Fehlverhalten eines anderen Gesellschafters in der F-GbR bestehen keine Anhaltspunkte; insbesondere entbehren die von B erhobenen Vorwürfe, A und C würden sich unlauterer Geschäftspraktiken bedienen, jeder Tatsachengrundlage. Somit kommt dieser Gesichtspunkt dem B nicht zugute.

II. Fraglich ist, ob im Falle des Ausschlusses eines Gesellschafters das Vorliegen eines wichtigen Grundes ausreichend ist, oder aber ein besonders wichtiger Grund gegeben sein muss.

1.) Nach ständiger Rechtsprechung und einem Teil der Literatur sind an das Vorliegen eines zum Ausschluss berechtigenden Grundes schärfere Anforderungen zu stellen, als im Falle der Auflösung der Gesellschaft nach § 723 Abs. 1 BGB. Denn die Ausschließung eines Gesellschafters stelle für diesen eine härtere Maßnahme dar als die Auflösung der Gesellschaft, die ja alle Gesellschafter gleichermaßen trifft. Die Verfehlungen des B wirken vorliegend so schwer, dass dies zu einer Zerstörung der Vertrauensbasis geführt hat, zumal B nach Entdecken der Taten kein Unrechtsbewusstsein zeigte, sondern erst in beleidigender und verleumderischer Weise reagierte und schließlich meinte, die anderen »sollen sich nicht so anstellen wegen dem bisschen Geld«. Eine vertrauensvolle Zusammenarbeit kann nach solchen Vorfällen nicht mehr erwartet werden. Da eine Zusammenarbeit mit B auf dieser Grundlage nicht mehr möglich ist, liegt ein besonders wichtiger Grund vor.

2.) Nach einem Teil der Literatur sind die Voraussetzungen im Falle eines Ausschlusses mit denen einer Auflösung der Gesellschaft identisch. Mit der Ausschließung sei nämlich keine Schlechterstellung des Auszuschließenden verbunden, da er hier – wegen des Erhalts einer angemessenen Abfindung – allenfalls besser steht als im Falle der Auflösung der Gesellschaft. Daran gemessen ist ein Ausschluss des B gerechtfertigt, da – wie oben gesehen – ein wichtiger Grund gemäß § 723 Abs. 1 Satz 2, 3 BGB in der Person des B vorliegt. Somit liegt nach beiden Ansichten ein den Ausschluss des A rechtfertigender Grund vor, weshalb ein Streitentscheid entbehrlich ist.

III. Ferner muss der Ausschluss des B verhältnismäßig sein. Der Ausschluss aus einer Gesellschaft ist stets ultima ratio, weshalb fraglich ist, ob nicht mildere Mittel wie beispielsweise die Abmahnung und/oder der Entzug der Geschäftsführungsbefugnis und Vertretungsmacht ausreichend sind. Solche milderen Mittel kommen aber nicht in Betracht, wenn die Vertrauensgrundlage zwischen den Gesellschaftern vollständig zerrüttet ist. Hier spricht bereits das nachhaltige Hintergehen der Mitgesellschafter für eine Zerstörung der Vertrauensbasis. Die Pflichtverletzungen können nicht mit einem milderen Mittel geahndet werden, folglich ist der Ausschluss auch verhältnismäßig.

IV. Gemäß § 737 Satz 2 BGB setzt, sofern nicht ein anderes vereinbart ist, ein Ausschluss eines Gesellschafters einen einstimmigen Beschluss der übrigen Gesellschafter voraus. Von der Möglichkeit einer abweichenden vertraglichen Gestaltung haben die Gesellschafter Gebrauch gemacht, indem sie unter § 8 des Gesellschaftsvertrages den Ausschluss eines Gesellschafters durch Mehrheitsentscheidung zuließen. Dabei sind entsprechend der gesetzlichen Formulierung nur die »übrigen Gesellschafter« stimmberechtigt, also alle, ausgenommen dem Auszuschließenden. Danach waren also A, C und D stimmberechtigt. Da nur D gegen den Ausschluss gestimmt hat, ist die notwendige Mehrheit gegeben.

V. Ausweislich des § 737 Satz 3 BGB wird der Ausschluss erst mit Zugang einer entsprechenden Erklärung bei dem auszuschließenden Gesellschafter wirksam. Dabei genügt die Mitteilung durch einen der verbleibenden Gesellschafter, was hier von A übernommen wurde.

Fall 21

Bis dass der Tod uns scheidet!

Wir bleiben im vorherigen Fall mit der Fahrradwerkstatt, die als »F-oHG« von den Gesellschaftern A, B, C und D betrieben wird. Wir wollen uns nun vorstellen, dass im Gesellschaftsvertrag der F-oHG unter § 9 folgende Regelung steht:

»Jeder Gesellschafter ist berechtigt, für seinen Todesfall seine Nachfolge durch Erbeinsetzung zu regeln. Dabei darf in der letztwilligen Verfügung – sofern mehrere Personen als Erben eingesetzt werden – nur einer der Erben als Nachfolger benannt werden.«

Eines Tages verstirbt C bei einem Autounfall. In dem wirksam errichteten Testament hat er seinen Sohn S und seine Tochter T als Erben eingesetzt und angeordnet, dass S Gesellschafter der F-oHG werden soll.

S fragt Rechtsanwalt R, ob er nun automatisch Gesellschafter der F-oHG ist, und wenn ja, in welcher Höhe er den Gesellschaftsanteil des C erworben hat. Für den Fall, dass er tatsächlich Gesellschafter der oHG geworden ist, will er zudem wissen, wie er das daraus resultierende Haftungsrisiko begrenzen kann, wenn er keinesfalls auf das zusätzlich hinterlassene Barvermögen des C verzichten möchte.

Rechtslage?

> **Schwerpunkte:** Die Nachfolge beim Tod eines Gesellschafters; die rechtsgeschäftliche Nachfolgeklausel; die Eintrittsklausel; die erbrechtlichen Nachfolgeklauseln; die Regelung des § 139 HGB; das Ausschlagen einer Erbschaft.

Lösungsweg

Vorbemerkung: Bei der Lösung dieses Falles muss man sich zunächst einmal klarmachen, dass hier nicht – wie sonst in den Fällen dieses Buches – nach einem konkreten Anspruch gegen einen anderen gefragt ist. Vielmehr ist aus anwaltlicher Sicht zu prüfen, welche Rechtsposition unser S innehat und welche Gestaltungsmöglichkeiten bestehen, um eine für ihn interessengerechte Abwicklung zu erreichen. Anspruchsvoll ist dieser Fall aber nicht nur wegen der Problemstellung aus der Sicht des Anwalts (mit der man in einer Klausur mittlerweile rechnen muss!), sondern auch wegen der Verknüpfung von Erb- und Gesellschaftsrecht. Keine leichte Aufgabe demnach, allerdings werden wir selbstredend auch diese bewältigen, und das gelingt am besten dadurch, dass wir uns schön der Reihe nach mit den Fragen des S auseinandersetzen. Also:

I. Als Erstes stellt sich die Frage, ob S durch die testamentarische Anordnung des C automatisch Gesellschafter der F-oHG geworden ist.

1.) Zunächst einmal wollen wir insoweit bitte beachten, dass der Tod eines Gesellschafters grundsätzlich <u>nicht</u> zur Auflösung der oHG, sondern gemäß **§ 131 Abs. 3 Nr. 1 HGB** nur zum – logischen – Ausscheiden des Gesellschafters aus der Gesellschaft führt (bitte prüfen).

> **Beachte:** Würde es sich hier jetzt um eine GbR handeln, so müsste im Gesellschaftsvertrag gemäß **§ 736 Abs. 1 BGB** eine auf den Todesfall bezogene Nachfolgeklausel enthalten sein (vgl. insoweit den vorherigen Fall 20). Wäre dies nicht der Fall, so würde gemäß **§ 727 BGB** automatisch die Auflösung der Gesellschaft erfolgen. Besteht hingegen eine Nachfolgeklausel, gelten dann bei der GbR die gleichen Regeln, die wir jetzt zur oHG kennenlernen werden. Wichtiger Gedanke, bitte merken.

2.) Ist im Gesellschaftsvertrag der oHG keine Regelung enthalten, die eine Nachfolge des Gesellschafters vorsieht, hat dies grundsätzlich zur Folge, dass die Gesellschaft ohne den verstorbenen Gesellschafter oder seine Erben fortgeführt wird (*Röhricht/Graf v. Westphalen/von Gerkan/Haas* § 131 HGB Rz. 17; *Grunewald* 1. B. 66).

Wesentlich problematischer – und gerade deshalb auch klausurrelevant – ist die Rechtslage, wenn der Gesellschaftsvertrag eben doch eine Nachfolgeklausel vorsieht.

Denn: Die Gesellschafter haben gleich mehrere Möglichkeiten, die Nachfolge in einer Gesellschaft zu regeln, weshalb die unterschiedlichen Gestaltungsformen voneinander abgegrenzt werden müssen. Zu unterscheiden sind dabei **a)** die rechtsgeschäftliche Nachfolgeklausel, **b)** die Eintrittsklausel sowie **c)** die einfache und qualifizierte erbrechtliche Nachfolgeklausel. Und die sehen wir uns jetzt mal im Einzelnen an:

a) Die rechtsgeschäftliche Nachfolgeklausel

> **Definition:** Um eine *rechtsgeschäftliche Nachfolgeklausel* handelt es sich, wenn im Gesellschaftsvertrag eine Person namentlich benannt ist, auf die der Gesellschaftsanteil im Todesfall automatisch übergehen soll (BGHZ **68**, 225, 231, 233 f.; *Baumbach/Hopt* § 139 HGB Rz. 56; *E/B/J/Lorz* § 139 HGB Rz. 51).

Ist – wie im vorliegenden Fall – keine namentliche Bezeichnung im Gesellschaftsvertrag vorgesehen, ist klar, dass diese Variante ausscheidet. So offensichtlich wie hier liegt der Fall aber nicht immer: Beispielsweise kann im Gesellschaftsvertrag »mein Erbe S« als Nachfolger bestimmt sein. Um hier eine rechtliche Einordnung der Klausel vornehmen zu können, muss man sich die mit einer rechtsgeschäftlichen Regelung verbundenen Konsequenzen verdeutlichen: Eine Änderung des Namens bzw. der Person im Gesellschaftsvertrag stellt immer eine Vertragsänderung dar, so dass der

Erblasser diese Person selbstverständlich nicht mehr einseitig auswechseln kann. Von Bedeutung ist insbesondere, dass aufgrund des rechtsgeschäftlichen Charakters der Anordnung nicht ein am Gesellschaftsvertrag Unbeteiligter wirksam als Nachfolger benannt werden kann. **Denn**: Mit der Stellung als Gesellschafter sind nicht nur Rechte, sondern vor allem auch *Pflichten* verbunden, weshalb die Anordnung grundsätzlich auch *zu Lasten* der eingesetzten Person wirkt. Ein Vertrag *zu Lasten Dritter* ist aber nach allgemeiner Meinung *unzulässig* (BGHZ **68**, 225, 231, 232 f.; *Palandt/Sprau* § 727 BGB Rz. 4; *Soergel-Hadding* § 727 BGB Rz. 32). Daher kommt eine rechtsgeschäftliche Nachfolgeklausel in der Regel nur in Betracht, wenn ein anderer Gesellschafter der Gesellschaft als Nachfolger eingesetzt wird (BGHZ **68**, 225, 231, 233 f.; BayObLG ZIP **2000**, 1614, 1615; *Röhricht/Graf v. Westphalen/von Gerkan/Haas* § 139 HGB Rz. 14; MüKo-*Ulmer* § 727 BGB Rz. 51).

Zum Fall: Hier bei uns scheidet die Qualifikation von § 9 des Gesellschaftsvertrages als rechtsgeschäftliche Nachfolgeklausel nicht nur mangels namentlicher Benennung einer bestimmten Person aus. Vielmehr wäre diese Gestaltungsform als Vertrag zu Lasten Dritter (zu Lasten des S) auch unwirksam.

b) Die Eintrittsklausel

> **Definition**: Mit einer *Eintrittsklausel* wird die Nachfolge in der Gesellschaft unmittelbar durch den Gesellschaftsvertrag geregelt, und zwar, indem dem Begünstigten ein Recht auf Beitritt zur Gesellschaft eingeräumt wird (*Soergel-Hadding* § 727 BGB Rz. 14 f.; *E/B/J/Lorz* § 139 HGB Rz. 38; *K. Schmidt*, GesR, § 45 V 6; *Becker* in AcP 201, 629, 631).

Im Unterschied zur rechtsgeschäftlichen Nachfolgeklausel wird die namentlich bezeichnete Person also nicht automatisch im Todeszeitpunkt Gesellschafter, weshalb diese Vertragsgestaltung als *Vertrag zugunsten Dritter* auch grundsätzlich zulässig ist (MüKo-*Gottwald* § 328 BGB Rz. 64; *K. Schmidt*, GesR, § 45 V 6; *Hüffer* § 21 5a). Allerdings wird eine solche Klausel von den Gesellschaftern wegen der Ungewissheit, ob der Benannte das Eintrittsrecht später tatsächlich ausüben wird, nur in besonderen Konstellationen gewählt. Daher kann vom Vorliegen dieser Gestaltungsart nur ausgegangen werden, wenn das Entscheidungsrecht des Dritten sich eindeutig aus dem Vertrag ergibt (BGHZ **68**, 225, 230, 233).

Zum Fall: Hier scheidet die Annahme einer Eintrittsklausel bereits wegen der fehlenden namentlichen Benennung einer Person in § 8 des Gesellschaftsvertrages aus.

c) Die (einfache und qualifizierte) erbrechtliche Nachfolgeklausel

Vorab: Damit verbleiben für unseren Fall nur noch die sogenannten »**erbrechtlichen Nachfolgeklauseln**«, wobei zwischen der *einfachen* und *qualifizierten* erbrechtlichen Nachfolgeklausel zu unterscheiden ist (*Baumbach/Hopt* § 139 HGB Rz. 2; *E/B/J/Lorz*

§ 139 HGB Rz. 7 ff., 20 ff.). Beide Arten der erbrechtlichen Nachfolgeklauseln setzen voraus, dass den Gesellschaftern im Gesellschaftsvertrag die Möglichkeit eingeräumt wird, die Nachfolge erbrechtlich zu regeln, also der Gesellschaftsanteil vererblich gestellt wird (BGHZ **22**, 186, 191; **68**, 225, 229; MüKo-*K. Schmidt* § 139 HGB Rz. 11). Wer Erbe ist, bestimmt sich dann allein nach Maßgabe des Erbrechts, mithin ist die gesetzliche Erbfolge oder eine letztwillige Verfügung entscheidend (MüKo-*Ulmer* § 727 BGB Rz. 28; *Baumbach/Hopt* § 139 HGB Rz. 10), wobei die Gesellschafterstellung sodann automatisch erworben wird. Zur Begrifflichkeit:

aa) Die einfache erbrechtliche Nachfolgeklausel

> **Definition:** Um eine *einfache* erbrechtliche Nachfolgeklausel handelt es sich, wenn alle gesetzlichen oder testamentarischen Erben Gesellschafter werden sollen (*Röhricht/Graf v. Westphalen/von Gerkan/Haas* § 139 HGB Rz. 6; *Hüffer* § 21 3a; *Wiedemann*, GesR II, § 5 III 2a).

Keine Probleme bereitet die rechtliche Beurteilung, wenn der Erblasser nur von einer Person beerbt wird. Hier tritt der Erbe unmittelbar kraft Gesetzes an die Stelle des verstorbenen Gesellschafters, und zwar mit allen Rechten und Pflichten (BGHZ **22**, 186, 191; MüKo-*Ulmer* § 727 BGB Rz. 31, 32; *E/B/J/Lorz* § 139 HGB Rz. 7).

Schwierig wird es allerdings, wenn der Erblasser mehrere Erben hinterlässt. Nach erbrechtlichen Grundsätzen geht das Vermögen des Erblassers auf die Erben über, wobei dieses gemäß §§ 1922, 2032 ff. BGB *gemeinschaftliches* Vermögen aller Erben als Erbengemeinschaft wird. Dies zugrunde gelegt, werden also nicht die einzelnen Erben, sondern die *Erbengemeinschaft* Gesellschafter (*Wiedemann*, GesR II, § 5 III 2b). Nach herrschender Meinung steht es allerdings mit wesentlichen Grundsätzen des Personengesellschaftsrechts im Widerspruch, eine Erbengemeinschaft als Gesellschafterin einer Personengesellschaft anzusehen (BGHZ **22**, 186, 192; BGHZ **98**, 48, 50 f.; *Palandt/Sprau* § 727 BGB Rz. 3; *Bamberger/Roth/Timm/Schöne* § 727 BGB Rz. 16; *K Schmidt*, GesR, § 45 V 4a; *Kübler/Assmann* § 7 VII 3a). So lässt sich beispielsweise die für die Mitglieder einer Erbengemeinschaft geltende beschränkte Haftung nach § 2059 BGB nicht mit der unbeschränkten Haftung in einer Personengesellschaft nach § 128 Satz 1 HGB vereinbaren (MüKo-*Ulmer* § 727 BGB Rz. 81). Außerdem ist das Gebilde einer Erbengemeinschaft aufgrund des nach § 2038 Abs. 1 BGB geltenden Einstimmigkeitsprinzips zu schwerfällig, um als geschäftsführende Gesellschafterin in einer Personengesellschaft handlungsfähig sein zu können (BGHZ **68**, 225, 237; *Wiedemann*, GesR II, § 5 III 2b). Damit stellt sich noch die Frage, wie die Konfliktsituation zwischen Erb- und Gesellschaftsrecht aufzulösen ist. Nach herrschender Meinung verdient das Gesellschaftsrecht den Vorzug, so dass jeder Erbe unmittelbar aufgrund einer *Sonderzuordnung* selbst Gesellschafter wird, und zwar in Höhe der auf ihn entfallenden Erbquote (BGHZ **68**, 225, 237; **98**, 48, 50 f.; **101**, 123, 126; *Röhricht/Graf v. Westphalen/von Gerkan/Haas* § 139 HGB Rz. 8; *Koller/Roth/Morck* § 139 HGB Rz. 5; *K. Schmidt*, GesR, § 45 V 4a).

Zum Fall: Diese gerade geschilderte Konstellation liegt hier nicht vor. Zwar wird B von zwei Personen beerbt, jedoch soll kraft der testamentarischen Verfügung nur der S Gesellschafter der F-oHG werden.

bb) Die qualifizierte erbrechtliche Nachfolgeklausel

> **Definition**: Eine *qualifizierte* erbrechtliche Nachfolgeklausel liegt vor, wenn ein bestimmter oder bestimmbarer Erbe bzw. ein Teil der Erben bereits im Gesellschaftsvertrag als Nachfolger bezeichnet ist oder den Gesellschaftern die Option eingeräumt wird, durch letztwillige Verfügung einen konkreten Erben bzw. einen Teil der Erben auszuwählen (MüKo-*Ulmer* § 727 BGB Rz. 29; MüKo-*K. Schmidt* § 139 HGB Rz. 16; *Koller/Roth/Morck* § 139 HGB Rz. 6).

In dieser Konstellation erwirbt der Erbe nach herrschender Meinung dann den *gesamten* Mitgliedschaftsanteil, und eben nicht nur einen der Erbquote entsprechenden Anteil (BGHZ **68**, 225, 238; *Baumbach/Hopt* § 139 HGB Rz. 17; *Schlegelberger/K. Schmidt* § 139 HGB Rz. 20; *Hueck/Windbichler* § 16 Rz. 4).

Zum Fall: Der § 9 des Gesellschaftsvertrages sieht vor, dass die Gesellschafter die Nachfolge in der F-oHG für den Todesfall durch Erbeinsetzung regeln können. Folglich handelt es sich um eine erbrechtliche Nachfolgeklausel, und zwar eine solche in *qualifizierter* Form, da unter § 9 des Vertrages auch bestimmt ist, dass nur einer von mehreren Erben durch letztwillige Verfügung als Nachfolger benannt werden darf. Der S ist in dem wirksam errichteten Testament als Erbe eingesetzt und zudem als Nachfolger des C bei der F-oHG benannt.

ZE.: Mithin hat er den Gesellschaftsanteil des C kraft der qualifizierten erbrechtlichen Nachfolgeklausel automatisch erworben, wobei ihn die gleichen Rechte und Pflichten wie den Erblasser selbst treffen.

Ergebnis: Der S ist somit durch die testamentarische Einsetzung automatisch Gesellschafter der F-oHG geworden, und zwar hat er den gesamten Gesellschaftsanteil des C erworben.

II. Fraglich ist nunmehr im zweiten Schritt, welche Möglichkeiten dem S offen stehen, das einen oHG-Gesellschafter aus § 128 Satz 1 HGB treffende, umfassende Haftungsrisiko abzuwenden.

1.) Dieses weitgehende Haftungsrisiko wäre vollends abgewendet, wenn S den Erwerb des Gesellschaftsanteils noch verhindern könnte und demzufolge dann auch nicht Gesellschafter der F-oHG würde.

Dies wäre insbesondere dann der Fall, wenn S die Erbschaft gemäß den §§ 1942 ff. BGB einfach *ausschlägt*, bitte lies § 1953 Abs. 1 BGB. Allerdings kann die Erbausschlagung ausweislich des § 1950 Satz 1 BGB nicht auf einen Teil der Erbschaft, konkret nicht bloß auf den Gesellschaftsanteil, beschränkt werden (vgl. *E/B/J/Lorz* § 139 HGB Rz. 3). Das heißt, der S würde im Fall der Erbausschlagung neben der Gesellschafterstellung auch die Berechtigung an dem hinterlassenen Barvermögen verlieren. Die Möglichkeit der Erbausschlagung würde seiner Vorstellung daher nicht gerecht werden, denn S will ja durchaus Erbe werden, nur eben das Haftungsrisiko aus § 128 HGB nicht tragen müssen.

2.) Ein Erbe eines oHG-Gesellschafters oder eines Komplementärs einer KG hat nach **§ 139 Abs. 1 HGB** aber die Möglichkeit, die Umwandlung des Gesellschaftsanteils in einen **Kommanditanteil** zu verlangen. Nehmen die übrigen Gesellschafter den entsprechenden Antrag des Erben an (§ 139 Abs. 2 HGB), so haftet der Erbe als Kommanditist nach Maßgabe der §§ 171, 172 HGB nur beschränkt (*E/B/J/Lorz* § 139 HGB Rz. 97; *Grunewald* 1. B. Rz. 68).

Zum Fall: Da hiermit das weitgehende Haftungsrisiko eines Komplementärs entfällt, entspricht diese Lösung der Interessenlage des S. Nichts anderes gilt übrigens, wenn die übrigen Gesellschafter den Antrag auf Umwandlung ablehnen, da S dann gemäß **§ 139 Abs. 2 HGB** ohne Einhaltung einer Kündigungsfrist aus der Gesellschaft ausscheiden kann. Wählt er diese Variante, so verliert er zwar die Gesellschafterstellung, kann aber weiterhin über das von C hinterlassene Barvermögen verfügen.

Ergebnis: Der S kann von den übrigen Gesellschaftern, also A, B und D, die Umwandlung des Gesellschaftsanteils in einen Kommanditanteil gemäß § 139 Abs. 1 HGB verlangen. Sollten die Gesellschafter dies ablehnen, steht S dann der Weg über § 139 Abs. 2 HGB frei.

Gutachten

I. Zunächst ist zu prüfen, ob S durch die testamentarische Anordnung des C automatisch Gesellschafter der F-oHG wurde.

1.) Der Tod des C führt gemäß § 131 Abs. 3 Nr. 1 HGB nicht zur Auflösung der Gesellschaft, so dass – aufgrund der im Gesellschaftsvertrag enthaltenen Nachfolgeklausel – ein wirksamer Eintritt des S in die F-oHG in Betracht kommt. Fraglich ist indes, ob sich der Eintritt des S in die F-oHG auch automatisch vollzogen hat. Nachfolgeklauseln in Gesellschaftsverträgen können unterschiedlich ausgestaltet sein, wobei nicht in jedem Fall ein automatischer Eintritt in die Rechtsposition des verstorbenen Gesellschafters die Folge ist. Zu unterscheiden sind die rechtsgeschäftliche Nachfolgeklausel, die Eintrittsklausel und die erbrechtlichen Nachfolgeklauseln.

a) Die rechtsgeschäftliche Nachfolgeklausel bewirkt zwar einen automatischen Übergang des Gesellschaftsanteils im Todesfall, kommt jedoch nur in Betracht, wenn im Gesellschaftsvertrag eine Person namentlich benannt ist. Eine namentliche Bezeichnung des S ist in § 9 des Gesellschaftsvertrages nicht vorgesehen, so dass die Qualifikation als rechtsgeschäftliche Nachfolgeklausel nicht in Betracht kommt.

b) Keinen automatischen Erwerb der Rechtsstellung des Verstorbenen bewirkt die Eintrittsklausel. Durch diese wird dem im Gesellschaftsvertrag namentlich bezeichneten Begünstigten vielmehr ein Recht auf Beitritt zur Gesellschaft eingeräumt. Wegen der fehlenden namentlichen Benennung des S in § 9 des Gesellschaftsvertrages scheidet die Annahme einer Eintrittsklausel aus.

c) Damit kommen vorliegend nur die sogenannten erbrechtlichen Nachfolgeklauseln, die den automatischen Erwerb der Gesellschafterstellung nach sich ziehen, in Betracht. Zu unterscheiden sind zwei Arten der erbrechtlichen Nachfolgeklausel, nämlich die einfache und die qualifizierte erbrechtliche Nachfolgeklausel. Beide Gestaltungsmöglichkeiten setzen voraus, dass den Gesellschaftern im Gesellschaftsvertrag die Möglichkeit eingeräumt wird, die Nachfolge erbrechtlich zu regeln, also der Gesellschaftsanteil vererblich gestellt wird. Wer Erbe ist, bestimmt sich dann allein nach Maßgabe des Erbrechts, mithin ist die gesetzliche Erbfolge oder eine letztwillige Verfügung entscheidend.

In § 9 des Gesellschaftsvertrages wird der Gesellschaftsanteil in diesem Sinne vererblich gestellt, so dass es sich hierbei um eine erbrechtliche Nachfolgeklausel handelt, die den automatischen Erwerb der Gesellschafterstellung bewirkt.

2.) Fraglich ist nunmehr, ob S den gesamten Mitgliedschaftsanteil oder diesen nur in Höhe seiner Erbquote zu ½ erwirbt. Dies wiederum ist davon abhängig, ob es sich bei § 9 des Gesellschaftsvertrages um eine einfache oder eine qualifizierte erbrechtliche Nachfolgeklausel handelt.

a) Eine einfache erbrechtliche Nachfolgeklausel liegt vor, wenn alle gesetzlichen oder testamentarischen Erben Gesellschafter werden sollen. In dieser Situation wird nach herrschender Meinung jeder Erbe aufgrund einer Sonderzuordnung unmittelbar – das heißt, ohne Auseinandersetzung der Erbengemeinschaft – Gesellschafter, und zwar in Höhe der auf ihn entfallenden Erbquote.

Diese Fallgestaltung liegt hier nicht vor. Zwar wird C von zwei Personen beerbt, jedoch ist im Gesellschaftsvertrag bestimmt, dass nur einer von mehreren Erben Nachfolger in der Gesellschaft werden soll, was C in der testamentarischen Anordnung auch vorgesehen hat.

b) Von einer qualifizierten erbrechtlichen Nachfolgeklausel ist die Rede, wenn ein bestimmter oder bestimmbarer Erbe beziehungsweise ein Teil der Erben bereits im Gesellschaftsvertrag als Nachfolger bezeichnet ist oder hier den Gesellschaftern die Option eingeräumt wird, durch letztwillige Verfügung einen konkreten (beziehungsweise einen Teil der) Erben auszuwählen. In dieser Konstellation erwirbt der Erbe nach herrschender Meinung den gesamten Mitgliedschaftsanteil und eben nicht nur einen der Erbquote entsprechenden Anteil.

Nach § 9 des Gesellschaftsvertrages ist nicht nur der Gesellschaftsanteil vererblich gestellt, sondern zugleich geregelt, dass nur einer von mehreren Erben durch letztwillige Verfügung als Nachfolger benannt werden darf. S ist in dem wirksam errichteten Testament als Erbe eingesetzt und zudem als Nachfolger benannt. Mithin hat er den Gesellschaftsanteil des C automatisch und in voller Höhe erworben.

II. Fraglich ist nunmehr, welche Möglichkeiten S hat, das aus § 128 Satz 1 HGB resultierende Haftungsrisiko abzuwenden.

1.) Das Haftungsrisiko wäre jedenfalls ausgeschlossen, wenn S den Erwerb des Gesellschaftsanteils noch verhindern kann und daher nicht Gesellschafter der F-oHG wird. Diese Möglichkeit besteht, indem er die Erbschaft gemäß den §§ 1942 ff. BGB ausschlägt, vgl. § 1953 Abs. 1 BGB. Jedoch kann die Erbausschlagung ausweislich des § 1950 Satz 1 BGB nicht auf einen Teil der Erbschaft, also nicht bloß auf den Gesellschaftsanteil beschränkt werden. Das heißt, S würde im Fall der Erbausschlagung neben der Gesellschafterstellung auch die Berechtigung an dem hinterlassenen Barvermögen verlieren. Die Möglichkeit der Erbausschlagung würde seiner Vorstellung daher nicht gerecht werden.

2.) Ein Erbe eines oHG-Gesellschafters hat nach § 139 Abs. 1 HGB die Möglichkeit, die Umwandlung des Gesellschaftsanteils in einen Kommanditanteil zu verlangen. Nehmen die übrigen Gesellschafter den entsprechenden Antrag des Erben an (vgl. § 139 Abs. 2 HGB), so haftet S als Kommanditist nach Maßgabe der §§ 171, 172 HGB nur beschränkt. Da hiermit das weitgehende Haftungsrisiko eines Komplementärs entfällt, entspricht diese Lösung der Interessenlage des S. Nichts anderes gilt, wenn die übrigen Gesellschafter den Antrag auf Umwandlung ablehnen, da S gemäß § 139 Abs. 2 HGB ohne Einhaltung einer Kündigungsfrist aus der Gesellschaft ausscheiden kann. Wählt er diese Variante, so verliert er zwar die Gesellschafterstellung, kann aber weiterhin über das von seinem Vater hinterlassene Barvermögen verfügen.

Ergebnis: S kann von den übrigen Gesellschaftern, also F und R, die Umwandlung des Gesellschaftsanteils in einen Kommanditanteil gemäß § 139 Abs. 1 HGB verlangen.

Fall 22

Gut gedacht – schlecht gemacht!

Die im Speditionsgewerbe tätige S-GmbH, an der zehn Gesellschafter beteiligt sind, beschäftigt 100 Arbeitnehmer. Im Gesellschaftsvertrag der S-GmbH ist vorgesehen, dass A und B, die beide nicht Gesellschafter der S-GmbH sind, zu Geschäftsführern berufen werden, wobei sie jeweils zur Alleinvertretung der Gesellschaft berechtigt sein sollen. Im Gesellschaftsvertrag ist des Weiteren bestimmt, dass bei Geschäften mit einem Wert über 50.000 Euro die Zustimmung der Gesellschafterversammlung notwendig ist. Die Eintragung der Alleinvertretungsmacht der Geschäftsführer A und B in das Handelsregister ist erfolgt.

Auf einer Geschäftsreise bietet sich B eines Tages die Gelegenheit, einen gebrauchten Kleinlaster zu einem Preis von 80.000 Euro zu kaufen. Da der Laster tatsächlich noch deutlich mehr wert ist (100.000 Euro), schließt B im Namen der S-GmbH mit dem Gebrauchtwagenhändler G den Kaufvertrag. Als B dem A dann freudestrahlend von dem »Schnäppchen« erzählt, weist A ihn auf das Übergehen der Gesellschafterversammlung hin. B war davon überzeugt, dass die Gesellschafter wegen des günstigen Preises zustimmen würden. Diese Einschätzung ist indes – wie sich später herausstellt – nicht zutreffend, da die Gesellschafter die Gefahr finanzieller Engpässe sehen.

G will wissen, ob und von wem er den Kaufpreis verlangen kann. Hat die S-GmbH Ansprüche gegen B?

> **Schwerpunkte:** Das Recht der GmbH; die Geschäftsführung und die Vertretung in der GmbH; die Haftung des Geschäftsführers für Pflichtverletzungen.

Lösungsweg

Vorab: Das begriffliche Gegenstück zu den in den vorangegangenen Fällen behandelten Personengesellschaften sind die *Körperschaften*. Die Grundform der Körperschaften ist der *Verein*, geregelt in den §§ 21 ff. BGB (*Hueck/Windbichler* § 2 Rz. 12; *K. Schmidt*, GesR, § 3 2a). Zu den Körperschaften gehören neben dem Verein die *Aktiengesellschaft* (AG), die *Kommanditgesellschaft auf Aktien* (KGaA), die *Genossenschaft*, der *Versicherungsverein auf Gegenseitigkeit* (VvaG) und natürlich die *Gesellschaft mit beschränkter Haftung* (GmbH). Wir wollen uns hier zum Ende des Buches in den letzten drei Fällen ausschließlich mit der GmbH beschäftigen, und zwar deshalb, weil

– neben dem zum klassischen BGB-AT gehörenden Verein – nur die GmbH nach der juristischen Ausbildungsordnung zum Pflichtfachstoff für die Studenten gehört (vgl. etwa § 11 Abs. 2 Nr. 4 JAG NRW).

Wichtig zu wissen ist zunächst einmal, dass am **01.11.2008** das Gesetz zur Modernisierung des GmbH-Rechts und zur Bekämpfung von Missbräuchen **(MoMiG)** in Kraft getreten ist (vgl. BGBl. I 2008, S. 2026 ff.). Mit diesem Gesetz wurde die GmbH der größten Reform seit ihrer Schaffung im Jahre 1892 unterzogen (*Hirte* in NZG 2008, 761), wobei Zweck dieser umfassenden Änderung zum einen die Steigerung der Attraktivität der GmbH im Vergleich zu ausländischen Gesellschaftstypen und zum anderen – wo nötig – die Verbesserung des Gläubiger- und Verkehrsschutzes im Kapitalgesellschaftsrecht ist (*Kindler* in NJW 2008, 3249).

Natürlich sind nicht sämtliche Änderungen, die das MoMiG vorsieht, für die universitäre Ausbildung relevant. Wir werden uns deshalb hier in diesem Buch auf die zentralen – und zwar die für die Klausur interessanten – Punkte beschränken, nämlich:

- Die Deregulierung der GmbH-Gründung,
- die Einführung einer Unternehmergesellschaft,
- die Vereinfachungen der Kapitalaufbringung und Kapitalerhaltung sowie
- auf den gutgläubigen Erwerb von GmbH-Geschäftsanteilen.

Das zur Einführung – und jetzt zur Fall-Lösung:

A. Ansprüche des G gegen die S-GmbH auf Zahlung von 80.000 Euro

I. Ein Anspruch des G auf Kaufpreiszahlung gegen die S-GmbH könnte sich aus **§ 433 Abs. 2 BGB i. V. m. § 13 Abs. 1 GmbHG** (aufschlagen!) ergeben.

Durchblick: Bevor wir richtig in die Lösung einsteigen, wollen wir uns zunächst mal anschauen, was eine GmbH eigentlich ist und nach welchen Prinzipien die rechtliche Einordnung erfolgt. Der Begriff »GmbH« ist im Gesetz – dem GmbHG – nicht definiert (*Baumbach/Hueck/Fastrich* Einl. Rz. 14). Allerdings lassen sich aus den §§ 1, 5, 11, 13 GmbHG die Wesensmerkmale der GmbH herleiten, und zwar:

→ Gemäß **§ 1 GmbHG** ist die GmbH eine Gesellschaft, die von einem (sogenannte »Ein-Mann-GmbH«) oder mehreren Gesellschaftern (sogenannte »mehrgliedrige GmbH«) zu jedem gesetzlich zulässigen Zweck gegründet werden kann. Der Gesellschaftsvertrag – auch als *Satzung* bezeichnet – bedarf gemäß **§ 2 Abs. 1 Satz 1 GmbHG** der notariellen Beurkundung.

→ Nach **§ 13 Abs. 1 GmbHG** ist die GmbH juristische Person, das heißt, sie ist als solche *selbstständige* Trägerin von Rechten und Pflichten. Die eigene Rechtspersönlichkeit erlangt sie durch Eintragung in das Handelsregister, vgl. **§ 11 Abs. 1 GmbHG**.

➔ In **§ 13 Abs. 2 GmbHG** ist bestimmt, dass gegenüber den Gesellschaftsgläubigern nur das *Gesellschaftsvermögen* haftet, also nicht die Gesellschafter mit ihrem Privatvermögen, das ist das sogenannte »Trennungsprinzip« (vgl. *Baumbach/Hueck/Fastrich* § 13 GmbHG Rz. 8; *Rowedder/Schmidt-Leithoff/Pentz* § 13 GmbHG Rz. 122).

➔ Gemäß **§ 13 Abs. 3 GmbHG** ist die GmbH stets *Handelsgesellschaft*, das heißt, die Vorschriften des HGB finden auf sie Anwendung (vgl. § 6 Abs. 2 HGB), sofern sich aus dem GmbHG keine speziellere Regelung ergibt (*Baumbach/Hueck/Fastrich* § 13 GmbHG Rz. 40). So bestimmt beispielsweise § 4 GmbHG in Ergänzung zu den firmenrechtlichen Vorschriften der §§ 17 ff. HGB, dass die Firma stets den Zusatz »Gesellschaft mit beschränkter Haftung« oder eine allgemein verständliche Abkürzung dieser Bezeichnung enthalten muss (nach OLG München NJW **2007**, 1601 ist die Abkürzung gGmbH, was für *gemeinnützige* GmbH steht, daher nicht zulässig, da Unklarheiten über die Haftungssituation auftreten könnten). Die GmbH ist zudem – wie die AG und die KGaA – *Kapitalgesellschaft*. Kennzeichnend für eine Kapitalgesellschaft ist, dass ihre Mitglieder wenigstens das gesetzliche Mindestkapital aufbringen müssen, und dies später nur nach einer formellen Kapitalherabsetzung oder im Zuge der Liquidation wieder ausgeschüttet werden darf (*Wiedemann*, GesR I, § 2 I 3a).

➔ Gemäß **§ 5 Abs. 1 GmbHG** beträgt das gesetzliche Mindestkapital **(Stammkapital)** in der GmbH 25.000 Euro. Im Rahmen des Gesetzgebungsvorhabens des **MoMiG** stand die Änderung der Höhe des gesetzlichen Mindestkapitals zur Diskussion, wobei die Lösungsvorschläge von einer Erhöhung der Kapitalziffer bis hin zu deren Abschaffung reichten. Der Gesetzgeber hat sich letztlich gegen eine Änderung der Vorschrift des § 5 Abs. 1 GmbHG entschieden, dafür aber für die Einführung der *Unternehmergesellschaft* in **§ 5a GmbHG n. F.** als Variante der »normalen« GmbH (vgl. BT-Drs. 16/6140, S. 74). Der entscheidende Unterschied der Unternehmergesellschaft zur normalen GmbH besteht darin, dass sie mit einem geringeren Mindestkapital als nach § 5 Abs. 1 GmbHG gegründet werden kann (vgl. **§ 5a Abs. 1 GmbHG n. F.**). Der kleinste Betrag, der hierbei in Betracht kommt, beträgt **1 Euro**, da zumindest ein Geschäftsanteil zu zeichnen ist (vgl. *Seibert/Decker* in ZIP 2008, 1208; *Hirte* in NZG 2008, 761, 762; zum Geschäftsanteil siehe noch Fall 23). Wenngleich auf die Unternehmergesellschaft alle Regeln der GmbH anwendbar sind (es handelt sich ja nur um eine Unterform der GmbH!), ergeben sich aus der geringeren Kapitalausstattung der Unternehmergesellschaft einige Abweichungen zur normalen GmbH, die in § 5a GmbHG n. F. aufgeführt sind (lesen!). Hervorzuheben ist zum einen die sich aus § 5a Abs. 1 GmbHG n. F. ergebende Besonderheit der Firmierung: Gemäß § 5a Abs. 1 GmbHG n. F. ist abweichend von § 4 GmbHG – wonach in der Firma die Bezeichnung *Gesellschaft mit beschränkter Haftung* oder eine allgemein verständliche Abkürzung (also: GmbH) enthalten sein muss – die Bezeichnung »**Unternehmergesellschaft (haftungsbeschränkt)**« oder »**UG haftungsbeschränkt**« aufzunehmen. Zum anderen ist auf die in **§ 5a Abs. 3 Satz 1 GmbHG n. F.** festgelegte Ansparpflicht in Höhe eines Viertels des Jahresüberschusses hinzuweisen, die nach § 5a Abs. 5 GmbHG n. F. entfällt, wenn durch eine Kapitalerhöhung das gesetzliche Mindestkapital erreicht wird.

Zurück zum Fall: Voraussetzung des Anspruchs auf Kaufpreiszahlung ist, dass G und die S-GmbH einen wirksamen Kaufvertrag abgeschlossen haben. Die Verpflichtung der rechtlich selbstständigen S-GmbH (§ 13 Abs. 1 GmbHG) setzt voraus, dass B die Gesellschaft beim Abschluss des Kaufvertrages wirksam vertreten hat. Dies ist nach Maßgabe des § 164 Abs. 1 Satz 1 BGB zu beurteilen.

> **Beachte:** In diesem Bereich hat das MoMiG ebenfalls eine Änderung gebracht. Nach früherer Rechtslage war in § 36 GmbHG eine mit der Vorschrift des § 164 Abs. 1 BGB inhaltsgleiche Vorschrift vorgesehen. Diese wurde, eben weil sie inhaltsgleich und damit überflüssig war, aufgehoben (vgl. BT-Drs. 16/6140, S. 43).

Die Voraussetzungen für die Wirksamkeit der Stellvertretung gemäß § 164 Abs. 1 Satz 1 BGB sind:

→ die Abgabe einer eigenen Willenserklärung

→ im Namen des Vertretenen

→ innerhalb der dem Vertreter zustehenden Vertretungsmacht.

1.) B hat eine eigene Willenserklärung, und zwar im Namen der S-GmbH, abgegeben (SV lesen!).

2.) Fraglich ist, ob B innerhalb der ihm zustehenden Vertretungsmacht handelte.

a) Die Vertretungsmacht des B könnte sich aus § 35 Abs. 1 GmbHG ergeben, wonach Geschäftsführer zur gerichtlichen und außergerichtlichen Vertretung der GmbH berechtigt sind. Da die Regelung allein an die Organstellung anknüpft, handelt es sich hierbei um eine *organschaftliche Vertretungsmacht* (*Michalski/Lenz* § 35 GmbHG Rz. 6). Voraussetzung ist danach, dass B wirksam als Geschäftsführer bestellt wurde. Die Bestellung des Geschäftsführers, der gemäß § 6 Abs. 1 GmbHG notwendiges Organ der GmbH ist, erfolgt nach Maßgabe des § 6 Abs. 2 bis 4 GmbHG. Von Bedeutung ist hier insbesondere § 6 Abs. 3 Satz 1 GmbHG, wonach als Geschäftsführer – anders als im Personengesellschaftsrecht – nicht nur ein Gesellschafter, sondern auch ein Außenstehender berufen werden kann, sogenannte »Drittorganschaft« (*Baumbach/Hueck/Fastrich* § 6 GmbHG Rz. 8; *Michalski/Heyder* § 6 GmbHG Rz. 1).

Hier: Nach dem Grundsatz der Drittorganschaft konnten A und B als Nicht-Gesellschafter problemlos zu Geschäftsführern der S-GmbH berufen werden, wobei die Bestellung im Gesellschaftsvertrag nach § 6 Abs. 3 Satz 2 GmbHG nicht zu beanstanden ist.

b) Aus § 35 Abs. 2 Satz 2 GmbHG ergibt sich für die Fälle der Aktivvertretung als gesetzliches Leitbild der Grundsatz der *Gesamtvertretungsmacht* aller Geschäftsführer (*Rowedder/Schmidt-Leithoff/Koppensteiner* § 35 GmbHG Rz. 40). Hiervon kann aber – was § 35 Abs. 2 Satz 1 GmbHG ausdrücklich vorsieht – im Gesellschaftsvertrag eine abweichende Bestimmung getroffen werden (*Michalski/Lenz* § 35 GmbHG Rz. 41 ff.).

> Möglich ist insoweit etwa eine Modifikation der Gesamtvertretung dahin, dass stets – also nicht bezogen auf konkrete Situationen – eine bestimmte Anzahl von Geschäftsführern, beispielsweise drei von fünf, gemeinschaftlich handeln müssen (vgl. *Hachenburg/Mertens* § 35 GmbHG Rz. 79; *Scholz/Schneider* § 35 GmbHG Rz. 68). Des Weiteren denkbar ist auch die Gestaltungsform der **unechten** Gesamtvertretungsmacht, bei der die Vertretungsbefugnis eines oder mehrerer Geschäftsführer an die Mitwirkung eines Prokuristen gebunden ist. Zu beachten ist aber – wie uns aus dem Personengesellschaftsrecht mittlerweile bekannt ist –, dass im Falle der unechten Gesamtvertretung eine organschaftliche Vertretung gewährleistet sein muss. Das heißt, dass zumindest ein Geschäftsführer stets in der Lage sein muss, ohne Mitwirkung eines Prokuristen zu handeln (BGHZ **26**, 330, 333; *Roth/Altmeppen* § 35 GmbHG Rz. 56; *Baumbach/Hueck/Zöllner/Noack* § 35 GmbHG Rz. 59 ff.). Schließlich kann allen Geschäftsführern Einzelvertretungsmacht eingeräumt werden, wobei sich dies auf alle Geschäfte und nicht nur auf einzelne Geschäftsbereiche beziehen muss (*Michalski/Lenz* § 35 GmbHG Rz. 50; *Baumbach/Hueck/Zöllner/Noack* § 35 GmbHG Rz. 55).

Im vorliegenden Fall wurde beiden Geschäftsführern Einzelvertretungsmacht durch den Gesellschaftsvertrag eingeräumt, was auch in das Handelsregister eingetragen wurde (zu diesem Erfordernis *Baumbach/Hueck/Zöllner/Noack* § 35 GmbHG Rz. 62a). Somit war B im Außenverhältnis zum alleinigen Handeln berechtigt.

c) Allerdings könnte sich die Unwirksamkeit der Vertretung durch B daraus ergeben, dass im Gesellschaftsvertrag die Einholung der Zustimmung der Gesellschafterversammlung bei Geschäften mit einem Gegenstandswert von über 50.000 Euro vorgesehen war. Die Frage der Beschränkbarkeit der Befugnisse eines Geschäftsführers im *Außenverhältnis* ist ausdrücklich in **§ 37 Abs. 2 GmbHG** (lesen, bitte!) geregelt: Danach entfaltet die Einschränkung der Befugnisse eines Geschäftsführers im Verhältnis zu Dritten keine rechtliche Wirkung, verhindert also trotz Überschreiten des Innenverhältnisses nicht den Vertragsschluss.

> **Feinkost:** Von diesem Grundsatz gibt es aber zwei Ausnahmen: ***Zum einen*** ist an der Unbeschränkbarkeit der Vertretungsbefugnis nicht festzuhalten, wenn die Grundsätze über den Missbrauch der Vertretungsmacht eingreifen (*Baumbach/Hueck/Zöllner/Noack* § 37 GmbHG Rz. 20; *Michalski/Lenz* § 37 GmbHG Rz. 41; *K. Schmidt*, GesR, § 36 II 3c). ***Zum anderen*** sind die Fälle betroffen, in denen der Partner des Rechtsgeschäfts ein Gesellschafter oder Organmitglied ist. Ergibt sich die Einschränkung aus der Satzung, so muss sich der Gesellschafter/das Organmitglied diese stets vorhalten lassen; wurden die Befugnisse des Geschäftsführers durch einen Gesellschafterbeschluss beschränkt, so greift die Ausnahme ein, wenn der Geschäftspartner die Beschränkung kannte oder kennen musste (BGH GmbHR **1998**, 931, 933; *Lutter/Hommelhoff* § 35 GmbHG Rz. 15; *Baumbach/Hueck/Zöllner/Noack* § 37 GmbHG Rz. 29).

Zurück zum Fall: Aufgrund der in § 37 Abs. 2 GmbHG vorgesehenen Unbeschränkbarkeit der Vertretungsmacht konnte B den Kaufvertrag über den Kleinlaster zu einem Preis von 80.000 Euro im Außenverhältnis wirksam abschließen (obwohl er im Innenverhältnis die Zustimmung der Gesellschafterversammlung hätte einholen müssen!).

ZE.: B hat die S-GmbH bei Abschluss des Kaufvertrages wirksam vertreten.

Ergebnis: Die S-GmbH ist mithin Vertragspartnerin des G geworden, hat folglich gemäß § 433 Abs. 2 BGB i. V. m. § 13 Abs. 1 GmbHG den Kaufpreis in Höhe von 80.000 Euro an G zu zahlen.

B. Ansprüche des G gegen die Gesellschafter der GmbH

Eine Haftung der einzelnen Gesellschafter mit dem Privatvermögen kommt – wie weiter oben schon erwähnt – grundsätzlich nicht in Betracht. Denn in § 13 Abs. 2 GmbHG ist normiert, dass gegenüber den Gesellschaftsgläubigern nur das *Gesellschaftsvermögen* haftet. Von diesem Grundsatz gibt es unter engen Voraussetzungen Ausnahmen, die unter dem Schlagwort *Durchgriffshaftung* zusammengefasst werden. Diese Ausnahmen beruhen auf einer Einzelfallrechtsprechung, so dass sich abstrakt generelle Tatbestandsmerkmale, die in der Klausur verwendet werden können, leider nicht pauschal formulieren lassen; wer darüber etwa eine Hausarbeit zu schreiben hat, findet Erläuterungen und Fundstellenhinweise bei *Baumbach/Hueck/ Fastrich* § 13 GmbHG Rz. 10.

> Für *Fortgeschrittene* nicht unerwähnt bleiben soll aber der Fall des sogenannten *existenzvernichtenden* Eingriffs. Gemeint sind damit kompensationslose Eingriffe in das Gesellschaftsvermögen, die zur Insolvenz der Gesellschaft führen oder eine solche vertiefen (vgl. BGH **ZIP 2007**, 1552, 1554). Bis zur sogenannten »Trihotel-Entscheidung« des BGH wurden diese Fälle als Fallgruppe der Durchgriffshaftung diskutiert. Seit der vorgenannten Entscheidung steht aber fest, dass hier nur eine Innenhaftung der Gesellschafter gestützt auf § 826 BGB in Betracht kommt (konkretisiert durch die »Gamma-Entscheidung« des BGH (**NJW 2008**, 2437 ff.); vgl. hierzu auch *Veil* in NJW 2008, 3264 ff.).

Ergebnis: Eine Durchgriffshaftung kommt in unserem Fall nicht in Betracht.

C. Ansprüche des G gegen B

In Betracht kommt noch eine Haftung des *Geschäftsführers* B gegenüber G.

Aber: Eine Haftung des Geschäftsführers im Außenverhältnis für *vertragliche* Ansprüche – wie hier der Kaufpreisanspruch – besteht im Regelfall nicht, da der Geschäftsführer ja in Vertretung der Gesellschaft gehandelt hat, und damit nur die Gesellschaft berechtigt und verpflichtet wird. Die Haftung des Geschäftsführers setzt daher grundsätzlich einen *selbstständigen* Verpflichtungsgrund voraus und kann insbesondere nicht aus der vertraglichen Verpflichtung der Gesellschaft hergeleitet werden. Ein solcher selbstständiger Verpflichtungsgrund kommt aus unterschiedlichen Gesichtspunkten in Frage. Die möglichen Anspruchsgrundlagen ergeben sich hierbei aus den allgemeinen zivilrechtlichen Grundsätzen, die wir uns in gebotener Kürze anschauen wollen:

I. Denkbar ist zunächst eine Haftung für eine Gesellschaftsverbindlichkeit aufgrund eines Schuldbeitritts oder einer Bürgschaft (§§ 765 ff. BGB). Dafür müssen sich im konkreten Fall aber Anhaltspunkte ergeben.

Hier: Davon steht bei uns nichts im Fall, weder A noch B haben derartige Erklärungen abgegeben.

II. Eine Haftung nach *Rechtsscheingrundsätzen* kommt in Betracht, wenn der Geschäftsführer den Anschein erweckt, einen unbeschränkt persönlich haftenden Firmeninhaber zu vertreten, so etwa durch Weglassen des nach § 4 GmbHG vorgeschriebenen Zusatzes (BGH NJW **1996**, 2645; *Baumbach/Hueck/Zöllner/Noack* § 43 GmbHG Rz. 53; *K. Schmidt*, GesR, § 36 II 5a).

Hier: Auch davon kann keine Rede sein.

III. Aus dem allgemeinen Schuldrecht bekannt ist die Eigenhaftung eines Vertreters aus culpa in contrahendo (cic), **§ 311 Abs. 3 BGB**, wenn der Vertreter ein wirtschaftliches Eigeninteresse am Vertragsschluss hat oder besonderes persönliches Vertrauen in Anspruch nimmt. Hierbei ist zu bedenken, dass beide Fallgruppen nach herrschender Meinung stets eng auszulegen sind (*Michalski/Haas* § 43 GmbHG Rz. 310 f.). So ist ein wirtschaftliches Eigeninteresse nur zu bejahen, wenn der Geschäftsführer gleichsam in eigener Sache handelt. Dies ist z.B. nicht der Fall, wenn der Geschäftsführer am Umsatz beteiligt ist (BGH NJW-RR **1992**, 1061; *Michalski/Haas* § 43 GmbHG Rz. 310 f.), Provisionen erhält (BGH NJW-RR **1989**, 110, 111; OLG Hamm BB **1999**, 1679, 1680), an der Gesellschaft beteiligt ist (BGH NJW **1989**, 292 f.; NJW-RR **1989**, 110, 111; *Baumbach/Hueck/Zöllner/Noack* § 43 GmbHG Rz. 55; *Grunewald* 2. F. Rz. 61) oder Sicherheiten aus seinem Privatvermögen stellt (BGH ZIP **1995**, 211, 212; *Grunewald* 2. F. Rz. 62; *Impelmann* in NZG 1994, 801, 803 f.). Ein besonderes persönliches Vertrauen begründet der Geschäftsführer nur, wenn er seine Rolle als Vertreter verlässt und bei dem Vertragspartner den Eindruck erweckt, dass er persönlich die Gewähr für die Seriosität und ordnungsgemäße Abwicklung des Geschäfts übernimmt (BGH NJW **1990**, 1907, 1908; *Michalski/Haas* § 43 GmbHG Rz. 312).

Hier: Dies scheidet vorliegend ebenfalls aus. B schließt nur einen Kaufvertrag für die Gesellschaft ab, hat kein eigenes wirtschaftliches Interesse und begründet auch kein besonderes persönliches Vertrauen zum Geschäftspartner.

IV. Schließlich ist noch an eine deliktsrechtliche Haftung gemäß §§ 823 ff. BGB zu denken. Dabei sind zwei Besonderheiten zu beachten: Soweit es die Haftung aus § 823 Abs. 1 BGB betrifft, muss man wissen, dass die Rechtsprechung einem Geschäftsführer weitgehende Verkehrs- und Organisationspflichten auferlegt, bei deren Unterlassen die Haftung ausgelöst wird (BGHZ **109**, 297, 302; *Baumbach/Hueck/ Zöllner/Noack* § 43 GmbHG Rz. 58). Im Rahmen des § 823 Abs. 2 BGB ist § 64 Abs. 1 GmbHG, wonach der Geschäftsführer bei Zahlungsunfähigkeit oder Überschuldung der Gesellschaft verpflichtet ist, die Eröffnung des Insolvenzverfahrens zu beantragen, als Schutzgesetz allgemein anerkannt (*K. Schmidt*, GesR, § 36 II 5b; *Grunewald* 2. F. 67 ff.).

Hier: Ein Anspruch aus § 823 BGB scheitert im Tatbestand bereits daran, dass B weder Verkehrs- oder Organisationspflichten verletzt hat, noch ein Verstoß gegen § 64 Abs. 1 GmbHG ersichtlich ist. Im Übrigen fehlt es an der Verletzung eines absoluten Rechts des G.

Ergebnis: G kann gegen den Geschäftsführer B der GmbH nicht vorgehen. Ihm verbleibt damit allein der Anspruch gegen die S-GmbH aus §§ 433 Abs. 2 BGB, 13 Abs. 1 GmbHG auf Zahlung von 80.000 Euro.

2. Frage: Ansprüche der S-GmbH gegen B

Steht nach dem oben Gesagten fest, dass die S-GmbH den Kaufpreis in Höhe von 80.000 € zu zahlen hat, schließt sich die Frage an, ob diese in gleicher Höhe einen Schadensersatzanspruch gegenüber B hat.

A. Die S-GmbH könnte gegen B einen Schadensersatzanspruch aus **§ 43 Abs. 2 GmbHG** (lesen, bitte!) in Höhe von 80.000 € haben.

I. Voraussetzung des Ersatzanspruchs ist – entgegen dem missverständlichen Wortlaut des § 43 Abs. 2 GmbHG – eine *Pflichtverletzung* des Geschäftsführers, und nicht ein Verstoß gegen eine Obliegenheit (*Baumbach/Hueck/Zöllner/Noack* § 43 GmbHG Rz. 16; *Michalski/Haas* § 43 GmbHG vor Rz. 182). Im Rahmen des § 43 Abs. 2 GmbHG ist die Verletzung einer Pflicht entscheidend, die der Geschäftsführer im Verhältnis zur GmbH einzuhalten hat. Die einzelnen Pflichten, die ein Geschäftsführer bei der Leitung der Geschäfte der Gesellschaft zu beachten hat, sind vielfältig: Aufteilen lassen sich diese Pflichten in die folgenden fünf Fallgruppen: Die Pflicht zur sorgsamen Geschäftsführung, die Treuepflicht, die Pflicht zur Verschwiegenheit, die Konzernleitungspflicht sowie sonstige Pflichten aus dem Anstellungsverhältnis (*Michalski/Haas* § 43 GmbHG Rz. 41).

1.) Begrifflich leicht zu erfassen ist die *Verschwiegenheitspflicht*, die sich auf alle Betriebs- und Geschäftsgeheimnisse bezieht, also solche Tatsachen, die nur einem beschränkten Personenkreis zugänglich sind und an deren Geheimhaltung die Gesellschaft ein berechtigtes Interesse hat (BGH ZIP **1996**, 1341, 1342; *Hachenburg/Mertens* § 3 GmbHG Rz. 46).

2.) Zwischen dem Geschäftsführer und der GmbH besteht eine intensive **Treuepflicht**, die sich insbesondere in einem umfassenden Wettbewerbsverbot des Geschäftsführers ausdrückt (vgl. BGH DStR **1997**, 1053 f.; *Lutter/Hommelhoff/Kleindieck* § 43 Rz. 10; *Grunewald* 2. F. Rz. 52).

3.) Der umfangreichste Pflichtenkatalog des Geschäftsführers ergibt sich aus der Pflicht zur **ordnungsgemäßen Geschäftsführung**. Allgemein lässt sich diese Pflicht dahingehend umschreiben, dass der Geschäftsführer im Rahmen des Gesetzes, des Gesellschaftsvertrages, der verbindlichen Beschlüsse der Gesellschaftsorgane und unter Berücksichtigung öffentlicher Interessen die Gesellschaft zu fördern, das heißt ihr die Vorteile zu wahren und Schaden von ihr abzuwenden hat (OLG Zweibrücken NZG **1999**, 506, 507; OLG Düsseldorf GmbHR **1994**, 317, 318; *Hachenburg/Mertens* § 43 GmbHG Rz. 19; *Michalski/Haas* § 43 GmbHG Rz. 42). Aus dieser allgemeinen Umschreibung läßt sich eine Vielzahl von Pflichten des Geschäftsführers ableiten, von denen wir hier zwei etwas näher anschauen wollen, nämlich:

a) Der Geschäftsführer hat im Rahmen der Geschäftsführung den durch den Gesellschaftsvertrag bestimmten Unternehmensgegenstand zu beachten. Das heißt, dass der Geschäftsführer den satzungsmäßigen Unternehmensgegenstand nicht ausweiten oder gar austauschen darf (BGH WM **1995**, 701, 708; *Rowedder/Schmidt-Leithoff/Koppensteiner* § 37 GmbHG Rz. 7). Daher ist es dem Geschäftsführer beispielsweise untersagt, die Produktion von Gegenständen anzuordnen, die nicht von dem Gegenstand des Unternehmens gedeckt sind (*Michalski/Haas* § 43 GmbHG Rz. 63; *Scholz/Schneider* § 43 GmbHG Rz. 58).

> **Noch mal erinnern:** An dieser Stelle sprechen wir nur über das **Innenverhältnis**, also das »rechtliche Dürfen«. Davon unberührt bleibt aber das **Außenverhältnis**, also der Bereich des »rechtlichen Könnens« – hier gilt nach wie vor, dass die Vertretungsbefugnisse des Geschäftsführers **unbeschränkbar** sind (**§ 37 Abs. 2 GmbHG**). Merken.

b) Des Weiteren ist der Geschäftsführer gemäß **§ 37 Abs. 1 GmbHG** verpflichtet, sich an die aus dem Gesellschaftsvertrag ergebenden Beschränkungen zu halten oder einem wirksamen Gesellschafterbeschluss Folge zu leisten.

Zum Fall: Eine Einschränkung der Befugnisse der Geschäftsführer ist in der Satzung der S-GmbH erfolgt. Danach muss ein Geschäftsführer die Zustimmung der Gesellschafterversammlung vor der Durchführung eines Geschäfts einholen, sofern der Geschäftswert einen Betrag von 50.000 Euro übersteigt. Der in Rede stehende Kleinlaster hat einen Preis von 80.000 Euro, so dass der Zustimmungsvorbehalt von B hätte beachtet werden müssen.

<u>**ZE.:**</u> Durch den eigenmächtigen Abschluss des Kaufvertrages mit G hat B eine ihm gegenüber der S-GmbH obliegende Pflicht verletzt.

II. Die Pflichtverletzung des Geschäftsführers führt nur dann zu einer Haftung nach § 43 Abs. 2 GmbHG, wenn er diese *verschuldet* hat. Das Verschulden ist zu bejahen, wenn der Geschäftsführer vorsätzlich oder fahrlässig handelt. Der Maßstab für die Fahrlässigkeit ist § 43 Abs. 1 GmbHG zu entnehmen, wonach die Sorgfalt eines ordentlichen Geschäftsmannes entscheidend ist (*Michalski/Haas* § 43 GmbHG Rz. 188).

Zum Fall: Unser B ging zwar davon aus, die Investition im Sinne der Gesellschafterversammlung zu tätigen, jedoch ändert dies nichts daran, dass er sich beim Abschluss des Kaufvertrages bewusst über den in der Satzung enthaltenen Zustimmungsvorbehalt hinwegsetzte – allein Letzteres ist entscheidend. Mithin handelte B im vorliegenden Fall vorsätzlich.

III. Voraussetzung ist schließlich, dass der Gesellschaft ein *zurechenbarer Schaden* entstanden ist (*Hachenburg/Mertens* § 43 GmbHG Rz. 57). Dieser ist im vorliegenden Fall gar nicht einfach festzustellen:

1.) Das Problem wird deutlich, wenn man bedenkt, dass die GmbH einen Lkw zum Preis von 80.000 Euro gekauft hat, der aber noch deutlich mehr, nämlich 100.000 Euro, wert war. Unter Zugrundelegung der allgemeinen Grundsätze der §§ 249 ff. BGB ist der Schaden grundsätzlich nach der *Differenzhypothese* zu ermitteln (OLG Naumburg GmbHR **1999**, 1180, 1182; *Horn* in ZIP 1997, 1129, 1135). Danach ist von dem Schädiger die Differenz zwischen der tatsächlichen Rechtslage und der hypothetischen Rechtslage, die ohne das schädigende Ereignis bestehen würde, zu ersetzen (*Palandt/Grüneberg* vor § 249 BGB Rz. 8).

Hier: Angewandt auf den Fall bedeutet dies: Die S-GmbH ist nun Eigentümerin eines Kleinlasters mit einem Wert von 100.000 Euro, während ihr Barvermögen ohne dessen Anschaffung um 80.000 Euro höher wäre. Damit steht die S-GmbH im Sinne der Differenzhypothese wertmäßig nicht schlechter, sondern sogar besser.

2.) Fraglich ist allerdings, ob die Differenzhypothese in dieser Konstellation – also in Fällen der Kompetenzüberschreitung bei Zustimmungsvorbehalt – durch wertende Gesichtspunkte korrigiert werden muss. Zu bedenken ist, dass in Fällen, in denen der Geschäftsführer sich über eine im Innenverhältnis bestehende Zuständigkeitsregelung hinwegsetzt, das Geschäft wegen § 37 Abs. 2 GmbHG im Außenverhältnis stets Gültigkeit hat (siehe oben). Trotz dieser Verpflichtung der Gesellschaft im Außenverhältnis wird in der Literatur teilweise keine Veranlassung für eine wertende Korrektur des sich nach der Differenzhypothese ergebenden Resultats gesehen (so *Hommelhoff/Kleindieck*, in: *Lutter/Hommelhoff*, § 43 Rn. 25). Jedoch bliebe – fände die jeweils erhaltenen Gegenleistung bei der Berechnung des Schadens Berücksichtigung – gänzlich unbeachtet, dass dem für das Geschäft eigentlich zuständigen Organ der Gesellschaft – hier: die Gesellschafterversammlung – letztlich eine Investition aufgedrängt würde, die sie gerade nicht wollte (OLG München NZG **2000**, 741, 743; *Michalski/Haas*

§ 43 GmbHG Rz. 207; im Ergebnis für den Fall der aufgedrängten Investition ebenso *Wiedemann*, Gesellschaftsrecht, Bd. II, S. 345; ausführlich zum Streitstand *Fleischer* DStR **2009**, 1204 ff.). Die Haftung des seine Befugnisse überschreitenden Geschäftsführers hinge dann allein davon ab, ob er ein wirtschaftlich günstiges Geschäft getätigt hat. Das kann nicht sein, und deshalb gilt:

> **Merksatz:** Überschreitet der Geschäftsführer bei einem der Gesellschafterversammlung eingeräumten Zustimmungsvorbehalt seine Kompetenz, so bleibt bei der Berechnung eines Schadens im Rahmen des § 43 Abs. 2 GmbHG die von der Gesellschaft erhaltene Gegenleistung innerhalb der Differenzhypothese unberücksichtigt und darf insbesondere nicht zum Schadensausgleich herangezogen werden (*Michalski/Haas* § 43 GmbHG Rz. 207).

ZE.: Somit hat die Gesellschaft einen Schaden in Höhe von 80.000 Euro erlitten, obwohl ihr ein Vermögenswert in Höhe von 100.000 Euro zugeflossen ist.

2.) Schließlich muss der Schaden der S-GmbH adäquat kausal auf dem pflichtwidrigen Verhalten des Geschäftsführers beruhen (*Baumbach/Hueck/Zöllner/Noack* § 43 GmbHG Rz. 15; *Scholz/Schneider* § 43 GmbHG Rz. 158). Dies ist hier zu bejahen, insbesondere hätte bei vorheriger Einberufung der Gesellschafterversammlung eine Zustimmung zum Kauf nicht erreicht werden können.

Ergebnis: B hat der S-GmbH gemäß § 43 Abs. 2 GmbHG Schadensersatz in Höhe von 80.000 Euro zu leisten.

> **Aber:** Da im Schadensersatzrecht das Bereicherungsverbot gilt, hat B Schadensersatz entsprechend § 255 BGB nur Zug-um-Zug gegen Übereignung des Kleinlasters zu leisten (vgl. OLG München NZG **2000**, 741, 743 f.).

B. Möglicherweise ergibt sich ein Schadensersatzanspruch der S-GmbH gegen B auch aus **§ 823 Abs. 2 BGB i. V. m. § 266 Abs. 1, 1. Var. StGB.**

Bei § 266 StGB handelt es sich um ein Schutzgesetz im Sinne des § 823 Abs. 2 BGB (*Palandt/Sprau* § 823 BGB Rz. 149). Fraglich ist allerdings, ob B den Straftatbestand der Untreue in der Form des Missbrauchstatbestandes verwirklicht hat. Zweifelhaft ist nämlich, ob B der S-GmbH vorsätzlich einen Vermögensschaden zufügen wollte. Zwar hat B den Zustimmungsvorbehalt bewusst außer Acht gelassen, jedoch ging er davon aus, dass die Anschaffung im Sinne der Gesellschafter war. Mithin handelte B in Bezug auf den Schaden <u>nicht</u> vorsätzlich.

Ergebnis: B verwirklichte nicht den Straftatbestand des § 266 Abs. 1, 1. Var. StGB, womit ein Anspruch aus § 823 Abs. 2 BGB i. V. m. § 266 Abs. 1, 1. Var. StGB ausscheidet.

Ergebnis: Es verbleibt somit bei einem Anspruch der S-GmbH gegen B aus § 43 Abs. 2 GmbHG in Höhe von 80.000 Euro.

> **Feinkostabteilung:** Über die Frage, *ob* der Schadensersatzanspruch der S-GmbH gegen B als Geschäftsführer überhaupt geltend gemacht wird, haben gemäß **§ 46 Nr. 8, 1. Var. GmbH** die Gesellschafter durch Beschluss zu entscheiden. Dabei ist zu beachten, dass ein die Geltendmachung bejahender Gesellschafterbeschluss *materielle* Voraussetzung für die Durchsetzung des Anspruchs ist (*Baumbach/Hueck/Zöllner/Noack* § 43 GmbHG Rz. 40; *Hachenburg/Hüffer* § 46 GmbHG Rz. 101). Eine andere Frage ist dann noch, *wer* die Ansprüche geltend macht. Hierzu bestellt die Gesellschafterversammlung einen Vertreter, der ein Gesellschafter, ein anderer Geschäftsführer oder auch ein Dritter sein kann (*Baumbach/Hueck/Zöllner* § 46 GmbHG Rz. 42). Dies gilt allerdings nur, wenn – wie hier – kein (fakultativer) Aufsichtsrat besteht.

Nachschlag:

Bislang haben wir zwei Gesellschaftsorgane, nämlich den Geschäftsführer und die Gesellschafterversammlung, kennengelernt. Das dritte Gesellschaftsorgan in der GmbH ist der *Aufsichtsrat*. Dabei ist zwischen dem *fakultativen* und dem *obligatorischen* Aufsichtsrat zu unterscheiden:

1.) Unter welchen Voraussetzungen ein Aufsichtsrat obligatorisch einzurichten ist, ergibt sich nicht aus dem GmbHG, sondern aus spezialgesetzlichen Vorschriften, namentlich dem Drittelbeteiligungsgesetz (DrittelbG; BGBl. 2004 I, S. 974 ff.), dem MitbestG, dem MontanMitbestG und dem MitbestErgG. Gemeinsam ist allen Vorschriften, dass die Pflicht zur Bildung eines Aufsichtsrates an die Arbeitnehmerzahl gekoppelt ist. Die niedrigste Schwelle enthält insoweit das DrittelbG, das an die Beschäftigung von mehr als 500 Arbeitnehmern anknüpft, vgl. § 1 Abs. 1 Nr. 4 DrittelbG.

2.) Greift keine dieser Regelungen ein, ist die Bildung des Aufsichtsrats *freiwillig*. In diesem Fall gilt **§ 52 Abs. 1 GmbHG**. Danach ist ein Aufsichtsrat einzurichten, sofern dies im Gesellschaftsvertrag vorgesehen ist. Die Rechte des Aufsichtsrates ergeben sich sodann aufgrund der Verweise in das Aktiengesetz. Insbesondere ergibt sich aus § 52 Abs. 1 GmbHG i. V. m. § 112 AktG, dass der Aufsichtsrat die Gesellschaft gerichtlich und außergerichtlich bei der Geltendmachung der Ersatzansprüche gegen die Geschäftsführer vertritt (*Baumbach/Hueck/Zöllner* § 46 GmbHG Rz. 43). In unserem Fall sind (nur) 100 Arbeitnehmer beschäftigt, ein Aufsichtsrat wäre also nicht zwingend.

Gutachten

A. Anspruch des G gegen die S-GmbH

Ein Anspruch des G auf Kaufpreiszahlung könnte sich gegen die S-GmbH aus § 433 Abs. 2 BGB i. V. m. § 13 Abs. 1 GmbHG ergeben.

I. Dies setzt den Abschluss eines wirksamen Kaufvertrages zwischen G und der rechtlich selbstständigen S-GmbH (§ 13 Abs. 1 GmbHG) und damit die wirksame Vertretung der S-GmbH durch B voraus. Dies beurteilt sich nach Maßgabe des § 164 Abs. 1 Satz 1 BGB. B gab eine eigene Willenserklärung im Namen der S-GmbH ab, womit allein fraglich ist, ob er innerhalb der ihm zustehenden Vertretungsmacht handelte.

1.) Die Vertretungsmacht des B könnte sich aus § 35 Abs. 1 GmbHG ergeben, wonach Geschäftsführer zur gerichtlichen und außergerichtlichen Vertretung der GmbH berechtigt sind.

a) Fraglich ist zunächst, ob B Geschäftsführer der S-GmbH ist. Als solcher wurde er gemäß § 6 Abs. 3 Satz 2 GmbHG im Gesellschaftsvertrag bestellt. Dabei steht der Bestellung zum Geschäftsführer nicht entgegen, dass B nicht Gesellschafter der S-GmbH ist. Die Möglichkeit der Drittorganschaft ist in § 6 Abs. 3 Satz 1 GmbHG ausdrücklich vorgesehen.

b) Ist damit der Anwendungsbereich der organschaftlichen Vertretungsmacht gemäß § 35 Abs. 1 GmbHG eröffnet, ist zu beachten, dass in § 35 Abs. 2 Satz 2 GmbHG als gesetzliches Leitbild die Gesamtvertretungsmacht vorgesehen ist. Allerdings kann insoweit im Gesellschaftsvertrag eine abweichende Regelung getroffen werden. Hiervon haben die Gesellschafter im Gesellschaftsvertrag Gebrauch gemacht, wobei die gewählte Form der Vertretungsmacht, nämlich die jeweiligen Einzelvertretungsbefugnisse, nicht zu beanstanden ist.

c) Möglicherweise ergibt sich die Unwirksamkeit der Vertretung durch B aus dem im Gesellschaftsvertrag vorgesehenen Zustimmungsvorbehalt der Gesellschafterversammlung für Geschäfte mit einem Gegenstandswert von über 50.000 Euro. Dem steht jedoch die Vorschrift des § 37 Abs. 2 GmbHG entgegen, wonach die Einschränkung der Befugnisse eines Geschäftsführers im Verhältnis zu Dritten keine rechtliche Wirkung entfaltet. Mithin konnte B aufgrund der in § 37 Abs. 2 GmbHG vorgesehenen Unbeschränkbarkeit der Vertretungsmacht den Kaufvertrag über den Kleinlaster zu einem Preis von 80.000 Euro im Außenverhältnis wirksam abschließen.

Ergebnis: B hat die S-GmbH bei Abschluss des Kaufvertrages wirksam vertreten, so dass diese gemäß § 433 Abs. 2 BGB i. V. m. § 13 Abs. 1 GmbHG zur Kaufpreiszahlung verpflichtet ist.

B. Eine Haftung der einzelnen Gesellschafter mit ihrem Privatvermögen ist gemäß § 13 Abs. 2 GmbHG ausgeschlossen.

C. Ansprüche der S-GmbH gegen B

I. Die S-GmbH könnte gegen B einen Ersatzanspruch aus § 43 Abs. 2 GmbHG haben.

1.) Voraussetzung des Schadensersatzanspruchs ist – entgegen dem Wortlaut des § 43 Abs. 2 GmbHG – eine Pflichtverletzung des Geschäftsführers. Der Geschäftsführer hat einen umfangreichen Pflichtenkatalog zu beachten, unter anderem obliegt ihm die Pflicht zur ordnungsgemäßen Geschäftsführung. Diese verpflichtet ihn, im Rahmen des Gesetzes, des Gesellschaftsvertrages, der verbindlichen Beschlüsse der Gesellschaftsorgane und unter Berücksichtigung öffentlicher Interessen die Gesellschaft zu fördern, das heißt, ihr die Vorteile zu wahren und Schaden von ihr abzuwenden. Die so definierte Pflicht zur ordnungsgemäßen Geschäftsführung umfasst die in § 37 Abs. 1 GmbHG normierte Verpflichtung des Geschäftsführers, sich an die aus dem Gesellschaftsvertrag ergebenden Beschränkungen zu halten oder einem wirksamen Gesellschafterbeschluss Folge zu leisten.

Hier ist eine Einschränkung der Befugnisse der Geschäftsführer in der Satzung der S-GmbH erfolgt. Danach muss jeder Geschäftsführer die Zustimmung der Gesellschafterversammlung vor der Durchführung eines Geschäfts einholen, sofern der Geschäftswert einen Betrag von 50.000 Euro übersteigt. Der in Rede stehende Kleinlaster hat einen Preis von 80.000 Euro, weshalb der Zustimmungsvorbehalt von B hätte beachtet werden müssen. Durch den eigenmächtigen Abschluss des Kaufvertrages mit G hat B eine ihm gegenüber der S-GmbH obliegende Pflicht verletzt.

2.) Die Pflichtverletzung des Geschäftsführers führt nur zu einer Haftung nach § 43 Abs. 2 GmbHG, wenn er diese verschuldet hat. Das Verschulden ist zu bejahen, wenn der Geschäftsführer vorsätzlich oder fahrlässig handelt. Der Maßstab für die Fahrlässigkeit ist § 43 Abs. 1 GmbHG zu entnehmen, wonach die Sorgfalt eines ordentlichen Geschäftsmannes entscheidend ist. Der B ging zwar davon aus, die Investition im Sinne der Gesellschafterversammlung zu tätigen, jedoch ändert dies nichts daran, dass er sich beim Abschluss des Kaufvertrages bewusst über den in der Satzung enthaltenen Zustimmungsvorbehalt hinwegsetzte. Mithin handelte B vorsätzlich.

3.) Voraussetzung ist des Weiteren, dass der Gesellschaft ein zurechenbarer Schaden entstanden ist.

a) Nach der im Rahmen der §§ 249 ff. BGB geltenden Differenzhypothese ist von dem Schädiger die Vermögensdifferenz zwischen der tatsächlichen Rechtslage und der (hypothetischen) Rechtslage, die ohne das schädigende Ereignis bestehen würde, zu ersetzen. Tatsächlich ist die S-GmbH nun Eigentümerin eines Kleinlasters mit einem Wert von 100.000 Euro, während ihr Barvermögen ohne dessen Anschaffung um 80.000 Euro höher wäre. Gemessen an der Differenzhypothese steht die S-GmbH also nicht schlechter, sondern sogar besser; mithin wäre hiernach ein Schaden zu verneinen. Fraglich ist allerdings, ob die Differenzhypothese in diesem Fall durch wertende Gesichtspunkte zu korrigieren ist. Zu bedenken ist, dass in Fällen, in denen der Geschäftsführer sich über eine im Innenverhältnis bestehende Zuständigkeitsregelung hinwegsetzt, das Geschäft im Außenverhältnis stets Gültigkeit hat. Würde hier jeweils die Gegenleistung berücksichtigt werden, so würde dem an sich zuständigen Organ in der Gesellschaft, wie hier der Gesellschafterversammlung, im Ergebnis stets eine Investition aufgedrängt, die sie gerade nicht wollte. Daher hat die Gegenleistung in diesen Fallkonstellationen im Rahmen der Differenzhypothese unberücksichtigt zu bleiben. Somit hat die Gesellschaft einen Schaden in Höhe von 80.000 Euro erlitten.

b) Schließlich muss der Schaden der S-GmbH adäquat kausal auf dem pflichtwidrigen Verhalten des B beruhen. Dies ist zu bejahen, insbesondere hätte bei vorheriger Einberufung der Gesellschafterversammlung eine Zustimmung zum Kauf nicht erreicht werden können.

Ergebnis: B hat der S-GmbH gemäß § 43 Abs. 2 GmbHG Schadensersatz in Höhe von 80.000 Euro zu leisten.

II. Möglicherweise ergibt sich ein Schadensersatzanspruch auch aus § 823 Abs. 2 BGB i. V. m. § 266 Abs. 1, 1. Var. StGB.

Bei § 266 StGB handelt es sich um ein Schutzgesetz im Sinne des § 823 Abs. 2 BGB. Fraglich ist allerdings, ob B den Straftatbestand der Untreue in der Form des Missbrauchstatbestandes verwirklicht hat. Zweifelhaft ist, ob B der S-GmbH vorsätzlich einen Vermögensschaden zufügen wollte. Zwar hat B den Zustimmungsvorbehalt bewusst außer Acht gelassen, jedoch ging er davon aus, dass die Anschaffung im Sinne der Gesellschafter war. Mithin handelte B in Bezug auf den Schaden nicht vorsätzlich. B verwirklichte nicht den Straftatbestand des § 266 Abs. 1, 1. Var. StGB.

Ergebnis: Die S-GmbH hat keinen Anspruch gegen B aus § 823 Abs. 2 BGB i. V. m. § 266 Abs. 1, 1. Var. StGB.

Fall 23

Aller Anfang ist schwer

Rechtsstudent R und sein Freund F planen die Eröffnung eines Sportartikelgeschäfts in der Rechtsform der GmbH. In dem von beiden unterzeichneten notariellen Gesellschaftsvertrag der zu gründenden »F & R Sportartikel GmbH« ist ein Stammkapital der Gesellschaft von 25.000 Euro vorgesehen, wobei sich dieser Betrag in 2 Geschäftsanteile à 12.500 Euro aufteilt, von dem R und F jeweils einen übernehmen. Außerdem erfolgt in der Satzung die Bestellung des F zum alleinigen Geschäftsführer. F leistet sofort nach Abschluss des notariellen Gesellschaftsvertrages seine gesamte Einlage in Höhe von 12.500 Euro.

R bringt ebenfalls kurz nach Vertragsschluss einen Betrag von 2.500 Euro auf und möchte zugleich wissen, ob er mit F vereinbaren kann, dass er seiner weiteren Einlageverpflichtung dadurch nachkommt, dass er der Gesellschaft seinen Pkw, der einen objektiven Wert von 10.000 Euro hat, übereignet. Falls das nicht möglich sein sollte, möchte er wissen, ob bzw. in welcher Höhe er der Gesellschaft vor der Anmeldung zur Eintragung in das Handelsregister noch Geld überweisen muss.

Rechtslage?

> **Schwerpunkte:** Die Gründung einer GmbH; die Begriffe der Stammeinlage und des Stammkapitals; der Geschäftsanteil der Gesellschafter; die Bargründung in Abgrenzung zur Sachgründung; die Haftung in der Vor-GmbH; das Vorgründungsstadium einer GmbH; die Handelnden-Haftung gemäß § 11 Abs. 2 GmbHG.

Lösungsweg

Vorüberlegung: Nachdem wir uns in Fall 22 mit Problemen einer »fertigen« GmbH beschäftigt haben, gehen wir auf der Zeitskala nun einen Schritt zurück und schauen uns die *Gründung* einer (mehrgliedrigen) GmbH sowie die *Haftung* in der Gründungsphase an.

A. Beginnen wollen wir aber natürlich mit der ersten Frage des R, nämlich wie er denn seiner Einlagepflicht nachkommen kann:

I. Da R nachfragt, durch welche Art von Leistung er seiner Einlageverpflichtung ordnungsgemäß nachkommen kann, wollen wir als gedanklichen Einstieg einige begriffliche Fragen klären, insbesondere die Begriffe *Stammeinlage* und *Geschäftsanteil* erläutern, und auf die *Form* eines Gesellschaftsvertrag eingehen:

1.) Den Begriff der *Stammeinlage* definiert das Gesetz in **§ 3 Abs. 1 Nr. 4 GmbHG** als die Zahl und die Nennbeträge der *Geschäftsanteile*, die jeder Gesellschafter gegen Einlage auf das *Stammkapital* übernimmt. Das in dem Gesellschaftsvertrag ausgewiesene Stammkapital wiederum ist das Gesellschaftsvermögen, das bei der Gründung der GmbH durch die Einlagen der Gesellschafter aufgebracht werden muss (*Baumbach/Hueck/Fastrich* § 3 GmbHG Rz. 16; *Michalski/Zeidler* § 5 GmbHG Rz. 19). Dementsprechend stimmt die Summe der Nennbeträge aller Geschäftsanteile mit dem Stammkapital überein, vgl. § 5 Abs. 3 Satz 2 GmbHG.

Im Einzelnen:

a) Nur zur Wiederholung sei zur Höhe des Gesellschaftsvermögens an dieser Stelle darauf hingewiesen, dass das gesetzliche Mindestkapital in der normalen GmbH nach § 5 Abs. 1 GmbHG **25.000,- Euro** beträgt und eine Unternehmergesellschaft (haftungsbeschränkt) bereits mit *einem* Euro gegründet werden kann (siehe hierzu bereits in Fall 22).

b) Wenn man sich die Vorschrift des § 3 Abs. 1 Nr. 4 GmbHG nochmals aufmerksam durchliest (bitte!), so ist dem Wortlaut zwanglos zu entnehmen, dass der Begriff der *Stammeinlage* die *Summe der Geschäftsanteile* bezeichnet. Hieraus folgt zugleich, dass ein Gesellschafter – und zwar schon bei der Gründung – mehrere Geschäftsanteile übernehmen kann, was in § 5 Abs. 2 Satz 2 GmbHG n. F. explizit geregelt wird. Das war bis zu der Reform durch das **MoMiG** nach § 3 Abs. 1 Nr. 4 i. V. m. § 5 Abs. 2 GmbHG a. F. gerade verboten! Auf zwei weitere Neuerungen, die das **MoMiG** in diesem Bereich gebracht hat, sei hingewiesen: **1.)** der Nennbetrag jedes Geschäftsanteils muss nur noch auf volle Euro lauten, das heißt, nicht mehr wie bislang mindestens 100 Euro betragen und **2.)** muss der Betrag nicht mehr durch fünfzig teilbar sein, vgl. § 5 Abs. 1 und 3 GmbHG a. F. einerseits und § 5 Abs. 2 S. 1 GmbHG n. F. andererseits.

Zum Fall: Die Übernahme von einem Geschäftsanteil war bereits nach altem Recht nicht zu beanstanden und nach neuem Recht ist der Wert des jeweiligen Geschäftsanteils identisch mit der jeweiligen Stammeinlage, die sich sowohl für R als auch für F auf 12.500 Euro beläuft.

2.) Ein weiterer Aspekt, der für die Gründung einer GmbH von Relevanz ist, ist die *Form* des Gesellschaftsvertrages. Insoweit bestimmt § 2 Abs. 1 GmbHG, dass der Gesellschaftsvertrag der notariellen Beurkundung bedarf. Diese Form sah das GmbHG schon vor der Reform durch das **MoMiG** vor und daran hat sich auch nichts geändert. Allerdings wurde in **§ 2 Abs. 1a GmbHG** ein *vereinfachtes* Gründungsverfahren eingeführt, das man kennen muss.

Für die Gründung im vereinfachten Verfahren ist nach § 2 Abs. 1a GmbHG das in der Anlage zum GmbHG bestimmte Musterprotokoll (aufschlagen!) zu verwenden, wobei keine vom Gesetz abweichenden Bestimmungen getroffen werden dürfen. Voraussetzung ist ausweislich des Wortlauts des § 2 Abs. 1a Satz 1 GmbHG, dass die Gesellschaft höchsten drei Gesellschafter und einen Geschäftsführer hat. Zu beachten ist aber, dass – wie sich aus § 2 Abs. 1a Satz 5 GmbHG, wonach auf das Musterprotokoll im Übrigen die Vorschriften des GmbHG Anwendung finden, ergibt – auch das Musterprotokoll der notariellen Beurkundung bedarf (vgl. auch *Hirte* in NZG 2008, 761 f.; *Seibert/Decker* in ZIP 2008, 1208, 1209).

> Im Rahmen des Regierungsentwurfs war ein Mustergesellschaftsvertrag für einfache Standardgründungen vorgesehen, der keiner notariellen Beurkundung bedurfte, sondern nur einer notariellen Beglaubigung der Unterschriften. Diese Variante – die vollständig auf eine Beratung durch einen Notar verzichtete – konnte sich nicht durchsetzen (vgl. hierzu die Stellungnahme des Bundesrates zum RegE des MoMiG, BT-Drs. 16/6140, S. 61). Die Verwendung des Musterprotokolls wirkt sich jedenfalls bei der Gründung einer Unternehmergesellschaft im kostenrechtlichen Sinne positiv aus, da nach § 41d KostO die Vorschriften über den Mindestgeschäftswert von 25.000 Euro (vgl. §§ 39, 41a KostO) keine Anwendung finden (so *Seibert/Decker* in ZIP 2008, 1208, 1209; *Hirte* in NZG 2008, 761 f; **a.A.** *Freitag/Riemenschneider* in ZIP 2007, 1485, 1486); im Übrigen können möglicherweise Beschleunigungsgesichtspunkte eine Rolle spielen (so *Hirte* in NZG 2008, 761 f; **a.A.** *Freitag/Riemenschneider* in ZIP 2007, 1485, 1486).

Zum Fall: R und F haben die Form der notariellen Beurkundung des Gesellschaftsvertrages nach § 2 Abs. 1 GmbHG eingehalten, wobei sie nicht das sogenannte *Musterprotokoll* verwendet haben.

II. Nachdem wir die Grundbegriffe geklärt haben, kommen wir nun zu der eigentlichen Frage des R. Er will ja wissen, ob er die im Gesellschaftsvertrag übernommene Stammeinlage gemäß § 3 Abs. 1 Nr. 4 GmbHG dadurch im Sinne des § 362 Abs. 1 BGB erfüllen kann, dass er der Gesellschaft seinen Pkw wirksam übereignet.

1.) Die Möglichkeit einer Sacheinlage ist in **§ 5 Abs. 4 GmbHG** vorgesehen – sogenannte »**Sachgründung**« (MünchHdb GesR III/*Heinrich* § 9 Rz. 1 ff.). Allerdings bestimmt § 5 Abs. 4 Satz 1 GmbHG, dass der Gegenstand der Sacheinlage und der Nennbetrag des Geschäftsanteils, auf die sich die Sacheinlage bezieht, im *Gesellschaftsvertrag* festgesetzt werden muss. Das heißt, dass bei Fehlen einer solchen Bestimmung nur *Geld* eingelegt werden kann – sogenannte »**Bargründung**« (Baumbach/Hueck/Fastrich § 5 GmbHG Rz. 14; MünchHdb GesR III/*Heinrich* § 4 Rz. 14).

Merke: Ist im Gesellschaftsvertrag einer »normalen« GmbH die Möglichkeit einer Sacheinlage vorgesehen, spricht man von einer *Sachgründung*. Können die Gesellschafter ihrer Einlageverpflichtung nur durch Geldzahlungen nachkommen, so handelt es sich um eine *Bargründung*. Es ist auch eine Kombination aus Bar- und Sachgründung möglich (vgl. *Baumbach/Hueck/Fastrich* § 5 GmbHG Rz. 14; GesR III/ *Heinrich* § 4 Rz. 14).

Zum Fall: In der Satzung der F & R GmbH ist der Pkw des R nicht als Sacheinlage bestimmt, vielmehr fehlt es insgesamt an einer Regelung, die eine Sacheinlage vorsieht. Folglich liegt ein Fall einer *Bargründung* vor und R schuldet die Einlage in Geld.

ZE.: Somit kann R seine Einlageverpflichtung nicht durch die Übereignung des Pkw gemäß § 362 Abs. 1 BGB erfüllen.

2.) Möglicherweise erlischt die (Bar-)Einlageverpflichtung aber, wenn R den Pkw an die Gesellschaft übereignet. Diese Frage betrachten wir jetzt zunächst nach der alten Rechtslage und lösen den Fall danach unter Berücksichtigung der durch das **MoMiG** geänderten Vorschriften:

a) Nach der bis zur Reform geltenden Rechtslage war zu prüfen, ob die Übereignung eine Leistung an Erfüllungs statt im Sinne des **§ 364 Abs. 1 BGB** darstellt und den Gesellschafter von seiner Bar-Einlageverpflichtung befreit. Gemäß § 364 Abs. 1 BGB erlischt ein Anspruch, wenn der Gläubiger eine andere Sache als die geschuldete an Erfüllungs statt annimmt. Einem solchen Vorgehen stand **§ 19 Abs. 5, 1. Var. GmbHG a. F.** entgegen. Danach erfüllte eine Sachleistung die Stammeinlagepflicht nur, wenn sie nach Maßgabe des **§ 5 Abs. 4 GmbHG** festgesetzt worden war. Eine Sache konnte demnach nicht als Sacheinlage eingebracht werden, wenn eine andere Sache oder Geld geschuldet war (siehe BGHZ **113**, 335, 343; *Roth/Altmeppen* § 19 GmbHG Rz. 42). Demnach konnte R den Pkw an die Gesellschaft nicht mit Erfüllungswirkung anstatt der in Geld bestehenden (Rest-)Einlagepflicht in Höhe von 10.000 Euro übereignen.

b) Diesem Problem der sogenannten »verdeckten Sacheinlage« hat sich der Gesetzgeber im Rahmen des **MoMiG** angenommen. Eine verdeckte Sacheinlage liegt vor, wenn die Einlage bei wirtschaftlicher Betrachtung aufgrund einer im Zusammenhang mit der Übernahme der Geldeinlage getroffenen Abrede vollständig oder teilweise als Sacheinlage zu qualifizieren ist (vgl. die Legaldefinition in § 19 Abs. 4 Satz 1 GmbHG n. F.).

Eine solche Abrede, die darauf abzielt, dass statt der im Vertrag vorgesehenen Geldeinlage eine Sacheinlage erfolgt, möchte R mit F inhaltlich zweifelsohne treffen, so dass sich nur noch die Frage stellt, ob diese Abrede *im Zusammenhang mit der Übernahme der Geldeinlage* stünde. Ein Zusammenhang der Abrede mit der Übernahme der Einlage setzt – neben dem sachlichen Zusammenhang zwischen der Leistung der Sache und der Geldeinlage – einen *zeitlichen Zusammenhang* mit der Vereinbarung des Übernahmegeschäfts voraus. Wird die (konkludente) Abrede bereits im Vorfeld, also hier vor Abschluss des Gesellschaftsvertrages, getroffen, besteht ein zeitlicher Zusammenhang, solange die Verbindlichkeit der Abrede fortwirkt; danach sind Abreden nur relevant, wenn sie vor Zahlung der Geldeinlage, spätestens aber bis zur Eintragung in das Handelsregister, getroffen werden (vgl. *Roth/Altmeppen*, § 19 GmbHG Rn. 65).

Zum Fall: Bereits kurz nach dem Vertragsschluss beabsichtigt R, mit F die Vereinbarung zu treffen, seiner Pflicht zur Erbringung seiner (restlichen) Geldeinlage durch Übereignung des Pkw nachzukommen. Mithin stünde die Abrede in zeitlichem Zusammenhang mit dem Abschluss des Gesellschaftsvertrages, weshalb die Übereignung des Pkw als verdeckte Sacheinlage zu qualifizieren wäre.

> **Übrigens:** Zur Behandlung verdeckter Sacheinlagen war im Regierungsentwurf des MoMiG in § 19 Abs. 4 GmbHG-E ursprünglich die sogenannte »**Erfüllungslösung**« vorgesehen. Danach sollte eine verdeckte Sacheinlage der Erfüllung der Bareinlagepflicht nicht entgegenstehen; für den Fall, dass der Wert der verdeckten Sacheinlage nicht den Wert der Bareinlage erreicht, war eine Differenzhaftung des Gesellschafters vorgesehen. **Kritikpunkt** war diesbezüglich, dass die Nichteinhaltung der Sachgründungsvorschriften ohne Sanktionen geblieben wäre und der Geschäftsführer sogar bei der Anmeldung zum Handelsregister wahrheitswidrig die Erfüllung der Bareinlage hätte behaupten können (siehe hierzu *Seibert/Decker* in ZIP 2008, 1208, 1210).

Mit der Vorschrift des § 19 Abs. 4 GmbHG n. F. (aufschlagen!) hat sich der Gesetzgeber nun für die sogenannte *Anrechnungslösung* (vgl. *Hirte* in NZG 2008, 761, 763; *Seibert/Decker* in ZIP 2008, 1208, 1210) entschieden. Nach § 19 Abs. 4 Satz 1 GmbHG n. F. wird der Gesellschafter im Falle einer verdeckten Sacheinlage zwar nicht von seiner Einlageverpflichtung befreit. Jedoch sind nach § 19 Abs. 4 Satz 2 GmbHG n. F. die Verträge über die Sacheinlage und die Rechtshandlungen zu ihrer Ausführung *wirksam*.

> **Durchblick:** Die Neufassung der Vorschrift des § 19 Abs. 4 GmbHG n. F. stellt eine bewusste Abkehr von den oben dargestellten Rechtsprechungsgrundsätzen dar, da deren Rechtsfolgen, nämlich die Pflicht zur nochmaligen Erbringung der Einlage, als unangemessen empfunden wurde (vgl. BT-Drs. 16/6140, S. 40). **Noch was:** Gemäß § 3 Abs. 4 EGGmbHG findet § 19 Abs. 4 und Abs. 5 GmbHG (den Abs. 5 lernen wir gleich noch kennen) auch *rückwirkend* Anwendung, soweit die Einlagenleistung nach der vor dem 01.11.2008 geltenden Rechtslage keine Erfüllung der Einlagenverpflichtung bewirkt hat (vgl. BGH NJW **2010**, 1948, 1950 ff. zur Verfassungsmäßigkeit der **echten Rückwirkung** mit Nachweisen zum Streitstand)!

Die *Anrechnung* der wirksamen Leistung (in unserem Fall also die Übereignung des Pkw) auf die fortbestehende Geldeinlagepflicht findet dann nach Maßgabe des § 19 Abs. 4 Satz 3 GmbHG n. F. statt: der Wert des Vermögensgegenstandes – die Beweislast für die Werthaltigkeit trägt nach § 19 Abs. 4 Satz 5 GmbHG n. F. der Gesellschafter – wird **erst** (!) im Zeitpunkt der Anmeldung der Gesellschaft zur Eintragung in das Handelsregister oder – falls später – im Zeitpunkt der Überlassung des Gegenstandes an die Gesellschaft angerechnet. **Beachte:** Der in § 19 Abs. 4 Satz 3 GmbHG n. F. bestimmte Zeitpunkt hat – eben im Unterschied zu der sogenannten Erfüllungslösung – zur Folge, dass eine geplante verdeckte Sacheinlage nicht möglich ist; denn der Geschäftsführer kann nicht nach § 8 Abs. 2 GmbHG versichern, dass die Bareinlage bereits geleistet ist. Des Weiteren folgt aus dieser Regelung, dass das Registergericht die Eintragung der Gesellschaft nach § 9c GmbHG auch dann ablehnen kann, wenn der Wert der verdeckten Sacheinlage dem Betrag der übernommenen Bareinlage entspricht.

> **Vertiefungshinweis:** Die Anrechnung des Wertes des Vermögensgegenstandes gemäß § 19 Abs. 4 Satz 3 GmbHG kann durchaus problematisch sein, wenn die Übereignung des Pkw (insoweit bleiben wir bei unserem Fall) deshalb als verdeckte Sacheinlage zu qualifizieren ist, weil der Gesellschafter zwar die geforderte Bareinlage (in Höhe von 12.500 Euro) zunächst erbracht hat, der Gesellschafter jedoch in unmittelbarem zeitlichen Zusammenhang der Gesellschaft einen Pkw zum Preis von 15.000 Euro veräußert hat, obwohl dieser nur 10.000 Euro wert ist (Beispiel nach *Baumbach/Hueck/Fastrich*, § 19 GmbHG Rn. 56). Unter Zugrundelegung des Gesetzeswortlauts müsste nun der Wert des Pkw in Höhe von 10.000 Euro auf die Geldeinlagepflicht angerechnet werden. Dies ließe jedoch außer Betracht, dass es im Zusammenhang mit der verdeckten Sacheinlage zu einem zusätzlichen Vermögensabfluss – nämlich in Form der Zahlung des über dem Wert des Pkw liegenden Kaufpreises von 15.000 Euro – gekommen ist (vgl. *Baumbach/Hueck/Fastrich*, § 19 GmbHG Rn. 56), was dem Grundsatz der *realen Kapitalaufbringung* zuwider liefe (vgl. BGH NJW **2010**, 1948, 1954). Aus diesem Grund geht der BGH davon aus, dass eine Anrechnung auf die Bareinlageforderung erst stattfindet, wenn und soweit der Kaufgegenstand (hier: Pkw) einen höheren Wert hat als der die Bareinlageforderung übersteigende Kaufpreis (BGH NJW **2010**, 1948, 1954 mit zust. Anm. *Altmeppen* in NJW 2010, 1955); hier beträgt die Differenz zwischen Geldeinlageverpflichtung und dem Kaufpreis 2.500 Euro, so dass eine Anrechnung auf die Geldeinlageverpflichtung nur in Höhe von 7.500 Euro (10.000 Euro abzüglich 2.500 Euro) stattfindet (a.A. *Henkel* in NZI 2010, 6, 8 (m. w. N.) und *Baumbach/Hueck/Fastrich*, § 19 GmbHG Rn. 56). **Und letztlich:** Ob die Vorschrift des § 19 Abs. 4 GmbHG auf die Unternehmergesellschaft, bei welcher Sacheinlagen gemäß § 5a Abs. 2 Satz 2 GmbHG ausgeschlossen sind, anwendbar ist, ist in der Literatur umstritten; siehe hierzu zur Vertiefung die Darstellung des Streitstands bei *Henkel* in NZI 2010, 6, 8 f.

Zurück zum Fall: Da die Anmeldung der F & R Sportartikel GmbH zum Handelsregister noch nicht erfolgt ist, würde R nach neuem Recht die Übereignung des Pkw nicht auf seine Bareinlageverpflichtung angerechnet werden, mithin könnte er zu diesem Zeitpunkt seine Einlageverpflichtung hierdurch <u>nicht</u> erfüllen.

> **Zur Abrundung:** Eine weitere Fallgruppe aus dem Bereich der Kapitalaufbringung bei Gründung der Gesellschaft hat der Gesetzgeber mit dem **MoMiG** geregelt: das sogenannte *Hin- und Herzahlen*. Gemeint sind hiermit gemäß § 19 Abs. 5 GmbHG n. F. die Fälle, in denen an den Gesellschafter entsprechend einer vor der Leistung der Einlage getroffenen Vereinbarung eine Leistung erfolgt, die wirtschaftlich einer Rückzahlung der Einlage entspricht, und zwar ohne eine verdeckte Sacheinlage zu sein (lies § 19 Abs. 5 S. 1 n. F.!). Dementsprechend ist immer zunächst zu prüfen, ob die Voraussetzungen einer verdeckten Sacheinlage vorliegen, insbesondere also, ob die an den Gesellschafter zurückgeflossene Leistung *sacheinlagefähig* ist. Dies ist beispielsweise nicht der Fall, also das Vorliegen des Tatbestands des Hin- und Herzahlens zu bejahen, wenn an den Gesellschafter, nachdem er auf die Bareinlage geleistet hat, ein **Darlehen** ausbezahlt wird. Nach § 19 Abs. 5 Satz 1 GmbHG n. F. ist der Gesellschafter dann von seiner Einlageverpflichtung befreit, wenn die Leistung durch einen vollwertigen Rückgewähranspruch gedeckt ist, der jederzeit fällig ist oder durch fristlose Kündigung durch die Gesellschaft fällig werden kann (vor dieser

Neuregelung verneinte die Rechtsprechung in diesen Konstellationen eine Befreiung von der Einlageverpflichtung, vgl. BGHZ **165**, 113 ff.; **165**, 352 ff.). Bei der Lektüre des § 19 Abs. 5 GmbHG fällt im Vergleich zu § 19 Abs. 4 GmbHG auf, dass hier ein *Alles-oder-Nichts*-Prinzip gilt. Sind die Voraussetzungen des § 19 Abs. 5 GmbHG erfüllt, tritt die Befreiung von der Einlageverpflichtung ein, anderenfalls nicht; eine im Gesetzgebungsverfahren diskutierte Änderung dahin, dass die Erfüllung eintritt, *soweit* ein vollwertiger Rückgewähranspruch besteht, hat sich nicht durchgesetzt (vgl. *Henkel* in NZI 2010, 84, 87).

Im Zuge der Anmeldung zum Handelsregister ist eine Leistung bzw. die entsprechende Vereinbarung nach § 19 Abs. 5 Satz 2 GmbHG n. F. anzugeben. Wurde eine Vereinbarung zur Rückzahlung nicht vor der Leistung der Einlage getroffen, fließt die Einlage aber faktisch als Darlehen zurück, ist nicht der Anwendungsbereich des § 19 Abs. 5 GmbHG n. F., sondern des § 30 GmbHG n. F. eröffnet (siehe hierzu *Maier-Reimer/ Wenzel* in ZIP 2008, 1449, 1453).

B. Die weitere Frage des R zielt darauf ab, in welcher Höhe im Zeitpunkt der Anmeldung zum Handelsregister die Zahlungen auf die Geschäftsanteile vorgenommen sein müssen. Da es sich um einen Fall der Bargründung handelt, ergibt sich die Antwort aus **§ 7 Abs. 2 GmbHG** (aufschlagen!).

Beachte: Schuldet ein Gesellschafter eine *Sacheinlage*, greift **§ 7 Abs. 3 GmbHG** ein. Danach muss die Sacheinlage vor der Anmeldung zum Handelsregister vollständig bewirkt sein, das heißt, dass das erforderliche Erfüllungsgeschäft vorgenommen sein muss (BGHZ **45**, 338, 347 f.; *Roth/Altmeppen* § 7 GmbHG Rz. 39; *Baumbach/Hueck/ Fastrich* § 7 GmbHG Rz. 10).

Gemäß § 7 Abs. 2 Satz 1 GmbHG muss jeder Gesellschafter bis zur Registeranmeldung auf *jeden* Geschäftsanteil ¼ einbezahlt haben, wobei allerdings nach § 7 Abs. 2 Satz 2 GmbHG insgesamt mindestens die *Hälfte* des Mindeststammkapitals nach § 5 Abs. 1 GmbHG, also 12.500 Euro, erreicht sein muss.

Zum Fall: Die in § 7 Abs. 2 Satz 2 GmbHG vorgeschriebene Mindestgrenze von 12.500 Euro ist bereits durch die Zahlung des Gesellschafters F erreicht. Allerdings hat R erst einen Betrag von 2.500 Euro auf seinen Geschäftsanteil einbezahlt. Die für die Gesellschafter F und R bestehende Mindestzahlungsfrist von ¼ je Geschäftsanteil, der sich auf 12.500 Euro beläuft, liegt indes bei einem Betrag von 3.125 Euro (= ¼ von 12.500 Euro).

Ergebnis: Mithin muss R gemäß § 7 Abs. 2 Satz 1 GmbHG vor der Anmeldung zum Handelsregister noch einen Betrag von 625 Euro leisten (2.500 Euro hatte er bezahlt).

Ein Rechenbeispiel zum Schluss: Das Stammkapital einer aus drei Gesellschaftern bestehenden GmbH beträgt 30.000 Euro, wobei jeder der Gesellschafter einen Geschäftsanteil von 10.000 Euro übernommen hat. Zahlt nun jeder ¼ auf seinen Geschäftsanteil ein, so ergibt dies einen Gesamtbetrag von 7.500 Euro (3 x 2.500 Euro). Damit ist jeder einzelne Gesellschafter seiner Pflicht aus § 7 Abs. 2 Satz 1 GmbHG zwar nachgekommen. Jedoch ist nicht die Hälfte des Mindeststammkapitals, also 12.500 Euro, erreicht. In diesem Fall müssen die Gesellschafter – sofern im Gesellschaftsvertrag nichts Abweichendes bestimmt ist – für den Differenzbetrag in Höhe von 5.000 Euro zu gleichen Teilen aufkommen (*Roth/Altmeppen* § 7 GmbHG Rz. 20).

Noch ein Nachschlag (schwer!):

Um das Recht der GmbH im Hinblick auf die klausurrelevanten Probleme vollständig erfassen zu können, wollen wir uns hier im Nachschlag noch ein außerordentlich beliebtes, weil ziemlich kniffliges Thema anschauen. Es geht um die Haftung der sogenannten »Vor-GmbH«. Folgende Abwandlung zum Ausgangsfall verdeutlicht das Problem:

Wir wollen uns jetzt vorstellen, dass R seiner Einlagepflicht ordnungsgemäß nachgekommen ist und F daraufhin die Gesellschaft zur Eintragung in das Handelsregister angemeldet hat. Das Eintragungsverfahren verläuft aber nicht so zügig, wie sich R und F dies erhofft haben. Da der Geschäftsbetrieb indessen schnellstmöglich aufgenommen werden soll, sind sie sich darüber einig, schon jetzt die notwendigen Anschaffungen zu tätigen. Unter anderem schließt F einen Kaufvertrag mit C über eine Computeranlage zum Preis von 3.000 Euro, wobei er ausdrücklich als Geschäftsführer der »F & R Sportartikel GmbH« auftritt. Nach der Anlieferung der Computeranlage, die am Tag des Kaufvertragsabschlusses erfolgt, fragt C, von wem er die Kaufpreiszahlung verlangen kann. **Rechtslage?**

A. Der C könnte zunächst gegen die F & R Sportarktikel GmbH einen Anspruch auf Kaufpreiszahlung in Höhe von 3.000 Euro aus **§ 433 Abs. 2 BGB i. V. m. § 13 Abs. 1 GmbHG** haben.

Dies setzt voraus, dass die F & R Sportartikel GmbH als solche besteht. Eine GmbH besteht »als solche« gemäß § 11 Abs. 1 GmbHG (bitte lesen!) erst ab der *Eintragung* in das Handelsregister. An dieser fehlt es sowohl im Zeitpunkt des Kaufvertragsabschlusses als auch im Zeitpunkt der Inanspruchnahme durch C.

Ergebnis: Folglich hat C keinen Anspruch aus § 433 Abs. 2 BGB i. V. m. § 13 Abs. 1 GmbHG gegen die F & R GmbH.

B. Den Anspruch auf Kaufpreiszahlung aus § 433 Abs. 2 BGB kann C möglicherweise gegen die **Vor-GmbH** richten.

Durchblick: Bevor wir in die Falllösung richtig einsteigen, schauen wir uns erst mal in Ruhe an, was eigentlich eine »Vor-GmbH« ist:

> **Definition**: Eine *Vor-GmbH* – auch *Vorgesellschaft* genannt – ist die notwendige Vorstufe zu der mit der Eintragung in das Handelsregister entstehenden GmbH und entsteht mit dem Abschluss des notariellen Gesellschaftsvertrages im Sinne des § 2 GmbHG (MünchHdb GesR III/*Heinrich* § 5 Rz. 1; *Hueck/Windbichler* § 35 Rz. 11) bzw. jetzt – nach der Einfügung des bereits oben erwähnten sog. Musterprotokolls in § 2 Abs. 1a GmbHG durch das MoMiG – nach notarieller Beurkundung des Musterprotokolls.

Das heißt: Zwischen dem Abschluss des notariellen Gesellschaftsvertrages bzw. der notariellen Beurkundung des sog. Musterprotokolls und der Eintragung der GmbH in das Handelsregister spricht man von der »Vor-GmbH« (vgl. *Lutter/Hommelhoff/Lutter/Bayer* § 11 GmbHG; Rz. 1; *Hueck/Windbichler* § 35 Rz. 11; MünchHdb. GesR III/*Gummert* § 16 Rz. 1).

Achtung: Von der Vorgesellschaft ist das *Vorgründungsstadium* zu unterscheiden. Gemeint ist damit die Zeit <u>vor</u> dem Abschluss des Gesellschaftsvertrages. In dieser Gründungsphase ist es möglich, dass die Gesellschafter einen Gründungs-Vorvertrag abschließen, mit dem sie sich zur Gründung einer GmbH verpflichten (*Michalski/Michalski* § 11 GmbHG Rz. 4). Besteht der Zweck der sogenannten Vorgründungsgesellschaft lediglich in der Gründung einer GmbH, ist sie als BGB-Innengesellschaft zu qualifizieren (*Scholz/K. Schmidt* § 11 GmbHG Rz. 9; *Grunewald* 2. F. Rz. 27; *Wiedemann*, GesR II, § 7 I 5d; **a.A.** *Michalski/Michalski* § 11 GmbHG Rz. 10: reines Vertragsverhältnis). Demgegenüber handelt es sich bei der *Vorgründungsgesellschaft* um eine Außengesellschaft, wenn die Gesellschafter bereits im Vorgründungsstadium ein Unternehmen betreiben, das später von der GmbH fortgeführt werden soll (BGH NJW **1998**, 1645; NJW **1983**, 2822; *Baumbach/Hueck/Fastrich* § 11 GmbHG Rz. 33; *Grunewald* 2. F. Rz. 27). Die rechtliche Qualifikation dieses Zusammenschlusses ist von dem Gesellschaftszweck abhängig: Besteht er in dem Betreiben eines Handelsgewerbes, handelt es sich um eine oHG, anderenfalls um eine GbR (BAG NZG **2006**, 507, 509; BGH NJW **1983**, 2822; *Baumbach/Hueck/Fastrich* § 11 GmbHG Rz. 33; *Grunewald* 2. F. Rz. 27). In beiden Fällen haften die Gesellschafter gemäß § 128 Satz 1 HGB (analog) persönlich. Wichtig ist, dass sich an dieser Haftung auch nach der Eintragung in das Handelsregister nichts ändert (BGHZ **91**, 148, 151).
Denn: Die Verbindlichkeiten der Vorgründungsgesellschaft gehen nicht auf die GmbH über. Das ist bei der Vorgesellschaft anders, siehe hierzu weiter unten.

> **Merke**: Die Gründung einer GmbH lässt sich in drei Gründungsphasen unterteilen: Vorgründungsstadium → Vorgesellschaft → GmbH.

Zum Fall: Der Gesellschaftsvertrag der F & R GmbH liegt bereits in der notariellen Form nach § 2 Abs. 1 Satz 1 GmbHG vor und wurde auch von den Gesellschaftern F und R unterzeichnet (§ 2 Abs. 1 Satz 2 GmbHG). Folglich ist das Gründungsstadium der Vorgesellschaft bereits erreicht.

I. Fraglich ist nunmehr, ob die Vorgesellschaft überhaupt als Vertragspartner des C in Betracht kommt. Das setzt selbstverständlich die *Rechtsfähigkeit* der Vor-GmbH voraus. Obwohl eine Einordnung der Vor-GmbH in das allgemeine Schema der gesetzlich geregelten Gesellschaftstypen nicht möglich ist, es sich bei der Vor-GmbH also um eine Gesellschaft *sui generis* handelt (*Hachenburg/Ulmer* § 11 GmbHG Rz. 8), ist ihre Rechtsfähigkeit unbestritten (BGHZ **80**, 129, 132; **117**, 323, 326; *Scholz/ K. Schmidt* § 11 GmbHG Rz. 27; *Grunewald* 2. F. Rz. 30).

ZE.: Damit kann die in Gründung befindliche F & R GmbH als Vor-GmbH taugliches Verpflichtungsobjekt des Kaufvertrages mit C sein.

II. Damit stellt sich als nächstes die Frage, ob die Vor-GmbH durch das Handeln des F auch verpflichtet wurde. Dies ist der Fall, wenn F die Vor-GmbH wirksam vertreten hat, was nach Maßgabe des § 164 Abs. 1 Satz 1 BGB zu beurteilen ist.

Die Voraussetzungen für die Wirksamkeit der Stellvertretung gemäß § 164 Abs. 1 Satz 1 BGB sind:

→ die Abgabe einer eigenen Willenserklärung

→ im Namen des Vertretenen

→ innerhalb der dem Vertreter zustehenden Vertretungsmacht.

Prüfen wir mal:

1.) F gab bei Abschluss des Kaufvertrages mit C eine eigene Willenserklärung ab, fraglich ist aber, ob er hierbei im Namen der Vor-GmbH handelte. Dies ist insofern problematisch, als F tatsächlich als Geschäftsführer der »F & R Sportartikel GmbH« auftrat (SV lesen!).

Ein ausdrückliches Handeln im Namen der Vorgesellschaft setzt voraus, dass der Firma der GmbH (hier: F & R Sportartikel GmbH) zur Vermeidung von Irreführungen der Zusatz »in Gründung«, »i. G.« oder Ähnliches hinzugefügt wird (vgl. *Rowedder/Schmidt-Leithoff* § 11 GmbHG Rz. 75; *K. Schmidt*, GesR, § 34 III 3b). Dies ist nicht geschehen, als F den Kaufvertrag mit C abschloss. Vielmehr ist er ausdrücklich im Namen der »F & R Sportartikel GmbH« aufgetreten. Allerdings ist das Auftreten unter dieser Bezeichnung nach den Grundsätzen des unternehmensbezogenen Geschäfts unschädlich. Hiernach wird nämlich stets der <u>wahre</u> Rechtsträger verpflichtet, so dass eine fehlende Bezeichnung oder eine Falschbezeichnung grundsätzlich unschädlich ist (BGHZ **72**, 45, 48; *Soergel-Leptien* § 164 BGB Rz. 14; *Medicus*, BGB AT, Rz. 915 f.; *Larenz/Wolf* § 46 Rz. 22).

ZE.: Unter Anwendung der Grundsätze des unternehmensbezogenen Geschäfts trat F folglich konkludent im Namen der Vor-GmbH auf.

2.) Ferner muss F mit Vertretungsmacht gehandelt haben.

a) Zunächst müssen wir an dieser Stelle klären, wer das Vertretungsorgan in der Vor-GmbH ist. Die Lösung ergibt sich aus dem allgemeinen Grundsatz, dass auf die Vorgesellschaft all die Vorschriften des GmbH-Gesetzes Anwendung finden, die nicht die Eintragung der Gesellschaft in das Handelsregister voraussetzen (*Michalski/Michalski* § 11 GmbHG Rz. 44; *K. Schmidt*, GesR, § 34 III 3a). Da die Vertretungsvorschriften der §§ 35 f. GmbHG nicht an die Eintragung in das Handelsregister anknüpfen, können wir deshalb festhalten, dass das Vertretungsorgan in der Vor-GmbH der bzw. die Geschäftsführer ist/sind (vgl. *Baumbach/Hueck/Fastrich* § 11 GmbHG Rz. 17; *Grunewald* 2. F. Rz. 31).

Zum Fall: Im Gesellschaftsvertrag der F & R Sportartikel GmbH wurde F als alleiniger Geschäftsführer bestellt, vgl. § 6 Abs. 3 Satz 2 GmbHG.

b) Auch wenn es allgemeiner Meinung entspricht, dass der im Gründungsstadium bestellte Geschäftsführer das Vertretungsorgan auch der Vorgesellschaft ist, ist der *Umfang* seiner Vertretungsmacht umstritten:

- Teilweise wird in der Literatur eine *uneingeschränkte* Vertretungsmacht des Geschäftsführers gemäß § 37 Abs. 2 GmbHG bereits in der Vor-GmbH befürwortet (*Scholz/K. Schmidt* § 11 GmbHG Rz. 63 f.; MünchHdb. GesR III/*Gummert* § 16 Rz. 49). Diese Ansicht zugrunde gelegt, ist die Vertretungsmacht des F im vorliegenden Fall unproblematisch zu bejahen.

- Dagegen ist nach herrschender Meinung die Vertretungsmacht des Geschäftsführers in der Vor-GmbH entgegen § 37 Abs. 2 GmbHG auf die zur Durchführung der für die Gründung erforderlichen Rechtsgeschäfte *beschränkt* (*Baumbach/Hueck/Fastrich* § 11 GmbHG Rz. 18; *Hachenburg/Ulmer* § 11 GmbHG Rz. 54; *Lutter/Hommelhoff/Lutter/Bayer* § 11 GmbHG Rz. 11; *Grunewald* 2. F. Rz. 31). Für die Frage, welche Rechtsgeschäfte für die Gründung erforderlich sind, ist zu differenzieren: Wird ein Unternehmen als Sacheinlage in die Gesellschaft eingebracht, so ist die Fortführung dieses Unternehmens von der Vertretungsmacht des Geschäftsführers gedeckt (BGHZ 80, 129, 139; *Grunewald* 2. F. Rz. 31). Bei der Bargründung ist dagegen nur die Entgegennahme der Mindesteinlagen, die Anmeldung zum Handelsregister, die Bezahlung der Steuern und Gebühren notwendig in dem oben beschriebenen Sinne (*Hachenburg/Ulmer* § 11 GmbHG Rz. 55). Eine Ausnahme gilt hier allerdings dann, wenn alle Gesellschafter den Umfang der Vertretungsmacht des Geschäftsführers erweitern (*Hachenburg/Ulmer* § 11 GmbHG Rz. 55; *Lutter/Hommelhoff/Lutter/Bayer* § 11 GmbHG Rz. 11).

Vorliegend ist eine Bargründung der F & R Sportartikel GmbH vorgesehen, womit F als Geschäftsführer grundsätzlich nicht zum Kauf der Computeranlage als Betriebsausstattung berechtigt ist. Da sich jedoch F und R (als Gesellschafter) darüber einig waren, die notwendigen Anschaffungen schon vor der Eintragung der Gesellschaft in das Handelsregister zu tätigen, wurde die Vertretungsmacht des F als Geschäftsführer entsprechend erweitert. Folglich war auch nach herrschender Meinung der Abschluss des Kaufvertrages von der Vertretungsmacht des F gedeckt. Schloss F demzufolge nach beiden Ansichten den Kaufvertrag mit entsprechender Vertretungsmacht ab, ist eine Entscheidung des Meinungsstreits für uns entbehrlich.

Ergebnis: F hat die Vor-GmbH wirksam vertreten, so dass sie aus dem Kaufvertrag mit C berechtigt und verpflichtet ist. Mithin hat C gegen die Vor-GmbH einen Anspruch auf Kaufpreiszahlung in Höhe von 3.000 Euro aus § 433 Abs. 2 BGB.

> **Zur Abrundung:** Die Vor-GmbH geht mit der Eintragung in das Handelsregister in der GmbH auf, das heißt, sie erlischt als eigene Gesellschaft und an ihre Stelle tritt die GmbH. Die in der Vorgesellschaft begründeten Rechte und Pflichten gehen ohne Weiteres auf die GmbH über (BGHZ **80**, 129, 144; *Roth/Altmeppen* § 11 GmbHG Rz. 10; *Hachenburg/Ulmer* § 11 GmbHG Rz. 74). In unserem Fall müsste sich C also nach der Eintragung der Gesellschaft an die F & R Sportartikel GmbH – und eben nicht mehr an die Vor-GmbH – halten.

C. Möglicherweise haftet zudem der F in seiner Funktion als Geschäftsführer für die Kaufpreisverbindlichkeit in Höhe von 3.000 Euro gegenüber C gemäß **§ 11 Abs. 2 GmbHG** (sogenannte »**Handelndenhaftung**«).

I. Der Anwendungsbereich des § 11 Abs. 2 GmbHG ist nur eröffnet, wenn eine Vor-GmbH vorliegt. Das heißt, die Handelndenhaftung kommt in der Vorgründungsgesellschaft nicht in Betracht (BGHZ **91**, 148, 151 f.; *Roth/Altmeppen* § 11 GmbHG Rz. 71) und ist ausgeschlossen, wenn die GmbH in das Handelsregister eingetragen ist (Wortlaut des § 11 Abs. 2 GmbHG!).

ZE.: In unserem Fall haben wir es mit einer Vor-GmbH zu tun (siehe oben).

II. Die Haftungsnorm des § 11 Abs. 2 GmbHG trifft nur den »Handelnden«.

> **Definition:** *Handelnder* in diesem Sinne ist, wer als Geschäftsführer oder wie ein solcher tätig wird (BGHZ **65**, 378, 380; *Rowedder/Schmidt-Leithoff* § 11 GmbHG Rz. 110; *Lutter/Hommelhoff/Lutter/Bayer* § 11 GmbHG Rz. 14).

Zum Fall: Der F wurde als Geschäftsführer bestellt und beim Abschluss des Kaufvertrages auch als solcher tätig. Somit ist er *Handelnder* nach § 11 Abs. 2 GmbHG.

III. Des Weiteren muss der Handelnde »im Namen der Gesellschaft« aufgetreten sein (vgl. den Gesetzeswortlaut!). Unter welchen Voraussetzungen dieses Tatbestandsmerkmal gegeben ist, ist streitig:

- In der älteren Rechtsprechung (BGHZ **65**, 378, 380 f.; **72**, 45, 49 f.) und einem Teil der Literatur (*Roth/Altmeppen* § 11 GmbHG Rz. 21) wird die Ansicht vertreten, dass die Handelndenhaftung nur bei einem Handeln *für die künftige GmbH* eingreift. Damit gemeint sind nur diejenigen Konstellationen, in denen nicht bereits die Vorgesellschaft verpflichtet wird (*Roth/Altmeppen* § 11 GmbHG Rz. 24). Das heißt, dass sich die Haftung des Geschäftsführers nach § 11 Abs. 2 GmbHG und die Verpflichtung der Vor-GmbH ausschließen (LAG Köln NZA-RR **2001**, 129). In der Regel wird die Haftung des Geschäftsführers nach dieser Meinung ausscheiden, da nach den Grundsätzen des unternehmensbezogenen Geschäfts typischerweise die Vor-GmbH verpflichtet wird. Begründet wird diese Ansicht damit, dass für eine Haftung des Geschäftsführers kein Anlass bestehe und für diesen auch eine unangemessene Belastung darstellen würde, müsste er neben der Vor-GmbH haften (*Roth/Altmeppen* § 11 GmbHG Rz. 22). Wie oben gesehen, handelte F konkludent im Namen der Vor-GmbH, wodurch diese auch Vertragspartnerin des Kaufvertrages mit C wurde. Damit scheidet nach dieser Meinung die Haftung des F nach § 11 Abs. 2 GmbHG aus.

- Nach herrschender Meinung in der Literatur ist das Tatbestandsmerkmal auch erfüllt, wenn *im Namen der Vor-GmbH* gehandelt wird, wobei – wiederum nach den Grundsätzen des unternehmensbezogenen Geschäfts – irrelevant ist, ob auf die Vor-GmbH ausdrücklich hingewiesen wird (*Scholz/K. Schmidt* § 11 GmbHG Rz. 107; *Rowedder/Rittner/Schmidt-Leithoff* § 11 GmbHG Rz. 118; *Hachenburg/Ulmer* § 11 GmbHG Rz. 109; *Baumbach/Hueck/Fastrich* § 11 GmbHG Rz. 44; *K. Schmidt*, GesR, § 34 III 3b; *Drygala* in Jura 2003, 433, 434). Als Begründung verweisen die Vertreter dieser Meinung insbesondere auf die rechtliche Identität der Vor-GmbH und der späteren GmbH (*K. Schmidt*, GesR, § 34 III 3b). Außerdem könne die – häufig zufällige – Art des Auftretens des Geschäftsführers nicht über das Entstehen eines Anspruchs entscheiden (*Hachenburg/Ulmer* § 11 GmbHG Rz. 109; *Lutter/Hommelhoff/Lutter/Bayer* § 11 GmbHG Rz. 24). Dies zugrunde gelegt ist von einem tatbestandsmäßigen »Handeln im Namen der Gesellschaft« auszugehen und F hätte dementsprechend zu haften.

Die Ansichten kommen zu unterschiedlichen Ergebnissen, womit eine Streitentscheidung notwendig ist. Die Entscheidung, welcher Auffassung man den Vorzug gewährt, ist davon abhängig, welche Funktion man der Vorschrift des § 11 Abs. 2 GmbHG zuschreibt. Sieht man den Zweck der Norm in der Sicherung der Gläubiger insoweit, als ihnen an Stelle der GmbH jedenfalls ein Schuldner, nämlich der Handelnde, zur Verfügung stehen soll (BGHZ **69**, 95, 103; **76**, 320, 323; *Grunewald* 2. F. Rz. 38), so ist der erstgenannten Ansicht zu folgen. Denn in der Regel wird – wie oben gesehen – die Vor-GmbH verpflichtet, so dass dem Gläubiger ein Schuldner zur Verfügung steht. Richtigerweise haben die Gläubiger jedoch ein berechtigtes Interesse an einer Haftung des Handelnden neben der Vor-GmbH. Die Haftung aus § 11 Abs. 2 GmbHG dient als Ausgleich dafür, dass die Kapitalgrundlage bei der Vor-GmbH nicht im selben Maße wie bei der eingetragenen GmbH kontrolliert und gesichert ist

(BGHZ **80**, 129, 133; **80**, 182, 184; **91**, 148, 152 f.; *Scholz/K. Schmidt* § 11 GmbHG Rz. 93; *Michalski/Michalski* § 11 GmbHG Rz. 101; *Goette* § 2 Rz. 35). Außerdem wird durch das Haftungsrisiko des § 11 Abs. 2 GmbHG Druck auf den Geschäftsführer ausgeübt, die Gesellschaft alsbald eintragen zu lassen – sogenannte »**Druckfunktion**« (*Scholz/K. Schmidt* § 11 GmbHG Rz. 93).

ZE.: Der heute herrschenden Meinung folgend liegt dementsprechend ein Handeln im Namen der Gesellschaft nach § 11 Abs. 2 GmbHG vor.

IV. Schließlich darf die Haftung nicht *erloschen* sein. Die Handelndenhaftung erlischt im Zeitpunkt der Entstehung der GmbH, also mit deren Eintragung in das Handelsregister, vgl. § 11 Abs. 1 GmbHG (BGHZ **80**, 129, 137; **80**, 182; *Scholz/K. Schmidt* § 11 GmbHG Rz. 118). Diese ist in unserem Fall noch nicht erfolgt.

Ergebnis: F haftet folglich für die Kaufpreisverbindlichkeit in Höhe von 3.000 Euro als Geschäftsführer der Vor-GmbH gemäß § 11 Abs. 2 GmbHG unmittelbar gegenüber C.

D. Möglicherweise haftet auch R, der seine Zustimmung zum Handeln des F als Geschäftsführer erteilt hat, aus **§ 11 Abs. 2 GmbHG**.

Nach der obigen Definition des Begriffs »Handelnder« ist das Tätigwerden eines Geschäftsführers beziehungsweise ein Auftreten wie ein solcher erforderlich. Danach genügt es also nicht, wenn zu diesem Handeln lediglich die Zustimmung erteilt wird (vgl. BGHZ **47**, 25, 28; **51**, 30, 35; **65**, 378, 380 f.; MünchHdb. GesR III/*Gummert* § 16 Rz. 79; *Goette* § 1 Rz. 49).

Ergebnis: Somit ist R nicht als Handelnder im Sinne des § 11 Abs. 2 GmbHG zu qualifizieren, mithin haftet er nicht persönlich für die Kaufpreisverbindlichkeit in Höhe von 3.000 Euro.

E. C könnte möglicherweise gegen F und R als *Gründer* der F & R Sportartikel GmbH einen Anspruch auf Kaufpreiszahlung in Höhe von 3.000 Euro haben.

Durchblick: Bei der Frage der Haftung derjenigen Gründer, die – wie in unserem Fall – mit der Aufnahme der unternehmerischen Tätigkeit einverstanden waren, muss man sich zunächst klarmachen, dass zwei unterschiedliche Zeitpunkte zu unterscheiden sind. Dies ist einmal die Haftung vor Eintragung und zum anderen die Haftung nach Eintragung der GmbH in das Handelsregister:

I. Soweit es um die Haftung *nach* Eintragung in das Handelsregister geht, entspricht es einhelliger Meinung, dass die Gründer anteilig für alle bis zur Eintragung entstandenen Verluste der GmbH haften, sogenannte »**Vorbelastungshaftung**«, auch als »Unterbilanz-« bzw. »Differenzhaftung« bezeichnet (vgl. BGHZ **80**, 129, 140; **80**, 182, 185; *Lutter/Hommelhoff/Lutter/Bayer* § 11 GmbHG Rz. 29; *Scholz/K. Schmidt* § 11 GmbHG Rz. 124). Das heißt, die Gesellschafter sind verpflichtet, die Differenz zwischen dem Stammkapital und den Vorbelastungen – unabhängig von ihrer Höhe, also unbeschränkt – auszugleichen. Dabei haftet jeder einzelne Gesellschafter nur anteilsmäßig (BGHZ **80**, 129, 141; *Michalski/Michalski* § 11 GmbHG Rz. 62). Kann ein Gesellschafter seinen Anteil nicht aufbringen, greift § 24 GmbHG (lesen!) ein.

> **Beachte:** Für die Verbindlichkeiten, die nach Eintragung der GmbH in das Handelsregister entstehen, ist eine Haftung der Gesellschafter gemäß § 13 Abs. 2 GmbH ausgeschlossen. Merken.

Die Verpflichtung der Gründer, die Verluste auszugleichen, besteht nur im Verhältnis zu der Gesellschaft, es handelt sich hierbei folglich um eine **unbeschränkte Innenhaftung** (BGHZ **80**, 129, 141 f.; *Michalski/Michalski* § 11 GmbHG Rz. 129; *Grunewald* 2. F. Rz. 34). Das heißt, dass ein Gesellschaftsgläubiger keine Möglichkeit hat, die Gesellschafter unmittelbar in Anspruch zu nehmen.

> *Finte:* Allerdings kann er auf »Umwegen« auf diese zugreifen: Hierzu muss der Gläubiger einen Titel gegen die GmbH erlangen, und kann sich im Zwangsvollstreckungsverfahren den in Rede stehenden Anspruch der GmbH gegen die Gesellschafter pfänden und überweisen lassen, vgl. §§ 829, 835 ZPO.

II. Da die Eintragung der F & R Sportartikel GmbH in das Handelsregister noch nicht erfolgt ist, ist für uns allerdings die Haftung vor Eintragung von Interesse. Hier ist die Rechtslage – schon wieder – umstritten:

- Die höchstrichterliche Rechtsprechung (BGHZ **134**, 333 ff.; a.A. noch BGHZ **65**, 378, 383) und Teile der Literatur (*Baumbach/Hueck/Fastrich* § 11 GmbHG Rz. 25; *Grunewald* 2. F. Rz. 34; *Wiedemann* in ZIP 1997, 2029, 2032 f.) gehen hier im Grundsatz ebenfalls von einer **unbeschränkten Innenhaftung** aus, die – so zumindest die Rechtsprechung des BGH – erst entsteht, wenn die Eintragung in das Handelsregister endgültig gescheitert ist (BGHZ **134**, 333, 338). In diesem Fall haften die Gründer für die eingegangenen Verbindlichkeiten anteilig gegenüber der Gesellschaft, sogenannte »**Verlustdeckungshaftung**« (BAG NZG **2006**, 507, 509; BGHZ **134**, 333, 338; *Baumbach/Hueck/Fastrich* § 11 GmbHG Rz. 57; *Rowedder/Schmidt-Leithoff* § 11 GmbHG Rz. 104). Nach dieser Konzeption ist für den Gläubiger also eine unmittelbare Inanspruchnahme der Gründer ausgeschlossen. Jedoch hat er auch hier die oben beschriebene Möglichkeit, im Zwangsvollstreckungsverfahren gegen die Vor-GmbH einen Pfändungs- und Überweisungsbeschluss zu beantragen (*Hueck/Windbichler* § 35 Rz. 18). **Beachte:** Diese Verlustdeckungshaftung setzt sich mit der Eintragung der GmbH in das Handelsregister in der unter I. beschriebenen Vorbelastungshaftung fort (BGHZ **80**, 129, 144; *Rowedder/Schmidt-Leithoff* § 11 GmbHG Rz. 33; *Michalski/Michalski* § 11 GmbHG Rz. 129).

Kein Grundsatz ohne **Ausnahmen**: Anerkannt ist eine Reihe von Ausnahmefällen, in denen eine *unbeschränkte Außenhaftung* der Gründergesellschafter besteht. Die unmittelbare Haftung gegenüber den Gesellschaftsgläubigern kommt danach in Betracht, wenn die Vor-GmbH vermögenslos ist (BAG NZG 2006, **507**, 510; BGHZ **134**, 333, 341; BAG ZIP **2000**, 1546, 1549; *Hueck/Windbichler* § 35 Rz. 18), diese nur einen Gläubiger hat (BGHZ **134**, 333, 341; BAG ZIP **2000**, 1546, 1549), es sich um eine Ein-Mann-GmbH handelt (BGHZ **134**, 333, 341) oder eine »unechte« Vor-GmbH vorliegt (BGH NJW **2003**, 429, 430). Eine »unechte« Vor-GmbH liegt vor, wenn die Gesellschafter die Eintragungsabsicht aufgeben, gleichwohl aber nicht den Geschäftsbetrieb sofort beendet haben (BGH NJW **2003**, 429, 430; *Roth/Altmeppen* § 11 GmbHG Rz. 58).

Begründung der herrschenden Meinung: Die *unbeschränkte* Haftung wird damit gerechtfertigt, dass im bürgerlichen Recht und im Handelsrecht der Grundsatz gilt, dass derjenige, der allein oder in Gemeinschaft mit anderen Geschäfte betreibt, für die daraus entstehenden Verpflichtungen haftet (BGHZ **134**, 333, 335). Dabei soll es sich um eine **Innenhaftung** handeln, da eine unbeschränkte Außenhaftung der Gesellschafter kapitalgesellschaftsfremd sei und dem Wesen des GmbH-Rechts widerspreche (*Baumbach/Hueck/Fastrich* § 11 GmbHG Rz. 25).

Zum Fall: Hier liegt keiner der anerkannten Ausnahmefälle vor. Insbesondere halten F und R nach wie vor an der Eintragungsabsicht fest, und sie beschränkten sich nicht auf die Anschaffung der Computeranlage, weshalb C nicht der einzige Gläubiger der Vor-GmbH ist. Eine Außenhaftung gegenüber C scheidet nach der herrschenden Meinung aus.

- Nach anderer Auffassung in der Literatur und in der Rechtsprechung einiger Instanzgerichte wird eine *unbeschränkte Außenhaftung* der Gesellschafter der Vor-GmbH bejaht (OLG Thüringen GmbHR **1999**, 772; *Scholz/K. Schmidt* § 11 GmbHG Rz. 82; *Lutter/Hommelhoff/Lutter/Bayer* § 11 GmbHG Rz. 15; *Roth/Altmeppen* § 11 GmbHG Rz. 55; *Michalski/Michalski* § 11 GmbHG Rz. 63; MünchHdb GesR III/*Gummert* § 16 Rz. 95). Nach dieser Ansicht können die Gründer bis zur Eintragung für sämtliche Verbindlichkeiten der Vor-GmbH von den Gesellschaftsgläubigern unmittelbar in Anspruch genommen werden. **Beachte aber**: Sobald die Eintragung in das Handelsregister erfolgt ist, erlischt die unbeschränkte persönliche Haftung nach dieser Ansicht *rückwirkend*. An ihre Stelle tritt die oben unter I. beschriebene Vorbelastungshaftung (vgl. *Scholz/K. Schmidt* § 11 GmbHG Rz. 88; MünchHdb. GesR III/*Gummert* § 16 Rz. 95, 107). Die Vertreter dieser Ansicht meinen, die Begründung der Gegenmeinung sei zwar insoweit zutreffend, als es um die *unbeschränkte* Haftung gehe (vgl. *Rowedder/Schmidt-Leithoff* § 11 GmbHG Rz. 97; *K. Schmidt*, GesR, § 34 III 3c), diese sei allerdings als *Außenhaftung* zu konzipieren, da es eine unzumutbare Beeinträchtigung darstelle, aus dem gegen die Vor-GmbH erlangten Titel im Wege eines Pfändungs- und Überweisungsbeschlusses gegen die einzelnen Gesellschafter vorzugehen (*K. Schmidt*, GesR, § 34 III 3c cc).

Zum Fall: Danach kann C die beiden Gesellschafter F und R unmittelbar in Anspruch nehmen.

Die Ansichten kommen zu unterschiedlichen Ergebnissen, womit der Streit entschieden werden muss: Richtigerweise ist der zuerst genannten Meinung zu folgen, die im Grundsatz nur eine unbeschränkte Innenhaftung bejaht. Die Innenhaftung führt nicht zu einer unsachgemäßen Belastung der Gläubiger, vielmehr würde die Außenhaftung zu einem Übermaß an Gläubigerschutz führen. Denn den Gesellschaftsgläubigern stehen als Haftungssubjekte bereits die Vor-GmbH und der Handelnde zur Verfügung. Deshalb ist es sachgerecht, einen unmittelbaren Anspruch gegen die Gründer auf die genannten Ausnahmefälle zu beschränken, in denen umfassender Gläubigerschutz notwendig ist (BGHZ **134**, 333, 340; *Wiedemann* in ZIP 1997, 2029, 2033). Außerdem wird durch die Annahme einer Innenhaftung der angestrebte Gleichklang der Haftung vor und nach der Eintragung erreicht (vgl. BGHZ **134**, 333, 338; *Grunewald* 2. F. Rz. 35).

Ergebnis: C hat demzufolge keinen unmittelbaren Anspruch auf Kaufpreiszahlung in Höhe von 3.000 Euro gegen F und R als Gründer der F & R GmbH.

Das Allerletzte:

Im Falle einer *Sachgründung* sollte man noch zwei Vorschriften im Blick behalten, nämlich die §§ 9, 9a GmbHG:

I. § 9 Abs. 1 GmbHG (bitte lesen!) regelt die Konstellation, in der eine Sache als Geschäftsanteil in die Gesellschaft eingebracht wird, deren Wert allerdings im Zeitpunkt der Anmeldung der Gesellschaft hinter dem Wert des dafür übernommenen Geschäftsanteils zurückbleibt. Als Rechtsfolge bestimmt § 9 Abs. 1 Satz 1 GmbHG, dass der jeweilige Gesellschafter die Differenz in Geld einzulegen hat, sogenannte »Differenzhaftung« (*Lutter/Hommelhoff/Lutter/Bayer* § 9 GmbHG Rz. 1; MünchHdb GesR III/*Gummert* § 50 Rz. 164). **Neu eingefügt** im Zuge der Reform wurde § 9 Abs. 1 Satz 2 GmbHG, wonach sonstige Ansprüche unberührt bleiben. Damit soll klargestellt werden, dass die Differenzhaftung Ansprüche aus anderen Rechtsgründen, insbesondere Ansprüche auf einen durch den Wert der Sacheinlage nicht vollständig gedecktes Agio, nicht ausschließt (BT-Drs. 16/6140, S. 36). Merken.

II. Gemäß § 9a Abs. 1 GmbHG haben die Gesellschafter und die Geschäftsführer der GmbH als *Gesamtschuldner* einen Schaden auszugleichen, der aufgrund falscher Angaben, die zum Zwecke der Gründung gemacht wurden, entstanden ist. Der in Anspruch genommene Gesellschafter oder Geschäftsführer muss vorsätzlich oder fahrlässig gehandelt haben, wobei jede Form der Fahrlässigkeit genügt, vgl. § 9 Abs. 3 GmbHG (*Lutter/Hommelhoff/Lutter/Bayer* § 9 GmbHG Rz. 6).

Die hierzu *subsidiäre* Haftungsnorm des **§ 9a Abs. 2 GmbHG** betrifft nur die *Gesellschafter*. Gemäß § 9a Abs. 2 GmbHG ist der GmbH ein Schaden zu ersetzen, der im

Zusammenhang mit Sacheinlagen oder dem Gründungsaufwand entstanden ist und der gerade nicht auf falschen Angaben beruht (*Lutter/Hommelhoff/Lutter/Bayer* § 9 GmbHG Rz. 9; *Baumbach/Hueck/Fastrich* § 9 GmbHG Rz. 12). Beispielsweise kommt diese Norm in Betracht, wenn eine Maschine in die Gesellschaft eingebracht wird, die zwar ihren Wert hat, für die vorgesehene Position aber ungeeignet ist (*Lutter/ Hommelhoff/Lutter/Bayer* § 9 GmbHG Rz. 9). Zu beachten ist, dass – und das ist die Besonderheit des § 9a Abs. 2 GmbHG – *alle* Gesellschafter haften, wenn nur *einer* vorsätzlich oder *grob* fahrlässig gehandelt hat. Dies gilt allerdings nicht für den Gesellschafter, der beweisen kann, dass er nicht einmal *leicht* fahrlässig gehandelt hat, vgl. § 9 Abs. 3 GmbHG (*Lutter/Hommelhoff/Lutter/Bayer* § 9 GmbHG Rz. 10).

Gutachten

A. Fraglich ist, ob R die im Gesellschaftsvertrag übernommenen Geschäftsanteile erfüllen kann, indem er der Gesellschaft seinen Pkw übereignet.

I. Die Möglichkeit einer Sacheinlage ist in § 5 Abs. 4 GmbHG vorgesehen, sogenannte Sachgründung. Allerdings bestimmt § 5 Abs. 4 Satz 1 GmbHG, dass der Gegenstand der Sacheinlage und der Betrag des Geschäftsanteils, auf die sich die Sacheinlage bezieht, im Gesellschaftsvertrag festgesetzt werden muss. Das heißt, dass bei Fehlen einer solchen Bestimmung nur Geld eingelegt werden kann, sogenannte Bargründung. In der Satzung der F & R Sportartikel GmbH ist der Pkw des R nicht als Sacheinlage bestimmt, vielmehr fehlt es insgesamt an einer Regelung, die eine Sacheinlage vorsieht. Folglich liegt ein Fall einer Bargründung vor, und R schuldet die Einlage in Geld.

II. R könnte, würde er den Pkw dennoch übereignen, gleichwohl von seiner Pflicht zur Erbringung der Einlage in bar nach Maßgabe des § 19 Abs. 4 GmbHG n. F. frei werden.

Diese Vorschrift findet Anwendung auf sog. verdeckte Sacheinlagen, das heißt in Fällen, in denen die Einlage trotz Vereinbarung einer Bargründung als Sacheinlage zu qualifizieren ist (vgl. § 19 Abs. 4 Satz 1 GmbHG n. F.), was bei der avisierten Übereignung des Pkw zu bejahen ist. Zwar bestimmt § 19 Abs. 4 Satz 1 GmbHG n. F., dass der Gesellschafter im Falle einer verdeckten Sacheinlage nicht von seiner Bar-Einlageverpflichtung frei wird. Jedoch sind nach § 19 Abs. 4 Satz 2 GmbHG n. F. die Verträge über die Sacheinlage und die Rechtshandlungen zu ihrer Ausführung wirksam. Ausgehend hiervon – dem Bestehenbleiben der Einlageverpflichtung einerseits und der Wirksamkeit der Verträge betreffend die Sacheinlage andererseits – ist in § 19 Abs. 4 Satz 3 GmbHG n. F. eine Anrechnung des Werts des Vermögensgegenstandes vorgesehen. Allerdings findet die Anrechnung frühestens im Zeitpunkt der Anmeldung der Gesellschaft zur Eintragung in das Handelsregister statt.

Daran gemessen steht fest, dass R – die Anmeldung der F & R Sportartikel GmbH zum Handelsregister ist noch nicht erfolgt – zu diesem Zeitpunkt seine Bar-Einlageverpflichtung nicht durch die Übereignung des Pkw an die Gesellschaft erfüllen kann.

B. Die weitere Frage des R zielt darauf ab, in welcher Höhe im Zeitpunkt der Anmeldung zum Handelsregister die Zahlungen auf die Geschäftsanteile vorgenommen sein müssen. Dies ist im Falle einer Bargründung nach § 7 Abs. 2 GmbHG zu beurteilen.

Gemäß § 7 Abs. 2 Satz 1 GmbHG muss jeder Gesellschafter bis zur Registeranmeldung auf jeden Geschäftsanteil ¼ einbezahlt haben, wobei allerdings nach § 7 Abs. 2 Satz 2 GmbHG insgesamt mindestens die Hälfte des Mindeststammkapitals nach § 5 Abs. 1 GmbHG, also 12.500 Euro, erreicht sein muss. Die in § 7 Abs. 2 Satz 2 GmbHG vorgeschriebene Mindestgrenze von 12.500 Euro ist bereits durch die Zahlung des Gesellschafters F erreicht. Allerdings hat R erst einen Betrag von 2.500 Euro auf seinen Geschäftsanteil einbezahlt. Die für die Gesellschafter F und R bestehende Mindestzahlungsfrist von ¼ je Geschäftsanteil, der sich auf 12.500 Euro beläuft, liegt indes bei einem Betrag von 3.125 Euro (= ¼ von 12.500 Euro).

Ergebnis: Mithin muss R gemäß § 7 Abs. 2 Satz 1 GmbHG vor der Anmeldung zum Handelsregister noch einen Betrag von 625 Euro leisten.

Fall 24

Der gutgläubige GmbH-Gesellschafter

Der Gesellschafter Z der »A & Z GmbH« hinterlässt bei seinem Tod im November 2008 seine beiden Söhne S und E. Beim Ausräumen der Wohnung des Erblassers finden die Söhne ein Testament vom 01.01.2000, über dessen Inhalt E schockiert ist: S ist in diesem Testament als Alleinerbe eingesetzt – und dies, obwohl Z und S seit dem Jahre 2002 nach wiederholten und heftigen Streitereien kein Wort mehr miteinander gesprochen hatten. S hingegen ist hocherfreut und beantragt sofort einen Erbschein beim zuständigen Amtsgericht, den er noch vor dem Jahreswechsel erhält. Den Erbschein legt S sodann dem Geschäftsführer G der »A & Z GmbH« vor, der die Eintragung des S bezüglich des Gesellschaftsanteils des Erblassers mit einem Nennbetrag von 10.000 Euro in die Gesellschafterliste beim zuständigen Handelsregister veranlasst. Nachdem die Eintragung in die Gesellschafterliste erfolgt ist, findet E bei der letzten Durchsicht der Papiere des Z Ende Januar 2009 ein Testament, das auf den 01.01.2003 datiert und ihn – den E – als Alleinerben vorsieht. Nach Vorlage dieses Testaments wird dem E bereits im Februar 2009 ein auf ihn lautender Erbschein ausgestellt und der Erbschein des S wird eingezogen. E, glücklich darüber, dass sein Vater ihn doch als Erbe bedacht hat, veranlasst weiter nichts.

S unterdessen, der über den Fund des Testaments aus dem Jahre 2003 wütend ist, will wenigstens noch den Gesellschaftsanteil zu Geld machen. Er hört sich in seinem Bekanntenkreis um und verkauft und überträgt den Gesellschaftsanteil schließlich Ende März 2009 an den Rechtsstudenten R, der hinsichtlich der Behauptung des S, er sei Alleinerbe, keine Zweifel hegt.

Wer ist Inhaber des Geschäftsanteils?

> **Schwerpunkte:** Die Gesellschafterliste und der gutgläubige Erwerb von GmbH-Geschäftanteilen gemäß § 16 Abs. 3 GmbHG n. F.

Lösungsweg

Einstieg: Die entscheidende Frage, wer Inhaber des Geschäftsanteils ist, beantworten wir am besten unter Berücksichtigung der chronologischen Ereignisse, also:

I. *Ursprünglich* war der Z Inhaber des Geschäftsanteils.

II. Der E könnte in die Rechtsstellung des Z infolge der Universalsukzession gemäß § 1922 BGB eingetreten sein. Da der Geschäftsanteil gemäß **§ 15 Abs. 1 GmbHG** veräußerlich und vererblich ist, ergibt sich der Übergang der Rechtsinhaberschaft auf E infolge seiner in dem Testament vom 01.01.2003 angeordneten Erbenstellung, das als das aktuellere Testament gemäß §§ 2253, 2258 BGB (lesen!) maßgeblich ist.

> **Beachte:** Da die Erteilung des Erbscheins durch das Amtsgericht keinen Einfluss auf die materielle Rechtslage hat – vielmehr ist der Erbschein dem materiell Berechtigten auszustellen – wäre es an dieser Stelle falsch, auf die Stellung des S als bloßer Scheinerbe einzugehen.

Dem Erwerb des Geschäftsanteils steht nicht die fehlende Eintragung in die *Gesellschafterliste* entgegen. Die Aufnahme in die Gesellschafterliste stellt keine Wirksamkeitsvoraussetzung für den Erwerb des Geschäftsanteils dar (vgl. BT-Drs. 16/6140, S 37). Dass wir dies überhaupt ansprechen, hängt wiederum mit einer Änderung durch das **MoMiG** zusammen, das mit der Einfügung der Vorschrift des § 16 GmbHG n. F. im Bereich der Gesellschafterliste wichtige Änderungen gebracht hat.

> **Durchblick:** Zusammengefasst lässt sich zu den Änderungen in diesem Bereich sagen, dass der Gesellschafterliste jetzt praktische Bedeutung verliehen wird. Im Wesentlichen unverändert geblieben sind die Vorschriften der §§ 8 Abs. 1 Nr. 4, 40 Abs. 1 GmbHG n. F. (lesen!), wonach die Gesellschafterliste bei der Gründung der Gesellschaft und nach jeder Veränderung in den Personen der Gesellschafter oder des Umfangs ihrer Beteiligung zum Handelsregister einzureichen ist. Die Vorschrift des § 16 Abs. 1 Satz 1 GmbHG n. F. bestimmt nun aber, dass im Falle einer Veränderung in den Personen der Gesellschafter oder des Umfangs ihrer Beteiligung als Inhaber einer Beteiligung im Verhältnis zur Gesellschaft nur gilt, wer er als solcher in der im Handelsregister aufgenommenen Gesellschafterliste eingetragen ist. Dass es sich hierbei nicht um eine Wirksamkeitsvoraussetzung für den Erwerb des Geschäftsanteils handelt, hatten wir bereits erwähnt; jedoch hat das Unterbleiben der Eintragung bzw. die Nicht-Aufnahme in die Gesellschafterliste zur Folge, dass dem Neugesellschafter die Ausübung seiner Mitgliedschaftsrechte verwehrt wird; nach § 16 Abs. 1 Satz 1 GmbHG sind die vor der Eintragung vorgenommenen Rechtshandlungen *schwebend unwirksam*.

III. E könnte die Inhaberschaft an dem Geschäftsanteil durch die seitens des S gemäß **§§ 413, 398 BGB** vorgenommene Veräußerung an R wieder verloren haben. Da nicht S, sondern R als Erbe materiell Berechtigter ist, kann R den Geschäftsanteil nur auf Grund eines gutgläubigen Erwerbs wirksam erworben haben. Die Möglichkeit eines gutgläubigen Erwerbs sieht nun – als Novum im GmbH-Recht! – die Vorschrift des § 16 Abs. 3 GmbHG n. F. vor.

1.) Hintergrund für die Einfügung dieser Regelung sind zum einen ein rein *praktisches* Bedürfnis und zum anderen das Bedürfnis nach *Rechtssicherheit*. Denn nach bisheriger Rechtslage geht der Erwerber eines Geschäftsanteils das Risiko ein, dass der Anteil einem anderen als dem Veräußerer zusteht. Dieses Risiko ist zwar zu minimieren, wenn sich der Erwerber sämtliche Abtretungsurkunden vorlegen lässt und eine Garantie betreffend die Rechtsinhaberschaft abgeben lässt. Auszuschließen ist es jedoch nicht; es besteht stets die Gefahr, dass die Abtretungen materiell nicht wirksam sind oder Zwischenverfügungen vorgenommen wurden (vgl. dazu BT-Drs. 16/6140, S. 38).

2.) Gemäß § 16 Abs. 3 Satz 1 GmbHG n. F. kann ein Geschäftsanteil oder ein Recht daran durch Rechtsgeschäft wirksam vom Nichtberechtigten erworben werden, wenn der Veräußerer als Inhaber des Geschäftsanteils in der im Handelsregister aufgenommenen Gesellschafterliste eingetragen ist.

> **Das bedeutet:** § 16 Abs. 3 Satz 1 GmbHG n. F schützt – in Anlehnung an § 892 BGB (lesen!) – den guten Glauben an die *Verfügungsberechtigung* des in der Gesellschafterliste Eingetragenen (BT-Drs. 16/6140, S. 38 f.; *Hirte* in NZG 2008, 761, 766). **Achtung**: Nicht geschützt wird der gute Glaube an die Existenz eines Geschäftsanteils, das heißt, ein nicht existenter Geschäftsanteil kann auch nicht gutgläubig erworben werden (BT-Drs. 16/6140, S. 38 f.; *Kindler* in NJW 2008, 3249, 3252); ebenfalls nicht geschützt ist der gute Glauben an die *Lastenfreiheit* des Gesellschaftsanteils, das heißt, dieser wird von dem Erwerber mit den Belastungen (beispielsweise einem Pfandrecht) erworben (vgl. BT-Drs. 16/6140, S. 38 f.; OLG München NJW **2010**, 305, 306). Merken.

Vorliegend wird der Scheinerbe S durch die Eintragung in die Gesellschafterliste als Verfügungsberechtigter ausgewiesen.

2.) Ein gutgläubiger Erwerb ist nach § 16 Abs. 3 Satz 2 GmbHG n. F. ausgeschlossen, wenn die Liste zum Zeitpunkt des Erwerbs hinsichtlich des Geschäftsanteils weniger als drei Jahre unrichtig <u>und</u> die Unrichtigkeit dem Berechtigten nicht zuzurechnen ist. Aus dieser (negativen) kumulativen Fassung der Ausschlusskriterien des § 16 Abs. 3 Satz 2 GmbHG n. F. folgt, dass ein gutgläubiger Erwerb

- nach Verstreichen einer *Wartefrist* von drei Jahren, in welcher die unrichtige Eintragung im Handelsregister widerspruchslos vorhanden war, oder

- wenn die Wartefrist nicht abgelaufen ist, bei *Zurechnung* der Unrichtigkeit der Gesellschafterliste in der Person des wahren Rechtsinhabers

ausgeschlossen ist.

In unserem Fall ist zwar die Wartefrist von drei Jahren nicht verstrichen, jedoch ist E die Unrichtigkeit der Gesellschafterliste zuzurechnen, da er keinerlei Maßnahmen getroffen hat, den Geschäftsführer zur Einreichung einer korrigierten Liste beim Handelsregister zu veranlassen (vgl. zu diesem Beispiel BT-Drs. 16/6140, S. 39).

> **Beachte**: Als Gegenbeispiel, also für den Fall der fehlenden Zurechnungsmöglichkeit, nennt die Gesetzesbegründung (BT-Drs. 16/6140, S. 39) die Situation, in welcher der Geschäftsführer ohne Wissen des Gesellschafters eine falsche Liste einreicht, in der seine Rechtsstellung nicht mehr vollständig aufgeführt ist. Das heißt nach dem oben Gesagten, dass hier ein gutgläubiger Erwerb erst nach Ablauf von drei Jahren in Betracht kommt (vgl. BT-Drs. 16/6140, S. 39).

3.) Ein gutgläubiger Erwerb scheidet gemäß § 16 Abs. 3 Satz 3 GmbHG n. F. ferner aus, wenn dem Erwerber die mangelnde Berechtigung bekannt oder infolge grober Fahrlässigkeit unbekannt ist oder der Liste ein Widerspruch zugeordnet ist (siehe zum Widerspruch § 16 Abs. 3 Satz 4 GmbHG n. F.). Keine Voraussetzung für den gutgläubigen Erwerb im Sinne von § 16 Abs. 3 GmbHG n. F. ist übrigens, dass der Erwerber in die Gesellschafterliste bei dem Handelsregister Einsicht nimmt. An diesen Vorgang knüpft das Gesetz nicht an, sondern stellt in § 16 Abs. 3 Satz 3 GmbHG n. F. allein auf die Kenntnis oder grob fahrlässige Unkenntnis des Erwerbers ab.

Zum Fall: Anhaltspunkte dafür, dass R hinsichtlich der fehlenden Berechtigung Kenntnis hatte oder grob fahrlässig in Unkenntnis war, liegen nicht vor.

Ergebnis: R hat den Geschäftsanteil gemäß §§ 413, 398 BGB i. V. m. § 16 Abs. 3 GmbHG n. F. gutgläubig erworben, er ist mithin Rechtsinhaber.

> **Zur Vertiefung** ist für **Fortgeschrittene** auf das Problem des Gutglaubenserwerbs bei aufschiebend bedingter Geschäftsanteilsabtretung hinzuweisen. Damit gemeint ist etwa der Fall, dass ein Gesellschafter seinen Geschäftsanteil unter der aufschiebenden Bedingung der Kaufpreiszahlung an der Erwerber X und vor Bedingungseintritt nochmals (unbedingt) an den Erwerber Z veräußert. Für X wird sich dann – nach Zahlung des Kaufpreises – die Frage stellen, ob er die Beteiligung erworben hat, während sich für Z demgegenüber die Frage stellt, ob er die Beteiligung nach § 161 Abs. 3 BGB i. V. m. § 16 Abs. 3 GmbHG gutgläubig frei von dem Anwartschaftsrecht des X erworben hat. Siehe hierzu *Weigl* in NZG 2009, 1173 ff. und *Hellfeld* in NJW 2010, 411 ff.

Gutachten

I. Bezüglich der Frage, wer Inhaber des Geschäftsanteils ist, ist zunächst festzustellen, dass Z ursprünglich Inhaber des Geschäftsanteils war.

II. E könnte in die Rechtsstellung des Z infolge der Universalsukzession gemäß § 1922 BGB eingetreten sein. Da der Geschäftsanteil gemäß § 15 Abs. 1 GmbHG veräußerlich und vererblich ist, ergibt sich der Übergang der Rechtsinhaberschaft auf E infolge seiner in dem Testament vom 01.01.2003 angeordneten Erbenstellung, das als das aktuellere Testament gemäß §§ 2253, 2258 BGB maßgeblich ist. Dem Erwerb des Geschäftsanteils steht nicht die fehlende Eintragung in die Gesellschafterliste entgegen. Mit der Vorschrift des § 16 Abs. 1 GmbHG n. F. wird die Aufnahme in die Gesellschafterliste nicht als Wirksamkeitsvoraussetzung konzipiert; vielmehr hat diese Norm (lediglich) zur Folge, dass dem Neugesellschafter die Ausübung der Gesellschafterrechte verwehrt ist, wenn er nicht in die Gesellschafterliste eingetragen ist.

III. E könnte die Inhaberschaft an dem Geschäftsanteil durch die seitens des S gemäß §§ 413, 398 BGB vorgenommene Veräußerung an R wieder verloren haben. S ist tatsächlich nicht Erbe geworden, so dass er die Veräußerung als Nichtberechtiger vornahm. Somit ist die Veräußerung gemäß §§ 413, 398 BGB nach Maßgabe der Vorschrift des § 16 Abs. 3

GmbHG n. F., die den gutgläubigen Erwerb eines GmbH-Geschäftsanteils ermöglicht, zu beurteilen.

1.) Die sich aus § 16 Abs. 3 Satz 1 GmbHG n. F. für den gutgläubigen Erwerb ergebende Voraussetzung der Eintragung des Nichtberechtigten als Inhaber des Geschäftsanteils in der im Handelsregister aufgenommenen Gesellschafterliste ist vorliegend erfüllt.

2.) Ein gutgläubiger Erwerb ist nach § 16 Abs. 3 Satz 2 GmbHG n. F. ausgeschlossen, wenn die Liste zum Zeitpunkt des Erwerbs hinsichtlich des Geschäftsanteils weniger als drei Jahre unrichtig und die Unrichtigkeit dem Berechtigten nicht zuzurechnen ist. Zwar ist die Wartefrist von drei Jahren nicht verstrichen, jedoch ist E die Unrichtigkeit der Gesellschafterliste zuzurechnen, da er keinerlei Maßnahmen getroffen hat, den Geschäftsführer zur Einreichung einer korrigierten Liste beim Handelsregister zu veranlassen. Mithin greift zugunsten von E der Ausschlusstatbestand des § 16 Abs. 3 Satz 2 GmbHG n. F. nicht ein.

3.) Ein gutgläubiger Erwerb scheidet gemäß § 16 Abs. 3 Satz 3 GmbHG n. F. ferner aus, wenn dem Erwerber die mangelnde Berechtigung bekannt oder infolge grober Fahrlässigkeit unbekannt ist oder der Liste ein Widerspruch zugeordnet ist. Anhaltspunkte dafür, dass R hinsichtlich der fehlenden Berechtigung Kenntnis hatte oder grob fahrlässig in Unkenntnis war, liegen nicht vor.

Ergebnis: R hat den Geschäftsanteil gemäß §§ 413, 398 BGB i. V. m. § 16 Abs. 3 GmbHG n. F. gutgläubig erworben, er ist mithin Rechtsinhaber.

Sachverzeichnis

Abfindungsanspruch 236, 276
Abgrenzung von Handlungs-
  vollmacht und Prokura 64
Ablieferung der Ware 140
abstrakte Kausalität 104
Abtretung 211
Abtretungsurkunden 326
actio pro socio 241
Aktiengesellschaft 168, 291
Akzessorietät der
  Gesellschafterhaftung 89
Akzessorietätstheorie 202
Alleininhaber 279
Alleinvertretungsmacht 168
Allerweltsname 30
Allgemeine Geschäfts-
  bedingungen 204
Alltagssprache 30
Altforderungen 43
Altverbindlichkeiten 216
analoge Anwendbarkeit des
  § 31 BGB 200
Analogie 47
Änderung der Firma 58
Anerbieten im Sinne des
  § 362 Abs. 1 Satz 2 HGB 120
Anfechtung 121
Anfechtungsgrund 121
Angebot 116
Angebotsempfänger 118
Ankauf einer Sache 81
Annahmeerklärung 117
Anscheins-Prokura 55
Anscheinsvollmacht 82
Anspruch auf Gewinn-
  beteiligung 158
Anwachsung 276
Arbeitgeber 59

Arbeitnehmer 59
Arthandlungsvollmacht 64, 68
Auflösung 272
Auflösung der Personen-
  gesellschaften 271
Aufnahmevertrag 226, 228
Aufrechnungsmöglichkeit der
  Gesellschaft 191
Aufsichtsrat 168, 302
Aufwendung 258
Aufwendungsersatzanspruch 259
Ausführungsgeschäft 115
Ausgleichs- und Aufwendungs-
  ansprüche gegen die
  Gesellschaft 257
Ausschlagen einer Erbschaft 283
Ausschluss eines Gesellschafters 271
Ausschlussfrist nach § 160 Abs. 1
  Satz 2 HGB 214
Ausschlusstatbestand des § 25
  Abs. 2 HGB 44
Außenverhältnis 52, 166, 295
Ausstellen von Quittungen 78
Auswechslung 58

Bargründung 306, 308
Bedeutung des Handelsrechts 15
Bedeutung seines Schweigens 122
Begriff des Handelsgewerbes 14
Begriff und Bedeutung der
  Firma 27
beiderseitiges Handelsgeschäft 134
Bekanntmachung 91, 93, 103
Bekanntmachung nach § 25
  Abs. 3 HGB: 39
Bereicherungsanspruch 64
Bereicherungsrecht 43
Beschlussfassung 242

Beschränkungen der
  Handlungsvollmacht 70
Besonderheiten des Handelskaufs
  gemäß den §§ 373 ff. HGB 131
Bestandsschutzinteresse 272
Betreibender 21
Betriebsstätten 21
BGB-Gesellschaft unter Ehegatten . 155
Bilanzunterzeichnung 58
Bote 53
Branchenverzeichnis 32
Bruchteilsgemeinschaft 152
Buchstabenreihe 32

cessio legis 259
Charakteristika des Handelsrechts .. 14

Dienstreisen 249
Differenzhypothese 300
Doppelpächterfall 41
Doppelverpflichtungs- und
  Akzessorietätstheorie 198
Doppelverpflichtungstheorie 203
Doppelvertrag 211
Drittorganschaft 294
Druckfunktion 319
Duldungs-Prokura 55
Duldungsvollmacht 82
Durchgriffshaftung 296
Durchsetzbarkeit 244

echte Gesamtprokura 59
echte Gesamtvertretung 168
Ehefrau 75
eigene Willenserklärung 53
Eigenmächtigkeiten in der
  Geschäftsführung 274
Eigentumsübergang 123, 133
einfache erbrechtliche
  Nachfolgeklausel 286
Einfachheit 15
eingetragener Kaufmann 64
Einigung 76
Einlagenerhöhung 260

Einräumung eines Wahlrechts 95
einseitiges Handelsgeschäft 118, 119
einstimmiger Beschluss über die
  Beitragserhöhung 242
Einstimmigkeit 243
Einstimmigkeitserfordernis 250
Eintragung in das Handels-
  register 14
Eintragungsantrag 106
eintragungspflichtige Tatsache ... 89, 92
Eintrittsklausel 283, 285
Einwendungen 190
Einwendungen der Gesellschafter
  gemäß § 129 HGB 180
Einwilligung 44
Einwilligung in die
  Firmenfortführung 44
Einzelgeschäftsführungsbefugnis ... 250
Einzelhandelsunternehmen 34
Einzelkaufmann 60, 105
Empfangnahme 78
Entgegennahme 78
Enthaftung des ausgeschiedenen
  Gesellschafters nach
  § 160 HGB 210
Enthaftungsnorm 214
Entstehung einer
  BGB-Gesellschaft 153
Erbe 45
Erbengemeinschaft 286
Erblasser 45
Erforderlichkeit eines kauf-
  männischen Geschäftsbetriebs 21
Erfüllungsgehilfe 182
Erfüllungstheorie 187
Erklärungswert 117
Erlöschen der Handlungs-
  vollmacht 68
Erlöschenstatbestand 56
Ermächtigung 127
Eröffnung des Insolvenz-
  verfahrens 298
Erteilung der Handlungs-
  vollmacht 66

Erwerb eines Handelsgeschäfts 40
Erziehungsberechtigter 54

Fahrlässigkeit 110
Filialprokura 59
Firma 40, 46
Firmenbeständigkeit 27, 34
Firmeneinheit 27
Firmenfortführung 42, 45
Firmengrundsätze 27
Firmenidentität 42
Firmenkern 28, 33
Firmenöffentlichkeit 27
Firmenunterscheidbarkeit 29, 32
Firmenwahrheit 27, 34
Firmierung 33
Fixhandelsgeschäft 134
Fixhandelskauf gemäß
  § 376 HGB 131
Flexibilität 15
Forderungsübergang 259
Formmangel 60
Fortsetzungsklausel 271, 278
freier Beruf 18
Freihaltebedürfnis 30
fremde Willenserklärung 53
Friseur 30
Funktionsaufteilung 77

Gedankenlösung 24
Genehmigungsfiktion 144
Generalhandlungsvollmacht 64, 68
Genossenschaft 291
gerichtliches Urteil 277
Gesamtbetrachtung 21, 32
Gesamtgeschäftsführungs-
  befugnis 250
Gesamthand 153
Gesamthandsvermögen 157
Gesamtprokura 59
Gesamtschuldner 322
Gesamtschuldnerhaftung
  gemäß § 426 BGB 257
gesamtschuldnerische Haftung 186

Gesamtschuldnerschaft 264
Gesamtvertretungsbefugnis 94
Gesamtvertretungsmacht 174, 294
Gesamtwürdigung 96, 274
Geschäftsanteil 326
Geschäftsanteil der Gesell-
  schafter 306
Geschäftsbesorgung 118
Geschäftsbesorgungsantrag 119
Geschäftsbetrieb 20
Geschäftsführer 168
Geschäftsführung 249
Geschäftsführung und die
  Vertretung in der GmbH 291
Geschäftsführungsbefugnis 174
Geschäftsführungsbefugnis in
  Personengesellschaften 241
Geschäftsgegenstand 79
Geschäftsherr 56
Geschäftsidee 27
Geschäftsname 27
Geschäftstätigkeit 20
Geschäftsunfähigkeit 109
Geschäftsverbindung 119
Geschäftsverkehr 93, 104
Gesellschaft bürgerlichen Rechts 152
Gesellschaft mit beschränkter
  Haftung 291
Gesellschaft sui generis 315
Gesellschafterliste 327
Gesellschafterversammlung 168
Gesellschafterwechsel 211
Gesellschafterwechsel in der oHG .. 216
Gesellschafterwechsel in der oHG
  und der GbR 210
Gesellschaftsrecht 152
gesellschaftsrechtliche Treue-
  pflicht 274
Gesellschaftsverbind-
  lichkeit 211, 220, 228
Gesellschaftsvermögen 293
Gesellschaftsvertrag 158, 242
Gesellschaftszweck 251
Gesetzeslücke 82

Gesetzgeber 47, 82
gesetzliche Rechtsscheintatbestände 92
gesetzliche Vertragsübernahme 38
gesetzlicher Schuldbeitritt 39
Gestaltungsrecht 190
Gewerbe 17
Gewerbebegriff 17
Gewinnausschüttung 158
Gleichbehandlungsgrundsatz 245
Gleichstellung 264
Grundlagengeschäfte 58
Gründung einer GmbH 306
Gründungsphasen 314
Gruppenlehre 171, 202
Gutachten 24
Gutglaubensschutz 70
gutgläubiger Erwerb von GmbH-
 Geschäftsanteilen 12, 325
Gutgläubigkeit 109

Haftsumme 224, 229
Haftung der BGB-Gesellschaft 198
Haftung der offenen
 Handelsgesellschaft 180
Haftung des Erben bei
 Geschäftsfortführung nach
 § 27 HGB 37
Haftung des Erwerbers bei der
 Firmenfortführung 37
Haftung des Komplementärs
 und des Kommanditisten 224
Haftung für unfreiwillige
 Vermögensopfer nach
 § 110 HGB 257
Haftungsausschluss nach
 § 25 Abs. 2 HGB 37
Haftungsbefreiung 230
Haftungsbeschränkung 228
Haftungserwartung 46
Haftungsfolge 45
Haftungsinhalt 186, 204
Haftungsnorm des § 128
 Satz 1 HGB 211
Haftungsrisiko 235

Haftungstheorie 187
Haftungsübernahme 45
halbseitige Gesamtvertretung 168
Handelndenhaftung 317
Handelnden-Haftung gemäß
 § 11 Abs. 2 GmbHG 306
Handelnder nach § 11 Abs. 2
 GmbHG 317
Handelsgeschäft 40, 117
Handelsgesellschaft 28, 293
Handelsgewerbe 17, 19
Handelskauf 133
Handelsregister 33, 45, 56, 167
Handelsvertreter 127
Handlungsvollmacht 52, 64, 66
Hauptversammlung 168

Identität der Gesellschafter 34
Individualisierung 30
individualistische Gesamt-
 handstheorie 171
Inhabergeschäfte 58
Innenverhältnis 51, 166, 229
Innenverhältnis der GbR 241
invitatio ad offerendum 116
Istkaufmann 16

Kannkaufmann 16
Kapitalerhaltung 231
Kapitalgesellschaft 293
Kapitalgesellschaften 154
Kaufmann 14, 28, 67, 78
kaufmännische Bestätigungs-
 schreiben 121
kaufmännische Einrichtung 17, 20
Kaufmannsbegriff 14, 16
Kaufmannseigenschaft 16, 47, 56
Kennzeichnungseignung 29
Kleingewerbe 166
Kleingewerbetreibende 67
kleingewerbliche Unternehmen 46
Kollusion 59
Kommanditanteil 288
Kommanditgesellschaft 153, 225

Kommanditgesellschaft auf
  Aktien 291
Kommanditist 225
Kommanditistenstellung 234
Kommission 123
Kommissionär 115
Kommissionsvertrag 114, 115
Kommittent 115
Komplementär 95, 225
Kontaktaufnahme 119
Körperschaften 291
Kostenaufwand 145

Ladenvollmacht 53, 75, 80
Lehre von der fehlerhaften
  Gesellschaft 161
Leistungsempfänger 43

Mängelanzeigen 78
Mangelfolgeschaden 184
Mangelhaftigkeit der Sache 140
materielle Registerpublizität 91
Mehrheit nach Köpfen 243
Mehrheitsbeschluss 243
Mehrheitsentscheidung 243, 276
Mehrlieferung 147
Metzgerei 30
Minderjährigenschutz 161
Minderlieferung 147
Mischfirma 28
Miteigentumsanteil 153
Musskaufmann 16

Nacherfüllungsanspruch 140, 188
Nachfolge beim Tod eines
  Gesellschafters 283
Nachfolgeklausel 284
Nachfristsetzung 137, 184
Nachfristverlangen 137
Naturalrestitution 146
negative Registerpublizität 92
Nichtberechtigter 43
Nichtkaufleute 54
Nicht-Kaufmann 111

notwendige Streitgenossen
  im Sinne des § 62 ZPO 176

Obliegenheit 140
offene Handelsgesellschaft 153, 165
Ordnungsvorschrift 60
Organ der Gesellschaft 200
organschaftliche Vertretung 167
organschaftliche Vertretungs-
  macht 294

Parteifähigkeit 175
Parteifähigkeit der GbR 170
Personenfirma 28
Personengesellschaft 286
Personengesellschaften 152
personengesellschaftsrechtlicher
  Vertrag 154
Personenschaden 265
Pflichteinlage 224, 229
Pflichtverletzung 59, 182
Phantasiefirma 28
planwidrige Gesetzeslücke 47, 108
positive Publizität des
  Handelsregisters nach
  § 15 Abs. 3 HGB 101
positive Registerpublizität 92, 102
ppa 54
Primäranspruch 135
Prinzipal 56, 61
Privatmann 105
Privatvermögen 157, 188
Prokura 51, 53, 102
Prokura als Vertretungsform 54
Prokuraerteilung 54
Provisionsanspruch 115
Prozessstandschaft 246
Publizität des Handelsregisters 56
Publizität des Handelsregisters
  gemäß § 15 HGB 87

qualifizierte erbrechtliche
  Nachfolgeklausel 287
Quelle des Rechtsscheins 111

Realakt 79
Recht der GmbH 291
Recht der Personenhandels-
  gesellschaften 200
Rechts- und Parteifähigkeit der
  BGB-Gesellschaft 165
Rechtsfähigkeit der GbR 171
Rechtsfähigkeit der Vor-GmbH 314
Rechtsformzusatz 28, 33
rechtsgeschäftliche Nachfolge-
  klausel 283, 284
rechtsgeschäftliche Vollmacht 66
Rechtsgeschäftslehre 121
Rechtsgutsverletzung 145
Rechtsklarheit 91
Rechtsscheinhaftung 101, 110
Rechtsscheintatbestand 77
Rechtsscheinvollmachten 75
Rechtssicherheit 15, 91, 326
Rechtsübergang 43
Rechtsverkehr 31, 77
Rechtzeitigkeit der Rüge 142
Regelungsbedürftigkeit 108
registerfähig 47
relatives Fixgeschäft 134
Rosinentheorie 87, 96
Rückabwicklung 160
Rückzahlung 231
Rüge 141
Rügeerklärung 141
Rügeerklärung als rechtsgeschäfts-
  ähnliche Handlung 141
Rügeobliegenheit 142
Sachfirma 28
Sachgründung 308, 322
Sachzusatz 34
Schaden 264
Schadensersatz 136
Schadensersatzanspruch 137
Scheingesellschafter 220
Scheinkaufmann 101, 110
Schmerzensgeld 199, 264
Schnelligkeit 15
Schuldbeitritt 38

Schuldübernahme 38
Schutzzweck des § 366 HGB 127
Schweigen als schlüssige
  Annahmeerklärung 117
Schweigen des Kaufmanns 114
Selbstorganschaft 169, 174
Selbstständigkeit 17
Sonderprivatrecht 15
Sondervermögen 157
Sozialanspruch 260
Sozialansprüche 246
Spezialhandlungsvollmacht 64, 68
Städtenamen 30
Stammeinlage 306
Stellvertreterregeln des
  bürgerlichen Rechts 51
Stellvertretung des Kaufmanns 51
Stoffgleichheit 145
Streitgenosse 176
subsidiäre Haftungsnorm des § 9a
  Abs. 2 GmbHG 322
Subsumtionstechnik 24

tätigkeitsspezifisches Risiko 265
Teilnahme am Straßenverkehr 265
Trennungsprinzip 54
Treuepflicht 263, 299

Übereignung 79
Übergabe 76
Übernahmevereinbarung 279
ultima ratio 275
Umdeutung nach § 140 BGB 67
unbeschränkte Außenhaftung der
  Gesellschafter der Vor-GmbH ... 321
Unbilligkeiten 105
unechte Gesamtprokura 60
unfreiwilliges Vermögensopfer 264
Universalsukzession 326
Unmöglichkeit der Zweck-
  erreichung 272
Unter-Handlungsvollmacht 67
unternehmensbezogenes Geschäft ... 76
Unternehmensnamen 31

Unternehmensträger ... 40
Unternehmensüberlassung ... 40
Unterscheidbarkeit ... 27
Unterscheidungskraft ... 29, 31
Untersuchungs- und Rügepflicht gemäß § 377 HGB ... 139
unverzüglich ... 143
Unverzüglichkeit ... 120

Veranlassungsprinzip ... 105, 106
Veräußerungsgeschäft ... 79
Verbot der Beitragserhöhung aus § 707 BGB ... 261
verdeckter Mangel ... 142
vereinbarte Beschaffenheit ... 140
Verfügungsbefugnis ... 125
Verfügungsermächtigung ... 124
Verfügungsverbot ... 157
Verfügungsverbot des § 719 Abs. 1, 1. HS 1. Fall BGB ... 157
Verkaufskommission ... 123
Verkehrsgeltung ... 31
Verkehrskreise ... 34
Verkehrsschutz ... 235
Verlustdeckungshaftung ... 320
Verluste ... 265
Vermögenseinlage ... 88
Verrichtungsgehilfe ... 184
Verschwiegenheitpflicht ... 298
Versicherungsverein auf Gegenseitigkeit ... 291
Vertrag zugunsten Dritter ... 285
Vertrag zu Lasten Dritter ... 285
vertragliche Vertragsübernahme ... 38
Vertragsübernahme ... 38
Vertrauen auf den Registerinhalt ... 94
Vertrauensschutz ... 235
Vertretungsbefugnisse ... 91
Vertretungsmacht ... 53, 66, 107
Vertretungsorgan in der Vor-GmbH ... 315

Verwechslungsgefahr ... 32
Vollmachtgeber ... 66
Vollmachterteilung ... 55
Vorbelastungshaftung ... 319
Vorgesellschaft ... 314
Vor-GmbH ... 306, 314
Vorgründungsgesellschaft ... 314
Vorgründungsstadium ... 314
Vorgründungsstadium einer GmbH ... 306
Vorstand ... 168

Wahlrecht ... 95
Wartefrist ... 327
Weiterfressermangel ... 145
Werbebriefe ... 116
Wertinteresse ... 186
Wesentlichkeitsschwelle ... 34
Widerspruch ... 251
Widerspruch nach § 711 Satz 1 BGB ... 253
Wiederaufleben der Haftung nach § 172 Abs. 4 Satz 1 HGB. ... 224
Willensbildung in Personengesellschaften ... 241
Willenserklärung ... 65
Wirksamwerden von Personengesellschaften ... 165
Wirtschaftliche Interessengemeinschaft ... 153
Zeichnung ... 71
Zeitrahmen für die Untersuchung ... 143
Zufallsschäden ... 267
Zugang ... 276
zurechenbarer Rechtsschein ... 109
Zurechnung von Pflichtverletzungen ... 180
Zurechnungsmöglichkeit ... 327
Zusatz ... 71
Zwangsvollstreckung ... 176
zweigliedrige Gesellschaft ... 278